알타이 민족들의 종교적 표상
샤머니즘의 세계

우노 하르바 지음
박재양 옮김

보고사

차 례

머리말 __ 6

제1장 세계상世界像 · 21

1. 땅大地 · 21
2. 땅大地을 받치는 것들 · 28
3. 하늘과 그 기둥 · 36
4. 세계층世界層 · 50
5. 세계산世界山 · 59
6. 세계나무世界樹 · 71
7. 세계강世界江과 그 수원 · 86

제2장 땅의 기원 · 91

제3장 인간의 창조 · 113

1. 인간의 창조자인 신과 악마 · 118
2. 인간 타락의 근원인 과일 · 126

제4장 세계의 종말 · 132

제5장 천신天神 · 146

제6장 천신의 《아들》과 《도우미》 · 161

제7장 출산과 출산신령出産神靈 · 174

제8장 별星辰 · 185

1. 해와 달 · 187

2. 북극성과 작은곰자리 …………………………… 197
　　3. 큰곰자리 ……………………………………………… 198
　　4. 오리온자리 …………………………………………… 201
　　5. 묘성昴星 ……………………………………………… 204
　　6. 금성金星 ……………………………………………… 205
　　7. 은하수銀河水 ………………………………………… 208
　　8. 12년 주기의 짐승띠 기호 ………………………… 211

제 9장 벼락 …………………………………………… 213

제10장 바람 …………………………………………… 228

제11장 불 ……………………………………………… 232

제12장 신성한 땅 …………………………………… 252

제13장 영혼숭배 ……………………………………… 259

제14장 죽음과 꺼림禁忌과 복상服喪 ……………… 287

제15장 죽은 자의 몸차림 …………………………… 300

제16장 위령제 ………………………………………… 325

제17장 저승 …………………………………………… 344

제18장 죽은 자와 산 자의 관계 …………………… 364

제19장 자연의 주인들 ……………………………… 385

제20장 사냥의례儀禮 ………………………………… 405

　　1. 여자와 야수野獸 …………………………………… 410
　　2. 사냥꾼과 야수野獸 ………………………………… 416
　　3. 삼림동물의 뼈 간직하기保存 …………………… 430

제21장 샤만 ··· 443

   1. 샤만의 능력과 소질 ··································· 446
   2. 샤만의 신령들 ·· 451
   3. 샤머니즘巫俗과 동물계動物界 ··················· 457
   4. 샤만의 나무 ·· 470
   5. 흰 샤만白巫과 검은 샤만黑巫 ··················· 472
   6. 샤만의 서품敍品 ·· 475
   7. 샤만의 복장巫服 ·· 488
   8. 샤만의 북巫鼓 ·· 507
   9. 샤만의 직능職能 ·· 518

제22장 제물祭物과 제사祭祀 ·· 537

옮기고 나서 __ 551

學術誌 略稱 __ 556

原註 __ 559

參考文獻 __ 611

찾아보기 __ 630

머리말

알타이 민족은 알타이 산맥과 연관 있는 것이지만, 그들이 원래 살던 곳은 실제로 그보다 조금 동쪽으로 치우쳐 있었다고 생각된다. 오늘날 그들은 아시아 대륙에만 머물지 않고 동유럽을 포함한 광대한 지역에 분포되어 있다. 알타이 민족을 언어면(言語面)으로 분류하면, 터키어군(語群)[원저에는 터키·타타르라고 쓰여 있으나 오늘날 학계에서 사용하는 명칭으로 고침.-역주], 몽골어군, 만주·퉁구스어군 등 3대 어군으로 나눌 수 있다.

터키어군에는 이른바 터키인 곧 오스만(Osman)인, 그들과 가장 혈연 관계가 밀접한 스타브로폴(Stavropol)[카프카스 산맥 북쪽에 있으며, 현재는 러시아의 스타브로폴 지방의 중심지-역주]과 투르케스탄(Turkestan)에 사는 투르크멘(Turkmen)인, 동투르케스탄(카슈가르Kashgar, 악수Aksu, 투르판Turfan, 캄Kham, 바르쿨Barkul 여러 지방)의 동터키의 여러 종족, 나중에 일부가 시베리아 방면으로 이동한 볼가 타타르(Volga Tatar), 크림 타타르(Crime Tatar), 중부 우랄 산맥의 바슈키르(Bashkir), 크림 및 북카프카스의 노가이(Nogai), 키르기스(Kirghiz)를 포함하고 카프카스 지방의 그 외의 타타르 여러 종족, 키르기스 일부를 이루며 볼가 강 하구로부터 알타이 산맥의 산허리 일대와 이르티슈(Irtysh) 강 상류 지방에 걸친 초원에서 유목 생활을 하는 카자흐(Kazakh) 키르기스(오늘날 말하는 카자흐), 또 천산산맥(天山山脈)의 고지 계곡과 산허리 지대의 카라(Kara) 키르기스인(오늘날 말하는 키르기스인) 등이다. 그런데 본래는 다른 계통의 종족이면서 터키계 민족으로 흡수된 종족도 있는 것 같다. 파란만장한, 뜻하지 않는 민족이동기에 알타이와 사얀(Sayan)의 벌판에 안주(安住)의 땅을 얻은 많은 타타르족이 이러한 예에 해당한다. 이와 같은 종족으로는, 예를 들면, 비야(Bija) 강과 카툰(Katun) 강 사이에 끼어 있는 동북 알타이 원시림 속에 살 곳을 정한 산림타타르[러시아어로는 체르네비예 타타리 tschermevye tatary-역주]와 그들과 가까운 관계에 있는, 비야 강 지류인 레베드(Lebed) 강가에 사는 레베드 타타르인 또는 쿠만딘(Kumandin)인을 들 수 있다. 쿠만딘이란 호칭은 레베드·타타르인 가운데 비야 지역으로 이동한 종족에게만 사용된다. 그러나 이러한 지역에 있어서조차 이들 종족은 외래문화와의 접촉을 피할 수가 없었다. 알타이에 정통한 그라뇌(Granö)는 다음과 같이 말했다. "이미 옛날부터 그들은 유목 생활양식을 버리고, 많은 경우 창문이 있는 통나무로 지은 작은 집에 살며 러시아식의 옷을 입고 있다. 그들의 생업으로는 사냥과 고기잡이도 중요하지만, 더 좋아한 생활수단은 뭐니 뭐니 해도 농업과 목축이라고 할 수 있다. 러시아인의 개척자적인 생활양식은 다시 산을 넘어 콘도마(Kondoma) 지구 주변에 살고 있는 쇼르(Shor)가 먼저 받아들이기 시작했다. 하지만 그들의 가장 중요한 생업은 변함없이 사냥에 머물러 있다고 볼 수 있다. 그리고 같은 지방에 사는 칼라르(Kalar)와 카르긴즈(Karghinz), 거기에 아바칸(Abakan) 계곡의 코이발(Koibal), 벨티르(Beltir), 사가이가 이어진다. 그들에 비해서 러시아의 영향을 조금밖에 받지 않았다는 곳은 알타이 산맥의 카툰 강 상류와 챠리슈(Tcharych) 골짜기 사이에 끼어 있는 지대에 사는 본래의 알타이인(altai-kiži)과 그들과 가까운 관계에 있는 츌리시만(Tchulychman) 유역의 텔레츠코이(Teletskoi) 호수 남방 및 카툰 지류 츄야(Tchuja) 강가에 사는 텔렝기트(Telengit)다. 쿠르네츠(Kuznets) 지방으로부터 이주한 텔레우트(Teleut)는 카툰 강 하류에 알타이인의 이웃으로 살 곳을 정했다. 알타이인이 사는 곳에는 숲은 그다지 많지 않고, 스텝은 강가까지 미쳐서 숲을 밀어내었기 때문에 유목은 가는 곳마다 우세하고, 가볍고 편리하며 쉽게 지을 수 있는 주거양식-천막과 유르트(yurt)-은 오늘날까지도 다른 주거양식보다도 넓게 퍼져 있다." 몽골식 펠트 유르트와, 그것을 모방해서 만든 육각 또는 팔각형의 나무로 만든 유르트 외에 자작나무와 전나무의 껍질로 덮은 원추형 천막도 대대로 사용되고 있다. 후자의 주거형식은 아마 알타이인이 쓴 가장 오래된 것일 것이다. 알타이인과 텔렝기트인의 생활습관이나 옷은 물론 그들의 모습에 이르기까지 몽골적인 특징이 엿보이기 때문에 러시아인은 "알타이의 칼무크(Kalmuck) 사람"이라고 부르고 있다.

알타이 타타르인과 같은 언어군에 속한다고 생각되는 종족은 오브(Ob), 이르티슈(Irtysh) 강 사이에 있는 스텝에 살며 거의 러시아화한 쵸림(Tcholym) 타타르와 바라바(Baraba) 타타르이다. 후자보다 좀 더 흥미를 끄는 종족은 사얀의 북쪽에 사는 카라가스(Karagas)와 소요트(Soyot)로서 사얀 산맥 속의 그들 고향은 예니세이(Yenissei) 강의 상류에 있는 몇몇 강줄기를 중심으로 퍼져 있다. 생활 습관이라는 점에는 카라가스와 소요트는 시베리아 북방 종족들과 비슷하다. 주거 수단으로는, 여름철에는 자작나무 껍질로, 겨울철에는 짐승껍질로 덮은 원추형 천막이 쓰이고, 가축으로는 순록을 기른다. 그러나 이 순록은, 예를 들면 사모예드의 것과 같은 견인용은 아니고 타고 다니는 데 쓰이며, 초원지대의 말과 마찬가지로 안장을 붙인다. 소요트가 원산지인 말(馬)이 보이는 곳은, 주로 몽골형의 펠트로 덮은 유르트가 우세한, 울루켐(Ulukem) 호수 남방에 한정된다.

소요트도 카라가스도 그들 자칭으로는 투바(Tuba)이고, 그것은 중국[당나라]의 연대기에서 말하는 도파(都波, 都播)에 해당된다. 그런데, 몽골

사람들은 소요트의 투바를 우르얀카이(Urjankhai)라고 부른다.

또 북시베리아의 레나(Lena) 강과 그 연변에 사는 야쿠트도 볼가 강 중류의 동러시아의 추바슈(Chuvash)도 또한 터키어를 한다. 전하는 말에 의하면, 야쿠트는 바이칼(Baikal) 지방으로부터 말(馬)을 데리고 오늘의 거주지로 이주해 왔다고 한다. 야쿠트는 중앙아시아의 유목민과 같이 말젖을 마신다. 북부의 야쿠트는 순록을 가축화할 정도로까지 북쪽 지방의 조건에 적응하고 있었다. 러시아의 영향은 이미 야쿠트의 생활습관, 거주양식, 복장에 특히 강하게 나타난다. 볼가 불가르(Bulgar)의 자손으로, 오늘날에는 농경민이 된 추바슈 쪽은 볼가 유역에 사는 다른 민족과 문화적으로 깊은 관계가 있다.

몽골어군은 몽골(Mongol), 칼무크(Kalmuck), 부리야트(Buryat)로 구성되어 있다. 그의 고향 몽골의 이름에 유래한 몽골인은 정복시대에 접촉한 투르크계와 그 밖의 민족들을 때때로 영입하여 동화시켰다. 지리적인 위치와 역사의 흐름에 따라 몽골인이 중국인과 가까워지면서 오랜 전통을 가진 중국문화는 몽골인에게 자취를 남기게 되었다. 그럼에도 불구하고 몽골인들은 조상 대대로 내려오는 관습을 충실히 지키고, 계절마다 펠트 천막과 가축을 이끌고, 적당한 새 목축지를 찾아 주거를 바꾸는 목축민 생활을 계속했다. 중국식 농업은 먼저 남부에서 시작되었다. 칼무크 또는 스스로 오이라트(Oirat)라고 부르는 그들도 또한 고기와 젖을 주된 식량으로 하는 목축민이다. 칼무크는 알타이와 천산에 끼인 지방과 천산 남면의 골짜기, 티베트 북부의 국경지대에 산다. 칼무크의 상당수는 또 볼가 강 하류지역에도 산다. 이는 17세기에 내분으로 이곳으로 이동했기 때문이다. 몽골어군에 속하는 세 번째 민족은 바이칼 호의 동·남·서안에 사는 부리야트다. 그들도 지금까지 말한 민족과 같이 유목민으로서 전 세기말(前世紀末)부터 적어도 부분적으로는 농

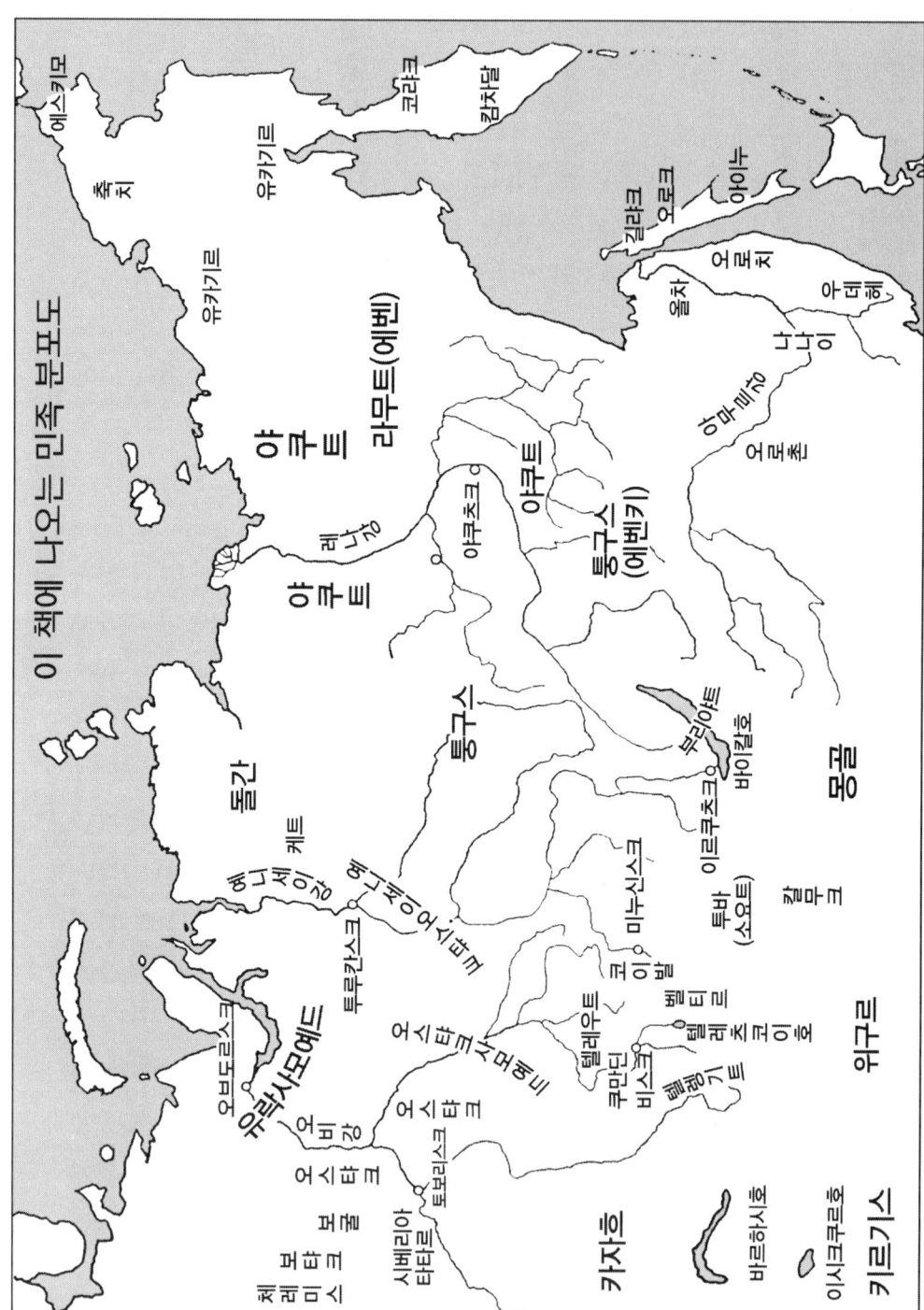

업과 정착생활을 개시했을 것이다.

만주·퉁구스어군의 민족들 가운데 가장 넓은 지역에 분포되어 있는 것은 퉁구스인데, 대서양으로부터 예니세이 하류의 서쪽 여러 지류에 이르는 곳까지 북시베리아 일대에 분산되어 살고 있다. 그들의 북부 생활권은 곳에 따라서는 북빙양(北氷洋)까지, 남부는 바이칼 호와 중국의 국경에까지 달한다. 퉁구스의 이동은 아무르 강 유역을 출발점으로 해서 동으로부터 서쪽으로 나아간 것 같다. 아무르 강 유역에는 지금도 상류에는 마네그르(Manegr)인이 살고, 아무르, 숭가리(Sungari), 우수리(Ussuri)의 각 유역에는 나나이(Nanai)[Gold라 되어 있으나 자칭 나나이라 하며, 지금은 이것이 일반적이므로 앞으로는 나나이라 번역함.-역주], 올차(Olcha), 다우르(Dahur), 거기에 중국의 역사상 중요한 역할을 맡고, 마침내 중국어와 중국의 관습을 받아들였던 만주의 주요 민족인 만주족과 같이, 언어적으로 가까운 관계에 있는 종족들이 살고 있다. 구어(口語)로서의 만주어는 만주의 약간 중심지에서 멀어진 곳에만 남아 있다. 퉁구스의 서쪽지역 종족은, 야쿠트가 넓은 지역에 있는데, 드문드문 살고 있는 퉁구스 지대의 심장부 깊숙이 마치 쐐기를 박듯 들어오기 전에, 이미 현재의 거주지에 옮겨와 살고 있었다고 생각된다.

북방퉁구스[여기서 말하는 좁은 뜻의 퉁구스는 지금은 에벤키(Evenki)라고 한다.-역주]와 그 한 무리인 오로촌(Orochon), 오로크(Orok)와 라무트(Lamut)[오늘날에는 자칭 에벤(Even)이라고 함.-역주]는 사냥과 그밖에 순록 목축을 생업으로 한다. 근해어업을 중요한 생업으로 하는 라무트 사람은 페차모(Petsamo)의 스콜트 라프(Scolt Lapp)와 같이 초여름부터 바닷가에 살다가 겨울에는 다시 내륙지방으로 들어간다. 사얀 산맥에 사는 카르카스나 소요트와 같이 퉁구스는 순록을 사람이 타는 용도로 쓰고, 보통 자작나무 껍질로 만들어서 순록의 가죽을 입힌 바구니에 물건을 넣어서 순록의 옆구리에 하나씩 붙여 짐을 나르는 데에도 쓴다. 사할린에 이주한 오로크는 순록을 타는 데에도 쓰고 끄는 데도 쓴다. 하지만 이런 관습은 새로운 것이라고 생각된다. 주목할 만한 것은 오로크의 이웃인 길랴크(Gilyak)[지금은 자칭에 따라 니브흐-역주]나 아무르 강변에서 고기잡이와 사냥을 하는 사람들로서 일반적으로 순록을 가지고 있지 않은 올차(Olcha)나 나나이(Nanai)가 썰매에 개를 매지만, 오로크는 결코 그렇게 하지 않는다. 만주·퉁구스어군에 속하는 사람 가운데 농업을 하는 종족은 중국화한 만주족뿐이다.

알타이 계통의 민족들이 이처럼 넓은 지역에 흩어져 있는 까닭은, 한 곳에 오랫동안 머물지 못하는 유목민적인 생활양식과 새로운 영토를 정복하고자 하는 충동 때문이다. 이미 서력기원 무렵 투르크계 유목민은 아시아에서 유럽까지 주름잡기 시작했다. 특별히 주목을 끈 민족은 훈족이 최초이며, 두려움을 주는 그들의 지도자 아틸라(Attila)는 5세기에 유명한 약탈·정복원정으로 사람들을 공포와 전율의 도가니에 빠뜨렸다. 이윽고 훈이 그들의 고향으로 귀환할 때, 몇몇 종족은 동러시아에 남고, 볼가 강 중류에 대불가르(大Bulgar) 제국을 세웠기 때문에, 거기에 있었던 핀계 여러 민족에게 영향을 미쳤다. 이미 일찍부터 투르크계 민족은 아시아에도 강력한 제국을 세웠지만 그 번영은 오래가지 못했다. 남쪽에서 바이칼 호로 흘러들어가는 셀렝가(Selenga) 강의 지류인 오르콘(Orkhon) 강의 유역에 일찍이 중요한 문화적 중심이 존재했으며, 귀중한 고대 투르크어를 새긴 돌이 바로 여기에서 발견되었다. 대부분 핀란드의 연구가에 의해 사진으로 수집되어 출판되었으며, 이 수수께끼에 가득 찬 비문은 덴마크 학자 윌헬름 톰센(Wilhelm Thomsen)이 1893년에 해독했다. 이러한 비문은 투르크 왕조[중국어로는 돌궐(突厥). A.D. 680~745-역주]와 그를 이은 위구르 왕조(745~840)의 것으로 단정되었다. 위구르 사람의 도시 카라 발가순(Kara Balgasun)의 유적에서 발견되었는데, 고대 돌궐문자 외에 한문과 소그드(Sogd) 문자로 쓰인 이 기념비에는 당시(8세기) 마니교가 위구르인의 종교가 되었다고 쓰여 있다. 마니교도가 보통 사용한 소그드어로 쓰인 이 비문에는, 이 새로운 종교는 '신성한 마르(Mar. 도사) 마니(Mani)의 가르침'으로 되어 있다고 쓰여 있다. 페르시아의 문화적 자취는 그 중에서도 몽골어의 쿠르무스타Khurmusta(아후라 마즈다 Ahura mazda), 부리야트어의 아리마(arima. 아흐리만 Ahriman)와 알타이 타타르어와 키르기스어의 쿠다이(kudai. 神=페르시아어 hudai)나 아바칸 타타르어의 아이나(aina. 악령=페르시아어 aenanh) 같은 약간의 신화적 이름에 남아 있다. 마니교와 같은 시기에 네스토리우스(Nestorius)교도 위구르인들 사이에 넓게 퍼졌다고 생각된다. 이렇게 해서 제3의 외래종교 불교도 당시 등장했다. 불교는 동방에서 피었다가 중국문화와 함께 중앙아시아에 들어왔다. 티베트어에는 없고, 산스크리트에 유래하는 불교의 보디사트바[bodhisattva. 보살]의 이름이 나오는 이들의 전설은 아마 중국의 도사들에 의해 전해졌을 것이다. 위구르인의 일부가 뒤에 천산(天山)지방으로 이동해서 그곳에서 농경과 상업을 시작했던 때에 동투르케스탄(Turkestan)에 하나의 중요한 문화적 중심(900~1200)이 발생했는데, 그 유물은 투르판(Turfan) 지방에서 발굴되었다.

강력한 세력을 과시한 몽골 군주 테무친(Temujin) 곧 징기스칸(Chingiz Khan. 1162~1227)이 장도의 원정을 개시했을 때, 새로이 큰 민족이동이 일어났다. 징기스칸의 유럽원정 뒤 몇몇 타타르 종족이 남았으며, 오늘날도 그곳에 살고 있는 타타르족은 그의 자손이다. 자신의 왕비가 네스토리우스파 신자였던 징기스칸은 종교문제에 관한 한 매우 자유롭게 관용을 베풀었다. 그들은 종교적 입장이 다르다는 것만으로는 누구도 박해하지 않았다고 한다. 그렇지만 그의 후계자, 특히 중국의 수도 북경을 창시한 쿠빌라이(忽必烈. 1260~1294)는 부처의 가르침을 우대했다. 그러나 불교는 1368년에 몽골제국이 붕괴되고 말자 곧 쇠퇴하고 말았으므로 몽골인에게는 그다지 깊은 뿌리를 내리지 못했다. 불교는 그 뒤 17세기에 라마교라는 형태로 중앙아시아에서 다시 일어났는데, 처음부터 몽골인도 칼무크인도 새롭게 열성적인 신자가 되었다. 칼무크인은 티베트 정복 중에 달라이 라마를 자신들의 정신적 지도자로 받들었다. 정력적인 포교 활동을 함으로써 라마교는 민중의 모든 층에 이르기까지 급속히 침투되어 마침내 토착적인 제의(祭儀)는 형벌과 벌금으로 금지되기에 이르렀다. 물론 정치적인 이유로 오랜 민간풍속은 어느 정도까지는 너그러이 봐 줬지만 그 안에 숨은 이념은 새로 들어온 불교에 섞여서 변형되었다. 이래서 점점 몽골인이나 칼무크인의 샤머니즘《검은 신앙》은 《누른 신앙》 결국 라마교에 길을 양보했다. 포교사인 라마승들은 사묘(寺廟)와 티베트 말로 된 기도서로 민중생활의 전면에 걸쳐 라마교 일색으로 물들였는데, 그로 인해 전투적인 기질은 꺾이고 말았다. 몽골에 있는 무수한 사묘(寺廟) 가운데에도, 약 1만의 라마가 있었던 우르가[Urga(庫倫), 혁명 후의 울란바토르-역주]가 가장 세력이 강했다. 19세기에 이르면서 라마교는 부리야트인들 사이에서도 으뜸의 자리를 차지했는데, 특히 바이칼 호의 동쪽 및 서쪽 기슭의 부리야트인은 대부분 불교를 받아들였다. 그리스정교에 귀의한 부리야트인은 극히 일부였다.

   투르크어군에 속하는 민족의 압도적 다수는 이슬람교도가 되었다. 이슬람교는 이미 8세기, 투란(Turan)[오늘날은 중앙아시아에 포함되지만, 일찍이는 아랄 해 동부의 저지대를 가리키는 말로 흔히 쓰였다.-역주]으로부터 근동으로 옮아온 투르크계 일족으로부터 신봉자를 얻었다. 오늘날에는 오스만 사람 및 그들과 밀접한 관계에 있는 약간의 투르크족들, 러시아의 타타르, 바슈키르(Bashkir), 키르기스(Kirghiz), 서시베리아의 몇 개의 타타르 종족이 열성적인 이슬람신도이다. 라마교의 영향권에 들어간 것은, 몽골사람과 접하는 소요트와 남산산맥의 북면에 있는 투르크계의 한 작은 종족, 이른바 황(黃)위구르뿐이다. 크리스트교도가 된 종족은 적어도 공식자료의 기술로는 이 어군의 민족 가운데 야쿠트(Yakut), 알타이 지방의 타타르 종족, 추바슈, 거기에 카잔(Kazan) 타타르의 극히 일부분에 그친다. 알타이인 사이에는 수십 년 전에 이른바 부르칸(Burkhan)주의자가 샤만과 악령을 위한 제물을 버리고 부르칸(또는 쿠르부스탄 Kurbustan)이란 유일신을 믿기 시작했을 때, 토착신앙과 고등종교가 일종의 섞임[混淆] 형태로 나타났다.

　각 종교영역을 전망해 보면 토착신앙의 자취는 그리스 정교가 보급된 지역에 있어서는 더욱 끈질기게 유지되었다고 할 수 있다. 그것은 그리스 정교의 전도활동은 아직 역사가 짧고 또 한편으로는 알타이와 같이 교통이 불편한 지방은 외래의 영향에 물들지 않고 남아 있기 때문일 것이다. 그에 반해 가로막힌 것이 없는 스텝에서는, 문화의 흐름이 평야를 지나 멀리까지 도달할 수가 있다. 더욱 주목할 만한 것은 그리스 정교가 라마교와 같이 관용이 없는 것도 아니고, 보통 다른 신앙 관념과 의식을 인정하지 않는 이슬람교만큼 광신적인 것도 아니라는 점이다. 오늘날 고대 시베리아 샤머니즘이 가장 강력하게 살아남아 있는 곳은 다른 곳 사람을 접근시키지 않으며, 낮에도 어두운 원시림 지대인 서퉁구스 지방이다. 그에 반해 바이칼 호 동쪽 기슭 지방에 살고 있는 퉁구스의 일부는 이미 세례를 받았다. 또한 일부는 라마교와 접촉을 하고 있다. 이름을 크리스트교적으로 바꾼 곳은 라무트와 곳에 따라서는 오로촌도 그렇다. 아무르 강 골짜기의 퉁구스족들은 중국의 영향을 강하게 받아서 신앙 관념에도 의례(儀禮)에도 중국의 영향이 눈에 띈다. 물론 이들의 지방에는 만주족이 중국문화의 가장 중요한 중개자다.

퉁구스나 그들과 가까운 관계에 있는 다른 많은 종족과 마찬가지로 북방야쿠트, 부리야트 특히 바이칼의 서쪽에 있는 부리야트, 알타이 지방의 몇몇 타타르 종족, 게다가 카라가스와 소요트는 지금도 역시 샤만의 도움에 매달리고 있으며 선조로부터 물려받은 관습을 지키고 제물(祭物)을 바친다. 그 밖의 민족들 가운데에도 오래된 제도를 많든 적든 잘 간직하고 있는 종족이 있고, 그들은 서로 떨어져 살고 있기 때문에, 알타이 민족들의 종교적인 원형을 연구할 때에는 귀중한 비교자료가 된다. 어떤 점에서는 샤머니즘적 문화영역에 넣을 수 있는 다른 계통의 민족들도 이 자료를 다시 보강하는 데 도움이 된다. 퉁구스, 예니세이인, 사모예드인이라고 말하는, 각각 기원을 크게 달리하는 민족의 경우, 특히 무복(巫服)에서 알아차릴 수 있는 어느 정도의 공통성은, 그들은 서로 가까운 관계에 있다는 것을 증명하고 있다. 야쿠트의 신앙 관념은 돌간(Dolgan)인 외에 야쿠트의 북방에 사는 유카기르(Yukagir)인의 신앙 관념에도 보인다. 마찬가지로 위구르인들 사이에도 틀림없이 시베리아의 타타르로부터 받아들인 그와 같은 정신문화의 유산이 보존되어 있다. 위구르 주변의 핀 계통의 민족들은 추바슈와 그 땅에 사는 타타르의 영향을 받고 있다. 아무르 강 골짜기로 눈을 돌리면, 몇몇 퉁구스 종족과 아무르 주(州)의 바닷가와 나란히 있는 사할린에 사는 길랴크와의 사이에 어떤 깊은 관계가 있었던가 하는데 마음이 끌린다. 특히 사육한 곰에 대한 의식(儀式)은 공통적인 특징을 가지고 있다. 결국 이 민족의 대부분은 러시아화 했지만, 받아들이기에 따라서는 북시베리아의 자연민족인 축치(Tchuktchi)와 코랴크(Koryak)와 캄차달(Kamtchadal)에 주의를 돌리는 것도 좋다.

알타이 민족들의 과거를 밝혀 보면 북쪽의 삼림문화와 남쪽의 초원문화라고 하는 두 겹으로 된 문화에 맞부딪치게 된다. 초원문화는 유목을 특징으로 하는 것인데, 각지의 발굴유물에는 가장 오래된 여러 특징을 남기고 있다. 자작나무 껍질로 덮은 원추형 천막을 본래의 집으로 사용한 삼림문화 또는 수렵문화를 이룩한 사람들은 기원적으로는 오로지 사냥만으로 살았다고 생각되는데, 뒤에 새로운 부업(副業)으로서 순록을 기르게 되었다. 몇몇 투르크 계통 민족은 순록을 타는 데 이용했을 때 분명히 초원지대의 말을 본보기로 삼았을 것이다. 이미 청동기시대의 무덤에서 주인의 옆에 안장을 채운 채 묻힌 말이 발견되었다. 수렵문화의 특징은 이미 꽤 오래 전부터 죽은 자를 땅속에 매장한 초원지대의 민족들과는 달리 죽은 자는 나무 위에나 나뭇가지를 꺾은 그루터기 위에 고정시킨 대(台) 위에 장사지냈다. 그런데 문제는 대(大) 알타이민족의 선조는 원래 어느 문화권에 속했는가라는 것이다. 만약, 본래는 삼림지대에 살고 있었다고 하면, 그들의 장사지내는 방법은-설령 외래에서 들여온 것의 본보기가 아니라고 해도- 나무가 없는 풀밭을 헤매고 다니는 가운데 바뀌고 말았다는 것은 분명하다. 거꾸로 풀밭에서 나무숲으로 옮아가서 살았다고 하면, 왜 주검을 나무 위에나 대(台) 위에 놓아두게 되었는가를 이해하기 어렵다. 그것도 수렵문화를 이룩한 사람들은, 원래는 다른 계통의 종족이었는데, 천천히 다른 말을 받아들임과 동시에 자기들의 오랜 문화를 다른 언어군(言語群)에 흡수시키고 말았던 것일까? 아니면 또한 몇몇 투르크 계통의 민족들은, 예를 들면 야쿠트와 같이 새로운 환경에 밑바탕을 두고, 수렵문화의 단계에 있는 이웃민족으로부터 영향을 받으면서도, 자기들의 말만은 그대로 간직하고 있다고 하는 경우도 상상해 볼 수 있을 것이다. 어느 쪽이라고 해도 알타이 계통 민족들은 오늘날은 꽤 다른 두 개의 문화권으로 갈라진 상태로 있다. 그런데, 중앙아시아 민족들의 유목문화가 종교사적으로 보면, 짐승을 죽여서 제물로 바치고 젖을 바치는 풍습을 함께 하고 있다는 사실도 흥미를 불러일으키지만, 동시에 북쪽 삼림지대의 수렵문화가 전 유라시아의 북부 일대를 통해서, 큰 줄기는 한 가지이기 때문에, 매우 오래된 원시 시대의 신앙 관념과 관습을 반영하고 있다는 것은 흥미롭다.

중앙아시아의 투르크 계통 민족들의 신앙에 관해서는 그 가운데에도 13세기에 이미 이 나라에 들어와서 각지를 돌아다닌 유럽 사람들의 여행기가 조금 전해지고 있다. 그들 가운데 한 사람은 프란시스코 파의 승려 카르피니(Johannes de Plano Carpini)로서 1245년 교황 이노켄티우스(Inocentius) 4세에 의해 오르콘(Orkhon) 강 가까이 있는 카라코룸(Karakorum)에 있는 몽골의 칸에게 파견되었다. 한겨울 내내 그곳에 머물렀는데, 그는 귀중한 지식을 몸에 많이 익히어 그것을 여행기로 써서 전했다. 또 다른 중요한 여행기는 역시 프란시스코파의 승려 윌헬름 뤼브뢰크(Wilhem Ruysbroeck)가 지은 것인데, 그는 같은 곳에 1253년부터 1255년에 걸쳐 루이(Louis) 9세의 사자(使者)로서 여행했다. 몽골 사람들과 생활을 같이했던 사람으로는 베네치아의 모험가 마르코 폴로(Marco Polo)가 유명한데, 그는 교황의 명을 받고 1271년에 쿠빌라이 황제가 있는 곳으로 여행을 했다. 황제의 사랑을 받은 마르코 폴로는 여러 가지 요직을 거쳐 총독으로까지 되었으며 허락을 받아 고국으로 돌아간 1292년까지 몽골에 머물렀다. 넓은 지역에 걸친, 파란 많은 그의 여행기록은 가장 주목할 만한 중세의 여행기다. 중앙아시아의 종교사정에 관해서는 뤼브뢰크의 저서가 가장 빛난다. 왜냐하면, 그 가운데는 이교도나 샤만뿐만 아니고, 마니교나 세력을 떨친 네스토리우스파와 그 교회, 다시 불교도와 그 사원과 황색(黃色) 옷을 걸친 승려들의 일들이 기록되어 있기 때문이다. 그리고 징기스칸이 돌아왔을 때에 전쟁포로로 데리고 온 많은 사람들, 러시아 사람들, 그리고 그루지아(Georgian)인들, 아르메니아(Armenia)인들도 당시 이 지방에 살고 있었다는 것도 이 책에서 밝혀졌다.

알타이 계통 민족들의 신앙 관념에 대한 지식은 특히 중국, 아라비아, 몽골의 자료에도 보인다. 몽골의 자료 가운데 가장 주목할 만한 것은 사낭 세첸(Ssanang Ssetsen)의 연대기인데 아카데미회원인 슈미트(Schmidt)가 도이칠란트어로 옮긴 《동부 몽골인과 그 왕가의 역사. Geschichte der Ost-Mongolen und ihres Fürstenhauses, 1829.》이다. 빠뜨릴 수 없는 것은 페르시아의 사학자 라시드 엣딘이 13세기에 쓴 몽골의 역사 서술인데 여기에는 투르크와 타타르에 대한 지식도 포함되어 있다.

중세의 자료는 오래되었다는 점에서 본다면 매우 귀중하지만 빈약하기 때문에 그곳에 등장하는 여러 민족의 종교에 대해서는 이들의 자료로는 명료한 것을 얻을 수는 없다. 17세기 이후의 여행기에 나오는 알타이 민족들의 신앙 관념과 관습에 대한 지식도 되는 대로 관찰한 것에 기초를 두고 있기 때문에 어딘가 빈약하다. 처음으로 믿을 만한 보고가 수집된 것은 러시아 사람들이 시베리아에 옮아가 확고한 자리를 잡은 뒤 그들의 보호 아래 꽤 오랫동안 같은 곳에서 관찰을 실시하여 민족을 하나하나 개별적으로 연구할 수 있게 되었기 때문이다. 원주민 중에서 조차 이러한 작업에 흥미를 가지고 협력하는 사람이 나타났다. 다행한 것은 조상 대대로 물려받은 관념이나 의식이 시베리아의 많은 벽지(僻地)에 오늘에 이르기까지 간직되고 있는 것인데, 연구 자료는 해마다 보완될 수가 있었다. 오늘날에는 여러 민족에 관한 자료가 매우 풍부하게 되었는데, 그런 자료를 바탕으로 한 비교연구로 지금은 알타이 모든 민족의 종교발달에 대한 서술에 착수할 수 있게 되었다. 이 연구에 도움이 되는 가장 중요한 자료는 문헌일람에 모아놓았고, 그 가운데는 극히 최근에 나타난 것도 들어 있다. 다만 이러한 보고 가운데에는 부정확하든가 오해를 살만해서 비판적으로 받아들이지 않으면 안 된다는 것도 있다는 것을 명심해야 한다. 더구나, 자료로 된 문헌 일람에는 이가 빠진 것과 같은 곳이 여러 군데 눈에 띈다. 그 가운데에도 최악의 것은 지리적인 위치로부터 오는 곤란인데, 오늘날까지 연구가 제대로 되지 않은 북방 원시림에 있는 퉁구스의 경우이다. 그 밖의 시베리아 몇몇 민족도 좀 더 깊이 파고 들어가서 조사할 필요가 있다. 안타까운 것은, 오늘날 외국인 연구자가 시베리아의 모든 민족의 깊숙한 곳까지 들어가는 것은 거의 불가능하다는 것이다. 일찍이 러시아 학자들이 품고 있었으리라 생각이 드는, 아직도 연구되지 않은 채 내버려져 있는 시베리아의 모든 민족의 전래 풍속과 전승에 대해 점차 국제적인 연구가 활발해질 것이라는 것을 기대해도 좋을 것 같다.

제1장

세계상世界像

1. 땅大地

게오르기(Georgi)가 북시베리아의 민족들에 대해서 쓴 글 가운데, "그들의 세계관은 본질적으로는 그들 고유의 수렵영역에서 벗어나는 것은 아니다."라는 말이 있다. 또한 원시인의 세계상에서 가장 중요한 점은 그들 자신과 그들 선조가 생활하는 가운데 터득한 것과 체험한 것만을 밑바탕으로 한다는 것을 잘 알 수 있다. 그래서 예니세이(Yenissei) 강 하류 지역에 살고 있는 여러 민족들은, 사람이 사는 땅은 북쪽을 향해 기울어져 있다고 생각했다. 예니세이 강이 남쪽에서 북빙양(北氷洋)으로 흘러 들어가기 때문에 이러한 판단을 하게 된 것이다. 그곳에서는 남쪽은 '위', 북쪽은 '아래'라고 부른다. 동시에 남쪽은 앞쪽에 북쪽은 뒤쪽에 있다고 생각한다.[『訓蒙字會』(中4)에는 앞南 뒤北으로 나온다. 우리 민족과 같은 관념이다.-역주] 그런데 대부분의 투르크 계통, 또는 그 밖의 다수의 민족은 주요한 방향축을 동서로 하고 있다. 그래서 동은 앞에, 서는 뒤에 있다고 한다. 이러한 생각은 물론 해돋이와 해지기에 깊은 관계가 있다. 이렇게 말하는 방향은 특히 기도 의식에서는 매우 중요한 것이다. 하늘이라든가, 또는 무언가 땅 위에는 없는 영혼에게 기도할 때에는 동쪽으로 향하고, 땅 밑의 영혼, 결국 죽은 것에 절할 때에는 서쪽으로 향하는 것이다. 이런 뜻에서 볼가 강 유역의 핀(Finn) 계통 민족들도 제물을 어떤 때는 '위'로, 어떤 때는 '아래'로 향하여 바치고 있다.

그 땅의 상태가 외계(外界)와의 교섭에서, 생활하는 사람들의 지리관 형성에 얼마나 강한 영향을 주는가는, 특히 야쿠트 사람들의 신앙에 잘 나타나 있다. 전 세계는 레나 강을 중심으로 퍼져 있으며, 땅이 비롯되는 곳은 레나 강의 수원(水源)에 있고, 끝나는 곳은 레나 강이 바다로 흘러들어가는 곳에 있다고 말하는 것이다.[1] 예니세이 오스탸크 사람들도 마찬가지로 그들이 사는 곳의 강이 전 세계를 꿰뚫으며 흐르고 있다고 생각하는데, 예니세이 강과 그 지류에 세계의 모든 민족을 배치하고 있다. 그들은 예니세이 강이 하늘 또는 하늘과 같은 정도의 높은 산에서 흘러내린다고 설명한다. 같은 유역에 사는 사모예드 사람은 예니세이 강이 하늘의 제6층에 있는 큰 바다에서 나온다는 것을 믿고 있다고 말했다.[2]

예니세이 강의 많은 물이 북으로 향하여 나아가는데, 이 큰 강이 북빙양에 흘러들어 가는 하구(河口)에는 끊임없이 물을 마시고도 결코 넘치지 않는 '깊은 입'이 벌어져 있다고 생각하는 것이 가능했을 것이다. 여기에는 또한 죽은 자들의 넋이 하계(下界)로 내려갈 때 통과하는 구멍이 있다. 이 지방 민족들의 사고방식에 의하면, 똑같은 물의 소용돌이는 오브 강의 하구에도 있다.

지역의 고유한 관념 외에 중앙·북아시아에는 서로 멀리 떨어져 살고 있는 몇몇 민족에게서 공통적인 관념도 또한 엿볼 수 있다. 하지만, 그렇다고 해서 매우 분명하면서도 하나로 전체가 갖추어진 세계상을 투르크 계통의 민족들에게서 찾는 것은 잘못이다. 서로 관련이 없는 민속신앙의 여러 가지 관념을 연구자가 아무리 관련시키려고 해도, 반대로 분명하지 않아서 모순에 가득 찬 점이 너무나 많고 동일 민족의 내부에서조차 한 가지 사실에 대해 서로 완전히 다른 관념이 눈에 띌 정도이다. 이러한 사태가 생긴 까닭은 민속신앙의 새로운 관념이 때때로 오랜 관념에서 나뉘기도 하고, 또한 양자가 병존하기도 하기 때문이다. 하지만 일반적으로는 고유한 민속신앙과 의례에 결부된 관념 쪽이 외래의 신화로부터 생겼다기보다는 더욱 오래되고 더욱 깊은 뿌리를 내리고 있다고 단정할 수 있다. 외래종교도 또한 땅과 세계에 대한 그들 나름의 풀이를 할 수 있다. 그러나 이런 저런 점이 일치한다고 해서 그 특징이 우리에게 이미 알려져 있는 어떤 종교의 최초 출처가 된다고 증명할 수 있는 것은 아니다. 알타이 계통의 민족들은 이미 선사시대에 받아들인 외래 요소를 간직하고 있는지도 모르기 때문이다. 그것과 사고방식이 비슷하다고 해서 반드시 그것으로 차용 요소의 존재를 증명할 수 있는 것은 아니다.

　지평선은 인간의 눈으로 보면 땅을 빙 둘러싸고 있는 것 같이 보이므로, 땅의 끝은 '둥글다'고 보는 방법이 이미 나왔다. 동시에 하늘의 '네 모서리'라는 것도 말했는데, 그것은 분명히 네 방향(四方)에 밑바탕을 두고 있다. 야쿠트의 전설에는 비바람과 벼락은 이 네 모서리에서 불어 올라가서 하늘의 끝에서 합류하는 것으로 되어 있다. 게오르기는 퉁구스의 땅 생김새는 사각형의 철판(鐵板)이라고 말한다.3) 몽골의 창세전설에 의하면, 어떤 사람이 쇠몽둥이를 가지고 원해(原海)를 휘젓자마자 액체의 표면이 아주 끈적끈적하게 되어 땅이 생겼다는 것이다. 땅의 끝은 처음에는 둥글었는데 나중에 네모가 되었다.4) 땅은 하늘의 팔방(八方)에 맞게 팔각형(八角形)으로 되었다는 관념은 네모꼴이라고 하는 만큼 많은 것은 아니다. 《여덟모를 가진 둥근 땅의 어머니》는 특히 야쿠트의 신화에 등장한다.5) 말할 것도 없이 가장 일반적인 것은 땅의 가장자리는 둥글다고 풀이하는 것이다. 이러한 대지상(大地像)을 나타내는 것은 보통 야쿠트 무복(巫服)에 매달려 있다.

중앙아시아 및 북아시아 민족들에게 땅은 둥근 빵 같은 꼴을 하고 있는데, "그 밑에도 그 둘레에도 끝없이 원해(原海)가 둘러싸고 있다"는 관념이 있다. 이러한 생각은 맨 처음에는 큰 바다의 기슭에 살고 있던 민족들 사이에서 생겨났다고 상상된다. 동양의 세계상과 인도 여러 민족의 전설 가운데에서 이 원해는 매우 중요한 뜻을 가지고 있다. 고대 그리스의 오케아노스(Okeanos)는 이것에 대응되는데, 에다(Edda)의 가운데에도 "땅은 둥글고 그 끝에는 깊은 바다가 있다."라고 하는 한 마디가 있다. 땅의 기원전설은 사람이 사는 땅이 어떤 끝없는 원해(原海)의 한가운데에서 어떻게 나타났는가를 설명하려 하고 있다. 투르크 계통 민족들의 경우 원해(原海)를 말하는 것은 이런 종류의 전설에만 있는데, 본래의 민속신앙에는 나오지 않는다.

보굴(Vogul)의 창세전설에 의하면, 바다 가운데 떠 있는 대지(大地)는 한 곳에 머물러 있지 않고, 물속에 받침도 없이 흔들리며 떠다니기 때문에, 맨 처음의 사람은 무서워서 하늘의 신에게 어떻게 된 것이냐고 여쭈었다. 그러자 신은 은(銀)으로 꾸민 띠를 주면서 이것을 땅에 휘감으라고 명령했다. 사람은 신의 명령에 따라서 했는데, 이렇게 해서 땅을 빙 둘러싼 산 고리[山環]가 생겼다. 보굴(Vogul)과 오스탸크(Ostyak)의 생각에 의하면 우랄(Ural) 산맥이 그렇다.6)

우랄 산맥이 대지를 둘러싸고 있다는 관념은 이들 민족들에게 한정된 것은 아니다. 헤르베르시타인(Herberstein)은 16세기에 지은 책 가운데에서 러시아인은 페쵸라(Petchora) 강을 둘러싼 산들을 젬노이 포야스(zemnoi pojas. 地帶)라고 불렀다고 썼고, 그것을 세계 또는 땅의 띠

(cingulus mundi vel terrae)로 번역했다. 우랄 산맥은 헤르베르시타인이 엮은 지도에도 《세계의 띠》(cimgulus mundi)로 나타나 있다. 구아니노 (Guagnino)도 그와 같이 젬노이 포야스라는 이름을 사용하여 기술하고 있다. 비트젠(Witsen)은 그의 책에서 우랄 산맥에는 카메노이 포야스 (Camenoi Pojas. 돌의 띠)라는 러시아 이름을 붙이고, 러시아인은 그것이 '세계의 둘레를 한바퀴' 감고 있다는 생각을 하고 있다고 덧붙이고 있다. 문카치(Munkkacsi)는 러시아인이 이렇게 말하는 관념은 보굴이나 오스탸크로부터 받아들였다고 상정(想定)했다. 그런데 이러한 관념은 이 지방에 사는 그 밖의 민족들에게도 알려져 있는 듯하다.[7]

남쪽에서 같은 관념은 카프카스 산맥과 결부되어 있다. 사전류(辭典類)에는, 카프카스는 아라비아어와 터키어에는 카프(Kāf)라고 부른다고 쓰여 있고, 이 말이 더욱 깊은 뜻을 가지고 있다고 가르치고 있다. 젠커 (Zenker)에 의하면, 카프는 카프카스 이외에 이슬람교도의 관념으로는 땅 전부를 둘러싸고 있는 산맥이라는 뜻도 있다. '카프에서 카프에로'라는 것은 "세계의 끝에서 끝까지"라는 뜻이 된다. 부다고프(Budagov)도 또한 이 말의 뜻에 대하여 "동양 민족들의 관념에는 모든 땅을 둘러싼 산"이라고 쓰고 있다. 땅을 둘러싼 산이라는 이러한 관념은 타타르의 전설에도 반영되어 있는데, 어떤 영웅이 세계의 끝까지 말을 몰고 가서 그곳에서 높은 산과 만났다는 유래를 쓰고 있다. 《쇠로 된 산 고리[鐵圍山]》에 둘러싸인 세계라는 몽골의 관념은 아마 티베트로부터 들여온 것이라 추측된다.[8] 알타이의 민간 문학에서는 삼층 세계가 띠로 감겼다고 말하고 있다. 가운데층은 한가운데에 위층은 위에 아래층은 아래에 감겼다고 말하고 있다.[9] 이 비교자료에서 《땅의 띠》라고 하는 위구르인의 관념은 이곳에서 발생한 것은 아니고 그 밑바탕은 투르크 계통 민족들의 이것과 비슷한 신앙 관념처럼 고대 동양의 세계상 중에 있었다고 말할 수 있다.

　땅을 둘러싸고 있는 물과 같이, 사람이 살고 있는 땅 위에 덮고 있는 하늘과, 땅 밑에 감추어져 있는 하계(下界)도 또한 시베리아 민족들의 상상력의 산물이다. 그것에 의하면, 세계는 삼층으로 되어 있다. 올센(Olsen)은 소요트의 신앙 관념에 대해서 "땅·하늘·하계(下界)는 땅을 가운데층으로 하여 겹쳐서 만난 세 개의 둥근 큰 판으로 되어 있다고 생각하고 있다."라고 쓰고 있다.10) 이러한 세 개의 층을 알타이 타타르의 어떤 사람은 위층은 신 윌갠(ülgän)과 그를 따르는 자들[從者]이 사는 《상계(上界)》, 사람이 사는 《중계(中界)》, 죽음 나라의 임금 애를리크(ärlik)와 그를 따르는 자들이 사는 《하계(下界)》라고 저마다 부르고 있다.11) 야쿠트 사람도 또한 《눈에 보이는 세계와 눈에 보이지 않는 세계》를 《상계》, 《중계》, 《하계》로 나누었다.12) 야쿠트의 전설에는 자주 《가운데 세계》(orto doidu. 中界)라는 말을 사용하는데, 이는 사람이 사는 세계를 가리킨다.13) 모두가 알 듯이 아이슬란드 문학에는 사람이 사는 곳을 지칭하는 이름으로서 "가운데의 뜰"(midgarør. 中庭)이라는 말이 보인다. 이러한 명칭의 근거는 역시 땅이 세계의 가운데에 자리 잡고 있다는 생각에 있을 것이다. 몽골인은 물론 매우 좁은 의미로 그들 본래의 고향 땅만을 《가장 가운데에 있는 나라》라고 말하고, 중국인은 《가장 가운데에 있는 제국(帝國)》이라고 말한다. 이와 같이 어느 민족이나 다른 민족과 나라는 자신의 가장자리에 있으며, 자기 자신은 스스로 가운데 있다고 생각하기 쉽다. 더구나 높은 들판에서 사는 몽골인의 경우 자연 환경, 자신의 고향 땅은 둥근 땅의 가장 높은 곳에, 가장 중심에 자리 잡고 있으며, 다른 나라들은 보다 낮은 곳, 가장자리에 있다는 생각을 하고 있다.

　여기서 다루는 그 밖의 지역에서도 둥근 땅의 중심은 사람의 상상력을 불러일으킨다. 잘 알려져 있는 것처럼 아시아의 고대문화 민족은 대지의 중심을 "대지의 배꼽"이라고 불렀다. 투르크 계통의 몇몇 민족들도 이렇게 부르고 있다. 곧 야쿠트의 전설에서는 흔히 《조용한 곳, 땅의 배꼽》이라든가, 《팔각형 땅의 어머니 황색 배꼽》, 또는 《중심 장소(곧 땅)의 은(銀) 배꼽》이라고 불렀다. 이 지점은 때로는 《젖이 붇다》라든가, 《가장 훌륭하고 매우 풍부하게 넘쳐 나오는 곳》으로 불린다.14) 그래서 선사시대의 많은 민족은, 예를 들면 고대 그리스 사람도 똑같은 생각으로 《땅의 배꼽omphalós gēs》상(像)까지 만들었고, 때로는 거기에 풍요의 뿔[산양의 뿔로 만든 그릇에 꽃이나 과일을 담은 것. 제우스가 어렸을 때 젖을 준 산양의 신화에서-역주]이 더해졌다. 핀 사람과 친척 관계에 있는 몇몇 동러시아 민족도 《땅의 배꼽》을 알고 있다. 예를 들면, 보탸크(Votyak) [보탸크족은 유럽 러시아에 위치한 우드무르티야에 많이 사는 종족인데, 그들 스스로는 우드무르트(Udmurt)인이라고 호칭하고, 그 언어도 우드무르트어라고 부른다. 계통적으로 우랄어족의 핀어파(語派)에 속하며 코미어(語)와 가장 밀접한 관계에 있다. 또 코미어와 더불어 페름어라고 총칭되기도 한다.-역주]의 병(아픔)을 쫓는 주문(呪文)에 이런 것이 있다. "땅 중심에 《땅의 배꼽》이 있다. 이 배꼽을 땅으로부터 도려내어 아픈 사람의 목숨과 피를 받아 보라."15) 여기에는 땅의 배꼽을 잘라내는 것은 불가능하다는 것도 담고 있다. 대지의 기원을 말하는 중앙아시아의 전설에서는 땅은 중심에서 점점 불어나서 오늘날과 같이 크게 되었다고 적혀 있다. 같은 해석이 유대 신화에도 보이는데, 물론 다른 소아시아의 여러 민족의 관념에도 나타나고 있다.

그림1. 야쿠트 무복(巫服)에 붙은 땅을 나타내는 철판(鐵板). 한가운데에 구멍이 뚫려 있다.

하계(下界)에는 한 구멍을 통해 다다르게 되

어 있다는데, 알타이 지방의 몇몇 타타르 종족은 이것을 《땅의 연기가 나오는 구멍》이라고 부르고 있다.16) 샤만은 이 구멍을 통해 하계를 돌아다니다가 다시 이것을 통해서 사람의 곁으로 되돌아오기 때문에, 땅을 나타낸 그림이나 형상에 이와 같은 구멍을 붙이고 있는 것도 알만하다. 보통 야쿠트 무복(巫服)에 달려 있는 땅을 뜻하는 둥근꼴의 철판(鐵板)에는 둥근 땅의 중심에 있다고 하는 구멍이 뚫려 있다(그림1). 소아시아의 문화 민족도 마찬가지로 땅의 배꼽 위에 뚫려 있는 구멍을 통해서 하계로 내려갈 수 있다고 생각한다.

2. 땅大地을 받치는 것들

땅은 동양의 세계상에 따르면, 큰 우주바다[宇宙海]의 중심에 떠 있기 때문에 땅이 밑으로 가라앉지 않도록 어떤 기둥이 받치고 있다는 생각과 밀접하게 결부되어 있는 것을 알 수 있다. 터키 계통 민족들의 거주 지역에는 이런 관념이 다양하게 나타난다. 그런 관념의 공통적인 특징은 어떤 동물이 땅의 받침대 구실을 하고 있다는 점이다.

"이 세상의 처음에는 물과 물속에 웅크리고 있는 큰 거북이 한 마리뿐이었다. 신은 그 동물이 있는 곳으로 가서 그의 배 위에 세계를 세웠다."고 부리야트인은 말한다.1) 땅의 기원에 관한 또 하나는 중앙아시아의 전설에 오치르바니(Otschirvani; 불교에서는 Bodhisattva Vajrapāni 執金剛菩薩)와 차간 슈쿠티(Tsagan-schukuty)가 하늘에서 내려와서 거북이 한 마리가 바다 속에서 헤엄치고 있는 것을 보고, 위로 향하고 있는 거북이의 배에 흙을 뿌렸다. 그러자 사람이 살 큰 뭍이 되었다.2) 되르뵈트(Dörböt)의 전설에는 또한 문수보살(Bodhisattva mañjuśrī, 文殊菩薩)도 나타난다. 그들은 스스로 거북이의 화신이 되어서 위로 향하게 되고, 스스로 만든 뭍을 바닷물 위에 닿게 했다. 거북이의 발가락이 하나라도 움직이면 땅은 흔들린다.3) 알라르스크(Alarsk) 지방의 부리야트 사람의 관념에 따르면, 거북이는 땅을 등에 지고 있다. 땅의 흔들림은 거북이가 지쳐서 몸을 움직이기 때문에 일어난다고 믿고 있다.4) 또한 이와 같은 풀이는 바이칼의 퉁구스에도 있다.5) 땅을 받치고 있는 거북이가 운이 나빠 몸을 움직이면, 땅은 물속으로 빠지고 만다고 소요트(Soyot)는 설명한다.6) 태양열로 만물이 마르고, 다 타버릴 것 같이 되면, 거북이도 열 때문에 불안해 방향을 바꾸기 때문에 세계의 침몰이 야기될 것이라고 칼무크(Kalmuck)도 믿고 있다.7) 몽골의 신화에는 세계의 중심 산을 받치고 있는 《금색》 거북이가 등장한다.8)

이러한 중앙아시아 상상의 산물과 똑같은 티베트의 관념을 비교해 보면, 둘은 완전히 일치한다는 생각이 든다. 그 둘은 모두 비슈누(Vishnu) [세계의 보존과 유지의 기능을 담당하는 비슈누는 세상의 질서이자 정의인 다르마를 방어하고 인류를 보호하는 존재이다. 따라서 힌두 신들 가운데 가장 자비롭고 선한 신으로 나타난다. 인도 최고(最古)의 문헌인 『리그베다』에서도 비슈누가 나타나기는 하지만 주요한 신은 아니었다. 그러나 베다 시기 말엽부터 그의 숭배가 빠른 속도로 발전하여 『마하바라따』와 『뿌라나』 시기에 이르러 상당한 권위를 얻게 되고 세상과 우주를 유지, 지속, 보존시키는 속성을 지니는 신으로 자리 잡게 되었다. 비슈누 신앙이 발전하면서 대중적인 신들을 포함하는 몇몇 신들이 그의 아바따르(Avatar 혹은 아바따라, 化身) 형태로 비슈누 신앙에 흡수되었다.-역주] 신이 거북이의 모습을 하고 땅을 받치고 있다고 말하는 인도의 전설에서 유래한다. 나중에 이 옛 신을 대신해서 보살이 등장했다. 몽골에는 땅을 받친다고 말하는 이런 관념이 중국을 거쳐 들어와서 꽤 일찍부터 나왔다고 생각된다.

몇몇 북아메리카 인디언 종족에게서도 이 거북이가 똑같은 역할을 한다는 것은 재미있는 사실이다. 예를 들면 수(Sioux)족 인디언은 진흙을 문 거북과 풀을 문 물새가 원해(原海)에서 헤엄치고 있다고 말한다. 그렇게 해서 풀이 난 땅을 거북이의 등에 싣는다고 한다. 휴론(Huron)족도 이렇게 말하고 있다. 맨 처음은 물 밖에 보이지 않았는데, 깊은 곳으로부터 거북이가 한 마리 나타나서 흙을 가져오도록 여러 가지 동물을 바다 밑으로 보냈지만 모두 구해오지 못했다. 맨 마지막으로 보낸 개구리의 입에 처음으로 진흙 같은 것이 달라붙어 있었는데, 그것을 거북이의 껍질 위에 뿌렸더니 갑자기 그로부터 뭍이 생겨서 거북은 등에 태우게 되었고 지금까지도 쭉 등에 태우고 있다.9)

중앙아시아에는 곳에 따라 물고기도 또한 땅의 받침대 역할을 한다. 발라간스크(Balagansk)의 부리야트인은 땅은 세계해(世界海) 가운데에서 헤엄치고 있는 큰 물고기가 받치고 있다고 말하고 있다. 그 물고기가 어떤 이유로 자리를 바꾸면 지진이 일어난다고 말한다. 이렇게 땅이 흔들릴 때 그 흙을 보존해 두면, 출산 때에는 진통을 줄이는 데에 효과가 있다고 말한다.10) 또 부리야트 사람의 한 이야기에 의하면, 땅을 받치고 있는 큰 물고기는 가로 누워 있다고 한다. 땅의 무게를 감당하지 못하게 되면, 물고기는 때때로 몸부림을 친다. 그래서 지진이 일어난다고 말한다.11) 알타이 타타르는 물고기 3마리가 땅을 받치고 있다고 말한다. 최고신 월갠(Ülgän)은 땅을 만들어 물 위에 띄울 때 둥근 땅의 안쪽 가운데에 물고기 한 마리, 옆쪽에 두 마리 이렇게 모두 세 마리의 물고기를 배치한다고 설명한다. 한가운데 물고기의 머리는 북쪽으로 두고 있는데, 물고기의 머리가 잠기게 되면 북쪽에 홍수가 일어난다. 다시 머리를 깊이 빠뜨리면 둥근 땅이 몽땅 물에 빠지게 된다. 이 물고기의 아가미에는 줄이 하나 매여 있는데, 그 끝은 하늘에 다다랐으며 3개의 기둥에 묶여져 있다. 기둥마다 차례로 떨어지게 되어 있기 때문에 물고기의 머리는 잠기기도 하고 떠오르기도 할 수 있도록 되어 있다. 그것을 맡은 자는 신의 도우미인 문수보살이다. 첫 번째 기둥에서 줄을 떼면 땅의 북쪽 부분이 잠기고 홍수가 일어나며, 두 번째 기둥에서 줄을 떼면 땅은 대홍수의 위험에 놓이게 된다.[12)]

이 전설에는 물고기 3마리가 나오지만, 가운데에 있는 물고기가 가장 중요한 뜻을 지닌다. 또 러시아의 대지기원전설에도 한 마리 또는 여러 마리의 물고기가 땅의 받침대로 등장한다.[13)] 땅속에 큰 물고기 3마리가 있는데, 그것이 움직이면 지진이 일어난다는 이야기는 보탸크에도 잘 알려져 있다.[14)] 탐보프(Tambov)[유럽 러시아 중남부, 츠나 강(江) 상류에 면하며 모스크바에서 남동쪽으로 약 400km 떨어진 흑토대에 있다.-역주]의 모르드빈(Mordvin)[주로 러시아의 모르도바 공화국에 거주하는 볼가핀계 민족이다. -역주]의 경우에 물고기는 큰 것 한 마리뿐인데, 빠지려는 땅을 받치는 역할을 한다.[15)]

그 밖의 동아시아의 몇몇 민족도 땅을 받치는 물고기의 이야기를 알고 있다. 일본의 아이누[표기는 Ainu 또는 Ayny. 동아시아의 고대 종족의 하나로 아이누라는 것은 사람이라는 뜻이다. 과거에는 일본의 내지에도 살아, 일본 역사상에서는 오랑캐라고도 불렸다. 아이누는 원래 쿠릴 열도, 사할린, 북해도에 살아, 각각 쿠릴 아이누, 사할린 아이누, 북해도 아이누라고 불렸다.-역주] 사람들은 지진은 세계 결국 일본열도를 받치고 있는 《등에 가시가 난 세계어(世界魚)》가 일어서기 때문이라고 한다. 일본인은 이것과 같은 뜻으로 《지진(地震) 물고기》를 말하고 있다.[16)] 샴(Siam)[샴 또는 시암(타이어: สยาม, siam)은 타이 왕국의 옛 이름이다.-역주] 사람은 큰 물고기가 세계의 가운데에 있는 산(山)인, 진날로(Zinnalo)의 받침이 되어 있다고 믿고 있다.[17)] 수마트라(Sumatra)[인도네시아 대(大)순다 열도에 딸린 섬-역주]의 바타크(Batak)[수마트라섬의 토바 바타크족(族)의 신화에는, 천신(天神)이 대지(大地)의 구린 냄새가 싫어서 신들의 자리를 대지로부터 멀리 떨어지게 했기 때문에 하늘과 땅이 지금처럼 갈라졌다는 내용이 담겨 있다.-역주]족은 그것과 반대로 땅은 용(龍)이 받치고 있으며, 때때로 그것이 움직이기 때문에 흔들린다고 상상하고 있다.18)

그런데 우리들로서는 이와 같이 서로 일치하는 상상의 이미지가 저마다의 지역에서 개별적으로 발생했다고는 생각하지 않는다. 적어도 중앙아시아의 여러 민족에게는 땅을 일부러 바다 속에 빠뜨려서 어떤 물속에 사는 동물이 떠받쳐 주도록 하지 않으면 안 될 까닭은 없는 것이다. 그렇지만, 동아시아의 여러 민족은 서로 매우 밀접한 접촉을 가졌기 때문에 신화적 관념은 민족에서 민족으로 쉽게 옮아갔다. 샴 사람의 진날로는 인도 사람의 메루산([須彌山]. Meru)과 같은 것이고 또한 그것을 받치는 《물고기》는 인도가 기원(起源)인 것 같다. 유럽과 러시아에는 앞에서 말한 물고기 관념은 아마 대지기원전설과 함께 그 구성요소의 하나로서 전파되어 갔던 것으로 추측된다.

이슬람의 영향 아래에 있는 투르크 계통의 민족들은 땅의 받침대는 보통 큰 황소라고 생각하고 있다. 이 황소의 아래에 다른 것이 있는 경우가 많다. 키르기스 사람은 우주바다 위에 짙은 안개가 꽉 끼어 있는 가운데에 돌 한 덩어리가 있고, 돌 위에는 다시 검은 잿빛의 황소가 있는데, 이 황소는 다시 뿔로 땅을 받치고 있다고 설명한다.19) 크림 타타르는 바다 가운데에 거대한 고기가 황소 한 마리를 받치고 있고, 황소는 다시 뿔로 땅을 받치고 있다든가, 또는 물소가 땅을 받치고 있는데, 그 아래에는 물고기 한 마리가, 물고기 밑에는 물이, 물 밑에는 바람이, 바람 밑에는 어둠이 있다고 말한다. 물소가 지쳐서 한쪽 뿔에서 다른 쪽 뿔로 땅을 바꾸어 실을 때에 지진이 일어나고, 또한 물소의 숨쉬기가 어떤 횟수에 이르면 세상은 끝나게 된다고 한다.20) 이런 믿음은 동유럽의 타타르에서 나와서 볼가의 핀(Finn) 계통의 종족들 사이에도 퍼져 있다. 예를 들면 보탸크는 검은 《땅을 지키는 황소》가 땅이 깊숙이 빠지지 않도록 하고 있다고 한다. 사라풀(Sarapul) 지방에는 또한 괴물 같은 황소가 몸을 움직이려고 하면 땅이 흔들린다는 생각을 하고 있다. 비르스크(Birsk) 지방의 체레미스(Cheremis)는, 황소는 바다 속의 커다란 게의 등 위에 올라타고 있다고 말한다. 황소가 머리를 흔들면 땅이 흔들린다는 것이다. 체레미스는 다시 이렇게 덧붙인다. 황소의 한쪽 뿔은 땅의 무게 때문에 이미 부러졌는데 나머지 하나마저 부러지면 땅은 꺼지고 말 것이라고 한다.21) 카프카스의 종족들, 게다가 이집트 또는 이슬람교가 침투한 곳은 어디든지, 땅의 받침대로서 황소를 만날 수 있다.22) 황소는 아랍적인 세계상에 따라다니는 것으로서, 예를 들면 《천일야화》에도 등장한다. 아랍인은 황소만이 아니고 그 아래에 몇몇 받침이 있다고 알고 있다. 아마 아랍 세계에서 가장 보편적으로 보이는 것은, 땅을 받치는 소 아래에 바위가 있고 그 바위는 또 바다에 살고 있는 큰 물고기가 받치고 있다고 생각하는 것이다. 아랍 유목민은 옛날에는 소를 쓰지 않았는데, 그들도 또한 앞에서 말한 믿음을 다른 곳에서, 그것도 고대 페르시아인의 전설에는 그와 같은 소[原牛]가 나오는 만큼, 이란 고원으로부터 받아들였을 가능성이 짙다고 생각된다. 더구나 《세 개의 머리를 가진 황소같이》 보이는 《심연(深淵)의 군주(君主)》라고 말하는 유대인의 생각도 기원이 같다고 생각한다.23)

아노킨(Anochin)은 알타이의 텔레우트(Teleut)에 대해서 다음과 같은 관념을 기록하고 있다. "땅은 접시 꼴인데, 그 위에 불룩한 하늘덮개[天蓋]가 덮여 있다. 지평선은 땅의 끝에 있고, 네 마리의 푸른 황소가 떠받치고 있다. 황소의 발이 움직이면 지진이 일어난다."24) 여기에 보이는, 아마 하나하나의 방향에 하나씩 모두 네 개의 받침대가 있다는 생각은 인도에서 발생해서 티베트로 들어간, 세계는 네 마리의 코끼리가 받치고 있다는 관념을 상기시킨다(그림2).

전적으로 땅 방향이 이렇게 되어 있다는 것은, 신은 땅이 무게를 견뎌내지 못할 정도로 무거운 매머드를 땅 밑에 두고 땅을 받치게 했다고 하는 초림(Tcholym) 타타르의 신앙이다.25) 이 타타르 종족은 오스탸크, 보굴, 야쿠트 등과 같이 매머드를 물 속에 사는 동물로 생각하고 있다.

그림2. 거북이의 등에 올라타고 세계를 떠받치는 코끼리. 인도의 그림에서.

경우에 따라서 움직이기도 하고 흔들리기도 할 수 있는 땅을 받치고 있는 생물들에 대한 관념은 어쩌면 지진의 경험에서 나왔을 것이라고 결론짓는 연구가도 있다. 우리들이 증명한 것과 같이 이러한 자연현상을 알타이의 민족들도 땅을 받치고 있는 동물과 결부시켰다. 그럼에도 불구하고 위에서 든 동물의 어느 하나로부터 북시베리아의 매머드에 이르기까지 외래의 본보기가 없으면 기술한 것과 같은 의미를 부여할 수는 없는 것이다. 퉁구스와 그 땅에 사는 다른 민족도 또한 지진은 땅 밑의 매머드라든가 그 밖의 전설적 괴물이 움직이기 때문에 일어난다고 생각했다. 하지만 그들에게 본디부터 땅의 받침대가 있었던 것은 아니다. 투일라(Tuila)라고 하는 신(神)의 썰매 앞에 묶어서 땅 밑을 달릴 때, 눈이 흩날렸기 때문에 땅이 흔들린다고 하는 캄차달(Kamtchadal)의 전설적인 개도 또한 그렇지 않다.26) 투르크계의 여러 민족은 본래 땅의 받침대는 틀림없이 어딘가 다른 곳으로부터 완성되었던 세계상의 일부로서 들어온 것이라고 한다.

마지막으로, 북시베리아의 사모예드(Samoyed)에서는 땅을 받치는 아틀라스와 닮은 인물이 등장하는 전설이 기록되어 있다는 것을 말하고 싶다. 세계가 창조될 당시에는 이 세상에 사람이라고는 둘밖에 없었다. 그 가운데 한 사람이 사냥을 하다가 땅에 구멍이 있는 것을 보고 그 안으로 들어갔는데, 그곳에는 쇠로 지은 조그마한 집이 한 채 있었다. 뒤에 남은 사나이는 마침내 친구를 찾으러 나섰는데, 똑같이 땅의 구멍을 통해서 그 집에 다다랐다. 그곳에는 잠자리에 누운 채 머리만한 크기의 물건을 두 손에 받치고 있는 땅의 늙은이가 있었다. 사나이는 "할아버지, 두 손으로 받치고 있는 것은 무엇인가요?" 하고 묻자 땅의 늙은이는 "내가 무엇을 가지고 있는데? 아무것도 아니야. 손에 얹혀 있는 것은 땅이야. 내가 손을 떼면 땅은 없어지고 말아." 하고 대답했다. 그 뒤 사나이들은 식사를 하고 잠자리에 들었다. 다음날 아침 두 사람이 일어나자 땅의 늙은이는 뒤에 온 사람 쪽을 향하더니, "밤새도록 내가 자지 못한 것을 보았을 것이다. 그래서 당신을 이리로 불렀어. 봐라. 내 손이 지쳐서 떨고 있지. 땅도 흔들리고 있고. 그래서 당신은 땅의 추가 되어 주고, 당신의 친구는 땅의 다리가 되어 주어서 내 손을 도와다오."라고 했다. 이렇게 해서 사나이들 중 하나는 우랄의 성스러운 꼭대기가 되고 또 하나는 《땅의 다리》가 되었다. 그 대가로 두 사람에게는 피의 제물이 바쳐졌고 뭇사람의 위로를 받았다.

　이 전설은 시베리아의 다른 민족에게서는 아직 발견되지 않았지만, 여기에도 또한 우랄 산맥은 앞에서 말한 《땅의 띠》라고 생각하는 것에서 볼 수 있었던 것과 같이 그 지점에서 땅을 받치는 것으로서 중요한 역할을 맡고 있다.

3. 하늘과 그 기둥

알타이계의 몇몇 민족은 하늘은 천막의 지붕과 비슷한데 사람이 살고 있는 땅을 덮어서 보호하고 있는 것이라고 상상하고 있다. 야쿠트는 하늘은 겹겹이 포개어 팽팽하게 당긴 가죽으로 되어 있다고 설명하고 있다.[1] 부리야트에서, 은하(銀河)는 《꿰맨 눈(目)》인데, 어떤 신은 "먼먼 옛날 내가 아직 어렸을 때 하늘을 꿰매 맞추어 보낸 것이다."라고 자만하고 있다고 한다.[2] 천막의 지붕과 비슷한 하늘이라는 관념은 보굴(Vogul)의 몇몇 전설에도 나오고 있는데 그것은 타타르에 기원(起源)하는 것이다. 이 전설에는 철새의 《겨울 나라》이야기가 있다. 새들이 겨울을 나는 먼 전설의 나라는 드리워진 장막과 같은 하늘의 문으로, 사람의 땅과 갈라져 있다고 한다. 그래서 바람이 드리워진 장막을 펄럭이게 하는데, 재빠른 새는 그 밑으로 빠져서 다른 한쪽으로 미끄러져 들어갈 수가 있다고 말한다.[3]

게다가 몇몇 투르크 계통의 민족은 신들이 하늘의 뚜껑을 때때로 조금 열고는 땅 위에 무엇이 일어나고 있는가를 살펴본다고 생각하고 있다. 그것으로 추바슈(Chuvash)는 별똥별이 나타나는 뜻을 설명한다. 이 하늘의 《갈라진 눈》을 보게 되는 사람은 운이 좋다. 이렇게 말하는 것은 그 순간에 바라는 것이나, 신에게 비는 것은 모조리 이루어지기 때문이다.[4] 부리야트는 《하늘의 문》을 신들이 조금 열 때에 별똥별이 나타난다고 말한다. 《문》이 정말 일순간만이라도 열리면 "하늘로부터 불가사의한 빛이 나와서 땅의 구석구석까지 비친다.[5]" 추바슈와 같이 야쿠트도 또한 《하늘의 문》이 열릴 때, 소원을 빌면 신은 어떤 소원이든지 들어 준다고 믿고 있다.[6] 하늘을 나는 별똥별 때문에 생기는 빛나는 현상에 관한 이러한 어린애 같은 생각은 일찍이 아시아는 말할 것도 없고 서유럽에도 보편적이었다. 그래서 그 순간에 바라는 것을 입으로 말하면 이루어진다는 풍습도 똑같이 보편적이었다.

하늘이 천막의 지붕과 같이 땅 위에 펼쳐진 지붕이라고 하는 사고방식에 따르면, 별은 이 지붕에 있는 구멍에 지나지 않는다는 사고방식은 쉽게 이해할 수 있다. 하늘의 밝음이 그곳을 통해 빛을 떨어뜨린다는 이와 같은 구멍은 특히 야쿠트의 관념 속에 있다.[7] 묘성(昴星)이 만들고 있는 구멍은 바람과 모든 차가움이 그곳을 통해 땅 위로 흘러들어 온다고 믿기 때문에 가장 싫어하는 것으로 되어 있다.[8] 맨 마지막에 이야기한 이런 사고방식은 분명히 별구멍에 묘성이 나타나면 추운 철이 온다고 하는 사실에 근거를 두고 있다.

이같이 하늘을 천막의 지붕이라고 생각하는 관념은 틀림없이 까마득한 옛날에 생겼을 것이다. 원시시대 인류의 주거가 아마 이런 상상을 뒷받침했기 때문에 그것은 시베리아 민족에게만 있는 것은 아니다. 이미 고대 바빌로니아 사람은 《세계의 목인천막(牧人天幕)[9]》을 이야기하고, 하늘은 구약성경의 몇몇 묘사에서, 예를 들면 이사야서의 제46장 가운데에도 천막 형태를 하고 있는 것으로 나타난다. "하나님은 하늘을 장막과 같이 펴시고, 이것을 살 수 있는 천막과 같이 펴시었다.[10]"

그러나 투르크 계통의 민족들은 하늘은 반구형의 견고한 뚜껑(참고. 핀어 taivaan kansi)이라고 상상했다. 이 경우 하늘의 끝은 둥근 땅의 가장자리와 하나로 합쳐져 있다는 것도 믿고 있는 것이다. 하늘은 엎어놓은 큰 냄비형을 하고 있다고 생각하는 부리야트인은 하늘 그 자체가 끊임없이 오르락내리락하고 있다고 말하고 있다. 하늘뚜껑이 올라가면 땅 끝과의 사이에 빈틈이 생긴다고 생각하고 있다.[11] 부리야트 전설에는 어떤 영웅이 이 기회를 잡아 땅 끝과 하늘 끝과의 사이에 활을 세워서 이 세계로부터 탈출할 수가 있었다고 한다.[12] 러시아의 이야기에도 또한 하늘과 땅이 합쳐지는 곳에서 그대로 하늘의 뚜껑으로 올라갈 수가 있다고 적혀 있다. 사람의 눈으로 보면 확실히 지평선은 땅의 가장자리 쪽으로 활모양을 하고 있는 것처럼 보이므로 이러한 사고방식은 여러 민족에게 있어서 독자적으로 발생할 수 있다. 하늘이 오르락내리락한다는 관념도 매우 드문 일은 아니다. 축치는 하늘의 이런 독특한 운동 때문에 바람이 인다고 설명한다.13) 길랴크는 하늘의 끝과 땅의 끝에는 사이가 있는데 하늘뚜껑이 오르락내리락하는 움직임과 함께 빈틈도 열렸다 닫혔다 하고, 또 하늘의 끝과 땅의 끝이 떨어지면 세찬 바람이 그 틈새로 불어서 들어온다고 생각하고 있다. 하늘이 올라가는 순간 예를 들면 해오라기와 같은 철새 무리는 인간세계로부터 바깥으로 나간다. 이따금 하늘이 내려오기 때문에 잘 빠져나가지 못해서 눌려서 찌부러져 죽은 새는 이 세계의 끝에서 웅크리고 앉아 있는 할멈이 주워서 먹고 있다.14) 그러므로 축치는 하늘과 땅 사이에 있는, 끊임없이 닫혔다 열렸다 하는 틈새를 《새의 문》이라고 부르고 있다.15)

이러한 하늘의 움직임은 북아메리카에 사는 인디언도 알고 있다. 알곤킨(Algonquin) 인디언에게는 하늘과 땅이 가까워지는 그 순간을 잡아서 하늘의 뚜껑으로 기어오르는 네 형제의 이야기가 있다. 그 가운데 한 사람은 하늘과 땅의 사이에 끼어서 죽고 말았다고 한다.16) 하이다(Haida) 인디언은 하늘의 뚜껑이 주기적으로 내려올 때 구름도 가장 높은 산에 걸리는데 그 때문에 터져 나오는 꽝꽝하는 소리는 사람의 귀에도 들릴 정도라고 믿고 있다고 한다.17) 유럽에도 하늘이 이와 같은 불가사의한 움직임을 하고 있다고 하는 관념이 남아 있다.

이와는 거꾸로 실제로 눈에 비치는 별의 움직임에 바탕을 둔 또 하나 하늘 움직임에 관한 관념이 있다. 하늘뚜껑은 북극성의 주위를 중심으로 해서 규칙적으로 돌고 있다는 것이다. 이 끊임없는 원운동은 지구가 하루에 한 번 그 축을 중심으로 반대방향으로 돌기 때문에 생긴다고 하는 것을 인간은 처음에는 몰랐다. 그럼에도 불구하고 이 신비한 하늘의 중심은 이미 일찍부터 북반구에 사는 모든 민족의 주의를 끌었다. 땅의 배꼽 외에 아시아와 유럽의 많은 민족은 《하늘의 배꼽》 또는 《하늘의 바퀴굴대》라고도 말하는데, 이 말로 다름 아닌 하늘 회전의 중심점을 가리켰다. 몇몇 관용구로 보면 핀(Finn)도 역시 《하늘의 배꼽》을 알고 있었다. 에논테키외(Enontekiö)에서는 북극성은 《북쪽의 배꼽별》이라고 불리고 있다. 알타이의 민간문학에서는 하늘의 배꼽과 땅의 배꼽은 함께 불리고 있다. 둘의 상호관계가 얼마나 밀접한 것인가를 알 수 있는 것은 무엇보다도 샤만이 소원에 대해서 부르는 노래에서이다. "땅에는 하늘의 배꼽이, 하늘에는 땅의 배꼽이 있는 것과 같이[18]" 하늘의 배꼽은 여러 민족의 관념 속에 땅의 배꼽보다는 아마도 일찍 나왔을 텐데, 이것을 모델로 해서 땅의 배꼽에 대한 관념이 발생했을 것이다. 하늘뚜껑은 그 배꼽의 언저리를 규칙적으로 돌고 있기 때문에 사람은 하늘뚜껑이 그곳에 머물러 있다고 생각했다. 많은 북방민족은 그런 까닭으로 북극성을 《못(釘)》이라고 이름 붙이고 있다. 그것을 《하늘의 못》이라고 이름 붙이고 있는 투루칸스크(Turukhansk) 지방의 사모예드(Samoyed)는 "온 하늘이 그 주위를 돌고 있다"고 설명하고 있다.[19] 축치나 코랴크(Koryak)도 《못별》이라고 부른다.[20] 이 점에 대해서 홀츠마이어(Holzmayer)는 에스토니아(Estonia)인이 가지고 있는 관념을 다음과 같이 설명하고 있다. "에스토니아인은 하늘을 큰 냄비(padda)라고 생각한다. 이 냄비의 밑을 바탕(pöhja)이라고 부른다. 그 한가운데 또는 가장 깊은 곳에 이 거대한 둥근 천장은 못(nael) 하나로 세워져 있다. 다만 이 둥근 천장은 못 주위를 도는 듯이 되어 있다. 이것이 돌면 별이 움직인다. 북극성은 그 중심점에 있기 때문에 바탕의 배꼽(pöhja nael)이라고 불린다.21)" 또한 북쪽의 못-pöhja에는 《바탕》,《북쪽》의 두 뜻을 포함하고 있다. -이라고도 말하는 북극성의 에스토니아 이름과 똑같이 부르는 방법이 옛날에는 핀(Finn)어에도 있었다. 이는 라프(Lapp)어가 핀어로부터 빌렸다고 생각되는 북극성의 이름은 bohinavlle(《북쪽의 못》)이라고 하기 때문이다. 라프는 이 못이 헐거워지면 하늘이 떨어져 나간다고 믿고 있다고 한다. 스칸디나비아의 민간문학에 나오는 veral darnagli(하늘의 못)는 마찬가지로 하늘의 못을 뜻한다. 핀 사람의 주문(呪文) 가운데에도 그것은 역시 《하늘의 못》이라고 불리고 있다.22)

하늘의 신비스러운 원운동은 더 나아가서 못(釘)보다도 세고 질긴 일종의 큰 기둥 또는 굴대라고 하는 관념을 불러일으켰고, 하늘은 그 끝에 받쳐져서 돌고 있다고 생각했다. 알타이 계통의 여러 민족도 또한 이와 같이 북극성을 이름 붙이고 있다. 몽골, 부리야트, 칼무크는 《금의 기둥》, 키르기스(Kirghiz), 바슈키르(Bashkir), 서시베리아 타타르 여러 민족들은 《쇠의 기둥》, 텔레우트(Teleut)는 《쇠의 받침대》, 퉁구스, 오로촌은 《금의 기둥》이라고 부르고 있다.23) 세계는 처음에는 작았는데 차츰 커졌다는 생각을 하는 야쿠트의 전설 중에서 《쇠의 나무》는 "하늘과 땅이 자라기 시작할 때 자신도 또한 하늘과 땅과 함께 커졌다."라고 자랑스럽게 말한다.24)

세계기둥이라고 하는 관념은 유럽에서도 기원이 오래되었다. 색슨족은 이미 6세기에 이러한 세계기둥의 상(像)을 만들었다는 것이 분명하다. '만물을 바치는' 것으로 믿어지는 고대 색슨족의 irminsūl(universalis columna 우주의 기둥)은 루돌프 폰 풀다(Fulda)가 전하는 것에 의하면, 푸른 천정에 세운 높은 나무 받침대였다.25) 조금 늦게 스칸디나비아의 라프는 북방 게르만족과 같은 신앙 관념과 풍습을 모방했다. veralden rad라고 하는 다른 갈래의 이름을 가진 신을 제사 지내고, 그들도 또한

그림3. 라프 사람의 세계기둥. 렘의 저서에서.

하나의 나무 기둥을 세워서 희생 동물의 피를 거기에 바르고 의식을 치렀으며, 《세계기둥》이라고 불렀다. 이러한 기둥은 그들 자신이 말하는 바에 의하면, '신이 하늘을 떨어뜨리지 않도록'이라든가, '세계가 낡든가 본래의 자리로부터 허물어지든가 하는 것이 없도록 세계를 받쳐서 질서 있고 좋은 상태로 간직하기 위해' 세우는 것이라고 말한다. 크누트 렘(Knud Leem)이 포르산게르(Porsanger)의 가까이에서 본 세계기둥은 네모난 쇠막대로 만든 것을 땅 위에 세운 것으로 되어 있다(그림3).

이 세계기둥에 붙인 쇠막대는 물론 이미 말한 《못(釘)》을 나타내며, 라프의 관념에도 또한 하늘은 정확하게 이 막대의 주위에서 원운동을 하고 있다는 것을 증명하고 있다. 우리는 이러한 보기로써 하늘의 어느 곳에 기둥의 맨 끝이 있다고 생각되는가를 어림짐작할 수가 있다. 라프가 북극성에 붙인 이름 《세계기둥》(스칸디나비아 라프어 veralden-tšuold)이라든가 《하늘기둥》(러시아 라프어 almetšuolda)도 또한 이것을 알려 주고 있고, 이렇게 부르는 방법은 알타이 계통의 여러 민족의 경우와 같은 이름을 생각나게 한다.26)

큰곰자리와 그 밖의 별은 땅 위에서 보면 하늘 가운데 있는 기둥의 둘레를 일정한 거리를 두고 돌고 있다는 것은, 별들이 이 기둥에 보이지 않는 띠로 묶여져 있다고 생각해도 좋을 것이다. 키르기스는 활꼴로 이어진 세 개의 별 가운데, 《쇠의 기둥》에 가장 가까운 것을 《줄》이라고 부르고, 큰곰자리 또는 작은곰자리의 가장 큰 두 개의 별은 《두 마리의 망아지》로 되어 있는데, 이 줄에 연결되어 있는 것이라고 생각한다. 그 줄이 한 번 끊어지면 하늘에는 일대 혼란이 일어난다고 한다.27) 야쿠트의 전설은 하늘을 받치기 위해 생겨난 《쇠의 나무》에 연결된 《일곱 마리 얼룩말의 순록》은 줄을 끌어당겨서 끊고 도망가려고 한다고 말하고 있다.28) 부리야트는 하늘에 가득 찬 별에 말을 길들이는 솔본(Solbon 金星)과 그 추종자들이 한 무리 말을 지키는 정경을 상상하여 묘사한다.29) 이상 여러 가지 보기를 든 것은 왜 투르크 갈래의 여러 민족의 신화 가운데에는 세계기둥이 흔히 거대한 말고삐의 말뚝이라고 생각하고 있는가를 이해할 수 있도록 하기 위한 것이다. 이리하여 야쿠트는 이 기둥을 《말을 매는 말뚝의 임자》라고 부르고 있다.30) 부리야트인은 하늘에는 신령 보신토이(Boshintoi)의 아홉 아들이 살고 있다고 말한다. 공교롭게도 대장장이인 아홉 사람은 쇠를 다루는 방법을 인간에게 가르쳐 주었기 때문에 숭앙받아서 다음과 같은 말로 찬미되고 있다. "보신토이의 아홉 사람 흰 대장장이는 …… 북극성으로 말뚝을 만들고 금으로 된 호수에 경마도(競馬道)를 만들었다."31) 중앙아시아 유목민의 경우, 그들이 사는 집 앞에는 말을 매는 말뚝이 세워져 있는 것과 같이, 신들도 또한 자신들이 타는 말을 하늘의 말뚝에 매어 두고 있다고 설명한다. 예를 들면, 시베리아의 몇몇 타타르 종족은, 신들은 하늘의 천막에 살고 있는데, 그 앞에는 말을 매는 말뚝이 세워져 있다고 믿고 있다.32) 카르얄라이넨(Karjalainen)에 의하면, 바슈간 오스탸크(Vasyugan Ostyak)의 전설에도 타타르로부터 들어온 《토렘 Torem(하늘의 신)에 의해 만들어진 태양을 향해 세워 놓은 쇠 또는 돌로 만든 말뚝》이 나오고, "이 말뚝에는 한쪽 팔이 쑥 빠질 정도로 매우 큰 쇠고리가 만들어져 있는데"

거기에 순록이 매여 있다고 말한다. 또한 보굴(Vogul)도 천신이 사는 곳의 앞에는 《얼룩말의 정강이를 한 성스러운 동물을 매어 두기 위하여 세운 신의 신성한 기둥》이 있다고 말한다.33)

별의 줄이라고 하는 관념과 같은 것은 이미 고대아시아의 문화민족에게 보인다. 성서 가운데에도(욥기 38장 31절) "당신은 플레이아데스(Pleiades)의 사슬을 묶을 수가 있습니까? 오리온의 줄을 풀 수가 있습니까?"라고 하는 물음을 읽을 수가 있다. 그런데 여기에서 가장 철저한 표현을 한 것은 인도의 비슈누푸라나(Vishnupurana)이며, 별들을 북극성(dhruva)에 맨 줄은 하늘의 별만큼의 수가 있다고 기술되어 있다.34) 유럽의 민간문학에서도 별의 줄이 나온다. 테노요키(Tenojoki) 출신의 어떤 라프 사람은 《별의 줄》(täsnipäti)이 끊어지면 별은 느슨해져서 땅으로 떨어진다고 말하고 있다. 스콜트(Scolt)인의 옛날이야기 한 편이 기록되어 있는데, 그 가운데에 구혼자는 영웅적인 행위의 증거로서 별의 줄을 가져오라고 요구했다.

작센(Sachsen)인과 라프인과 똑같이 시베리아의 모든 민족도 세계기둥의 상(像)을 만들고 있다. 몇몇 장소에는 이 풍습이 오늘까지도 전해지고 있다. 우그르(Ugric)족에서조차 투르크문화와 접촉한 장소에는 그와 같은 기둥이 발견된다. 오스탸크는 희생동물을 받치는 기둥을 《마을의 기둥》이라든가 《마을 한복판의 크나큰 기둥》이라고 부르고 있다. 카르얄라이넨에 의하면, 가장 간단하게 세우는 방법은 조금만 땅속에 묻는 것이다. 지나친 의식형태는 거의 인정되지 않는다. 진가라(Tsingara) 마을의 기둥 높이는 약 360cm인데, 네모나게 깎았으며, 그렇게 오래되지 않고 또한 가는 각재(角材)로 되어 있었다. 오늘날은 이러한 의례의 대상이 되는 기둥은 이르티슈(Irtysh) 강변의 몇몇 마을에만 보이고 그 밖의 마을에는 흙이 무너져 강으로 떨어져 흘러가버렸다고 하는 것만 알고 있다고 카르얄라이넨은 기술하고 있다. 진가라 마을의 《마을의 기둥》은 신처럼 받들어지고 있다(그림4). 카르얄라이넨에 의하면 세금을 내기 위하여 모인 그 마을과 같은 지구 내에 있는 마을의 주민은 공동으로 소 한 마리를 사 와서, 《사업의 성공과 가족의 번영》을 빌고 기둥뿌리에 바쳤다. 진가라의 오스탸크는 이 신성함을 띤 나무의 기둥을 《쇠기둥의 사람》이라고 부르고, 이

그림4. 진가라 마을의 기둥. 카르얄라이넨의 『유그라 민족의 종교』에서.

이름은 이르티슈의 또 한 마을 세메이킨(Semeikin)에도 같은 것이 있는데, 앞에서 기술한 타타르의 《쇠기둥》에 해당한다. 오스탸크의 전설 가운데에는 《신과 상통하는 나무》라고 칭하는 《마을 한가운데의 크나큰 기둥》은 카르얄라이넨의 추측과는 다른데, 단지 "희생동물을 연결하기도 하고, 제물을 바치기 위한, 또한 수호신(守護神)으로 의존하기"도 한다는 것만의 《말뚝》이 아니라는 것도 분명하게 되어 있다. 특히 이 기둥의 기원 중에는 《사람》이라든가 《아버지》라고 부르는 사실도 그것을 알려 주고 있다.35)

파트카노프(Patkanov)가 콘다(Konda) 강에서 본 이와 같은 《마을의 기둥》의 몇몇은 꼭대기에 지붕 같은 보호판을 붙이고, 그 위에 사용하지 못하게 새긴 새의 상(鳥像)이 놓여 있다.36) 흔히 새의 상을 올려놓는 이러한 신성한 기둥은, 그 근방에 사는 다른 민족, 예를 들면 몇몇 사모예드종족, 예니세이 오스탸크, 카탕가(Khatanga) 강의 돌간(Dolgan) 사람

이 사는 곳에도 있다. 레흐티살로(Lehtisalo)가 일찍이 깡그리 없어진 사모예드의 한 종족이 살았던 장소에서 보았다고 하는 긴 막대기의 끝에 붙어 있는 양철로 만든 조상(鳥像)을 안내인은 《하늘의 새》라고 설명했다. 돌간 사람은 이 신화적인 새 tojon kötör《主鳥》를 두 마리의 독수리상으로 표현하고, 세계기둥의 끝에 붙인다. 오스탸크가 num sives(《하늘의 독수리》), 야쿠트가 öksökö(옥소쾨)라 부르는 이 새의 기원을 시베리아의 여러 민족은 설명할 수가 없고, 오히려 소아시아의 문화민족이, 예를 들면, 최고 권력의 상징으로 사용한 두 마리의 독수리에 가깝다.

하늘 권력의 대표자를 표시하는 두 마리의 새를 붙인 이 네모로 깎은 기둥을 돌간 사람은 《결코 넘어지지 않는 기둥》(tüspätturü)이라 부르며, 그것과 마주 세운 또 하나의 "결코 낡거나 넘어지지 않는" 기둥은 천신이 사는 곳 앞에 세워져 있다고 생각하고 있다.37) 때로는 돌간 사람의 이 기둥에는 조상(鳥像)의 아래쪽에 또 하나의 네모진 지붕이 붙어 있다는 것이다. 그리고 이 기둥 외에 네 개의 가는 받침대가 그것을 중심으로 해서 지붕을 받치고 있다. 이 받침대의 하나하나는 동서남북의 각 방향을 향하게 세워져 있다.

여기에 보이는 사진(그림5)은 그 가운데 하나인데, 한 지붕에 다섯 개의 기둥이 붙어 있는 것을 볼 수 있다. 다리 부분의 실제 길이는 1m 50cm이고, 지붕과 같은 네모진 판은 세로 50cm에 가로 약 30cm이다. 저마다 곁다리에는 가로로 눈금이 세 개 새겨져 있다. 가운데에 있는 기둥에는 그것이 네 개 있는데, 등을 맞대고 있는 두 면의 눈금과 눈금 사이에는 《얼굴》이 새겨져 있다. 이렇게 해서 두 옆면에는 그것이 셋씩 나란히 있다. 몇 개의 곁다리 옆면에도 이러한 상(像)이 하나 둘 만들어져 있는 것도 있지만, 여기에 보이는 그림에는 이들의 얼굴은 보이지 않는다. 이 사진에서 지붕 위에 세워져 있는 두 마리 새는 본디 가운데

기둥의 꼭대기에 붙어 있었다. 새의 옆에 붙어 있는 검은 것은 희생동물로 생각되는 순록을 나타내고 있다. 지붕 끝에는 가는 가로나무가 있는데 거기에 움푹 패인 홈이 여덟 개 새겨져 있고, 그로부터 조금 떨어져 9번째 홈이 있다. 샤만은 의례를 할 때, 최고신이 산다고 돌간 사람이 생각하고 있는 아홉째 하늘에 올라갈 때, 하늘의 각층에 다다를 때마다 이들의 홈에 젖을 채운다는 것이다.

2번째 그림(그림6)은 앞의 것과는 다르게 만들어져 있다. 기둥의 수는 역시 다섯 개로 되어 있고, 네 개의 기둥은 따로 세워져 있으며 가운데의 기둥을 둘러싸고 있다. 가운데의 기둥은 높이 1m 50cm인데 다른 것은 그보다 낮고, 길이도 가지런하지 못하다. 기둥마다 위에는 조상(鳥像)이 얹혀 있으며 그 밑에 네모진 지붕이 붙어 있다. 사진에 보이는 것과 같이 가운데 기둥의 맨 끝에는 하늘 새가 두 마리 붙어 있는데 그 아래에 있는 지붕의 모서리마다 사람을 닮은 상이 있다. 그 가운데

그림5(왼쪽), 그림6. 돌간 사람의 ≪결코 넘어지지 않는 기둥≫.
V. N. 바실리에프에 의함.

그림7. 돌간 사람의 세계나무. V. N. 바실리에프에 의함.

한 개만 남아 있다. 주기둥[主柱]의 지붕보다 아래쪽의 윗부분에는 그 밖에 가로로 눈금이 넓게 세 개 새겨져 있는데 그 하나하나의 위쪽에는 사람의 얼굴을 나타내는 조각이 하나씩 있다. 지붕 위에 세워져 있는 상과 기둥에 새겨 넣은 그림은 최고신의 아들을 나타내는 것이라고 한다. 새의 옆쪽에 붙어 있는 구멍을 보면, 지금은 떨어져 나갔지만, 모두 날개가 있었다고 추정할 수 있다. 또한 새 두 마리나 그 아래에 있으며 하늘을 나타낸다고 하는 지붕도 황토색으로 칠해져 있다.

때로는 《결코 넘어지지 않는 받침대》는 가지가 붙은 나무라고 생각된다. 옆에 있는 그림(그림7)에는 가로 나무가 네 개 붙어 있는 것이 보이는데, 그것은 들은 바에 의하면 아유 토욘 ajy-tojon(《창조주》)[ajii tojon]이 사는 곳 앞에 세워져 있다는 가지가 여덟 개 붙은 나무와 딱 들어맞는다. 하늘나라에 있는 신의 아들들이 살고 있는, 이 감추어진 집으로 샤만은 인간들의 혼을 가져가고 있다. 혼은 그곳에서는 작은 새의 모습을 하고 있다는 것이다. 그림에서 꼭대기에 새 두 마리가 머물러 있는 것이 보이는 기둥의 실물은 높이가 약 2미터로 되어 있다.[38]

알타이 타타르와 부리야트가 천막의 중앙에 세워서 샤만이 그것을 타고 하늘로 올라간다고 하는 나무막대도 역시 하늘의 기둥을 나타내고 있다. 소요트의 천막 형태를 한 초원 성전 가운데에도 같은 막대기가 존숭(尊崇)의 대상으로 세워져 있다. 거기에는, 상단이 원추형 천막의 정점을 뚫어서, 공중에 솟아있는 천막의 중심에 세운 막대는, 보통 "단순하고 갖가지 크기로 새겨진 눈금"이 붙어 있는데, 너비가 3센티부터 20센티인 여러 가지 색깔로 꾸민 띠와 자른 천으로 꾸며져 있다. 그 색깔은 "대개 파랑, 하양, 노랑"으로 각각 방향을 나타내고 있다. "막대기 그 자체가 신성시되고, 아니, 오히려, 거의 신으로 보고 있다."고 올센(Olsen)은 기술하고 있다. 막대기의 아래쪽 둘레에는 돌을 쌓아 올려 엉성한 제단을 만들고, 그 위에 나무로 만든 동물상을 많이 놓아두었다. 가축도 있으며, 곰, 비버, 수달, 산양, 해오라기 같은 야생동물의 상도

그림8. 소요트의 초원 성소. 올센의 저서에서.

있다. 그 밖에 찰흙으로 만든 불상도 있다. 성전의 지붕에는 그림8과 같이 깃대가 세워진 것도 있다.[39]

세계기둥은 이미 예로부터 고대 이집트 사람들을 포함하여 아시아 대문화 민족 세계상의 일부분이기도 하다. 특히 고대 인도인의 세계상은 주목할 만하고 또한 흥미로운 탐구대상이 되고 있다. 이미 리그베다(Skt. Rig[찬가] Veda[지식])[바라문교 경전의 하나. 아리아인에 의한 인도 건설의 역사 노래. 이외에 사마, 야주르, 아타르바베다가 있다.-역주]는 (X·89·4)《굴대(車軸)》로써 하늘과 땅을 나누는 인드라(Indra)[힌두교의 주신. 베다 신화의 최고신. 우레신. 신의 술을 마시고 우레와 번개를 던져 악마를 물리친다. 불교에 들어와 제석천이 되었다.-역주]를 가리키고 있다. 키르펠(Kirfel)이 지적한 것과 같이 리그베다는 여기에서 하늘과 땅을 굴대의 양쪽 끝에 붙인 차바퀴(車輪)에 비유하고 있다.[40] 고대인도 사람의 관념에 의하면, 굴대의 한 쪽, 다시 말해서 땅은 움직이지 않는다. 또한 리그베다에는 세계의 기둥의 맨 밑은 둥근 땅 중심에 고정되어 있다는 사고방식이 숨어 있다. 이런 관념은 분명히

고대의 많은 문화민족이 가지고 있었다. 고대 그리스 사람은 《땅의 배꼽》을 때로는 《굴대》라고 불렀지만 누구나 생각하는 것과 같이 땅은 둥글다는 관념을 전제로 한 것은 아니다. 마치 땅의 중심에 솟아있는 하늘의 굴대라는 인도사람의 사고방식이 땅이 둥글다는 관념을 전제하지 않은 것과 같다. 고대 바빌로니아 사람도 《하늘과 땅의 밧줄》이라는 말은 하늘의 기둥과 땅의 배꼽을 뜻한다고 했다. 좀 더 특색 있는 것은 《북쪽에》 하나의 쇠붙이 기둥이 있는데 그것이 땅의 중심에 솟아있다고 확실히 말하는 일본인의 관념이다.[41] 이 같은 관념은 사람의 배꼽을 가리켜 야쿠트의 수수께끼에서 '세계의 한가운데에 자작나무 받침대가 서 있는 것은 무엇이지?'라고 하는 말에서도 엿볼 수 있다.[42]

라프(Lapp)는 신이 하늘을 받치고 있도록 "세계기둥을 세웠다."고 한다. 아시아에는 반대로 이 같은 기둥은 그곳에서 신에게 기원한다든지, 또는 다른 방법으로 하느님에게 가까이 가기 위한 행사를 하는 "성전의 표적"에 지나지 않는다고 본다. 인도의 제전(祭殿)에 세운 기둥은 동시에 땅의 배꼽을 상징하는 것이기도 하다. 이는 인도에서는 제사 지내는 곳은 땅의 배꼽을 상징하는 것이라고 하기 때문이다.[43] 단지 신전의 표적이라고 하는 것으로는 게르만 사람의 irminsūl도 그랬을 것이다. 그것을 보여주는 예는 라프 사람들도 기록하고 있다. 곧, 세계기둥 옆에 희생동물을 받칠 때 기둥뿐만 아니라 동시에 《가까이 있는 수많은

그림9. 몽골의 유적에 남은 거북형 받침돌. 사카리 팰시가 찍은 것.

3. 하늘과 그 기둥　49

돌》(돌의 우상)에도 피를 발랐다는 것이다.44)

몽골에도 보이는 어떤 인물, 또는 어떤 사건을 기념해서 거북형 받침돌 위에 세운 네모난 돌기둥도 역시 세계기둥을 상징하는 것이다(그림 9). 이러한 기둥은 대개 라마승이 넘어뜨렸지만, 받침돌만은 남아있는 것이 보통이다. 기둥이 뜻하는 것은 무엇보다도 이 거북이가 잘 나타내고 있는데, 거북은 인도의 세계상에서는 세계기둥까지도 싣고 있는 것이다. 어떤 사건이 영원히 기억되어야 한다는 것을 후세에 전해주는 데 이보다 더 분명하고 강렬한 상징을 다른 데서 찾을 수 있을까?

4. 세계층世界層

하늘, 땅, 땅속[地下]이 우주를 구성하고 있다는 사고방식 외에 알타이 계통 민족의 신앙 관념이나 전설 가운데에는 몇 개의 하늘 또는 하늘의 여러 층[重層]을 담고 있는 세계상(世界像)도 보인다. 특히 전설 가운데에는 하늘의 층이 셋이라든가 일곱이라든가 아홉으로 되어 있는 것도 있다. 일곱 또는 아홉으로 된 하늘의 층은 샤만이 하늘로 가는 것을 표현하는 의식 가운데에도 전제되어 있는 것이다. 아노킨(Anochin)에 의하면, 예를 들면 알타이 샤만은 무술(巫術)을 써서 달이나 해에 사는 최고신에게 도달하려고 할 때, 곳에 따라서는 일곱 또는 아홉 번의 《장애》(pudak)[알타이말로는 현재 буудак-역주]를 넘지 않으면 안 된다. 《장애》의 수는 보통 하늘의 층과 똑같은 수만큼 있다는 것이다. 샤만에 따라서는 북극성에 있는 다섯 번째의 《장애》까지만 다다를 수 있다고 아노킨은 말하고 있다.1)

1840년경부터 현지의 전도단이 가지고 있으며, 베르비츠키(Verbitski)

와 라들로프(Radloff)가 이용했던 한 사본에는, 알타이 샤만이 하늘로 올라가는 것을 매우 자세하게 묘사하고 있다. 샤만이 승천의례(昇天儀禮)를 할 때에는, 특별히 그 때문에 천막을 설치하고 문은 늘 동쪽으로 향하게 하며, 천막의 중앙에는 자작나무 한 그루를, 푸른 나무갓[綠樹冠]이 지붕의 굴뚝 위에 엿보이도록 세웠다고 이 사본에는 기술되어 있다. 가지를 추린 자작나무의 줄기에는 아홉 개의 깊은 눈금, 결국 계단(tapty)이 새겨져 있다. 푸른 나무갓에는 깃발 같은 천이 매여 있다. 눈금 또는 계단은 샤만이 하늘로 올라갈 때 통과하는 하늘의 층을 상징하고 있다고 말한다. 샤만이 제일 밑의 계단에 발을 걸치면 첫째 하늘[第一天]에 닿는다. 이런 식으로 차츰 높이 올라가는 것이다.[2]

또한 부리야트인의 옛날 풍습에는 샤만이 하늘로 올라갈 때 쓰는 특별한 천막을 설치하고, 그 속에 뿌리째 뽑은 자작나무를 세운다. 뿌리는 흙으로 묻고, 나무 끝은 굴뚝을 통해 바깥으로 나오게 했다. 샤만이 천막의 지붕까지 올라갈 수 있도록 되어 있는 이 성수(聖樹)는 보통 없애지 않고 의식이 끝난 뒤에도 그대로 남겨 둔다.[3]

이 자료에는 부리야트인이 자작나무 줄기에 눈금을 새겼는지 않았는지는 기술되어 있지 않다. 그런데 야쿠트인에게서는 아홉 눈금을 새긴 나무가 보이고, 의식을 행할 때 샤만이 하늘로 올라가 최고신 아유 토욘(Ajy-tojon)에게 여쭈는 순간에 희생동물은 이 나무에 묶여진다. 야쿠트에서는 이 신성한 기둥을 바깥에 세운다.[4]

크로트코프(Krotkov)는 일리스코이(Iliskoi)와 타르바가타이(Tarbagatai) 지방에 사는 퉁구스 계통의 시보(Sibo)족의 샤머니즘에 대해서 기술했는데, 여기에서도 신이 내린 샤만이 올라가는 하늘의 층에 해당하는 계단을 새긴 기다란 나무를 세우게 된다고 했다. 아홉 계단이 새겨진, 이와 비슷하고 작은 나무는 각 샤만의 집에도 있다.[5]

오스탸크(Ostyak)의 이런 종류의 기둥에는 눈금이 일곱 개로 되어 있다. 칭갈라(Tsingala)의 《마을 기둥》도 역시 그렇게 되어 있다. 물론 이 기둥 자체에는 이런 종류의 표시가 없지만 하느님과 기둥이 매우 밀접한 관계를 가지고 있다고 볼 수 있는 기원은 다음과 같은 한 구절이 있다. "숭고한 분이시여, 우리들의 아버지시여, 당신은 일곱 눈금으로 된 분이시며, 여섯 눈금으로 된 숭고한 분이시여, 우리의 쇠기둥인 아버지의 성스런 나무 아래, 우리의 쇠붙이 기둥인 아버지의 성스런 나무 아래, 머리고기를 듬뿍 차린 접시로 가슴고기를 꽉 채운 접시로, 당신을 부릅니다." 여기서 말하는 《여섯 눈금》은 단지 노래를 가지런하게 하기 위한 반복에 지나지 않는다. 기록된 기원문의 두 번째 것은 쟁케 sänke(《빛》)라고 이름 붙인 하느님을 기둥이 있는 곳으로 부르기 위한 것으로 "일곱 눈금이시며, 숭고하신 쟁케이시여, 우리의 아버지시여, 세 쪽(三方)을 살피시는 분이시여, 우리의 아버지시여, 세 쪽을 지키시는 분이시여, 우리의 아버지시여, 성스런 땅에 우리의 쇠기둥인 아버지의 잘못이 없으신 땅에, 아버지가 심으신 성스런 나무 아래에 우리는 피 있는 짐승의 피로 제물을 바칩니다.6)"라는 말을 기술하고 있다.

이 기원문에 나오는 《일곱 눈금》이라는 표현은 기둥에 일곱 눈금이 새겨져 있다는 것을 생각할 수 있도록 암시하고 있다. 오스탸크는 실제로 그와 같은 기둥을 가지고 있는 것 같다. 따라서 그들은 살림(Salym) 강 상류 《바르셴(Barchen) 호수의 늙은이》로 불리는 신령에게 제물을 바칠 때 못의 얼음 위에 소나무로 만든 높이 한 발(六尺)인 기둥을 세우고 칼로 '일곱 군데, 일곱 눈금'을 새겨 둔다. 기둥의 꼭대기에는 색깔 있는 천 조각을 매고 그 앞에 음식을 차려 놓고 비는 사이에 기둥에 희생동물을 묶어 둔다. 동물을 죽일 때 핏방울이 기둥의 꼭대기까지 가도록 하지 않으면 안 된다.7)

일곱 눈금이 있는 성스런 기둥은 사모예드나 예니세이인의 제물에도 중요한 역할을 하고 있다. 위에서 기술한 조상(鳥像)을 싣고, 일곱 눈금이 새겨진 기둥을 레흐티살로(Lehtisalo)는 일찍이 타스(Tas)와 푸르(Pur)강이 합류하는 곳에 살았던, 지금은 완전히 없어진 사모예드족의 성전에서 봤다.8) 시트코프(Chitkov)는 야말(Yamal) 반도에 있는 똑같은 기둥에 대해서 기술하고 있다.9) 예니세이인이 사는 곳에는 이미 거의 사용되지 않지만, 크라스노야르스크(Krasnoyarsk) 박물관에는 높이 약 두 발이 되는 이러한 막대기가 있었다. 거기에는 일곱 군데에 깊은 눈금이 새겨져 있고 그 눈금 가운데 하나는 다른 눈금보다 높은 곳에 있었다.

이와 같이 눈금을 새긴 기둥을 저마다 흩어져 살고 있는 각 민족들이 독자적으로 발명한 것이라고 추측할만한 근거는 없다. "오스탸크인이 제사 지내는 이러한 기둥은 국한된 지역에만, 그것도 특히 외래의 영향을 받은 곳에서 발견된다."고 카르얄라이넨은 적고 있다. 따라서 위에서 말한 기둥은 공통의 비교자료와 대조해서 관찰하지 않으면 안 된다. 물론 위구르인, 사모예드인, 예니세이인이 이 기둥을 하늘의 계단이라고 생각하고 있을까 하는 것은 알 수 없지만, 《일곱 계단인 은색 나무 사다리》를 오르면 하늘에 다다를 수 있다는 보굴의 사고방식은 아마 이것을 암시하고 있으리라.10) 그러나 적어도 위에서 말한 여러 민족은 알타이 타타르, 부리야트, 야쿠트와 같이 이들 기둥의 옆에 하느님께 제물을 바쳐 왔다. 따라서 그 일곱 눈금은 서남아시아에서는 분명히 하늘의 일곱층을 의미하고 있다. 일곱층의 하늘이라는 관념도 또한 그 지방에서는 구석구석까지 퍼져 있었다. 레베드(Lebed) 타타르11)가 오늘날까지도 역시 그런 것과 같이 일찍이는 알타이 타타르도 대체로 하늘을 일곱층으로 생각했던 것 같이 생각된다. 다른 경우에서도 하늘이 아홉층이라는 생각의 기원은 새로운 것 같다. 알타이 지방의 몇몇 장소에서 때로는 열둘, 열여섯 또는 열일곱이라고 하는 하늘의 층조차 만날 수가 있다.12) 샤만이 무술(巫術)을 하기 위하여 텔레우트(Teleut)가 특별하게 세웠던 자작나무에는 하늘의 열여섯 층에 맞먹는 열여섯 눈금이 만들어져 있다고 한다.13) 베르비츠키(Verbitski)는 알타이 지방에서는 사람이 사는 땅 위에는 서른세 층 하늘이 있다는 관념을 기록하고 있다.14) 카타노프(Katanov)도 소요트로부터 이와 같은 이야기를 들었다.15)

중앙아시아의 몇몇 민족은 샤만을 하늘로 올려보내기 위하여 세운 천막은 아마 하늘의 천막 그 자체를 나타낸다고 한다. 앞에서 말한 바와 같이 여기에도 굴뚝이 있다. 오스탸크가 《금굴뚝》이 있는 하늘의 집이라든가, 또는 하늘의 층에 맞는 《일곱 굴뚝》의 하느님이라든가 하는 경우 하늘과 하느님을 같은 것으로 나타낸 것 같다. 알타이인의 생각에 의하면, 샤만이 하늘의 한 층에서 또 다른 한 층으로 올라가기 위한 굴뚝 또는 입은 하늘의 층과 같은 수만큼 있다. 보고라스(Bogoras)에 의하면 축치는 《한 세계에서 또 다른 한 세계로 옮아갈 수 있는 하늘의 입》은 북극성에 있다고 생각하고 있다.16) 세계는 겹겹이 겹쳐져 있다고 하는 그들의 세계상을 매우 자세하게 설명한 보고라스는 다시 다음과 같이 기술하고 있다. "그들의 세계는 모두 북극성이 있는 곳에 있는 구멍에 연결되어 있다. 샤만과 영혼은 한 세계로부터 다른 세계로 옮아갈 때에 그 구멍을 이용한다. 여러 가지 전설에 나오는 영웅들도, 독수리라든가, 번개와 비를 일으키는 새를 타고 이 구멍을 날아서 빠져나간다." 바뀐 것은 이 하늘의 구멍에 해당하는 것이 태평양 저쪽에도 보인다는 것이다. 알렉산더는 검은 발 인디언과 비슷한 것 같은 관념을 다음과 같이 그려내고 있다. "《머물러 있는 별》(=북극성)은 움직이지 않는다고 하는 점에서 그 밖의 별과 구별된다. 그것은 하늘뚜껑[天蓋]에 나 있는 구멍이며, 소아차키(Soatsaki. 신화적 인물)는 이를 통해서 먼저 하늘에 오르고 다음에 땅 위로 내려왔다."고 한다.17) 그 독특한 위치 때문에 북극성은 또한 이런 점에서도 중요한 의미를 가지고 있다. 알타이 민족들은 저마다 하늘의 층을 뚫는 길을 아마도 축치와 같이 생각하고 있었다고 여겨진다. 아노킨에 의하면, 적어도 가장 높은 하늘에 이르는 길은 북극성을 꿰뚫어서 다다르고 있다.18) "샤만이 하늘로 오를 때 들어가는 곳으로 되어 있다."고 하는 것으로 보아 부리야트인이 《문의 신》(우데시 불칸 udeši-burkhan)이라고 부르는,19) 수직으로 계단을 만든 한 그루 나무만으로 모든 층을 통과하여 오를 수 있는 것으로 보인다. 이들의 구멍이 수직선상에 겹쳐져 있다는 것은 분명하다.

이미 말한 바와 같이 몇몇 알타이 계통 종족은 하계(下界)로 통하는 《땅의 굴뚝》이 둥근 땅의 중심에 있다고 생각하고 있다. 이 구멍은 중앙아시아 전설에 따르면 북쪽에 있으므로20) 그것은 그대로 하늘의 중심에 있는 구멍에 맞는 것이라고 추론할 수 있다. 아시아의 고대 문화민족의 세계상도 또한 마찬가지다. 그것을 증명하고 있는 것은, 예를 들면 인도의 사타파타브라흐마나(Satapathabrahmana. Ⅷ. 7·3·19)인데, 다음과 같이 기술되어 있다. "이들의 세계에는 보통 보이는 것처럼 구멍이 뚫려 있다. 이들의 세계는 《쉼터》(곧 땅)와 《움직임의 터》(곧 하늘)로 되어 있다." 땅이 《쉼터》라고 불리는 것은 하늘이 움직이는 사이에도 땅은 머물러 있기 때문이다. 하늘과 땅의 중심에 비어 있는 구멍은 세계기둥이 굴대(車軸)에 비유되어 그 양단(兩端)에 하늘과 땅이 수레바퀴 같이 고정되어 있다고 하는, 이미 기술한 리그베다의 한 마디를 전제로 하고 있다. 플라톤의 『국가(國家)』(X. 614)의 세계상 가운데에도 독특한 것이 있는데, 거기에는 땅 위에 두 개의 구멍이 나란히 입을 열고 있고 그 위에는 하늘에도 똑같이 두 개의 구멍이 있다고 기술되어 있다. 혼은 그 구멍을 통해서 이동하는 것이라고 한다. 똑같이 소아시아의 대문화

민족도 땅의 배꼽에 있는 구멍을 통해서 하계에 갈 수 있다고 생각하고 있다. 거기에도 이곳에서 하늘로 통하는 계단이 있다. 그래서 팔레스티나(Palestine)의 베텔(Bethel)은 《땅의 배꼽》인 동시에 《하늘의 입구》이기도 하다.

알타이 민족과 고대 아시아문화민족은 비교적 원시적 신앙 관념의 영역에 있어서조차 이 정도로 많은 공통점을 가지고 있으므로, 이런 유사점의 내력을 밝히는 것은 그다지 쉬운 일이 아니다. 그것은 하늘의 층에 대해서도 마찬가지다. 동북시베리아의 가장자리에 사는 축치까지, 또한 몇몇 인디언족도 하늘은 여러 겹으로 되어 있다고 말하지만, 알타이 민족들이 남쪽으로부터 가져 온 문화의 흐름과 접촉하기 훨씬 전에 하늘이 몇 겹으로 되어 있다고 생각했을까 하는 것은 확실하지 않다. 어떠하든 그들은 이런 점에 관한 가장 중요한 관념을 어딘가 다른 곳으로부터 얻었다는 것은 알 수 있다. 그 가운데서도 태양계의 몇몇 별을 알타이 타타르가 다른 하늘의 층에 있다고 생각하고 있는 점은 특히 주의를 끈다. 예를 들면 하늘에 올라간 샤만은 여섯째 하늘에서 달을, 일곱째 하늘에서 해를 만난다.21) 텔레우트의 전설에서도 달과 해는 역시 6층과 7층에 있다.22)

하늘의 7층관(層觀)과 9층관을 비교하면, 9층관은 틀림없이 새로이 된 것인데, 그것은 투르크 계통 종족을 비롯하여 하늘이 여러 층으로 되어 있다고 생각하는 다른 아시아민족의 경우도 마찬가지다. 미드라(Mithra) 교[태양신을 숭배하던 페르시아의 종교. 12월 25일을 태양 탄생일로 정하여 축하하였다고 한다. 이것은 동양의 동지와 같으며, 기독교 크리스마스의 기원이다.-역주]의 최후 신자들은 이미 율리아누스 아포스타트(Julianus Apostat) 황제의 시대에 아홉하늘(九天)에 대하여 이야기한 것 같다. 10세기 사료(史料)에는 사바(Saba)인도 아홉 겹의 별무리(星圈)에 바탕을 두고 사원(寺院)의 성직 서

열을 만들었다.23) 그 하나하나에 다른 쇠붙이를 대응시켰고, 인도의 율법서 야야나발키야(Yajanavalkya. I, 295)에 기술되어 있는 《아홉 떠돌이별(九行星)》은 페르시아 말기에 기원했다고 부세(Bousset)는 설명한다.24) 다 아는 바와 같이 단테(Dante)의 하늘세계관[天界觀]에서도 일곱 떠돌이별무리[遊星圈] 외에 또 그 위에 여덟 붙박이별하늘[恒星天]을, 아홉에는 원동천(primum mobile. 原動天)을 열거하고 있다. 아홉하늘(九天)의 관념은 중세기에는 북유럽의 여러 나라까지 퍼져 핀란드의 주문(呪文) 가운데에도 그 흔적을 남기고 있다.

중앙아시아의 몇몇 민족의 관념이나 전설에도 중요한 역할을 하는 3층 하늘은 고대 이란의 세계상에 가장 가까운 것인데, 하늘은 셋으로 되어 있고 그 위에 낙원이 있다. 몽골과 소요트의 서른셋 하늘(33天)은 아마 인도의 서른셋 신과 밀접한 관계가 있으며, 그것을 부르는 데는 위에서 말한 타타르 종족은 《하늘》 또는 《신》을 뜻하는 텡게리(tengeri)라는 명칭을 사용하여 왔다. 열둘 및 열여섯이라는 숫자와 일곱에서 온 듯한 열일곱은 이제까지 기술한 곳에서는 단지 몇 곳에만 있는 것을 보면 분명히 새 시대의 산물일 것이다.

상층은 늘 하층의 지붕이 되고, 이 몇몇 하늘의 층이라고 하는 기원적 의미를 모르기 때문에 시베리아의 몇몇 민족은 땅 위의 광경을 그 속에 넣고 있다. 예를 들면 투루칸스크(Turukhansk) 지방의 사모예드는 하늘의 첫째 층에는 호수가, 둘째 층에는 들판이, 셋째 층에는 화산언덕이 빼곡히 서 있고, 넷째 층의 지붕은 작은 고드름 같은 것으로 덮여 있고, 여섯째 층에는 다시 크나큰 호수가 있는데 그로부터 예니세이 강이 흘러나온다고 생각하고 있다.25) 이러한 관념은 적어도 어떤 부분은 토착적인 것이다.

하늘의 층은 하계에도 그 대응물을 가지고 있다고 믿고 있다. 카르긴즈(Karghinz), 카라가스(Karagas), 소요트(Soyot) 같은 타타르 종족의 설명에 의하면, 땅속[地下]은 3층인데, 그 전제되는 것은, 그들의 세계상에서 3층 하늘이다.26) 좀 더 퍼져 있는 것은 일곱 또는 아홉으로 보는 땅속의 층이다. 예니세이 사람이 말한 바에 따르면, 땅속에는 크나큰 동굴이 있는데 그 지붕이 사람이 사는 땅을 이루었고, 땅은 일곱 겹으로 모인 부분으로 되어 있다고 한다.27)

　이와 같은 땅속의 층이 하늘의 층을 반영한 것에 지나지 않는다는 것은 분명하며 양자의 층 수까지 같다. 땅속의 층수가 셋, 일곱, 아홉이라고 하는 수에 한정되었다고 하면, 지하의 세계에도 반영되어 있지 않은 그 이상의 수에 이르는 하늘의 층은, 투르크 계통 민족의 세계상에서 통하지 않는 생각이라는 우리들의 예상은 맞아떨어지게 된다. 땅 위에 가로 놓여있는 층과 마찬가지로 그 아래에 있는 층도 그 원형은 외부로부터 들여온 것이라고 생각된다.

　따라서 하늘의 《굴뚝》과 마찬가지로 하계의 각층에 수직으로 나란히 있는 구멍을 통해 한 층에서 다음 층으로 옮아가는 것은 당연하다. 이러한 관념에 빛을 던져주고 있는 것은 바슈간 오스탸크의 믿음인데 샤만이 자기를 잊어버리는 경지에 이르러 땅속에 살고 있는 땅의 할멈에게 제물을 바치기 위해 내려갈 때, 먼저 맨 처음으로 《일곱 제물의 제물 기둥》이 있는 곳으로 가지 않으면 안 된다. 그곳에서 여러 방향으로 일곱 갈래의 길이 나 있는데, 그 중에 한 갈래는 땅속의 일곱 층을 통해서 땅속의 할멈이 있는 곳으로 내려가는 길이다.28) 오스탸크 본래의 것이라고는 생각할 수 없는 이 관념은 두 가지 점에서 흥미를 끈다. 먼저 첫째는 《일곱 제물의 제물 기둥》이 무엇보다 먼저 확실히 중심에 놓여 있다는 것이고, 둘째는 땅속으로 들어가는 구멍이 기둥이 있는 곳에 있다는 것을 보여준다는 점이다. 오스탸크족 자신이 이야기하는 바로는 "땅속으로부터 사람이 살고 있는 세상으로 통하고 있는 곳에, 병(아픔)이 나오는 구멍"을 막고 싶어, 제물을 가지고 땅속의 할멈이 있는 곳으로 부탁하기 위하여 들어가는 것이라고 한다. 이미 말한 바와 같이 동양의 세계관에는 땅의 구멍은 둥근 땅의 중심에 자리 잡고 있다.

5. 세계산世界山

중앙아시아의 여러 민족의 신화적 관념에서 세계의 중심은 땅의 배꼽으로부터 우뚝 솟은 크나큰 산으로도 표현된다. 아바칸 타타르(Abakan Tatar)는 그것을 《쇠의 산》이라고 부른다.[1] 전술한 《쇠의 기둥》이 땅에서 생겨나서 하늘에 닿았다고 큰소리 친 것 같이 이 산도 처음에는 작았다가 점점 크게 되었다고 할 수 있다. 시베리아 타타르는 둥근 땅의 중심에 있는 산이 아직 볼품없는 자그마한 언덕이었던 먼먼 옛 그것을 말한다.[2] 이러한 관념도 또한 세계는 천천히 오늘과 같은 크기에 도달했다고 하는 것이며, 이 산도 이러한 세계상 그 자체와 밀접한 일부분이 되어 있는 것을 전제로 하고 있다.

알타이 여러 민족은 산, 그 중에서도 전설 가운데 흔히 《왕자》로 불리며 칭송받는 알타이를 높이 받들지만, 둥근 땅의 중심산이라는 관념은 현지의 어느 구체적인 산에 결부되어 있는 것은 아니고, 완성된 세계상의 일부로서 어딘가 다른 곳으로부터 받아들인 것이다. 높이 우뚝 솟은 꼭대기가 신들의 자리에 어울리는 집으로 되어 있는 이 산은 하늘 한가운데에 자리 잡을 수 있다. 예를 들면 알타이 타타르의 경우 최고신 바이 윌갠(bai-ülgän)은 하늘의 《금산(金山)》에 살고 있다는 관념을 가지고 있다.[3] 마찬가지로 야쿠트 전설은 신의 하늘자리(天座)는 《젖같이

하얀 돌산(石山)》이라고 한다.4)

　보통 이 세계를 내려다보는 중심산은 단구상(段丘狀)으로 묘사되고 있는데, 계단의 수는 여러 가지이지만, 대체로 하늘의 층과 매우 비슷한 관계에 있다. 하늘의 방향은 아홉 또는 그 이상에 달하는 것까지 알려져 있지만, 여기에 기술된 산은 셋(넷) 또는 일곱 계단을 넘는 것이 없다. 특히 몽골의 신화 가운데에는 중심산은 삼단(三段)으로 되어 있으며 네모[四角]로 치솟아 있다.5) 팔라스(Pallas)는 칼무크의 관념을 기술하면서 그 산은 사단(四段)으로 되어 있다고 적고 있다.6) 야쿠트 하느님[天神]의 하얀 돌로 된 왕좌(王座)는 또한 세 개의 은단(銀段)을 가지고 있다.7) 한편 시베리아 타타르의 경우 중심산은 7단(七段)으로 되어 있고, 오스탸크의 샤만도 또한 하늘로 갈 때는 《7단산(七段山)》을 오르지 않으면 안 된다.8)

　하늘은 그 자체가 흔히 산으로 생각되며 우리들에게 보이는 그 산의 밑면은 둥근 하늘뚜껑[天蓋]의 꼴로 되어 있다. 알타이의 창세전설에 의하면 최고신 윌갠은 이 세상을 창조할 때 늘 해와 달이 빛나고 있는 《금산(金山)》(altyn tū)에 자리 잡고 있다가, 나중에 산이 낮아지자 땅에 그늘을 만들었다. 그러나 하늘의 끝은 땅의 끝에 꼭 달라붙었기 때문에 하늘은 땅에 닿았다.9)

　그리고 북동시베리아에 사는 나나이의 다음과 같은 전설은 하늘산의 관념에 의거한 것이다. "신들이 하늘을 만들 때 그것을 돌로 만들었다. 그러나 그것이 완성되면 사람들은 하늘이 자기들 쪽으로 무너져 내리지나 않을까 하고 두려워하기 시작했다. 그래서 신들은 하늘뚜껑[天蓋] 밑에 입김을 불어넣었다. 그래서 된 공기는 돌을 덮게 되었고, 사람의 눈에는 보이지 않도록 했다.10)" 이 전설에 기술된 건축법은 나나이는 물론 그 밖의 민족에게도 알려져 있지 않기 때문에 이러한 관념은 도저히 나나이 본래의 것일 수는 없다.

몽골, 부리야트, 칼무크의 신화에서 세계산은 숨부르(sumbur), 수무르(sumur), 수메르(sumer) 등으로 불리었는데, 이들은 인도의 중심산 수메르인 것은 쉽게 알 수 있다. 수메르 산에 결부된 관념은 인도로부터 온 문화의 흐름과 함께 원형 그대로 중앙아시아의 여러 민족에게 전달되었다. 흔히들 히말라야 산맥이 이런 관념의 발생 동기가 되었다고 생각하기도 하지만 확실하지는 않다. 그것은 아무것도 알려지지 않은 먼 옛날부터 이미 우주발생론과 관련된 관념으로 되어 있다.

세계산이 앞에서 말한 기둥과 닮았다는 것은, 그 기둥이 땅의 중심에 솟아있다고 믿어지기 때문만은 아니고 그 꼭대기가 하늘의 북극성까지 이르고 있기 때문이다. 세계산은 북쪽에 있고 그 꼭대기에는 최고신이 살고 있는 곳, 곧 《황금의 자리(黃金座)》도 있다고 하는 관념은 넓게 퍼져 있다. 몇몇 종교에서는 그래서 하느님[天神]을 경배할 때는 사람은 북쪽으로 향한다. 이는 특히 만데(Mande)교도[이라크 남부 티그리스 유프라테스 강 하류에 사는 고대 구노시스 세례파. 금속세공, 상업을 하고 살며 인구는 급격하게 줄어들어 오늘날은 5,000명 정도뿐이다.-역주]와 중앙아시아의 불교도가 행하며, 그것은 이미 13세기에 뤼브뢰크(Ruysbroeck)가 '그들은 보통 북쪽을 향하여 기도한다'고 기술했다. 그들의 사원에 있는 제단도 또한 이 방향으로 향해 있다.[11]

세계산의 위치는 인도인의 영향을 받은 부리야트 사람이 기록한 다음의 전설에서 분명해진다. "맨 처음에 있었던 것은 물과 물속에 딱딱한 거북이 한 마리뿐이었다. 신은 거북을 떠오르게 한 뒤 그 배 위에 땅을 만들었다. 거북의 발 하나하나 위에 땅의 부분을 형상화시켰고, 그 배꼽 위에는 숨부르 산을 놓았다. 산의 꼭대기에는 북극성이 있다." 숨부르 산의 정상에는 사원이 하나 있다고 하고, 또 한 전설에는 북극성은

사원 탑의 황금첨단(黃金尖端)에 있다고 한다.12)

인도의 세계상에서 중심산의 위치는 이것과 꼭 같다. 키르펠(Kirfel)의 귀중한 연구서 『인도인의 우주상』에서 브라만교, 불교, 자이나교의 체계를 비교한 그는 그들에게 공통된 사고방식을 다음과 같이 기술하고 있다. "메루(Meru)의 주된 특질에 관해서는 이 세 종교의 체계에서는 대강은 일치한다. 이 셋 모두 메루는 땅의 중심에 솟아있으며 거의 전 우주를 내려다보고 있다. 그 산의 바로 위에는 - 이 경우 다른 것은 자이나교만이다. - 북극성이 있고 그 밖의 천체는 좁은 궤도와 넓은 궤도를 가지고 있어 그 둘레를 돌고 있다.13)" 마찬가지로 생각되는 것은 칼무크인데 모든 별은 수메르 산의 둘레를 돌고, 보이지 않는 때는 산의 그늘에 감춰지기 때문이라고 한다.14)

소아시아의 대문화민족은 북쪽에 솟아 있는 우주의 산을 태고부터 알고 있다. 성경에도 이미 이러한 관념은 나타나고 있는데, 예를 들면 이사야서 제14장에는 "자신을 가장 높은 자와 같은 지위에 두리라."라고 한 바빌론의 자만심에 찬 왕은 다음과 같이 비난받았다. "너는 먼저 마음속으로 말했다. 나는 하늘에 올라 내 왕좌를 하느님의 별 위에 두고 북쪽에서 (신들의) 벌어지는 모임에 참석하는 산에 앉으리라."고.

산 이름 자체가 말하고 있듯이 중심산이라고 하는 관념은 인도로부터 몽골의 모든 종족에게 전해져 왔다고 해도, 이 관념은 분명히 또 하나의 경로로 중앙아시아에도 들어갔다. 이란인은 아바칸 타타르 그 밖의 몇몇 시베리아 타타르 종족과 같이 땅의 중심산을 하라베레자이티(Hara-berezaiti), 결국 《쇠의 산》이라고 이름 붙였다. 분데헤시(Bundehesh)의 책에 의하면 그것을 도는 붙박이별, 떠돌이별을 가릴 것 없이 모든 별은 이 산에 연결되어 있다.15) 또 알타이 타타르의 신화에 나오는 쉬뢰(Sürö) 산도 페르시아 기원이었으며, 그 위에 산다고 믿어지는 일곱 신들도 쿠다이(kudai)라는 페르시아 말에서 빌린 것이다.16) 그 밖에 분데헤시 가운데에서 중심산은 차츰 지금 같은 크기가 되었다고 하는 투르크 계통 종족의 관념에 대응되는 것이 인정된다.17)

다 아는 바와 같이 세계의 산이라고 하는 관념은 중세에는 유럽에도 퍼져 나갔던 것이다. 토착민속 관념의 자취는 아이슬란드의 에다(Edda)가 히민비요르그(Himinbjorg. 하늘의 산)의 이름으로 전해지고 있고, 이 관념은 특히 불의 기원에 대해서 다음과 같은 핀(Finn)족의 주문 속에 나타난다.

> 도대체 어디에 불의 요람이 있을까
> 불타는 숯불은 진화되었는가
> 그것은 높다란 하늘의 배꼽
> 유명한 산의 꼭대기에

세계의 산에 대해서 옛날부터 전해오는 투르크 계통 종족의 관념을 서로 비교해 보면 두 개의 다른 관념이 맞부딪친다. 그 하나에 의하면 산은 땅의 중심에 위치하고, 다른 하나에 의하면 하늘 가운데에 있다. 다만 첫 번째 쪽이 더욱 기원적인 것인 것 같다. 하여튼 그 원형이 된 우주관이 이 추정을 지지하고 있다. 고대 페르시아인과 인도인의 세계산과 같이 바빌로니아인의 산(수메르어 harsag(gal) kurkurra 셈어 šad mâtâti)도 원해(原海, apsu)에 뿌리를 둔 땅의 중심산이다. 또 중앙아시아의 몇몇 전설도 또한 산을 원해 속에 설정하고 있다. 이런 전설들 속에서 그 중 몇몇이 이야기하고 있는 것에 의하면, 맨 처음 땅은 없고 다만 원해와 그곳에서 솟아오른 산뿐이었다. 산꼭대기에는 사원(寺院)이 하나 있고, 33신 곧 텡게리(tengeri)가 살고 있다. 텡게리가 모래를 던지자 비로소 땅이 되고, 그 위에 자손이 살도록 한 쌍의 남녀신이 내려왔다.18) 이 전설에 기술된 33텡게리는 수메르의 33신에 해당한다.

또 중심산이 원해(原海) 속에 있다고 하는 것은 인도로부터 중앙아시아로 들어온 다음과 같은 전설이다. 곧 독수리 가리데(Garide〈인도 Garuda〉)의 모습을 한 오치르바니(Otchirvani 〈Indra 천둥신〉)는 아이슬란드 신화의 미드가르

그림10. 땅의 배꼽에 감겨 있는 뱀. 델피의 돈.

드(Midgard) 뱀과 똑같이 원해에 살며 입에서 독을 뿜는 큰 뱀(Losun 로순)을 잡아 그것을 수메르 산 둘레에 세 번 감아 붙이고 그 머리를 밟아 부수었다고 한다. 뱀의 크기야말로, 꼬리는 바다 속에 붙은 채로 머리를 산꼭대기에 두었고, 몸체는 중심산에 세 번 감아 붙일 정도다.19) 고대 그리스의 돈에는 같은 모습의 뱀이 새겨져 있는데, 땅의 배꼽을 나타낸 원추형에 감아 붙였다고20) 하는 유사점은 우연의 일치라고만은 할 수 없다.

칼무크의 신화에는 세계의 산은 또 창조의 수단으로 등장한다. 이 신화에 의하면 4사람의 강력한 신들은 힘을 모아 여기에서는 분명히 기둥의 형태를 하고 있다고 생각되는 수메르 산을 잡아 그것을 마치 칼무크 여인이 절굿공이로 버터를 휘젓듯이 원해(原海) 속을 빙빙 휘저었다. 이렇게 부지런히 휘저은 바다에서 해, 달, 별이 생겨났다.21) 해와 달이 아직 생기지 않았을 무렵 어떤 신이 만 발이나 되는 장대로 원해를 휘젓기 시작하자 해와 달이 되었다고 하는 되르뵈트(Dörböt)의 이야기도 분명히 같은 뜻을 가지고 있다.22) 비슷한 창세전설의 이야기는 또한 몽골의 전설인데, 하늘로부터 내려온 신이 《쇠막대기》로 원해(原海)의 액체를 휘저어서 액체의 일부는 굳어서 뭍이 되었다고 하는 것이다.23)

그림11. 세계창조를 그린 인도 그림.

이러한 관념과 비슷한 것은 브라만의 우주관인데, 신과 악마들이 전설적인 중심산을 돌아서 세계를 창조했다고 설명한다. 이 과정을 설명하기 위하여 그린 인도의 그림에는 원해(原海) 또는 태초의 바다를 뜻하는 우주젖바다[宇宙乳海] 속의 거북 등 위에 있는 산을 도는 사람이 보인다. 산에는 전설적인 뱀 바수키(Vâsuki)가 감겨져 있는데 그 뱀의 머리 쪽 끝에는 짐승 머리를 한 악마가 있고, 꼬리 쪽 끝에는 신들이 있다. 이 신과 악마가 갑자기 뱀을 잡아당겼기 때문에 산은 끊임없이 움직이고 있다. 그 움직임 때문에 신비의 바다는 차츰 오늘의 세계 및 이 그림(그림. 11)에 보이는 바와 같이 세계 속에 있는 모든 것이 생겨나게 되었다.

인도인의 관념에서 하늘 굴대[軸]의 규칙적인 운동으로 세계의 탄생과 모든 생물의 기원을 설명하려고 한다는 점은 매우 재미있다. 해와 달과 별이 생긴 것은 이 회전운동의 결과에 지나지 않는다고 생각하기 때문에 이들 천체가 계속해서 만물의 중심 둘레를 돌고 있다는 것은 당연하다. 여기서 세계기둥을 도는 신들과 악마들은 아마 빛과 어둠, 낮과 밤의 바뀜을 상징하고 있는 것 같다.

가장 고도로 발달한 것은 라마교와 함께 중앙아시아에 들어간 가르침[敎義]에 보이는 세계상으로써 그 중심에는 수메르 산이 보인다. 칼무크 사람이 그린 그림에는 우주의 모든 길이가 자세하게 정해져 있다. 중심산의 높이는 바닷물 위에 8만 마일, 산기슭은 우주바다 속에 마찬가지로 8만 마일 깊이까지 잠겨 있으며, 그곳에서 금으로 된 층(層) 위에 실려 있다. 그것은 다시 거북의 등 위에 실려 있다. 수메르 산의 주위에는 일곱《금》산맥이 고리모양으로 휘감겨 있고, 각 고리의 사이에는 일곱 바다가 끼여 있다. 말할 것도 없이 바다도 고리모양이다. 산맥은 중심산에 가까울 정도로 높다. 첫째 산맥의 높이는 40,000마일, 둘째는 20,000마일, 셋째는 10,000마일, 넷째는 5,000마일, 다섯째는 2,500마일, 여섯째는 1,250마일, 일곱째인 가장 바깥에 있는 산맥은 625마일이다. 높이와 마찬가지로 산과 산 사이 길이도 자세하게 정해져 있다. 높으면 높은 만큼 서로의 틈새도 크다. 첫째 고리모양의 산과 중심산과의 거리는 높이와 같이 80,000마일, 첫째 산과 둘째 산과의 떨어진 거리도 높이와 같이 40,000마일 등으로 되어 있다. 앞에서 기술한 속바다[內海]의 물은 늘 민물[淡水]이다. 그러나 일곱째 고리 모양의 바다는 크고 짠 소금바다로 둘러싸여 있다. 그것을 다시 높이 312.5마일인《쇠》고리 모양의 산이 둘러싸고 있다. 이 쇠고리[鐵環]의 크기는 3,602,625마일인데, 이웃 산맥으로부터 322,000마일 떨어진 곳에 세계의 바깥끝[外緣]을 이루고 있다.

　　수메르(Sumeru)[수미(須彌). 소미루(蘇迷漏). 불교의 우주관에서 주장되는 신화적 성산. 수미는 산스크리트의 수메루(Sumeru)의 음역으로 단순히 메루(Meru)라고도 하며 '묘고산(妙高山)', '안명(安明)'으로 의역된다. 불교적 우주관에 의하면 허공에 풍륜(風輪)이라는 바람(공기)의 거대한 원통이 떠 있는데 풍륜 위에 수륜(水輪)이, 수륜 위에 금륜(지륜)이 있고 금륜 위에 대해가 있으며, 그 중앙에 우뚝 솟은 것이 수미산이다. 수미산은 7개 동심상의 산맥으로 둘러싸였고, 7번째의 산맥 외측 동서남북 방향에 각각 승신주(勝身洲), 섬부주(贍部洲), 우화주(牛貨洲), 구로주(俱盧洲)가 있다. 남쪽의 섬부주는 인도대륙의 형태를 반영하고 있는데, 이것이 '우리들이' 사는 대륙이라고 하며 이 대륙 지하에 지옥, 아귀의 세계가 있는데 사주의 밖, 금륜의 외주를 철위산(鐵圍山. Cakravādaparvata)이 둘러싼다. 수미산을 중심으로 그 중턱 높이로 4주위를 통과하도록 일월성신이 회전하고 있는데 수미산의 상반부는 제석천(인드라) 등의 천(신)이 사는 세계로, 그 상공에는 몇 층으로 된 신의 세계가 겹쳐 있으며 이와 같은 우주관을 속칭 수미산 우주관이라고 한다.-역주], 그것은 피라미드(pyramid) 형태를 하고 있다. 수면에서 둘레는 2,000마일, 꼭대기 주변은 3.5마일이다. 각 방향으로 향하고 있는 피라미드의 비스듬한 면은 각각 특별한 빛깔로 빛나고 있다. 남은 파랑, 서는 빨강, 북은 노랑, 동은 하양이다. 이렇게 빛깔이 다른 것은 수메르 산의 비스듬한 면[斜面]을 덮고 있는 보석 또는 쇠붙이의 층(層)이 다르기 때문이다. 결국 남쪽은 푸르게 빛나는, 서쪽은 붉게 빛나는 보석으로 덮여 있다. 북쪽으로 향한 면은 금으로, 동쪽 면은 은으로 되어 있다. 이 네 가지 빛깔은 각 방향에 있는 세계의 각부에 그곳에 어울리는 빛깔이 주어져 있다. 따라서 남은 파란, 서는 붉은, 북은 노란, 동은 흰 빛깔의 방향이라고 한다.

각각의 방향에는 소금물 바다 속에 특별한 뭍이 있고, 그 수는 넷이라고 하며, 또한 이미 기술한 전설에서는 그 이상 있다고 한다. 이들의 뭍은 큰 섬인데 각각 양쪽에는 작은 섬이 딸려 있고, 세계중심을 둘러싼 섬의 수는 모두 열둘로 되어 있다고 생각하고 있다. 어떤 지리상의 사실에도 근거를 두지 않은 이 관념에는 틀림없이 열두 가지 짐승띠[十二支獸帶]에 바탕을 둔 동양적 우주관이 깃들어 있다. 서아시아의 여러 민족은 이미 먼 옛날부터 짐승띠를 《하늘나라》로 생각하고 있다. 하늘 위와 똑같이 땅 위에도 열두 나라가 있다는 것이다.

네 방향에 있는 뭍 위에는 무엇보다도 얼굴 모습이 다른 사람들이 살고 있다. 남쪽의, 결국 최초는 인도뿐이었다가, 마침내 다른 많은 나라들을 가지게 된 뭍에 사는 사람은 갸름한 얼굴을 하고 있고, 서쪽의 뭍에는 둥근, 북쪽의 뭍에는 네모진, 동쪽의 뭍에는 초승달 모양의 얼굴을 한 사람이 살고 있었다. 그림12에 보이는 바와 같이 뭍 자체도 사람의 얼굴과 같은 형을 하고 있다.24)

티베트를 비롯해서 불교권에는 거의 같은 형태로 퍼져 나간 이 기묘한 세계상은 분명히 여러 가지 요소가 융합되어 발달한 것이다. 방향과 결부된 빛깔 관념은 아시아뿐만 아니

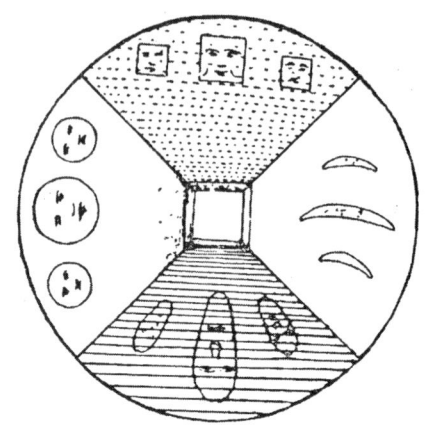

그림12. 칼무크 사람의 세계지도.

라 북아메리카의 인디언 종족 사이에도 등장한다.25) 빛깔은 물론 민족마다 다르게 되어 있다. 중국인은 동은 파랑, 남은 빨강, 서는 하양, 북은 검정으로 생각하고 있다.26) 인도의 푸라나(Purana) 가르침에는 동은 하양, 남은 노랑, 서는 검정, 북은 빨강이다.27) 북아메리카 인디언의 방향의 기본적인 빛깔은 검정·하양·노랑·파랑 또는 검정·하양·빨강·파랑이다. 이런 빛깔 관념은 서아시아의 고대문화민족에도 비슷한 것처럼 생각된다. 그 가운데에서도 유대의 어떤 전설에 의하면 신이 땅중심에 사람을 만들 때 땅의 네 귀퉁이에 여러 가지 다른 빛깔의 감[材料], 곧 빨강·검정·하양·검붉은 빛깔의 흙을 모았다.28) 칼무크의 방향, 빛깔은 후기 인도의 문헌에 바탕을 두고 있고, 그것에 의하면 메루(Meru) 산의 남쪽은 사파이어의 파랑, 서쪽에는 산호의 빨강, 북은 금, 동은 은이다.29)

위에 기술한 《일곱의 금으로 된 고리모양의 산》이 북극성에까지 닿은 중심산을 정확히 일정한 간격을 두고 둘러싸고 있다는 것은 바빌로니아의 일곱 떠돌이별과 맞먹는다. 세계의 《산》의 치수법은 불교 건축

가들도 불탑을 만들 때 신들이 사는 중심산의 모형이 되도록 유의한다고 한다. 특히 인도에는 만들어 세운 왕들의 《산》을 경배하는 것으로 성스러운 메루 산을 경배한다고 한다. 1027년에 만든 이러한 산 중에 하나가 베나레스(Benares)[인도 동부에 있는 힌두교의 성지(聖地); Varanasi의 구칭-역주] 가까이 있다.

몽골인들에게도 비슷한 성소(聖所)가 있다. 그것은 보통 물에 가깝고 풀이 우거진 높은 곳에 있다. 짓는 방법과 겉모습을 반자로프(Banzarov)가 다음과 같이 묘사하고 있다. "선택한 언덕 위에 정해진 큰 동그라미를 재고 그 위에 돌과 흙을 높이 쌓는다. 그 위에 갑옷, 투구, 옷가지, 거기에다 여러 가지 음식, 그릇, 베, 약 등을 얹는다. 옆에는 여러 가지 장식물을 놓는다. 쌓은 산에는 다시 나무를 심든가 가루다(Garuda)[가루다는 거의 인간의 모습을 하고 있지만 매의 머리, 부리, 날개, 발톱, 다리를 가지고 있다. 얼굴은 하얗고 날개는 빨갛고 전신은 금색으로 빛난다. 그렇기 때문에 금시조(金翅鳥)라고 의역되는 경우도 있다.-역주] 새의 상(像)을 놓는다. 또는 오랜 관습에 따라 활, 화살, 창, 칼 등을 덧붙인다. 몽골인이 오보(Obo)[산이나 언덕에 몽고인이 흙이나 돌을 쌓아올린 구조물로 obo, obogha라고도 쓴다. 돌이나 흙으로 원추형으로 만든 기단 상부에 나뭇가지를 꽂고, 그 중심에 삼지창이나 창을 세우는데 오보는 여러 개가 함께 나열되어 있는 경우도 있다. 몽고인은 여기에 천신지기가 내려와서 머문다고 하며-오보 자체를 지기(地祇)로 보기도 한다-, 매년 여름 오보제를 행하여서 우마 등의 살아있는 가축이나 고기, 유제품 등을 바치고, 오축(五畜) 등의 풍요를 기원하며, 오보 주위를 돌며 경마, 씨름, 활을 쏜다. 이 제사의 사제는 최근에는 대부분 라마교(티베트불교)의 승려인데, 불교가 널리 퍼지기 이전에는 샤만이었다. 오보 자체가 샤머니즘 신앙에서 만들어진 것으로, 오래전에 흉노족이나 선비족이 제사지낸 신에 홀린 나무와 숲과 관계있다는 생각이 유력한데, 그들도 나무나 숲을 돌고 그것을 제사지냈다. 동종의 퇴석문화는 몽고만이 아니라 우리나라, 만주-중국 동부-, 시베리아, 중앙아시아에 널리 분포한다고 하며, 마찬가지로 샤머니즘과 관계가 있다고 하고 터키어의 오바(oba, '집'이라는 뜻)도 오보와 관계가 있다고 한다.-역주]라고 부르는 이 성소는 단(段) 모양으로 하지 않으면 안 되는데 각단(各段)에는 어떤 종류의 짐승, 새, 돌, 경전(經典)이라든가 자신이 가진 물건이나 장신구(裝身具)를 두지 않으면 안 된다. 가장 큰 토대 위에 조금씩 작아진 단을 쌓아 12단으로 하여 모두 13단이 된다. 불교도가 생각하는 바로는 이 성소는 전 세계를 나타내는데 중앙의 높은 곳은 수메르 산을, 그 밖에 작은 산은 12뭍을 표시하고 있다.30)"

이 이상 상세한 설명이 불필요한 이 기술에서 알 수 있는 것은 중앙아시아에서는 외래(外來)인 몽골을 좇아 성전을 세우기 시작했다는 것이다. 이 모델 관념과 비슷한 것은 이미 그 이전부터 투르크 계통 민족들 사이에 거창하지 않은 《세계의 기둥》이라고 하는 형으로 존재하고 있었다. 새로운 시대의 성전은 산으로 나타낸 데 반해서 옛것은 기둥으로 나타냈다는 다른 점이 있지만 노리는 것은 본래 같다. 오스탸크가 《쇠기둥의 아버지》라고 하는 것과 같이 중앙아시아 모든 민족들도 수메루를 《아버지》로 부르고, 그것을 맞아들이는 경우에도 아버지로서 받들어 모셨다.31) 어떠한 상(像)도 베다(veda)[고대 인도의 브라만교 성전의 총칭. 인도 최고의 문헌으로 고대 인도의 종교, 신화는 물론, 사회사정 일반을 아는데 불가결한 중요한 자료이다.-역주] 문학에 있어서 《땅의 배꼽》과 같이 일반적으로 성전을 뜻하고 있으므로 그 앞에 세우는 것은 매우 다양한 신들과 모든 신령들을 상대하고 있다는 것은 당연하다. 몽골인은 오늘날 이러한 성전에 동물로 제물을 바치지 않고 과일, 젖, 술, 치즈 등을 바치며, 그들의 기도는 토착적인 신령 외에 모든 지방, 특히 불교도는 중요한 지방의 모든 신령, 그러나 무엇보다도 자신들의 고향 각지에 머물러 있는 모든 신령을 향해 행한다. 의례의 목적은 "현세의 행복, 민중의 안녕, 가축의 번식, 가산의 증대, 악령 쫓기, 병 물리치기"로 되어 있다. 성전에서

가축에게 성수(聖水)를 뿌리는 관습이 있다. 의례의 뒷부분은 민속적인 경마, 씨름, 잔치 등이 있다.³²⁾

종교연구에서 앞에서 기술한 것 같은 기념물이 매우 큰 가치를 지니고 있는 까닭은 빛나는 인도의 불탑같이 우수하고 당당한 사원이라든가, 수천 년 기와더미에 묻혀 있었던 메소포타미아의 저 유명한 계단 모양을 한 탑처럼 발달한 형태를 찾아내기 이전에는 성전이 갖추고 있는 소박한 원형을 떠올리는데 적당했기 때문이다.

6. 세계나무世界樹

알타이의 어떤 전설에는 "땅의 배꼽 위에, 만물의 중심에, 땅 위의 나무 가운데 가장 높은 나무, 크나큰 전나무가 치솟아 있는데, 그 가지 끝은 바이 윌괸(Bai-Ülgön)이 사는 곳에 닿아 있다."고 기술되어 있다.¹⁾ 이 세계나무[世界樹]는 알타이 샤만의 큰 북에 매어져 있는 가죽에 그려져 있는 것이다. 그림13은 나무의 한쪽에는 해를 다른 한쪽에는 달을 배치하고 있다. 나무는 높은 곳, 아마 언덕 또는 산이라고 생각되는 땅의 배꼽 위에 나 있다.²⁾ 몇몇 전설에서는 나무는 중심산의 꼭대기에 치솟아 있다고 한다. 예를 들면 아바칸(Abakan) 타타르의 영웅전설에는 '땅의 중심에는 철산(鐵山)이 있고 철산 위에는 하얀 가지가 일곱 개 붙은 자작나무가 있다.'라고 되어 있다.³⁾ 세계의 산을, 꼭대기가 뾰족하지 않은

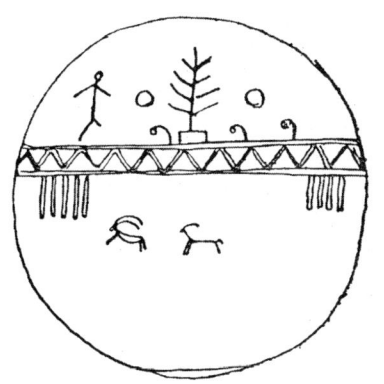

그림13. 알타이 샤만의 북에 그려진 그림. 구르킨 모사(模寫).

피라미드형이라고 생각하고 있는 몽골전설 가운데에는 세계나무는 네모진 산꼭대기의 중심에 두고 있다. 나무 가지 끝에서 내려다보면 세계의 바다에 떠 있는 땅은 말발굽 같이 작고, 또는 소만한 크기의 돌을 가지 끝에서 떨어뜨리면, 50년 뒤에 겨우 땅에 닿고, 또한 땅에 닿을 무렵에는 새끼 양같이 작아지고 만다든가 하는 관념은 이 나무가 얼마나 큰가를 알려주고도 남음이 있다.4)

땅 동그라미의 중심산은 하늘에 닿아 있다든가 그 꼭대기는 하늘 층 위에 감추고 말았다든가 하는 이런 관념 때문에 나무도 또한 어떤 관념이나 신화 속에서는 하늘 가운데 있는 것으로 되어 있다.

중앙아시아의 전설에서는 세계를 내려다보는 이 크나큰 나무는 처음에는 자그마한 싹이었는데, 세계기둥이나 세계의 산과 같이 자라났다고 한다.5) 세계나무의 한 변종(變種)이라고 생각해도 좋은 세계기둥과 세계나무가 닮았다는 것은 위치나 장소 때문만은 아니고, 신들이 역시 그것을 말뚝으로 쓰고 있기 때문이다. 또한 나무는 세계기둥과 같이 몇몇 계단으로 되어 있으며 구분되어 있다고 생각되었다. 분명히 타타르로부터 차용한 관념이 들어 있는 바슈간(Vasyugan) 오스탸크 샤만의 노래 가운데에는 나무가 하늘과 마찬가지로 일곱층으로 되어 있다고 한다.6) 많은 경우 나무는 하늘 층 여러 개를 관통하고 동시에 땅의 중심산 같이 그 뿌리를 땅속 깊숙이 내리고 있다.

시베리아 타타르의 신화에는 지하세계에도 지상의 세계나무와 비슷한 것이 나타나고 있는데, 그것은 보통 지상의 것을 베낀 것이다. 이러한 지하의 나무를 기술하고 있는 것은 예를 들면 M. A. 카스트렌(Castren)이 기록한, 쿠바이코(Kubaiko) 소녀가 지하의 죽은 자의 왕 이를레 칸(Irle Khan) 곁으로 여행한 경위를 적어놓은 전설이다. 그 속에서 어떤 조언자(助言者)가 소녀에게 말을 걸었다. "이 길을 곧바로 가면 높은 산기슭을 흐르는 강 언덕에 닿는다. 이 언덕에는 사십각형의 돌로 지은 집이 있는데, 그 안에 이를레 칸이 살고 있다. 집으로 들어가는 곳 앞에는 같은 뿌리에서 난 아홉 그루의 소나무가 서 있다. 이것은 아홉 사람의 이를레 칸이 말을 매어 두기 위한 말뚝이다." 여기에는 이와 같이 아홉 그루의 나무가 나오지만 실은 가지가 아홉 개 달린 한 그루의 나무로 생각된다. 그것은 전설 속의 다음과 같은 말로 알 수 있다. "소녀는 집으로 들어가기 전에 소나무가 서 있는 곳에서 멈춰 서서 다음과 같이 써 놓은 것을 보았다. 《쿠다이(Kudai)가 하늘과 땅을 만들 때 이 소나무도 만들었는데 이를레 칸을 빼고는 오늘날에 이르기까지 어떤 사람도 짐승도 산 채로 이 나무 곁에 오지 못했다.》"[7)]

나나이의 관념에 의하면 세계나무의 수는 셋인데, 하나는 나기 전의 혼(魂)들이 새 새끼의 모습을 하고 살아가는 하늘에, 둘째는 땅 위에, 셋째는 땅속에 나 있다.[8)]

세계기둥과 세계나무는 공통적인 특징을 가지고 있지만, 나무는 무엇보다도 먼저 신선함과 탐스러움이 천성인 살아 있는 나무라고 생각되는 점이 상당히 다른 것이다. 따라서 여러 민족의 전설에서 이 나무는 보통 샘이나 시내나 큰 못이나 물속에 있다고 한다. 오스탸크는 큰 나무가 있는 곳은 《하늘 속의 바다》가에 있다고 한다.[9)] 그 나무가 양분으로 빨아들이는 물이 얼마나 될까를 상상할 수 있는 것은 특히 미누신스크(Minussinsk)에 있는 타타르의 다음과 같은 노래에 확실히 나타나 있다.

하늘의 열 두 나라에
높고 높은 산 위
한 그루의 자작나무가 치솟아
자작나무 껍질은 황금빛

6. 세계나무 73

자작나무 뿌리 곁에는

손가락 하나 깊이의 땅속에

생명수 출렁출렁

황금잔 밑에 있어……

자작나무 옆에

서 있는 쿠다이 지킴이

눈부신 타타(Tata) 노인

황갈색 얼룩말의 망아지는10)

불가사의한 생명의 나무와 운명의 나무는 오스만 사람도 알고 있는데 그것을 투바(tuba)라고 부른다. 나무는 하늘의 한가운데에 솟아 있고 몇 백만 장의 잎을 달고 있을 만큼 크다. 잎 한 장 한 장마다 한 사람의 생애를 나타내고 있다. 사람이 죽으면 그 잎은 나무에서 떨어진다.11) 페르시아의 이슬람교도에 의하면, 하늘의 투바 나무는 우물가에 나 있다(그림17).

몽골인의 신화 속에는 잠부(Zambu)라는 큰 나무가 나오는데, 그 줄기 끝은 수메루 산의 기슭 깊숙이, 그리고 그 가지 끝은 세계산 아득히 솟아 있다. 나무의 열매는 텡게리(tengeri)들의 양식으로 되어 있다. 신들이 이러한 몫을 받는 것을 시샘하여 산골짜기 깊숙이 살고 있는 악마 아수라(Asura[阿修羅])들은 어느 때 신들을 향하여 이렇게 소리쳤다. "왜 이 나무 열매를 먹느냐! 이 나무는 우리들의 것. 우리들의 땅에 나 있는 것인데." 마침내 두 패 사이에 옥신각신 싸움이 벌어졌으나 끝내는 악마들이 졌다.12)

수메르 산만이 아니라 아수라도 또한 이 몽골의 전설이 인도로부터 전해졌다는 것을 증명하고 있다. 결국 인도인은 수메르 산 깊숙한 골짜기에 아수라가 산다고 생각하는데, 아수라는 그 골짜기에서 인드라를 비롯한 그 땅의 신들에게 싸움을 걸었다.13) 신들이 양식을 얻고 있는 잠보도 또한 인드라의 생명나무 잠부(Jambū)이다. 불교 전설에 의하면 이 나무는 열여섯 가지의 큰 가지와 무수히 많은 작은 가지를 달고 있다. 붉은 빛을 띤 잿빛 잎은 가장 좋은 비단 같이 우아하고 그 꽃은 황금빛으로 빛난다. 그 열매 속에는 거위 알만한 크기의 달콤한 열매가 몇백 개나 들어 있는데 어떤 병도 물리칠 수 있다. 황금빛의 수액(樹液)은 녹은 버터같이 흘러내린다. 나무 가까이에 사는 짐승들은 그것을 마시며 살고 있다.14)

팔라스(Pallas)는, 칼무크가 가르쳐 준 바에 의하면, 잠부 나무는 땅의 중심에 서 있는데, 그것은 죠말로이바(Dsomaloiba)라는 강가, 오치르 오론(Otchir-orron)이라는 곳에 있다고 기술하고 있다. 나무는 가을이 돌아올 때에, 익어서 훌륭하고 수레바퀴만한 크고 맛있는 열매를 맺는다고 믿고 있다. 열매는 떨어져 세계의 바다까지 흘러가 그곳에 사는 용왕의 먹이로 바쳐진다.15)

수마트라 바타크(Batak)족의 쟘부바루스(djambubarus)는 분명히 인도 문화의 유산이었는데, 하늘의 신 물라 쟈디(Mula-djadi)는 그 앞에 사람의 운명을 써넣어 둔다. 사람이 태어날 때 그 《얼》(魂, tomdi)은 하늘로부터 내려와서 운명의 나무에게 부탁해서 잎을 한 장 나누어 받지 않으면 안 된다. 이 잎에 무어라고 쓰여 있는가에 따라 그 사람의 삶이 정해진다. 또 하나의 전설에 의하면 하늘의 신 곁에는 두 사람의 여자가 있는데, 쟘부바루스 나무 아래에 살면서 그 열매를 먹고 있다. 한 사람은 새로이 태어나는 사람의 운명의 무게를 달고, 또 한 사람은 생명의 나뭇잎에 그것을 써넣으면 그 날부터 운명은 정해져서 그 뒤에 바꿀 수는 없다.16)

글자가 없는 민족에게조차 이러한 운명을 써 붙이는 여자가 있다는 것은 주목할 만하다. 마찬가지로 여신은 이미 고대 이집트인의 그림에 보인다. 여기 있는 그림14에는 운명의 여신 세카이트(Sekhait)가 자신의 벗과 함께 나무 아래에 앉아 있는 파라오의 운명을 하늘의 나뭇잎에 써 붙이고 있는 것이 보인다.

다시 이야기를 중앙아시아로 돌리면, 몽골이나 칼무크의 생명의 나무에는 앞에서 기술한 미누신스크 지방의 타타르 사람의 선조 노래에 나오는 영웅 타타(Tata)에 상당하는 것은 아무것도 없다. 그러나 이러한 민족 또는 인류의 영웅과 시조는 다른 많은 민족 전설 가운데 생명나무 곁에 나타난다. 특히 야쿠트의 민간문학이 그러한데 이 생명을 주는 나무에는 또 다른 흥미 있는 관념도 결부되어 있다. 야쿠트의 어떤 전설에 이렇게 기술되어 있다. "여덟 모난 땅의 황색 배꼽에는 무성한 가지가 여덟 개 달린 나무가 서 있다. 그 나무의 껍질과 옹이는 은이고, 그 수액은 황금빛을 발하며, 그 열매는 혹이 아홉인 높은 잔 같으며 그 잎은 말가죽같이 크다. 나무 가지 끝에서는 신의 황색 액체가 거품을 일으키며 흘러내리고 있다. 길가는 사람이 그것을 마시면 지친 사람은 힘을 되찾고, 배고픈 사람은 배를 채운다.17)"

이런 생명을 주는 나무가 있는 곳은 야쿠트의 전설에 의하면 최초의 사람이 사는 곳, 곧 일종의 낙원이다. 《최

그림14. 운명의 여신 세카이트 및 토우트와 아툼이 하늘의 나무 아래에 앉은 왕의 운명을 나무에 써 붙이고 있는 것. 이집트 그림.

초의 사람》이 이 세상에 나타났을 때 어떻게 해서 자신이 그곳에 있는가를 몰라서 그 크나큰 나무가 있는 곳으로 갔다. 그 가지 끝은 《3층의 하늘》을 꿰뚫고, 그 가지를 통해 황색 수액이 흘러 떨어지는데, 그것을 마시는 사람은 큰 복을 받는다. 그때 이 불가사의한 나무줄기에서 갑자기 구멍이 하나 나타나 그 속에 여신이 허리까지 모습을 보이며 사람을 향하여, '너는 이 세상에 인류의 시조가 되도록 보냈다.'고 말했다.[18)]

이 전설과 비슷한 또 하나의 이야기는 최초의 사람을 《하얀 젊은이》라고 이름 붙이고 있다. "조용해진 큰 심연(深淵)의 위, 구계(九界)의 밑, 하늘의 7층 밑, 중심점의 위, 땅의 배꼽 위, 땅의 가장 조용한 지점, 달도 지지 않고 해도 빠지지 않는, 겨울도 없고, 늘 여름이며, 뻐꾸기가 우는 곳, 그곳에 《하얀 젊은이》가 서 있다." 그는 자신이 어디서 왔으며 자신이 살고 있는 곳이 어떤 곳인가를 확실히 알기 위하여 나아갔다. 동쪽에 펼쳐진 어슴푸레한 들판의 중심에 큰 언덕이 있었고, 그 위에 큰 나무가 한 그루 서 있었다. 그 나무껍질은 결코 마르지 않으며 쪼개지지도 않고, 그 수액은 은빛으로 빛나며, 그 많은 잎은 결코 시들지 않고 그 갯버들 같은 잎은 아래로 향할 때는 나란히 늘어놓은 잔 같다. 나무의 가지 끝은 하늘의 7층을 꿰뚫고 솟아 최고신 우륀 아이 토욘(Urün-aï-tojon)의 말뚝이 되고, 그 뿌리는 땅속 깊이 있는데, 그곳에 사는 불가사의한 신화적 존재의 집 기둥이 되어 있다. 《하얀 젊은이》는 남쪽으로 걸어가서 파릇파릇한 풀밭 한가운데에서 조용한 젖바다[乳海]를 보았다. 젖바다는 여린 바람에도 움직이지 않고, 기슭에는 젖[乳酸] 같은 늪이 있었다. 북쪽에는 검은 숲이 있고, 숲의 나무는 밤낮으로 수런거리며, 모든 동물이 오가고 있었다. 숲 건너 쪽에는 높은 산이 솟아 있는데 꼭대기마다 하얀 해오라기 모자를 쓴 것같이 보였다. 산은 하늘을 향해 서서, 이곳을 추운 바람으로부터 보호하고 있었다. 서쪽에는 얕은 늪 속에 수풀이 나 있고, 그 건너 쪽은 높은 전나무 숲이, 다시 그 건너에는 둥근 산이 뿔뿔이 가로놓여 있었다.

《하얀 젊은이》가 삶을 누릴 세상이라는 곳은 이런 모습을 하고 있었다. 외롭고 나른한 젊은이는 생명의 나무가 있는 곳으로 가서 이렇게 말을 걸었다. "훌륭하시고 높으신 여주인(女主人)이시여, 내 나무와 내 살 곳의 여신이시여, 살아있는 것은 모두 둘이서 뒤를 잇는데, 나는 한 사람이오. 나는 나가서 나를 닮은 여자를 찾겠소. 나는 나와 닮은 사람과 힘을 겨루어 보겠소. 사람들을 알고 싶소. 그래서 사람과 어울려 살고 싶소. 당신의 축복을 나에게도 주시오. 나는 당신에게 삼가 바라노니, 이렇게 머리를 조아리고, 무릎을 꿇겠소."

그러자 나뭇잎의 수런거림과 함께 젖같이 희고 고운 비가 잎에서 떨어져서 《하얀 젊은이》 위를 적셨다. 따뜻한 산들바람이 이는 듯하더니 나무가 삐걱거리기 시작하자 그 뿌리에서 여신이 허리까지 모습을 나타내었다. 이 전설에는 나무와 그곳의 여신을 참다운 눈빛을 한 중년 여성으로 그려내고 있다. 그녀의 머리카락은 펄펄 날리며 가슴을 드러내고 있다. 여신은 자신의 풍만한 가슴에서 젖을 짜서 젊은이에게 먹이자, 그는 힘이 백배나 된 것 같이 느꼈다. 여신은 젊은이에게 장래의 행운을 약속했고, 물도 불도 쇠도 그밖에 어떤 것도 그를 해치지 못하도록 축복했다.[19]

이 전설은 북시베리아의 거친 날씨에 시달리는 야쿠트 사람들 사이에서 발생한 것이 아니고 빛이 번쩍이는 낙원의 묘사가 보여주듯 보다 은혜롭고 풍부한 자연의 품속에서 싹튼 것이라는 것은 저절로 이해된다. 여기에 나오는, 흰 해오라기 모자를 쓰고 북쪽으로 향하여 뻗어 있는 산이라고 하는 것은 분명히 늘어선 설산(雪山)을 가리키는 자연묘사로써 우리들은 이 낙원 이야기의 고향을 찾을 수 있다. 이 전설은 풍성한 자연과 설산의 지식을 둘 다 전제로 하고 있기 때문이다. 우리들의 눈은 그곳에서 북부 인도나 남쪽 아시아로 향하게 된다. 말할 것도 없이 경관만을 의지하는 것은 안 된다. 그것은 무엇보다도 젖바다는 땅의 배꼽 그 자체라는 관념에 속하기 때문이다. 더욱이 이들의 경관은 이 전설과 여러 가지로 비슷한 이야기마다 얼마쯤은 다르게 되어 있다.

  이 전설을 더 자세히 관찰하기 앞서 미덴도르프(Middendorff)가 펴낸 야쿠트어 예문집(例文集)에 보이는 몇 가지를 분명하게 하고 싶다. 거기에는 최초의 인간 《야쿠트의 시조》는 애래이대흐 부루이다흐 아르 소고토흐(Äräidäkh-buruidakh ar-soghtokh. 고난과 죄를 진 외로운 남자)라고 불리고 있다. 그가 사는 집은 들판에 있고, 은빛으로 빛나는 네 모서리, 마흔 개의 창, 쉰 개의 기둥, 서른 개의 대들보가 있다고 기술되어 있다. 벽과 금으로 된 마루는 네 겹으로, 은으로 된 천장은 세 겹으로 되어 있다. "현관 동쪽 입구로 나가서 둘러보면 풀밭 한가운데에 나무들의 왕이 있는데, 그 가지는 산들바람에 흔들리고 있다. 나무의 나이는 잴 수 없다. 나무뿌리는 하계(下界)에 뻗어 있고, 나뭇가지 끝은 모든 구천(九天)을 뚫고 있으며, 나뭇잎의 크기는 일곱 발, 그 열매는 아홉 발이다. 뿌리 아래에서는 영원의 물이 용솟음친다. 늙어서 노쇠하고, 굶주리고 힘이 빠진 희고 검은 집짐승, 나는 새, 달리는 짐승이 이 나뭇가지와 열매로부터 흘러나와 합쳐져 소리를 내며 흐르는 강으로 된 수액과 진을 먹으면 본래 가지고 있던 힘이 넘치는 상태로 되돌아간다." 흰 눈 같은 머리카락을 하고, 이같이 산뜻한 몸을 가졌으며, 두 개의 가죽주머니 같은 젖가슴이 있는, 나이 많은 여자 나무귀신이 나무왕의 뿌리에서 허리까지 모습을 드러내자 나무는 쾅쾅 소리를 내며 차츰 작아졌다. 다시 쾅쾅하는 소리와 함께 여신이 모습을 감추자 나무는 점점 높아져서 마침내 본래의 높이가 되었다. 《외로운 사람》은 자기 아버지는 하늘신 아르 토욘(Ar-tojon.《높디높으신 분》)이며, 어머니는 퀴배이 호툰(Kübäï khotun. 퀴배이妃)인데, 둘이서 그를 창조하자 곧 셋째 하늘로부터 이 땅 위에 내려와서 《인간의 시조》로 삼은 사정을 나무의 여신으로부터 들었다. 여신은 나무뿌리 밑에서 《영원의 물》을 퍼 올려 가죽부대에 채우고, "이것을 왼팔에 묶어 두어라. 곤란한 때에 쓰일 것이다."라고 말해 주었다.

이 이야기는 뒤에 다음과 같이 전개된다. 젊은이는 아내를 맞이하러 갈 때 상대하기 어려운 괴물과의 일대일 싸움에서 심장에 한 대 맞았다. 그런데 가죽부대가 터지더니 그 속에 든 액체가 다친 데로 흘러들어가서 심장은 곧바로 나았다. 이 생명의 물은 영웅에게 아홉 배의 힘이 나도록 했다.[20]

생명의 나무에 대한 이러한 관념은 언제 어디에서 발생했는지는 모른다. 생명의 나무와 비슷한 것은 이미 아시아의 많은 고대 문화민족에게서 볼 수 있다. 셈족이 가지고 있는 같은 신앙이 성경 속에도 반영되어 있다는 것은 다 아는 사실이다. "또한 주님인 신은 보기에 아름답고 먹음직스러운 모든 나무를 땅에 나게 하고, 게다가 동산의 가운데에 생명의 나무와 선악을 알게 하는 나무를 나게 했다."(창세기2·9) 야쿠트의 전설과 같이 최초의 사람과 함께 태어난 것은 여기에도 또한 생명의 나무에 의지해 살아가고 있다. 마찬가지로 생명의 나무가 주는 것은 영원한 생명이다. 이 관념은 성경의 낙원 이야기만이 아니고 요한계시록 속에서도 나타나고 있다.(2·7) "승리한 자에게는 신의 낙원에 있는 생명의 나무 열매를 먹는 것을 허락할 것이다." 생명의 나무 뿌리 아래에 생명의 물이 흐르고 있다고 하는 관념에 해당되는 것도 같은 책 22장 1절 이하에서 볼 수가 있다. "임금의 심부름꾼은 또한 수정같이 빛나고 있는 생명의 물이 흐르는 강을 나에게 보여 주었다. 이 강은 신과 새끼

그림15. 생명수 샘물을 긷는 죽은 자와 그곳에 나 있는 나무. 이집트의 그림.

양이 사는 곳에서 나와 도시의 한길 가운데를 흐르고 있다. 강의 양쪽에는 생명의 나무가 있는데 열두 가지 열매를 맺고, 그 열매는 달마다 맺으며, 그 나뭇잎은 모든 국민을 치료한다." 여기에는 에스겔서(47·12)와 마찬가지로 생명의 나무는 치료하는 힘이 있다고 기술되어 있다. 야쿠트의 전설에는 젖이 솟아 나오는 풍만한 젖가슴을 가진 나무의 여신이 나오는 것 같이 성서 또는 성서이야기에서 발생한 전설에도 나오지 않은 그 밖의 여러 가지 특이한 점이 보인다.

따라서 생명의 나무에 관한 야쿠트의 관념에 가장 가까운 것은 어디에 있을까 하는 의문이 생긴다.

다만 그것을 찾아내기는 그리 쉽지 않을 것이라고 생각된다. 최초의 사람이 생명의 나무 옆에 있다고 하는 전설은 성서는 물론 인도·이란의 신화에도 보인다. 이미 리그베다(X·135·I)는 인류의 조상 야마(Yama)가 한 그루의 훌륭한 나무 곁에서 신들의 사이에 끼어 같이 마시며, 더욱이 먼 선조들을 대접하고 있는 분으로 기술하고 있다. 많은 경우, 이 인도인의 낙원은 제3천(第三天)에 있고 당시는 하늘의 가장 높은 층이었던 것 같다. 예를 들면, 아타르바·베다(Atharva-Veda. V·4·3)에는 "제3천에 신들의 자리 아슈밧다(Ašvattha) 나무가 서 있다." 생명수의 수원도 또한 여기에 있는데(아슈밧다 소마사바나), 찬도갸 우파니샤드(Chandogja Upanishad. XIII·5·3)에 의하면, 제3천 브라흐만의 황금으로 된 큰방 앞에 있는 못 아이람 만디야(Airam-madïja) 가에 서 있다.

6. 세계나무

인도의 전설에는 맨 처음 분명히 나무는 땅에서, 좀 더 자세히 말하면 땅의 중심산에 솟아있다고 생각되었다. 이런 점에서 리그베다의 야마(Yama)에 해당하는 이란의 이마(Yima)는 꼭 땅의 중심산에 있으며 사람과 동물이 죽지 않도록 하기 위해 있다는 것은 기록해 둘 만하다. 이러한 관념은 이미 인도·이란시대에 나타난 것처럼 생각된다. 중심산의 꼭대기는 제3천(第三天)에 닿아 있다고 생각되므로 그 토대를 포함해서 나무를 하늘에 닿게 하고 말았다는 것은 이해할 수 있다. 마니교도가 새로운 생명의 시작을 묘사할 때 "원인(原人)은 그 때 북극성의 세계로부터 왔다."고 말하는 것 이것 또한 산의 위치로 설명할 수 있다.21) 제3천에 놓인 낙원은 인도인도 이란인도 단지 신들이 사는 곳으로만 보지 않고 선조들도 살았다고 생각하고 있다. 마찬가지로 알타이 타타르의 낙원은 제3천에 있었는데 그곳에는 생명수의 수원이 있고, 선조들도 가정을 이루고 살고 있으면서 땅 위의 자손들을 지켜보고 있었다.22) 메소포타미아의 고대 문화민족도 또한 믿음이 깊은 사람이 갈 수 있는, 이와 비슷한 곳에 이르는 것으로서 낙원을 생각하여 그리고 있다. 그런데 죽지 않게 해 주는 음식물과 더불어 죽지 않음을 생각하는 것은 곤란하다고 생각된다. 이미 바빌로니아인은 신들의 산에 있는 생명수의 수원과 그곳에 나 있는 '늙은이를 젊게 하는' 풀을 알고 있었다. 오늘날 전해지는 그림 등을 보면 그들도 또한 마찬가지로 생명의 나무를 알고 있었다고 판단할 수 있다.

낙원의 광경은 서로 닮았지만 어떤 전설은 낙원은 저 세상에 있다고 기술하고 있는 데 반해 다른 전설은 최초의 사람이 태어난 곳이라고 하는 점이 서로 다르다. 후자에 속하는 것은 야쿠트의 전설이나 구약성경의 낙원이야기이다. 더욱이 이 유형에 속하는 것은 최초의 사람 가요마레탄(Gayomaretan)은 땅의 중심산 하라베레자이티(Haraberezaïti)에 살

그림16. 이집트 생명의 나무

고 있다고 하는 이란의 전설이다. 여기에 황금으로 꽃핀 생명의 나무 하오마(Haoma)는 생명의 샘 아르드비수라(Ardvīsūra) 가에 있다. 조금밖에 남아있지 않은 이란의 낙원 전설 중에는 야쿠트의 관념에 딱 들어맞는 것은 발견할 수가 없다. 그럼에도 불구하고, 그 중에는 몇몇 공통적인 특징이 있다. 예를 들면, 고대 페르시아인은 야쿠트인과 마찬가지로 인류의 시조로서 하얀 또는 빛나는 사람을 생각했다.23) 야쿠트의 생명의 나무의 여신도 또한 분명히 소아시아의 풍만한 젖가슴을 가진 어머니신[母神]과 비교할 수 있다. 아르타크세르크세스 므네몬(Artaxerxes Mnemon)이 기원전 400년 무렵 페르시아인의 종교로 도입한 이 여신이 사는 곳은 생명의 나무가 있는 곳에 있다고 생각되었다. 고대 이집트인도 또한 생명의 나무를 여성으로 생각한 것 같다.

 야쿠트의 민간문학은 이같이 불가사의한 나무에 얽힌 매우 귀중한 기억을 담고 있으며, 분명히 인류의 가장 훌륭한 이야기지만 단편적인 내용이 전해지는 데 불과하다. 하지만 틀림없이 이런 점에서 여기 들었던 야쿠트의 전설에 주의를 기울여야 하는 더 큰 동기가 있는 것이다.

 앞의 이야기에서 이미 본 것같이 생명의 나무 가까이에는 최초의 사람 외에 창조된 모든 짐승이 살고 있으며, 이 나무는 이 모두를 기르는 자로 되어 있다. 그런데 이 나무가 처음에 매우 주목할 만한 의미를 가지고 있었다고 하는 것은, 미덴도르프(Middendorff)가 기록한 이 전설과 비슷한 이야기 속에 기술되어 있는 것같이, 최고신과, 이 나무 속에 사는 출산의 여신 퀴배이 호튼(Kübäi khotun)이라고도 불리는 이 여신이 제3천에서 원인(原人)을 만든 뒤 그곳에서 땅 위로 내려보냈다고 하는 것이다. 그러나 몇몇 비슷한 이야기를 통해 인간의 시조가 실제 어떻게 해서 어떤 생명이 넘치는 곳에 도달했는가를 추측할 수 있다. 고로코프(Gorokhov)가 야쿠트의 것으로 기록한 전설에는 이렇게 기술되어 있다. 최초의 사람은 자신이 어디에서 왔는지 몰랐기 때문에 오랫동안 생각하는 가운데 이 전설적인 장소에서 혼자 태어났다는 생각에 도달했다. 그것은 특히 그의 다음에 있는 말로 분명해진다. "내가 만약 하늘에서 내려왔다면, 나는 눈과 서리로 덮였을 것이다. 만약 중심(곧 땅)에서 남·북·동 또는 서쪽 방향에서 왔다면 내 몸에는 나무와 풀의 흔적이 남아서 바람의 향기가 날 것이다. 땅의 아래쪽 깊숙이에서 올라왔다면 흙먼지가 몸에 묻어 있을 것이다.[24]" 그런 까닭으로 풍만한 젖가슴을 가진 여신이 머무르는 불가사의한 나무가 아마 그를 낳은 어머니일 것이며, 이 사람이 나무를 향해, "몸소 나를 낳은 것같이, 나의 어머니가 되소서. 나를 만드신 것같이 나의 창조자가 되소서."라고 하는 것은 적중한 것이다. "당신은 고아인 나를 길러 주셨고, 당신은 어린 나를 키워 주셨다."고 하는 말도 또한 어머니처럼 돌봐 주는 것을 말로 표현하고 있다.[25]

그리고 이 불가사의한 나무 둘레에 모여 있는 모든 살아 있는 것도 또한 그 존재를 나무에게 맡기고 있다고 생각해도 틀림없을 것이다. 여하튼 인간은 "당신은 내 흰 집짐승을 길러 주셨고, 오늘날까지 내 검은 집짐승을 돌봐 주셨으며, 내 새와 들짐승을 보호해 주셨으며, 어두운 못과 늪에 물고기를 모아 주셨다."고 믿고 있다.[26]

생명의 나무를 모든 식물의 어머니로도 생각하고 있는 것을 나타내 보이는 그림도 있다. 곧 17세기의 어떤 러시아의 필사본은 다음과 같은 외전적(外典的)인 전설을 전해주고 있다. 낙원의 중심에 세운, 방향(芳香)을 풍기는 생명의 나무는 가지 끝이 하늘에 솟아있고, 가지는 낙원 위에 온통 뒤덮여 있으며, 그 뿌리에는 열둘의 젖과 벌꿀의 샘이 용솟음치고, 모든 종류의 나뭇잎과 열매가 달려 있다.27) 생명의 나무, 곧, 모든 씨앗의 나무라고 하는 뜻을 가진 고대 이란어인 비스파토크마(Vispatokma)는 아마 같은 뜻을 가지고 있을 것이며, 이 이름 또한 살아있는 모든 것이 거기에 유래하는 생명의 나무를 나타낼 수 있다. 야쿠트의 전설은 땅의 중심점에 나 있는 큰 나무가 《생명의 나무》라고 부르는 것이 어울리며, 이같이 다면적(多面的)인 자연의 어머니로 생각되고 있다는 추정을 뒷받침하고 있다.

이런 점과 관련해서 모두 인간이 된 《혼(魂)》(omija)은 큰 하늘의 나무(omija-muoni) 위에서 생겨서 그로부터 작은 새가 되어 땅 위로 내려왔다고 하는 나나이의 관념을 소개하지 않으면 안 된다.28) 돌간(Dolgan)도 또한 불가사의한 나무가 공중 높이 솟아 있고, 그 가지에는 최고신 아이토욘(Aji-tojon)과 그의 비(妃) 수올타 이예(Suolta-ijä)가 살고 있는데, 샤만은 인간의 《혼》(kut)을 하늘에 가지고 가서 그곳에 늘어놓고 있다고 생각하고 있다. 더욱이 나나이와 같이 돌간도 퉁구스도 《혼》은 하늘의 나무에 작은 새 모습을 하고 살고 있다고 설명하고 있다.29)

고대 페르시아인은 세계나무를 《독수리의 나무》로도 부른 적이 있었다. 이 나무 꼭대기에 있는 독수리는 여러 가지 전설 속에서 극히 중요한 의미를 가지고 있다. 예를 들면 인도 및 인도로부터 중앙아시아로 전해진 전설에 나오는, 날개로 번개와 비를 일으킨다고 하는 씩씩한 가루다는 세계나무에 앉아 있다. 이 같은 관념은 메소포타미아의 민족들에게도 있는데 그들의 둥근 인장(印章)에는 세계나무의 꼭대기에 앉아있는 독수리가 그려진 것이 보인다. 더욱이 아이슬란드의 세계의 팽나무(Yggdrasils askr) 가지 끝에도 보인다. 또한 이미 기술한 바와 같이 하늘의 전설적 독수리는 때로는 두 마리로 나타나고, 북시베리아의 세계기둥 끝에도 나타난다. 이 명백한 일치는 주목할 만하다.

　전설의 나무와 결부되어 자주 등장하는 두 번째 동물은 뱀이다. 칼무크는 용이 잠부나무 곁에 있는 바다 속에서 생명의 나무로부터 떨어지는 잎과 열매를 좇아 구한다고 말하고 있다.30) 몽골인과 부리야트인은 뱀에게 아비르가(abyrga)라고 이름 붙였다.31) 중앙아시아의 전설에는 아비르가는 나무줄기에 감겨 있는데 독수리인 가루다(Garuda)는 그것을 위협하고 있다. 아이슬란드의 세계나무 꼭대기에 사는 전설의 독수리와 나무 아래에 사는 뱀(Niðhoggr) 사이에도 적대관계가 있다. 성서의 낙원 이야기 또는 그것을 기초로 한 전설의 뱀은 뒤의 것이 원형으로 보이는데, 다만 이 전설에는 뱀의 적수로 독수리가 나오지 않는 것을 주목하지 않으면 안 된다. 생명의 나무와의 관계에서 본 것처럼 이 두 동물은 그 밖의 전설, 땅의 중심, 산, 배꼽을 그린 미술품 속에도 나온다. 독수리는 지상의 힘을 상징하고 있으며 뱀은 아마 지하의 모든 힘을 대표하고 있는 것 같다.

7. 세계강世界江과 그 수원

　이미 기술한 것처럼 오스탸크(Ostyak)의 민간문학에서, 세계나무는 《하늘 중심에 있는 풍부한 물을 가득 채운 바다》의 기슭에 나 있다. 오스탸크 본래의 관념으로 생각하기 어려운 이 바다는 아마 투루칸스크(Turukhansk) 지방의 사모예드 사람과 예니세이 강의 사모예드 사람이 생각하고 있는 하늘에 가로놓인 큰 호수와 같은 것일 것이다. 세계의 모든 강의 출발점으로 되어 있고, 생명의 나무 아래 세계의 산 위에 있는 고대 이란의 아르드비수라(Ardvisūra)도 또한 이러한 중심 호수이다. 세계나무 아래에 있는 호수라든가 샘이 매우 특별한 종류의 액체를 채우고 있다고 하는 생각은 매우 넓게 분포되어 있다. 중앙아시아의 여러 민족과 야쿠트인은 그 호수를 젖바다[乳海]라고 부르고 있다. 《젖같이 하얀 돌산》으로 되어 있다고 하는 하늘신의 왕좌 주위에는 젖 모양의 바다가 펼쳐져 있는데 그 표면에는 결코 막(膜)이 끼지 않는다고 야쿠트인은 말한다.1)

퉁구스는 때로 금꽃이 피고 은풀이 나 있는, 주위에는 물이 아닌 젖으로 가득 찬 바다로 둘러싸인 산에 대한 이야기를 하기도 한다.2) 알타이의 몇몇 타타르종족은 이란인이 낙원을 제3천에 있다고 생각하는 것처럼 이 신비스러운 《젖바다》도 그곳에 있다고 생각하고 있다.3) 중앙아시아의 어떤 전설에 있어서도 젖바다는 하늘에 있다. 이 전설 속에는 독수리 가루다(Garuda)의 날개를 구해오는 사람에게는 딸을 준다고 약속한 어떤 강대한 칸의 이야기도 기술되어 있다. 다른 영웅들 틈에 끼어 사냥하는 데 따라간 한 젊은이는 어디에 이 전설의 새가 살고 있는지를 알아내려고 결심했다. 한 산에 다다랐을 때 그 위에 걸려있는 하늘이 점점 하얗게 되었다. "하늘 저쪽에 있는 것은 무엇일까?"라고 하자 《젖바다》가 있다고 하는 대답이 들려왔다. "그럼 그 속에 있는 검은 것은 무엇이지?"라고 젊은이는 다시 물었다. "숲이야. 그 속에 어떤 새가 살고 있다더군." 하는 가르침을 받았다.4) 이 전설에서 《젖바다》는 분명히 영웅들이 올라간 하늘에 닿아 있는 높은 산 위에 있는 것이 틀림없다. 이 전설 속에 있는 《젖바다》의 한가운데에 가로놓인 숲이라는 것은 생명의 나무이며, 다른 전설에는 그 가지 끝에 가루다가 살고 있다고 한다.

셈(Semitic) 계통의 여러 민족이 알고 있는 낙원의 샘에 채워진 젖 같은 액체는 분명히 생명의 나무에서 나왔을 것이며, 또는 흘러 떨어진 신비스런 물질로 되어 있을 것이다. 생명을 기르는 역할은 예를 들면, 알타이 타타르의 관념 속에 나오는 것으로서, 한 어린애가 한 사람으로 이 세상에 태어날 때 삼신할멈[誕生靈]인 야유치(Jajutchi)가 낙원의 젖바다로부터 생명력을 퍼 올린다는 것이다.5)

 더욱 발달된 관점으로 표현된 것은 라마교도 칼무크 사람이 알고 있는 중심바다 마르보(Marvo)이다. 마르보는 크고 깊으며 그곳에는 생명의 나무 잠부(Zambu)가 서 있고, 여러 가지 요소로 된 액체를 채우고 있다. 중심바다에서 네 개의 큰 강이 사방으로 흘러내리는데 일곱 번 굽이쳐서 다시 본래의 바다로 돌아온다. 도중에는 강마다 샛강이 500개가 있다. 호수는 높은 곳에서 바위를 끼고 흐르는 산의 호수로 그려져 있다. 여러 쪽으로 향해 있는 바위의 생김새는 각각 어떤 동물을 닮았다. 동쪽에서 흐르는 강은 코끼리의 입과 닮은 바위에서 흘러나오고, 남에는 소의 입에서, 서에는 말의 입에서, 북에서는 사자의 입과 닮은 바위에서 흘러나오고 있다.6) 이 경우 동물은 각각 방향을 대표하고 있으며, 종류는 바뀔지라도 아시아의 다른 지역에서도 같은 관념이 퍼져 있다. 예를 들면, 중국인은 동은 푸른 용[靑龍], 남은 붉은 새[朱鳥], 서는 흰 범[白虎], 북은 검은 거북[黑龜]이 대표하고 있다.7) 몽골인은 돌림병에 걸리지 않도록 중국에 있는 고대도시의 폐허 위에 신전을 세우고, 그 사방에는 각각 방향을 상징하는 범, 사자, 독수리, 용의 목상(木像)을 두었다고 한다.8) 똑같은 관념은 수족(Sioux族)[북아메리카의 평원 인디언으로서 수어족(語族)에 속하는 언어를 사용하는 인디언들의 부족연합이다. '동맹자'를 뜻하는 다코타, 라코타, 나코타라는 이름으로도 불리지만 이들을 가리키는 더 적절한 이름은 나두수(Nadouessioux : 독사들·적들)에서 유래했다. 이 이름은 오지브와족이 처음 사용한 이름이다. 수족에는 샌티족·얀크톤족·테톤족 등 3개의 주요하위집단이 있었으며, 이들은 스스로를 각각 다코타·나코타·라코타 등으로 불렀다.-역주]을 비롯한 몇몇 인디언종족도 알고 있다. 그들의 신화에 의하면, 높은 산 위 신들이 사는 곳은 사방을 향하여 열린 각각의 하늘문에는 지키는 이가 있다. 곧 서에는 나비, 동에는 곰, 북에는 사슴, 남에는 비바이다.9) 각각의 방향과 관련 있는 동물의 관념은, 성서에도 알려져 있다. 예를 들면, 요한계시록(4·6 이하)에는 신의 천상 자리가 동양의 신화에 영향을 받아서 이렇게 묘사되어 있다. "보좌 앞에 수정과 같은 유리바다가 있고 보좌 가운데와 보좌 주위에 네 생물이 있는데 앞뒤에 눈이 가득하더라. 그 첫째 생물은 사자 같고, 둘째 생물은 송아지 같고, 셋째 생물은 얼굴이 사람 같고, 그 넷째 생물은 날아가는 독수리 같다." 세계의 4강이라는 관념에 대해서도 성서(창세기2·10)에는 비슷한 곳이 보인다. 여러 쪽을 향해 흐르는 에덴의 강 출발점은 매우 높은 곳이 아니면 안 된다는 것은 이미 시리아의 에프라엠(Ephraem[보다 정확한 것은 아프렘 afrem(373년 죽음). 신학저서로 알려져 있다.-역주])이 지적했다. 한편 후기 유대의 전설과 크리스트교 전설에는 강의 수원은 생명의 나무 아래에 있다고 하는 것이 분명하게 되어

그림17. 낙원의 샘이 사방으로 흘러나가는 곳에 투바 나무가 나 있고, 그 가지 끝에 호마 새가 앉아있는 곳. 베일을 입고 있는 사람은 모하메드와 그 밖의 성자. 미녀들도 역시 이슬람 낙원의 주인. 페르시아의 기도서에서.

있다. 여기에 실은 페르시아 기도서에서 뽑은 이슬람적 기법에 의한 낙원의 그림(그림17)에는 샘이 꽤 양식화되어 있는 것이 보인다. 그것은 호마(Hōma) 새가 앉아 있는 투바(tuba)라는 낙원의 나무 곁에 있고 물은 사방으로 흘러가고 있다. 이들 강은 아마 이미 고대 바빌로니아의 세계상에 속해 있다는 것인데, 그 가운데 둘은 어쨌든 성서에 기술되어 있는 메소포타미아의 강이다. 세계의 중심으로부터 각 방향으로 흘러나오는 네 개의 주요한 흐름은 인도의 우주 그림 속에서도 나타나 있다.[10]

라마교를 믿는 칼무크 사람은 세계의 강이 중심산의 빗면을 덮고 있는 여러 가지 재료를 녹여 넣어서 흐르고 있다고 생각하고 있다. 그 때문에 동쪽 강물 속에는 은모래, 남쪽 강물에는 푸른, 서쪽 강에는 붉은 보석모래가, 북쪽 강에는 금모래가 들어 있다고 생각한다.[11] 사방을 향하여 흐르는 넷을 상징하는 큰 세계강은 오르페우스교(Orphism)[기원전 6세기 고대 그리스에서 흥했던 한 종파. 전설적 開祖 오르페우스의 이름을 따른 것임-역주]도 알고 있다.[12] 이러한 관념은 투르크 계통 민족들에게만 있는 것이 아니라는 것이 저절로 이해될 것이다.

제2장
땅의 기원

 몽골의 어떤 결혼 기도문에서는 '하늘과 땅이 나누어질' 때 불이 생겼다고 한다.1) 또 어떤 자료에 따르면 별자리[星座]에는 이 과정이 감추어져 있다는 것이다.2) 반자로프(Banzarov)가 지적하고 있는 것처럼, 몽골인은 이 이야기에 따라 천지(天地)는 일찍이 한 덩어리였다고 생각했다. 천지 분리의 전설은 몽골인의 이웃에 사는 중국인에게도 볼 수 있다. 일본인들은 하늘과 땅은 모든 생물의 종자를 내포하는 알 모양의 혼돈(카오스)이었다고 말한다. 이 혼돈에서 가볍고 밝은 부분은 위로 떠오르고 무겁고 어두운 부분이 가라앉아서 천지가 열렸다.3)[이 일절(一節)은 『일본서기日本書紀』 서두에 있는 "渾沌如鷄子, 溟涬而含牙……"를 가리키는 것이지만, 이 반고형(盤古型) 모티브를 일반적인 일본신화에 넣는 것은 맞지 않다.-일본어본 역주] 동아시아에 퍼져 있었던 이 신앙은 하늘과 땅은 아마 세계란(世界卵)이 반으로 나누어지면서 생겼을 것이라는 인도의 전설에 유래한다.
 땅의 기원에 대한 대다수 아시아 전설의 특징 가운데 하나는 영원하고 또 끝이 없는 원해(原海)이다. 하늘로부터 내려온 어떤 사람이 쇠막대기로 원해(原海)를 세게 휘젓기 시작하면, 액체는 차츰 찐득찐득하게 굳고 그 가운데에서 육지가 생겼다는 전설은 앞에서 말했다.4) 이것과 비숫한 어떤 전설은 일본인에게서도 볼 수 있는데, 신이 원해(原海)를 세게 휘젓고 막대기를 끌어올렸을 때 막대기에서 떨어진 《걸쭉한 거품》이 일본열도가 되었다고 하는 것이다. 진흙은 점점 굳어지고 양이 많아져 이들과 같은 섬들이 생겼다고 한다.5)

　몽골인은 이 신비한 원해(原海)의 액체는 '바람을 만나면 버터와 같이 진하게 굳고 불을 만나면 녹는' 젖 같은 물질이라고 생각했다. 칼무크 (Kalmuck)인은 원해의 표면은 '젖(乳) 위에 막이 생기는 것처럼' 두껍게 만들어진 뒤에 식물·동물·인간·여러 신이 생긴 것이라고 설명한다.6) 이리하여 원해(原海)는 인도전설의 《젖바다(乳海)》와 닮았으며, 신들과 악마들은 이 젖바다 중에서 세계의 기둥을, 버터를 만들 때 사용하는 나무처럼, 휘저어서 모든 생명을 만들어 내었다. 몽골과 일본의 전설에 등장하는 막대기는 원래는 회전하는 기둥을 의미한 것 같고, 그것을 움직여서 바다 가운데 육지가 생겨나게 하고, 그 둘레를 우주가 계속해서 돌고 있다는 것이다(그림12).

　퉁구스에는 이미 백년 훨씬 전에 신이 하늘로부터 불을 내려서 그것 때문에 원해(原海)의 일부분은 말라서 단단하게 굳었다고 하는 대지기원 전설이 기록되어 있다. 이리하여 육지와 물은 서로 나뉘어졌다. 더구나 이 이야기에는 대립하는 두 가지 원존재(原存在)가 결부되어 있다. 즉, 신이 대지에 내려왔을 때, 마찬가지로 사물 만들기에 관심을 가진 악마 인 부닌카(Buninka)를 만난다. 그래서 그들은 서로 싸운다. 악마는 신이 창조한 땅을 망치고 신의 열두 줄 악기를 부쉈다. 신은 이것을 노여워하여 이렇게 말했다. "호수에 소나무가 생기라는 명령을 내려서 그대로 되면 너의 위력을 인정하겠다. 그러나 나보다 못하면 너는 나를 전능하다고 인정해야 한다." 악마는 신의 제안에 동의했다. 거기에서 신이 명령을 내리자 홀연 물속에서 한 그루의 나무가 나타나 점점 커지기 시작했다. 그러나 악마의 나무는 견고하게 서 있지도 못하고 흔들거렸다. 이렇게 해서 악마는 신이 자기보다 강하다는 것을 깨달았다.[7] 원해(原海)라는 것이 어떠하든 별도로 하고, 인간창조에 대해 아직 풀리지 않은 단계에서 신과 악마가 대립하여 등장하는 것은, 이 전설이 퉁구스가 만들어냈다고는 할 수 없다는 것을 말한다. 따라서 이 전설의 원형(原型)은 어디 다른 곳에서 찾아야 할 것이다. 나무를 만들어내는 경쟁이란 점에서 보면, 비슷한 것은 중앙아시아의 몇몇 전설에 있다. 오치르바니(Otchirvani)[몽골 창세 신화의 영웅신으로 태초의 바다에 뱀-혼돈-로순을 잡아 우주의 중심인 수메르 산에 세 바퀴 감고 머리를 부숴버렸다고 전해진다.-역주]와 그의 추종자들은, 통(桶)에 물을 가득 채워서 누가 그 가운데에서 식물을 만들어내는가를 지켜보았다고 말하고 있다.[8] 그에 반해 창조의 도구로서 불에 대해 프타힐(Ptāhīl)[가브리엘의 다른 형태]이 《살아 있는 불천[火布]으로》 물을 치면 증기(蒸氣)와 함께 공중에 날리던 티끌이 물 위에 떨어지면서 단단하게 굳어서 대지가 되었다고 하는 것은 적어도 만데아교(mandaeism)[이교도는 이라크 남부, 티그리스 유프라테스 두 강 하류에 살았던 고대 그노시스세례파-신비주의 기독교도로 금세공과 상업을 주로 했다. 인구가 급격히 감소하여 현재에는 오천 정도뿐이다.-역주]와 마니교 창세전설 가운데에는 꽤 많은 유사점이 있다.[9]

태초의 혼돈은 바람, 불 그리고 물로 구성되어 있다고 하는 중앙아시아에서 보는 관념에는 또 동양적인 학설이 나타나 있다. 부르칸·박시(Burkhan=Buddha, baksi=퉁구스 paksi 師·先生)가 바람·불·물을 구분하고, 그것에 의해 생겨났던 티끌이 수면에 떨어졌을 때 풀과 나무가 자랄 수 있는 대지가 나타났다.[10] 이 경우의 부르칸 박시는 조로아스터교 세계관에 있는 제르반[Zervan. 무한의 시간]과 비슷한 것이다.

그러나 예를 들면, 육지는 최초에 조그마하게 되었던 것이, 하늘이라든가 혹은 넓은 원해(原海)의 밑바닥으로부터 가지고 온 것이 차차 크게 되었다고 하는 관념도 보인다. 사람이 사는 땅은 하늘로부터 내려왔다고 하는 것은 시베리아 최북단에 있는 몇몇 민족뿐이다. 이런 종류의 전설은, 서쪽으로는 보굴(Vogul), 동으로는 캄차달(Kamtchadal)에서도 기록되어 있다.[11] 각각의 경우도 천신(天神)은 땅을 하늘에서 내려서 커다란 원해의 수면에 놓는다. 땅을 하늘에서 내렸다고 하는 전설은 투르크 계통 여러 민족에도 보이는 천상(天上)에 있는 누군가가 땅에 내려왔다고 하는 관념과 결부된다. 그러나 최후에 기술되었던 대지기원전설은 원해의 존재를 믿는다는 점을 전제하고 있다는 것을 지적하지 않을 수 없다.

더욱 폭넓게 분포되어 있는 것은 대지를 창조하는 데 사용된 재료가 깊은 원해(原海)의 밑바닥으로부터 운반되어 왔다고 하는 전설이다.

트로슈찬스키(Troščanskij)는 야쿠트의 원초관(原初觀)에는 대지는 원래부터 존재했던 것이기 때문에 그 성립 문제에는 그다지 관심이 없다고 기술하고 있다.[12] 그런데도 육지는 바다 위로 솟아올랐다고 하는 전설이 야쿠트에 기록되어 있다. 다음에 그 예를 몇 개 들어보겠다.

최초에 위대한 우륀 아이 토욘(Urün aji-tojon.《흰색의 창조주》)이 넓은 원해(原海)에 나갔을 때 거품 하나가 물에 떠 있는 것을 보고 이렇게 물었다. "너는 누구냐?" 거품이 말하기를 "나는 악마로 물 밑에 있는 흙에서 살고 있다."라고 했다. 그러자 신은 "물 밑에 흙이 있다면 전부 내게 가져오너라."라고 말했다. 악마는 잠수해 들어가서 곧 모든 흙을 가지고 되돌아왔다. 신은 그것을 받아서 축복을 내려 물 위에 놓고 그 위로 올라갔다. 그러자 악마는 신을 물에 떨어뜨릴 생각으로 땅이 얇아지도록 그것을 잡아당기기 시작했다. 그러나 당기면 당길수록 땅은 더 단단하게 되었고 마침내 해면(海面)의 대부분을 덮어버렸다.[13]

여기에 보이는 선신(善神)과 악신(惡神)의 개념은 이 전설이 만들어지는 과정에서 발달했던 종교의 영향을 받았다는 것을 암시하고 있다. 이 이야기 중에 어디로 우선 눈을 돌려야 하는가를 가르쳐 주고 있는 것은 악마의 이름 사탄이고, 또 야쿠트에서 기록되었던 다음과 같은 비슷한 전설이다. 사탄은 그리스도[Christ. 神]의 맏형이었지만, 한편으론 악인이었고 한편으론 선인이었다. 신은 대지를 창조했을 때 사탄에게 말했다. "당신은 어디에서든지 자만심이 많소. 나보다도 강하다고 우겨대고 있소. 좋소. 바다 밑바닥에서 모래를 가지고 오시오." 사탄은 곧 잠수해 들어가 밑바닥에 도달했지만 수면으로 올라왔을 땐 손에 쥐고 있던 모래는 모두 물살에 쓸려가 버렸다. 두 번째 시도해 봤지만 마찬가지였다. 그러나 세 번째는 제비로 변신해서 갔기 때문에 약간의 진흙을 입에 머금고 올라올 수 있었다. 그리스도(神)가 그 진흙 한 조각에 축복을 내리자 그것이 대지가 되었다. 처음에는 마치 접시처럼 평평했었다. 사탄은 자기만의 땅을 만들어 보고자 하는 마음으로 몰래 흙을 목구멍에다 살짝 숨겼지만 그리스도(神)는 악마의 속셈에 노하여 목덜미를 후려쳤기 때문에 진흙은 악마의 입에서 튀어나왔다. 이래서 최초에는 평평하던 땅에 산이 생겼다.14)

그리스도와 사탄의 이름으로 특히 주의를 끄는 야쿠트의 전설을 동유럽의 창세전설과 비교하면 하나하나 세부적인 면에 이르기까지 모두 일치하는 것을 알 수 있다. 그 외에 시베리아에 이주했던 러시아인들 중에도 꼭 같은 전설을 말하고 있다는 것이 판명되기 때문에 통계 조사상으로 완전히 그리스도교도가 된 야쿠트인이 적어도 위에 적은 전설은 러시아인으로부터 배운 사실은 명백하다. 이 전설의 기원을 해명하기 앞서서, 이들 일련의 전설에 결부되어 있는 중앙아시아 그 밖의 이야기를 놓고 보면 또 흥미로운 특징이 나타난다.

알타이 타타르의 창세전설은 말한다-하늘도 땅도 없고 다만 물만 있었던 무렵 울겐(Ulgen.《큰 사람》)은 대지를 창조하기 위해서 물속으로 내려갔다. 그러나 아무리 생각해 보아도 어떻게 일을 시작하면 좋을지 몰랐다. 그러자 갑자기 《인간》이 거기에 나타났다. 울겐은 "너는 누구냐?"라고 말했다. 상대방이 "나도 땅을 창조하려고 왔다."라고 답했다. 그러자 신은 노해서 "내가 창조하는 것도 불가능할 판인데 어째 네가 해낼 수 있단 말이냐?"라고 했다. 《인간》은 "그렇지만 나는 어디에서 땅을 만들 재료를 가지고 오면 좋은지 알고 있소."라고 했다. 신이 그것을 가지고 오라고 말하자 《인간》은 곧 잠수해 들어가서 바다 밑바닥에 있는 산 하나를 보고 거기에서 흙을 떼어 입 안에 가득 채워서 돌아왔다. 수면으로 나와서 《인간》은 일부만을 신에게 주고 나머지는 입에 머금은 채 그대로 있었다. 그러나 나중에 전부 토해냈을 때 땅 위에 진흙으로 된 못과 바다가 생겼다.15)

신과 악마가 협력한다는 창세전설은 알라르스크(Alarsk) 지방의 부리야트인의 전설에도 보인다. 땅을 창조하기 위해 부르칸(Burkhan)이 하늘로부터 내려오면 악마 숄모(Sholmo)가 나타나서 물 밑바닥에 있는 흙을 재료로 땅을 창조하는 방법을 가르쳐 준다. 곧 악마는 흙을 가지고 가서 만들라고 말한다. 신은 악마로부터 받은 흙을 원해(原海) 위에 뿌리며 "세계가 되어라."라고 말했다. 악마는 수고한 대가로 흙을 조금만 달라고 부탁하여 받았지만 그 양은 막대를 찔러 세울 정도에 지나지 않았다. 악마가 막대로 흙에다 구멍을 만들자 그 속에서 파충류와 뱀 등이 기어 나왔다. 이래서 온갖 위험한 동물이 이 세상에 나타나게 되었다.16)

이 모든 전설 가운데에는 땅이 성립하기 이전에 이미 선한 것과 악한 것, 두 대립 존재가 나타났다. 이원적인 사고방식은 조로아스터(Zoroaster) [이란 북동부에서 제창한 종교. 그 주신 아후라 마즈다의 이름을 따서 '마즈다교', 또는 그 성화를 호지(護持)하는 의례의 특질에 의해서 '배화교(拜火敎)'라고도 하며 중국에서는 현교라는 이름으로 알려졌다. 조로아스터의 활약 시기에 대해서는 기원전 2천 년 중엽부터 기원전 7~기원전 6세기라는 설이 있는데 정설은 없다. 아랍에 의한 이란 정복(7세기 전반) 까지 이란 국교였는데 성전은 아베스타라고 한다. 성전의 언어인 아베스타어로 조로아스 터는 짜라투스트라(Zarathustra)에 가까운 발음이었다고 추정되며 그 성직자 계급을 마구 (Magu, 중세어형으로 모우베드(Moubed))라고 했다.–역주] 교의(教義)에서 가장 발달된 형태로 나타났다. 한편으로는 빛과 진실의 신 아후라 마즈다(Ahura Mazda), 혹은 오르미즈드(Ōhrmizd)가 모든 선한 것, 행복한 것의 옹호자로서, 다른 한편으로는 신이 만들었던 아름다운 땅을 멸망시키려는 악마 아흐라 마이뉴(Ahra Mainyu), 혹은 아흐리만(Ahriman)이 모든 악과 비참한 것의 원흉으로서 등장한다. 따라서 앞에 든 전설의 이원적인 특징은 이토록 멀리에서 그 원류(原流)를 찾아야 한다. 그렇기 때문에 이런 이야기의 전면에 걸친 유사점은 짜라투스트라가 열었던 종교의 성전에서 찾아도 쓸데없는 것이다.

대립하고 협력하는 원초의 존재자와 동일한 것은 그 후, 예를 들면 마니(Mani. ?~A.D. 227년경)교와 시리아, 팔레스티나, 카라가스 등에 있는 이란 및 고대 바빌로니아적인 요소가 섞여 있던 반(半)그리스도교적인 교파 중에도 나타난다.

조로아스터교에서 악마가 심연에서 나타나는 것과 마찬가지로 야쿠트의 전설에서도 사탄이 신의 출현 이전에 '물밑에서' 살고 있었다고 되어 있다. 악마는 갈리치아(galicia)의 전설처럼 물에 떠다니는 거품으로 나타나고, 혹은 야쿠트 전설에서 거품으로 나타나며, 창세신화에서는 대체로 물밑에서 나타나는 것이다. 보굴(Vogul)은 이 거품은 신이 기침을 하여 물에 침을 뱉었기 때문에 생긴 것이라고 설명한다. 거품은 점점 커져서 결국 그 가운데 있는 사탄의 소리가 신의 귀에까지 들릴 정도가 되었다. 악마가 나타나는 이런 식의 방법은 특히 백(白)러시아 전설 중에도 등장한다.[17]

땅의 기원에 대해서 기술한 알타이 전설에서는, 또 울겐(Ulgen)이 인간의 모습을 하고 있었던 진흙을 바다 위에서 보았다고 한다. 신이 그것에 생명을 주자 악마 에를리크(Erlik)가 생겨 그것은 태초 이후 신의 더할 나위 없이 좋은 친구였지만 얼마 되지 않아 적이 되었다. 알타이 타타르는 세계창조가 이루어질 때 신에게 도움을 준 자를 많은 경우 《인간》이라든가 《최초의 인간》으로 부른다. 그러나 이 《인간》은 언제나 악마로 전락한다.[18] 타락의 동기는 인간이 가진 최고로 뚜렷한 특질인 거만한 성질이다. 신은 이 때문에 심연에 떨어뜨리고, 오늘날에도 거기에서 하계의 신령으로서 살아가도록 했다. 이 가운데에는 죄에 떨어진 원인(原人)이라는 고대 이란의 관념이 반영되어 있고, 이 원인이 하계에서 죽은 자의 첫 우두머리가 된다. 카프카스의 전설에서도 악마는 죽은 자를 자기 소유로 하고, 불가리아의 창세전설에서도 사탄은 신에게 "살아 있는 자는 당신의 것, 죽은 자는 내 것."이라고 말한다.[19]

약 11세기에 불가리아에서 탄생했던 보고밀(Bogomil)파(派)의 전설에는 신에게 두 자식이 있었는데, 형은 사탄이고 동생은 그리스도였다고 말한다. 가장 오래된 교파 가운데서도 이미 나오는 이런 관념은 야쿠트 전설에 들어가서도 역시 사탄은 그리스도의 형으로 되어 있다. 보탸크(Votyak)와 체레미스(Cheremis)의 전설에서는 신은 악마(Keremet)의 형제라고까지 기술되어 있는 것이 있다. 이런 신앙이 가장 일찍 나타났던 것은 서이란의 소위 제르반(Zervan)교(敎)이다. 원래 영원한 시간을 의미하는 제르반이 아들을 원했을 때 최초 어머니[原母]의 태속에 두 명이나 있었는데, 그 한 명은 신앙의 과일 오르무즈드(Ormuzd), 또 한 명은 비신앙의 과일 아흐리만(Ahriman)이 되었다. 거기에서 제르반은 이렇게 말한다. "어머니의 태속에는 두 자식이 있었다. 먼저 태어난 놈을 이 세상의 지배자로 삼겠다." 오르무즈드는 그것을 듣고 형제인 아흐리만

에게 말하자 아흐리만은 곧 뛰어나와 아버지 앞에 나타났다. 아흐리만은 그래서 형이라 불리게 되었다.[20]

위에서 말한 모든 전설에서 악마는 인간의 모습으로 나타난다. 야쿠트의 전설 가운데서만 부리에 진흙이 묻은 제비로 모습이 바뀌어 있다. 또 알타이의 한 전설에서도 이탄(泥炭)을 가져오는 것은 제비이다.[21] 그러나 이들 이야기 가운데서 악마는 대체로 물새로 모습을 바꾸고 있다. 물새야말로 잠수하여 깊은 바다 밑바닥에 있는 흙을 가져오기에 제일 적합한 것이다. 또 동유럽에서도 악마는 인간의 모습으로가 아니라 앵무새라든가 혹은 기타 물새의 모습을 하고 신을 돕는다. 다음의 알타이 전설에서는 악마와 신이 같이 앵무새로 나타난다.

아직 물밖에 없었던 태초에 신과 《최초의 인간》은 두 마리의 검은 앵무새의 모습으로 나타나 원해(原海) 위를 날아다니고 있었다. 악마는 자기의 본성을 감출 수가 없어서 신보다 더 높이 날다가 마침내 떨어져 심연으로 깊이 빠지고 말았다. 그러다 거의 죽을 처지가 되어 신에게 도움을 청하지 않을 수 없었다. 신은 말의 힘으로 그를 공중으로 올려보냈다. 다음에 신은 "돌아, 바다 밑에서 나오너라."라고 말했다. 돌이 나오자 인간이 그 위에 탔기 때문에 신은 흙을 가져오라고 바다 밑으로 보냈다. 악마가 손에 진흙을 가지고 올라오면 신은 그것을 "육지가 되라."고 말하며 물 위에 뿌렸다. 그러나 신은 《최초의 인간》에게 한 번 더 흙을 가져오라고 했다. 그러자 인간은 자기의 몫으로도 조금 떼 두려고 생각하고 양손에 한 주먹씩 진흙을 가지고 왔다. 한쪽 손에 있는 것은 신에게 넘겨줬지만 다른 손에 있던 것은 자기도 몰래 육지를 만들어볼 생각으로 입에다 숨겼다. 신이 또 한 번 진흙을 물 위에 뿌리자 곧바로 육지가 넓어지며 굳기 시작했다. 그런데 악마의 입 속에 있던 진흙도 같이 커지기 시작했기 때문에 곧 악마는 질식해 버릴 것 같았다.

악마는 또 신에게 도움을 청해야 했다. 신은 "어찌할 생각이었느냐? 진흙을 입에 숨기고도 내게 들키지 않으리라고 생각했느냐?"라고 말했다. 그래서 악마는 속마음을 털어놓고 신이 명하는 대로 진흙을 뱉어냈다. 이렇게 해서 땅 위에 구릉이 생겼다.22)

신과 악마가 새로 등장하는 점은 북러시아의 창세전설과 비교할 수 있다. 신은 희고 악마는 검은 오리로 바뀌었을 뿐 행동은 같다.23)

악마가 물새의 모습으로 나타난다고 하더라도 인간이라고 인식시켜 주는 특징을 언제나 완전히 지워 없애버리는 것은 아니다. 예를 들면, 앞에서 나온 알타이 전설에서는 《손》-이것 외에는 아무 것도 없는-이 이야기되는데, 보굴(Vogul)의 전설에 나타나는 흙을 옮기는 손은 악마의 것도 있고 원인(原人)의 자식 손도 있지만, 물새의 모습으로 되는 것은 극히 드물다고 분명히 기록되어 있다. 다른 전설에 의하면, 악마는 우선 야생오리의 껍질을 입고 바다 밑에 도달하려고 하여 세 번 실패한 후 다음에는 거위[鵞鳥]의 껍질을 입고 가까스로 흙을 가지고 올 수가 있었다.24) 동유럽에서도 마찬가지이며, 보굴에서는 진짜 물새도 또 흙을 운반하는 것으로 자주 등장하지만, 확실히 그 방법적인 면에서는 흙을 입에 물고 오기에는 인간과 유사했던 생물보다도 좋은 상황이다. 또 이 경우에도 이 새는 신의 적이고 입 속에 흙을 감춰 신을 속이는 악마로 간주된다. 이리하여 흙이 신의 축복을 받아 커지고, 마침내 그것이 무서울 정도로 커져서 악마가 부득이 뱉어냈는데 그것이 산과 언덕 혹은 못과 습지로 평지 위에 생겼다고 한다.

악마가 인간 모습 그대로 등장하게 되면 이 전설도 그에 따라 변화하여 흙을 숨기는 것도 인간 특유의 습관으로 그려진다. 예를 들면 부리야트의 비슷한 전설에서는 악마는 진흙을 발뒤꿈치에 숨긴다. 그렇기 때문에 최초엔 평평했던 대지 위에 여러 산이 생겨날 때 신은 악마에게 왜 땅의 모양을 뒤틀어 놓았느냐고 묻는다. 악마가 대답하기를 "인간들은 산에서 내려올 때는 두려워하여 당신의 이름을 노래하고 축복합니다. 반대로 산에 오를 때에는 저주하며 나의 이름을 입 밖에 냅니다. 이렇게 그들은 항상 우리 두 사람을 잊지 않을 것입니다."[25] 러시아와 모르드빈(Mordvin)[주로 러시아의 몰도바공화국에 거주하는 볼가핀계 민족이다.–역주]인의 창세전설은 이것과 완전히 같은 말을 한다.[26]

다음의 야쿠트 전설 가운데에는 인간과 같은 모습을 한 악마는 다른 방식으로 대지의 형상을 뒤틀어 놓는다. 태초에 신은 대지를 작고, 낮고, 평평하게 만들었지만 악마는 손과 발로 그것을 황폐하게 하여 보기 싫은 꼴로 만들어 버렸다. 그럼에도 불구하고 신은 '크게 되어라'고 명했기 때문에 악마의 키만큼 높고 낮았던 요철 모양이 커다란 산과 계곡, 호수가 되었다.[27]

최초로 기술한 창세전설 가운데에는 수면으로 나타난 대지 위로 신이 쉬러 갔을 때 악마는 신을 물에 빠뜨리려 했다고 기술하고 있다. 꼭 같은 불가리아의 전설에서 악마는 이것과 거의 같은 음모를 꾸민다. 거기서 악마는 처음에 아직 작았던 땅으로 가서 쉬는 것이 어떻겠느냐고 해서 신을 속여 데려간 다음 바다로 떨어뜨리고 이 세계는 혼자 차지해 버리려고 했다. 그러나 신은 악마의 속셈을 정확하게 알아차렸기 때문에 쉬러 가서 잠자는 척하고 있었다. 그러자 악마는 신을 끌고 심연(深淵)으로 던져버리려고 땅의 끝으로 데려갔다. 악마가 땅의 끝에까지 가까이 가자 땅은 점점 커지고 넓어지기 시작하여 악마는 땅의 끝까지 다가갈 수가 없었다. 악마가 다른 방향으로 향했지만 거기서도 마찬가지였다. 제3, 제4의 방향도 역시 마찬가지였다.[28]

같은 이야기가 중앙아시아에서는 다른 종류의 대지기원설에 결부되어 있으며, 흙을 바다 밑바닥에서 가져와 거대한 원해(原海) 위에 놓았다. 이 경우 악마는 창세 그 자체에는 참여하지 않았다. 오치르바니(Otchirvani)가 조물주로서 도와주는 자인 차간 수쿠티(Tsagan-Schukuty)를 데리고 등장한다. 이 고위(高位)의 신이 하늘로부터 내려왔을 때 물 속에 잠수하는 거북을 봤다. 오치르바니 종자(從者)는 그것을 심연에서 들어 올려 수면에서 위로 향해 누이고, "나는 거북의 배 위에서 잠깐 누워 있을 테니 너는 바다 밑바닥으로 잠수해 들어가서 무엇이든지 좋으니 손에 잡히는 대로 가지고 오너라."라고 말했다. 차간 수쿠티는 두 번째에 흙을 가지고 오는 데 성공했다. 그가 오치르바니가 명하는 대로 흙의 재료를 거북의 배에다 뿌리자 거북은 보이지 않고 흙만 수면에 남았다. 두 명의 신이 쉬려고 땅으로 가서 잠이 들자 악마 슐무스(Šulmus)는 두 신이 스스로 만든 땅 위에서 잠자는 모습을 보았다. 그 때의 땅은 아직 작아서 몇 사람이 동시에 올라갈 수가 없었다. 악마는 그 순간을 포착하여 두 신을 땅과 함께 잠기게 해 버리려고 했다. 그런데 땅의 끝을 잡을 수 없었다. 그래서 그는 잠자고 있는 두 명을 잡아서 바다 속에 던지려고 하자 팔에 안겨서 땅 끝으로 달리기 시작했다. 그런데 악마가 달리고 있는 사이에 땅은 커져가기만 했다. 악마는 생각대로 되지 않자 화가 나서 두 명을 버렸기 때문에 오치르바니가 잠에서 깨었을 때는 아직 도망갈 틈이 있었다. 오치르바니는 즉시 종자에게 이르기를 자기들은 악마 때문에 빠져 죽을 뻔했지만, 땅을 구할 수 있었다고 말했다.29)

그러나 이 전설에 의하면 악마가 신을 익사시키는 것이야말로 불가능했지만 앞에서도 기술했듯이 땅을 변형시키는 데는 성공했고, 또 부리야트의 전설이 기술하고 있듯이 온갖 해롭기만 하고 이로운 것이 없는 동물을 대지에 가져오는 데도 성공했다. 전설의 이러한 점은 시베리아 그 밖의 지역, 특히 보굴에서 기록되고 있다. 거기서는, 악마가 막대로 땅을 마구 찔러 구멍을 내자 개구리·도마뱀·지렁이·투구벌레·뱀·벌·쥐 등이 줄줄이 기어 나왔는데 신이 불로 된 마개로 구멍을 막자 겨우 그쳤다고 되어 있다.30) 같은 식의 묘사는 동유럽의 창세전설에도 보인다.

이렇듯 북·중앙아시아의 전설은 세세한 점에 이르기까지 동유럽의 전설과 일치하기 때문에 양자는 여러 가지 비슷한 이야기가 있는 동일한 전설에 속하는 것은 분명하다. 그 분포지역은 유럽의 서쪽으로는 러시아의 옛날 변두리 지방까지 이르고 있다. 러시아인이 좋아했고 널리 퍼뜨렸던 전설이 이 지역에 도달했던 것은 비교적 새로운 시대의 일이다. 이것은 또 서양·동양 양문화의 흐름이 끝나는 최북단인 핀란드에서도 밝혀지고 있다. 결국 이 전설이 기록되어 있는 곳은 동부 핀란드뿐이다. 악마는, 예를 들면 북극아비새의 모습이 되어 바다 밑에서 흙을 가지고 와서 일부를 입에다 감추지만 그것이 팽창해가자 어쩔 수 없이 뱉어냈는데, 그것이 돌, 바위, 산이 되었다고 말하고 있다. 우스운 것은 수오뭇살미(Suomussalmi)의 전설인데, 그에 의하면 태초에 바다 가운데에 있는 쇠기둥 위에 가만히 서 있다가 수면에 비친 자기의 모습을 향해 이리로 오라고 명령했을 때 악마가 이 세상에 탄생했다고 하는 것이다.31) 또 불가리아의 전설도 신이 자기의 그림자와 말하려고 했을 때 악마가 나타났다고 한다.32)

두꺼운 저작에서 그리스정교의 전설을 다루었던 러시아의 연구가 베셀로브스키(Veselovski)는 문제의 전설은 불가리아에 널리 퍼졌던 보고밀(Bogomil)[중세의 발칸반도에서 세력을 떨친 그리스도교의 이단. 바울파의 영향 하에 10세기 전반의 불가리아 서부 마케도니아 지방의 사제 보고밀(Bogomil)이 일으켰다고 한다.-역주]파(派)가 만든 것이라는 견해에 도달했다. 그러나 대지의 기원에 관한 이 전설은 보고밀파의 문헌에도, 보고밀파의 엄격한 이원적 세계관의 기초가 되었던 아르메니아의 그노시스(Gnosis)[그노시스(gnosis)란 '지식'을 의미하는 그리스어이지만, 1~2세기에 걸쳐서 로마를 비롯하여 그리스 문화의 영향을 받은 서아시아 일대, 즉 유대, 이란, 바빌로니아, 이집트 등지에서, 이들 지방의 토착종교와 그리스의 철학적인 사고가 서로 만나는 과정에서 종교적 색채를 지니는 말이 되었다. 또한 기독교에 침투한 이러한 경향은 기독교 그노시스파를 발생시켰다.-역주]파(派)에도 보이지 않는다. 이 전설이 최초로 나타났던 것은 16세기 러시아의 사본이지만, 그 당시 이미 이 전설은 널리 보급되어 있었을 것이다. 베셀로브스키에 앞서서 이미 쉬프너(Schiefner)는 대지를 옮겨오는 전설은 러시아에서 온 망명자나 이주민에 의해 유럽으로부터 북아시아 및 중앙아시아로 이동했던 것으로 가정했다.33) 그러나 숨초프(Soumtsov)는 러시아에서 나온 사람이 이처럼 단기간에, 이 정도 넓은 지역에 걸쳐서 분포하는 여러 민족에게 이 전설을 뿌리내리게 하는 것이 가능할까에 대해서 의문을 품고 있다. 그는 이들 시베리아전설 가운데 네스토리우스(Nestorius)[콘스탄티노플의 대주교ㆍ크리스트교 신학자. 북시리아의 게르마니키아에서 출생. 처음은 안티오크의 수도사, 428년 테오도시우스 2세에 의해 콘스탄티노플의 총대사교에 임명되고, 그 금욕주의와 정통 신앙으로 알려졌는데, 이단 특히 아리우스 설과 싸웠다. 그러나 뒤에는 처녀 마리아를 "신(神)의 어머니 Theotokos"로 부르는 것에 반대, 드디어 그리스도의 신성을 부정하여, 사교 큐릴로스의 맹렬한 비난을 받고, 황제 테오도시우스 2세에 의해 개최된 에페소(Ephesus) 공회의(431)에서 이단(異端)으로 규정되었다. 435년 국외에 추방되어 페트라(Petra)에 망명, 뒤에 이집트에서 죽은 듯하다. 그러나 그의 일파(一派 ; 네스토리우스파)는 시리아의 에데사(Edessa)를 본거(本據)로 하고 다시 5세기 말 페르시아의 니시비스에 옮겨 교회를 일으킨 후, 인도ㆍ박트리아(Bactria)에 전도, 중국 당나라 때 경교(景敎)라는 이름 아래 한때 성행(盛行)하기도 했다.-역주]파(派)의 영향을 살피려고 한다.34) 그 중에서도 페르시아로부터의 영향을 암시하고 있는 것은, 어떤 알타이 계통 전설 가운데 신은 자신을 《진실의 쿠르비스탄(Kurbystan)》(=아후라 마즈다Ahura Mazda)이라고 부르고 있는 점이다.35)

104 제2장 땅의 기원

불교가 지배하고 있는 지역에서는, 부르칸(Burkhan) 등과 같이 명칭이 불교적인데, 악마의 등장은 이란적인 관념을 암시하고 있다.

한편, 댄하르트(Dähnhardt)는 땅의 기원에 대한 이원적인 신화는 원래 이란적인 교의(教義)의 영향을 받았던 시리아 혹은 아르메니아의 그노시스파에서 성립했으며, 이어서 그곳으로부터 유럽으로, 또 페르시아를 통해 중앙아시아로 퍼졌다고 추정하고 있다. 이 점에 대한 문헌자료에서는 이런 추정을 지지하는 것은 보이지 않기 때문에 더 분명한 것이라고는 하기 어렵다. 어쨌든 러시아인이 우랄의 저편으로 이들 신화를 퍼뜨렸다는 것은 확실하다.

발생지의 문제를 떠나서도 이런 신화를 구성하는 소재도 특별한 주의를 끈다. 특히 흙을 운반하는 자로서 등장하는 악마의 변신인 새는 연구하는 데 흥미가 있다. 이란적 신앙 관념에 영향을 받았던 이 신화적인 특징은 어디에서 온 것일까?

러시아 및 북서시베리아에서 기록되었던 몇 개의 전설에는 흙을 가지고 온다는 것은 홍수전설과도 연관지어 이야기된다. 투루칸스크(Turukhansk) 지방의 사모예드(Samoyed)가 말하는 것에 의하면, 한 척의 배에 타고 떠다니던 일곱 명의 사람이 물이 점점 불어나자 가망이 없다고 생각하고 있을 때 붉은목아비새가 물속으로 잠수해 들어가서 바닥에서 흙을 가져와 그것에 의지했다. 7일 동안 붉은목아비새가 부리에 풀과 같은 이탄(泥炭)을 가지고 오자 신은 인간의 원을 들어 그것으로 육지를 만들었다.36) 러시아 전설도 신은 홍수 후에 인간 때문에 육지를 만들어 줄 생각으로 물속으로부터 모래를 가지고 오라고 악마에게 말해 보냈다.37) 사모예드의 홍수전설에 등장하는 붉은목아비새는, 물이 육지에서 빠져나갔는지를 확인하기 위해 노아가 풀어주어 그 표시가 되는 여러 가지 것을 입에 물고 돌아오는 새와 유사하다. 그러나 홍수전설에

아비새가 나타나는 것은 한 번도 없기 때문에 거기에 나오는 비둘기라든가 까마귀가 이 전설에서 흙을 물고 돌아오는 것으로 되어 있는 물새의 모델이 되었다고 잘라 말할 수는 없다. 어떤 전설에도 많은 물과 한 마리의 새가 나타나기 때문에 혼동하기 쉬운 것은 무리가 아니다.

보굴의 창세전설에 등장하는 새는 한 종류만이 아니고, 그 새들에게는 두 개의 임무가 주어져 있다. 북극아비새와 붉은목아비새는 흙을 가지고 오지만, 까마귀는 땅이 커져가는 것을 직접 확인하기 위해 하늘을 날아다닌다. 까마귀는 첫째 날에는 잠깐 나갔다가 돌아갈 뿐이지만, 둘째 날에는 낮이 되어서야 돌아오고, 셋째 날에는 저녁이 되어서야 돌아온다. 즉 그 정찰비행은 횟수가 더해짐에 따라 길어지는데, 그것으로 사람은 육지가 날마다 커져가고 있다는 것을 알 수 있다.38) 그렇기 때문에 이 경우의 까마귀는 성서 창세전설의 경우와 꽤 비슷한 역할을 수행하고 있다.

신과 흙을 운반하는 자는 서로 뚜렷이 대립함으로써, 더구나 적으로서 행동한다는 모습을 제거시키면 아시아의 대지기원전설에는 어떠한 이원적 특징도 보이지 않는다. 거기서 조물주는 한 마리의 흔한 물새에게 도움을 받는 것에 지나지 않는다. 예를 들면 예니세이인은 이 세상의 태초에 도처에 물이 넘실거리고 대(大) 샤만 도오(Doh)는 백조, 붉은목아비새, 북극아비새 등의 물새 떼에 섞여서 하늘을 날고 있었다고 한다. 그는 어디에서도 쉴 곳을 찾지 못해서 붉은목아비새에게 물속에 들어가서 바다 밑바닥에 있는 흙 한 덩이를 가져오라고 했다. 붉은목아비새는 두 번은 실패하고 세 번째에 진흙을 조금 부리에 물고 돌아왔다. 도오는 그것으로 바다에 섬 하나를 만들었다.39)

레베드 타타르(Lebed Tatar)는, 세상에 아직 물밖에 없었을 때 신은 백조 한 마리에게 부리에 흙을 물고 돌아오라고 말해 보냈다고 한다.

물속에 들어갔던 새의 부리에 진흙이 조금 남아 있어서 그걸 수면에 뿜자, 그것이 점점 커져서 훌륭한 땅이 생겼다. 후에 악마는 육지의 형태를 뒤틀어 놓는다.40)

한편, 부리야트 전설에 의하면 원해(原海)의 바닥에는 검은 흙과 붉은 점토가 있었다. 부르칸(Burkhan)은 대지창조를 생각해서 하얀 붉은목아비새에게 그 재료를 바다 속에서 가지고 오라고 했다. 붉은목아비새가 부리에 흙과 점토를 가지고 오자 부르칸은 그것을 물 위에 뿌렸다. 그러자 물에 떠다니는 육지가 생겼고 육지에는 풀과 나무가 빽빽하게 자라기 시작했다.41)

같은 전설은 발라간스크(Balagansk) 지방의 부리야트인에게서도 다음과 같은 형태로 나타난다. 태초에 아직 육지가 없었을 때 솜볼 부르칸(Sombol-Burkhan)이 물 위에 내려왔는데 물새 한 마리가 새끼 열두 마리와 물속에서 헤엄치는 것이 보였다. 신은 "물새야, 깊이 잠수해 들어가서 흙을 가지고 오너라. 검은 흙은 부리에 물고, 붉은 점토는 발에 묻혀서 가져오너라."라고 말했다. 이렇게 해서 흙을 손에 넣은 신은 그것을 물에 뿌렸다. 이래서 육지가 생기자 그 위에는 저절로 아름다운 식물이 무성하게 자랐다. 신은 새에게 보답으로 "새끼를 네가 필요한 만큼 많이 가져도 좋다. 언제까지라도 물속에서 헤엄쳐도 좋다."라고 축복해 주었다. 이 새는 그래서 깊이 잠수하고 오랫동안 물속에 머무를 수 있는 능력을 얻었다.42)

따오기에 관한 한 전설에는 시베게니 부르칸(Schibegeni-Burkhan)[釋迦-일본어본 역주], 마다리 부르칸(Madari-B.)[彌勒-일본어본 역주], 에세게 부르칸(Esege-B.)이라는 3신이 등장하는데, 그들은 이 새의 도움을 받아 같이 땅을 창조한다.43)

신이 하는 일을 방해하고 속이는 등의 역할을 하는 악마는 이들 전설에는 나타나지 않는다. 그리고 북방 야쿠트에서 기록된 다음의 전설에도 신의 어머니는 땅을 창조하려고 결심했다고 기술하고 있는데, 악마는 거의 문제가 되지 않는다. 악마가 없기 때문에 우선 붉은목아비새와 들오리를 만들고 그 두 마리에게 바다 밑바닥에 가서 흙을 가지고 오라고 명했다. 먼저 들오리가 부리에 한 덩어리의 흙을 물고 밖으로 나왔다. 다음에 붉은목아비새가 나왔지만 흙은 가지고 오지 않고 물속에서 흙을 볼 수 없었다고 말했다. 신의 어머니는 화를 내며 대답했다. "교활한 새야, 너에게는 들오리보다 강한 힘과 긴 부리를 주지 않았느냐? 그런데도 나를 속이고 바다를 두둔하다니. 그렇기 때문에 너는 성스러운 땅에 살 수 없다. 물속에 들어가서 어떻게든지 쓰레기나 뒤져서 식량으로 삼도록 해라." 그러고 나서 곧 신의 어머니는 들오리가 가지고 온 흙 한 덩어리로 땅을 창조하고 그것을 바다 위에 두었다. 땅은 물속으로 가라앉지 않고, 파도도 그것을 흔들리게 하거나 부술 수 없으며 떠다니는 섬처럼 한 곳에 머물지 않고 곧 커다랗게 되었다고 말했다.[44]

부리야트의 어떤 전설은 또 솜볼 부르칸이 흙을 가져오라고 시켜서 보냈던 물새가 물속에서 게(蟹) 한 마리를 만나서 어디 가느냐는 질문을 받았다. 새가 흙을 가지러 바다 밑바닥으로 간다고 대답하자 게는 화를 내며 "나는 항상 물속에서 살고 있지만 밑바닥은 아직 보지도 못했다. 그러니 지금 썩 돌아가라. 그렇지 않으면 내가 집게발로 너를 싹둑 잘라 버리겠다."고 말했다. 솜볼 부르칸은 빈손으로 돌아온 것을 보고 왜 흙을 구하지 못했느냐고 물었다. 신은 게가 새를 위협했다는 것을 듣고 새에게 주문(呪文)을 가르쳐 주었다. 그래서 새는 결국 밑바닥에 도달할 수가 있었다.[45]

바다 밑바닥으로 잠수해 들어가는 에피소드는 사라풀(Sarapul) 지방 보탸크의 흙 운반전설에 기술되어 있다. 신을 돕는 자는 물속에서 게(蟹)

한 마리를 만난다. 게는 여행 목적을 묻고 자기는 바다 속에서 120년 간 살았지만 흙을 한 번도 본 적이 없다고 말한다. 이 전설에는 흙을 운반해 오는 모양과, 악마가 입에 모래를 감추고 와서 그것으로 산이 만들어진다고 적혀 있다.46)

맨 마지막에 기록되었던 두 개의 전설을 서로 비교하여 보면, 어느 것이 기원일까 하는 문제가 제기된다. 여기에서 특히 눈을 끄는 것은 게의 등장이다. 부리야트의 전설 중에 새를 위협하는 게의 방법이, 보탸크의 이원적인 창세전설에서 나오는 악마를 쫓아내는 게보다도 더 자연스러운 것은 아닐까? 그래서 오래된 민간전설이 동방교회의 이원적인 교의(教義) 가운데 편입된 것은 아닐까?

이런 종류의 민간전설이 확실히 존재했다고 하는 증거로서 기술되어 있는 것은 북미 인디언에서 많이 수집되는 이 모티브의 전설이다. 어떤 물새라든가 거북과 같은 물속에 사는 동물이 바다 밑바닥에서 진흙을 가지고 오면 그것이 육지가 되어 인간이 살게 되었다는 것이다. 땅이 출현하기 이전에 《생명의 주인》은 최초의 인간을 창조했다. 그는 바다의 북극아비새를 만나서 "너는 잠수하는 솜씨가 좋다. 잠깐 잠수해서 흙 조금만 갖다 주지 않겠느냐?"라고 말했다. 새는 부탁에 응하고 인간은 새가 가져온 흙의 재료를 바다에 뿌렸다. 이래서 인간은 땅을 창조했다.47)

흙을 운반하는 전설은 아메리카에도 홍수전설과 결부되어 있는 것이 있다. 보트라든가 뗏목, 통나무를 타고 인간이 표류하고 있는 것을 보고 미국산 사향쥐 한 마리가 바다 밑에서 진흙을 가지고 와서 주자 흙은 이미 새로운 육지가 되었다. 그때 인간이 도움을 주었다고 하는 것이 일반적인 줄거리이다. 앞에서 설명했던 보굴의 전설에 나오는 까마귀와 같이 인디언의 비슷한 이야기에서 때때로 여우나 이리가 땅이 커져가는 것을 구경하기 위해 등장한다. 빈네바고(Winnebago) 인디언의 어떤 전설에 의하면 대륙이 너무 빨리 늘어났기 때문에 그것을 자기 눈으로 따라잡을 수 없었던 나나보주(Nanabohzu)는 땅의 넓이를 알아보려고 이리 한 마리를 땅 끝까지 달리게 해 본다. 첫 번째는 이리가 얼마 안 있어 돌아오지만, 두 번째는 2년이 걸리고, 세 번째는 끝내 돌아오지 않았다.48)

때로 몇 마리의 물에 사는 동물이 차례차례 바다 밑바닥으로 보내졌지만 겨우 그 중 한 마리만이 흙을 가지고 오는 데 성공했다. 이 경우 시베리아에서처럼 물새 두 마리가 단 한 번에 흙을 운반하는 것으로 등장하는 것이다.

같은 이야기는 남아메리카에도 보인다. 브라질의 카인간(Kaingan)족이 말하는 것에 의하면 들오리와 같은 것이 물속에서 흙 한 덩이를 가지고 왔다. 아레(Are)족의 흙 운반전설에서는 따오기가 긴 부리로 산만한 흙을 가지고 왔다.49)

이 전설의 모티브는 따라서 동 핀란드로부터 남아메리카까지 알려져 있다. 그러나 이 전설의 상호관계는 어떻게 이해해야 할까? 보고밀(Bogomil)의 창세전설이 남아메리카의 원시림까지 확산되어 있다고 하는 것은 아무리 생각해도 무리다. 그러나 아시아와 아메리카의 흙 운반전설에는 완전히 일치하는 특징이 보인다. 거기에서 가능한 것은 두 개의 추측뿐이다. 결국 신·구 두 대륙이 각각 독립적으로 이 전설의 발상지가 되는 하나 혹은 여러 개의 중심을 가지고, 거기에서부터 여러 가지 전설을 만들어내면서 주변에 확산시켰다고 하는 하나와, 이 여러 가지 전설의 기원이 단일한 곳이라는 것 두 개이다. 후자의 경우 이 전설이 아메리카에서 아시아로 확산되어 갔다고 추정하는 것은 우선 불가능한 것으로 제외된다. 이와 같은 경로를 가리키고 있는 재료도 찾아보면 있긴 있다. 예를 들면 코랴크(Koryak)의 《큰 까마귀》개념은 명백히 동쪽에서 바다를 건너왔다. 그러나 아메리카로부터 건너온 흐름은 동북시베리아 자연민족에서 멈추고 있다. 반대로 아시아에서 건너온 전설은 아메리카 대륙에서 보다 광범하게 분포되어 있다. 그렇지만 이 문제를 논하는 데 있어서 지적하고 싶은 것은 아메리카 대륙으로부터 이 동북시베리아의 가장자리에 도달하는 해로(海路)는 가장 짧고, 의미는 없지만 흙 운반전설이 여기에는 보이지 않는다는 사실이다.

어쨌든 원해(原海)를 전제로 하는 이 전설이 중앙아시아에서가 아니라, 커다란 바다 가까운 곳에서만 발생했던 것은 명백하다. 물론 인도의 전설은 바다 밑바닥에서 가져왔던 흙이 거북이의 등에 실려져서 점점 크게 되었다고 말하고 있다. 그러나 흙을 가져오는 새는 거기서 기술되고 있지 않다. 반대로 수마트라의 바타크(Batak)족에서는 흙을 나르는 제비를 만난다. 다만 이 경우는 새가 흙을 바다 밑바닥에서 가져오는 것이 아니라 하늘로부터 가지고 온다는 것이다.[50]

육지를 둘러싼 커다란 바다와 육지가 점점 커져간다는 개념은 오랜 세월을 두고 바다를 보고 있는 해안지방 사람들의 당연한 결과겠지만, 대륙의 오지에서는 이런 개념이 부자연스럽고 뜻밖이다. 알타이 계통 유목민족의 사고방식은 오히려 반대여서, 태초에는 물이라고 하는 것은 없었다고 한다. 예를 들면 키르기스의 전설에 명백하게 나타나 있다. 즉, 커다란 소 한 마리를 기르고 있던 두 사람이 오랫동안 물을 마시지 못해 갈증으로 거의 죽게 되었을 때 소가 그 큰 뿔로 땅을 부수어 물을 생기게 했다. 키르기스인이 설명하는 것에 의하면, 그 근처에 있는 몇몇 호수는 그렇게 해서 생겼다는 것이다.[51]

따라서 위에서 기술했던 대지기원설의 어느 하나를 알타이 계통 민족이 만들어냈다고는 판단할 수 없다. 그들이 원래부터 가지고 있었던 사고방식은 '땅은 원래부터 있었다.'고 하는 야쿠트의 신앙에 뚜렷이 반영되어 있다. 그렇다고 해서 현지 지형이 생긴 원인을 설명했던 많은 전설이 토착적으로 발생한 것이 아니라고 말하려고 하는 것이 아니다. 그 한 예가 이미 위에서 인용했던 키르기스의 전설이다. 퉁구스 혹은 사모예드의 시베리아 북방 여러 민족은 종종 흙 속에서 매머드의 뼈를 찾아내는데, 이 태고의 동물은 그 《뿔》로 지표에 여러 가지 모양을 만들었다고 상상한다. 특히 언덕이나 협곡이 생긴 것에 대해선 이렇게 설명한다. 또 골이나 움푹 팬 곳은, 옛날에 살고 있었던 커다란 짐승의 무게로 인해 생겼고, 그 후 이 움푹 팬 곳에 물이 고여 호수나 하천이 되었으며, 드디어 신이 노하여 매머드를 땅 밑에 묻어버렸고, 지금도 그것이 아직 거기에 있는 것으로 믿고 있다.[52]

북시베리아에서 기록된 산과 계곡의 성립에 대한 전설도 그 땅에서 생긴 것이다. 즉, 신이 원래 천상에 살았지만 이윽고 땅에 내려왔다. 신이 땅에서 스키를 탈 때 얇은 지면은 움푹움푹 패였다. 그것 때문에 지면은 평평하지 않게 되었다는 것이다.[53]

제3장
인간의 창조

자바이칼(Zabaikal)[바이칼 호수(Baikal Lake)의 남동쪽에 위치한다. 면적은 43만 1,900㎢로 한국의 약 4.3배에 이르며, 러시아 전체 면적에서 2.4%에 달하는 크기이다. 자바이칼 지방의 남동쪽으로는 중국 및 몽골, 서쪽으로는 부리야트공화국, 서북쪽으로는 이르쿠츠크(Irkutsk) 주, 북동쪽으로는 사하(Sakha)공화국, 동쪽으로는 아무르(Amur) 주가 있다.–역주]의 퉁구스는 부가[buga, 天神]가 최초로 인간 한 쌍을 창조했을 때 재료는 네 개의 방향에서 수집했다고 말하고 있다. 동쪽에서는 쇠, 서쪽에서는 물, 남쪽에서는 불, 북쪽에서는 흙을 가지고 왔다. 흙으로는 육체와 뼈를, 쇠로는 심장을, 물로는 피를 그리고 불로는 체온을 각각 만들었다.[1]

시리아에 사는 예시드(Jessid)교도[이슬람교 내에서 제일 이단시되고 있는 일파 –일본어본 역주]의 창세전설에서도, 신은 4개의 다른 요소, 즉 불·물·공기·흙으로 아담의 육체를 만들었다고 한다.[2] 유대인과 아라비아인의 새로운 전설에서도 신이 이 4개의 소재를 땅의 네 모퉁이에서 모았다고 한다.[3] 악마가 육체를 만들고 신이 거기에 숨결을 불어넣었다고 하는 점에서 다르긴 하지만, 중앙아시아에서 전해져 오는 같은 식의 전설을 13세기에 뤼브뢰크(Ruysbroeck)가 마니교의 사설(邪說)이라고 말했다.[4]

유대의 전설에 의하면, 여러 방향에서 수집된 소재는, 빨강, 하양, 검정, 다갈색 등의 여러 가지 색을 대표하고 그것은 다양한 방향의 색을 의미하는 것 같다. 뤼브뢰크는 몽골인이 술자리에서 술을 여러 방향에 뿌린다고 기술하며, 방향의 요소를 들었다. 즉, 남쪽에는 불을 숭배하여, 동쪽에는 공기를, 서쪽에는 물을, 그리고 북쪽에는 죽은 자를 각각 숭배하여 술을 뿌린다고 한다.5) 이 설명에는 퉁구스의 창세전설에 나오는 것과 완전히 일치하여, 남쪽은 불의 방향, 서쪽은 물의 방향으로 등장한다.

그러나 사람이 자연과 한 뿌리라는 것은 다른 견해에도 나타나는데, 거기에 의하면 우주는 인간과 비슷한 태초 생물의 육체에서 생겼다고 한다. 칼무크의 설명에 따르면 세계는 만자시리(Manzachiri=Manjusri, 문수보살) 육체의 각 부분에서 생겼는데, 나무는 그 혈관에서, 불은 내장(內臟)의 온기에서, 흙은 살에서, 물은 피에서, 쇠는 뼈에서, 풀은 머리카락에서, 해와 달은 두 눈에서, 일곱 개의 유성은 이빨에서, 그 밖의 별은 등골에서 생겼다는 식이다.6) 중국의 조물주 반고(盤古)가 생애를 마쳤을 때도 같은 방식으로 우주가 성립되었다. 그 숨결에서 바람이, 음성에서 우레가, 왼쪽 눈에서 태양이, 오른쪽 눈에서 달이, 피에서 하천이, 머리카락에서 식물이, 침에서 비가, 기생충에서 인류가 각각 생겼다고 한다.7) 같은 식의 전설은 이미 인도의 리그베다(X·90)에 기술되어 있는데 즉, 세계는 푸루사(Purusa)[인도 태초의 거인. 신들이 푸루사를 산 제물로 삼았는데, 그의 몸 각 부분으로 세계를 창조했다. 머리는 하늘, 발은 땅, 눈은 해와 달, 머리카락은 풀과 나무, 눈물은 강, 뼈는 산이 되었다.-역주]의 육체에서 생겼다. 그의 심장에서 달이, 눈에서 태양이, 입에서 인드라(Indra)[인도 최고의 문헌인『리그베다』찬가에 나오는 최대의 신. 전 찬가의 약 4분의 1이 그에게 바쳐지고 있다. 원래 뇌정신(雷霆神)의 성격이 현저해 그리스의 제우스나 북구신화의 토르에 비교할 수 있는데,『리그베다』

에서는 폭풍신 마르트 신군을 따라서 아리아인의 적을 정복하는 이상적인 아리아 전사로서 묘사되어 있다. 그중에서도 공교신 트바슈트리가 만든 무기 바쥬라를 던져서 물을 막는 악용 브리트라를 죽이는 그의 무훈은 반복적으로 찬양되고 있다. 그는 브리트라한(브리트라를 죽인 자)이라고 불리는데, 브리트라한은 이란의 승리의 신 울스라그나에 대응한다. 그러나 인드라의 지위는 후대로 가면서 하락한다. 그는 명목상으로는 여전히 신들의 왕으로 되어 있지만, 상대적으로 약한 신이 되어 세계 수호신의 하나로서 동방을 수호한다고 보게 되었다. 불교에도 도입되어서 불법의 수호신으로 제석천(帝釋天)이라고 한역되었다.-역주]와 아그니(Agni)['불'을 신격화한 고대 인도의 신. 아그니는 본래 보통 명사로서 '불'을 의미한다. 인도 최고의 성전 『리그베다』에서는 무용신 인드라 다음으로 많은 찬사가 아그니에게 바쳐지고 있다. 아그니는 태양, 전광, 제화(祭化)로서 천공지의 3계에 출연한다고 할 정도로 다양한 형태로 모든 장소에 출현하는 것을 특징으로 한다.-역주]가, 숨결에서 바람의 신이, 배꼽에서 공간이, 두개골에서 하늘이, 귀에서 방향이, 발에서 땅이 생겼다고 하는 식으로 세계의 시작을 설명한다. 이들 전설은 어쨌든 태양이 어떤 원초적인 생물의 눈에서 생겼다는 공통되는 특징을 갖고 있다. 확대되어 코친치나(Cochinchina)에서는 불타(佛陀)가 바니오(Banio)라는 거인의 육체로 세계를 창조할 때, 그 두개골로 하늘을, 뼈로는 산과 돌을, 머리카락으로는 식물을 만들었다고 말한다.8) 리그베다가 설명하고 있는 것과 마찬가지로 이 전설도 원초적인 생물의 두개골로 하늘이 만들어졌다고 설명하고 있다. 마니교에 대해 반론을 폈던 어떤 글(Shkanol-Gumānig-Vischār)에는, 마니교도가 세계는 악마 쿤드(Kund)가 살해되었을 때 만들어진 것으로 믿는다고 적었다. 즉, 그 피부에서 하늘이, 살에서 땅이, 뼈에서 산이, 머리카락에서 식물이 생겼다고 말한다.9) 페르시아의 신성한 문헌(Bundehesh, 31)에는 부활이 묘사되어 있는데 이 부활의 순간에 뼈는 땅에서, 피는 물에서, 머리카락은 식물에서, 생명은 불에서 되찾았다고 한다. 이래서 모든 아시아의 관념으로는 인간(미크로코스모스)과 세계(마이크로코스모스)는 서로 밀접한 관계에 있다.

위에 기술한 전설은 불가사의한 거인 이미르(Ymir)가 살해되어 그 살에서 땅이, 피에서 물이, 뼈에서 산이, 머리카락에서 나무가, 두개골에서 하늘이 각각 생겼다는 아이슬란드 전설 그림니스말(Grimnismál (40-41, 바프트루드니스말 Vafthrudnismál 21 참조))과 비슷한 점이 있다. 또, 구름은 이미르의 뇌수(腦髓)로 만들었다고 말한다. 수오리(Suori)에 의하면 신은 세 명의 형제, 즉 보르(Bor)의 자식들 오딘(Odin), 빌리(Vili), 베(Ve)는 이미르를 살해했는데, 테오도르 바르 코나이(Theodor bar kōnai) [마니교전(敎典)의 注釋家—일본어본 역주]도 똑같이 위에 기술한 쿤드는 신의 세 형제의 손에 살해되었다고 기술하고 있기 때문에 라인첸슈타인(Reitzenstein)은 고대 스칸디나비아 전설에서 마니교의 영향을 보려고 했다.10) 하늘이 만들어진 것은 거인의 두개골을 재료로 했다고 하여 마니교의 자료가 말하는 대로 피부를 재료로 한 것이 아니라고 말한 것은 두개골이 그와 같은 의미를 지니고 있었던 모델을 전제하고 있다.

이 아이슬란드 전설의 기원은 다르게도 설명한다. 즉, 이미르의 육체 각 부분에서 세계가 생겼다는 전설은 중세에 널리 퍼졌던 창세전설을 기반으로 하여 구상했다는 것이다. 그러나 이것은 아이슬란드 전설과는 달라서, 최초의 인간은 《우주의 여러 요소》로 만들어졌다고 설명한다. 동·서유럽에 보급되어 있는 후자의 전설은, 아담이 똑같은 소재로 창조했다고 설명하지만, 아시아의 전설에는 원초적인 생물의 육체에서 생겼다고 한다. 아담의 창조에 대한 여러 종류의 전설을 비교연구 했던 막스 푀르스터(Max Förster)는 그들 전부가 원래는 기원이 시작될 무렵, 지금은 슬라브어로 번역되어 전해 내려오고 있지만, 알렉산드리아의 유대인이 수집한 그리스어로 된 에녹서(Henoch書)에 유래하는 것이라고 결론짓는다.11) 그러나 아담의 몸을 만드는 여덟 개의 원재료는 각각의 전설에 따라 조금씩 다르다. 가장 일반적으로는, 살은 흙으로, 뼈는 돌로, 피는 물(바다)로, 눈은 태양으로, 생각은 구름으로, 그리고 호흡은 바람으로 만들었다는 것이다. 또, 몇 개의 자료에 기술되어 있는 것으로는 머리카락은 풀로, 체온은 불로, 혈관은 나무뿌리로, 땀은 이슬로 만들었다는 등이다.

이 중에서도 특히 눈에 띄는 것은 아담의 생각을 만들었다고 하는 구름이다. 다른 모든 것은 감각으로 지각할 수 있는데, 《생각》은 어떻게 설명할 수 있을까? 그림니스말은 '구름'을 기술하고 있지만 반대로 그것은 이미르의 《뇌수腦髓》로 창조했다고 설명한다. 민속전설의 관점에서 보면 구름의 짝으로는 《생각》보다 《뇌수腦髓》 쪽이 더 어울린다. 그림니스말의 시(詩)는 또, 하늘은 이미르의 머리로 만들었다고 적고 있기 때문에 그 중에는 에녹서(Henoch書)와는 다른 또 하나의 창세전설을 전제하는 특징이 존재한다. 아담의 머리가 하늘로 만들었다고 상상하는 것은 불가능하다. 이미 설명했듯이, 하늘이 원초적 생물의 머리로 만들었다는 사고방식은 이미 리그베다에도 보인다. 그래서 거인의 머리와 하늘을 같은 것이라고 보는 이런 착상은 분명히 그 뇌수(腦髓)와 구름도 같다고 본다. 따라서 그림니스말 전설도 저 아시아의 창세전설도 마찬가지로 앞에서 말한 아담 창세전설보다 더욱 오래되었고 원초적인 관점을 표현하고 있는 것으로 생각된다. 그림니스말의 이미르전설이 아시아의 같은 종류의 전설과 어떤 관계가 있을까? 또 그것이 아이슬란드로는 어떻게 퍼져갔을까? 이런 물음은 아직 설명되어 있지 않지만, 이미르의 육체로 생명을 부여받아 벌레의 모습으로 살았는데, 여러 신들의 명으로 인간의 이성과 모습을 부여받았다는 아이슬란드의 길파기닝(Gylfaginning)(13)의 소인(小人)전설은, 인간이 원초적인 생물의 체내에 살던 벌레에서 생겼다는 중국전설의 특징을 상기시킨다.

1. 인간의 창조자인 신과 악마

중앙아시아 및 북아시아에서 기록된 인간창조전설 가운데에는 이 지방에 있는 몇 개의 대지기원전설과 마찬가지로 보통 대립하는 두 존재, 즉 신과 악마가 등장하는데, 악마는 신이 만든 것을 손상시킨다. 악마는 대체로 신이 인간에게 숨을 불어 넣어주기 전에 인간에게 가까이 가는 데 성공한다. 전설에서는 신이 인간을 보호하기 위해서 보낸 개가 뛰어난 활동을 하는 것이 보인다. 삼림(森林)타타르의 전설에 기술되어 있듯이 위대한 파야나(Pajana)는 최초의 인간을 만들었을 때 거기에 생명을 스며들게 할 정신을 만들 수 없어서 인간을 위한 혼(魂)을 하늘에서 찾아야만 했다. 갈 때에 신은 인간을 지키도록 개 한 마리를 남겨두었다. 그러는 동안 악마 에를리크(Erlik)가 찾아와서 아직 발가숭이였던 개를 향해서 "너는 털이 없구나. 아직 혼이 들어있지 않은 그 인간을 내게 주면 네게 황금 털을 주마."라고 말했다. 악마의 제의는 개의 동의를 얻게 되고, 개는 자기가 중요하게 지키던 것을 에를리크에게 주었다. 에를리크는 인간을 손에 넣자 거기에 침을 발랐다. 마침내 신이 인간에게 생명을 주러 내려오자마자 악마는 도망가 버렸다. 악마가 인간의 몸을 더럽힌 것을 본 신은 더러워진 바깥 부분을 안으로 뒤집고 안의 것을 밖으로 내었다. 그래서 인간의 내장에는 지금도 침이나 더러운 것이 들어있는 것이다.[1)]

또 야쿠트의 전설에도 인체 속에 더러운 것이 숨겨져 있는 의미를 같은 식으로 설명한다. 신은 세계를 창조한 후 한 돌집[石室]을 짓고 그 속에 일곱 개의 상(像)과 그것을 지키게 하려고 《인간》을 넣었다. 악마는 돌집 안으로 들어가서 파수꾼에게 선물을 주고 계속 구슬렸다. 겨우 인간에게 결코 닳지 않고 또 결코 벗을 필요가 없는 옷을 주겠다고 약속하여 목적을 달성했다. 마침내 악마는 상(像)으로 접근하여 자기의 똥을 거기에 발랐다. 조금 뒤에 신은 상(像)이 어떻게 되었는지 보러왔다가 자기가 없는 사이에 악마가 저지른 짓을 알고 불같이 노해서 파수꾼을 꾸짖었으며 그를 개로 만들고서야 겨우 화를 참을 수 있었다. 신은 이들 상(像)을 바깥이 안이 되도록 뒤집은 뒤에 생명을 불어넣었다. 이렇게 해서 창조된 인간의 배 속에는 그때부터 더러운 것이 들어 있게 되었다.[2)]

꼭 같은 전설이 볼가(Volga) 강 유역의 훈 계통의 여러 민족 체레미스(Cheremis), 보탸크(Votyak), 모르드빈(Mordvin) 등에도 보인다. 체레미스는 말한다. 신은 인간을 만들 때 인간에게 줄 생명을 가져오러 하늘로 올라가자 악마 케레메트(Keremet)가 벌거숭이 개에게 털가죽을 주겠다고 약속한 뒤 인체에 침을 바를 수 있었다. 그래서 신은 인간을 뒤집은 뒤 생명을 주었다. 이 전설에서도 신이 창조했던 인간의 내장에 왜 더러운 것이 있는가를 설명하려고 노력하고 있다. 또 모르드빈의 전설에서는 인간에게 있는 어떤 내과적인 병은 악마의 침 때문이라고 한다. 어떤 병 특히 해소와 폐결핵은 러시아의 비슷한 전설에서 똑같이 설명하려고 한다.[3)] 사모예드의 경우 육체를 뒤집었다고는 말하지 않지만 고질적인 피부병, 종기 등은 악마의 타액 때문에 생기는 것이라고 한다. 여기서도 개는 처음에는 벌거숭이였지만 악마가 등을 어루만졌기 때문에 털이 생겨났다고 믿는다.[4)]

같은 식으로 악마가, 신에 의해 창조된 인간을 침으로 더럽혔다고 하는 또 하나의 전설에는, 인간들에게는 원래 몸을 보호하는 일종의 덮개가 붙어 있었으며 그 위에 털이나 뿔 같은 것이 몸에 붙어 있었다고 한다.

발라간스크(Balagansk) 지방의 부리야트인은 시베게니(Chibegeni) 부르칸(Burkhan), 마다리(Madari) 부르칸, 에세게(Esege) 부르칸 셋이 조물주의 붉은 점토로 살을, 돌로 뼈를, 물로 피를 만들어 최초의 인간을 창조했다고 말하고 있다. 이 셋 중에 누가 아직 혼이 없는 인간에게 정신을 만들어 줄 것인가를 결정해야 했다. 등불과 물그릇을 앞에 두고 그 옆에서 누워 잠을 자는 것으로 그것을 알려고 했다. 밤중에 등불에 불을 켜고, 물그릇에 식물이 자라게 하는 자가 인간에게 영혼을 불어넣어 주고 그 수호령이 되는 영예를 가지자고 결정했다. 다른 두 사람이 잠을 자도 시베게니 부르칸은 자지 않고 일어나 있으니 마다리 부르칸 앞의 횃불에 불이 붙고 물그릇에 식물이 자라고 있었다. 그것을 보고서 그 옆 사람의 횃불을 끄고 그 식물을 자기 물그릇에 옮기고 자신의 등불을 켰다. 다음날 아침 일찍 다른 두 부르칸은 불과 식물이 시베게니 부르칸의 것에 나타나는 것을 보고, 인간에게 혼을 불어넣고 그를 비호하는 수호령이 될 사람은 시베게니 부르칸이라고 판단했다. 하지만 마다리 부르칸은 시베게니 부르칸이 속였다고 막 화를 내며 "너는 내 불과 식물을 훔쳐가지 않았느냐? 그러므로 네가 혼을 불어넣은 인간들도 함께 서로 싸우고 서로 도둑질하게 되리라."고 말했다.[5)]

도둑질과 싸움의 기원을 명백하게 하려는 부리야트인이 기록한 이 이야기는 한 편의 긴 이야기의 도입부로 되어 있지만, 이만큼만 뽑아내어도 이미 종합된 전체를 이루고 있다. 즉 이 이야기는 보다 긴 전설 가운데에서 그 후 마다리 부르칸과 에세게 부르칸은 하늘로 올라가 앞에서 말한 흙으로 만들고, 원래는 털이 나 있던 생물을 시베게니 부르칸에게 맡긴다는 식으로 계속된다. 시베게니 부르칸은 인간에게 줄 생명을 찾으러 하늘로 올라가야 했기 때문에 그때는 아직 털이 생기지 않은 개에게 자고 있는 인간을 잘 보호하라고 시킨다. 거기에 악마 시트쿠르(Chitkour)가 찾아오지만 개는 열심히 짖어댈 뿐이었다. 악마가 개에게 "그렇게 짖지 말아다오. 네 몸에 털을 생기게 하고, 인간과 같은 피부를 만들어 줄 테니까. 그러면 추워도 얼어 죽는 일이 없어."라고 했다. 그러자 개는 얌전해져 짖지 않았다. 악마는 약속을 지켜 개의 몸에 침을 뱉었다. 그러자 곧 털이 생겨났다. 시베게니 부르칸은 하늘에서 내려와 악마가 인간을 더럽히러 왔다는 것을 알고 불같이 노하여, 악마가 준 털을 잘 붙이고 있는 개에게 이렇게 저주했다. "너는 언제나 배가 고프리라. 뼈를 갉아먹고, 인간이 먹다 남긴 찌꺼기가 없어질 때까지 그것을 먹게 되리라." 이렇게 말하고 시베게니 부르칸은 악마가 더럽혀 놓은 인간의 몸을 깨끗이 씻고 그를 알몸으로 만들었다. 그러나 악마의 침이 묻지 않았던 곳과 자고 있을 때 손으로 덮었던 머리에는 털이 그대로 남았다.

알라르스크(Alarsk) 지방의 부리야트인에게 보이는 같은 식의 전설에는, 위에 적은 것과 같은 도입 부분은 없고, 부르칸이 여러 가지의 원료로 털이 있는 인간을 만들어 개에게 지키고 있으라고 시키고 생명의 숨을 가지러 하늘로 올라간다. 악마 숄모(Sholmo)는 개를 꼬드겨서 인간의 몸에서 어떤 곳만 남겨두고 털을 깡그리 없애버렸다고 적고 있다. 마지막에 인간은 만약 악마의 손에 걸리지 않았다면 병에 걸리거나 죽는다든가 하는 것은 결코 없었으리라고 적고 있다.[6]

로스바 보굴(Losvawogul)에 전해 내려오는 전설에 의하면 반대로 신은 처음에 인간이 추위에도 충분히 견딜 수 있는 딱딱한 피부를 생각해서 주었다. 그런데 인간에게 불어 넣어줄 생명의 숨을 가지러 하늘로 올라간 사이에 악마가 찾아와서 인간의 몸을 손상시키고 딱딱한 피부를 손, 발가락 끝에만 남도록 했다. 이래서 인간의 몸이 부드럽게 되고 병에

쉽게 걸리게 되어 죽게 되었다.7)

모르드빈(Mordvin)도 이 전설과 유사한 형태를 가지고 있다. 악마는 벌거숭이 개에게 털을 주고 딱딱한 피부를 가진 인간에게 접근해 손, 발가락 끝만 남기고 그 피부를 나쁘게 만들어 버렸다.8)

인간에게 원래는 있었다고 하는 털이 난 피부 혹은 딱딱한 피부는, 성서의 원죄설화를 생각나게 하는 전설군(傳說群)에도 등장하기 때문에, 이 특징은 이상의 두 전설군 중에 어디에 기원을 두고 있는가는 의문시 된다. 본래의 창조전설에는 털이 난 피부 혹은 딱딱한 피부라는 것이 비교적 드물게 나오는데, 한쪽 전설군에는 반드시 나타난다는 점으로 미루어 볼 때 후자에서 전자의 전설군으로 들어갔다고 결론지을 수 있다.

개가 똑같이 경비 역할을 하고 있는 몇몇 중앙아시아 창세전설에서 악마는 신이 없을 때 신이 만든 인간에게 생명을 주는 것으로 되어 있다.

예를 들면 다음에 인용하는 알타이의 전설이 그러하다. 울겐(Ulgen)은 흙으로 살을, 돌로 뼈를 만들어 최초의 인간을 창조했다. 동시에 신은 남자의 갈비뼈로 여자를 만들었다. 그 인간에게 혼을 찾아 주려고 떠났을 때 개에게 인간을 잘 지키라고 명했다. 그때 개에겐 아직 털이 없었다. 그 사이에 악마 에를리크(Erlik)가 찾아오자 개는 큰 소리로 짖어 인간에게 접근하지 못하게 했다. 그러자 에를리크는 "나는 너의 몸에 털을 만들어 주고 인간의 몸에 혼을 넣어 주러 왔다."고 말했다. 개는 그 말을 듣고 안심했다. 그래서 악마가 개에게 침을 먹이자 개에게 털이 생겨났다. 그러고 나서 악마는 갈대피리를 꺼내어 잠자고 있는 인간의 엉덩이로 정신을 불어 넣었다. 울겐이 돌아와서 인간에게 이미 생명이 있는 것을 발견하고 깜짝 놀라 하늘을 보며 어떻게 해야 할지를 몰랐다. 새로운 인간을 창조해야 할까? 그때 개구리 한 마리가 나타나 "당신은 왜 이들을 없애려는 겁니까? 자기들이 좋을 대로 살려두십시오. 죽었으

면 죽은 채로, 산 것은 산 채로."라고 했다. 이래서 울겐은 인간을 그대로 살려 두었다.9)

알타이 지방의 어떤 비슷한 이야기는 울겐이 젊은이, 소녀, 남자, 여자 그뿐만 아니라 노인에 이르기까지 동시에 여러 종류의 인간을 창조했지만 악마 에를리크가 신이 없을 때 그들의 몸에 혼을 넣고 말았다고 한다.10)

비슷한 몽골의 전설에서는 오치르바니(Ochirvani)와 차간 수쿠티(Tsagan Schukuty)라는 두 조물주가 공동으로 흙으로 최초의 인간을 창조했다고 적고 있다. 차간 수쿠티는 오치르바니에게 "자 이제 인간은 만들어 놓았으니 이젠 여기에 생명을 넣어 주기 위해 숨을 찾으러 가야 한다."라고 했다. 오치르바니는 그 사이에 악마가 와서 인간을 훔쳐가지 않을까라고 말했다. 그래서 그들은 벌거숭이 개 한 마리를 데려 와서 인간을 지키라고 했다. 그들이 떠나자 악마가 찾아와서 털가죽을 준다고 말해 개를 농락한다. 그래서 개는 한 줄기의 삼[麻]에 불을 붙여 사람의 콧구멍 속으로 연기를 불어 넣었다. 신들이 돌아와서 인간이 이미 생명을 얻어 움직이는 것을 보고 깜짝 놀란다.11)

중앙아시아와 북아시아에는 두 전설군(傳說群)이 알려져 있는데, 그 하나는 신이 창조해 혼을 불어넣은 인간의 몸을 악마가 더럽힌다는 것이고, 다른 하나는 신이 몸을 창조하고 거기에 악마가 생명의 숨을 불어넣는다는 것이다. 모든 전설군에서 신이 창조했다는 점이 일치하는 것은 인간의 약함을 설명하려고 하는 것이다. 전자의 전설군은 보다 유물론적인 관점을 대표하고 있고, 주로 인체 속에 있는 더러운 물질의 기원과 그것 때문에 생긴 병을 다루고 있다. 후자의 전설군은 인간의 정신적 약점과 악덕을 설명하려고 한다. 이것은 다음과 같은 알타이 전설에서도 나타나지만 그것은 다만 여자의 불안정하고 변덕스러운 성격만을 문제 삼고 있다.

대지창조 후에 울겐은 지상에 남자 일곱과 한 사람당 한 그루씩 나무 일곱 그루를 창조했다. 그 후 또 마이데레(Maidere. 불교에서 말하는 마이트레야Maitreya 미륵보살)라는 이름의 여덟 번째 남자와 《금산(金山) 위에》 나무 한 그루를 창조했다. 이것들을 창조하고 신은 이것들을 그대로 두고 가버렸다. 칠 년 뒤에 돌아와 보니 각 나무에는 일곱 개의 가지가 생겼는데도 사람의 수만은 증가하지 않았다. "나무에는 새로운 가지가 생겼는데, 인간의 수는 그대로인 것은 어떻게 된 일이냐?"라고 신이 묻자 마이데레는 "생산하는 사람이 없는데 어떻게 번식합니까?"라고 대답했다. 울겐은 곧바로 생각한 대로 일을 결정해서 인간의 증식을 꾀하는 힘을 마이데레에게 주었다. 마이데레는 금산(金山)을 내려와 인간이 있는 곳으로 가서 울겐이 스스로 인간을 만들었던 것과 꼭 같은 방법으로 여자를 창조하기 시작했다.

삼 일째에는 이미 여자가 완성되었지만 정신과 생명은 아직 갖춰지지 않았다. 그래서 마이데레는 즉시 울겐에게로 달려가서 자기가 창조했던 것을 지킬 개를 데리고 왔다. 이 기회를 엿보던 사악한 에를리크는 개를 농락하고 여자에게 다가가 그 콧구멍 속으로 일곱 개의 음색을 내는 피리로 숨을 불어 넣고, 귀 속으로는 아홉 현이 있는 악기를 연주해댔다. 이래서 여자는 일곱 가지 기질과 아홉 가지 기분을 가지게 되었다. 마이데레는 돌아와서 여자에게 벌써 생명이 들어있는 것을 보고 "너는 왜 악마를 접근시켰고 또 왜 농락을 당하게 되었느냐?"라고 개에게 묻자 개는 "여름에 덥지 않고 겨울엔 춥지 않으며, 죽을 때까지 가질 수 있는 털가죽을 에를리크가 주겠다고 약속했기 때문입니다."라고 대답했다. 그러자 마이데레는 노하여 "너에게 주겠다고 한 그 옷은 너의 몸에 꼭 달라붙어 있어서 생기는 털가죽이다." 하고 말함과 동시에 인간

에게 학대를 받으라는 저주도 내렸다.[12]

이 전설에서도 역시 원래는 벌거숭이였던 개가 주인공이다. 위에 열거한 모든 창세설화의 공통적인 특징은 그들이 어떤 방식을 취하고 있든 간에 한결같이 같은 모티브를 가진다고 추측되는 것이다. 인간을 지키는 개 이외에 이 기본 형식에는 신이 창조했던 것을 더럽히는 악마도 물론 포함된다. 페르시아인의 종교에서도 이미 아주 오랜 옛날부터 엄격한 이원론이 나타나고 있는데, 거기서도 역시 개가 아후라 마즈다(Ahura Mazda)의 동물로서 악령을 쫓는다는 식으로 중요한 의미를 지니고 있다. 이런 정신적 공간에서 아마 시리아의 그리스도교도나 마니교도 사이에서 이 전설이 발생하여 중앙아시아, 북아시아로 또는 직접 동유럽으로 퍼져갔을 것이다. 악마가 아담을 창조했다고 하는 사고방식은 오로지 마니교도만 가지고 있다.[13]

마지막에 기술한 알타이의 전설은 일곱 명의 남자 중에 세 명은 악마가 더럽힌 여자의 남편이 되지 않으려고 《금산(金山)》 위에 있는 마이데레에게 도망가서 신의 조수가 되었다는 이야기로 이어진다. 그래서 네 명만 계속해서 땅에 남아 살게 되었다.

앞에서 기술한 야쿠트의 전설에서도 역시 일곱 명의 최초의 인간이 나오고 신이 거기에 영혼을 넣어주기 전에 악마가 더럽혔다고 되어 있다. 이 전설에서도 위의 경우처럼 넷이라든가 셋의 숫자가 눈을 끈다. 즉 신이 네 명에게만 각각 한 명씩 여자를 만들어주었기 때문에 다른 세 명은 불만을 품고 신에게 하소연하지만 신은 더 이상 관여하지 않으려고 했다. 그래서 이것이 간통의 원인이 되었다. 그럭저럭 네 명의 여자들은 딸 하나씩을 낳게 되어서 나머지 남자들은 그들 한 명씩을 처로 삼았다. 그렇지만 딸 하나는 남편이 없어 부득이 성매매를 하게 되었다.

2. 인간 타락의 근원인 과일

인간이 생명을 얻기 이전에 이미 악마가 인간을 타락시켰다고 하는 전설 이외에도, 신이 혼을 불어넣어 준 뒤에 비로소 타락하게 되었다고 하는 전설 하나가 있다.

이런 전설군(傳說群)의 이야기에서는 인간의 몸은 최초에 보통의 한기와 습기, 기타 인간의 건강을 해치는 것을 방지할 수 있는 특별한 피부를 가지고 있었다고 한다. 인체를 보호하는 것은 어떤 경우에는 몸을 덮은 털이고 또 어떤 경우엔 두꺼운 피부였다. 인간은 금단의 나무에 있는 과일을 맛본 후에 드디어 이 중요한 것을 잃게 되었다.

예로서 다음과 같은 알타이 전설을 인용하겠다.

가지가 없는 나무 한 그루만이 혼자 우뚝 서 있었다. 그것을 본 신은 "가지가 하나밖에 없는 나무는 보기에 좋지 않다. 가지 아홉 개가 생겨라!"라고 말했다. 그러자 아홉 개의 가지가 나무에 생겼다. 신은 다시 계속했다. "아홉 개의 가지 밑에 아홉 명의 인간, 아홉 명의 인간은 아홉 갈래의 종족이 되어라!" 뒤에 이 전설은 원래는 털이 나 있던 남녀 두 명만을 이야기한다. 남자는 퇴뢴괴이(Töröngöi), 여자는 에디이(Edji)로 불렸다. 신은 그들을 향하여 "태양이 지는 방향으로 늘어진 네 개의 가지에 달린 과일은 먹어선 안 되지만, 태양이 솟아오르는 방향으로 늘어진 다섯 개의 가지에 달린 과일은 먹어도 좋다."라고 말했다. 그리고 신은 나무 밑에 개를 지키도록 두고 이렇게 말했다. "악마가 가까이 오면 잡아먹어라." 신은 또 뱀을 데리고 와 지키도록 시키며 이렇게 말했다. "악마가 가까이 오면 물어라." 다시 신은 개와 뱀에게 말했다. "만약 인간이 태양이 솟아오르는 쪽에 있는 가지의 과일을 먹으러 오면 그냥 두고, 금지된 가지의 과일을 먹으려고 하면 못 먹게 막아라." 이렇게 말하고 신은 하늘로 올라가 버렸다.

　그러자 악마가 나무 옆에 나타나 뱀이 자고 있는 것을 보고 미끄러지듯 뱀 속으로 들어가 그대로 나무를 기어 올라갔다. 거기에서 먼저 여자를, 다음에는 여자의 안내로 남자도 유혹해서 금지된 과일을 먹게 했다. 그것을 먹자 놀랍게도 인간은 털이 벗겨지기 시작하는 것을 알게 되었다. 놀란 나머지 인간은 나무 그늘에 몸을 숨겼다.

　신이 땅으로 돌아와서 자기가 없는 사이에 어떤 일이 일어났는지를 남자에게 물어 보았다. 남자는 "여자가 먹어서는 안 되는 과일을 자기 입에 넣었습니다."라고 대답했다. 그러자 신은 여자를 향해 "왜 그런 짓을 했느냐?"라고 꾸짖었다. 여자는 "뱀이 먹어도 좋다고 나를 유혹했습니다."라고 대답했다. 신이 이번엔 뱀에게 물었다. "뱀아, 너는 뭘 했느냐?" 뱀은 "여자를 유혹한 것은 제가 아니라, 제 몸 속에 들어있는 악마입니다."라고 대답했다. 신이 묻기를 "악마가 어떻게 네 몸 속으로 들어갔느냐?"라고 하자 뱀은 "제가 앉아서 졸고 있을 때 그 놈이 들어 왔습니다."라고 대답했다. 그러자 신은 개를 향해 "너는 왜 악마를 쫓아내지 않았느냐?"라고 말했다. 개가 "제 눈으로는 그 놈을 볼 수가 없습니다."[1]라고 대답했다.

　이 전설에는 뱀과 개가 금단의 과일을 지키는 존재로 등장한다. 그러나 개는, 성서이야기를 통해 알려져 있는 이야기를 생각나게 하는 죄와 연관시켜 기술되어 있지 않기 때문에, 개는 이미 앞에서 기술했던 창세 전설로부터 이 전설로 흘러 들어온 것으로 생각된다.

　이 전설이 어쨌든 성서의 홍수전설과 비슷한 것 같지만 그 중에는 역시 상당한 차이가 있다. 성서에는 생명의 나무와 선악을 구별하는 지혜의 나무가 파라다이스 중심부에 있다고 기술되어 있고, 지혜의 나무에 있는 과일은 인간에게 금지되어 있었다. 그러나 우리들의 전설에는,

2. 인간 타락의 근원인 과일

나무 한 그루만 등장하며, 다른 쪽에는 다른 과일이 열린다. 이렇게 해서 이 나무는 동시에 생과 사의 나무이기도 하다. 여기서 기술된 전설이 성서의 이야기와 구별이 되는 것은, 성서 쪽이 죽음의 기원을 정신적으로, 곧 자부심 혹은 원죄의 결과로 설명하려고 노력하는 데에 반해서, 우리들의 전설은 확대되어 금단의 과일 그 자체가 야기하는 타락에 대해서 말하고 있기 때문이다. 성서이야기의 원형은 원래는 불사(不死)였던 인간이 죽을 수밖에 없다는 것을 설명하기 위해서 발생했다고까지 말해도 될지 모르겠다. 거기서 죽음은 원죄라기보다는 타락을 초래하는 과일을 맛본 직접적인 결과로 볼 수 있을 것 같다. 이렇게 말하는 것은, 인체의 저항력은 인체를 보호하는 피부를 잃고 난 뒤에 쉽게 병에 걸릴 정도로 약해졌기 때문이다. 처음에는 없었다고 되어 있는 병과 죽음이 인간에게 채찍이 되었다는 전설은 어디에 가든지 여러 민족이 이야기한다.

인간의 체모(體毛)라는 관념은 필자가 알기로는 동유럽의 전설에는 등장하지 않지만 중앙아시아와 북아시아에는 널리 퍼져 있다. 핀(Finn) 계통의 보굴(Vogul)도, 신은 태초에 몸에 털이 난 인간을 창조해서 그들이 어디에든 멋대로 가도록 하고 《수풀 신령의 과일》인 넌출월귤(cranberry) 나무를 제외하곤 무엇이든지 먹고 싶은 것은 다 먹을 수 있도록 해 주었다. 그러나 인간은 신의 말을 따르지 않았다. 따라서 신은 자기가 창조한 인간과 만나려고 그 다음에 찾아갔을 때 인간을 찾는 데에 무척 힘들었다. 이윽고 수풀 속에 숨어있는 인간을 발견하고 그들에게 나오라고 명했다. 명에 따라 그들이 나왔을 때 그들 몸에 있던 털은 없고 신 앞에서 후들후들 떨고 있었다. 그것은 인간들이 신이 금했음에도 불구하고 불행을 가져오는 과일을 먹어서 한기와 습기를 참지 못하게 되었기 때문이었다.[2)]

이 보굴의 전설에서는 고대 셈족의 거대하고 아름다운 파라다이스의 나무가 궁핍한 불모의 북방 환경을 만나 볼품없는 장과(漿果 : berry)식물로 변했다고 한다.

우리가 이미 창세전설에서 그 밖의 육체적 방어물도 알고 있는데, 손톱과 발톱에만 남아있다고 하는 딱딱한 피부가 그것이다. 이 전설의 특징은 동유럽 전역으로 퍼져 있는데[3] 거기에서부터 북시베리아에도 들어갔다고 생각된다.[4] 에스토리아인은 러시아로부터 그것을 받아들였다. 후기 유대와 아라비아의 전설에도 파라다이스에서 아담과 이브도 딱딱한 피부를 가지고 있었기 때문에 옷은 입지 않았는데, 그들이 타락하기 시작하고부터 몸을 덮었던 것이 없어졌다고 한다.[5]

소아시아에서도 최초의 인간 신체에 털이 나 있었다고 하는 관념이 원래부터 있었던 것 같다. 어쨌든 아라비아의 전설에도 아담과 이브가 파라다이스의 다이아몬드 산에 살고 있었을 때 땅에 닿을 정도로 긴 털이 몸에 나 있었지만, 인간이 금단의 나무 열매를 먹었기 때문에 털이 자라지 않았다고 말하고 있다. 그 후 벌거숭이 몸은 태양에 타서 검게 되었다.[6] 성서이야기에서도 몸을 덮었던 어떤 것이 있었다고 암묵적으로 이야기하고 있다. 이렇게 말하는 것은 인간들이 신이 금하는 것을 저지른 뒤에 자기의 알몸에 마음이 쓰였기 때문이다.

아스트라칸(Astrakan)의 칼무크(Kalmuck)는, 인간이 타락하기 이전에는 일종의 발광체여서 주위를 밝게 비췄다고 말한다. 그때는 태양도 달도 없었다. 인간의 피부에서 빛이 없어지고 난 뒤에 해와 달이 창조되었다.[7] 이 관념도 역시 소아시아의 전설에 기초를 두고 있다. 예를 들면 시리아의 전설에서도 파라다이스에 있는 아담과 이브의 얼굴은 태양처럼 몸은 수정과 같이 빛났다고 말했다. 에티오피아 아담의 글에도, 이런 빛을 발하는 생물은 그들이 타락한 후에는 빛을 잃었다고 적고 있다.[8]

라마교도인 칼무크의 전설에서는 타락의 결과로 수명이 짧아지고 몸도 작아졌다고 적고 있다. 처음 인간은 8만 년 세계의 1주기를 온통 살 수 있었다. 그 후 백 년에 일 년씩 수명이 감소되어 마침내 오늘날처럼 인간이 평균 육십 살밖에 살 수 없게 되고 말았다. 수명의 감소는 죄가 무거워짐에 따라 진행되어 마침내는 인간의 수명은 열 살 정도가 되어 버린다. 그때까지 태초에 받았던 인간의 몸도 줄어들어 결국 엄지손가락만하게 될 것이라고 한다. 그러면 마이데레가 보낸 베르데 가바트(Berde-Gabat)가 땅에 내려와 인간을 다시 구제하여 수명을 연장시키고 몸도 원래의 크기로 키워준다는 것이다.9)

인간의 수명이 단축된다는 식의 사고방식은 성서에도 나타나는데, 인간신체의 크기에 대해서는 유대의 전설과 꼭 같은 사고방식이 드러나고 있다. 즉, "아담은 그가 창조되었을 때는 세계 전체만큼 컸지만 죄를 범했을 때는 매우 작아졌다.10)"

신의 손으로 창조한 인간이 재앙을 가져다주는 열매를 먹고 몸이 손상되었을 때, 앞에서 기술한 알타이의 전설이 말하고 있는 것처럼 신은 화를 내어 "앞으로 다시는 인간을 만들지 않겠다. 인간끼리 생산하면 좋겠다."11)라고 했다. 이러한 신의 결단에 가장 강한 비난을 한 것은 여자여서 생산을 스스로 받아들여야 했다. 칼무크의 사고방식으로 보면, 생식기와 생식의 욕망도 인간의 타락 후에 비로소 생겼다는 것이다.12) 그러므로 죽음의 원인을 규명하려고 하는 이 전설은 동시에 출산의 기원도 설명하려고 노력하고 있다. 죽음으로 인해 초래되는 손실을 생각하는 것은 동시에 탄생에 의해 발생하는 대상(代償)이라는 사고방식과 연관된다.

위에서 말한 전설에 대해서 몽골인과 부리야트인은 또 덧붙여 부르칸 박시(Burkhan baksi)가 인간을 불사신으로 만들려는 생각에 하늘에서 생명수를 손에 넣어 인간의 입에 부어넣기 위해 까마귀 한 마리를 보냈다고 적고 있다. 까마귀는 그것을 부리에 물고 왔는데, 도중에 소나무에서 잠깐 쉬었다. 그런데 그 나무에 살고 있던 올빼미가 큰 소리로 울어서 까마귀가 깜짝 놀라 부리가 열려 물을 나무 위에 흘리고 말았다. 그때부터 소나무는 겨울에도 푸르게 되었으며 한편 인간은 죽지 않을 수 없게 되었다.[13] 이 전설과 비슷한 이야기는 알타이 타타르에도 있다.[14]

제4장
세계의 종말

알타이 계통 여러 민족의 전설에는 세계의 기원과 함께 그 종말도 논의의 대상이 된다. 몽골인에 따르면, 세계의 주변과 그 밑에 가로놓여 있는 바다 속에 로순(Losun)이라는 큰 뱀이 살고 있는데, 땅에 독을 뿌리며 엄청나게 많은 사람들과 동물을 죽이고 있었다. 따라서 세계의 기원과 함께 그 피조물도 모두 이미 파멸의 위험에 놓였다. 그래서 신의 명령에 따라 괴물과 싸우기 위해 하늘로부터 영웅 오치르바니(Otchir-vani)가 내려왔지만 힘이 미치지 못했다. 영웅이 만약 높은 수메르(Sumer)산 위로 도망쳐버리지 못했더라면 하마터면 자신이 괴물에게 희생되고 말았을지도 모른다. 거기서 그는 거대한 독수리 가리데(Garide)의 모습으로 변신하여 큰 뱀의 대가리에 발톱을 세워 그의 몸을 움켜쥐고 세계산의 주위를 3번 돈 뒤 머리를 돌에 찍어서 박살을 냈다.[1)]

오치르바니(=불교도의 보살 Vajrapāṇi), 수메르(인도인의 수메루), 가리데(=인도인의 Garuda) 등의 이름이 말하듯이 분명히 인도로부터 몽골로 들어온 이 전설에는 '독을 뱉어서' '대기(大氣)에나 대지(大地)에' 끼얹는 고대 스칸디나비아의 『큰 뱀 미드가르드(Midgard)』의 이야기를 생각나게 하는 데가 있다(Gylfaginning, 50). 그러나 이 경우 괴물은 세계의 종말에 이르러 비로소 죽임을 당했다. 바다가 넘치기 시작해 '큰 뱀 미드가르드가 온몸으로 격노(激怒)하며 몸을 구부리고 땅을 기어가자' 토르(Thor)신은 그것을 움켜쥐고 없앴지만, 동시에 자신도 괴물이 뿌린 독에 당하여 죽었다고 한다.

또 하나의 위험이 사람이 사는 땅을 위협했다. 세계의 토대(土臺)가 무너진다든가 아니면 땅이 뭔가 다른 방식으로 큰 홍수의 재난이 덮칠지 모른다고 하는 공포는 땅이 바닥이 없고 끝이 없는 원해(原海)의 한가운데에 놓여 있다는 사고방식과 연결되어 있다. 세계는 몇 시기로 이루어졌다고 말하는 아시아의 여러 전설은 이미 한 번 홍수로 지상의 모든 생물이 멸했는데 구제받은 한 사람이 새로운 인류의 선조가 되었다고 한다.

『홍수전설』이라는 책에서 홍수전설의 기원을 연구하여 세계 각지의 풍부한 자료를 제공한 안드레(Andree)는 홍수전설은 넘쳐 난 강이라든가, 지진이라든가, 그 밖의 자연 현상에 의해 생긴 토착적인 이야기이든가 아니면 어딘가에서 외래문화의 흐름과 함께 들어온 어떤 이야기에 있다는 결론에 도달했다. 알타이 계통 여러 민족의 홍수전설을 어느 그룹에 넣어야 하는지는 안드레의 연구에서 분명하게 되어 있지 않은 것은 터키 계통 여러 민족의 전설에 대해서 그는 그다지 정통하지 않았기 때문이다. 단지 적어도 중앙아시아의 자연 조건은 때때로 완전히 물에 잠기게 된 유프라테스 강, 티그리스 강, 나일 강 주변 지대 같은 데와는 달리 홍수전설 발생의 전제를 제공하지 않은 것이 분명하다. 따라서 홍수전설은 어딘가 다른 곳에서 이곳으로 들어왔다는 가능성만 남았는데, 그것은 어디에서, 언제 알타이 여러 민족의 원천에 도달했을까? 그 기본적인 부분이 이미 태고적에 차용되었는가 아니면 우리들이 알고 있는 것 같은 형태 통째로 비교적 새로운 시대에 받아들여져 이어 내려왔는지를 결정짓기는 어렵다. 더구나 이 전설의 원초적인 형태가 존재하고 있다고 해도 새로운 시대의 이야기가 이미 그것을 빼내고 말았을 가능성이 있다.

매우 잘 보급된 현대적인 형태를 대표하고 있는 것은 다음과 같은 부리야트(Buryat)의 전설이다. 큰 홍수에 앞서 부르칸(Burkhan)은 큰 배를 한 척 만들도록 한 남자에게 명했다. 신의 조언에 따라 그 남자는 숲속에 들어가 날마다 일했다. 마침내 그의 아내는 남편이 숲속에서 무엇을 그렇게 마음을 다해 하고 있는가 모습을 엿보기 시작했다. 자신이 꾀하고 있는 것을 감추려고 남자는 숲에 있는 것은 벌채(伐採) 때문이라고 했다. 거기에 악마 치트쿠르(Chitkur)가 남자가 없는 사이 아내를 찾아와서 남자는 당신을 속이고 숲속에서 큰 배를 만들고 있다고 말했다. 마침내 악마는 아내에게 협력을 하라고 했다. "배는 곧 완성되어 당신 남편이 배에 타라고 권할 것인데, 곧바로 말하는 대로 해서는 안 되오. 만약 남편이 그래서 화를 내고 당신을 때리면 '치트쿠르여, 왜 나를 때려요?' 하고 소리쳐 부르기만 하면 되오. 그러고 나서 당신이 배에 타면 나도 탈 것이오." 아내는 동의했다. 곧바로 홍수가 온누리를 덮쳐 배를 만든 남자가 가족에게 배에 타라고 했다. 아내가 남편의 지시에 따르지 않아서 그는 화를 내고 아내를 마구 치려고 했다. 그래서 아내는 악마가 가르쳐 준 대로 '치트쿠르여, 왜 나를 때려요?'라고 소리쳤다. 아내가 그 뒤 배에 탔을 때 악마도 함께 탔다.2)

이 전설은 더 이어진다. 남자는 부르칸의 도움을 받아 모든 동물을 배에 실었다. 다만 동물의 왕(argalan zon)만은, 스스로 경계하여, 물에 빠질 위험 때문에 나다니지는 않는다고 까불어서 거절했다고 적고 있다. 악마는 배에 타자 쥐로 변하여 배 밑을 갉아서 구멍을 내기 시작했는데, 부르칸은 고양이를 만들어 쥐를 퇴치하였다. 홍수는 매우 무서웠는데, 지상의 모든 생물은 사라졌으며 동물의 왕도 빠져 죽었다. 그의 큰 뼈는 오늘도 역시 땅속에서 발견된다. 이 이야기에 따르면 이 큰 짐승은 매머드인 것 같다.3)

사가이(Sagai) 지방에서 기록한 전설에서는 배를 만든 사람의 이름은 노이(Noi)로 악마는 그의 아내를 꾀어서 노이가 숲속에서 무엇을 만들고 있는가를 알아차리고, 배 만드는 사람이 그날 한 것을 밤이 되면 때려 부수었다. 따라서 홍수가 시작되었는데도 배가 완성되지 않았기 때문에 신은 특히 선택한 한 가족을 구하려고 쇠로 된 탈것을 줄 수밖에 없었다. 그때 그 탈것에 타고 구조된 것은 노이와 그의 아내와 가족, 그리고 모든 종류의 동물이었다.4)

이 두 가지 전설 가운데 주의할 것은 악마의 역할과 배 만드는 사람의 역할이다. 그밖에 이 전설은 성경을 통해서 알려진 홍수전설과 비슷하다. 여기에 등장하는 노이는 성경의 노아(Noah)임에 틀림없다.

이르티슈 오스탸크(Irtysh Ostyak)와 남방 보굴(Vogul)의 전설에서 악마는 홍수영웅의 아내에게 술을 주어 그녀의 남편이 무엇을 도모하고 있는가를 파악했다. 배 만드는 사람을 오스탸크에서는 타타르(Tatar)에서 차용한 파이렉세(Pairekse)라는 이름으로 부르고 있었다.5)

같은 전설은 동유럽에도 알려져 있는데 아마 글로 적힌 것에 기원이 있을 것이다. 어느 것이든 그것은 위(僞) 메토디오스(Pseudo-Methodios) 작품의 러시아 판에 등장한다. 이 전설은 시베리아, 아니 바이칼 호 저쪽에까지 이주한 러시아인 식민(植民) 사이에서 애호되고 있었는데6), 이러한 이주민에 의해 시베리아까지 퍼진 것도 또한 있을 것 같다. 이 전설의 대강의 줄거리는 다음과 같다. 노아가 무엇 때문에 방주(方舟)를 만들고 있는가를 알아내려고 악마는 노아의 아내에게 술을 담아서 노인에게 먹여 취하게 하기만 하면 신으로부터 받은 비밀을 캐낼 수 있을 거라고 말하고 지혜를 주었다. 일의 경과를 안 악마는 배 만드는 사람이 방주를 만드는 것을 방해했지만 그래도 결국은 방주는 완성되었다. 악마가 노아의 아내와 함께 방주 속에 탄 까닭은 노아가 아내를 저주했을 때 악마의 이름을 부르고 말았기 때문이다. 방주에 탄 악마는 쥐의 모습으로 바꾸어 배의 바닥을 긁어 구멍을 내기 시작했다.7)

위(僞) 메토디오스의 홍수전설은 분명히 성경을 토대로 만든 새로운 오리엔트 외전전설(外典傳說)이다. 성경 속에서 한마디도 언급되지 않은 노아의 아내가 아라비아 사람의 기원에서도 전설의 모티브가 되어 있다는 것은 코란의 제66장에서도 또 로트의 아내와 나란히 노아의 아내도 저주받은 자로 들고 있는 데서 알 수 있다. 우리들의 전설 속에 악마가 노아의 아내를 데리고 방주에 탔다는 이야기의 기술 방법도 댄하르트(Dähnhardt)가 지적했듯이 다음과 같은 회교전설 가운데의 1절을 생각나게 한다. 방주가 완성되어서 모든 동물이 암수 한 쌍씩 거기로 걸음을 재촉했을 때 노아는 당나귀가 망설이는 것을 보았다. 그래서 노아는 노하여 당나귀를 호통 쳤다. "자, 저주받은 놈, 빨리 타." 악마 이블리스(Iblis)는 이 기회를 잘 이용했다. 나중에 어떻게 방주에 탔는지 노아가 물었을 때 악마는 "당신의 명령을 들었을 뿐이야. 신이 만든 것 가운데 나 외에 다른 것을 저주한 적은 없기 때문이야."라고 답했다.8) 그러나 앞의 전설이 이슬람교와 함께 시베리아로 갔다는 증거는 없는 것 같이 생각된다.

알타이전설은 다음과 같이 바뀌었다. 홍수(jajyk)가 대지를 덮을 듯이 보였을 때 최고신 울겐(Ulgen)은 나마(Nama)라는 귀인(貴人)에게 방주(käräp) 하나를 만들도록 명령했다. 수준우울(Soozun-uul), 사르우울(Sar-uul), 발뤼크(Balyk) 세 아들을 둔 나마는 그때 이미 눈이 나빴기 때문에 방주 만드는 것은 아들들에게 맡겼다. 방주는 산 위에서 만들었는데, 마침내 완성되었을 때 길이 80척의 줄을 배 끝에 묶고, 줄의 한쪽 끝은 땅에 고정시키도록 시켰다. 이 줄을 사용해서 물이 80척의 깊이에 달하는 순간을 알려고 생각한 것이다. 방주에 탔을 때 나마는 자신의 일족(一族)과 무서운 홍수에 부들부들 떨며 주위로 몰려온 모든 동물과 새를 함께 태웠다. 일곱 날 일곱 밤이 지나자 줄은 땅에서 떨어졌으며 방주는 둥둥 떠다니기 시작했다. 그 때 수량(水量)은 이미 80척에 달하였다. 다음 일곱 날 일곱 밤 뒤 나마는 가장 나이 많은 사람에게 명령하여 방주의 창을 열고 주위의 상황을 살피라고 했다. 수준우울은 사방팔방을 둘러보고 말했다. "모든 게 물에 잠기고 산꼭대기만 보일 뿐입니다."라고 답하였다. 이미 방주는 서로 나란히 있는 두 산 위에 머물렀다. 거기서 나마는 창을 열고 큰 까마귀 한 마리를 날려 보냈다. 큰 까마귀는 돌아오지 않았다. 이튿날에는 까마귀를, 사흗날에는 까치를 날렸지만 어느 것도 돌아오지 않았다. 나흗날에는 비둘기를 날리자 부리에 자작나무 가지를 물고 돌아왔다. 다른 새는 왜 가서 돌아오지 않는지 찾아보니 큰 까마귀는 사슴의 시체를, 까마귀는 개의 시체를, 까치는 말의 시체를 발견했는데 모두 그것을 쪼아 먹으며 그곳에 남아 있다는 것이다. 나마는 그것을 듣고 새들을 이렇게 저주했다. "세계가 끝날 때까지 지금 하고 있는 것과 같은 것을 하고 있어라." 이 전설은 다시 이어서, 나이를 먹은 나마는 파멸적인 홍수에 살아남은 사람과 동물이 자신과 함께 저승에 가서 자신의 지배하에 들어오게 하려고 그들을 죽이도록 아내에게 부탁했다. 아내는 그로부터 주저하지 않고 그것을 되풀이하므로 나마는 흥분해서 어떻게 하면 좋을지를 몰랐다. 그래서 어머니의 의도를 분명히 알아차렸지만 정면으로 꼭 반대할 용기가 없었던 수준우울은 아버지에게 꿈을 이야기 했다. "검푸른 소 한 마리가 인간을 먹었기 때문에 인간은 발만 보이게 되어 버렸습니다." 이 비유를 이

해한 나마는 칼을 빼어서 아내를 두 동강 내고 말았다. 나마가 마침내 하늘에 올라갈 때 아들인 수준우울을 데리고 가서 다섯 별로 된 별자리[星座]로 그를 바꾸어 버렸다.9)

따라서 이 전설에서도 홍수 영웅의 아내는 나쁜 사람으로 그려져 있다. 그럼에도 불구하고 이 전설은 위의 이원적(二元的) 이야기와는 꽤 다른데, 그것과는 관계없이 다른 경로를 통해서 중앙아시아로 들어간 것은 분명하다. 더욱 주의해야 할 것은, 홍수의 주인공은 알타이에서, 어떤 관념과 제사의식의 대상이라는 것이다. 그러한 것으로는 그는 야유크 칸(Jajyk kan. 洪水王)이라 불리며, 최고신과 인간의 중개자로서, 또한 인간의 수호령(守護神)으로서 존숭(尊崇)되고 있다. 곳에 따라서는 해마다 봄에 흰 양(羊)을 바치기도 한다. 제물을 바치는 것은 높은 산 위에서 행했다. 야유크 칸은 죽은 자의 수호령으로도 존숭되었는데, 사람이 죽으면 죽은 뒤 40일째에 그가 살던 곳을 깨끗하게 하는 데에 참가하도록 부탁하기도 하고 죽은 자가 데리고 간 가축을 돌려주도록 부탁하기도 한다. 샤만의 제사의식에서도 마찬가지로 때로는 인간의 기원을 최고신에게 알리고 싶다고 부탁해 놓는 수가 있다.10) 그가 살던 곳은 축복받은 자들의 낙원이 있는 제삼천(第三天)에 놓여 있어서 그곳에서 일정한 때에 사자(使者)를 보내 신생아에게 혼을 돌려준다. 이러한 특징을 가지고 있기 때문에 그는 또 조물주(jajuči)라고도 불린다.11)

소요트(Soyot)의 전설에서도 홍수 영웅은 오늘날 인류의 조상으로서만이 아니고 일종의 조물주로서 등장한다. 세계를 받치는 거북이가 어느 순간 움직여서 원수(原水)로 대지 위가 잠기기 시작했다. 다가오는 파국을 미리 안 노인은 쇠를 두들겨 붙여 만든 뗏목을 만들어 일족(一族)을 데리고 거기에 타 구조되었다. 물이 빠졌을 때 뗏목은 높은 산 위에 멈추었는데, 소요트족에 따르면 오늘도 그대로 남아있다고 한다. 홍수

후 그 "은혜로운 왕(Kaira kān)"은 존재하는 모든 것을 새로이 다시 만들어 냈다. 주목할 만한 것은 인간에게 취하게 하는 마실 것을 만드는 방법을 가르쳐 주었다는 점이며, 그런 발명은 성경에도 홍수 영웅의 공으로 돌리고 있다.12)

홍수전설이 알타이 타타르(Altai Tatar)의 관념에 어떻게 깊이 뿌리를 내렸는가를 증명하고 있는 것은 더구나 방주라든가 탈것이 지금도 여전히 산꼭대기에 서 있다는 굳건한 신앙이다. 그러나 어떤 사람도 그곳에 가서 살아 돌아온 적이 없기 때문에 거기에 가는 것은 권하지 않는다. 방주가 멈춘 채 있는 곳에서 배를 만드는 데 이용된 큰 못이 발견되었다고 가는 곳마다 말하고 있다.13)

그러나 홍수 영웅이 존숭 받을 만한 신성성(神性性)을 띠고 있는 자로 나타나는데, 그의 활동 범위가 상당히 넓다고 하는 것은 어떻게 해석하면 좋을까? 이러한 관념은 성경의 홍수 이야기에도 러시아인이 가져온 전설 속에도 근거 없이 이란의 전설적인 인물 이마(Yima)와 연결된 관념을 반영하고 있는 것이다. 나마와 그의 자식들 이름이 어디에서 생겼는가는 분명하지 않지만, 인도인인 야마(Yama)에 해당하는 이마(Yima)가 알타이에서도 또한 샬 이메(Schal Jime)라는 이름으로 알려져 있다. 이 합성어의 첫 부분 '샬'은 티베트 이름의 와전(訛傳)이며, 죽은 자의 왕을 뜻한다. 어떤 알타이 창세전설에서 신은 "샬 이메여, 당신은 우리 종족의 한 사람이다. 취할 수 있는 마실 것을 입에 대는 인간, 어린이, 망아지, 송아지를 맡으시오. 죽은 자를 거두시오."라고 말했다.14) 샬 이메는 야유크 칸과 마찬가지로 죽은 자뿐만 아니라 어린이의 수호령이기도 하다.

더구나 이란의 옛날 전설에는 이마(Yima)의 시대에 강한 추위가 인간과 동물을 없애고 땅위의 모든 생명을 전멸시켰는데, 이들은 이마가 특별히 세운 건물을 피난소로 받아들였다고 기술하고 있다. 이 전설은 이런 점에서 어느 정도까지는 홍수전설과 비슷하다. 알타이 전설 가운데에는 맨 마지막으로 기술한 이야기와 병존하거나 혼합되거나 해서 강한 추위 때문에 일어난 세계의 종말 이야기가 나온다. 이 전설은 궁극적인 파멸의 전조(前兆)로서 '쇠뿔(鐵角)이 자란 푸른 산양(山羊)'이라는 어떤 이상한 종류의 천지 이변을 기술하고 있다.

    이레 동안 산양은 땅위를 뛰어다니며 무섭게 울고
    이레 동안 대지는 계속 흔들리며
    이레 동안 산은 불을 내뿜고
    이레 동안 물은 비를 뿌리며
    이레 동안 천둥과 함께 우박이 오고
    이레 동안 눈이 계속 내렸다.

이어서 무서운 추위가 계속되었는데 끝날 무렵에 방주(käräp)에서 사자(使者)가 나왔다. 먼저 나온 수탉은 추위에 떨다가 죽었으며, 다음으로 거위와 큰 까마귀를 내보냈다. 이 두 마리만은 추위에 당하지 않고 살았다.[15] 추위로 세계가 멸망했다는 극히 드문 이런 관념은 여러 민족의 문학을 통해서 보면 고대 스칸디나비아인도 알고 있었는데(fimbul-겨울), 알타이의 관념은 분명히 이란에서 기원한 것이다. 더욱 곤란한 것은 다음과 같은 예니세이(Yenissei)인의 홍수전설이 어디에서 유래했는지를 규명하여 밝혀내는 것이다. "물이 이레 밤낮으로 계속 불어났을 때 많은 사람과 동물은 물에 뜨는 오리목으로 엮은 것에 올라 살아났다. 그때 강한 바람이 한바탕 불어 인간을 뿔뿔이 날려버리자 제각각 말을 하는 민족이 되기에 이르렀다.[16]"

이 전설은 다른 언어와 다른 민족이 성립된 유래를 밝히고 있음에도 불구하고 독특한 타이프를 대표하고 있지만, 그렇다고 해서 널리 퍼져 있는 일반적인 홍수전설과 별개의 것으로 홀로 예니세이 강의 범람으로 생긴 국지적인 전설 작품에 머문다고는 할 수 없는 것이다.

멀리 떨어져 살고 있는 사모예드(Samoyed)인이 있는 곳에도 고대인도 및 알타이 홍수전설에서와 마찬가지로 7사람이 배로 구조되었다는 이야기가 기록되어 있다. 사모예드인의 전설은 더 이어지는데 범람 후 곧바로 심하게 말라 구출된 사람들은 목말라 죽을 지경에 이르렀다고 한다. 그들은 땅에 깊은 구멍을 뚫고 물을 뽑아서 살 수 있었다. 다만 더욱 곤란한 것은 먹을 것을 구하는 일이었다. 그 때문에 겨우 구조된 대부분의 사람들은 배고파 죽고 말았다. 젊은이 한 사람과 여자 한사람이 살아남았는데 그들은 쥐를 먹고 이슬 같은 목숨을 부지했다. 이 한 쌍의 인간에서 오늘날 인류가 생겼다.17)

동북아시아 전설에 따르면 인간은 통나무를 묶어서 큰 뗏목을 만들어 무서운 홍수로부터 구조되었다. 인간은 식량을 가지고 이 뗏목에 타서 뗏목이 바다에 떠내려가지 않도록 긴 끈을 묶은 닻돌(錨石)이 있는 곳에 피난했다. 물이 빠진 후 뗏목은 높은 산 위에 남았다. 캄차달(Kamtchadal)도 같은 식으로 말하고 있다.18) 비슷한 전설이 알타이에도 알려져 있다.

홍수로 야기된 위험 외에 북시베리아 여러 민족 가운데 일부는 한번은 지상의 모든 생명을 없애버린, 오싹하게 하는 큰불에 대해 이야기하고 있다. 바이칼(Baikal)의 퉁구스(Tungus)는 대화재(大火災)가 7년 동안이나 미쳐 날뛰듯이 생겨 모든 것을 다 불태워 버렸기 때문에 대지는 바다가 되었다고 적고 있다. 그때 한 젊은이와 한 여자를 제하고 인간은 모두 죽어 버렸다. 이 두 사람은 독수리를 타고 하늘로 올라갔다. 그들은 잠시 공중 이곳저곳을 헤매다가 물이 증발하여 한 곳만 육지로 나타

난 데에 내려왔다.19)

보굴(Vogul)은 최고신(最高神)이 악마를 없애려고 큰 불을 지상에 가져왔다고 말했다. 지상 전체와 피조물이 《불의 홍수》에 먹혔을 때 신은 다행히 몇 명의 인간을 구출하는데 성공했다. 어떤 사람은 《철선(鐵船)》 한 척에 타고, 어떤 사람은 《바닥을 일곱 겹으로 깐, 자작나무 뗏목》에 탔는데, 그는 다시 《용상어 껍질로 만든 일곱 겹 방화(放火)덮개》를 준비했다고 한다.20) 따라서 구조장치는 홍수전설의 경우와 거의 같았다. 불의 파동(波動)은 퉁구스 전설과 마찬가지이며, 보굴의 경우도 7년간 계속되었다. "이미 일곱 번의 겨울과 여름, 불은 계속 탔으며, 이미 일곱 번의 겨울과 여름, 대지를 다 태워버렸다."21)

옵도로스크(Obdorsk) 지방의 유락(Yurak)은 남쪽에 있는 나디에(Nadje) 라는 성소(聖所)에 대해 말하고 있다. 거기에는 가지가 일곱인 성스러운 자작나무가 자라고 있으며 사람들이 제물(祭物)을 바치려고 간다. 어느 때 갑자기 자작나무의 뿌리가 썩기 시작하여 일곱 번째 뿌리가 썩었을 때 나무는 넘어졌다. 그러자 그 줄기 아래에서 피가 흘러나왔는데, 그것은 진짜 피가 아니고 불(火)이었다. 불 다음으로 성스러운 물이 흐르기 시작해 그것은 강이라는 모든 강 언덕을 넘고 말았다. 인간들은 동물을 구하려고 뗏목을 만들어 그 위에 각각 종류별로 한 마리씩 태워서 갔다.22)

불 홍수전설은 아시아에서 이 밖의 장소에도 기록되어 있다. 예를 들면 인도의 드라비다(Dravida)족은 인간이 점점 악해졌기 때문에 신은 보굴족이 말하는 《불의 홍수》와 마찬가지로 거대한 불을 지상에 내렸다고 말한다. 파멸 직전에 인간 둘만이 숨어서 구조되었는데 그들은 오누이였다.23)

불 홍수는 다가오는 세계의 종말 관념과도 묶여 있다. 알타이 타타르는 시간이 가는 동안에 끊임없이 죄가 거듭되어 가기 때문에 악마인 에를리크(Erlik)가 계시를 내리려고 깊은 연못에서 조수(助手) 두 사람을 불러냈다고 적고 있다. 조수의 이름은 카라슈(Karash)와 케레이(Kerei)였다. 그런데 최고신 울겐(Ulgen)의 명령에 따라 하늘에서 만디쉬레(Mandyschire)가 땅에 내려와 케레이를 쿡쿡 찔러서 그의 몸을 조각조각 내버렸다. 그것을 본 에를리크는 자기 조수가 있는 곳으로 급히 달려가 만디쉬레를 죽여 버렸다. 그러자 울겐은 두 번째 영웅 마이데레(Maidere. 불교도의 미륵보살)를 인간이 있는 곳으로 내보내자 마이데레는 대부분의 인간을 자기편으로 끌어들였다. 그러자 사악한 에를리크는 화를 내며 마이데레에게, "너를 칼로 찔러 죽이는 정도는 나도 할 수 있어."라는 말과 함께 악마는 으름장을 실행에 옮겨 마이데레를 움켜쥐었다. 그 상처에서 흐른 피는 땅 전체를 새빨갛게 물들였다. 그 때문에 불이 붙어서 땅은 화염에 휩싸이고 마침내 솟아올라 하늘에 닿았다. 그곳에 울겐이 찾아와서 손을 치면서 "죽은 자여 일어나라"고 소리쳐 불렀다. 그러자 곧 죽은 자는 각각 육신을 갖추었다. 첫 번째 사람은 땅에서, 두 번째 사람은 불에서, 세 번째 사람은 물에서, 네 번째 사람은 물고기 또는 맹수의 입에서 일어났다. 이 세계의 큰불이 난 가운데 땅의 썩은 검은 표층은 없어지고 그 아래에 감추어져 있었던 하얀 층이 남았다. 울겐은 이 층에서 새로이 더 좋은 세계를 창조했다. 세계의 큰불 중에 에를리크도 사악한 인간들도 다 타버렸다.[24]

라들로프(Radloff)는 이에 관한 가요까지 기록하고 있는데 그 끝은 다음과 같다.

　　다음에 에를리크의 용사들
　　카라슈와 케레이는

대지 속에서 나타났다.
두 사람이 땅속에서 뛰어나오자
울겐의 무사들
악마의 하수들과 싸우기 위해
하늘에서 내려왔어.
마이데레의 피는
대지를 화염에 싸이게 하여
그래서 세계는 멸망했지.25)

신의 사자(使者) 만디쉬레와 마이데레는 그 이름으로는 불교신화에 속하면서도 초기 그리스도교적인 말세관과도 닮았다. 그에 따르면 곧 신이 자신이 있는 곳에서 살려 둔 엘리아(Elia)와 에녹(Enoch)은 세계의 종말에 돌아와서 악마 또는 반그리스도인과 싸워서 죽는다. 9세기의 것으로 보이는 무스필리(Muspilli)라는 고대 독일의 시(詩) 중에는 엘리아가 알타이전설 속에서 마이데레가 하는 것과 같은 역할을 하고 있다. 마이데레와 마찬가지로 엘리아도 또한 악마와의 싸움에서 죽는다. 더구나 엘리아의 육체에서 흘러나온 피가 타서 지상을 멸한다는 것도 공통적인 특징이다. 따라서 여러 지방에서 보이는 이런 전설이 같은 기원이라는 것은 명백하다.

이러한 세계 종말의 전설적인 묘사는 더구나 위(僞) 메토디오스의 『묵시록』 가운데에도 기술되어 있다. 곧 그 가운데에는 대지는 엘리아와 에녹의 피로 큰불이 났다고 많이들 믿고 있었다고 기술되어 있다.26) 러시아인은 이 점에 대한 종교시까지 가지고 있는데, 그 가운데에는 엘리아가 반그리스도인과 싸워서 상처를 입었는데 그 피가 타올라 대지가 다 타버린 상황을 묘사하고 있다.27) 러시아의 종교시는 그대로 알타이 노래의 모델이 되었을까 하는 의문이 생긴다. 다만 이러한 추정은 꽤 곤란함에 맞부딪친다. 그것은 알타이 지방의 주민들이 이 전설을 비교적 새로운 시대에 여기에 도달한 러시아인으로부터 처음 받아들인 것이라고 하면 울겐의 사자(使者), 거기에 특히 에를리크의 사자 외래 이름은 어떻게 이해하면 좋을까?

제5장
천신 天神

플라노 카르피니(Plano Carpini), 뤼브뢰크(Ruysbroeck), 마르코 폴로(Marco Polo)라는 13세기의 여행가들은 이미 몽골인에게는 《단지 일신(一神)》이 있을 뿐이라고 적고 있다. 뤼브뢰크는 몽골인에게는 죽은 자와 비슷한 펠트상(felt像)을 만드는 관습이 있음에도 불구하고 일신(一神)만을 신앙한다고 지적하고 있다.1) 다른 데에서는 망구 칸(Mangu Khan) 스스로 바랐던 것으로, "우리 몽골인은 신은 하나뿐이라고 믿으며, 살아도 죽어도 그 신의 뜻대로이며 더욱이 신 앞에서는 마음을 바르게 가지지 않으면 안 된다."고 말하고 있다.2) 이런 사고방식은 망구 칸이 프랑스의 왕 앞으로 보낸 편지 중에도 남아 있으며, 다음과 같은 말로 시작하고 있다. "이것은 영원한 신의 명령이다. 하늘에는 영원의 신이 오직 하나 있을 뿐. 땅에는 오직 한 사람 왕, 신의 아들 징기스칸(tchings kan)이 있을 뿐……."3) 플라노 카르피니가 《타타르》는 이 유일신을 《모두가 볼 수 있거나 볼 수 없는 존재인 조물주》라고 재평가했으며, 이 신을 "일곱 세계에 행운도, 벌도 주는 자이다."라고 기술하고 있다.4) 마르코 폴로는 거듭 분명하게 몽골인을 가리키는 《타타르인》은 저 천상의 신에게 날마다 성스러운 연기를 피워 경배하고, 그들의 작은 집

벽에는 작은 판이 붙어 있는데, 거기에 신의 이름을 적어 넣어 두었다고 기술하고 있다.5) 아랍의 자료도 또한 지배자의 명에 따라 모든 신하가 경배해야 하는 것으로 되어 있는 몽골의 유일신에 대해서 말하고 있다.6)

여러 가지 보고에 기술되어 있는 몽골인의 일신교(一神敎)는 사람들의 주의를 끌지 못하고 있다. 다만 유일신 신앙이라고 해도 도대체 어떻게 그것을 이해해야 할지는 의문이다. 그리스도교도 또는 이슬람교도가 이 것을 전했을 때 사실을 곡해하거나 마음대로 상상해서 자기 자신의 종교를 몽골인에게 덧붙여 주려고 한 것이 아닐까? 또 몽골에서 일신교로 된 것은 마니(Mani)교도, 네스토리아(Nestoria)파 교도, 거기에 이슬람 전도자가 이미 현지에서 행하고 있었던 전도활동의 결과가 아닐까 생각된다. 이란에서 파급되어 온 문화의 흐름을 지금도 여전히 보이고 있는 것은 아후라 마즈다(Ahura Mazda)의 이름이며, 그것은 몽골인, 칼무크(Kalmuck)인, 부리야트(Buryat)인에게는 후르무스타(Khurmusta) 또는 호르무즈다(Khormuzda), 알타이 타타르에서는 쿠르부스탄(Kurbustan)으로 되어 있다.7) 그런데 몽골인의 천상신(天上神)을 조사해 보면 또 다른 것이 보인다.

마르코 폴로가 몽골인의 집 안에 천신(天神)의 이름을 쓴 표찰이 걸려 있다고 기술하고 있는 것은 중국에 있는 똑같은 풍습을 떠올리게 한다. 몽골인의 대칸(大Khan)도 또한 중국의 풍습을 모방하여 칭했다. 뤼브뢰크가 말한 바의 《신의 아들》은 중국 황제의 경칭 천자(天子, 하늘의 아들)에 해당한다. 몽골인들이 천신을 가리키는데 사용하는 텡그리(tengri)라는 말은 본래는 하늘 그 자체를 뜻하고 있듯이, 대칸(大Khan)의 경칭도 여기서 또 본래는 천자였다. 사낭 세첸(Ssanang Ssetsen)의 연대기에서는 대칸(大Khan)은 《호르무즈다의 아들》이라고 칭하고 있다.8) 몽골인과 칼무크인의 텡그리와 부리야트인의 텡그리와 같은 어근(語根)에서 나온 것으로 볼가 타타르(Volga Tatar)의 탱게레(tängere), 벨티르(Beltir)의 팅기르(tingir), 야쿠트(Yakut)의 탕가라(tangara)가 있으며, 더욱이 추바슈(Chuvash)의 투라(tura)도 아마 그럴 것이다. 이슬람교도로 된 투르크 계통 여러 민족은 말할 것도 없이 전능한 신을 알라(Allah)라고 부르고 있는데, 울겐(ülgän, ulgen)《위대한 자》이라든가 바이 울겐(bai ülgän)《풍부하고 위대한 자》이라는 표현법을 알타이지방의 타타르 여러 민족은 하늘과는 다소 다른 천신(天神)이라는 의미로 쓰고 있다. 그러나 벨티르족 등 그들이 고유한 신앙에서 항상 팅기르를 숭배하는 것은 별도이다.9) 볼가 타타르 가운데에는 그리스도교도만이 신의 이름을 부르는 데에 탱게레라는 호명(呼名)을 가지고 있다. 그 가운데에도 성경의 번역문에서 야쿠트의 경우 그리스도교의 신 이름으로 탕가라가 등장한다. 탕가라는 성화(聖畵), 성상(聖像)이라는 의미로도 사용된다. 탕가라가 하늘이라는 의미를 아직 가지고 있는 것은 민간전승뿐이며 더구나 늙은이의 제례(祭禮)에서는 최고신을 아유 토욘(ajy tojon)《조물주》이라든가, 위린 아유 토욘(ürün ajy tojon)《하얀 조물주》, 혹은 아르 토욘(ar tojon)《高主》이라고 하는데 요약하자면 이름이 다르게 불리고 있다.10) 추바슈의 투라(tura)는 오늘날도 천신 혹은 넓은 의미에서 신들이라는 의미이다. 부리야트의 텡게리(tengeri)도 몽골의 텡그리(tengri)도 또한 일반적인 신들(라틴어의 deus)을 의미한다. 한편 알타이 타타르와 키르기스(Kirghiz)는 신들이라고 할 때 페르시아 기원의 쿠다이(kudai)라는 말을 쓰는 경우가 흔히 있다.

  몽골어의 텡그리는 같은 계통 여러 언어의 유사어(類似語)도 마찬가지로 하늘이라는 의미였기 때문에 본래는 하늘 그 자체가 존숭(尊崇)되었다는 것은 분명하다. 이런 것을 보이는 예는 주변의 다른 여러 민족에게도 나타난다. 이미 헤로도토스(Herodotos)는 고대 이란인이《모든 하늘의 세계》를 신으로 존숭하고 있었다고 적고 있다. 중국인이 천신을 가리키는 天이라는 이름도 또한 본래는 하늘 그 자체를 의미했다. 수많은 핀(Finn) 계통의 여러 민족도 또한 천신에 대해서 말하는 경우 《하늘》이라는 같은 말을 사용했다. 아시아의 극북(極北)민족도 또한 비슷한 예인데, 그들의 언어에서는 하늘도 천신도 같은 말로 부르고 있는데, 그로 인한 불편을 조금도 느끼지 못한다.

더욱 재미있는 것은 몽골인이 천신을 경배할 때 《푸른 하늘》이라고 부르는 것이다. 몽골의 기도문에서는 《푸른 텡그리》라든가 《영원한 하늘》이라든가 하는 표현이 보이므로 반자로프(Banzarov)는 이들은 각각 다른 두 가지 발전 단계를 반영하고 있다고 결론을 내렸다. "삼라만상과 대지의 풍요를 맡은" 《푸른 하늘》은 그의 생각에 따르면 아직 《정신적 존재》로 간주되지는 않지만, "세계를 지배하고 인간의 행위를 맡는" 《영원한 하늘》은 이미 《정신적 존재》를 나타내고 있다.[11] 그러나 이 표현이 그만큼 확실히 나뉘어 사용되고 있는지는 확신할 수 없다. 기도문에서는 자주 혼동되어 사용되기 때문이다.

《푸른 하늘》은 몽골 외에 벨티르(Beltir)인도 기도의 대상으로 삼고 있다. 그 증거로 다음과 같은 제물(祭物) 기도의 첫머리를 들 수 있을 것이다.

> 푸르스름한, 푸른 하늘이여, 잭(säk)!
> 우리를 지배하는, 검은 땅이여, 잭(säk)!
> 당신의 윌뒤르배(üldürbä)를,
> 너, 안내자로 삼아 자비로운 칸(Khan)이여, 잭(säk)!
> 당신의 푸르고 하얀 찰라마(tchalama)를,
> 당신의 하얀 새끼양, 당신의 희생물을

가져 왔지, 잭(säk)!
당신의 비(雨)를, 자비로운 칸(Khan)이여
달콤한 비를 뿌려 주소서, 잭(säk), 잭(säk)!12)

벨티르인이 천신에게 《달콤한 비》를 바라는 이 기도문 중의 월뒤르 배라는 말은 독수리 깃털과 리본을 묶은 줄(綱)로 일종의 제구(祭具)이며, 찰라마는 푸르고 하얀 제례용 리본이며, 잭(säk)은 제례를 할 때에 널리 쓰는 부르는 소리이다. 특히 기이한 느낌이 드는 것은 천신을 같은 기도문 중에서 《자비로운 칸》(kaira-kān)이라든가 《안내인》(čajan)이라 부르고 있으며, 게다가 몽골식으로 《푸른 하늘》이라고도 부르고 있는 점이다. 《검은 땅》에는 하얀 양을 바치지 않으므로 이 경우 《푸른 하늘》에 대한 시형(詩形)을 가지런히 하기 위한 대구(對句)에 지나지 않을 것이다.

몽골인의 천신 기원을 조사할 때 특히 그들의 행위(行爲)에도 당연히 주의를 기울여야 하는 것이 중요하므로, 중세의 여행자들도 이미 그것을 다룬 적이 있다. 플라노 카르피니는 '타타르인'의 유일신에 대해서 말할 때 이 신은 눈에 보이는 것과 보이지 않는 것을 포함해 만물의 조물주로 간주한다고 적고 있다. 이 기록에서 우리들이 어쨌든 다시 한 번 상기해야 할 것은 앞에서 한 번 다룬 적이 있는, 땅과 인간의 창조에 대한 흥미로운 창조전설이다. 그런데 갖가지 비슷한 이야기 중에서 성격이 확실하지 않는 텡그리가 조물주로 나타나는 경우는 보이지 않는다.13) 조물주는 몽골, 부리야트, 소요트(Soyot)의 전설 중에서는 부르칸(Burkhan)(부처)이든가 어떤 불교의 보살이었으며, 알타이 타타르의 전설에서는 울겐, 야쿠트에서는 위린 아유 토욘으로 되어 있으며, 이들은 의인화되어 보통 하늘의 최고층에 자리하고 있다.

텡그리는 따라서 앞에서 말한 의미 곧 조물주로서는 등장하지 않지만 그렇다고 해서 대지의 탄생과 풍요가 이 신과 관계없는 것은 아니다. 쟈야가(Dtajaga), 결국 하늘의 《명령》은 모든 생명체에게 적어도 전제(前提)로 되어 있다. 사낭 세첸(Ssanang Ssetsen)의 연대기는, 다른 사람도 아닌 징기스칸, 《사람 중의 사자(獅子)》가 "푸르고 영원한 하늘의 명령을 받아" 지상에 나타났다고 적고 있다.14) 특별한 의미에서 《하늘의 자식들》인 지배자뿐만 아니라 보통 죽을 사람도 같은 명령을 받아서 이 세상에 태어난 것이다. 그렇게 생기는 만물 중에서 하늘의 쟈야가는 나타난다.15) 마치 그리스도교도의 왕후(王侯)들이 "신의 자비에 의해" 군주(君主)로서 등장하듯 몽골의 왕후들은 명령을 내리면 바로 "영원한 하늘의 명령에 따라"라는 말로서 권위를 행사하는 것이다.16)

하늘이 명령을 내리는 행위는 중국에서도 또한 세계관의 중요한 대상이었다. 몽골어의 쟈야가에 해당하는 것은 중국어의 천명(天命=하늘의 명령)이다. 중국인과 마찬가지로 몽골인도 또한 하늘을 모든 지상 질서의 보호자이며, 본보기라고 생각한다. 인간의 운명을 맡은 세계의 질서를 나타내는 말은, 이란어로 아샤(aśa), 베다찬가에서는 르타(rta)라고 하며, 강 흐름의 방향, 새벽의 출현, 사철의 변화, 인간과 민족과의 관계조차 규정하고 있다.

어그러지지 않는 이런 세계 질서 유지자로서의 천신은 원시적인 민족의 관념에 의하면 가는 곳마다 어디에나 있다. 예를 들면 코랴크(Koryak)는 하늘에도 살고 있는데, 저 변덕스러운 신령(神靈)과는 전혀 다른 종류의 힘이 있는 것은 틀림없다. 이러한 신령은 제멋대로 끊임없이 변하는 기분에 따라 어떤 경우에는 인간에게 도움이 되며, 어떤 때는 해가 된다고 믿고 있다.

그러나 가끔 신령의 미움을 받는 몸이 되어도 반드시 단념할 필요는 없다. 그것은 어떤 방법으로 신령을 달래거나 설득할 수 있는 여지가 있기 때문이다. 그런데 하늘의 명령은 그렇게는 할 수 없다. 한 번 그것에 의해 정해진 운명은 취소할 수가 없으며, 개개인은 태어날 때부터 그것에 속박되어 있다. 이처럼 단 하나로 신들조차 지배하는 세계질서는 고대 그리스인들도 또한 그들의 문학 속에 분명히 보이는 것처럼 알고 있다. 이런 점에서 특히 유익한 것은 일리아드(Iliad)의 제16권의 시(詩)인데, 제우스는 사르페돈(Sarpedon)이라는 영웅 한 사람을 이길 승산이 없는 싸움에서 구하고자 했지만 미리 정해진 운명에 반해서 행동하게 되면 세계의 질서 전체가 어그러질 것이라고 헤라(Hera)에게 주의시켜서 부득이 따르지 않으면 안 된다고 적고 있다.

  이 시에 등장하는 인간적인 제우스는 몽골에서 말하는 쟈야가치(džajagači) 텡그리(조정하는 텡그리. tengri)에 해당한다. 결국 안내자 제우스는 다른 것이다.17) 그것은 후자(後者)의 신들에게는 인간에게 따라붙어 다니는 약점이 없다고 생각하고 있기 때문이다. 그럼에도 불구하고 쟈야가치 텡그리는 말 그대로 처음부터 인간과 닮은 존재는 아니었던 것이가라고 물어 볼 수는 있다. 이 경우 어쩌면 '조정하는 하늘', '하늘이 정하다', 혹은 '하늘이 그것을 정했다'라는 식의 표현 방식에서 《하늘》은 사는 곳과 관련해서 어떤 인간적 존재에 부여된 일종의 아호(雅號)에 지나지 않을지 모른다. 이 문제를 말할 때 중국의 비슷한 신을 잊어서는 안 된다. 물론 많은 점에서 몽골인의 바탕에 중국의 오래된 문화민족의 영향이 미쳤을 것이기 때문이다.

  고대 중국의 문헌에는 운명을 좌우하는 천신에 대한 표현으로 天(천)과 上帝(상제)라는 이름이 있다. 물론 이런 명칭은 다른 두 신을 표현했는지도 모른다고 생각하는 사람도 있는데, 도저히 그것을 지지할 수 없다. 반대로 이점에 대한 모든 논리적인 진술은 양쪽의 표현은 같은 의미라는 것은 분명히 증명되었다. 북경(北京)의 천단(天壇)에 있는 각문(刻文)

에는 皇天上帝(황천상제. 큰 하늘 높은 곳에 계시는 지배자)라고 전칭(全稱)이 적혀 있다. 거기에서 종교학자의 관심을 끄는 것은 두 이름 가운데 어느 것이 오래된 것일까라는 문제뿐이다. 상제 쪽이 오래 되었으며, 더욱 자주 나타나는 天 쪽이 새로운 것이고, 상제를 대신하여 오로지 일종의 신비적, 구상적 혹은 장엄하고 화려한 기분을 내는 표현으로 등장한 것이라고 해석하게 되면 중국의 천신은 기원적으로는 인격적인 존재였다고 말하게 된다. 예를 들면 나탄 죄데르블롬(Nathan Söderblom)은 그의 저서 『神信仰의 起源』(Gudstrons uppkomst)에서 이처럼 추정하고 있다.18) 죄데르블롬은 다시 《높은 곳에 계시는 지배자》[상제]가 기원적이라고 말한다. 중국에서는 영혼숭배를 태고로부터 좋아했으며, 황제(皇帝)는 《천자 天子》라고 스스로 칭하고 있는데, 죄데르블롬이 이미 지적했듯이 천신에서 왕가(王家)의 선조를 보는 연구자가 있었다고 해도 놀랄 것이 아니다. 그러나 죄데르블롬의 다음과 같은 말로 볼 때 이런 추측을 하지 않는 것이 좋겠다. 곧 여러 다른 왕조가 바뀌었으며, 특히 하늘 숭배, 조상숭배와 결부된 풍습은 도무지 한결같지 않고, 물론 다른 유라시아 여러 민족에서 비슷한 예를 찾을 수 있을 정도로 엇갈려 있음에도 불구하고 상제는 언제나 변함없다는 사실이다.

죄데르블롬은 중국인의 천신은 자연숭배에 속하는 것이라고 하는 견해에도 또한 이의를 제기하고 그러한 것은 물론 만물의 창조자인 신화적인 시조(始祖)를 이야기로 전하고 있는 자연민족에서 찾으려고 노력하고 있다. "인간, 동물, 자연, 법칙 등 모든 것을 만들어내고 질서를 잡는 원시의 위대한 우두머리는 그가 사는 곳을 매우 높은 곳에 두었다." 그 무렵 하늘과 하늘의 갖가지 현상은 저 우두머리와 쉽게 관련짓고, 그가 사는 매우 높은 곳으로 말미암아 《하늘》이라고 불리게 되었다고 죄데르블롬은 결론지었다.19)

그런데 죄데르블롬은 중국인의 천신과 멀리서 가져온 여러 민족의 신화적인 존재를 비교하면서 중국인의 천(天) 또는 상제(上帝)도 몽골인의 텡그리가 그런 것처럼 그다지 신화적인 존재가 아니라는 것을 잊고 있다. 핀 우그르(Finno-ugric) 계통의 여러 민족의 유사한 신도 또한 원래는 신화를 가지고 있지 않다. 더욱 주의해야 할 것은 천신숭배에서 《시조(始祖)》라든가 이와 비슷한 원시적인 존재를 나타내는 상(像)이 만들어졌기 때문에 보잘 것 없다고 하는 것이다.[일본어 번역본에는 津田左右吉, 『上代シナに於ける天及び上帝の觀念. 古代 중국에서의 天 및 上帝의 觀念』(全集第十八卷) 參照가 덧붙여져 있다.-역주]

그러나 천신이 어딘가 다른 곳에서 하늘로 찾아온 것이 아니라고 하게 되면 이 신화적 천신의 기원은 어떻게 이해하면 좋을까. 태양이 분명히 천신숭배의 제식(祭式)에 영향을 미친 것은 있지만-천신을 숭배하는 경우 사람은 동쪽을 향해서 희생물로 백색 동물을 사용하므로- 위에서 기술한 민족에서는 천신은 태양과 같지 않다. 태양을 숭배할 때 천신과는 별도의 것을 숭배하고 있고 태양의 상(像)조차 만들지 않는가? 게다가 계속 태양이라고 불러온 태양신을 어째서 하늘이라고 부르지 않으면 안 되는가라는 것도 이해하기 어려울 것이다.

그런데 천둥의 출현에 관해서는 어떨까? 어쩌면 문제가 되는 신의 개념을 일깨우는 것은 다름 아닌 천둥이 아닐까. 카르얄라이넨(Karjalainen)은 우그르(Ugric)인의 천신은 그 유래로 보면 무궁한 하늘이 의인화된 것이라고 하는 그런 추측에 반대해서 "어떤 인격적인 존재가 하늘로 옮겨가서 된 것"이라고 하고, 그 성립을 다음과 같은 말로 설명하고 있다. "우주공간, 하늘에는 빨리 흐르는 구름, 천둥, 이내[嵐氣], 비, 바람 등의 현상이 여러 가지 모습으로 나타나기 때문에 하늘 세계에는 지상에서 활동하고 있는 우리들과 같은 특징을 가진 이가 몇이 있어서 그이의 의지와 행위로 이러이러한 현상이 생긴다는 사고방식이 생겼다. 아이 때는 우리들도 또한 다른 사람과 마찬가지로 틀림없이 많은 사람이 천둥이 울 때 하늘의 아버지가 채찍 소리를 내고 덜거덕거리는 마차는 구름의 울퉁불퉁한 길 위를 큰 소리를 내면서 굴러가기 때문에 마차에 실린 큰 통의 물이 지상에 줄줄 흘러내렸다고 생각했다. 흔한 살수차가 마을의 소화전(消火栓)에서 물을 나르는 것과 똑 같은 것이 천상에서 행해진다고 머릿속으로 그려냈다.20)"

카르얄라이넨의 이런 추측은 카잔(Kazan)에 사는 그리스도교 신도인 타타르의 예로 뒷받침된다고 생각한다. 그들은 천둥소리를 때로는 천신을 가리켜서 텡게레 바바이(tängere-babaj. 텡게레 長老)라고 부르고, 그들은 악마(šaitan)를 추적할 때 말이 끄는 수레를 타고 하늘을 질주한다고 말하고 있다. 천둥소리는 그 수레의 바퀴가 내는 소리인 것이다.21) 그런데 타타르의 이러한 관념은 틀림없이 러시아의 민간신앙에서 온 것으로 거기서는 성일리야(聖Ilja)가 같은 역할을 연출하고 있다. 투르크 계통 여러 민족의 경우 몇몇 관념과 전통을 제하면 천둥을 일으키는 장본인은 보통 인간과 비슷한 존재가 아니고 여름에만 하늘을 달리는 큰새, 아니면 어떤 동물이다.

그러나 자연 질서의 주재와 유지를 천성으로 하는 자의 유래를 설명하는 데에는 천둥은 의인화에 알맞지 않은 것이리라. 몽골인과 마찬가지로 중국인의 민간신앙을 잘 반영하고 있는 것은 유명한 공자의 말이다. "하늘이 무슨 말을 하더냐? 사계절이 운행되고 만물이 자라난다. 하늘이 무슨 말을 하더냐?"(論語, 陽貨篇) 많은 투르크 계통의 여러 민족은 천신을 확실히 《조정자》라고 부른다. 이미 기술했듯이 정함 혹은 하늘이 미리 정한 것을 의미하는 말 쟈야가(džajaga)에 해당하는 것은 부리야트어에서는 자얀(zajan), 벨티르(Beltir)족과 쇼르(Shor)족에서는 챠얀(čajan), 알타이어에서는 야얀(jajan) 또는 야야간(jajagan)이다. (몽골 džajā=부리야트 zajā=벨티르 čajan=알타이 jaja). 쿠딘스크(Kudinsk)의 부리야트인은 하늘의 최고신을 자얀(zajan), 사간(sagan-희다), 텡게리(tengeri)라고 부른다.22) 위에 든 타타르의 여러 민족은 오늘날 이들 단어를 창조라는 의미로 돌리고 있다. 미누신스크(Minussinsk)의 몇몇 타타르족은 그 최고신을 확실히 《대지의 창조자》(čär čajany)라고 부르고 있다.23) 조물주를 말하는 경우 쇼르는 챠야치(čajači), 알타이는 야야치(jajači)라는 말도 쓰고 있다. 더구나 오늘날 조물주와 자연을 의미하는 야쿠트어의 아위(ajý)는 본래 '정하다'라는 의미의 말에서 유래된 듯하다.24) 이 말은 덧붙여 말하면 그리스도신을 나타내는 이름 아위 탕가라(ajy tangara)로 나타난다. 신을 나타내는 《섭리하는 자》라는 의미의 명칭인 체레미스(Cheremis)의 푸이르쇼(Puiršo)나 오스탸크(Ostyak)의 파이르크세(pairkse)도 투르크 타타르 여러 민족으로부터 차용한 것이다. 보굴(Vogul)도 또한 신을 나타내는 고유한 말(num torem)에 파이레크스(paireks)를 덧붙이고 있다.

자연의 질서를 맡은 자로서의 《하늘》은 사회질서에도 주의를 게을리 하지 않는다고 믿고서 중국인은 《천벌(天罰)》이라는 것을 말한다. 플라노 카르피니(Plano Carpini)는 몽골인의 《유일신》은 복을 주는 자임과 동시에 벌을 내리는 자이기도 하다고 기술하고 있다. 그러나 하늘이 벌하는 행위는 그 조정자로서의 행위와 가까운 관계가 있다. 하늘이 무슨 일인가를 '정한' 이상 인간은 그것을 무시하는 것은 허락되지 않으며, 반드시 따라야만 한다. 하늘은 모두를 '보시기' 때문에 어떤 사람도 자신의 행위를 하늘 앞에 감출 수가 없다고 몽골인은 믿고 있다. 그들이 서원하는 말은 "하느님도 다 아시는 것을"이라든가 "하느님도 보시옵소서"로 시작한다.25) 게다가 천벌은 이 세상 저쪽의 것이 아니고 이미 살고 있는 우리에게 내리는 것이라고 생각하고 있다. 더구나 뒤엎을 수 없는 하늘의 질서는 편파성이 없는 공평을 전제로 하고 있다. 하늘은 왕후(王侯)의 죄나 보통사람의 죄나 똑같이 다룬다. 그것은 벌은 범죄에 대해서는 똑같이 피할 수 없는 것으로 내리기 때문이다.

하늘은 조금의 변덕에도 움직이지 않고 스스로의 의향을 나타낼 수 있다. 고대 바빌로니아(Babylonia)에서도 뒤엎을 수 없는 하늘의 질서에 대한 신앙을 완벽히 일관되게 유지하고 있었던 것은 결코 아니며, 그들은 하늘의 《신호》를 보고 그것이 신의 불만 표시라고 받아들였다. 몽골인의 사고방법에 따르면 하늘의 《알림》은 혜성, 흉작, 홍수 등이며, 이러한 현상에 위협을 받으면 왕후(王侯)도 백성도 스스로의 계획을 다시 한 번 신중히 검토하고 하늘이 내린 명령에 복종해야 한다.26)

몽골의 여러 연대기에는 이러한 사실을 분명히 하는 예가 많이 보인다. 예를 들면 돌궐(突厥)시대의 모간 칸(Mogan Khan. 木杆可汗)은 중국의 사신(使臣)을 오랫동안 포로로 잡고 있었는데 《하늘》이 긴 뇌우(雷雨)를 내림으로써 칸의 난폭함에 대한 불만을 밝히자 곧바로 사신을 석방하고 중국의 군주(君主)와 화의를 맺었다고 기술하고 있다. 마찬가지로 몽골인들은 그들이 잡아서 강제노동을 시키고 있었던 중국의 황제가 마셨던 술잔에서 적자색(赤紫色) 빛이 나오는 것을 보고 황제를 석방하고 최고의 예우로 중국에 돌려보낸 적이 있다.27) 먼저 군주인 자는 하늘의 의지를 따라야 한다. 징기스칸은 "무엇에도 견줄 수 없는 지극한 복은 군주가 하늘의 은총을 받아들이는 것이다."라고 말했다고 한다.28)

천신이 인간을 벌할 수 있다는 사고방식이 그러나 아시아 북단의 여러 민족에게도 마찬가지로 퍼져 있다는 뜻은 아니다. 그래서 여기서 천신은 어떤 외경(畏敬)의 대상은 아니다. 반대로 천신은 한 사람 한 사람 인간의 행위에 하나하나 주의하지 않을 만큼 멀고도 높은 곳에 있다고 설명하고 있다.29) 예를 들면 퉁구스(Tungus)의 부가(buga : 하늘, 세계)는 모든 것을 알고 있지만 인간의 일에 대해 말참견도 하지 않을 뿐만 아니라 벌하지도 않는다.30) 프리클론스키(Priklonski)는 제7천(天)에 거주하며 우유 같이 하얀 돌 왕좌에 앉은 야쿠트의 위린 아이 토욘(ürün ai tojon) 또는 아이뷔트 아가(aibyt aga. aga=아버지)는 만물을 지배하고 선행만을 한다고 기술하고 있다.31) 알타이 타타르의 울겐(ulgen)도 또한 베르비츠키(Verbitski)에 따르면 어떤 악한 일도 하지 않는 선한 존재이다.32) 투루칸스크(Turukhansk) 지방의 퉁구스는 천신은 어떤 자에게는 행복을, 어떤 자에게는 불행을 준다고 설명하고 있는데, 그들이 어떤 기준으로 하는지에 대해서는 말하지 않았다. 프리아얀스크(Priajansk)의 퉁구스도 또한 이미 앞서 정해진 운명에 대해서 말하고 있다.33) 퉁구스의 머릿속에서 천신은 그 상(像)조차 만들지 않을 정도로 분명하지 않아도 이르는 곳마다 세계의 질서는 바로 이 신의 생각대로라고 믿고 있는 것 같다.

그러나 세계질서 지배자로서의 천신이라는 사고방식이 다른 사고방식보다도 일반적이라고 하면 그것은 도대체 무엇에 근거한 것인가라는 의문이 인다. 그것은 하늘의 규칙적인 순환에 근거가 있으며, 그것은 동시에 "하늘은 살아 있다."는 것을 나타내는 것이라고 추측하면 우선 틀림이 없을 것이다. 라프(Lapp)인도 천신을 틀림없이 세계질서의 유지자로서 존숭(尊崇)해 왔으며, 많은 민족도 천신을 하늘의 중심에 자리매김하고 세계의 기둥 아래에 제물을 바치고 있으므로 위에서 말한 추측은 적중했을 것이다. 더구나 사계절이나 기상의 변화나 여러 가지 대기 중의 현상도 또한 천신에 의해 야기될 수 있다. 라프인은 일식이나 월식 때 태양과 달이 다시 나타나도록 천신에게 제물을 바쳐왔다고 한다.34)

더구나 생명을 주는 자로서의 하늘이라는 사고방식도 기원이 오래되었다. 반자로프(Banzarov)는 몽골인은 하늘을 남성, 땅을 여성으로 생각하며 하늘은 살아 있는 모든 것에 생명을 주고, 땅은 그것에 모습을 주는 것이라고 생각하고 있다고 기술하고 있다.35) 부리야트(Buryat)인도 또한 기원문 중에서 하늘을 《아버지》, 땅을 《어머니》라고 부르고 있다.36) 반자로프가 기술한 사고방식은 의심할 여지없이 자연 관찰에 바탕을 두고 있다. 이는 특히 식물 세계에 미치는 빛, 온도, 비, 바람 등의 작용은 원시인의 주의를 끌기 때문이다. 천지 혼인의 신화가 없어도 하늘이 행하고 땅이 낳는다는 사고방식은 역시 생길 수 있다. 예를 들면 트로슈찬스키(Troščanskij)는 야쿠트인은 풍요를 기원해서 천신에게 쿠미스(kumys. 말·낙타 따위의 젖으로 만든 아시아 유목민의 술. 약용으로 하는 데도 있음.-역주)를 뿌린다고 기술하고 있다.37) 알타이 타타르인은 풀과 곡물의 생육 외에 자손과 가축의 다산도 천신에게 기원한다.38)

이 점과 관련해서 부리야트인을 비롯해 아시아의 몇몇 민족은 하늘에서 내려왔다고 믿고 있는 일종의 돌(石)도 또한 풍요를 기원하며 숭배해 왔다고 기술하고 있는 것도 근거가 있다. 특히 발라간스크(Balagansk)시 가까이에는 매우 유명한 《하늘에서 떨어진 돌》이 존재한다. 부리야트인은 가뭄이 오랫동안 계속될 때에 되살림의 비를 빌 때 그 돌에 제물(祭物)을 바친다. 돌의 색깔은 하얗고 민간에서 믿고 있는 바에 따르면 처음에는 높은 산 위에서 떨어졌으며 나중에 거기에서 현재의 장소로 이동해온 것이다.39) 쿠딘스크(Kudinsk)의 야쿠트인이 있는 곳에서는 거의 어느 마을에나 작은 《하늘에서 떨어진 돌》이 있으며, 그것을 작은 상자에 넣어서 마을 중심에 세운 기둥에 얹어 둔다. 발라간스크 지방에 있는 이러한 돌은 좀 더 커서 네 기둥이 받치는 판대(板臺) 위에 얹혀져 있는 것이 보통이다. 비가 많은 풍요로운 여름에 하기 바란다는 기원을 담아서 사람들은 봄이 오면 돌에 물을 뿌려 주고 제물을 바친다. 아가피토프(Agapitov)는 곳에 따라서는 긴 형태를 하고 있는 하늘에서 떨어진 돌은 남근숭배의 기념물이라고 추측하고 있다.40)

　이야기를 천신으로 돌리면 알타이 계통의 여러 민족에게 있는 천신과 관련된 신앙 관념은 먼저 가장 원초적인 형태로 발견할 수가 있다는 것은 분명하다. 이르는 곳마다 그 이후의 변화와 외래문화의 여러 물결에 씻긴 형태나 자취가 눈에 띈다. 천신이 보다 자세하게 정해진 모습을 갖추면서 인간의 모습에 가까워짐에 따라 마침내 그 사는 곳이라든가 도우미[助手] 등이라는 관념이 점점 사람의 상상력을 자극하는 데 이른다.

제6장

천신의 《아들》과 《도우미》

하늘의 특정한 층에 사는 천신을 인간의 모습과 닮은 존재로 상상하고, 이러한 신을 《하늘》이라고 계속 부르면 그 결과 어떻든 개념상의 혼란은 피할 수 없게 되어 그 대신 다른 호칭을 원용하지 않을 수 없게 된다. 그래서 야쿠트(Yakut)인은 하늘의 제7 또는 제9층에 군림하는 최고신을 《하얀 조물주》(ürün ajy tojon)라든가 《높은 주(主)》(ar tojon)라 부르고 있다. 알타이 타타르(Altai Tatar)는 이에 해당하는 존재를 《큰 자(者)》(ulgen)라든가 《풍요롭고 큰 자》(bai ulgen)라고 부르고 있으며, 기도문에도 또한 《하얀 빛(白光)》(ak ajas, 오스탸크어의 sänke《빛》 참조)이라든가 《빛나는 칸》(ajas kān) 등으로 나오며 아노킨(Anochin)이 지적한 대로 인간과 닮은 존재로 생각되고 있다.1) 빛줄기에 싸인, 인간의 모습을 한 천신은 알타이의 회화에도 그려져 있다(그림10)2).

물론 이 경우 하늘은 단지 천신이 사는 데에 지나지 않으며, 왕좌는 보통 가장 높은 하늘 중심이라든가 하늘의 몇 층을 꿰고 치솟아 있는 산꼭대기에 있다. 팔라스(Pallas)가 기술하고 있는 것처럼 세계 중심의 산꼭대기에는 틀림없이 몽골의 쿠르무스타(Khurmusta, Ahura Mazda)가 군림하고 있다.3) 아바칸 타타르(Abakan Tatar)는 천신의 《천막4)》, 부리야트(Buryat)인은 《금은(金銀)의 눈부신 천궁(天宮)5)》, 알타이인은 《금문(金門)과 《금좌(金座)》(altyn širä)를 갖춘 《궁전6)》(örgö)에 대해 말하고 있다. 천신에게는 다수의 도우미가 딸려 있다. 알타이의 샤만은 하늘에 올라 최고신에게 직접 묻는 것이 아니고 최고신이 샤만에 응해서 북극성 즉 《금 말뚝》이 있는 곳에까지 사자(使者. älčizi)를 보낸다고 아노킨은 기술하고 있다. 《마중》(utküčy)이라고도 불리는 이 《사자》는 곧 최고신과 샤만의 매개자로서도 등장한다.7) 하늘에 오르는 도중에 샤만은 최고신의 다른 도우미와도 만난다. 예를 들면 샤만의 하늘길 돌아다님 [天路遍歷]을 그린 그림(그림105)에는 최고신과 그 옆에 서 있는 《사자》 외에 역시 천상(天上)의 존재 셋이 그려져 있다. 다분히 쇼르(Shor)인으로부터 손에 넣은 것 같은 이 그림에 덧붙은 설명에 따르면 가장 아래에는 보그디간(bogdygan)과 그가 사는 곳이 있으며, 그 앞에는 신화적인 보비르간(bobyrgan)이 있다. 세 번째 상(像)은 《울겐의 길》에 서 있는 케퀴쉬(kökyš)이다. 보그디간도 케퀴쉬도 최고신에게 제물을 바칠 때에 특별히 먹을 것을 바친다.8)

또 하나 알타이 자료에 따르면 샤만이 하늘 여행을 떠날 때 따르는 자는 야위크(jajyk), 수일라(suila), 카를뤼크(karlyk)이다. 야위크는 인간과 함께 살며 모든 나쁜 자로부터 인간을 비호하고 울겐과 인간의 매개자 역할을 하게 된다. 기도문 중에서는 《신》(kudai)이라 부르며 봄에 말젖을 짤 무렵이 되면 곡식가루를 뿌려서 빈다. 이 제물(祭物)은 《야위크 공양》이라 불린다. 야위크(?)의 것으로 여겨지는 또 하나 하얀 천 조각으로 만든 상(像)이 있는데, 그것은 머리, 귀, 손, 발, 꼬리를 인지할 수 있다. 발은 붉은 테이프로 테두리를 달았다. 이 상에는 공양을 할 때 두 자작나무 사이에 걸쳐놓은 흰말 털 줄에 다른 여러 천 조각과 테이프를 함께 매달았다.9) 아마 이 야위크는 홍수전설과 관련해서 기

술한 야위크 칸(jajyk kān) 곧 나마(Nama)와 동일한 것이리라.10)

샤만의 하늘 여행에 함께한 두 번째 따르는 자 수일라는 말의 눈을 하고 있다고 한다. 수일라는 이 눈을 가지고 사방팔방에 걸쳐 30일 거리까지 바라볼 수 있다. 샤만에 따라서는 수일라는 말의 눈을 한 독수리라고 생각하고 있다. 그의 역할은 인간의 생활에 끊임없이 마음을 쓰고 최고신에게 그것을 보고하는 것이다. 그래서 수일라는 《두 개 혀》라고도 불린다. 때로는 수일라에게 술을 바친다.11) 그는 보굴(Vogul)의 《세계를 지켜보는 자》와 같은 자일 것이다.

위에서 기술한 세 번째 카를뤼크는 수일라의 직무상 동료이다. 어떤 샤만의 설명에서는 그들의 관계는 마치 남편과 아내 관계 정도로 밀접하다고 한다. 카를뤼크는 원하는 것을 할 때는 굴뚝에서 하늘로 물을 흩뿌린다.12)

추바슈(Chuvash)도 또한 개개의 이름까지는 알려져 있지 않지만 인간과 최고신을 연결하는 몇몇 매개자를 가지고 있으며 체레미스(Cheremis)도 또한 이런 유례에서는 최고신의 《대변자》라든가 최고신의 궁정에서 섬기는 자를 가지고 있다.

알타이인은 더구나 최고신을 대신하는 이러한 존재의 수가 어김없이 정해져 있다고 말하고 있다. 예를 들면 《울겐(ulgen)의 아홉 딸》이 그것인데, 이름은 알려져 있지 않지만 이들을 닮게 만든 인형은 샤만 옷차림의 뒤쪽에 달려 있다. 샤만은 굿을 할 때 이 아홉 딸로 활력을 불어넣는다고 한다.13) 그러나 가장 잘 알려진 것은 이른바 신의 아들인데 그 수는 경우에 따라 일곱 사람이거나 아홉 사람이기도 하다. 포타닌(Potanin)은 알타이인의 《울겐의 일곱 아들》을 말하면서 야지간(jažigan), 카르쉬트(karšyt), 바크타간(bakhtagan), 카라 쿠쉬 칸(kara kuš-kān), 카늼(kānym), 야이크(jaik)의 여섯 이름만 들고 있다.14) 아노킨(Anochin)은 천상에 사는 이《울겐의 아들들》은《착한 신들》(kudai)로 보이며, 각 씨족(sök)은 그 하나를 특별한 수호령으로 삼고 있다고 기술하고 있다.15)

그 뒤 아노킨이 뭉뚱그린 것에는 신들을 이와는 다른 순서로 들고 있으며, 다른 이름이 들어 있기도 하다. 곧 카르쉬트, 푸라칸(pūra-kān), 야질칸(jažil-kān), 부르챠칸(burča-kān), 카라퀴스칸, 팍티칸(pakty-kān), 에르카늼(ärkānym)이 그것이다.

아노킨과 포타닌의 보고를 서로 맞추어 보면 표기는 달라도 같은 것을 가리키는 것이 있다는 것을 깨닫는다. 이 가운데 같은 것은 카르쉬트, 야질칸, 카라쿠쉬, 팍티칸[바크타간], 에르칸늼이다. 아노킨은 이 공통적인 5개 명칭에 다시 푸라칸과 부르챠칸을, 포타닌은 야위크를 추가하고 있다. 야이그(야위크)는 여러 가지 보고로 판단해 보면 이 7신의 그룹에는 속하지 않으므로《울겐의 아들》리스트에서 빼는 쪽이 좋을 듯하다.

이들 일곱 신이 처음 무엇을 의미하고 있었는가는 분명하지 않다. 아노킨에 따르면 카르쉬트는 울겐의 아들 가운데 장자이며, 가장 인기 있는 자다. 알타이 전도단이 소장한, 알타이인의 고래(古來)의 신앙 관념과 제식(祭式)을 기술하고 있는 1850년대 전반의 사본은, 샤만이 마술을 시작함에 즈음하여《울겐의 아들》카르쉬트에게 조력(助力)을 구한다고 기술하고 있다.16)

이 자료에는 카라 쿠쉬(《검은 새》곧 독수리)의 이름도 등장하며, 그것은 샤만의 하인이라고 설명하고 있다. 또 샤만이 하늘의 제4층에 도달하면 카라 쿠쉬는 뻐꾸기를 잡는다고 기술하고 있다.17) 이 자료집에는 푸라칸조차도 울겐의 아들인《구름 말(馬)갈기의 푸라칸》으로 등장한다.18) 푸라(pura)라는 말은 어떤 때에는 말(馬) 희생, 어떤 때에는 어떤 종류의 신화적인 동물을 의미한다. 아노킨이 든 그 밖의 다른 신의 아들들에 대해서 이 이상 해명하기는 어렵다. 이들 신들의 직무 분담도 또한 그 이름과 마찬가지로 분명하지 않다.

최고신의 아들들에 대해서는 라들로프(Radloff)가 언급한 카르귀산(Kargysan) 강의 레베드 타타르(Lebed Tatar)의 기록에도 있다. 즉 만물을 창조한 시조는 쿠다이 바이 월괸(kudai bai ülgön)이다. 바이 월괸에게는 퓌르샤크칸(pyršak-kān), 퇴스칸(tös-kān), 카라칸(kara-kān), 수일라프(suilap)라는 네 아들이 있었다. 수일라프의 아들은 사뤼칸(sary-kān)이다. 퓌르샤크칸에게는 퀴르귀스칸(kyrgys-kān)이라는 아들 한 명이 있었는데, 그는 현지 타타르의 수호령이다. 카라칸을 빼면 이 신들은 모두 인간에게 번영을 가져다준다. 이들은 인간에게 먹을 것과 마실 것을 주며 재앙으로부터 보호해 준다. 최고신 울겐에게는 하얀 말이, 퓌르샤크와 그 자손에게는 갈색 말이 바쳐진다. 그밖에 모든 신들에게는 야생 과실이 바쳐진다. 신들은 하늘에 살고 있는데 현지 타타르의 말에 따르면 7층이 있다. 최상층에는 울겐과 그의 아내 카늼(kānym), 제2층에는 퓌르샤크칸, 제3층에는 퇴스칸, 제4층에는 퀴르귀스칸, 제5층에는 수일라프, 제6층에는 사뤼칸, 제7층에는 신들이 인간이 사는 데에 보내는 사자(使者)들이 살고 있다.19)

이 레베드 타타르 신들의 리스트에는 앞에서 기술한 수일라프와 카늼이 보이고 있다. 알타이인의 경우에는 카늼을 최고신 아들의 한 사람으로 헤아린다는 점이 주의를 끈다. 라들로프는 퀴르귀스칸에 대해서만 약간의 보고를 갖고 있을 뿐인데 그들에 따르면 현지 타타르의 수호령이라고 한다. 그래서 카라칸 쪽은 타락해서 신들의 밝은 거처보다도 하계(下界)의 어둠을 고른다고 되어 있다. 카라칸은 《검은 칸》이라는 의미이다. 레베드 타타르에 따르면 악마 에를리크는 그의 아들이라고 한다.

다양한 씨족의 수호령이라고 하는 《최고신의 아들들》의 기원은 분명하지 않음에도 불구하고 이 일곱 신 그룹이 아노킨에게 특별한 주목을 받고 있다고 하는 것은 그들이 하늘의 각층에 배치되어 있기 때문이다. 비슷한 듯한 신들의 한 무리는 시베리아의 우그르(Ugric) 민족에게도 알려져 있다. 곤다띠(Gondatti)에 따르면 보굴의 《신들의 아들》의 리스트에는 일곱 신령(神靈)이 들어 있다. 곧 펠림(Pelym)의 신, 오브(Ob) 강 상류의 신, 우랄(Ural)의 노성자(老聖者), 아우트(Aut) 강의 지배자, 작은 오브(Ob)의 신, 소스바(Sosva) 강 중류의 신, 거기에 세계를 지켜보는 남자 등이 있다.[20] 한편 문카치(Munkàcsi)가 쉬그바(Sygva)에서 손에 넣은 보고에 따르면 다음과 같은 것을 들 수 있다. 펠림의 신, 테크(Tek) 마을의 노인, 로즈바(Lozva) 강의 성군주(聖君主), 소스바 중류의 신, 작은 오브(Ob)의 신, 로프무스(Lopmus) 마을의 노인, 세계를 지켜보는 남자 등이다.[21] 마지막의 신화적인 존재를 빼면 두 리스트에 보이는 다른 신들은 지방의 수호령 같이 보이는데 무엇보다도 신들의 수와 그들이 《신의 아들》이라고 일컫고 있는 점에 주의를 기울여야 한다.

하늘이 7층으로 되었다고 생각하고 있는 바슈간(Vasyugan) 오스탸크(Ostyak)는 레베드 타타르와 마찬가지로 한 층 한 층에 특정한 수호령을 배치하고 있다. 가장 위층에 사는 것은 최고신 눔 토렘(num-torem)이다. 그 이하 층의 신들은 보통 바치는 제물(祭物)로 각각 이름이 붙여진다. 공통적인 이름은 《하늘의 지킴이》(torem-karevel. karevel〈타타르 karavel〉이든가 《하늘의 통역》(torentalmas. talmas〈타타르 tolmatž 通譯〉)이다.[22] 이미 카르얄라이넨(Karjalainen)이 밝혀낸 것처럼 이들 명칭은 타타르 기원을 암시하고 있는데, 개개의 신들과 그 제물(祭物)의 관념이 아무리 토착 기원이라고 해도 일곱 층을 지배하는 신들이라는 관념도 또한 타타르에서 가져온 것이라고 추측할 근거가 된다. 유감스럽게도 지도상에서는 우그르(Ugric)족이 바로 이웃에 살아서 그들에게 이 외에도 여러 가지 문화적인 영향을 주고 있다. 이 타타르족의 토착적인 관념에 대해서는 우리는 모두 지식을 갖고 있지 않다. 그러나 좀 더 떨어져 살고 있는 타타르로부터 이러한 추측이 맞다는 것을 알 수 있다.

그러나 일정수 신들의 아들과 지킴이와 통역을 동반한 하늘의 질서는 투르크 계통 여러 민족의 경우에서도 물론 그들 자신의 발명이라고 할 수 없는 일이다. 그 유례를 찾아보면 태양, 달, 다섯 행성(行星)을 신으로 숭배하고, 따로따로 하늘 권역에 자리잡고 있었던 고대 이전(以前) 아시아 문화민족일 것이다. 행성의 신들이 일종의 통역이라고 하는 견해도 또한 예부터 있었다. 이미 디오도로스(Diodoros)는 그것에 대해 말하고 있는데, 칼데아(Chaldea)인의 별점[星占]을 다음과 같은 말로 서술하고 있다. "그들에게 가장 중요한 것은 행성이라 불리는 다섯 별의 운행을 연구하는 것이다. 이들 별은 《통역》(hermeneis)이라고 일컬어지고 있다. 토성(土星)이라는 별에 다른 어느 것보다도 뛰어난 《태양의 별》이라는 이름이 붙여진 것은 대개 중요한 예언을 이 별에서 받고 있기 때문이다. 이들 행성이 《통역》이라고 일컬어지는 뜻은 그 밖의 별이 규칙적인 괘도를 결코 벗어난 적이 없기 때문에 이들 행성만은 각각 자기 나름의 길을 나아가 미래를 암시하고 인간에게 신의 은총을 보일 수가 있기 때문이다."

칼데아인의 생각에 따르면 별이 총총한 하늘은 그것을 통해서 현자(賢者)가 미래의 일도 풀어 읽을 수 있는 일종의 운세를 판단하는 책 같은 것이다. 이런 태고로부터의 사고방식을 반영하고 있는 것은 특히 오스탸크의 경우로, 아이가 태어날 때 천신의 도우미들은 그 목숨을 받아서 아이의 수명과 운세를 《운명서》에 써 넣는 것이다. 시베리아의 타타르 여러 종족의 전설에서는 틀림없이 저 일곱 신이 이런 종류의 서기(書記) 일을 하고 있다. 곧 이 전설 중에는 일곱 사람, 때로는 아홉 사람에 이르는 쿠다이(kudai, 神)라고 불리는 것이 눈(雪) 위에 어떤 천상의 천막에 살고 있으며 천막 앞에는 《황금 말 말뚝》이 세워져 있다. 신들은 주거(住居) 중 드리워진 천막 깊숙이 앉아서 크나큰 《생명의 책》을 보고 있다. 그 중에는 새로이 태어난 자, 이 세상을 버린 자의 이름 전부를 써 넣어 놓았는데, 한 사람 한 사람의 운세가 결정되어 있다.23) 《일곱 신들》(jätti kudai)은 알타이신화에서는 때로는 제3천에 있는 쉬뢰(sürö)라는 낙원 산 위에 있는 것으로 되어 있다.24) 이러한 신앙 관념이 어디에서 언제 어떤 경로로 시베리아의 타타르에 도달했는가는 확정할 수 없다. 또 이들 일곱 신들이 하늘의 각 층에 자리잡고 있는 경우 행성의 신들과 닮은 뭔가를 가지고 있는지 확인하기는 역시 어렵다. 이러한 특징을 찾아낼 수 있는 실마리를 제공하는 것은 라들로프(Radloff)에 따르면 알타이인 신들의 기술인데 거기에 의하면 태양은 제7층, 달은 제6층에 자리잡고 있다.25) 텔레우트(Teleut)의 전설에서도 또한 태양과 달은 알타이 경우와 같은 층에 있으며,26) 완전히 같은 견해가 다시 알타이 샤만의 하늘 여행 의례에도 나타나고 있다. 이것은 샤만은 제6층에서 달 속에 있는 토끼를 사냥하고, 제7층에서 태양에 인사하는 것으로 되어 있기 때문이다.27) 따라서 적어도 태양과 달은 특정 층에 놓여 있다. 그런데 왜 6층에 있거나 7층에 있지 않으면 안 될까? 유수프 하스 하지브(Youssouf-Has-Hadjib)가 위구르(Uighur)어로 약 1069년 무렵에 쓴 저서 쿠다트쿠 빌리크(Kudatku bilik)에는 태양, 달, 5행성을 높은 곳에서 낮은 곳으로 다음과 같은 순번으로 늘어놓고 있다. 곧 토성, 목성, 화성, 태양, 금성, 혜성(彗星), 달의 순이다. 적어도 태양과 달만은 알타이의 것과 다른 순서로 특히 시리아(Syria)의 사바교도[Saba. 유대적 색채가 강한 그리스도교의 일파]는 알고 있었다.28) 그에 반해서 예를 들면 오리게네스(Origenes)가 그린 미트라(Mithra)의 비전(秘傳) 중에는 알타이의 샤만 의식과 완전히 같으며, 달은 제6층에, 태양은 제7층에 나타난다.

하늘은 7층으로 되어 있다는 의심할 나위없는 후대에 성립된 관념에 대해서 라들로프가 묘사한 것은 앞에서 인용했는데, 그 중에는 가장 위층에 텡게레 카이라 칸(tengere kaira kàn)이 사는데, 그로부터 세 최고신이 생긴 것이다. 곧 하늘의 제16층에 있는 황금산 위에 왕좌를 가진 바이 윌괜(bai ülgön), 제9천에 주거를 가진 퀴사간 텡게레(kysagan tengere), 제7층 곧 태양이 있는 층과 같은 층에 자리잡고 있는, 영리해서 모두를 알고 있는 메르겐 텡게레(mergen tengere)이다. 여기에 보이는 세 최고신이라는 사고방식은 인도를 고토(古土)로 하며, 아마 몽골을 경유하여 받아들인 것이리라. 적어도 퀴사간 텡게레는 험난한 길을 가는 군대를 안내하고 도와서 적을 멸하고 승리로 이끄는 군대의 수호령이 되는데, 몽골인의 군신(軍神) 키사간 텡게리(kisagan tengri)와 같은 것임에 틀림없다.29) 알타이의 샤만 가요에는 퀴사간 텡게레는 붉은 마구(馬具)를 단 붉은 망아지에 올라타 붉은 막대기를 손에 쥐고 등장한다. 결국 이 신 특유의 색깔은 붉은색이다. 노란색을 대표하고 있는 것은 이미 기술한 카르쉬트(karšyt)이며, 노란 외투, 노란 말고삐, 노란 막대기를 가지고 노란 말에 타고 있다.30) 《신의 아들》 리스트에는 또 《푸른 칸》(jažyl)과 《검은 칸》(kara kan)을 들고 있는데, 이들 색깔은 실제로 각각 색깔을 대표하고 있다고 생각되는 행성의 신들을 나타내고 있는 것 같다.31)

야쿠트 최고신을 따르는 자도 또한 신비한 신들이 7인조를 이루고 있다. 프리푸조프(Pripuzov)에 따르면 그 이름은 sätta('7') kürö dzäaägäi ai이며 춘제(春祭)에는 쿠미스(kumys)를 불에 뿌려서 그것을 맞이한다고 하고 있다.32) 프리클론스키(Priklonski)는 이 신들의 그룹은 7형제라고 이해하고 다음과 같은 신의 이름을 늘어놓고 있다. sygä tojon(천둥신), an džasyn(번개와 빛의 신), takasyt dzilga kān(운명을 지배하는 신), ilbis kān(軍神), orduk džasabyl(하늘의 미음을 알리는 자), kan eeksit erden ai(축복을 알리는 자), syun kan sjunken eräli khomporun khotoi ai(鳥類의 수호령).33)

위 리스트에 든 신들이 모두 본래부터 여기에 속해 있었을까 하는 것은 별도로 해도 이 관념 자체는 야쿠트인도 또한 최고신의 7인조인 따르는 자[從者]의 기억으로 전해진다는 증거가 된다.

곳에 따라서는 일곱 신(神)이 아니고 아홉 《신의 아들》 또는 《신의 종(下僕)》이 보인다. 예를 들면 몽골의 신화에는 "아홉 텡그리(tengri)라든가, 보호자라든가, 형제라든가"가 등장한다.34) 이들의 《수호령》(sulde tengri)은 반자로프에 따르면 누군가에게 싸움을 거는 것처럼 용감하게 그려져 있다. 곧 그들은 좋은 투구로 몸 방비를 견고히 하고 칼과 창을 손에 든 《기사》로 나타난다. 다시 그 각각은 손에 채찍을, 다른 한 손에는 깃발을 가지고 사냥매, 사자, 표범, 곰, 개를 한 마리씩 따르게 하고 있다.35) 다른 곳에서 반자로프(Banzarov)는 이들 《아홉 텡그리》는 몽골인이 존숭하는 큰 아홉 별에 대응한다고 기술하고 있다.36) 그 아홉 별이라는 것이 도대체 무슨 별에 해당하는가는 알려져 있지 않지만 다분히 하늘의 9층과 어떤 관계가 있을 것이다. 후기 인도 문학에는 아홉 행성을 말하고 있다는 사실을 기술해 남겼다.

부리야트(Buryat)인은 최고신의 《아홉 아들》 이름을 하나하나 들 수도 있다. 그런데 그 이름에는 매우 자연스럽지 못함이 있는데, 게다가 곳에 따라서는 부르는 방법도 다르다. 야쿠트인도 또한 《아홉 신》에게는 쿠미스(kumys)를 바친다는 관습조차 가지고 있다. 그래서 그 신들의 리스트에 있듯이 그 가운데 어느 것이 기원적인 것인지를 알 수 없다. 프리클론스키(Priklonski)는 아홉 가지 제물(祭物)을 받는 자로서 최고신 (ar tojon aga 및 ürün ai tojon)과 출산의 여신(nälbäi ai kübäi khotun ijä 및

naygyr aisyt khotun)을 2번 들고 있다. 그밖에 이 리스트 중에는 다시 집과 숲의 신령이 보인다. 특히 주목해야 할 것은 하늘로 여행갈 때에 샤만을 비호해주는 보솔 토욘(bossol tojon)과 봄차 코툰(bomča khotun)이다.[37]

아홉이라는 수는 다시 볼가(Volga) 주변에 사는 추바슈(Chuvash)의 제물의례(祭物儀禮)에서 두드러진 역할을 하고 있다. 제물의 묘사 중에는 자주 아홉 사람의 제물승(祭物僧), 아홉 마리 희생동물, 아홉 개의 잔(盞) 등이 기술되어 있다. 제물(祭物)을 받는 자는 수도 말할 필요 없이 아홉이다. 따라서 이 민족 신들의 리스트는 아홉이 한 조(組)로 되어 있는데 유의해야 한다.[38] 같은 관념에 기초를 두고 있는 것은 그리스도교화되지 않은 체레미스(Cheremis)에서 천신에게 제물(祭物)을 바칠 때 제단 위에 9개의 빵과 9개의 밀주(蜜酒) 잔을 늘어놓는다(그림18)[39]. 야쿠트의 제물제단에조차 보통 9개의 작은 잔이 놓여 있다. 참고로 기술해 놓은 마수디(Masudi)의 보고에 따르면 시리아(Syria)의 사바(Saba)교도는 그 사원의 성직 계급을 아홉하늘 권역에 따라 서열을 매기고 있다.[40]

위에서 기술한 신들의 일조(一組) 외에 중앙아시아 여러 민족의 신화에서는 좀 더 큰 무리 나누기가 확인된다. 물론 각각의 공동체가 독자적으로 만들어낸 것이지만, 그 기원을 물으면, 그들 자신이 잘 설명하지 못 한다. 예를 들면 어떤 전설에는 수메르(Sumer) 산에 사는 33텡게리(tengeri)가 등장하는데, 중심산의 이름(인도, Sumeru)에서 이미 알 수 있듯이 인도 기원이다.[41] 인도에도 이들과 그대로 일치하는 신들의 일조(一組)가 알려져 있다.

그림18. 체레미스 제물제단.

부리야트인의 하늘에 사는 큰 무리는 이보다 3배는 많다. 그들은 보통 그 성향에 따라 선신과 악신, 혹은 방위에 따라 서남군(西南群)과 동북군(東北群)으로 나눈다. 인간 편에 선 전자(前者)는 《하얀》텡게리, 반대로 모든 악(惡)·안개(霧)·병(病) 그 밖의 불행을 주는 후자(後者)는 《검은》 텡게리라고 불린다. 전자는 55이며, 후자는 44이다. 몽골인도 또한 일찍이 99텡게리를 알고 있었다. 부리야트인은 본래는 분열되지 않고 하나로 똘똘 뭉친 이러한 신들이 왜 반목항쟁을 일삼게 되었는지를 말하고 있다. 일찍이 서쪽 선신의 수는 54이며, 동쪽 악신은 44이다. 1신만은 그 어느 파에도 속하지 않고 경계에 서 있다. 그래서 수적으로 열등한 《동쪽의》 신들은 세겐 세브데크 텡게리(segen sebdek tengeri)라는 이름으로 불리는 이 고고한 신에게 자신들의 편이 되라고 부탁했다. 《서쪽의》 신들은 그에게 생각이 미쳐 자기편으로 유혹했다. 곳에 따라서는 이 신의 아름다운 딸 재잭(säsäk, 꽃)을 양쪽 파가 자기편으로 하려고 싸웠던 것이 분쟁의 씨앗이었다고 말하고 있다.42)

이들 신들이 애당초 무엇이었을까는 부리야트인도 몽골인도 설명하지 못했다. 부리야트인이 신들에 붙인 이름은 전반적으로 매우 부자연스러운 점이 있으며 확실하지 않아서 이들 신의 이름도 또한 문제의 실마리는 되지 못한다. 여기에는 어딘가 다른 곳에서 들어온 관념이 잠재해 있다고 생각해도 틀림없을 것이다. 텡게리의 수와 구분이 본래 무엇에 바탕을 두고 있는가를 해명하는 것 또한 어렵다. 재미있는 것은 44악신이라는 관념이 알타이 타타르 중에도 들어와 있는 것으로 생각되는 것이다. 그것은 악마 애를리크(ärlik)가 울겐(ulgen)에 의해 도우미와 함께 하늘 세계에서 추방되었을 때에 이렇게 말했다고 땅의 사람들은 전하고 있다. "그대가 나와 아랫것들을 하늘에서 땅으로 밀어 떨어뜨려서 아랫것들은 43지점에 떨어졌어요. 그래서 나는 이 43인의 아랫것들(etker)을 배웅했어요. 그놈들은 각각 떨어진 장소에서 나쁜 일[惡事]을 해서 인간들을 심하게 괴롭히다가 죽음에 이르고 말았을 거예요.43)"
여기서 에를리크를 포함하면 알타이 타타르의 악령의 수는 나쁜 텡게리와 같은 수가 된다. 의외의 느낌이 드는 것은 부리야트인은 관례(慣例)로 반대로 악신을 동쪽에 선신을 서쪽에 배치하고 있다. 그러나 악마의 나라(dvipa)는 인도의 세계상(世界像)에서도 동북에 있다고 떠올릴 수밖에 없다.44) 선한 텡게리, 악한 텡게리의 수는 부리야트의 경우도 어쩌면 별에 관한 어떤 관념에 바탕을 두고 있는지도 모른다. 중국인은 적어도 선량한 72성(星), 사악한 36성(星)의 신들을 알고 있다.45)

제7장

출산과 출산신령 出産神靈

이미 기술했던 것처럼 나나이(Nanai)는 하늘(boa)에 큰 나무(omija-uoni, 《오미야나무》) 한 그루[아니시모프에 따르면 오미야 보아니, 보아-(하늘, 세계, 우주)]가 서 있고, 그 위에는 아직 태어나지 않은 혼(魂) 오미야가 작은 새[鳥] 모습을 하고 머물러 있다고 생각하고 있다. 그들은 일단 거기서 자라서 대지로 내려와 미래의 어머니 태(胎) 속으로 들어간다. 아이가 만 1살이 못되어 죽는 경우 그 혼은 하늘의 나무로 돌아간다. 그러나 죽은 아이 오미야는 같은 어머니 태속으로 다시 한 번 들어가서 새로 태어날 수가 있다. 죽은 아이의 몸에 안표(眼標)를 해 두면 그것이 다시 다음 아이에 나타나므로 이것은 확실하다고 사람들은 말한다.[1]

만약 나나이의 여자로 자식 복이 없는 경우에는 샤만에게 부탁하여 오미야를 가져오게 하는 것이 관례(慣例)이다. 그러면 샤만은 할 수 있는 한 잘 차려 입고 북 장단에 맞추어 노래하고 춤추기 시작하여 마침내 작은 요람을 만들어 그 속에 작은 영혼의 상을 넣는다. 이 정령(精靈)의 역할은 요람을 흔들어서 속에 있는 오미야를 작은 자루에 넣고 묶어 아이가 태어나는 순간까지 머무르게 하는 것이다. 자루는 마이쟈 마마(majžda-mama)라는 이름의 우상(偶像) 머리에 걸어 둔다. 샤만은 그로부터 춤을 추면서 하늘로의 여행을 표현하고 자기 수호령의 도움을 받아 아름답고 강한 오미야를 천상의 나무가 있는 데서 찾아서 손에 넣는 모습을 보인다. 샤만은 그것을 지상까지 가지고 돌아오면 바로 둘러앉아 있는 많은 사람들에게, "보시오. 갓난아이는 요람 안에 있소."라고 외친다. 또 임신한 여자는 꿈에 새 한 마리가 찾아오는 것을 보는데, 그때 새의 암수를 알면 받은 아이가 사내아이인지 계집아이인지를 미리 알 수 있다고 믿고 있다.2)

　샤만이 그 나무 아래에 인간의 혼(kut)을 가지고 오면 혼은 작은 새의 모습으로 되어서 거기에 머무른다고 하는 하늘 나무에 대한 것은 돌간(Dolgan)인도 야쿠트(Yakut)인도 말하고 있다.3) 그러나 그 나무속에서 태어나게 될 아이의 혼이 깃들어 있는지 그렇지 않은지는 분명하지 않다. 어쨌든 야쿠트인은 아이의 혼은 하늘 높이에서 작은 새의 모습을 하고 나타나는 것이라고 생각하고 있다. 야쿠트의 아이 못 낳는 여자[石女]가 자식을 받을 때에 하는 의례 중에도 새는 특별한 역할을 연출한다. 샤만은 부탁을 받으면 천막 속에 여러 방향으로 말털[馬毛]로 짠 한 가닥 가는 끈을 달고 거기에 태양, 달, 작은 새를 나타내는 상(像)을 자작나무 껍질로 만들어 건다. 문제의 여자는 나들이옷을 입혀 침상에 눕게 한다. 샤만은 똑같은 또 하나의 끈을 여자의 몸에 감고 선령(善靈)에게 하늘로부터 아이의 혼을 내려 보내 태아를 지켜주도록 빈다. 이어서 침상 위에 펼쳤던 끈을 끊으면 새는 침상 위로 떨어진다. 태양과 달에 묶었던 끈은 장수(長壽)를, 새는 올 아이의 혼을 나타낸다고 하는 것이다. 샤만은 동시에 여자의 몸에 감았던 끈을 자르는데, 그것은 아이 탄생을 방해하는 것을 끊어버리는 의미라고 한다. 위에서 말한 새는 이번에는 토끼의 털가죽에 호두나무, 특히 그를 위해 꾸민 새둥지 속에 둔다. 마침내 아이가 태어나면 새의 모양을 조사해 본다. 새가 본래대로 새둥지 속에 떨어져 있으면 아이는 건강하며 방향이 변해 있으면 병든 몸이며, 거꾸로 되어 있으면 사산아(死産兒)이다.4)

야쿠트인은 다시 하늘에 살고 있는 아위쉬트(ajysyt)라는 이름의 특별한 출산 여신(女神)에 대해 말하고 있는데, 이 여신에게는 아이의 축복을 빌 뿐만이 아니고 진통을 누그러뜨려 주도록 소원을 빈다.5) 여성이므로 《부인》(khotun)이라고 불리는 이 여신은 옛날 전설 속에서는 천신의 비(妃)이며 그리스도교화한 뒤에는 결국 《신의 어머니》로까지 된 퀴베이 코툰(kübäi-khotun)과 동일신(同一神)이라고 말하고 있다.6) 기도문 중에는 아위쉬트라는 이름에 다시 애애크쉬트(äjäksyt)라는 말이 더해져 아위쉬트 애애크쉬트 코툰으로 된 것이 있다. 그러나 이 말로 불리는 여신은 아위쉬트가 생후 3일째에는 아이 옆에서 떠나버린다고 다들 생각하므로 그 후도 계속해서 아이를 돌보고, 다른 아이를 보호하는 여신이라고 보통 생각하고 있다.7)

어떤 전설은 한 여자가 심한 진통을 참을 수 없어서 하늘에 기도하자 곧 두 아위쉬트가 하늘에서 내려와 출산을 도왔다고 입으로 전해오고 있다.8) 그러나 보통은 출산여신은 한 사람뿐이어서 그 여신은 하얀 생명의 액체를 하늘에서 뿌려서 출산을 돕는다고 전하고 있다.9) 여신을 맞이하는 이러한 성격은 더구나 이 여신을 향해서 노래 부르는 산모의 말 속에 표현되어 있다. "매우 은혜로운 조화의 여신이여, 나를 《가운데 장소》(곧 地上)로 내려오게 한 첫날, 당신은 이렇게 말씀하셨습니다. '그대의 목숨이 끊어지지 않는 생명은 없어지지 않고, 그대가 기르는 가축은 늘어나고, 그대가 낳은 아이들이 불어나도록 해 주리라.10)'라고." 이를 보면 야쿠트인의 출산여신도 역시 행복을 가져다주고 운명을 맡은 것 같다.

마찬가지로 알타이 타타르(Altai Tatar)는 아이의 혼(kut)은 하늘에서 생겼다고 생각하고 있다. 아노킨(Anochin)에 따르면 텔레우트(Teleut)는 하늘의 제4층에 사는 애냄 야유치(änäm jajuči. 어머니 야유치)가 아이에게 혼을 주는 것이라고 생각하고 있다. 어머니 태내에서는 혼은 붉고 작은 한 마리 곤충의 모습을 하고 있다. 출산여신은 곧바로 이 아이의 수명을 결정해서 특별한 책 속에 그것을 써 넣는다. 글자가 엷어질 때가 혼(sür)이 영원히 육체를 떠나야 할 순간이라고 텔레우트는 설명한다. 만약 갓난아이가 죽는 경우 텔레우트의 어머니는 자신의 젖에서 젖을 짜내어 애냄 야유치를 위해 주위에 흩뿌리는 것이 관례다. 더구나 텔레우트는 동물의 혼(kut)도 또한 하늘에서 받은 것으로 믿고 있다. 아노킨에 따르면 혼을 준 애르맨 칸(ärmän-kān)은 하늘의 제3층에 살고 있다.[11]

라들로프(Radloff)는 알타이인의 신앙 관념을 논할 때 《지고(至高)의 조물주》 쿠다이 야유치(kudai jajuči)는 하늘의 제5층에 살고 있다고 기술했으며,[12] 베르비츠키(Verbitski)도 마찬가지로 "하늘의 제5층에는 아이를 만드는 강력한 신령(神靈) 야유치가 살고 있다."고 기술하고 있다.[13] 베르비츠키가 출판한 타타르어의 샤만 가요에서도 또한 야유치는 여자로 애냄 야유치(어머니 야유치)라고 생각할 수 있는 것을 엿볼 수 있다. 샤만은 의식 중에 제5천까지 겨우 다다르면 이 이름으로 여신을 부르는 것이다. 때로는 또 이 여신을 《칸의 어머니 야유치》라고도 부른다. 매우 흥미로운 것은 샤만이 부르는 노래의 다음 부분이다.

    하늘의 제5층의 어머니 야유치여
    부정을 씻는 젖 같이 하얀 호수여
    배꼽 줄을 끊은 탑카이(tapkai)여
    계속 기도하는, 나는 그대 야유치 칸에게 비노라.[14]

이 노래에 나오는 《젖 같이 하얀 호수》(süt-ak-köl)는 낙원의 경관을 이루는 것이며 갖가지 표시에 따라 아이의 혼이 바로 천상의 낙원에서 지상으로 내려온다고 믿고 있는 것을 엿볼 수 있다. 이 점에 대한 알타이인의 관념을 라들로프는 다음과 같이 묘사하고 있다. 몹시 높은 바이 울겐(bai ulgen)은 야위크(jajyk) 또 다른 이름 마이애내(maiänä)와 마이태래(maitärä)라는 두 아들을 두고 있다. 그들은 인간을 보호하는 신들로 하늘의 제3층에 살고 있다. 여기에는 모든 생명의 원천을 이루는 젖 같은 하얀 호수(süt-ak-köl)도 있으며, 그 가까이에는 일곱 쿠다이(jätti kudai, 일곱 신)가 사는 곳인 쉬뢰(sürö) 산이 있다. 여기에서 그들은 가신(家臣), 결국 인간의 수호천사로 짝인 야유치와 함께 살고 있다. 여기서는 또 낙원(ak 곧 하얀 것)도 있고, 하늘의 혜택을 입은 자와 경건한 자(aktu=순수한 자, 곧 경건한 자)가 행복하게 살고 있다. 태어나지 못하고 죽거나 일찍 죽은 아이들의 혼이 살고 있는 천상 낙원의 《젖 호수》는 오세트(Osset)인이라든가 조지아(Georgia)인이라든가 몇몇 카프카스 민족도 또한 말하고 있다. 특히 조지아인의 신화에는 이 《젖 호수》는 큰 역할을 연출하고 있다.15)

라들로프에 따르면 알타이 타타르는 더욱이 이렇게 믿고 있다. "사람이 태어나게 되면 먼저 바이 울겐이 아들인 야위크에게 명하고, 야위크는 그의 지도를 실행하며, 더욱이 선조가 부탁한 아이의 탄생을 야유치에게 전한다. 야유치는 젖 같이 하얀 호수(süt-ak-köl)에서 생명의 힘으로 새로 태어난 아이를 세계로 데려 와서 이 지상에서의 전 생애에 걸쳐서 붙어서 도와준다.16)

라들로프의 흥미롭고도 귀중한 보고에서 알 수 있듯이 아이 혼의 천상 고향이란 낙원일 뿐이다. 일곱 신이 사는 곳인 쉬뢰(sürö) 산은 틀림없이 낙원의 산이며, 마찬가지로 "모든 생명의 원천"인 저 젖 같이 하얀 호수는 젖 호수(乳湖, süt-köl)로도 불리며, 낙원에 있는 생명수의 수원(水源)이다. 그런데 이 낙원의 경관 중에는 출산의 여신이 등장하지 않는데, 다름 아닌 《젖 호수》가 거기에 해당한다고 보지 않을 수 없다. 샤만의 노래에서 미루어 보면 이 젖 호수와 어머니 야유치는 매우 깊은 관계가 있다. 곧 주목할 만한 것으로 알타이 타타르가 꽃이 필 무렵 봄 축제를 열 때 다른 신들과 나란히 《젖 호수》도 역시 특별한 여신으로서 맞이하고 있으며, 부리야트의 전설에서는 그것은 《젖 호수의 어머니》라고 불리고 있다.17) 이 《젖 호수의 어머니》(sut-kul-amine)는 볼가(Volga) 강변의 추바슈(Chuvash)의 신이름 리스트 중에도 또한 존숭되고 있다.18) 추바슈의 춘 수라탄 투라(tzun suratan tura)도 또한 같은 것 같으며, 이 세상에 태어날 자에게 동쪽에 있는 특별한 장소(다분히 낙원이라고 기억한다)에서 혼(tsun)을 가져다주는 것이다.19) 어쨌든 생명의 원천으로서의 《젖 호수》는 이란인의 관념에 따르면 하라베레자이티(Haraberezaiti)라고 불리는 중심산(中心山)상의 생명 나무 뿌리에 있으며, 출산여신으로서 존숭을 받고 있는, 이란인의 아르드비수라(Ardvisura) 호수와 비슷하다.

라들로프가 기술한 야유치(jajuči)는 여기서도 또한 인간의 어떤 종류의 수호천사를 의미하고 있다. 오른쪽에는 선량한 야유치가 있고, 왼쪽에는 사악한 쾨르뫼스(körmös)가 있는데, 전자는 인간의 모든 선행을, 반대로 후자는 모든 악행을 적어두고 있다.20) 이와 같은 야유치는 인간이 선행을 할 때에는 도와주어도 한번 업신여기면 그 악령의 위력 앞에서는 방법이 없다고 프리클론스키(Priklonski)가 기술하고 있는, 야쿠트의 애얘크쉬트(äjäkhsyt)와 비교할 수 있다.21) 몽골인도 또한 모든 재앙에서 인간을 지켜주는 《행을 주는 주(主)》(džol-džajagači)를 기술하고 있다.22) 애매겔치 쟈야가치(ämägelči-džajagači)는 특히 아이의 여신으로 아이들의 건강과 무사(無事)를 지킨다.23) 이미 기술한 것처럼 야유치도 쟈야가치도 본래는 '정하다' 또는 '결정하다' 중의 한 의미에서 나온 것이다.

라들로프는 역시 낙원에 사는 두 최고신의 아들을 기술하고 있는데, 그 가운데 마이태래(maitärä)는 불교의 보살인 마이트레야(Maitreya. 彌勒)이다. 한편 야위크(jajyk)라든가 야위크 칸(jajyk khan)은 홍수전설 속에서 봤다. 야위크가 마이애내(maiänä)와 동일하다는 설명이 있는데, 그것은 잘못일 것이다. 어떻든 카루노프스카야(Karunovskaya)는 텔레우트(Teleut)의 신앙 관념에 대한 서술 중에서 마이애내는 아이를 지키는 여성으로, 텔레우트인은 텁수룩한 머리털을 한, 아름답고 젊은 여자의 상(像)을 만든다고 기술하고 있다. 마이애내가 사는 곳은 아름다운 쉬륀(syryn) 산(라들로프의 쉬뢰syrö와 비교)에 있는데, 거기서 여러 신령은 먹을 것을 취하기 위해 휴식하며, 인간과 접촉한 경우는 《젖 호수》에서 목욕하여 몸을 깨끗이 한다고 한다.[24] 이처럼 마이애내는 틀림없이 낙원의 여신일 수밖에 없다.

아노킨(Anochin)은 애냄 야유치(änäm jajuči)라는 이름의 어머니신(神)을 들었는데, 이 신은 뭔가 트집을 잡아서 텔레우트 일가에 아이가 태어나지 못하게 하는데, 그 경우에 사람들은 아다 키지(ada-kiži)와 요 칸(jo-kān)에게 소원을 비는 풍습이 있다고 기술하고 있다.[25] 전자는 인류의 조상인 아담(Adam)을 의미하며, 후자는 라들로프에 의하면 땅의 나무들 중에 가장 큰 소나무가 가지를 바이 윌갠(bai-ülgän)이 있는 곳까지 닿도록 자라게 한 땅의 배꼽에 살고 있다고 한다. 요 칸은 라들로프가 말했듯이, 사는 곳이 낙원이라는 특수한 장소에 있기 때문에 그 위력은 최고신과 동등하다.[26]

위에서 기술한 출산여신과 가까운 관계에 있는 것은 역시 《하늘의 일곱 계단 산》 위에 사는 오스탸크(Ostyak)에게 자식을 주는 여신인데,

아이가 태어날 즈음에 각각 출생자의 인생행로와 운명을 "황금문자를 써넣은 일곱 가지 황금 표시를 붙인 일곱 가지의" 나무에 써넣는 것이다.27) 오스탸크 여신의 이러한 성격은 앞에서 기술한 잠부 바루스(djambu-barus)라는 생명의 나무 뿌리에 살면서 새로 태어나는 자의 운명을 이 불가사의한 나뭇잎에 써 붙이는 임무를 띠고 있는, 바타크(Batak)의 출산여신과 비슷하다.28) 그런데 어느 민족도 문자가 없으므로 어느 것이나 이러한 관념은 어딘가 딴 곳에서 받아들인 것이 분명하다. 더구나 여기서 본 아이 혼의 원향(原鄕)이라는 관념은 투르크 계통의 여러 민족의 경우 외래의 것이라고 하는 생각도 기술되어 있다고 한다.

그렇다고 해서 알타이 여러 민족은 출산에 대한 독자적인 관념이나 풍속이 전혀 없다는 것은 아니다. 그 예로서 투루칸스크(Turukhansk) 지방의 퉁구스(Tungus)의 경우 어머니들은 죽은 자가 다른 모습으로 다시 태어난다고 믿어서 진통하는 동안 토착 수호령에게 도움을 청한다는 이야기를 기술하고 싶다. 어머니들은 여러 가지 신령스러운 상(像) 중에 일부를 만드는데, 그것은 퉁구스 가족에게 여러 경우에 쓰이며 대대로 이어간다. 텔레우트는 이러한 신령을 애매갠대르(ämägändär)라든가 애내켈래르(änäkelär)라 부르며 이들은 죽은 할머니나 증조할머니의 영혼이라고 생각하는 것 같다. 젊은 여자는 출산이 가까움을 예감하면 자신의 양친이 있는 곳으로 애매갠대르 신령을 받으러 간다. 만약 그의 도움을 받지 못하면 죽을지도 모른다고 두려워하기 때문이라고 카루노프스카야(Karunovskaya)는 기술하고 있다. 아가씨가 집을 멀리 떠나 시집을 갈 때에는 집에서 가져온 이런 신령을 결혼 지참금과 함께 시집에 가지고 간다. 가족 중 가장 나이가 많은 여자는 새색시에게 무슨 일이 있는 경우 도움을 요청할 수 있도록 애매갠대르 인형을 만들어 준다고 한다. 이런 인형은 흔히 매우 검소하게 만든다. 그러나 눈만은 특히 주의하여 만드는데 유리구슬로 되어 있다. 우연히 고른 눈의 색깔이 태어날 아이의 눈 색깔이 된다고 믿는 경우도 있다. 애매갠대르 인형은 오늘날에는 한 덩어리로 해서 작은 자루에 넣어 화로 위쪽에 단단히 매어 놓는 것이 보통이다. 출산 이외의 경우에도 이 인형을 생각하는 때가 있다. 해마다 적어도 봄과 가을에는 거기에 음식물을 바쳐야 한다. 그 때에는 꺼내어 놓고 밀가루를 우유로 볶아서 만든 죽(salamant)을 밤중에 그 앞에 올려놓는다. 죽을 담은 그릇에는 신령을 위해 각각 숟가락을 넣어 둔다. 동시에 그 밖의 집안 신령에게도 올리는 경우가 흔하다. 그 이후에 애매갠대르 신령을 위해 양을 한 마리 잡는 것이 관례이다.29)

출산령(靈)은 우그르(Ugric) 계통의 여러 민족에도 있다. 적어도 노실로프(Nosilov)가 말하는 데에는, 어떤 노파의 것으로, 털이 터부룩한 인형을 본 적이 있으며, 그것을 가진 사람이 아직 젊었을 때, 그 인형 덕분에 자식을 받을 수 있었다고 한다. 그러나 카르얄라이넨(Karjalainen)은 이런 신령은 기회가 있을 때 자식을 베풀어 주기도 하고 갓난아이를 위해서는 "울퉁불퉁한 길"을 "순응하게" 해주기도 하지만,《생명을 주는 주(主)》는 아니라고 지적하고 있다.30) 카르얄라이넨의 지적은 또한 알타이 타타르의 애매갠대르 신령에도 어김없이 들어맞는다.

아이가 태어나면 시베리아 여러 민족은 축하연을 여는 것이 보통이며, 축하연에는 가까운 친척만 그것도 곳에 따라서는 여자만이 참가한다. 야쿠트의 축하연 주인은 그때 암회색 말(암말)을 잡고 그 고기를 익혀서 출산 후 3일째에 먹는다고 프리클론스키(Priklonski)는 기술하고 있다. 고기를 나눌 때 뼈가 흩어지지 않도록 주의해야 한다. 출산여신을 참가시키는 의례에서는 버터가 특별한 역할을 한다. 자식을 많이 얻으려고 여자들은 외치고, 손을 두드리면서 얼굴에 버터를 바르고, 더구나 불속에도 던진다. 또 출산이 가볍게 끝나도록 하려면 버터를

미리 불속에 넣어 둔다. 이런 식으로 해서 출산여신의 비위를 맞추어 둔다고 한다.31)

프리푸조프(Pripuzov)는 야쿠트의 의례를 다음과 같이 묘사하고 있다. "아위쉬트(Ajysyt)는 여자의 신이다. 여자의 수호자로 보이며, 한창 출산 중에 유르트(yurt) 안으로 찾아와서 삼일을 머문다. 산모의 머리맡에 잡은 동물의 삶은 고기를 통째로 놓고, 다시 버터를 얹은 피도 함께 놓아 아위쉬트에게 바친다. 삼일 후에 이것을 먹는다. 식사 전에 다음과 같은 의례를 한다. 남자들은 밖으로 나가고 산모의 친구들이 유르트 안에 모인다. 산파는 화로에 자작나무 껍질로 만든 텐트를 세우고 그 안에 자작나무 껍질로 만든 말과 소의 상(像), 그리고 활과 화살을 넣어 새로 태어나는 아들을 축하해 준다. 그녀는 그 전부에 버터를 다 바르면 불을 붙이고 길게 소리치면 죽 늘어앉은 다른 여자들도 거기에 따라 소리쳤다. 이렇게 시끄럽게 맞이하면 여신 아위쉬트는 매우 만족한다.32)

한편 트로슈찬스키(Troščanskij)가 기술한 것은 이렇다. 여자들은 3일째에 모여서 유르트 마루에 구멍을 뚫는다. 그 가장자리에 작은 말 묶는 말뚝을 세우고 자작나무 껍질로 만든 말을 묶는다. 여자들은 또 작은 활과 화살과 평소 야쿠트인이 흔히 잡는 동물을 몇몇 자작나무 껍질로 만든다. 그리고 여자들 가운데 한 사람은 이들 음식물을 노려서 친다. 그런데 이러한 것을 행하는 것은 아들이 태어났을 때만이다. 딸이 태어났을 경우에는 비비어 꼰 실과 자작나무 껍질로 만든 여자 소지품을 남자 때와 똑같이 놓아 준다. 마지막으로 구멍 속에 불을 붙이면 마른 풀과 빨갛게 탄 숯을 넣고 구멍 주위에 앉은 여자들은 큰소리를 치며 버터를 집어넣는다. 여자들은 또 위에서 기술한 물건도 불에 던지는데, 그 연기가 향해 가는 여자는 그다음에 아이를 낳는다고 믿고 있다.33)

버터는 부리야트의 같은 종류의 축제에서 마찬가지로 두드러진 역할을 하고 있다. 알라르스크(Alarsk) 지방에서는 3일째가 되면 친인척은 부르지 않아도 축하연에 찾아와서 암소라든가 양을 잡는다. 의례가 끝나면 산모 쪽에서 불을 피우고 그 주위에 참여자들은 빙 둘러앉아 죽(salamat)을 먹고 버터를 입으로 세차게 불속으로 내뿜으며 동시에 함께 부른다. "더 행복을 내려주세요. 아들을 내려주세요." 이렇게 3번 부르면 그들은 서로 버터를 칠하는데, 그 칠하는 방법은 여자는 남자에게 남자는 여자에게 옷에 얼룩이 생기는 것은 아랑곳 하지 않고 칠하는 것이다.[34]

나나이(Nanai)는 태어난 지 10일째에 가족 축하 행사를 하는데, 주요한 요리는 죽이다. 혈육들은 집안에 있는 부인 수만큼 죽을 담은 접시를 날라다 넣는다. 더구나 친척 노인들은 태어난 아이가 아들이면 수렵과 어로의 도구를 딸이면 여자의 도구를 준다. 이때 친척들에게 축하연 식사를 대접하는데, 그들은 올 때 더욱 귀중한 답례품을 많이 가지고 온다.[35]

아이 탯줄은 어디나 특별히 조심한다. 나나이도 퉁구스도 그것을 나무에 건다.[36] 텔레우트의 어머니는 하나씩 작은 삼베[亞麻布製] 자루에 넣어 상자에 담아 높은 곳에 올려놓는다. 딸은 출산이 가깝다고 느끼면 빨리 어머니가 있는 곳으로 탯줄을 받으러 부랴부랴 달려간다. 탯줄은 산모를 도와준다고 믿고 있기 때문이다. 한편 알타이 여자들은 자기 아이의 탯줄을 작은 주머니에 넣고 거기에 유리구슬 끈을 달아 장식을 한 홀더에 걸어 둔다(그림19). 경사스러운 자리나 여행을 갈 때에는 언제나 어머니의 왼쪽 허리춤에 달아서 아이를 몇 명 가졌는가를 표시한다.[37]

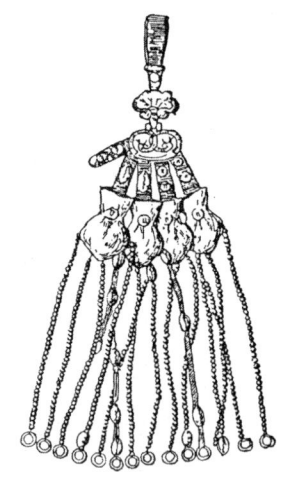

그림19. 어머니가 매단, 아이 넷을 가진 표시. 카르노프스카야의 그림에서.

제8장
별 星辰

투르크 계통의 여러 민족은 유목민이어서 별의 운행은 물론 밤하늘의 구석구석까지 쉽게 훤히 알 수 있었지만, 밤베리(Vambéry)도 말한 것처럼, 그들의 천문학적 지식이 생각 외로 부족한 데에 놀라지 않을 수 없다.[1] 그래서 밤베리는 중앙아시아 초원지대의 하늘은 셈(semitic) 계통의 여러 민족의 고향 메소포타미아(Mesopotamia) 정도로는 밝지 않고 별도 희미하게 빛날 것이라고 상상했다. 투르크 계통의 여러 민족이 별의 이름을 조금밖에 가지고 있지 않다는 것도 그 이유일 것이라는 것이 밤베리의 생각이다.

게다가 알타이 계통의 여러 민족은 이미 일찍부터 여러 경향의 문화적 조류에 휩쓸렸기 때문에 별과 관련된 그들의 신앙 관념과 전통 가운데 어떤 것이 독자적인 것인지는 확실하지 않다. 그래도 몇몇 별이라든가 별자리는 다른 민족의 경우와 마찬가지로 여기서도 특별히 주의를 끌었다는 것을 알고 있다. 어떤 별은 이미 밤 여행자의 길 표지로서 또는 시간을 나타내는 것으로서 꽤 의미를 지니고 있다. 먼 옛날부터 북반구의 모든 민족은 특히 지평선 저쪽에 사라지지 않고 규칙적으로 옮아가는 큰곰자리의 위치를 실마리로 해서 시간이 얼마나 지났는지를 추적한 것 같다. 동아시아에서 큰곰자리는 사계절이 바뀌는 것과 관련되어 있으며, "큰곰자리의 꼬리가 동쪽을 향하면 세상은 봄이 되며, 남쪽을 향하면 여름, 서쪽을 향하면 가을이 된다."고 한다. 몇몇 민족은 기후의 변화도 예언했다. 이 별자리를 《사슴》이라고 이름붙인 오스탸크(Ostyak)는 "사슴이 야위다"라고 하면, 결국 큰곰자리의 별이 서로 달라붙는 듯이 보이면 추위가 심하게 되고, 반대로 "사슴이 살찌다"라고 하면 눈이 내려서 따뜻하게 될 것이라고 기대한다. 투루칸스크(Turukhansk) 지방의 주민 사이에도 이런 생각은 널리 퍼져 있다.2)

그러나 가장 큰 기후변화를 일으키는 것은 묘성(昴星)이라고 생각된다. 그 예는 다른 대륙에서도 기록되어 있다. 예를 들면 아메리카 및 남태평양 여러 섬의 원주민은 이 별들의 출현은 바람이 세게 부는 시기라든가 혹은 우기(雨期)에 앞서 알리는 것이라고 보고 있다.3) 유럽에서도 묘성이 기후에 미치는 영향이 알려져 있지 않다는 것은 아니다. 사실 포버스(Forbus)는 라프(Lapp)의 민간신앙의 자취를 채록했을 때, "묘성에 공기를 따뜻하게 해 주도록 부탁한 적이 있을까."라는 물음을 기록하고 있다.4) 투르크 계통의 여러 민족은 묘성은 추위를 부르는 것이라고 믿어 왔다. 야쿠트(Yakut)는 묘성은 겨울을 불러낸다고 한다. 이 의견은 말할 것도 없이 야쿠트에서는 추위는 묘성의 출현에 이어서 나타나며 그것이 없어지면 따뜻한 계절이 시작되기 때문이다. 옛날 겨울은 지금보다도 훨씬 길고 훨씬 추웠는데, 샤만이 묘성을 연결해 멈춰 놓은 말뚝을 부수어서 묘성이 더욱 빨리 달리게 되어 겨울이 짧아지게 되었다고 한다. 샤만이 말뚝을 베려고 할 때 공중에서 날아온 나무 조각에서 무수한 별들이 생겼다고 한다.5)

묘성좌(昴星座)가 위치하는 곳에는 천개(天蓋) 혹은 덮개로 일종의 구멍

같은 것이 맞추어져 있다는 견해는 각지에 퍼져 있다. 많은 투르크 계통의 언어에 묘성좌의 이름 위르케르(ürker), 윌케르(ülker), 위르겔(ürgel) 등도 또한 확실히 그러한 의미라고 한다. 고로코프(Gorokhov)도 또한 야쿠트인이 위르겔이라는 명칭으로 《공기의 구멍》이라는 의미로 이해하고 있다고 지적했다. 이 해석은 다음과 같은 야쿠트의 한 전설에 바탕을 두고 있다. "한기(寒氣)로 몸을 끊을 듯이 바람이 그칠 사이 없이 불어 들어오기" 때문에 위르겔(ürgel)을 막기 위해 어떤 영웅이 이리 다리의 가죽 30짝을 모아 그것으로 장갑을 만들었다고 한다.6) 이런 관념과 일치하는 묘성에 대한 《망(網)》이라 불리는 이름은, 예를 들면 보탸크(Votyak), 체레미스(Cheremis), 리투아니아(Lithuania)인, 발트(Baltic) 지방의 핀(Finn)인이 사용하고 있다.

무수히 있는 별들이 본래 어떤 것인지는 시베리아의 여러 민족은 거의 문제로 삼지 않는다. 별은 하늘의 빛이 쏴 넣는 작은 구멍이라는 야쿠트의 설명은 꽤 잘되어 있다.7) 이런 견해는 앞에서 기술한 유성(流星)에 대한 관념 중에도 포함되어 있다. 어떤 지방의 야쿠트인은 별은 "하늘 바다의 반사(反射)"라고 상상하고 있는데,8) 이는 천개(天蓋) 저쪽에 바다가 있다는 사고방식에 뿌리를 두고 있다.

1. 해와 달

알타이 타타르는 오랜 옛날 해도 달도 없었다고 한다. 그 무렵 인간은 아직 공중을 날고 있었으며, 스스로 주위를 비추어서 따뜻하게 하고 있었으므로 해 따위는 필요가 없었다고 한다. 그런데 그 가운데 한 사람이 병이 들자 신은 인간을 돕기 위해 어떤 자를 보냈다. 그 자는 하늘에

큰 거울(toli) 두 개를 설치했는데 그때부터 지상은 밝게 되었다.1)

이 전설은 인간이 죄로 타락하기 전에는 그 몸은 빛을 내고 있었다고 하는 사고방식과 연결되어 있는 것같이 생각된다. 칼무크(Kalmuck)는 또한 낙원시대에는 해도 달도 없었는데 타락 후 세계가 어둠에 싸였을 때 처음 만들어졌다고 생각하고 있다.2)

이 전설에 나타나는 해와 달은 일종의 금속 거울이라고 하는 사고방식은 예언을 둘러싼 관념과 의례 중에도 반영되어 있으며, 그에 따르면 지상에 일어나는 모든 일은 해와 달을 통해서 예언자의 마법 거울 속에서 비춰 나온다고 한다. 예를 들면 알타이 전설에 등장하는 영웅은 없어져 버린 자신의 망아지가 간 곳을 알기 위해 마법의 거울을 해와 달로 향했다.3) 이렇게 찾는 방식은 북시베리아의 여러 민족 사이에도 퍼져 있다. 오스탸크의 경우에도 해는 이런 종류의 예언의 중요한 수단이다. "해를 잘 관찰하면 예언자는 아무리 멀리 있는 인간일지라도 그 놓여 있는 상황과 운명을 꿰뚫어 볼 수 있는 것이다.4)" 시베리아의 샤만은 다시 해와 달을 나타내는 금속판과 거울을 그의 옷차림에 다는 습관이 있다.

중앙아시아에는 태양은 본래 셋이나 넷이었다는 전설이 기록되어 있다. 그 무렵 지상은 참기 어렵게 더웠는데 마침내 에르케 메르겐(Erkhe-Mergen)이라는 영웅이 나타나 하늘의 해 가운데 하나만 남기고 다른 것은 모두 활로 쏘아 떨어뜨렸다. 남은 하나는 땅을 비추어 계속 따뜻하게 했다고 부리야트인은 말하고 있다.5) 토르구트(Torgut)의 신화적인 이야기에서는 신(Burkhan-bakši)이 창조한 대지를 다 태우기 위해 악마(šulma)는 해를 3개 만들었다고 한다. 다음으로-그 무렵 인간은 아직 태어나지 않았다- 신은 모두를 홍수에 빠뜨리고 악마를 굴복시켰다. 신은 해 하나만을 하늘에 남기고 나머지는 악마가 사는 곳과 붙어 있는 심연에

밀어 떨어뜨렸다.6)

해가 몇 개 있었다는 전설은 다시 아무르(Amur) 계곡에서도 보인다. 나나이(Nanai)인은 아직 해가 셋이나 있었던 먼 옛날 인간은 그 빛 때문에 눈을 못 쓰게 되고, 열기 때문에 기진맥진하게 되었다고 말한다. 어쨌든 땅조차도 강물이 끓어오를 정도로 뜨거웠다. 밤에 모든 해가 잠기자 달이 셋이 올랐는데 그 때문에 밤도 다시 밝아서 인간은 잠을 잘 수 없었다. 그래서 사람들을 구하기 위해 한 영웅이 활로 나머지 두 해와 두 달을 쏘아 떨어뜨렸다. 해가 셋 있었을 무렵 지면은 아직 부드러웠으며, 굳어진 것은 뒤의 일이므로 발자취는 오늘까지 바위에 남은 채 있다. 그 지방의 다른 두셋 퉁구스 종족은 산에 있는 석탄은 세 해가 땅을 태운 시대의 흔적이라고 설명한다. 활로 사살한 해는 오늘날도 빛나는 해의 좌우에 두 "그림자"처럼 달라붙어 있는 것이 보인다고 말한다. 나나이(Nanai)와 마찬가지로 길랴크(Gilyak)도 세 개의 해와 세 개의 달에 대해서 말하고 있다. 그 뒤 땅은 다 타서 끓어오르는 바다 속으로 잠겼다. 어떤 신화적인 존재가 하늘을 나는 순록 한 마리의 등에 타고 활로 나머지 해와 달을 "쏘아 떨어뜨렸을" 때 다시 생활이 시작되었다.7)

중국(해 10개), 인도(해 7개), 수마트라(Sumatra. 해 8개)처럼 그 밖의 지역에도 또한 똑 같은 전설이 있다는 것을 참고로 기술해 둔다.8)

하늘의 밝은 빛을 포로로 하거나 그것을 석방하거나 한 것이라고 기술되어 있는 것은 다음의 부리야트 전설이다. 하늘과 땅은 그 아이들의 혼인으로 친척이 되었으므로 《대지의 주(土)》는 천신이 있는 곳을 방문했다. 작별하고 떠날 때에 "해와 달을 선물로 주시지 않겠습니까?"라고 부탁했다. 천신은 사절하지 않아서 《대지의 주》는 이들 하늘의 밝은 빛을 가지고 가서 작은 보석 상자 속에 넣어 가두었다. 그러자 세상은 깜깜하게 되었다. 난감한 천신은 고슴도치에게 해와 달을 다시 가져와

주도록 부탁했다. 고슴도치는 승낙하고 《대지의 주》를 방문했다. 손님이 작별하고 떠나려고 하자 《대지의 주》는 방문해 주신 답례의 표시로 "무엇을 드릴까요?" 하고 물었다. 고슴도치는 "신기루의 말(馬)과 나무 신령의 창(槍)을 주십시오."라고 대답했다. 《대지의 주》는 이 소원을 들어줄 수 없었기 때문에 손님에게 해와 달을 주었다. 이렇게 해서 고슴도치는 하늘의 밝은 빛을 본래의 괘도로 돌려 세계는 다시 밝게 되었다.9)

알라르스크(Alrarsk)의 부리야트인이 전하는 비슷한 이야기에서는 하늘의 신령 칸 추르마신(Kān-Čurmasan)과 바다의 신령 루사트(Lusat)는 선물을 교환했다. 하늘의 신령은 바다의 신령에게 해와 달을 주었기 때문에 전 세계는 어둠으로 잠기고 인간은 서로 상대를 분간할 수 없었으며, 동물들도 불안하여 소리치기 시작했다. 이 재난은 3년 동안 계속되었고, 그 사이 많은 생명이 없어졌다. 해와 달을 어떻게 하늘로 되돌리면 좋을까 어찌할 바를 몰라 칸 추르마신은 고슴도치에게 좋은 방안을 묻자 바다의 신령을 답례로 방문을 하고, 답장에 "숲의 웅성거림과 바다의 유방"이라 하는 것과 같이, 도저히 손쓸 수 없는 것을 요구했기 때문이라고 한다. 바다의 신령은 이 요구에 응할 수가 없어서 해와 달은 되돌렸다. 동시에 하늘 신령의 딸과 바다 신령의 아들의 혼인도 파기했다.10)

좋은 방안을 주는 역할을 한 고슴도치는 다른 전설 속에서도 어떤 때는 불을 발명하기도 하고, 어떤 때는 농업을 가르치기도 하는 현명한 동물로 등장한다.11) 고대 이란의 신화 중에도 이런 특색 있는 동물은 매우 중요한 지위를 차지하고 있다. 알타이 타타르는 일월의 기원을 설명했는데, 오치르바니(Otchirvani)가 불을 칼에 얹어서 하늘에 던져 해를 만들고, 또 칼을 물에 쳐서 달을 만들었다고 말하고 있다. 그런 의미에서 불로 만든 해는 작열(灼熱)하고 있으며, 물로 만든 달은 차다.12) 밤의 서리와 축축한 기운은 달이 만들어냈다고 하는 신앙은 이러한 달의 유래로 설명할 수 있다. 차가운 달과 뜨거운 해라는 관념은 더구나 텔레우트(Teleut)의 전설에도 반영되어 있다. 어떤 칸(khan)이 딸의 구혼자들에게 달을 하늘에서 잡아 자신의 집 입구에 놓도록 명하고, 또 해를 창으로 가지고 오도록 명했다. 달을 가지고 오면 화덕에 끓인 물은 얼고, 해가 다가오면 만물은 힘을 잃었다고 한다.13)

대부분의 투르크 계통의 민족은 해는 여성(어머니인 해), 달은 남성(아버지인 달, 할아버지)이라고 생각한다. 전설에도 해 칸(khan)과 달 칸이 등장한다.14) 중국의 자료에 따르면 몽골인 군주는 아침은 해에게 저녁에는 달에게 기도하는 관습이 있었다.15) 나나이(Nanai)는 병이 들면 해에게 제물을 바친다고 말한다. 이 경우 사람은 샤만의 힘을 빌리지 않고 환자 자신 또는 가족이 일출을 기다려 아침 일찍 앞뜰로 간다. 산 저쪽에서 해가 솟아오르는 순간 한 사람은 이렇게 말한다. "형제를 너그럽게 봐 주세요. 그는 기특한 놈이에요. 당신에게 음식물을 바칠게요." 마침내 환자가 나으면 수탉, 손수 기른 기러기, 혹은 돼지를 잡는다. 피와 심장, 간장, 폐장이라 말하는 내장의 일부를 솟아오르는 해를 향해 던진다. 또 화주(火酒)도 뿌린다. 누구나 올리는 이러한 가정의 제물에서는 중국의 영향을 느낄 수 있다.16) 농사를 짓는 볼가(Volga) 강변의 추바슈(Chuvash)는 《어머니인 해》에게 하얀 가축을 바친다.

나나이는 달과 오리온에도 제물을 바친다고 말한다.17) 그 밖의 민족의 달 숭배에 관해서는 초승달을 축하하는 관습이 있는 것 외에는 보고를 듣지 못했다. 그 경우 행복과 번영을 달에게 비는 것이다.18) 퉁구스의 샤만 의례에서는 해와 달이 중요한 의미를 가지고 있음에도 불구하고 시베리아 최북단의 여러 민족은 거의 동물 제물 바치기를 하지 않는다. 해가 인간의 행위를 본다고 믿고 퉁구스는 "해도 보세요."라든가 "해도 알아두세요." 등을 부르짖어서 해를 증거로 삼았다.19) 야쿠트도 또한 맹세를 할 때에는 "이 맹세가 거짓이 되면 해에게서 빛과 따뜻함을 빼앗아도 좋다."고 해를 향해 부르짖었다.20) 중앙아시아 이란인의 경우 해의 이름을 두고 행하는 서약은 특히 많다. 그것은 해가 맹세를 깨는 자를 벌하기 때문이다.21)

알타이 계통의 민족은 다른 여러 민족과 마찬가지로 물론 해의 운행과 달 모양에 따라 시간을 계산한다. 플라노 카르피니(Plano Carpini)는 몽골인은 군사 원정이라든가 그 밖의 중요한 계획을 할 때 보름달이라든가 초승달일 때에 한해서 일을 시작했다고 기술하고 있다. 야쿠트인은 에스토니아(Estonia)인과 핀(Finn)인과 마찬가지로 초승달일 때에 결혼식을 올린다.22) 해와 달을 실마리로 행하는 일기예보는 시베리아에서도 유럽의 경우와 거의 같다. 퉁구스와 예니세이(Yenissei)인은 겨울 달무리가 끼는 것을 보고 추위의 전조라고 하며, 여름의 달무리는 비의 전조라고 생각했다. 이런 달은 악천후 때문에 "천막을 펼치고" 있다고 한다. 오스탸크(Ostyak)도 같은 표현을 알고 있다.23)

달의 반점은 모든 민족이 상상력을 펼치게 하는 것이다. 그것은 수많은 전설의 소재가 되어 왔다. 예를 들면 야쿠트인은 가난하며 부모가 없는 딸이 무척 괴로운 생활을 하고 있는 것을 달이 불쌍히 여겨 딸을 거두어 줄 것이라고 생각했다. 어느 서리가 내린 추운 밤 딸이 물을 길으러 가자 달이 내려와서 품에 안고 하늘로 갔다. 그 때문에 지금도 달 속에는 물지게 양 끝에 물통을 멘 딸의 모습이 보인다고 한다. 그래서 야쿠트인은 물 긷는 장소로 가는 도중에 멈춰 서서 달을 쳐다보았다. 오누이 두 아이가 달 속에 보인다고도 한다. 그 때문에 야쿠트인은 아이들이 달을 쳐다보는 것을 금하고 있으며, 특히 보름달일 때에는 심하게 꾸짖는다.24)

부리야트인은 달 속에 물지게로 물통을 진 소녀 외에 버들이 무성한 것도 보인다고 한다. 이야기는 이렇다. 소녀에게는 매우 냉혹한 새엄마가 있었다. 어느 때 물을 길으러 간 소녀가 너무 늦게 돌아오자 새엄마는 화가 나서 "너는 해나 달에게라도 끌려가면 좋겠느냐?"라고 소리쳤다. 소녀는 물을 나르면서 하늘에서 해와 달이 자신에게 내려오는 것을 보았다. 소녀는 깜짝 놀라서 무성한 버들에 매달렸다. 해가 막 소녀를 데려가려고 했을 때 달은 "당신이 나갈 차례는 낮이지. 나는 밤이야. 소녀는 내게 보내."라고 했다. 해가 납득했기 때문에 달은 소녀를 물통과 땅에 나 있는 무성한 버드나무와 같이 데리고 갔다.[25] 이 전설은 야쿠트에도 똑같은 형식으로 나온다.[26]

퉁구스 지역에서는 다음과 같은 이야기가 기록되어 있다. 물 긷는 소녀가 달을 향해 가혹한 숙명으로부터 자신을 구해주도록 기도했다. 소녀를 불쌍히 여긴 달은 물통과 함께 소녀를 데리고 갔다. 마찬가지로 나나이(Nanai)도 물을 길으러 가서 좀체 돌아오지 않는 자신의 딸에게 "너는 달에게 끌려가면 좋겠어?"라고 저주하는 무자비한 어머니의 이야기를 알고 있다. 나나이는 달이 소녀를 빼앗아 간 것이 너무 급한 일이었으므로 물통을 내릴 틈이 없었다고 설명하고 있다.[27] 길랴크(Gilyak)도 또한 달 속에는 물통을 봉으로 메고 있는 소녀가 보인다고 한다.[28]

달에 간 물 긷는 여자의 이야기는 에다(Edda)도 이미 비슷한 한 이야기를 기록하고 있으며, 유럽에도 또한 매우 널리 퍼져 있다.[29] 더구나 흥미로운 것은 틀린키트(Tlinkit)라든가 하이다(Haida)라든가 북아메리카 북서안의 몇몇 민족도 달 속에 물통을 멘 소녀의 모습을 보고 있는 것을 알아냈다.[30]

알타이 타타르도 달에는 '노인'이 살고 있다고 말하며, 이 노인은 아주 옛날에는 식인(食人)을 일삼았으며, 지상에 살면서 많은 나쁜 일을 저질렀다. 하늘의 강자는 인간을 불쌍히 여겨 대책을 의논하기 위해 모였다. "내 열(熱)이 해(害)가 되지 않으면 저 나쁜 것들로부터 가엾은 인간들을 구하기 위해 내려 주어도 좋다."고 해가 말했다. 그것을 들은 달은 인간들은 달의 추위라면 견딜 수 있을 것이라고 말하고 지상으로 내려가서 오리나무 열매를 따고 있는 식인종을 만났다. 달은 그 노인을 나무와 함께 붙잡아 하늘로 돌아왔다. 따라서 오늘날도 달 속에는 식인종과 오리나무가 보인다.31)

투루칸스크(Turukhansk) 지방의 주민은 달 속에서 북을 가진 샤만을 본다. 당시 힘이 센 이 샤만은 달과 싸우려고 했지만 달 가까이 가자마자 잡히고 말았다.32)

타타르, 칼무크, 몽골인의 사고에서는 달 속에는 토끼가 한 마리 있는데, 샤만들이 하늘에 오르면 때때로 토끼를 뒤쫓아 간다.33) 《달의 토끼》는 인도인, 중국인, 일본인뿐만 아니라 다른 대륙의 몇몇 민족도 알고 있다.

달이 이지러지는 것은 야쿠트인의 설명에 따르면 신화적인 이리와 곰이 먹기 때문이다. 달이 원래의 크기로 돌아가면 이들 짐승은 또 먹으려고 돌아간다.34) 나나이는 천신(앤두리 änduri)이 개가 월식을 일으킨다고 말한다. 개에게 물리면 달은 멀리 하늘 귀퉁이로 도망쳐 가서 약초(藥草)로 고치는데 그 때 달빛은 땅위에까지 닿지 않는다.35) 길랴크도 또한 달에 사는 개가 먹는다고 믿고 있다.36) 에다(Edda)에서는 두 마리 이리가 해와 달을 삼키려고 노리고 있다.

달은 남성, 해는 여성이라고 생각하는 나나이는 달이 규칙적으로 모습을 지우는 것은 이 둘이 쫓아가서 함께 합쳐지기 때문이라고 생각하고 있다.37) 틀린키트(Tlinkit)도 또한 일식(日蝕)을 이처럼 설명하고 있으며, 남성인 해와 여성인 달이 하늘에서 합쳐지기 때문이라고 한다.38)

특히 일식과 월식은 자연민족 사이에 공포심을 불러일으켜 주의를 환기시키기에 충분했다. 부리야트인은 하늘의 밝음을 끈질기게 뒤쫓아 오는 괴수(怪獸)가 가끔 해와 달을 삼킨다고 믿고 있었다. 다만 알카(alkha)라는 야수가 세계를 깜깜하게 했을 때 신들이 노하여 이 괴수를 두 동강이로 잘라버렸다. 야수의 하반신은 떨어졌지만 아직 살아 있는 머리 부분은 지금도 하늘에서 계속 침을 뱉고 있다. 알카가 새로이 별을 삼키고 그것을 자신의 몸속에 언제까지나 감추어 둘 수만은 없어서 밖으로 내뱉었다. 해와 달은 알카에게 쫓기자 도움을 요청했다고 민간에서는 설명하고 있다. 그 때 인간은 그런 의미에서 야수를 쫓아 버리려고 큰소리로 시끄럽게 외치고 하늘을 향해 돌을 던지기도 하고 활을 쏘기도 했다.39)

어느 때 오치르바니(Otchirvani=Vairapani)가 인간을 기쁘게 하려고 해와 달에게 명하여 《생명수(生命水)》를 준비시키자 그것을 아라코(arakho)가 먹어서 그릇을 더럽혔다는 이야기가 각지에 있다. 신은 이 괴수가 숨은 장소를 달에게 듣고서 밝혀내자 괴수를 잡아서 두 동강이를 내버렸다. 아라코의 살아남은 전반부는 그 때문에 계속 달한테서 도망치고 있다. 달의 반점에는 이 괴수의 몸이 보인다고 주장하는 사람도 있다.40)

일식과 월식을 일으키게 하는 알카, 또는 아라카는 인도인이 말하는 라후(rahu)와 같은 것이다. 몽골인이 사는 곳에도 라후신화는 역시 꽤 원형에 가까운 형태로 남아 있다. 데바(Deva) 신들과 아수라(Asura) 악마들이 이른바 《젖바다》를 뒤섞었을 때 먼저 거기서 해와 달이 나타나 하늘로 올라갔다. 그밖에 생명의 액즙을 가득채운 사발도 나타났는데 아수라가 빼앗아가 버렸다. 그래서 쿠르무스타(Khurmusta)는 데바 신들을 모아서 아수라 악마들이 이 액즙을 마시면 점점 강해지기 때문에 되찾지 않으면 안 된다고 말했다. 해는 그것을 듣고 아름다운 소녀의 모습으로 바꾸어 아수라가 있는 곳으로 향해 나갔다. 보니 마침 모여서 생명의 액즙을 마시려는 찰나였다. 아수라 악마들은 그것을 마시면 무슨 나쁜 일이 일어나지 않을까 하고 걱정하고 있었기 때문에 소녀(해)는 먼저 목욕을 해서 몸을 깨끗하게 해 두는 쪽이 좋을 것이라고 말했다. 그러는 사이 소녀는 사발을 되찾아서 데바가 있는 곳으로 돌아왔다. 아수라는 배신당했다는 것을 알고 자신들 중 한 라후가 달로 모습을 바꾸어서 몰래 들어가 사발을 되찾도록 의견을 모았다. 그런데 거기에 진짜 달이 나타나 라후가 신들을 속이려고 한다는 것을 알고 그 사정을 바이라파니(Vairapani)에게 전하자 그는 칼을 빼어서 라후를 두 동강 내었다. 그 이후 살아남았던 라후의 머리 반쪽은 해와 달을 노리고 있다.[41]

아무르(Amur) 계곡에 분포해 있는 용(龍)이 해와 달을 뒤쫓아 가고 있다는 견해는 분명히 기원이 중국일 것이다.[42] 또 삼림 타타르와 알타이인은 머리 아홉인 식인(食人) 괴수 얠배갠(jälbägän)이 달을 덮쳐서 월식을 일으킨다고 설명하고 있다. 그래서 월식이 일어났을 때 "얠배갠이 달을 먹었다."고 말한다.[43] 러시아에 사는 타타르와 추바슈는 어떤 요괴가 있어 때때로 해와 달을 삼키는 것을 보는데, 금세 입이 타 버리기 때문에 결국 토해버린다고 말하고 있다.[44]

부리야트와 마찬가지로 다른 많은 민족도 역시 어떤 소리를 시끄럽게 내어서 해와 달을 지키려고 한다. 이미 뤼브뢰크(Ruysbroeck)도 식(蝕)이 가까워지면 몽골인은 북을 치며 소리치고 크게 시끄럽게 하는데, 지나고 나면 기분이 매우 좋아져서 술잔치와 축하잔치를 시작한다고 기술하고 있다.[45]

해와 달 외에 북극성, 작은곰자리, 큰곰자리, 오리온, 묘성(昴星), 금성, 은하수는 알타이 계통의 여러 민족이 특히 관심을 보이는 대상이다. 이들과 같은 별과 별자리는 북아메리카의 원주민이 사는 데서도 가장 주목하는 대상이 되었다.

2. 북극성과 작은곰자리

세계의 구조에서 북극성이 갖는 중요한 의미에 대해서는 이미 알고 있다. 북극성을 둘러 싼 별들이 이 《황금 또는 쇠기둥》 주위를 돌고 있는 것처럼 보이기 때문에 별들은 그 기둥에 끈으로 묶여 있다는 생각을 불러일으킨다. 키르기스(Kirghiz)인은 북극성에 가장 가까이 위치하여 호(弧)를 그리고 있는 작은곰자리의 세 개 별을 《벼리(綱)》라고 부르며, 거기에 큰 별 두 개 결국 《두 마리 말》이 묶여 있다고 생각한다. 한 마리는 하얗고, 또 한 마리는 청회색(靑灰色)이다. 큰곰자리의 일곱 별[북두칠성]은 《일곱 지킴이》라 부르며, 틈을 노리는 이리로부터 이들 말을 지키는 것이 그 임무이다. 만일 이리가 말을 죽이기라도 하면 그 때문에 세계는 끝나게 된다.[1] 한편 큰곰자리의 별들은 이들의 말을 노리는 《일곱 마리 이리》이며, 최후의 심판 날에 이리는 말을 궁지에 몰아넣을 것이라고 말하는 지방도 있다.[2] 미누신스크(Minussinsk) 지방의 타타르인은 최후의 심판 날이 오면 《일곱 마리 개》가 쇠사슬을 잡아당겨 끊고 달아난다고 생각하고 있다.[3] 이 개라는 것도 또한 큰곰자리의 일곱 별이라고 생각해도 좋을 것이다. 결국 이들 별은 그 밖의 별과 마찬가지로 세계의 기둥에 묶여있다고 믿는 것이다. 이들 별의 줄이 어떤 원인으로 끊어지는 경우 큰 혼란에 빠진다는 생각은 꽤 널리 퍼져 있다.

남러시아의 슬라브(Slave)인에게도 또한 작은곰자리의 쇠사슬이 개를 묶어 두고 있다고 하는 전설이 있다. 개는 언제나 이 사슬을 갉고 있는데 마침내는 사슬을 끊어 결국 세계의 종말이 찾아온다고 한다.[4]

3. 큰곰자리

　북시베리아의 몇몇 민족은 물론 이 지방에 사는 러시아인조차 큰곰자리를 《사슴》이라 부르고 있다. 투루칸스크(Turukhansk) 지방의 사모예드(Samoyed)인은 북극성은 이 사슴을 쏘아서 잡으려는 사냥꾼이라고 말하고 있다.[1] 예니세이(Yenissei)인은 이 별자리에 사슴 한 마리와 사냥꾼 세 명을 본다. 사각형을 이루는 앞쪽 별은 사슴이다. 이에 반해 빛나는 호(弧)는 사냥꾼으로 선두는 퉁구스(Tungus), 두 번째는 냄비-더 가까이 들러붙어 빛나고 있는 작은 별(alcor)-를 가진 예니세이인, 마지막이 러시아인이다. 그 밖에 《사슴》 앞에 있는 세 별을 가리켜 그 중 하나는 사슴의 《콧등》, 그 밖의 둘은 《귀》라고 한다.[2] 예를 들면 오리온이라든가 그 밖의 갖가지 별에도 결부할 수가 있는 다음과 같은 야쿠트의 전설도 또한 큰곰자리에 대입해도 좋을지 어떨지는 확실하지 않다. 퉁구스인 셋이 사슴 한 마리를 쫓아서 천개(天蓋)에까지 이르렀지만, 그들은 오랫동안 길에서 헤매다가 배고파서 고통스러웠다. 마침내 사냥꾼 한 사람은 죽고 나머지 두 사람은 사슴과 개와 함께 별(《사슴자리》)로 바뀌었다.[3]

　참고로 기술하면 북아메리카 인디언도 또한 큰곰자리 중에 동물이 있다고 하는데, 그것은 많은 경우 사냥꾼 세 사람에게 쫓기는 곰이다.[4]

　이처럼 라프(Lapp)나 그 밖의 많은 자연민족에게도 기록되어 있다. 수렵생활을 반영하는 별에 대한 생각은 분명히 매우 오래된 전통에 기인한다. 다음과 같은 나나이(Nanai)도 아마 기원이 오래되었을 것이다. 옛날 시아버지, 시어머니 그리고 신랑이 있었다. 시아버지는 신랑에게 그물 말리는데 쓸 말뚝 4개를 세우게 했다. 그런데 그 일을 엉터리로 해서 시아버지는 신랑을 때리려고 했지만 신랑은 시어머니한테로 도망쳤다.

아무렇게나 세운 말뚝은 큰곰자리의 비뚤어진 사각형이 되었다. 호(弧)를 그리는 세 개 별의 선두는 시아버지, 다음은 신랑, 마지막 벗어나 있는 것이 시어머니이다.5)

중앙아시아 여러 민족의 경우 큰곰자리에는 다른 종류의 전통이 얽혀 있다. 부리야트인은 큰곰자리의 일곱 별은 일곱 사람의 죽은 자[死者]의 머리라고 설명한다. 어떤 영웅이 일찍이 《일곱 사람의 검은 대장장이》를 죽여서 그 머리로 일곱 개의 잔을 만들고 머릿골은 술로 담가 할머니인 만잔 괴르뫼(Manzan-Görmö)를 취하게 했다. 만잔 괴르뫼는 그것을 다 마셔버리고 잔을 하늘에 던지자 큰곰자리 일곱 별이 생겼다. 대장장이는 이들 별의 보호를 받고 있다고 한다.6) 큰곰자리를 《일곱 노인》이라든가 《일곱 부르칸(Burkhan)》이라 부르고 있는 몽골인이 왜 이 별자리에 젖과 쿠미스(kumys)를 올리거나 혹은 가축까지 바치는지는 분명하지 않다.7)

《일곱 노인》 혹은 《일곱 칸(khan)》이 부정적으로 표현된 이야기는 중앙아시아의 매우 넓은 지역에 걸쳐 나타나고 있다. 몽골인은 묘성(昴星)은 본래 7개였는데, 이 일당이 하나를 빼앗았기 때문에 지금은 6개로 줄어들고 말았다고 기술하고 있다. "빼앗았다"고 말하는 그 작은 별은 큰곰자리의 호(弧) 한가운데 별 옆에서 빛나고 있어서 몽골인의 신앙 관념으로는 그것은 도적신(盜賊神)이며, 약탈하러 나갈 때는 그 별을 본다는 이야기가 있다.8) 묘성은 큰곰자리에게 복수전을 하고 싶어서 지금까지도 아직 《일곱 칸》을 추적하고 있는데, 따라잡을 수 없었다고 알타이 타타르는 설명하고 있다.9) 키르기스(Kirghiz)인도 또한 큰곰자리의 별을 《일곱 도적》이라 부르며 그들은 묘성의 두 딸을 빼앗았다고 말하고 있다.10) 카프카스에는 어떤 칸(khan)이 자신의 딸 교육을 《일곱 형제》에게 맡겼는데, 형제들이 귀향하고 있을 때 묘성이 덮쳐서 그 제자를 빼앗으려고 했다는 이야기가 있다.[11] 이 전설에서는 형제들은 소녀를 빼앗기지 않으려 했다는 것이다.[12] 이와 비슷한 이야기는 그래서 일부분 변형되어 있다.

《일곱 형제》와 하늘에 데리고 간 그 누이동생의 이야기도 아마도 이 계열에 역시 속할 것이다. 부리야트인에게는 또한 다음과 같은 큰곰자리 전설이 있다. 옛날 새의 말을 알아듣는 가난한 남자가 있었다. 어느 날 한 나무 아래에서 쉬고 있었는데, 까마귀 2마리가 오랜 병으로 병상에 있는 칸(khan)의 아들을 도와줄 수 있는 방법을 가르쳐 주었다. 까마귀의 충고에 따라 남자는 칸과 그의 아들이 있는 곳으로 서둘러 갔다. 칸은 포상으로 7마리 말을 남자에게 주었다. 집으로 돌아오는 도중 각각 특기를 가지고 있는 남자 여섯 명을 만났다. 한 사람은 산을 들어 올릴 정도로 힘이 세었다. 2번째는 좋은 귀를 가지고 있어서 지하에서 벌어지는 일을 들을 수 있을 정도였다. 3번째는 《하늘의 산》을 한 조각, 활로 쏘아 떨어뜨릴 수 있을 정도와 버금가는 사수였다. 4번째는 새 깃털을 쉽게 다른 종류의 새 깃털로 바꿀 수 있을 정도로 솜씨가 좋았다. 5번째는 강물을 전부 입으로 머금었다가 다시 토해내며, 6번째는 재빠르게 들에서 민첩한 야생산양을 잡을 수가 있었다. 이들 영웅들은 일곱 마리 말을 가진 이 남자와 합류하기로 결정했다. 더할 나위없는 좋은 귀를 가진 남자는 칸이 자기 딸의 신랑을 정하기 위해 구혼자들에게 3가지 어려운 문제를 낸 것을 우연히 들었다. 그래서 영웅들은 운수를 시험해 보려고 말이 끝나자 바로 칸이 있는 곳으로 가서 딸을 원했다. 그들이 가장 어려운 과제도 풀어서 딸을 데려가자 칸의 부하들이 뒤를 쫓았지만 일곱 영웅은 이 딸을 데리고 도망쳐 버렸다. 마지막으로 신은 그들을 하늘로 데리고 가서 큰곰자리로 바꾸었다. 앞에서 기술했던 큰곰자리의 호(弧) 쪽에 있는 작은 별(alcor)은 그들에게 빼앗긴 딸이었다.[13]

그림20. 고대 중국 화상석에 그려진 큰곰자리의 왕.

같은 전설 소재는 이미 고대 그리스에 알려져 있었다. 일곱 묘성의 하나로 트로이(Troy)인의 여자 조상이었던 엘렉트라(Electra)는 트로이가 함락된 슬픔으로 천상에 있는 본래 있던 자리로 갔다. 그 때문에 묘성은 여섯으로 줄어들고 말았는데, 이 작은 별은 곧바로 큰곰자리의 호(弧) 한가운데 별 곁에 나타났다고 말한다. 트로이 전쟁의 원인이 되었다고 하는 여자 강탈 이야기가 역시 이 전설 속에도 들어 있었던 것을 충분히 인식할 수 있다. 여기에 든, 큰곰자리를 표시한, 147년 무렵의 중국 그림을 보아도 이와 같이 작은 별은 중국에서도 주목의 대상이었다는 것을 잘 알 수 있다(그림20).

4. 오리온자리

큰곰자리와 마찬가지로 오리온자리에도 수렵전설이 얽혀 있다. 먼 옛날 사수가 《세 마리 사슴》을 궁지로 몰아서 죽을 위기가 닥치자 사슴은 갑자기 하늘로 올라가 버렸다. 그래도 사냥꾼은 화살을 계속 쏘았다.

그러자 사슴은 일렬로 나란히 오리온의 삼성(三星.《세 마리 사슴》)이 되었다. 그 아래 주위의 하늘에는 사냥꾼의 화살이 보인다고 부리야트(Buryat)인은 기술하고 있다.1)

알타이(Altai) 지방에서도 이 전설과 비슷한 이야기가 조금 기록되어 있다. 텔레우트(Teleut)에는 말에 타고 세 마리 사슴을 뒤쫓아 갔던 쿠굴데이(Kuguldei)라는 영웅의 이야기가 있다. 사슴은 숨 쉴 틈도 없이 땅위를 이리저리 뛰었다. 사슴은 마침내 하늘로 올라갔는데 영웅은 어김없이 뒤꽁무니에 붙어 와서 다시 화살 2개를 뒤쫓아 쏘았다. 영웅의 말은 동쪽 하늘의 큰 별이 되어 빛나고《세 마리 사슴》가까이에는 흰색과 붉은색 화살 2개가 보인다. 2번째 화살이 붉은 것은 사슴의 몸을 쏘아 꿰뚫어서 피로 물들었기 때문이다. 영웅 자신도 또한 큰 별로 변했다.2)

사냥꾼이 지상의 사슴을 모두 죽이려고 했기 때문에 신은 사냥꾼을 저주한다고 말하고 있는 지방도 있다. 그런 사냥의 상황을 곧바로 하늘에서 보게 되었다. 그 날부터 하늘에는《세 마리 사슴》('오리온의 띠')이 보였는데, 곧바로 거기에는 사냥꾼과 그가 탄 말, 개, 화살이 별이 되어 빛나고 있다. 또 어떤 사람은 오리온 중에서 사슴 외에 사냥꾼, 개, 사냥매를 본다. 또한 어떤 사람은 두 마리 사냥개가 있다고 한다. 사냥꾼은 이 활 쏘는 사람에게 풍성한 사냥을 빈다고 말한다.3)

오리온의 띠를 몽골인도 또한《세 마리 사슴》이라고 부른다. 그들은 그 밖에 이 별자리 중에서 사수, 말, 개, 화살을 본다.4) 이 전설과 이 전설에 관련된 여러 관념은 사수의 이름이 가르쳐주는 것처럼 부리야트인으로부터 바이칼(Baikal) 호반의 퉁구스 지역에도 퍼져 간 것 같다. 퉁구스는 이 사냥꾼은 머리는 인간이며 몸은 말이라고 한다. 하늘에 빛나는 화살을 그들은《불화살》이라 부르고 있다.5)

키르기스(Kirghiz)인은 오리온의 띠에서 《세 마리 야생 산양》을 보며, 그 옆의 별은 사냥꾼 3사람과 그가 쏜 화살이라고 한다. 사수들은 본래 지상에 있었는데 어떤 동물도 그들의 화살을 피할 수가 없기 때문에 야생 산양과 남자들을 하늘로 데려온 것이라고 그런다.6)

퉁구스 전설의 반인반마인 켄타우로스(Centauros)는 오리온을 힘센 수렵영웅으로 기술하고 있다는 점에서 고대 그리스신화를 생각나게 한다. 알타이 타타르와 마찬가지로 고대 그리스인도 또한 영웅은 지상의 모든 동물을 없애려고 했다고 생각하고 있다. '오리온 사냥'의 상황은 천상에 보이며, 그 개도 또한 특별한 별(시리우스)로 불리고 있다.

예니세이(Yenissei)인은 오리온을 《사슴의 머리》라고 부른다. 그러므로 이런 생각은 이미 든 전설과는 관계가 없다는 것은 사슴이 영웅 알바(Alba)의 신부를 빼앗았다고 말하고 있기 때문이다. 따라서 예니세이인에게서 소녀를 빼앗은 것은 오리온이지 큰곰자리가 아니다.7)

오리온의 띠에는 또 사물의 이름이 붙어 있다. 이런 종류의 가장 일반적인 명칭은 《저울》혹은 《손저울》(터키, 키르기스, 시베리아, 타타르)과 《물지게 막대기》(볼가, 타타르)이다.

나나이(Nanai)인에게 오리온은 밤의 시간을 알려주는 것으로, 화주(火酒), 고기, 죽 등을 바친다. 이 같은 제물(祭物)은 한 해의 마지막(중국달력에 따른다)에 바치며, 그 하룻밤은 자지 않는다. 오리온이 지평선 위에 모습을 나타내면 사람들은 작은 집에서 앞뜰로 작은 탁자를 가지고 나와서 음식물을 바치고 중국식으로 등불을 켠다. 그리고 무릎을 꿇고 별자리를 향해 소원을 말한다.8) 항성년(恒星年)을 거기서는 아마도 오리온에 바탕을 두고 계산하는 것 같다.

5. 묘성昴星

묘성은 추위가 위쪽에서 그곳을 통과해 흘러들어가는 일종의 공깃구멍이나 그물코 같은 것이라고 하는 사고방식에 대해서는 이미 기술했는데, 그밖에 민족에 따라서는 어떤 종류의 동물 무리라는 관념도 있다. 야쿠트(Yakut), 코랴크(Koryak), 보굴(Vogul)이라고 하는 시베리아 북방 여러 민족이 사는 곳에서는 묘성을 새 또는 들오리의 둥지라고 부르고 있다.[1] 알타이에서는 메친(mečin)이라 부르고 있다.

알타이 타타르에 따르면 메친은 일찍이 지상에 살고 있었던 일종의 동물로, 그 무렵 지상은 너무 더워서 메친이 태운 재(灰)속에 숨어들었을 때 낙타와 암소는 메친을 죽이려고 결심했다. 낙타는 먼저 발로 밟아 뭉개려고 했는데, 암소가 "네 발은 부드럽게 지나가. 한 번 내 딱딱한 발굽으로 해보자."라고 말했다. 낙타가 옆으로 물러나자 암소는 발을 재속에 넣었다. 그러자 메친은 산산조각이 났는데, 그 부서진 조각은 암소 발굽의 갈라진 틈을 빠져 나가서 하늘에 올라 6개의 작은 별로 되어 지금도 계속 빛나고 있다. 메친이 하늘로 가버렸기 때문에 지상의 기후는 차가워졌다. 비슷한 다른 이야기에 따르면 그 반대로 메친이 지상에 살고 있었을 무렵 지상은 아마도 추웠을 것이라고 한다.[2]

이 신화적 동물은 큰 곤충 같은 것이었다고 생각하고 있다. 키르기스인은 위르케르(ürker, 묘성)는 본래 큰 녹색 곤충이었는데, 풀 속에 살면서 양 등의 가축을 먹었다고 기술하고 있다. 이것을 보고 격앙된 낙타와 암소는 죽이고 말겠다고 결심했는데, 암소 발굽의 갈라진 틈에서 산산조각이 되어 하늘로 도망치고 말았다. 여름의 밤하늘에 위르케르가 보이지 않을 때는 땅에 내려온 것이라고 말한다. 늪지대에 내려오면 비참한 겨울이 되며, 반대로 건조한 지방을 찾아오면 좋은 겨울이 찾아온다

고 키르기스인은 말한다.3)

알타이 지방에서는 앞에서 기술한 별의 약탈에는 지금 마지막에 기술한 전설도 섞여 있다. 이 경우 강력한 칸(khan)으로 등장하는 큰곰자리는 크고 악한 곤충인 메친이 지상에 살면서 인간과 가축을 먹는 것을 그대로 두고 참을 수 없었다. 그들은 이 악당을 어떻게 하면 퇴치할 수 있을지를 말에게 상담했다. 말은 "나라면 이 발굽으로 밟아 부숴버리지."라고 대답했다. 암소는 그것을 듣고는 급히 메친이 쉬고 있는 얼음이 있는 곳으로 가서 곧바로 발굽으로 산산이 부숴버리고 말았다. 그런데 깨진 조각은 발굽의 갈라진 틈을 빠져 나와 하늘로 올라가고 말았고 칸은 단지 한 조각만을 집어들 수 있었다. 별 하나를 잃은 메친은 화가 치밀어서 끊임없이 큰곰자리를 뒤쫓고 있다.4)

묘성은 본래는 한 별 혹은 한 생물이었는데, 뒤에 뿔뿔이 흩어지고 말았다는 사고방식은 지구상의 여러 민족이 기록한 수많은 전설 가운데에 반영되어 있다. 묘성은 본래 일곱 별로 되어 있었는데 지금은 여섯으로 되고 말았다는 견해도 또한 비교적 널리 퍼져 있으며 또한 오래되었다.5)

6. 금성金星

부리야트인에게는 '아침과 저녁에 보이는' 솔본(solbon. 금성)은 특히 눈에 띄는 지위를 점하고 있다. 금성은 올가미를 손에 쥐고 하늘을 뛰어다니는 위대한 말 애호가이다. 그는 큰 말 무리를 소유하고 있는데, 도게도이(Dogedoi. Debedei라고도 한다) 혹은 토클로크(Toklok)라는 하인이 지키고 있다. 부리야트인은 또한 솔본은 자신들 말의 최고 수호령이라고도 생각하기 때문에 존숭(尊崇)의 대상으로 되어 있다. 봄에 말갈기와 꼬리털을 자르고 망아지에게 소유자의 낙인을 찍을 때 그들은 고기와 젖죽(salamat)을 끓이고 그 지역에서 생산한 화주(火酒. tarasun)를 태워서 솔본에게 제물로 바친다. 솔본과 그의 종복(從僕)에게 술을 바칠 때는 하늘 위를 향해서 흩뿌리고 고기와 죽은 불속에 던진다. 그밖에 솔본을 비롯하여 몇몇 신들에게는 살아 있는 말을 바치고 그 후로는 인간이 사용하는 것을 금하고 있다.[1] 게오르기(Georgi)에 따르면 "신들 특히 가축신 술분두(Sulbundu)는 밤이 되면 이렇게 바쳐진 말을 타고 말무리를 망보러 나가기 때문에 아침이 되어서 보면 말은 땀으로 흠뻑 젖어 있다."고 부리야트인은 믿고 있다.[2] 전설 중에는 또 솔본의 종복은 인간에게 말을 잘 길들이는 방법을 가르친다고 말하고 있다. 때때로 그들은 누가 좋은 말로 행복한가를 예언하기조차 한다. 부리야트인은 늦여름에 태어난 망아지는 솔본이 하늘에 나타난 뒤에 태어나게 하면 재수가 좋다고 생각한다. 이러한 말은 좋은 말이 된다고 말하고 있다.[3]

어떤 전설에 의하면 솔본이 어느 때 서쪽 하늘로 가버리기 때문에 종복인 도게도이는 3일 동안 말 무리[馬群]를 놓아두고 부르토(Burto)라는 개를 데리고 산보를 나갔다. 도게도이가 돌아와 보니 말 무리는 이리에게 습격당해 사방으로 흩어지고 일부는 잡아먹혔다. 말 무리를 모으기 시작했을 때 솔본은 갑자기 서쪽 하늘에서 돌아와서 나머지가 부실하다고 화를 내고 종복을 엄하게 꾸짖은 다음 절름발이로 만들어 버렸다.[4]

샛별, 개밥바라기로서의 금성이야말로 별 가축의 지킴이를 하는 목자(牧者) 이미지에 딱 맞는다. 북아메리카 인디언의 전설에도 또한 금성은 별의 신령으로 등장한다. 예니세이(Yenissei)인은 금성은 가장 나이 많은 별로 별들을 위험으로부터 지키며 정해진 시각보다 일찍 없어지지 않도록 주의한다고 말하고 있다. 따라서 금성은 하늘에 "처음으로 나타나 마지막에 가는 것"이다.[5] 고대 바빌로니아(Babylonia)인도 마찬가지

그림21. 미누신스크의 샤만 북에 그려진 하늘 부분에는 손에 별을 쥔 금성의 기수가 보인다.

로 이시타르(Ichtar)별이 지키는 '양 무리[羊群]'에 대해서 말하고 있다.

몽골인은 하늘의 기수(騎手)와 그 종복을 어디에서 손에 넣을 수 있었을까? 아마 말을 사랑하는 민족인 만큼 하늘의 별은 큰 말 무리라고 하는 관념에 스스로 도달한 것이라고 생각해도 좋을 것이다. 그런데 인도인, 이란인도 이러한 관념을 가지고 있는 것같이 보인다. 올덴베르크(Oldenberg)가 지적한 것처럼 베다(Veda)의 이중신(二重神) 아슈빈(Asvin. 騎手)도 또한 본래는 샛별, 개밥바라기를 의미한 듯하다. 아슈빈은 말을 선물한다고 기술하고 있다.

부리야트인의 경우 금성은 신부약탈의 이야기와도 결부되어 있다. 솔본은 아내 셋을 두고 있는데, 그 가운데 세 번째는 부리야트 딸로 마침 혼례를 한창 축하하는 중에 솔본이 약탈했다는 것이다. 솔본은 땅으로 내려와 뛰어나게 예쁜 소녀를 혼례 손님 중에서 약탈해서 하늘로 데리고 가버린다. 솔본은 처음 두 아내와의 사이에는 자식이 없었는데, 지상에서 약탈해 온 아내는 아들을 하나 낳았다.[6]

야쿠트의 전설에서는 이 별은 여성으로 더구나 꽃과 같은 이 소녀는 위르겔(ürgel. 묘성)이 사랑하는 것이었다. 두 사람이 하늘에서 만나면 폭풍과 거친 날씨가 예고되었다.[7] 키르기스인은 "묘성은 달의 아들이고 개밥바라기는 달의 딸이다."라고 한다.[8]

7. 은하수銀河水

이미 예부터 멀리 이어진 은하의 별 띠는 자연 사람들의 주목을 받아 왔다. 투르크 계통의 여러 언어에서 가장 보편적인 이름은 《새의 길(鳥道)》(투르크멘, 키르기스 등) 혹은 《기러기의 길》(볼가 타타르와 추바슈)이다.1) 후자의 명칭은 핀(Finn) 계통의 볼가 여러 민족에도 보인다. 핀(Finn)인과 에스토니아(Estonia)인이 이들을 가리키는 이름은 《새의 길》인데, 라프(Lapp)인의 경우는 《새의 작은 길》(loderaiddaras)이다. 이런 옛 이름의 유래는 오스탸크(Ostyak)와 보굴(Vogul)의 전설에서 엿볼 수 있다. 거기에서도 역시 《들오리의 길》이라든가 《남쪽 새의 길》이라 불리는 은하수는 철새의 밤 길잡이라고 말하고 있다. 에스토니아인도 핀(Finn)인도 또한 《새의 길》이라고 하는 명칭을 똑같이 설명하고 있다.

하늘의 이런 불가사의한 길은 그 밖에도 여러 가지 관념을 불러일으키고 있다. 이미 앞에서도 다루었듯이 부리야트인과 곳에 따라서는 야쿠트인도 그것을 하늘의 《바느질 자리》라고 부르고 있다. 하늘을 덮은 것은 은하수에 해당하는 곳에서 꿰매 맞추고 있다고조차 말하고 있다. 투루칸스크(Turukhansk) 지방의 사모예드(Samoyed)인은 은하수를 《하늘의 등(背)》이라 부른다.2)

부리야트(Buryat)인이 사는 곳에서는 이 별의 띠는 만잔 괴르뫼(manzan-Görmö)라는 여신의 젖에서 비롯된 것이라는 전설이 기록되어 있다. 비슷한 한 이야기에 따르면 어떤 하늘의 존재가 괴르뫼를 취하게 해서 자고 있는 동안에 그녀 방의 작은 상자에서 중요한 보물을 빼앗아 도망쳤다. 괴르뫼는 눈을 뜨자 이 도둑을 쫓아가 자신의 젖을 짜서 하늘에 젖을 뿌렸다.3) 많은 유럽의 여러 민족도 《젖의 길》이라고 부르듯이 역시 이 별의 길을 젖이라고 생각하고 있었다. 고대그리스인은 여신 헤라(Hera)가 자신이 미워하는 아이 헤라클레스(Herakles)의 입에서 젖을 뗄 때 떨어진 젖이 하늘에 흩어져 《젖의 길》이 생겼다고 설명했다.

북시베리아에서는 은하수는 하늘을 가로질러 흐르는 큰 강이라고 생각하고 있다.4) 이런 사고방식은 중국에 뿌리를 두고 있는데, 《하늘의 흐름》이라고 부르고 있다. 한국인도 일본인도 사랑 때문에 자신의 의무를 게을리 한, 서로 사랑하는 별을 신이 갈라놓아서 《하늘의 흐름》양쪽 언덕으로 가게 되었다고 한다. 1년에 한 번 7월에 한해서 새가 하늘의 흐름에 다리를 놓았을 때만 그들은 만난다고 한다.5)

카프카스의 타타르, 오스만(Osman), 거기에 많은 발칸(Balkan) 여러 민족에서 은하수는 아마 페르시아 기원일 것이라는 전설과 결부되어 있다. 어떤 남자가 짚과 마른 풀을 훔쳤는데 그 끝에서 떨어져 간 자취가 지금도 하늘에 이어져 보인다는 것이다. 따라서 여기에서 은하수는 《짚을 훔친 사람의 길》이라든가 자취로 부르고 있다.6)

야쿠트인은 곳에 따라서 은하수를 《신의 발자취》라고 부르고 있다. 신은 세계를 창조할 무렵 천상을 걸어 돌아다녔을 것이다.7) 더 많이 보급되어 있는 것은 《신 아들의 스키 자취》라는 것인데8) 오스탸크와 보굴에서도 기록되어 있듯이, 이 이야기에는 아마 수렵전설이 숨어 있을 것이다. 보굴에 따르면 신 누미토렘(Numi-torem)이 땅을 창조했을 때 거기에 다리가 여섯인 사슴을 보냈다. 그런데 보통 인간으로는 발이 빠른 동물을 쫓아갈 수 없기 때문에 숲의 인간에게 잡아주도록 부탁했다. 그러나 이 대담한 스키 주자로서도 다리가 여섯인 사슴을 쫓아가 잡는 것은 쉽지 않았다. 그러나 마침내 사슴을 쏘아서 잡았을 때 남은 다리 둘을 잘라서 아버지 누미토렘에게 말했다. "이 동물을 당신의 말[言語] 힘으로 네 다리로 바꾸어 주십시오. 그를 따라 붙어서 쏘아 잡는 것은 나조차 어려우니 보통 사람에게 어떻게 그런 힘이 있겠습니까?"

이 사건의 영향으로 큰곰자리에는 한 마리 동물의 머리, 두 눈, 앞뒤 다리, 거기에 잘라낸 다리까지가 보인다. 이러한 수렵 묘사에서 은하수는 《숲 사람의 스키 자취》라는 이름을 얻기에 이르렀다. 이 숲 사람의 '집'도 또한 묘성(昴星)으로서 하늘에 보이며, 보굴(Vogul)은 그것을 《숲 사람의 완벽한 집》이라 이름 붙이고 있다.9)

따라서 이 전설의 경우에도 큰 곰을 쫓는 자는 묘성에 그 본거지를 가지고 있다는 것이다.

이르티슈 오스탸크(Irtysh Ostyak)의 같은 종류 전설에는 다리가 여섯인 사슴 사냥꾼을 퉁포크(Tung-pok)라 부르고 있다. 그 때문에 그들은 은하수 중에 둘이 나란히 달리는 《퉁포크의 스키 자취》와 큰곰자리에서 그들이 쏘아 잡은 《사슴》을 본다. 바슈간(Vasyugan) 오스탸크는 이 사냥꾼을 《천신의 아들》이라 부르고 있다.10)

은하수를 스키의 자취라고 생각하는 것은 퉁구스도 또한 그런데, 스키를 신고 달리는 것은 이 경우 곰이다. 곰은 사슴을 뒤쫓아서 갈기갈기 찢고 말았다. 그 찢어진 것은 하늘에서 《사슴의 다리》(큰곰)와 《사슴의 넓적다리》(오리온)가 되었다. 이 둘은 스키의 미끄러진 자취를 사이에 두고 양쪽으로 나뉘었다. 곰은 나아가는 가운데 지친 다리를 끌었기 때문에 은하수의 끝은 둘로 갈라졌다. 퉁구스는 이 전설에 따라 은하수를 《곰의 스키 자취》라 부르고 있다.11) 큰곰자리를 《사슴의 다리》라 부르는 것과 비슷한 것은 고대 이집트인의 《소의 다리》이다.

나나이(Nanai)도 또한 은하수는 어떤 영웅이 남긴 스키 자취라고 생각하고 있다.12) 몽골인도 또한 은하수를 《발칸의 길》이라 이름 붙였다. 이슬람화한 타타르는 은하수를 《메카 순례자의 길》이라 부르고 있다.

8. 12년 주기의 짐승띠 기호

별에 얽힌 관념과 관련해서 기술하고 싶은 것은 중앙아시아 여러 민족은 때를 12주기(周期)로 나누고 있다는 것이다. 12년은 다음과 같은 동물명을 가지고 있다. 결국 생쥐, 소, 범, 산토끼, 용, 뱀, 말, 양, 원숭이, 닭, 개, 돼지이다. 이들 동물은 작은 금속제 둥근 거울(toli)에 나타내는 경우가 흔하다.1) 샤만이 그 장신구에도 달고 있는 이 같은 금속거울은 중국으로부터 역시 같은 역법(曆法)을 쓰고 있는 몽골로 상품으로 들어간 것이라고 생각된다. 중국인은 '생쥐'를 '쥐', '산토끼'를 '집토끼'로 부르고 있다.

역시 12년 주기를 알고 있는 부리야트(Buryat)인은 제1년은 '낙타'라고 불러도 좋다고 하는데, 낙타는 그 명예를 쥐에게 빼앗기고 말았다고 말하고 있다. 그 의미는 다음과 같은 전설이 분명하게 하고 있다. 낙타와 쥐 어느 동물이 제1년의 표시자가 되어야 하는가를 오랫동안 다투었지만 결국 처음으로 해돋이를 본 동물의 이름으로 하려고 한다는 것으로 귀결되었다. 낙타는 동쪽을 향해서 앉았는데 교활한 쥐는 낙타의 혹에 기어올라 거기에서 서쪽을 살피고 있었다. 해가 뜰 때 낙타의 눈이 아직 햇빛을 인식하지 못 했을 때 쥐는 이미 서산에 빛이 비치는 것을 인식했다. 이렇게 해서 제1년은 '쥐'로 명명되었다. 이 전설에서 다음과 같은 부리야트의 속담이 생겼다. 이른바 "낙타는 우쭐대다가 해를 잃었다.2)"

12년 1주기를 나타내는 동물의 상징은 짐승띠의 표시 외에 후기 이집트의 대리석판에도 가끔 보인다. 동물상은 또 고대 그리스인에 의해 12년간의 단락에도 쓰이고 있다. 그 동물의 상징은 다음과 같은 순으로 기술되어 있다. 고양이, 개, 뱀, 투구벌레(게), 당나귀, 사자, 산양, 소, 매, 원숭이, 메추라기, 악어. 이들 시간의 기호는 12시간을 나누는 방법과 마찬가지로 여러 가지 점에서 공통 기원을 가지고 있다. 몇몇 그리스 자료는 이런 시간 나누기 방법을 '칼데아(Khaldea)식'이라 부르고 있는데, 그들은 물론 바빌로니아의 점성술을 가리키고 있다. 이들 시간의 기호는 본래 짐승띠의 12동물에 기원이 있다고 상정된다.

　위에서 기술했던 오리온의 사냥꾼이라든가, 묘성에 의한 별의 약탈이라든가, 《은하수》와 같은, 별에 얽힌 몇몇 관념은 헬레니즘 신화에 뿌리를 두고 있다고 생각된다. 시베리아에는 스키타이(Scythian)인이 중개인이 되어 퍼졌을 것이라고 하며, 그래서 아마 이 같은 경로를 통해서 12시간의 구분도 동아시아에까지 도달했을 것이다. 그 밖의 그리스 스키타이적인 문화유산도 또한 알타이와 북몽골의 고대 투르크족의 분묘에 보이는 것처럼 먼 아시아의 저쪽에까지 받아들여진 것이다.

제9장
벼락

시베리아 북단의 몇몇 민족은 북아메리카 인디언과 마찬가지로 벼락을 일으키는 것은 새의 모습을 하고 있다고 생각한다. 투루칸스크(Turukhansk) 지방의 퉁구스는 벼락은 이 큰 새가 날 때의 날갯짓 소리로 생긴다고 내게 설명해 주었다. 이것에 제물을 바치지는 않지만 샤만의 의례 때는 그것을 나타내는 새의 형상[鳥像]을 나무로 만들어 천막 바깥의 긴 기둥 위에 얹는다. 이 벼락 새는 샤만이 공중을 돌아다니고 있는 동안 여러 가지 위험으로부터 샤만의 혼을 지킨다고 믿고 있다. 필요할 때는 샤만은 벼락 새를 적을 향해서 날릴 수도 있다. 새의 크나큰 힘을 증명하는 것은, 새의 《쇠(鐵) 발톱》이 찢었다고 하는, 번개가 쳐서 넘어졌다고 하는 적송(赤松)이다.

투루칸스크 지방의 다른 자연민족도 또한 벼락에 대해서 비슷한 견해를 가지고 있다. 동사모예드(東Samoyed)족은 벼락 새는 들오리의 모습을 하고 있다고 한다. 새가 재채기를 하면 비가 억수 같이 쏟아진다. 새가 일으킨 천둥소리에 의해서이며, 역시 《쇠의 새》이라고 생각하고 있다.[1] 벼락이라고 말하는, 거위와 닮은 목상(木像)을 만든 유락(Yurak)

족은 퉁구스와 마찬가지로 벼락 새는 샤만의 돌아다니는 혼을 늘 따라다니며 그것을 지킨다고 설명한다. 어떤 유명한 샤만은 이 큰 새가 지켜줘서 1년 동안 공중을 돌아다녔다고까지 말하고 있다.[2] 바이칼 지방의 오로촌(Orochon)의 신앙 관념에서도 벼락 새는 비슷한 역할을 하고 있다. 시로코고로프(Shirokogorov)는 오로촌의 사고방식에 따르면 모든 샤만의 수호자는 탐니디라(tamnydira)라는 이름의 새(鳥)로 그것은 동시에 벼락과 번개의 신령이라고도 기술하고 있다.[3]

알타이 텔레우트(Altai Teleut)도 역시 벼락을 일으키는 성 일리야(聖 Ilja=Elia)는 독수리라고 생각하고 있다. 결국 일리야 무리(ilja-muri, 일리아 독수리)가 그것이며 더구나 이 독수리는 하늘의 제12층에 산다고 생각하고 있는 텡게리 푸르칸(tengeri purkān)과 같은 것이라고 말한다.[4]

더구나 트레뮤간(Tremjugan) 오스탸크(Ostyak)의 관념에서 벼락은 소란스럽게 울리며 검은 새로 나타난다.[5] 야쿠트(Yakut)의 어떤 전설 중에서 영웅은 "왜 나는 수호령이 되어서 구름 사이의 비와 우박 위에 뜨지? 새(鳥)가 되지 않는 걸까?"라고 말하고 있다.[6]

몽골인, 소요트(Soyot) 및 그 밖의 중앙아시아 여러 민족, 더구나 나나이 같은 동퉁구스(東Tungus) 여러 종족은 반대로 벼락은 하늘을 나는 불가사의한 용에 의해 야기된다고 믿고 있다. 몽골인은 이 용은 날개가 있으며, 물고기 비늘과 비슷한 몸을 하고 있다고 생각한다. 어떤 때는 물속에 있으며 어떤 때는 공중을 난다. 하늘로 가면 곧 울리어 진동한다. 이 천둥소리는 용의 소리이며, 용이 꼬리를 칠 때에 섬광이 번쩍한다고 말하는 곳도 있다. 보통은 하늘 높이 날 뿐이지만 때로는 사람의 눈에 보일 정도로 지상 가까이로 찾아온 적도 있다.[7] 구름 속을 헤엄치며 돌아다니는 물고기가 그 비늘로 천둥소리를 내고 꼬리로 바람을 일으킨다는 퉁구스 오로촌의 신앙은 이 용에 바탕을 두고 있다.[8] 더구나

그림22. 용을 그린 비단. 노인 올라 출토.

중앙아시아에서는 겨울 동안 용은 높은 산 위에 머물며, 그가 내뿜는 입김은 협곡이나 빙원(氷原)에 서리를 생기게 한다. 또 갠 적이 없는 안개가 꽉 낀 원시림 속에서 겨울을 난다고 주장하는 사람도 있다. 또 다른 사고방식에 따르면 용은 바다 속에서 겨울을 지낸다.[9]

알타이 지방에서는 하나는 입에 또 다른 하나는 손에 있다는 돌 두 개를 용이 부딪치게 하면 번개가 일어난다고 설명하고 있다.[10] 천신 가운데 하나가 용의 등을 타고 땅을 향해서 번개를 치고 있다고 하는 견해도 있다.[11]

이런 용에 대한 관념은 어디에서 중앙·북아시아 여러 민족에게로 전해졌는지는 이 신앙 관념의 분포 지역에서 엿볼 수 있다. 중국인은 이미 예부터 벼락을 일으키는 것은 하늘을 돌아다니는 용이라고 생각해서 그런 갖가지 자태를 미술품으로도 전하고 있다는 것을 알기 때문에, 알타이 계통의 여러 민족 쪽에서 받아들이는 편에 서 있다는 것은 분명하다. 중앙아시아 여러 민족의 경우 벼락을 가리키는 루(lu-ulu)는 의심할 것 없이 중국어 용(《龍, 雷》)에 뿌리가 있다.

되르뵈트(Dörböt)에 따르면 루(lu)는 성나면 낙타와 같은 소리를 지른다.[12] 악마(šulma)가 새끼 낙타의 모습이 되어서 물속으로 가면 벼락이 일어난다고 토르구트(Torgut)는 생각하고 있다. 그의 입에서 내뿜는 김

[蒸氣]은 차츰 검은 구름이 되며 그것이 일어나면 낙타도 또한 오른다. 구름이 일단 옆으로 퍼지면 낙타는 이빨을 갈아서 불을 내뿜으면서 내려온다. 이렇게 되어 천둥소리와 번개가 일어난다. 낙타의 이빨은 둘로 나뉘어 번개가 되어서 땅으로 떨어진다. 이러한 것을 땅속에서 찾아내거나 혹은 그것을 가지고 있는 자는 모든 재난으로부터 몸을 지킬 수 있다. 그런데 발견자는 이 보물을 가지고 있다는 것을 비밀로 해야 된다.[13)

토르구트는 이런 낙타를 목격한 것은 영웅 메르퀴트(Merküt)뿐이며 벼락비[雷雨]가 한창일 때 마침 땅에 떨어진 것이라고 한다. 게다가 메르퀴트는 이 낙타의 등에 타고 닷새 밤낮 동안 여기저기 날아 돌아다니는 행운을 누리고 싶은 만큼 누렸다고도 한다. 낙타는 끊임없이 등에서 이 영웅을 흔들어 떨어뜨리려고 했지만 결국 지쳐서 제발 쉬게 해 달라고 간청하는 상황에 이르렀다. 영웅은 다음과 같은 조건이 받아들여지자 용서해 주었다. 그것은 벼락비가 되어도 "나는 메르퀴트다!"라고 소리칠 때는 벼락으로 쳐 죽이지 않게 한다는 것이었다. 그 이후 메르퀴트라는 이름의 토르구트 일족은 벼락비가 시작되면 언제나 솥을 두드려 울리며 "나는 메르퀴트다!"라고 소리치게 되었다. 그러면 벼락에 맞아 죽을 일이 없다고 이 일족은 생각했다.[14)

더군다나 포타닌(Potanin)에 따르면 메르퀴트족에 속하는 토르구트인은 벼락비가 몰아치면 흰옷을 입고 흰 말을 타고 "나는 메르퀴트다. 나는 메르퀴트야."라고 소리친다는 것이다.[15)

같은 이름의 종족(sök)은 텔레우트(Teleut) 중에도 있다.[16) 메르퀴트란 본래 하늘에 사는 신화적인 새인데, 샤만의 노래 중에서는 "왼 날개로 달을 감추고, 오른 날개로 해를 감춘다."라고 노래 부르고 있으므로 《나는 낙타》는 나중에 벼락 새로 바뀌어 나타난 것이라 생각된다.

중앙아시아에서도 이 같은 관념이 기록되어 있는데 그것에 따르면 세 사람이 하늘을 나는 낙타의 등에 올라타고 그 중 하나가 북을 치면 천둥소리가 나고, 두 번째가 흰 천을 휘날리면 번개가 치며, 세 번째가 낙타의 입에서 고삐를 잡으면 입에서 물이 솟아나와 땅에 비를 내리게 한다는 것이다.17) 보통 낙타가 소리치는 일이 흔하기 때문에 벼락이 일어난다는 전설은 분명히 더욱 원시적인 관념을 나타내고 있다.

그 밖에 새라든가 용이라든가 하는 신화적인 동물은 뭐라 해도 날개가 있어서 벼락의 빠름을 설명하는데 효과가 있다. 벼락을 일으키는 것이 인간과 닮은 모습을 하고 있는 경우도 또한, 때로 날개를 가지고 있다고 생각되고 있다. 예를 들면 데미안카 오스탸크(Demianka Ostyak)는 그것을 《날개 있는 노인》이라고 이름 붙이고 있다.18)

부리야트 지역에서는 어떤 영웅이 날개가 있는 옷을 몸에 걸치고 벼락의 신령이 되었다는 것을 말하고 있다. 지상에 있는 동안 영웅은 아내와 아들 셋을 두었으며, 유례가 드문 사수였다. 영웅은 나이가 들었기 때문에 아들들에게 자신이 가야하는 것을 알리고 말에 안장을 얹도록 했다. 가족에게 이별을 고하고 훌쩍 말 등에 올라타 출발했다. 마침내 길이 세 갈래로 나뉘는 곳에 이르렀다. 한가운데 길을 통해서 나아가 하늘에 도착했다. 그래서 사람의 기척이 없는 황폐한 집에 들어갔는데, 곧 네 젊은이가 들어왔다. 그들은 이 노인을 모시고 나와 하늘의 작은 집을 지키는 사람이 되어 살라고 부탁했다. 그와 함께 작은 집 안의 상자를 열거나 벽에 걸려 있는 날개옷을 입어서는 안 된다고 주의를 주었다. 그런데 혼자 된 노인은 결국 참을 수 없어서 개의하지 않고 작은 상자를 열었다. 속에는 불가사의한 화살촉 모양의 갖가지 색깔의 돌이 있었다. 그때 우연히 노인이 지상에 눈을 돌리자 때마침 누군가가 남의 집 뜰에서 우는살[嚆矢]촉을 훔치는 것이 보여서 노인은 화가 나서 큰 돌을 던졌다. 곧 하늘의 작은 집 주인이 돌아와 단지 나쁜 한 사람 때문에 마을이 불에 휩싸인 것을 꾸중했다. 또 그 후 노인은 벽에 걸려 있는 옷이 입고 싶은 생각이 들었다. 그것을 입자 무서운 비행능력을 몸에 지니게 되어 벼락의 신령이 되었다.[19]

어느 비슷한 이야기에서는 숲속을 떠돌던 남자가 어느 곳까지 오자 땅에서 하늘로 향하는 사다리가 펼쳐져 있었다. 남자가 사다리를 올라가자 금은으로 빛나는 집에 도착했다. 거기에는 늙은 백발 천신 에세게 말란 텡게리(Esege malan tengeri)가 앉아 있었다. 이 남자가 하늘로 찾아온 사정을 말하자 크게 환영하고 자신의 옆에서 일했으면 좋겠다고 부탁했다. 남자는 응낙했다. 어느 날 신의 명령을 받고 지상의 인간들이 어떻게 사는가를 보려고 아래를 살폈는데, 마침 도둑이 어떤 사람의 양을 훔치는 중이었다. 그래서 노인은 노해서 신의 상자에서 돌을 집어내어 지상으로 던졌다. 그러자 돌은 번개처럼 떨어져 지상으로 가서 도둑을 맞혔다. 그때부터 이 남자는 신이 있는 데서 벼락의 신령이 되어 일하고 있다.[20]

이처럼 세계 전역에 걸쳐 있다고 생각되는 전설이 있음에도 불구하고 부리야트인은 확실한 이미지가 있는 인간의 모습을 한 벼락신을 가지고 있지 않다. 이미 기술한 것처럼 부리야트인은 오늘날 많은 동서(東西) 텡게리를 가지고 있기 때문에 그 가운데 누가 그때마다 벼락을 일으키는가를 알 수 없다. 그래서 필요할 경우 예언자에게 물어보기도 한다. 벼락을 일으키는 자 가운데에서도 가장 강한 것은 악령을 《불화살》로 퇴치한 애산 사간 텡게리(Äsan sagan tengeri)이다.[21] 부리야트인의 견해에 따르면 악령들은 벼락을 두려워하여 천둥소리를 듣자마자 곧바로 나무나 돌 뒤에 숨는다. 나무를 벼락이 쳐서 부순 것은 그의 화살에 의한 것이었는데, 생물을 죽일 때는 불을 퍼붓는다.[22] 더구나 한 텡게리를 위해 77인의 대장장이가 일해서 날마다 새 화살을 만들고 있다고 한다. 텡게리가 쏜 화살이 목표에 맞으면 화살에 깃들어 있던 성스런 기운이 빠져나가 지상에서 3일 이내에 돌로 돌아간다. 그런데 목표를 빗나간 화살은 다시 하늘로 춤추며 돌아온다. 발견된 벼락신의 화살은 번개로 분쇄된 나무 조각과 마찬가지로 어떤 특정 주술 목적에 이용된다.23) 또한 러시아의 영향도 많이 받은 야쿠트인의 경우 벼락신을 《도끼의 지배자(sügü tojon)》이라든가, 또한 가끔 단지 《쾅쾅 울리는 것》으로도 부른다. 여기서도 또한 신이 악령을 쫓아가면 악령은 나무나 건물 속이라든가, 사람이나 동물 속에 숨는다고 믿고 있다. 곳에 따라서는 야쿠트인은 천둥소리의 신령이라든가 번개의 신령이라고 말한다. 전자는 《대담하게 외치는 자》, 후자는 《도끼의 지배자》라고 부른다. 그런데 이 두 가지는 본래는 같은 것인 듯하다. 격렬한 벼락비가 엄습하면 야쿠트인은 번개를 맞은 나무 조각을 태워 집을 그을리는데 이렇게 한 나무 조각은 대부분의 집에서 가지고 있다. 그 때 "대담하게 외치는 자여, 외쳐라. 도끼의 지배자여, 움직여라."고 외친다. 이와 같이 해서 부리야트인은 악령을 쫓고 탄 나무 조각을 들판 멀리 내던진다. 야쿠트인은 무기와 닮은 돌이 땅속에서 발견되면 이것을 하늘에서 떨어진 《벼락의 도끼》(ätiŋ sügätä)이라고 믿고서 집을 번개로부터 지키기 위해 집안에 단단히 매어 둔다. 이와 같은 돌은 또한 약으로서도 이용된다. 예를 들면 해산한 여자가 해산 후에 건강 회복이 좋도록 이러한 돌 조각을 넣은 물을 마신다. 또한 똥이 막히거나 소변이 막힐 때도 똑같이 사용한다.24) 키르기스(Kirghiz)인도 또한 벼락신의 화살을 어떤 병에 약으로 쓴다.25)

벼락이 악령을 쫓아 버린다는 사고방식은 오늘날 많은 다른 알타이 계통의 여러 민족도 가지고 있다. 나나이도 또한 《용》이 하늘에 모습을 나타내자마자 악령도 또한 나무나 인간의 뒤에 숨어서 가는 곳마다 도망가서 흩어져 간다고 믿고 있다. 번개는 그가 숨어 있는 곳을 겨냥하여 친다고 한다. 게다가 나나이인은 번개에 맞아 부서진 나무에는 하얀 도끼의 형태를 한 돌이 박혀 있다고 믿으며, 그것을 《벼락의 도끼》라고 부르고 있다.26) 중앙아시아에는 또한 곳에 따라 벼락은 줄이 있는 다람쥐(러시아어 burunduk)라든가 날다람쥐를 뒤쫓아 가는 것이라고 하는 사고방식이 퍼져 있다. 다람쥐나 날다람쥐가 나무 위에 숨으면 번개는 끊임없이 그러한 나무를 덮치기 때문에 벼락비가 내릴 때 그러한 나무 아래에 있는 것은 위험하다.27) 이런 사고방식은 번개가 대개의 경우 나무에 떨어지는 것을 설명하기 위해 생긴 것은 틀림없다. 또한 다람쥐가 아직 천상에 살고 있었을 때 신의 막내아들을 죽였다든가, 그의 눈을 찔렀다는 것으로 텡게리가 복수하려고 한 것이라는 특별한 전설도 있다.28)

투르케스탄(Turkestan)에는 노파가 하늘에서 모피(毛皮)를 심하게 흔들면 천둥소리가 난다는 사고방식이 있다. 아이들은 천둥소리를 들으면 달려 나와 "노파가 가죽부대를 흔든다."라고 외치는 것이 습관이 되어 있다. 중앙아시아의 이란인은 벼락비가 내릴 때 마찬가지로 "노파가 바지를 흔든다."라고 소리친다.29)

소요트(Soyot)의 전설에는 무지개를 활로 하고 번개를 화살로 하는 힘센 영웅이 나왔다.30) 그러나 무지개가 벼락신의 무기로 등장하는 것은 여기서는 일반적이지 않으므로 단지 시적인 표현에 지나지 않을 것이다. 그에 반해서 무지개가 강이나 호수의 물을 빨아들인다든가 혹은 마신다는 관념은 어디까지나 일반적이다. 야쿠트인은 무지개는 대지에서 인간을 들어 올릴 수 있다고까지 생각하고 있다. 어떤 전설에 따르면 어느 때 무지개는 베르호얀스크(Verkhojansk) 근처에 있는 소녀를 들어 올려서 이르쿠츠크(Irkutsk) 옆에 내려놓은 적이 있다.31) 카프카스에서는 무지개에 채여 구름 속에 끌려가지 않도록 아이들에게 주의한다. 하늘에 무지개가 뜨면 물 뜨러 가거나 미역을 감으러 가면 안 된다.32) 이런 종류의 신앙 관념은 유럽 전역에 퍼져 있다. 야쿠트인도 부리야트인도 무지개를 《암여우의 소변》이라고 부르고 있다.33)

뤼브뢰크(Ruysbroeck)는 당시의 몽골인이 벼락을 매우 두려워한 이유를 기술하고 있다. 벼락비가 엄습해 오면 그들은 모든 이국인(異國人)에게 집에서 나와 돌아가도록 명령하고 자신들은 걸어 둔 검정 이불을 푹 쓰고 벼락비가 지나갈 때까지 그 속에서 숨을 죽이고 있다. 뤼브뢰크는 더구나 몽골인이 옷을 결코 세탁하지 않는 것은 그것을 말리려고 매달면 신은 벼락으로 벌을 내린다고 하는 설명을 기술하고 있다.34) 중국의 연대기에 따르면 북방 위구르인은 천둥소리가 날 때 소리를 지르고 하늘을 향해서 화살을 쏜다.35) 토르구트(Torgut)인은 이미 기술한 것처럼 솥을 쳐 울린다. 또한 야쿠트인은 "낙뢰(落雷)로부터 몸을 지키기 위해" 매우 시끄럽게 쇠붙이를 쳐 울린다고 한다. 이러한 큰 소동과 외침과 활쏘기는 나중에 달라졌다는 식으로 해석하지만 본래는 벼락 그 자체를 쫓아 버릴 목적을 가지고 있었다. 예를 들면 야쿠트인은 인간과 가축에게 해를 미치면서 인간에게 붙으려는 악령으로부터 인간을 지키기 위해 그렇게 한다고 말하고 있다.

번개에 희생된 사람과 동물에게도 특별한 주의를 기울인다. 팔라스(Pallas)는 번개를 맞아 거꾸러진 칼무크의 가족은 그 시신에 찬물을 끼얹어 생명의 소생을 꾀한다고 기술하고 있다. 가망이 없다고 생각되면 특별히 설치한 네 다리 대(臺) 위에서 씻고 노간주나무를 태워서 그을리고 흰 아마포 또는 펠트 덮개로 휘감아 싼 시신을 놓는다. 무장한 남자들이 3일 밤낮을 지킨다. 그것은 그 동안에 벼락의 신령이 머리 없는 낙타라든가 그 밖의 동물의 모습이 되어 혹은 그림자가 되어 죽은 자의 혼을 빼러 온다고 믿기 때문이다. 만약 그곳에 그러한 것이 보이는 경우에는 큰 소리를 치거나 쏘아서 쫓아 버리면 시신은 살아서 돌아온다고 한다. 번개에 맞아 죽은 자의 가족은 몇 세대에나 걸쳐서 정해진 터부(taboo)를 계속 지키는 것이다. 예를 들면 그 일족은 단 우유도 쓴 우유도 또한 죽인 가축의 머리도 다른 곳에서 온 사람에게는 권하면 안 된다. 아직 먹지 않은 가축의 머리도 결코 천막 바깥으로 내서는 안 된다.36)

마찬가지로 팔라스는 번개에 맞은 동물은 먹지 않는다고 지적했다. 앞에서 기술한 메르퀴트(Merküt) 일족만은 이 권리를 보유하고 있다. 만약 이 일족 한 사람이라도 가까이 있으면 그 자리에 있는 다른 사람도 동물에 가까이 가서 먹을 수 있는 부분의 고기를 가지고 갈 수가 있다. 다만 그 경우 창을 손에 쥐고 말에 타서 소리쳐야 한다. 메르퀴트족의 사람이 아니면 그 동물에는 손대면 안 된다. 메르퀴트족 출신자는 더욱이 번개에 맞은 가축의 주인이 난을 피해서 도망쳤거나 손해를 면한 경우에는 그를 치거나 학대할 권리가 있다. 메르퀴트족 출신자는 이 남자에게서 말과 의복까지 빼앗아도 좋을 뿐만 아니라 그 가족이 몸을 빼낼 때까지는 신병을 구속할 수 있다. 몸값은 흰 낙타로 정해져 있지만 화주(火酒) 1동이라든가 양고기 1조각이라도 좋은 경우도 있다.37)

토테미즘을 암시하는 이런 습관은 앞에서 기술했던 메르퀴트족이 벼락과 얼마나 밀접한 관계에 있는가를 알려주고 있다.

참고로 기술해 두면 타타르에 동화되어 있는 모르드브 테리우한(Mordv Teriuchan)족도 또한 벼락과 매우 밀접한 관계에 있으므로 "조용히, 조용히, 그대는 우리 가족이야." 하고 소리 질러 벼락을 진압할 수 있다고 생각하고 있다.

발라간스크(Balagansk) 지방의 부리야트는 인간에게 벼락이 떨어진 곳에 특별한 천막을 늘 설치한다. 죽은 자는 이 작은 집안에 누이고 신체에 물을 끼얹어 살아나도록 하는 것은 죽은 자는 집으로 모시고 들어오지 않기 때문이다. 죽은 자가 소생하지 않는 경우는 시신을 싸고 송진(松津)이나 향기가 나는 풀을 태워서 연기를 낸다. 다음으로 아홉 명의 소년이 시신의 옆에서 3일 동안 장송가(葬送歌)를 부른다. 다음으로 시신은 말 등에 태워서 숲 속에 있는 죽은 자의 마지막 쉼터로 보내는데, 거기에는 다음과 같이 준비되어 있다. 가까이 자라고 있는 나무를 톱으로 가지런히 잘라서 두 길 정도의 높이로 한 줄기 위에 널판으로 만든 대(臺, aranga)를 놓는다. 대 위에는 죽은 자가 가는 도중에 식량으로 하라고 먹을 것과 마실 것을 놓는다. 그리고 마찬가지로 만든 대 위에는 번개에 맞은 동물을 얹는다.[38]

그 밖의 부리야트 지역이나 소요트(Soyot)도 같은 관습에 따른다.[39] 칼카(Khalkha) 몽골인은 번개에 맞은 사람은 특별한 의식으로 땅에 묻는다. 그 관습에 따르면 하얀 옷을 입은 아홉 남자가 백마를 타고 시끄럽게 소리치면서 무덤 주위를 달린다. 이 의식을 태만히 하면 곧바로 새로운 불행이 덮친다고 믿고 있다.[40]

많은 알타이 계통의 여러 민족은 번개가 떨어진 곳을 두려워하고 있다. 부리야트인은 가축이 그곳에 들어가지 못하도록 울타리를 치는 것이 보통이다. 키르기스인은 일찍이 번개가 떨어져 탄 적이 있는 들판의 풀을 말이 먹으면 말의 털이 빠진다고 믿고 있다.[41] 일찍이 예니세이 강 계곡에 사는 퉁구스는 낙뢰로 생긴 숲의 불을 결코 끄려고 하지 않는다는 것을 들은 적이 있다. 부리야트인의 의견에 따르면 벼락을 맞은 건물은 다른 곳으로 옮기든가 또는 벼락신의 화살을 하늘로 보내 돌아오도록 특별한 의식을 치르지 않으면 안 된다. 이 의식은 보통 벼락비가 내리고 3일째에 한 샤만이 여덟 조수를 데리고 그 건물 주위를 말을 타고 세 번 도는데, 한 번 돌 때마다 입구 앞에서 잠깐 멈춰 서야 한다. 선두 기수는 손에 단풍나무 작은 가지를, 다른 사람은 술잔을 가진다. 샤만이 기도를 올리는 동안 다른 사람은 술잔의 술을 하늘로 뿌린다. 그 때 가장 중요한 것은 집 앞에 펼쳐 놓은 펠트 깔개 위에 벼락신의 화살 모양이나 그것과 비슷한 것을 얹고 그것을 쭉 받쳐 두는 것이다. 《들어올리기》라 칭하는 이 의식은 여덟 조수가 집행한다. 마지막으로 주석(朱錫)을 부어서 이 들어올리기가 잘 되었는가를 확인해 본다. 젖 또는 화주(火酒)를 넣은 그릇에 주석을 떨어뜨리는데 그것이 곧바로 한 형태로 굳어지는 것이 보이면 잘된 표시이다.[42]

번개를 치는 텡게리(tengeri)가 때로는 일종의 《초유(初乳)》 같은 것을 하늘에서 아래로 내린다고 하는 부리야트인의 견해는 좀 색다르다. 이같은 텡게리를 오늘날 몇몇 들고 있다. 곧 칸 부달 텡게리(kan-budal-tengeri), 우락 사간 텡게리(urak sagan tengeri), 카란 부달 텡게리(karan budal tengeri) 가운데 마지막 것이 《검은》 혹은 《동쪽의》 텡게리라고 생각하고 있는데, 여기에 든 모든 텡게리는 본래는 동일한 것이었다고 추측된다. 하늘에서 내려온 《초유》 우락(urak)은 짙은 황백색의 액체이다. 벼락비가 내릴 때 그것을 본 사람은 행운이라고 하며 유복하게 된다고 한다. 하지만 우락을 받은 사람은 매우 드물다고 한다. 만약 부리야트인 중에서 하늘의 액체가 자신의 젖통에 들어왔다고 생각한 사람은 예언자에게 물어본다. 그러면 예언자는 그 사정을 잘 조사해서 확실하면 곧바로 그 우락은 어느 텡게리가 뿌렸는지 알려준다. 다음으로 그 액체는 자작나무 껍질로 만든 잔속에 옮겨서 성스러운 기운이 빠지지 않도록 어딘가 높은 곳에 놓아둔다. 부리야트인은 그 액체는 벼락신의 화살과 마찬가지로 하늘로 돌아간다고 믿고 있다. 될 수 있으면 그것을 되돌려 보내는 것이 인간으로서의 의무라고 생각하고 있다.[43]

이처럼 벼락과 결부된 젖 상태의 액체라는 독특한 사고방식은 벼락신 인드라(Indra)가 좋아하는 마실 것으로 리그베다(Rig-Véda)에서 초유(初乳)와 같은 것으로 말하고 있는 인도의 소마(Soma)를 떠올리게 한다.

중앙아시아의 여러 민족은 벼락에도 제물(祭物)을 올린다. 이미 페르시아의 역사가 라시드 엣딘(Rachid ed Din)은 몽골인은 젖과 쿠미스(kumys)를 대지에 뿌리고, 벼락이 자신들이 사는 곳이나 가축을 눈감아 주도록 기도했다고 기술하고 있다.44) 알타이 타타르는 봄에 첫 벼락소리를 들으면 마을마다 높은 산위에 모여서 사방 하늘로 젖을 뿌리는 풍습을 가지고 있다.45) 타르바가타이 토르구트(Tarbagatai Torgut)는 앞뜰에 젖통을 내다놓고 천막 주위를 큰소리를 외치면서 3번 돌고 젖을 땅에 뿌린다. 이어서 아직 바닥에 젖이 조금 남아있는 통을 입구 바깥쪽에 둔다.46) 인접한 종족에서도 또한 젖통을 가지고 젖을 땅에 뿌리면서 천막 주위를 3번 걷는 사람도 있다. 예를 들면 소요트(Soyot)는 맨 처음 벼락소리를 들으면 곧바로 이렇게 한다.47) 알타이 가까이에 사는 키르기스인은 손을 쓰지 않고 젖통만으로 펠트의 벽을 두드리며 "묵은해는 갔다. 새해가 온다!"고 말하고 문 바깥에 통을 놓는다. 결국 그들은 최초의 봄 벼락으로 한 해의 시작 기점으로 삼는 것이다.48) 칼카 몽골인은 낙뢰로부터 지키기 위해 구멍이 아홉인 도구와 가래 같은 것으로 흰 펠트 자리 위에 젖을 뿌린다고 말한다.49) 그러한 의미에서 벼락의 제물(祭物)로 중앙아시아에서는 무엇보다도 젖이 쓰이는 것 같다. 알타이인은 번개에서 나온 불은 그 자리에서 젖으로 없앤다고 생각해서 젖이 든 그릇을 가지고 벼락비 속에 서 있다고 한다. 동시에 향기로운 풀도 태운다.50) 낙뢰로 생긴 화재를 없애는 것은 젖뿐이라고 하는 것은 유럽 대륙에도 흔히 있는 사고방식이다.

그러나 벼락에는 동물도 바친다. 고대 중국 연대기는 위구르인은 지난해 여름 낙뢰한 자취에 다음 봄에 모여서 숫양을 잡았다고 기술하고 있다.51) 소요트에서 처음 벼락소리를 들으면 곧바로 숫양을 잡는다는 관습은 여전히 각지에서 행해지고 있다. 그들은 천막 앞에 흰 펠트 자리를 펴고 주문을 조금 왼 다음 그 위에 희생양의 잘게 썬 고기와 치즈, 화주(火酒) 등 27가지 음식을 진설한다. 동시에 천막을 젖으로 "씻는다."52)

한편 미누신스크(Minussinsk) 지방의 타타르에는 산 채로 흰 말을 벼락신에게 바치는 관습이 있다. 그들은 먼저 희생을 행하는 장소에서 기도하고 그리고 말고삐를 풀어서 달리게 한다. 이 순간부터 말은 자유이므로 손대서는 안 된다.53) 부리야트인은 벼락에게 바친 말 등에 다시 젖을 채운 그릇을 놓는다. 동시에 제사장(祭祀長)은 말 등과 사방에 젖을 뿌린다. 뒤이어 풀과 수지(樹脂)가 많은 나무껍질을 불태워서 말에 연기를 쏘이고 말갈기에 리본을 단다. 그리고 나서 자유롭게 놓아 준다. 말 등에서 젖의 잔이 떨어진 곳에서 사람들은 자신의 건강과 성공을 기원한다. 이와 같이 해서 성스럽게 이별한 동물은 그 이후는 결코 두 번 다시 사람을 위해 바치지 않는다. 만약 그 말이 죽는 경우에는 말갈기와 꼬리털을 잘라서 그 말을 대신하게 된 말에 묶는다.54)

투르크 계통의 여러 민족은 예전에는 농경민은 아니었기 때문에 이 경우 예를 들면 유럽의 여러 민족의 경우처럼 벼락신은 농경신이 아니라는 것은 이해된다. 벼락신에게 소생의 비를 바라는 경우는 당연히 유목생활에서는 확실히 중요한 의미를 지닌 풀의 생육을 촉진시키는 목적 때문이다. 특징적인 것은 알타이인이 봄에 처음 벼락소리를 들었을 때 천막의 어느 쪽에서 벼락구름이 오르고 있는가라는 데에 주의를 기울이게 된다. 만약 그것이 여자 자리 쪽에 오르고 있으면 그들이 생각하는 바로는 젖을 풍부하게 짤 수 있는 해이다. 남자 쪽이라고 확인되면 사냥이 잘 될 징조이다.55)

부리야트인의 경우 《비의 주(主)》(쿠란 노욘. Khuran-nojon)는 하늘에 아홉 개의 큰 물통을 가졌다는 신화적 존재에 지나지 않는다. 그 통 가운데 하나를 비우는 것만으로 3일분의 비가 내린다고 한다.56)

이상 기술한 알타이 계통 및 특히 중앙아시아 여러 민족의 벼락 숭배와 결부된 관념과 풍습을 관찰하면 고대와 같은 풍습을 떠올릴 수 있다. 참고로 기술하면 카프카스, 예를 들면 압카스(Abkhas)족의 경우도 번개를 맞은 과실나무의 열매를 따는 것은 머뭇거릴 정도로 벼락을 두려워하고 있다. 또한 벼락을 맞은 마을에 발을 들여놓는 것도 무서운 것이다. 벼락이 떨어져 죽은 가축은 특별한 의식을 한 뒤에 숲으로 날라서 특히 그 가축을 위해 만든 대(臺) 위에 놓는다. 또한 벼락을 맞아 죽은 자도 마찬가지로 신에게 선택된 일종의 제물(祭物)로 간주된다. 이런 식으로 죽은 자는 슬퍼하거나 울어주거나 하는 것도 없고, 또한 보통 죽은 자 같이 매장도 하지 않고 관에도 넣지 않고 죽었을 때의 옷 그대로 장례를 치른다. 이 지방에서는 벼락 맞아 죽은 자도 또한 옛날에는 꼭 숲속에 만든 대(臺) 위에 놓았을 것이다. 압카스족은 게다가 흰 희생동물을 벼락에게 바쳤는데, 그것도 몽골인처럼 벼락이 떨어진 장소에서 행하였다.57)

제10장
바람

시베리아의 여러 민족은 방위마다 네 가지 바람이 있는데 각각 "하늘의 네 모서리"에서 발생한다고 한다.1) 더구나 독특한 것은 산이 바람이 사는 곳이라는 사고방식이다. 야쿠트(Yakut)인은 바람은 산 위에서 "잠자고" 있으며, 필요하면 피리를 불어서 불러일으킬 수 있다고 한다.2) 야쿠트와 라무트(Lamut)는 높은 산에 다다랐을 때 산의 《주인》이 노하여 폭풍우를 일으키지 않도록 큰 소리로 말하는 것을 삼간다고 한다.3) 나나이는 산의 좁은 틈새에 바람의 신령이 있어서 거기에 바람을 멈춰 두었다가 내보내는 것이라고 믿고 있다. 샤만은 바람이 필요한가 필요하지 않는가에 따라 그 틈새를 열어 주기도 하고 닫아 주기도 하도록 바람의 신령에게 부탁할 수가 있다.4) 몽골인은 폭풍우 때는 신의 모든 신령이 산에서 산으로 달려서 가는 것이라고 생각해서 그것을 《달리는 날》이라고 부르고 있다.

심케비치(Šimkevič)에 따르면 나나이는 바람의 신령을 남보아 아도니(namboa-adoni)라 이름붙이며, 샤만은 여행자에게 좋은 바람을 빌어 주며 바람이 세지는 상태를 흉내 내어 일종의 독특한 방식으로 목소리를 낸다고 기술하고 있다.5)

나나이와 오로촌(Orochon)은 더구나 바람을 통제할 수 있는 부추(buččbu)라는 이름의 바람 신령을 말하며 그의 상(像)을 만들고 있다. 강 위에 배를 띄워서 갈 때 불어오는 바람의 방해를 받으면 샤만은 바람 신령의 상을 만들어 화살을 더해 배 고물 끝에 단다. 그런데 역방향으로 배를 가게 하는 경우 밀어주는 바람이 필요하게 되므로 화살을 떼고 부추만을 단다.6)

길랴크(Gilyak)는 여행이나 일을 할 때 바람의 방해를 받으면 바람을 "죽여라"고 한다고 슈렌크(Šrenk)는 말하고 있다.7) 크레이노비치(Kreinovitch)는 불을 붙인 부싯깃을 화살 끝에 달고 회오리바람[旋風]의 전방에서 중심을 노려서 쏘아 죽인다고 설명하고 있다. 사수는 쏜 뒤 "내가 죽였다."라고 반드시 말해야 하며, 또한 뒤를 돌아보지 않고 집으로 돌아가야 한다. 길랴크는 화살이 꽂힌 곳에는 피가 나오는 것이 보이며, 그 화살에는 두 번 다시 손을 대면 안 된다고 한다.8)

마지막에 본 사고방식은 회오리바람의 모습을 띠고서 여기저기 돌아다닌다고 믿고 있는 무언가가 어느 정도까지 육체를 갖춘 것으로 상상하고 있는 것을 알려주고 있다. 마찬가지로 시베리아 여러 민족 중에는 회오리바람의 모습을 한 무언가가 찾아온다고 하는 신앙이 퍼져 있다. 야쿠트는 그것을 홀로락 이치태(hollorak iččitä. 회오리바람 신령)라 부른다.9)

남 투르크 계통 여러 민족에서 회색 암소가 내뿜는 입김으로 바람을 일으킨다고 하는 관념은 신화적이다.10) 그에 반해 예를 들면 텔레우트(Teleut)에서는 바람이 병을 날라 오는 것이라는 사고방식은 생생한 신앙 관념의 표현이다.

부리야트(Buryat)인의 견해에 따르면 보통의 바람과는 구별되는 자다(zada)라는 바람이 있는데, 그것은 비와 구름을 가져다주며, 짧은 간격을 두고 되풀이하여 일어나는 것을 말한다. 하루에 몇 번 되돌아오는 바람은 자신의 신령 자다 사간 텡게리(zada sagān tengeri)를 가지고 있다. 자다(zada)가 부는 것은 대체로 봄과 가을이다. 자다(zada)는 인간도 일으킬 수가 있는데, 그 경우는 일종의 뿌리를 사용한다. 이런 종류의 뿌리를 쥐어뜯거나 파내거나 하면 곧바로 차가워진 바람이 분다고 부리야트인은 믿고 있다. 사냥꾼이 사냥이 잘 되기를 바라서 자다(zada)를 일으킬 뿐만이 아니고 독수리라든가 백조 같은 어떤 종류의 조류도 그 작용을 알고 있어서 가을에 남쪽으로 옮아갈 때 그것을 이용한다. 새가 일으키는 바람은 《새 자다》(šobūnī-zada)라 불린다. 그뿐 아니라 소가 일으키는 《소 자다》(bughan-zada)도 있다고까지 말한다.[bughan이 아니고 bukhan이 바르다고 일어판에 나온다.-역주] 뿌리와 마찬가지 작용을 발휘하는 것은 일종의 붉은 돌(zada-ulān-šulū)이다. 더구나 물속에 떨어진 벼락신의 화살은 9일 동안 자다(zada)를 일으킨다고 믿고 있다.11)

몽골에서는 바람, 비, 서리를 가져다주는 돌(dörbet: dzada, Soyot: džada)이 산 또는 사슴, 물새, 뱀의 머리, 때로는 소의 뱃속에서도 발견된다고 한다. 주먹만한 것도 있는 이들 돌의 색깔은 어두운 색으로 줄무늬 모양이 있다. 만약 이것을 찾은 사람이 닿았을 때에 섬뜩한 느낌이 있거나, 귀에 가까이 대었을 때 독특하게 웅성거리는 소리가 나면 진짜라는 것을 확인할 수 있다. 이런 돌이 효력을 가지는 것은 3년간으로 그 후는 "죽는"다고 믿고 있다. 그 효력을 좋게 하려면 그 돌이 나온 새나 동물의 깃털 혹은 털에 싸서 보존해야 한다. 설령 죽은 돌이라도 돌을 가지고 있는 것과 같은 종류의 동물을 죽여서 그의 마지막 숨에 갖다 대면 또한 되살릴 수 있다. 돌에 효력을 발휘시키고 싶을 때는 그때마다 물을 넣은 용기에 담가둔다. 큰비가 오게 하려면 말려야 한다. 사냥꾼들은 동물의 흔적을 찾기 위해 이런 돌을 사용해서 벼락을 치게 하고 혹은 강을 건너기 위해 서리를 불러서 얼음을 펼친다는 것이다.12)

야쿠트도 또한 특정 동물의 내장에서 야쿠트어로 사타(sata)라는 이런 종류의 돌을 찾을 수 있다고 믿고 있다. 야쿠트인의 견해에 따르면 그 돌의 마력이 대단한데, 그것을 문밖의 직사광선에 쬐면 곧바로 차가운 강풍을 일으킨다고 말한다.13)

알타이 타타르도 또한 이런 마법의 돌을 야다 타시(jada-taš. 야다 돌)라는 이름으로 알고 있다. 그라뇌(Granö)는 핀란드어로 쓰인 그들의 여행기에서 그 지방의 산에 사는 사람이 "이 돌의 힘을 이용해서 생각하는 대로 기후를 바꿀 수 있다."며, 그런 마법의 돌은 이멘(Yimen)의 숲속에 있다고 믿고 있다고 기술하고 있다.14) 같은 지방의 신앙 관념을 기술한 베르비츠키(Verbitski)는 바람이 잘 부는 산 위에서 발견한 야다 돌을 마르고 따뜻한 장소나 겨드랑이 밑에 넣어 두었다가 바람을 원하게 되면 그것을 꺼내는 독특한 마술사 야다치(jadači)의 일을 기술하고 있다. 이 돌을 더운 여름날에 말갈기에 묶어 두는 사람도 있다고 한다. 그러면 말은 열의 피해를 입지 않을 것이다. 반대로 비를 오게 하고 싶다고 생각하면 하루 밤낮을 찬물 속에 담가 둔다. 야다 타시가 힘을 잃으면 동물이나 새의 몸을 찢어서 그 속에 넣어두어야 한다.15) 이런 보고는 알타이 타타르도 이러한 돌은 동물의 몸속에서 만들어지는 것이라고 믿고 있다는 것을 나타낸다. 비 등을 오게 하는 역할을 하는 야다치라는 이름의 마술사는 역시 동투르케스탄(東Turkestan)에서도 활약하고 있다.16)

야다(zada, džada, sata 등)라는 말은 볼가 타타르(Volga Tatar)에서는 야두(jadu)라든가 자두(žadu. 마술, 마술사)로 되어 있는데, 그것은 페르시아 기원이다(avesta어 yatū, 현대 페르시아어 žadū. 마술사). 페르시아인도 또한 비를 내리게 할 수 있는 마법의 돌을 알고 있다.17)

제11장

불

"불은 어디에서 생겼을까? 그 역할과 힘은 무엇일까? 무엇이 불을 일으켰는가?"라고 야쿠트(Yakut) 전설 중의 영웅은 물었다. 그래서 불은 젖 같이 하얀 왕좌에 앉은 천신 위린 아이 토욘(ürün-ai-tojon)의 아들이라고 결론을 내렸다.1) 불의 고향이 하늘에 있다는 신앙은 알타이 계통의 여러 민족 사이에서는 매우 널리 보인다.

이런 관념은 무엇에 기인하는가는 이들 민족이 가지고 있는 불의 기원 전설에서 밝혀졌다. 예를 들면 투루칸스크(Turukhansk) 지방의 퉁구스는 우레 새가 최초의 불을 하늘에서 지상으로 가져왔다고 설명한다. 야쿠트는 최초의 불을 인간에게 준 것은 제3천을 다스리는 울루 토욘(ulū-tojon)이며, 그의 《불 까마귀》는 틀림없이 번개일 것이라고 기술하고 있다.2) 발라간스크(Balagansk) 지방의 부리야트(Buryat)인은 불의 수호령(靈)이 되어서 그것을 최초로 받은 자는 갈타 우란 텡게리(galta-ulan-tengeri, galta-ulan[화산])라고 부르고 있다. 그것과 동시에 번개와 열의 신령으로서 "자라는 풀은 그 뿌리까지, 흐르는 강은 수원까지 바싹 말린다."이다.3) 또 하나 부리야트의 전설에 따르면 사가다이 우부군(Sagādai-ubugun)이 번갯불에서 최초의 불을 손에 넣었기 때문에 그때 이후 인간은 불을 이용하고 있다.4) 알타이 타타르는 인류의 조상은 식물과 과일을 먹었기 때문에 본래는 불을 몰랐으며 필요도 없었다. 그런데 음식물이 바뀌었기 때문에 식사의 조리에 불이 필요하게 되었다. 그래서 최고신 울겐(ulgen)이 흑백 두 개의 돌을 가져와서 서로 맞부딪치자 하늘에서 지상으로 불꽃이 흩어져서 마른 풀에 불이 붙었다.5) 부리야트 샤만의 말에 따르면 불은 "낮 하늘의 가운데 아들, 밤하늘의 막내 아들"이라고 자랑하고 있다.6)

참고로 덧붙이면 예니세이(Yenissei)인은 자신의 조상이 번개로 하늘에서 불을 받아왔으며, 그 사용법은 샤만이 인간에게 가르쳤다고 말하고 있다. 처음에는 모든 사람이 공동 화톳불을 가지고 있었으며, 사람마다 필요에 따라 불을 가지고 갔다.7)

또한 어떤 영리한 동물이 불을 만든 발명자라는 불기원전설조차 있다. 부리야트 전설 중에서 이러한 전지(全知)한 동물은 본래 인간이었다고 하는 고슴도치이다. 아직 어떤 사람이나 신들조차 불을 만들 수 없었던 무렵 많은 사람이 모여서 "고슴도치"에게 지혜를 받으려고 했다. 그런데 "고슴도치"의 어떤 독특한 모습을 보고 모두 생각 없이 불기 시작했기 때문에 "고슴도치"는 성이 나서 아내 이외에 누구에게도 비밀을 털어놓지 않으려고 결심하고 아내에게도 또한 결코 입 밖에 내지 못하도록 약속하게 했다. "고슴도치"가 아내에게 부싯돌이 있는 곳과 불을 일으키기 위한 강철 만드는 법을 가르치고 있을 때, 신들이 불의 유래를 냄새 맡고 찾아내기 위해 보낸 매[鷹]는 우연히 그것을 귀로 듣고 신들에게 전했다. 이 신들로부터 인간은 불을 만드는 기술을 배웠다. "고슴도치" 자손은 그 후 자신들의 모습을 바꾸었다.8)

이와 같은 전설은 몇몇 동유럽의 여러 민족에게도 알려져 있다. 예를 들면 보탸크(Votyak)는 인간과 동물이 모였을 때에 돌과 강철과 부싯깃

으로 불을 만드는 방법을 가르쳤다고 기술하고 있다.[9]

이에 반해 알타이의 어떤 전설에서는 불을 만드는 데는 어디에서 도구를 가져오면 좋을지를 인간에게 가르쳐 주지 않았던 최고신에 비해, "산에는 돌이 있고 자작나무에 부싯깃이 있다."고 가르쳐 준 것은 개구리였다.[10] 텔레우트(Teleut)의 전설에서는 인간과 동물의 모임에서 같은 것을 가르쳐 준 것은 코르볼코(korbolko)라는 새이다.[11] 부리야트의 전설에 따르면 제비 한 마리가 천신의 화덕불을 부리로 찍어서 인간이 사는 곳으로 날라왔다. 신은 이 불을 훔친 자를 벌하기 위해 그의 꼬리에 일격을 가했다. 제비 꼬리가 찢어진 것은 그 때부터이다.[12] 야쿠트 지역에서 기록된 또 하나의 이야기에 따르면 어떤 노인이 놀이로 돌을 서로 치자 날아 흩어진 불꽃이 나뭇가지에 붙었다. 불은 점점 커져서 비가 와서야 겨우 꺼졌는데, 이 불을 보려고 그 일대에서 사람들이 모여 왔다. 그 때 이후 인간은 불을 만드는 것도 그것을 물로 끄는 것도 할 수 있게 되었다. 몽골인은 "쇠는 불의 아버지, 돌은 불의 어머니"라고 한다.[13]

앞에서 적은 전설은 이리하여 불은 하늘에서 내려온 것인가, 혹은 돌에서 나온 불꽃에서 일어난 것인가 하는 두 가지 사고방식을 밝히고 있다.

게다가 몽골의 기도문에는 불은 캉가이 칸(Khangai Khan) 및 부르카투 칸(Burkhatu-Khan) 산 위에 살아 있는 느릅나무가 서로 마찰되어 일어난 것이라든가, 혹은 태고에 천지가 나누어질 때 이미 발생한 것이라고 기술하고 있다.[14]

수많은 예는 불을 붙이는 방법이 다르면 그 불의 성질도 또한 다르다고 가르치고 있다. 낙뢰로부터 생긴 불은 말할 필요도 없고 마찰에 의해 얻은 불이라든가, 산 화재의 불은 큰 마력을 지녔다고 여겨진다. 그러나 모든 알타이 계통의 여러 민족은 불 그 자체를 이미 크게 존중하고 숭배하고 있다. 고대 아랍 자료는 일찍이 투르크 계통의 여러 종족이 불의 숭배자였다고 기술하고 있다.[15] 플라노 카르피니(Plano Carpini)는 몽골인은 불 가까이에서 고기를 썰거나 칼을 사용해서 냄비 속의 고기를 꺼내거나 하는 것은 죄라고 생각한다고 기술하고 있다. 뾰족한 칼 종류는 불을 상처 나게 한다고 믿고 있으므로 칼로 불을 휘젓는 것은 더욱 큰 죄이다. 불 속에는 부정한 것이나 악취가 나는 것, 혹은 불의 힘을 약화시키고 그 빛을 손상시키는 것을 던져서는 안 된다. 물론 불 속에 침을 뱉는 것 등은 논외로 하고 또 물을 끼얹어 끄는 것도 안 된다.[16]

야쿠트도 또한 못지않게 신중했다. 그들의 경우도 뾰족한 도구로 쑤셔서 불을 일으키거나, 짓밟거나, 물로 끄는 것도 허용되지 않았다. 그들은 게다가 "소나무 숲을 선물로 받아들이거나, 늪지의 원시림을 트거나, 마른 나무 가운데에서 밤을 보내는" 불은 사람의 말도 또한 이해한다고 믿고 있다. 따라서 불을 나쁘게 말하거나, 욕을 하거나 해서는 안 된다.[17] 같은 규칙은 또한 알타이 타타르, 퉁구스 그 밖의 많은 시베리아 민족도 지키고 있다.[18] 아이누인도 또한 결코 불꽃을 다치게 하거나, 예를 들면 화로 속에 침을 뱉거나, 덜 탄 숯을 때려서 떨어뜨려서는 안 된다고 한다.[19] 마찬가지로 유락사모예드(Yurak Samoyed)도 부정한 것은 나무 조각이라고 해도 절대 불에 던지지 못하도록 주의를 준다. 그들의 사고방식으로는 불을 때리거나 그 위를 넘는 것은 용납되지 않는다.[20] 같은 신앙 관념은 옵 볼가(Ob Volga), 발트(Baltic)해 연안 핀(Finn) 계통의 여러 종족에게도 보이며, 이러한 기억은 인도 유럽 계통 그 밖의 많은 민족도 가지고 있다.

이러한 관념의 대상은 화롯불만이 아니고 사냥꾼의 화톳불도 그러하다. 불에 대한 존경심은 이미 원시적 발전 단계에 있는 인간의 경제에서 충분한 빛과 따뜻한 기운을 주는 것으로서의 의미에 바탕을 두고 있는 것이 분명하다. 동시에 비밀로 가득한 불의 힘, 특히 그 모든 것을 없앨 수 있는 힘이 당연히 크나큰 두려운 마음을 불러일으키기에 안성맞춤이다. 불의 위력을 가르쳐 준 것은 특히 시베리아의 대규모 삼림 화재였는데, 그것은 건조한 여름 넓은 지역을 싹 쓸어서 일대의 인간과 동물을 공포의 도가니에 몰아넣은 것이다. 키르기스(Kirghiz)인은 "불보다 센 것은 없다."고 말하고 있다.[21]

화재의 원인은 불이 어떤 원인으로 "성이 났기" 때문이라고 믿고 있다. 불은 또한 다른 방법으로 자신의 감정을 알릴 수가 있다. 예를 들면 불이 병을 일으킨다는 생각은 꽤 많이 보인다. 아이가 불을 함부로 다루면 종기가 날 수 있다고 설명하고 있으며, 핀란드의 경우도 마찬가지로 종기는 "불의 성냄"이라고 불리고 있다.[22] 특히 불 속에 침을 뱉는 것은 삼가지 않으면 안 된다. 그것을 지키지 못 하면 입술에 솔과 혓바늘이 생긴다고 한다. 텔레우트인에 따르면 어머니가 불을 성나게 하면 아이는 목과 머리에 "불"의 반점이 생긴다.[23] 몽골인도 또한 어떤 피부병은 불 때문에 생긴다고 생각한다.[24] 화로 속의 불이 특히 이유도 없이 꺼지면 그것은 불이 어떤 한을 품고 있는 표시이다.

빛과 열을 주고 음식물을 요리해 주는 성질 외에도 불은 몇몇 특별한 역할을 하고 있다. 예를 들면 불과 그 연기는 유효한 청정제라고 널리 믿고 있다. 그런 점에서 불은 특히 수렵생활에서는 중요한 의미를 지니며 사냥꾼들은 자기 자신도 사냥 도구도 사냥한 것도 연기에 쏘이는 것이다. 야쿠트인은 물고기를 잡을 때 더러운 호수는 될 수 있으면 벼락 맞은 나무 조각을 태워서 깨끗하게 하는 관습이 있다. 매장할 때 부리야트인은 천막의 입구에 불을 피워서 그 위를 밟아 몸을 깨끗이 한다.[25] 같은 관습을 따르는 시베리아 민족이 많이 있다. 적어도 죽은 자를 시중드는 자는 연기를 쏘여야 한다. 중앙아시아 여러 민족은 죽은 자에게 닿았거나 무엇에 더럽혀진 인간이나 동물 등 모든 것은 두 불 사이를 통과하게 되어 있다.26) 뤼브뢰크(Ruysbroeck)는 누군가가 죽으면 그가 가지고 있던 것은 불로 깨끗하게 하기 전까지는 그 밖의 물건과 따로 두어야 한다고 기술하고 있다.27) 아이를 낳은 후의 여자도 또한 불과 연기로 깨끗하게 한다.28) 투루칸스크(Turukhansk) 지방에서는 그 경우 여자는 불 위를 3번 밟는다. 퉁구스의 경우 아이를 낳은 여자는 알몸이 되어 이런 깨끗함을 받는 것이 관례이다. 그 때 여자는 입었던 옷도 태워버리고 남편에게 새것을 받는다.29) 여자는 출산으로 부정하게 되었다고 간주하므로 야쿠트에 따르면 산후 1개월 동안은 불 주위를 걸어야 한다. 만약 그렇게 하지 않으면 불의 신령 때문에 불임으로 된다.30) 여기서 알 수 있는 것은 불을 밟거나 혹은 부정하다고 간주되는 것을 불에 던지거나 하는 것은 보통 허락되지 않는데, 정화 의식 때에는 그것이 허락된다는 것이다.

  불은 또 병을 물리친다는 매우 중대한 의미를 지니고 있다. 전염병이 크게 유행하면 야쿠트인은 나무 조각을 비벼서 그것도 될 수 있으면 벼락을 맞은 나무 조각을 이용해서 불을 만드는 것이 보통이다.31) 이렇게 해서 만든 불로 집과 인간과 가축을 깨끗하게 한다. 부리야트인은 가축의 전염병이 돌면 가축을 가둔 울타리에 《새로운 불》을 켜고 그 위를 통과시킨다. 동시에 타고 있는 곡물을 가축 위에 던진다.32) 텔레우트와 야쿠트는 이런 관습을 러시아로부터 배웠다고 한다.33) 역시 러시아의 타타르와 추바슈(Chuvash)의 경우도 마찬가지다. 더구나 여기에서는 적어도 1년에 한 번 그것도 한여름에 먼저 마을의 화덕에 있는 오래된 불을 꺼 버렸으므로 바깥에서 나무를 비벼 불을 만든다는 관습이 있다. 그 다음 이 불씨에서 각 집에 새로운 불을 날라 가는 것이다.34) 같은 관습이 볼가 강변의 핀(Finn) 계통의 여러 민족과 그 밖의 세계 다수의 민족에게도 또한 친숙한 것이다.

오래된 자료에 따르면 투르크 계통의 여러 종족의 군주들은 다른 나라 사람과 접촉하는 경우 불로써 몸을 지킨다고 한다. 이미 비잔틴(Byzatine) 연대기는 유스티니아누스(Justinianus) 황제의 사자(使者)가 대칸(大 Khan)을 배알하기 위해 이르티슈(Irtysh) 강의 수원지대로 찾아갔을 때 두 불 사이를 통과해서 비로소 배알을 허락받았다고 기술하고 있다. 러시아의 제후(諸侯)들이 조세를 받았을 무렵의 타타르인은 그때까지 이런 관습을 지니고 있었다.35) 뤼브뢰크는 "궁정으로 보내는 모든 것"은 두 불 사이를 통과시켰다고 기술했다.36)

이들 수많은 《정화의례》는 위험한 여러 신령을 쫓아 버리는 것을 목적으로 하고 있다. 그래서 불은 특히 죽은 자가 그의 집을 찾아오는 밤에는 계속 불태운다. 불에 지키는 힘이 있다고 하는 사고방식은 인류가 밤의 위험으로부터 몸을 지키기 위해 사용하기 시작한 먼 원시시대까지 거슬러 올라가 찾을 수 있을 것이다. 동물이 불을 두려워하는 것과 마찬가지로 흔히 동물의 모습을 하고 돌아다니는 여러 신령도 또한 불을 두려워한다. 자연민족의 관념과 관습을 조사해 보면 동물의 생활에서 얻은 경험이 흔히 영계(靈界)에도 전용(轉用)되고 있다는 것을 알 수 있다.

알타이 계통의 어떤 민족에는 불을 빙자해서 선서를 한다고 하는 예도 있다. 야쿠트인이 자신이 말하는 것이 진실이라고 맹세할 때 불을 향해서 절을 한다.37) 예를 들면 핀(Finn) 계통의 오스탸크(Ostyak)도 마찬가지로 불을 선서의 증인으로 쓰고 있다. "불의 힘으로 일어나는 두려움 때문에 선서인들은 어떻게 해도 감춰지지 않는 진실을 말하지 않을 수 없기38)" 때문이다. 유락사모예드는 그런 경우 "내게 허물이 있으면 불의 할머니인 노파에게 먹혀도 좋다."라고 말하고 칼을 불 속에 꽂는다.39) 야쿠트는 말을 해서 불이 폭발하면 그 때 말하는 것은 진실이

라고 설명한다.40)

불을 태우는 방법으로 사람은 다시 일정한 전조를 알아차린다. 예를 들면 불 옆에 앉아 있는 야쿠트인의 무릎에 숯불이 터져서 날면 뜻하지 않는 행운의 징표로서 거기에 입맞춤하며 자신의 머리 위로 멀리 던진다.41) 아랍의 민속학자는 터키 군주를 빙자해서 큰불을 태우며 기도를 올리고 불꽃이 타는 방식으로 예언을 할 수 있다고 기술하고 있다. 불꽃이 녹색으로 타면 비와 풍년을, 밝은 색이면 흉작을, 붉게 타면 전쟁을 의미한다. 반대로 황색 불꽃은 군주의 병과 죽음을, 혹은 군주가 오랜 여행을 떠날 징조이다.42)

무엇보다도 가족을 지킨다고 믿는 화덕의 불은 특별한 신앙의 대상이었다. 시베리아 여러 민족의 경우 화덕은 또한 가족의 눈에 보이는 유대(紐帶)이다. 화덕이 가족과 얼마나 밀접한 관계에 있는가는 그 중에서도 다른 사람은 보통 집안의 불 제사에 함께 할 수 없다는 사실로서도 분명하다. 알타이 타타르의 경우 자신의 딸조차 결혼해서 다른 민족에게 간 사람은 이런 권리를 누릴 수 없다.43) 야쿠트인의 경우 타민족 출신자는 화덕에서 비쳐 나오는 빛 위를 밟으면 안 되며, 신랑은 신부를 데려오기 위해 요구하는 돈을 완전히 다 낼 때가지 신부의 화덕 불에 담뱃대를 찔러 넣으면 안 된다.44) 텔레우트와 부리야트인은 다른 씨족에게 불을 "빌려주는" 것을 매우 싫어한다.45)

고풍스런 도구를 사용해서 불을 켜는 것은 매우 힘든 일이므로 화덕의 불이 꺼지지 않도록 주의를 기울였다. 따라서 불은 다음날 아침 입김을 불면 또한 되살아나도록 밤에는 숯을 넣어두지 않으면 안 된다. 야쿠트인은 불이 밤 동안은 《잔다》고 말하며, 부리야트인은 "겉은 은(銀), 속은 금(金) 콧구멍"이라는 수수께끼를 갖고 있는데, 그것은 숯을 입힌 숯불인 것이다.46) 화덕의 불이 가끔 꺼지는 경우가 있으면 보통 그것은 불행의 징후이므로 이웃집에서 새로운 것을 가져 온다. 불이 잘 타고 있으면 그것은 일가의 행복을 의미한다. 알타이 타타르에는 신부의 신혼방에 나무도 함께 들여보내며 "너의 불이 꺼지는 일이 없도록"이라고 말하며 화덕 위에 두게 하는 관습이 있다.47) 부리야트인은 자식복이 없으면 "우리 화덕의 불은 꺼져 있다."고 말하며 투덜거린다.48) 카프카스의 여러 민족은 적에게 보내는 가장 심한 저주의 말은 "너의 화덕 불 따위는 꺼져 버려."이다.49)

알타이 타타르와 부리야트인에게는 일찍이 어떤 장소에서 다른 장소로 이동할 때 불씨를 가지고 가는 관습이 있었다. 이렇게 해서 불씨를 새로운 장소에 붙이는 것이다. 본래 살던 집에서 새로운 집으로 옮길 때도 마찬가지로 불을 날라 가는 것이다. 가장은 그 경우 가래에 숯을 담아서 나르며, 《불의 어머니》에게 기도를 올리면서 새로운 집의 화덕에 넣는다. 형제가 각각 분가할 때 막내가 오래된 불을 이어받는다고 한다.50) 이것은 물론 이미 뤼브뢰크가 기술하고 있듯이 막내가 호주를 상속한다는, 그들의 지배적인 관습에 바탕을 두고 있다.51) 그런데 어느 아들이라도 부모의 집을 나올 때는 불을 가지고 간다는 예도 있다. 이 같은 관습은 볼가의 핀(Finn) 계통 여러 민족과 많은 인도 유럽 계통 여러 민족이 가지고 있었다. 부리야트인은 제(祭)를 마치고 돌아갈 때도 불이 타다 남은 것을 가지고 와서 자신의 화덕 위에 놓는다.52)

불 제물(祭物)에 대한 것은 많은 보고가 있다. 특별히 가족의 한 사람이 될 경우에는 먼저 뭔가를 화덕 위에 제물로 바침으로써 호의를 얻어야 한다. 중앙아시아에서는 어디서든 결혼할 때 신부는 이러한 제물을 신랑 집으로 가지고 오게 되어 있다. 토르구트(Torgut)의 경우 신부는 불에게 세 번 절하고 버터와 지방을 바치는 관습이 있다.53) 부리야트의 젊은 주부는 화덕 앞에 펼친 펠트 자리 위에 앉아서 건네받은 기름을

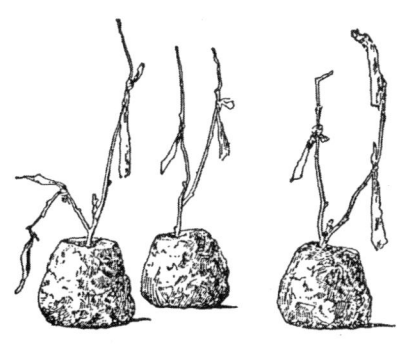

그림23. 불 축제에 만든 텔레우트의 《화덕》. 뒤렌코바에 의한다.

세 번 불속에 던진다.54) 텔레우트의 신부 접반사는 신랑의 집 화덕 속에 불꽃이 천막의 굴뚝 구멍을 날름거릴 정도로 많은 버터를 집어넣는다. 또 한 보고에 따르면 텔레우트는 화로 바닥에 3개의 우묵한 점토 공, 결국 《화덕》을 놓는다. 그 각각에는 흰색과 붉은색 리본을 묶은 버드나무 가지를 세우고 버터를 넣는다(그림23). 결혼식이라든가 제물을 바칠 때만 사용되며 그 밖의 경우에는 화로의 뒤에 놓는 이러한 화덕은 아마 본래 집 화덕의 원형(原型)을 이루고 있었던 3개의 돌을 의미하는 것이리라.55) 부리야트의 기도 중에서는 어쨌든 《3개의 화덕 돌》이라는 말이 나오며, 텔레우트도 또한 《삼각의 화덕》에 절한다.56) 더구나 알타이 타타르에서는 신부의 땋은 머리를 푸는 동안 신랑의 친척은 화덕 속에 말 지방[馬脂肪]을 넣는데, 불이 높이 타오르면 기도를 올리며 화덕 주위를 3번 돈다는 관습이 있다. 이처럼 해서 그들은 이 젊은 주부를 새 불이 있는 곳에 남겨 두고 신부에게 행복한 결혼 생활, 부(富), 집이 넘칠 정도의 가축, 집안에 가득 할 정도의 아이를 복 받도록 기도한다. 그리고 난 뒤 이 젊은 주부는 스스로도 불에 제물(祭物)을 바칠 수 있으며, 더할 나위 없는 가족의 일원이 된다.57) 지방에 따라서는 알타이의 신부는 남편의 집에 찾아가면 화덕 앞에서 머리를 땅에 대고 절한다. 그러면 "그대의 불이 꺼져 버리지 않도록"이라고 축복을 받는다.58) 신랑의 집에 도착하면 신부는 먼저 화덕이 있는 곳으로 나가 버터나 지방 조금과 나무 조각을 넣어서 곧바로 불을 분다.59) 나나이인도 또한 신부가 도착하면 죽과 화주(火酒)와 담배를 화덕의 불속에 던지고 "불의 어머니여, 신부에게 행복한 생활을 주소서, 많고 많은 아이를 주소서."라고 외친다.60)

불에는 정기적으로 제물(祭物)을 바친 것까지 있다. 예를 들면 알타이 주변의 여러 민족과 몽골인은 모든 음식의 맨 처음을 불에 바쳤다. 텔레우트(Teleut)는 무엇보다 새 달[新月]일 때 버터를 불에 끼얹는다.61) 마찬가지로 명예로운 부리야트인이라면 식사를 할 때 먹을 것이든 마실 것이든 그 일부를 불의 신령에게 바치는 것을 의무로 생각한다. "타라순(tarasun), 결국 화주(火酒)를 마실 때는 몇 방울을 화덕에 떨어뜨리고, 고기를 먹을 때는 한 입을 불의 신령에게 바치고, 양 등의 동물을 잡을 때는 머리 껍질의 일부를 삼각으로 잘라서 불에 던진다." 마찬가지로 제사 때는 제물의 고기를 익히는 솥 아래에 피운 불에도 고기 한 조각을 넣는다고 말한다.62) 여기서 기술한 《삼각》이라는 것은 앞 그림에서 보인 "세 돌로 된" 화덕, 혹은 "삼각의" 화덕을 생각할 수 있다. 몽골인과 그 밖의 중앙아시아 여러 민족은 날마다 제물을 바쳤다.

마찬가지로 야쿠트인의 가족은 식사 특히 저녁 먹을 때에 옛 관습에 따라 먹을 것과 마실 것을 화덕의 불에 끼얹었다. 제물은 반드시 식사에 손을 대기 전에 해야 한다. 불에는 "맨 처음 한 입, 맨 처음 한 숟갈, 혹은 맨 처음 한 모금"을 주지 않으면 안 되기 때문이다. 그들은 다른 신들에게 제물을 바칠 때에도 한시도 화덕의 불을 염두에 두지 않은 때가 없다. 집에서 스스로 화주를 담글 때에도 역시 맨 처음 한 방울은 불에 뿌린다.63) 소요트(Soyot)도 또한 마실 때는 맨 처음 한 방울을 불에 끼얹는다.64) 나나이는 집에 있을 때만이 아니고 사냥을 나갔을 때에도 음식물이 익으면 맨 처음 한 점은 화톳불에 던져서 불에 바친다.65)

게다가 그 이외의 경우에도 기회가 있으면 화덕의 불에 제물을 바친다. 예를 들면 병이 난 것이 불 때문이라고 볼 때는 자그마한 제물을 던져 불의 신령을 달래려고 한다. 이러한 방법을 하는 것은 야쿠트이다.66) 카잔 타타르(Kazan Tatar)는 아이가 불속에 침을 뱉어서 입술에 노란 물집이 잡힐 때는 아무런 말도 하지 않고 《황색 버터》를 불에 끼얹는다.67) 야쿠트인은 불을 선서의 증인으로 끌어내거나, 숲에서 잡은 동물을 집안으로 들일 때에도 또한 불에 제물을 바친다.68) 여자들은 아이가 태어났을 때 하는 축하연에서는 "불도 또한 배당을 받지 못하면 우리 것을 나쁘게 만든다."고 하며 버터와 화주를 불속에 던진다.69) 결혼식 때의 제물은 이미 앞에서 기술했다. 알타이 지방에서는 신부를 데려오기 위해 혼례비를 타결할 때도 또한 그것을 지불할 때에도 불을 소홀히 하지 않는다.70) 부리야트의 딸은 남편의 집으로 옮겨갈 때 특별한 의식을 하고 화덕의 불과 헤어진다.71) 불에는 희생물을 바치는 경우조차 있다. 되르뵈트(dörböt)는 천막 남쪽에 편 펠트 깔개 위에서 양을 잡는다. 그들의 사고방식에 따르면 그의 부모, 형제, 자매 가운데에서 죽은 자가 있으면 양을 잡는 사람이 되지 못한다.72) 소요트나 알타이 타타르도 불에 양을 바친다. 알타이 타타르의 경우는 3년마다 그것을 행한다.73) 쿠딘스크(Kudinsk)의 부리야트는 암양이나 암말, 결국 암컷을 잡아서 불에 제물로 바친다. 제물 바치기는 천막 안에서 한다. 제물은 화덕인 3개의 돌 위에 둔다.74)

 부리야트는 불에 특히 성대한 의식을 행하고 절하는 경우가 있다. 화덕의 주위에는 천막의 4막대에 줄을 치고 거기에 여러 가지 색깔의 리본과 천 조각을 다는데, 화덕의 오른쪽에는 하양, 왼쪽에는 파랑, 북쪽에는 빨강이 오도록 한다. 남쪽에 다는 리본의 색깔에 대해서는 지시가 없다. 인간의 모습을 그린 흰 천에는 작은 화살, 젓가락을 더한다. 희생물인 양이나 암말은 천막 안에서 잡는다. 그 밖에 불의 신령에게는 특별한 화살이 바쳐지며, 거기에는 갖가지 색깔의 리본과 구리 단추 3개를 묶는다. 의식이 끝나면 화살은 부리야트인이 그의 신상(神像), 결국 온곤(Ongon)을 모시는 한 귀퉁이 벽에 끼워 둔다. 잡은 가축의 머리 한 조각은 불의 신령에게 바치고 제물을 받아들이도록 기원한다. 제물을 바치는 의례(儀禮)는 다음과 같은 진귀한 관습을 행하고 끝낸다. 그 자리의 한 사람이 칼을 잡고 천막 입구에서 제일 앞 기둥까지 달려가서 칼을 기둥에 찌르면서 "오르면 허락하지 마소서. 잠기면 허락하지 마소서. 출입구로는 가지 못하게 하소서."라고 말한다.75) 이런 결말이 어떤 의미를 가지는지 보고자는 설명하지 않았지만 불을 제어하는 목적을 가졌을 것이다. 불은 지나치게 높이 타오르면 안 되며, 그렇다고 해서 꺼져버려도 안 된다. 또한 천막 바깥으로 불이 번지지 않도록 막는 것이다. 이런 불의 달램은 현현절(顯現節)[1월 6일] 다음날에 불 축제를 행할 때 주부가 불을 기리며 잔을 마시고 말리는데, 그 일부를 화덕에 쏟으며 "불이시여, 여기까지만 높이 타소서. 다만 이 이상은 타오르지 않기를." 이라고 외치는 노르웨이에 남아 있는 풍습을 상기하게 한다.76) 부리야트인이 불에 제물을 바치는 3일 밤낮은 불도 젖도 천막 바깥으로는 내어가지 않는다.

  부리야트의 화덕 곳곳에 단 리본과 천 조각의 색깔은 분명히 방위의 색깔을 나타낸다. 이 점에서 제단(祭壇)으로서의 집의 화덕은, 땅의 배꼽, 혹은 중심을 나타내고 있다. 이 같은 관념은 인도에도 있었다. 특히 꼭 봐야 할 것은 또 불의 신령에게 바친 화살이다. 화살과 활은 불의 신령을 의미하는 것으로 여겨지는 상(像)을 그린 흰 천에 붙인다. 화살은 부리야트의 불 축제에 관한 기술에서도 보이며, 알라르스크(Alarsk) 지방의 부리야트인은 불의 축제 때 화살을 넣은 크림통을 화덕 옆에 놓는다. 크림은 3일 동안 먹지만 화살은 그 기간 중에는 넣은 채로 둔다. 부리야트인의 사고방식에 따르면 그 동안 어떤 물건도, 물조차 천막에서 내거나 넣거나 해서는 안 된다. 제(祭)를 올리기 전에 다른 사람이 가진 물건이 천막 안에 남아 있는가를 조사해 두어야 한다. 만약 그런 물건이 있으면 곧바로 본래 가지고 있던 사람에게 돌려주어야 한다. 그렇게 하는 것은 다른 사람이 멍청하게 자신이 가진 물건과 착각하여 그의 집 물건을 가지고 가는 것이 없도록 하기 위함이라고 사람들은 설명하고 있다. 거기에 앞서 천막 안에 뭔가 두고 갈지도 모를 모든 사람에게 자신의 것은 가지고 가기 바란다고 알려 준다.[77]

부리야트인은 그 밖의 의식에서도 화살을 사용하는데, 축제가 끝난 뒤 그것을 처리하는 방법은 이상의 묘사로서 분명하지 않다. 그렇지만 불 신령 상에 매달린 활과 화살은 고대 인도의 불신[火神] 아그니(Agni)를 상기시킨다. 그 화살은 불이 불꽃을 내거나 쏨으로써 생기는 것 같다. 부리야트인의 불 숭배는 외래문화의 영향이라고 봐도 거의 틀림이 없을 것이다.

몽골인은 적어도 1년에 한 번 그것도 가을에 양의 내장 지방이 많은 부위를 불에 바치고 라마(lama)를 불러서 기도를 올리게 한다. 라마가 《불책[火書]》의 1절을 읽는 사이 아이들은 쉴 새 없이 불에 버터를 던져 넣으며 "쿠루이, 쿠루이(khurui)"라고 외친다.[78] 결혼식 때에는 노란 머리 양을 잡아서 불의 어머니에게 바친다.[79] 소요트는 불에게 "붉은" 산양을 바친다고 한다.[80] 그런데 가장 흔한 불 제물은 버터와 라드(lard, 돼지기름을 정제한 것-역주)인 것 같다. 불은 연소를 촉진시키는 제물을 가장 좋아하며 받는다고 믿고 있기 때문이다.

불에는 불 또는 불의 신령에게 바치는 제물에 한하지 않고 다른 신격(神格)을 위한 제물도 던지는 수가 있다. 예를 들면 벨티르(Beltir)인은 천신에게 흰 동물을 바치는 경우 자른 고기를 작은 나뭇가지에 얹고 **뼈**와 그 밖의 잔해(殘骸)나 털가죽까지도 함께 불에 넣어서 태운다.[81]

중앙아시아와 볼가의 그 밖의 투르크 계통의 여러 종족에도 천신을 위해 제물을 태우는 관습이 있었다. 또 야쿠트는 이미 기술한 것처럼 본래 불에 바치지 않는 것까지 불의 도움을 받았을 때는 바친다. 그 때 불도 또한 어느 정도의 다른 나머지 혜택을 받는 경우가 많았다. 그것은 불의 신세를 지면 불에게도 소홀히 하면 안 되기 때문이다. 야쿠트의 민간 신앙에 대해서 프리클론스키(Priklonski)가 기술한 것처럼 이 경우 불은 제물의 중개자이며 신들이 제물을 받아들이는 《문》에 지나지 않는다.82)

극북(極北) 여러 민족에서는 불이 공물의 중개자로서의 의미를 가지고 있지 않으며, 투루칸스크(Turukhansk) 지방의 퉁구스도 또한 결코 불에 이러한 역할을 맡기지는 않는 것 같이 여겨진다. 거기서는 야수의 해골이라든가 죽은 자의 시신을 그대로 보존한다는, 분명히 더 원시적인 풍속에 따르고 있다. 볼가의 여러 민족들도 받아들인 번제(燔祭)는 아마 훨씬 새로운 시대에 인도 이란 기원의 것을 수용한 것 같다. 인도 이란 계통의 민족도, 셈 계통 민족의 경우도, 불은 이미 일찍부터 중요한 역할을 맡고 있었다. 그렇다고 해서 시베리아의 극북 여러 민족이 불을 신성시한 것은 아니지만 자그마한 제물을 바치고 절하는 것조차 없었다고 할 정도는 아니다. 그렇지만 그들이 불에 각별히 희생동물을 바치지는 않은 것 같다.

집의 화덕을 신성시하며 제물을 불에 넣는 것은 사자숭배(死者崇拜)의 표현이라고 보는 연구자도 있다. 그에 따르면 화덕은 죽은 육친(肉親)에게 유족이 가까이 가기 위한 제단에 지나지 않는다. 아이슬란드어 아아레(aare. 화덕)는 라틴어의 아라(āra. 제단)와 같은 어원이다. 역시 유의해야 할 것은 화덕은 때로는 가족의 공통 유대로서, 특히 인도 유럽 계통 여러 민족에서는 대가족, 혹은 일족의 중심적 성소(聖所)까지 될 수 있는 것이다. 이처럼 집의 화덕은 일가족 혹은 일족의 구성원을, 때로는 그 선조까지도 자신의 주위에 결속시킴으로써 사자숭배의 특징을 띠고 있지만, 그렇다고 해서 불 그 자체가 숭배의 대상일 수 있다는 추측을 부정해 버리는 것도 아니다. 이 사실은 이미 위에서 기술한 사정으로, 특히 근친자에게 죽임을 당한 자는 희생동물을 불을 위해 죽여서는 안 된다는 것으로써 분명해진다. 알타이 타타르는 집안에 환자가 누워 있을 때도 역시 불에 제물을 하지 않는다.83) 그것이 불을 더럽히는 것이 아닌가라는 두려움에서 오는 것이라는 것은 확실하다.

또한 기도문의 표현에서 불의 신령은 의인화된 불 그 자체라고 생각하는 것은 분명하다. 그것은 많은 민족에서 여성으로 나타나고 있다. 몽골인도 알타이 타타르도 《불의 어머니》라고 한다.84) 알타이 타타르가 "머리가 30인 어머니, 머리가 40인 어머니"라고 말할 때 분명히 불의 무수한 불꽃 그것을 말하는 것이다. 텔레우트의 견해에 따르면 각각의 화덕은 각각의 《불의 어머니》(ot-änä)를 가지고 있다.85) 추바슈(Chuvash)와 핀(Finn) 계통의 볼가 여러 민족도 또한 《불의 어머니》를 알고 있다.86) 보굴(Vogul)은 그것을 《불의 아가씨》, 오스탸크(Ostyak)는 《불의 아가씨》 또는 《불의 할머니》라 부른다.87) 유락사모예드(Yurak Samoyed)는 천막을 지키고 화덕에 사는 《불의 할머니》를 말하고 있다. 불이 타오르는 모습은 불의 움직임이다.88) 부리야트인이 번제(燔祭)에 사용할 암양이라든가 암소 같은 암컷도 또한 그것이 여성이라는 것을 암시하고 있다.

그것이 단지 《불의 신령》(알타이 타타르 ot-äzi)이라고 불릴 뿐이라도 이 신격(神格)의 바탕은 확실하다. 예를 들면 "호흡은 연기"이며, "생나무를 먹으며", "침대는 그을음으로 검게 된 먹(墨), 작렬하는 숯을 베개로, 폭신폭신한 숯을 방석으로 하고89)" 있다. 야쿠트의 《불의 신령》(uto-iččitä)이 바로 불의 의인화라는 것은 너무나 분명하다. 역시 비유

적인 이름으로 붙인 부리야트의 《불의 신령》(galī-edžen)도 마찬가지다.90)

불의 신령은 사람이 꿈을 꿀 때 베갯머리에 서 있은 적도 있다고 야쿠트는 믿고 있다. 불에 제물을 던지고, 그 신령이 어김없이 음식을 받는 집의 불의 신령은 살이 쪄 건강하지만 제물에 인색한 집에서는 연약하게 야윈다. 또 야쿠트는 불의 신령이 그다지 나무를 지피지 않는 가장을 저주한다고 말하고 있다.91)

다음으로 야쿠트에서 기록된 전설에서는 불의 신령이 젊은이의 모습을 하고 등장한다. 남자 한 사람이 어떤 집에 찾아와서 집안으로 발을 들여놓는 순간 그 집의 안주인은 사회의 관습과 반대로 화덕의 불에 아무것도 넣지 않으려 신경을 쓴다고 이 전설은 기술하고 있다. 그래서 이 손님은 식사 때 죽을 한 숟갈 떠서 불에 흘려주었다. 온 식구가 저녁을 먹고 잠자리에 든 뒤 남자가 밤중에 눈을 떠 보니 화로 옆에 깡마른 젊은이 하나가 이렇게 말하고서 자신은 운이 나쁘다고 한탄하는 것을 들었다. "누구도 먹을 것을 주지 않아서 이처럼 말라버렸어. 나는 언제나 배가 고팠는데 죽을 한 숟갈 베풀어 준 이는 당신이 처음이야. 따라서 당신에게는 은혜를 갚을 거야. 될 수 있으면 빨리 이곳을 떠나는 것이 좋아. 그러면 어떤 일이 일어나는지 알 거야." 남자는 몹시 놀라 바로 집을 떠났다. 남자가 도중에 뒤돌아보니 집은 이미 활활 불꽃에 싸여 있었다.92)

어떤 부리야트 전설에서는 불의 신령이 둘 등장하는데, 그 하나는 가난한 집의 신령이지만 넉넉히 먹을 것을 받으며 옷차림도 깔끔하게 차려 입었다. 그런데 또 하나 부유한 집의 신령은 말라서 야위어 보였다. 부유한 집의 신령은 가난한 집의 신령에게 놀러갔는데, 둘은 서로 지껄이기 시작했다. 가난한 집의 신령은 상대를 향해서 왜 그렇게 기분이 나쁜가, 한쪽 눈이 찌부러진 게 아닌가라고 물었다. 그러자 상대방은 부자 주인의 인색함 때문에 먹을 것도 먹지 못하고 살았다. 게다가 뾰족한 도구로 휘저어서 눈까지 찌부러지고 말았다고 투덜거렸다. 그러면서 부유한 집의 신령은 그 주인을 벌하고 그 집을 태워 버리려는 태도를 보였다. 그러자 가난한 집의 신령은 자신의 주인이 그 남자에게 젖그릇을 빌려주었으므로 그것만은 구해주려고 했다. 부유한 남자의 집은 그날 밤중에 타서 허물어졌지만 가난한 남자의 젖그릇은 부서지지 않고 남았다.93)

불의 신령이 배회하고 이야기를 주고받으며 나쁜 대우를 투덜거리는 전설은 위에서 기술한 여러 민족에 한정되어 있지 않다. 핀(Finn) 계통의 오스탸크의 《불의 아가씨》는 그의 모습을 사람의 눈에 나타나 각각 자신의 집에서 어떤 대우를 받고 있는가를 보여줄 수가 있다.94) 이처럼 사모예드나 러시아 그 밖에도 기록되어 있다. 여러 민족에 걸친 전설은95) 화덕의 불은 잘 손질하며 살아 있는 것과 마찬가지로 어김없이 먹을 것을 줘야 한다는 견해에 말미암는다.

특히 화재 전에 불의 신령이 인간 앞에 나타나서 화재를 예언한다고 믿고 있다. 야쿠트인은 "회색"의 노인 모습을 하고 있는 불의 신령을 본 적이 있다.96) 부리야트인의 경우 불의 신령은 "붉은" 노인 혹은 붉은 옷을 입은 노인으로 나타난다.97) 나나이는 《불의 어머니》(fadzja-mama)는 붉은 외투를 입은 노파라고 생각한다.98) 더구나 사모예드의 전설에서도 불의 신령은 붉은 색을 하고 있든가 혹은 붉은 옷을 입고 등장한다.99) 그래서 붉은 두건을 두르고 화로 옆에 살고 있는 유럽 여러 민족의 집 신령은 본래는 화덕의 신령이며, 불의 신령임이 틀림없다. 더구나 텔레우트의 어떤 기도문에는 옷을 걸치고 등장하는데, 거기에는 "녹색의 비단 외투를 입고 흔들거리는 녹색의 불꽃과 붉은 비단 외투

를 입고 흔들거리는 붉은 불꽃"이 기술되어 있다.100)

부리야트인은 많은 지방에서 불의 신령상(神靈像)까지 만들어, 화덕 옆 작은 상자에 넣어 둔다. 발라간스크(Balagansk) 지방에서는 붉은 천을 씌운, 인간의 모습을 한 2개의 작은 목상(木像)을 볼 수가 있는데, 하나는 불의 주인이며 다른 하나는 불의 여주인을 나타내는 것이다. 눈은 2개의 큰 유리구슬로, 두건과 소매와 옷자락은 언제나 검은 양털로 만든다. 여주인은 그 밖에 진주를 붙여 젖꼭지를 나타내고 있으며, 가슴에는 양철판 장식이 1장 붙어 있다(그림24)101). 불의 신령상을 칠한 빨강과 검정은 활활 타는 숯불과 검은 그을음을 생각나게 한다.

그림24. 부리야트의 여성 불의 신령상.

이래서 부리야트인은 불의 신령 남녀상을 만든 것처럼 기도문 중에도 불의 《주인》과 《여주인》을 들고 있다. 추바슈의 제물기도문 중에도 또한 《불의 어머니》와 《불의 아버지》가 함께 나타난다.102) 하나의 신령을 이처럼 양성(兩性)으로 나누어 나타내는 것은 종교사적으로 드문 것은 아니다. 그런데 부리야트 지역에는 많은 경우 각 화덕 불에 사는 《불의 신령》(galī-edžen)은 하나뿐이다.

시베리아 최북단의 여러 민족은 제물을 말없이 불에 던지는 것이 보통이다. 반대로 중앙아시아에서는 불 숭배에는 기도문이 붙어 있다. 예로 몽골인의 결혼식에서 화덕 옆에서 말하는 다음과 같은 기원문을 들겠다. "불의 어머니, 불의 여왕이여. 그대 캉가이 칸(Khangai Khan)과 부르카투 칸(Burkhatu Khan)의 꼭대기에 자라는 느릅나무에서 온 자여. 그대, 천지가 나누어질 때 태어난 자여. 어머니 외티겐(Ötygen)의 자취를 좇아 나타난 자여. 텡게리 칸(Tengeri Khan)의 창조물이여. 불의 어머니여. 그대의 아버지는 단단한 강철, 어머니는 부싯돌, 조상은 느릅나무. 그대의 빛남은 하늘에 닿고 땅을 누릅니다. 신의 존재가 치고 나오게 하며, 여왕 울루켄(Uluken)이 머금고 있는 불이여. 그대에게 화주(火酒)로 가득 채운 잔과 한손 가득 기름을 바칩니다. 《왕자》(신랑)와 《공주》(신부)와 또 결혼식의 모든 하객에게 행복을 주소서.103)"

  이 몽골 기도문에 사용된 불의 명칭 우트(ut)는 투르크 계통의 차용어로서 불을 의미하고 있으며, 우리의 주목을 끌고 있는 것이다. 반자로프(Banzarov)는 이것을 근거로 몽골인의 불 숭배는 이란에서 투르크 계통 여러 민족으로 전파되는 도중에 영향을 받은 것이라고 추측했다. 인도에서 생긴 여러 종류는, 특히 부리야트의 불 숭배에서 확실히 확인할 수 있는데, 이런 반자로프의 설도 또한 있을 법하다. 게다가 또한 중국인도 "황색 옷을 입은" 불의 신령에게 제물을 바쳐 왔다는 것도 상기해야 한다.104) 시베리아 최북단 동쪽 끝에 사는 축치(Tchuktchi)도 불에 제물을 바친다는 사실은 불 숭배가 아시아에 널리 행해지고 있다는 사실을 증명하는 것이다.105)

제12장
신성한 땅

　벨티르(Beltir)의 어떤 제물(祭物) 기도문에는 《푸른 하늘》과 나란히 신성한 《검은 땅》이 등장한다.[1] 마찬가지로 몽골의 전설에는 《푸른 하늘》과 《갈색 땅》을 맞세워 기술하고 있다. 고대 오르콘(Orkhon) 비문에는 위인 하늘은 우리의 아버지로, 아래인 땅은 우리의 어머니로 기술하고 있다. 이와 같은 표현에서도 서경(書經)에 있는 "천지는 만물의 부모 같은 것이다."라고 하는 중국의 사색가 무왕(武王) 말의 경우와 마찬가지로 천지혼인신화가 표준이라는 것은 아니다.

　몽골인이 땅의 신을 나타내는데 사용하는 이름 외튀겐(ötügen)은 고대 투르크어[突厥] 비문에도 외튀캔(ötükän)으로 쓰여 있는데, 원래 몽골인의 고토(故土)를 의미한다.[2] 앞에서 말한 불 숭배에 관한 기도문 중에서 외튀겐은 《외튀겐 어머니》라는 여성으로 등장한다. 어떤 연구자들은 그것은 마르코 폴로(Marco Polo)가 기술한 인간, 가축, 땅의 과일을 지키는 《땅의 신》 나티가이(natigai)와 마찬가지라고 추정했다.[3] 역시 마르코 폴로는 나티가이와 그의 아내와 아이들의 상(像)을 만들어서 각각 천막에 제사한다고 말했는데, 이 보고는 도대체 무엇을 가리키고 있는지는 분명하지 않다. 고토(故土)를 의미하는 신성함에 대해서 말하자면 몽골인이 그 상을 만들었다는 것 등은 도저히 생각할 수 없다.

몽골인이 왜 외튀겐 어머니를 민간문학에서 "황금의"를 붙여서 부르는 존숭함에 이르렀는가도 또한 분명하지 않다.4) 그러나 고토의 신성시는 제사 때에 역시 제사하는 여러 신성한 산과 강의 신격화와 같은 기반에서 생겼다고 해도 좋을 것이다. 일찍이 그 산허리에 징기스칸[成吉思汗]의 선조들이 유목했다고 하는 이름 높은 북몽골의 부르칸 칼단(Burkhan Khaldan) 산과 역시 북몽골 산의 하나인 캉가이 칸(Khangai Khan), 거기에 셀렝가(Selenga) 강 등이 그 예이다.5) 지하의 세계로 간 조상이 사는 곳인 동시에 조국을 대표하는 이러한 산과 강은 중국인이 신성시하는 곳이기도 한다.

고대 투르크어 비문에 기술되어 있는 《성스런 얘르 수브(jär-sub)》('땅과 물'6))도 또한 고토를 의미하는 것 같은데, 고토는 알타이 계통 민족이 지금도 역시 계속 존숭하고 있다. "먼 옛날부터 우리들은 《우리들의 땅과 물》(jär-su)과 우리들의 하늘을 숭배해 왔다.7)"고 텔레우트(Teleut)는 말했다. 아바칸(Abakan) 강의 수원에 닿아 있는 모르도 칸(Mordo-khan), 혹은 아바칸 칸(Abakan-khan), 카투니야(Katunja) 수원에 임한 알타이 칸, 에니세이 강의 수원에 있는 키르기스 칸(Kygys-khan)이라고 하는 것과 같은, 국지적으로 존숭되는 장소와 얘르 수(jär-su)와의 관계가 그 지방에서도 얼마나 밀접한가는 라들로프(Radloff)가 지적하고 있다.8) 따라서 이 경우도 또한 얘르 수, 결국 고토는 몽골인의 외튀겐과 마찬가지로 지방적 성소(聖所)의 총칭 같은 관점을 드러내고 있다. 그럼에도 불구하고 특정한 산과 강의 신성시와 존숭이 어디에서 발생했는가는 역시 확실하지 않다. 산은 《왕》(Khan)이라고까지 불리고 있다. 예를 들면 알타이 산을 어떤 시(詩)는 "알타이 칸의 산등성이는 채찍 같이 굽이친다."고 기리고 있다.

오오, 아바칸의 영웅들이여,

그대, 흰 비단 모피를 몸에 두르고,

힘센 붉은 말을 몰아,

우리의 터전으로 오라!

모르도 칸이여, 그대, 위대한 군주여!

아바칸의 수원(水源) 가장자리,

수많은 봉우리를 바치는 산 위에,

그대는 산다, 오오, 모르도 칸이여!

지금 바로 우리의 터전으로 오라!

그대, 왕후여, 우리말을 들어라!

황금 방울을 달고,

60인의 영웅을 빼앗아,

마지막 싸움을 위해 떠났다,

알타이 칸, 그대 위대한 왕후여!

은방울을 달고,

40인을 빼앗아,

싸움을 끝내려 떠났다,

오오, 알타이 칸이여, 위대한 왕후여!

철등자(鐵鐙子)를 화살로 꿰뚫었다,

아버지, 오오 알타이 칸이여!

그대를 태워서 버티는 말이 없어,

노래하면서 오라 우리의 터전에!9)

알타이 타타르의 터전에 폭넓게 보이는 풍습 가운데 하나로 그 지방에 있는 산, 강, 호수에 대한 일족(sök)의 존숭에 대해 기술해 두려고 한다. 이들 성지의 여러 신령은 동시에 그 일대의 비호자이기도 하다. 아노킨(Anochin)에 따르면 이러한 성지의 여러 신령에게는 희생말이나 혹은 곡식 가루를 섞은 젖을 바친다. 이것은 천신에게 바치는 제물과도 관련이 있는데, 다만 반드시 그보다는 하루 늦게 행한다. 그런데 적어도 오늘날에는 살아있는 희생물은 바치지 않는다. 토지의 여러 신령도 또한 흔히 이른바 신의 아들들의 무리로 치고 있다. 알타이 타타르가 그들 고토의 성소를 기릴 때 이러한 모든 것을 하나로 뭉뚱그려서 《우리의 일곱 문(門)의 땅과 물》(jätti äžikti järim-sūm)이라고 부른다.10)

"땅과 물"이라는 독특한 표현은 볼가(Volga) 유역의 추바슈(Chuvash)도 알고 있어서 그 신의 이름 목록 중에는 《어머니인 땅》과 《아버지인 땅》 외에 sir-šyv kudegen 혹은 sir-šyv kten(《땅과 물의 지배자》)의 이름도 또한 올라 있다.11) 타우다 보굴(Tawda Vogul)도 또한 《땅과 물의 남자》라는 이름의 신령을 말하고 있다.12) 그런데 고토를 가리키는 이름으로서의 "땅, 물"은 이란 기원이라고 여겨진다. 밤베리(Vámbéry)가 지적하고 있듯이 페르시아에서는 오늘날도 역시, 예를 들면, ab-i-chak-i Isfahan(이스파한 지방. 말대로는 "이스파한의 땅과 물"이라고 입으로 전해 오고 있다.13))이다. 그러면 고대 페르시아의 대왕 크세르크세스(Xerxes)가 그리스인으로부터 복종의 표시로 "땅과 물"을 요구했던 것의 의미를 이해할 수 있다.

퉁구스는 대지를 만들어낸 것 모두를 그 공적으로서 기린다고 게오르기(Georgi)는 말한다.14) 이런 의미에서는 분명히 중앙아시아의 유목민도 또한 대지를 신격화하고 있다. 야쿠트의 지신(地神)은 풀의 생육뿐만이 아니고 아이의 출산도 돕는다고 한다.15) 샤만은 땅의 신성함을 말하는 데에 안 다르칸 코툰(an darkhan khotun. 코툰은 '부인')이라는 이름을 사용하는데, 그것을 여성으로 생각한다는 것을 알 수 있다. 야쿠트인의 입으로 들은 것으로는 그것은 도이두 이치태(doidu iččitä.《地圈의 지배자》), 혹은 시르 이치태(sir iččitä. 땅의 지배자)와 같은 것이다. 땅의 여신은 그의 상을 만들지도 않을 뿐만 아니라 피의 희생물(산 제물)도 바치지 않는다. 그런데 야쿠트는 봄 제사를 드리는 5월 암소 한 마리를 나무에 묶어서 그 소의 등에 젖을 붓고 그런 뒤에 다시 풀어준다. 야쿠트에서는 이와 다르게 오트 마스 이치태(ot-mas-iččitä. 草木의 지배자)라는 특별한 신이 존재함에도 불구하고 수목은 대지의 지배자(도이두 이치태)의 창조물이라고 간주하는 경향이 있다고 이오노프(Ionov)가 지적하고 있다.[16] 오트 마스 이치태와 시르 도이두 어느 것이나 기도문 중에서는 제법 같이 사용되고 있는 것으로 봐서 둘은 매우 비슷한 것이라는 것은 분명해진다.[17] 프리클론스키(Priklonski)는 땅의 여신 안 도이두 이치태 안 다르칸 코툰은 빼어난 나무에 살며 식물에게 푸름을 준다고 기술하고 있다.[18] 야쿠트에서는 농업은 비교적 새로운 생업 부문이므로 도이두 이치태와 오트 마스 이치태에게 농민이 제물을 바치고는 있지만 본래부터 농업신은 아니라고 생각할 수밖에 없다.

발라간스크(Balagansk) 지방의 부리야트는 그에 반해 농사일이 끝난 가을에 지권주(地圈主. daida delke edžen)에게 공물을 바친다. 기도문에는 다반 사간 카툰(daban sagan khatun)이라는 이름으로 부르는 이 신령을 부리야트인은 백발노인이라고 생각한다. 그것은 또 댈래태 사간 카툰(dälätä sagan khatun)이라는 백발의 아내를 데리고 있다고 한다.[19] 좁은 지역에서만 존숭되는 이들 여러 신령에 대한 우리의 지식은 매우 모자라기 때문에 그것이 토착적인 것인가, 외래 기원의 것인가, 좀 더 확실한 것을 말하기는 어렵다. 위에서 기술한 제물 바치기는 이 지방의 농업이 더욱 중요한 생업 부문이 되었을 때 비로소 정착된 것 같다.

땅이 생명을 띠고 있다고 생각한 예는 이미 비교적 이른 단계에 있었다. 예를 들면 중앙아시아의 유목민은 어쩌다 땅의 감정을 다치게 했을 때 그 벌을 두려워한다. 소요트(Soyot)의 생각에 따르면 뾰족한 도구로 땅을 긁어 대거나 혹은 상처를 내는 것은 무거운 죄를 범하게 되는 것이다.[20] 이런 편견의 원인은 유목민은 농업의 선구자를 결코 호의적인 눈으로 보지 않았다는 것은 분명하다는 데에 있다. 알타이의 사냥꾼은 대지의 풀을 뽑는 것은 인간의 몸에서 털이나 수염을 뽑는 것과 마찬가지로 허락되지 않는다고 설명한다.[21]

추바슈와 타타르는 러시아라는 완전히 이질적인 문화권으로 옮아왔을 때 거기에서 가장 빨리 농업을 주요 생업으로 몸에 익힘과 동시에 어떤 종류의 의례나 제사를 농사에 결부시켰다. 핀(Finn) 계통의 볼가 유목민과 마찬가지로 추바슈도 또한 《어머니인 땅》에 검은 부식토 색깔의 동물을 바쳐 왔다. 추바슈가 행하는 의례 중에도 이른바 《땅훔치기》를 들지 않으면 안 된다. 이 의례는 곡물이 잘 자란 농경지에 기름진 흙을 주기 위한 것이다. 더구나 어머니인 땅을 위하여 원기 왕성한 《신랑》을 뽑는다. 《신랑》은 청혼하러 가는 것처럼 준비를 해서 《신부》를 찾아 나선다. 이런 《신랑》은 젊고 건장한 사람이어야 한다. 아무리 강한 남자라도 어머니인 땅과 결혼은 벅찬 일이어서 오래 사는 사람은 드물다고 할 수 있다. 신혼여행은 방울을 울리며, 노래를 부르고, 음악을 연주하며 시끌벅적하게 시작한다. 그런데 밤이 되어서 행렬이 어떤 장소에 가까이 가면 일행은 조용히 되돌아간다. 거기서 《신랑》은 선두차에서 내려 《신부》를 맞이하게 된다. 일행의 가장 연장자가 농경지 쪽으로 눈을 돌리면서 모두를 대신해 이렇게 말한다. "풍요롭고 아름다운 신부여! 우리는 젊고 멋있는 신랑을 그대에게 데리고 왔습니다. 그대의 부(富)가 대단함을 알고 있습니다. 그렇지만 그대에게 우리가 데려온 신랑의 타는 듯한 사랑도 또한 말할 수 없습니다." 《신랑》이 땅에 머리를 조아리자 말하던 사람은 다시 말을 이었다. "따라서 경애하는 신부여! 그대도 우리의 신랑을 사랑하고 우리의 소원을 들어 주세요. 밭도, 풀밭도, 숲도, 강도, 그대가 가진 것은 모두 가지고 오세요."《신랑》이 다시 인사를 하자 모든 짐수레에 삽으로 기름진 흙을 퍼 담고, 《신랑》은 선두차에 오른다. 돌아오는 길에는 노래하고, 음악을 연주하며, 박수를 치고 본래의 밭 끝에 이를 때까지 기쁨을 외친다. 밭에 이르면 《신랑》은 삽을 들고 먼저 자신의 수레에 다음으로는 그 밖의 수레 옆에 서서 다음과 같이 말하며 자신의 《신부》를 맞이한다. "어서 오세요, 나의 중요한 신부여! 그대는 황금보다도 아니 나의 생명보다도 사랑스러워요. 아무쪼록 내 사랑을 보아서 그대가 가진 것을 우리 밭에, 풀밭에, 숲에, 강 위에 차례차례 펼쳐 주소서." 말을 마치자 그는 짐수레에서 삽으로 흙을 모두 퍼서 자신의 밭으로 나르고, 다른 사람도 각각 자신의 밭으로 날라 갔다.[22]

 어머니인 땅의 비위를 맞추고 자신에 대한 호의를 얻으려고 하는 결혼식을 생각나게 하는 이러한 자취는 수렵, 유목문화와는 관련이 없는 것으로 동유럽의 다른 농경민족에서도 가끔 보인다.[23]

제13장

영혼숭배

사람이든 동물이든 숨을 쉬는 모든 것에 보이는 생명현상을 투르크 계통 여러 민족은 《숨》(알타이 타타르와 야쿠트는 틴tyn, 몽골과 부리야트, 칼무크는 아민amin, ämin)이라고 부르고 있다. 임종 때 《숨》은 입과 콧구멍을 빠져나와 육신을 떠나며 김처럼 흔적도 없이 날아가 버리고 만다. 몽골인에게는 《숨》(아민)은 전신에 들어 있으며 생물체와 함께 없어지는 것으로 믿고 있다고 팔라스(Pallas)는 적고 있다.[1] 알타이 타타르는 《숨》이 죽은 자의 몸을 떠나는 순간 뭔가 찢어지는 듯한 소리를 낸다고 한다.[2] 《숨》이 떠나면 반드시 이어서 죽기 때문에 《숨》은 또한 당연히 목숨, 체온, 생명력이라는 의미를 가질 수 있다.[3] 계속 자라고 있는 나무라든가, 싱싱한 풀은 말할 것도 없고 무기조차도 그것이 매우 날카로운 것이면, "살아 있다"(알타이 타타르 tyndu)고 부르는 것이다.[4]

죽음과 함께 사라져 없어지는 《숨》을 이런 여러 민족은 결코 독립된 영혼이라고는 생각하지 않으며, 우리도 이런 의미에서 그것을 《혼》이라 부를 수 없다. 《숨》이라는 말이 개개 민족에서 이러한 의미를 갖추게 된 것은 외래문화와의 접촉에 의한다. 예를 들면 텔레우트(Teleut)는 사람의 장래 운명에 대해서 "먼저 당신의 틴(tyn)이 시달리는 것이라고 생각하지 않는 것은?"이라고 말한다. 텔레우트는 오늘날도 샤만의 영혼 동물(tyn-bura)을 이런 말로 표현하는데 그것에 대해서는 나중에 샤만을 논하는 장에서 다시 다룰 것이다.[5]

"숨의 소실"이라는 관념은 임종 때의 경험에서 생긴 것인데 반해 본래 영혼숭배는 또한 별도의 관찰에 기인하는 것이라고 생각된다. 보통의 관념에 따르면 인간의 《혼》은 인간이 《숨》을 다 토해내 버리기 전에 혼이 깃들어 있던 곳을 떠나버린다. 인간이 건강할 때조차 《혼》은 그 육신을 상하게 하지 않고 떠나서 불가사의한 방랑 여행을 떠날 수 있다. 《혼》이 하는 이런 산 채로의 여행은 자는 동안에 행해지며, 그때 《혼》은 그 인간이 자기 육신의 눈과 귀로 본 것도 들은 것도 아닌 것을 보거나 들을 수 있다. 《혼》은 자신의 방랑 동안에 경험한 것을 기억하고 있으며 바로 그 때문에 그 인간은, 예를 들면 부리야트인이 말하는 것처럼, 깬 후에 다른 사람에게 자신이 꾼 꿈을 말할 수가 있는 것이다.[6]

자고 있든가 혹은 거기에 가까운 상태일 때 육신을 떠난 《혼》은 인간의 의식을 갖춘 '나'를 대표하고 있기 때문에 의식이 빠진 육신 밖에서 지각하고, 뜻하고, 느낄 수 있는 독립된 존재이다. 그 때문에 《혼》을 나타내는 이러한 말은 때로는 의식이라는 의미도 가질 수 있다. 《혼》이 육신 밖에 있는 동안 어딘가에 헤매어 들어가거나 위험에 노출되지 않으면 빠르든 늦든 본래 깃들어 있던 곳으로 다시 돌아가게 된다.

자고 있을 때만이 아니고 병들었을 때도 또한 《혼》은 육신 밖으로 나가는 경우가 있다고 믿고 있다. 아픈 사람의 안색은 창백해지기-죽은 자도 또한 새파랗다- 때문에 본래 《외관》의 상실은 병이나 죽음과 깊은 관계가 있다는 관념이 생긴다. 그것은 병의 기색이 아니고 그 원인이라고조차 생각되고 있다. 인간은 본래 실제로 무엇이 원인이며 무엇이 결과인가를 반드시 분간할 수 있는 것이 아니다. 상(像)이라든가 그림자는 예를 들면 수경(水鏡)에 비친 영상처럼 육신을 떠난 존재라고 사람은 생각한다. 이것은 인간은 타인의 모습을 꿈속이나 환각 중에도 보기 때문이다. 이러한 다양한 관찰을 연결시킴으로써 《그림자》 혹은 《모습》은 인간 존재의 특수한 일부분이며 그것이 육신을 떠나면 병이나 죽음의 원인까지 되며 육신의 밖에서 독립된 생활을 영위하는 것이라는 관념에 도달했다. 병이 났을 때에 헤매는 이런 《영혼》은 수면 중에 활동하는 《혼》과는 다르며, 당사자 고유한 '나'를 대표하고 있지 않기 때문에 병자는 조금도 의식을 잃지 않는다. 병자인 '나'가 그 그림자의 《혼》이 육신 밖에서 무엇을 경험하고 있는가를 모르는 경우 인간과 그 《혼》은 이로 인해 서로 따로따로 독립된 생활을 하는 두 가지 '나'를 나타내게 된다.7)

투르크, 몽골 계통의 여러 민족은 그것을 암시하는 수많은 예를 제공하고 있다. 그렇지만 이들 여러 민족의 경우도, 그 밖의 자연민족의 경우도, 앞뒤가 들어맞는 명쾌한 《혼》 이론 같은 것은 눈에 띄지 않는다고 말해도 좋을 것이다. 그들의 영혼숭배도 신앙 관념도 끝까지 따져보면 바로 다양한 관념이 합해진 결과로 얻어진 것이다. 이들 여러 민족의 신앙 관념을 낳은 원시적인 사고는 물론 조금도 훈련을 거친 것이 아니다. 만약 타일러(Tylor) 같이 우리들이 안고 있는, 학습으로 얻은 개념을, 자연민족의 영혼숭배에 적용해서 해석하게 되면 우리들도 또한 그와 같은 잘못을 저지르게 될 것이다. 확대하여 그들 고유의 관념 결합에만 깊이 몰입해야 한다면 가능한 한 그와 같은 사고의 기초가 되어 있는 관찰과 발상에 통달해 둘 필요가 있다.

외관이라는 것이 인간 존재에서 얼마나 큰 역할을 하는 것인지는 위에서 기술한 여러 민족이 인간의 헤매는 《혼》을 말하는 경우 본래 단지 외관, 형상, 영상, 그림자, 모습을 의미하는 어휘를 사용하는 것으로 알 수 있다. 동시에 《혼》의 다양한 현상과 형태는 모두 그 인간과 뭔가 신비한 관계에 있다고도 믿고 있다. 투루칸스크(Turukhansk) 지방의 퉁구스는 물에 비친 자신의 그림자를 보는 것은 나중에 정신착란을 일으킬지도 모르기 때문에 좋지 않다고 주의를 준다. 어떤 체레미스(Cheremis) 소녀는 거울에 비친 자신의 모습을 보고, 볼가 타타르(Volga Tatar)가 한 것처럼, 거울에 입맞춤하고 "나의 《형상》을 취하지 않게 해주세요."라고 말한다. 이 경우 형상이라는 의미로 소녀가 사용한 tys라는 외래어는 아바칸 타타르(Abakan Tatar)의 언어에서도 역시 《혼》, 《신령》, 《신령상(神靈像)》이라는 의미이다.8) 참고로 기술해 두면 카렐리아(Carelia)인도 보트(Vot)인도 조용한 수면을 보는 것을 두려워하는 것은 수경(水鏡)이 그것을 보는 사람의 《모습》 곧 《혼》을 빼앗을지도 모르며, 그렇게 되면 안색이 창백해져 병에 걸리기 때문이다.9)

사람과 그의 그림자 사이에도 똑같은 미묘한 관계가 있다. 야쿠트는 그림자를 잃으면 불행이 일어난다고 말한다. 어떤 곳에서는 인간은 3개의 그림자를 가진다고 믿고 있다. 만약 그 하나 혹은 둘을 잃으면 병에 걸리게 되며 3번째 그림자까지 잃으면 죽음은 피할 수 없다.10) 그렇지만 그림자가 셋 있다는 이런 관념은 나중에 생긴 듯하다. 그 자체가 그림자인 죽은 자는 일반적 관념에 따르면 그림자를 가지지 않는다.11) 그림자는 이처럼 중대한 의미를 가지므로 그림자에는 주의 깊은 태도를 가져야 한다는 것은 말할 필요도 없다. 그래서 야쿠트인은 아이들이 자신의 그림자와 장난치는 것을 금하고 있다.12) 퉁구스는 사람의 그림자를 결코 밟지 말라고 나에게 주의를 주었다. 더구나 그들은 그림자가 아주 빛을 싫어하므로 빛을 피해서 늘 빛이 비치지 않는 쪽에 있으려고 마음쓴다고 설명한다.

이미 기술한 것처럼 그림자의 혼을 나타내는 말은 상(像)이라는 의미도 가지며, 이 말은 신령상(神靈像)은 말할 필요도 없고 영혼도 사용할 수 있다. 상과 본체와의 밀접한 관계를 나타내는 것은 상을 다루는데 가해진 것이 본체에도 작용한다는 신앙이다. 마술적인 목적 때문에 상(像)을 사용하는 것도 이러한 사고의 연상(聯想)에 바탕을 두고 있다. 가축을 도둑이 훔쳐 죽여 버렸을 때 야쿠트인은 인간의 형상을 한 목우(木偶)를 만들고 죽은 가축의 잔해를 구워 말려서 가축을 훔쳐서 죽인 자가 누구인가를 묻는다. 그리고 도둑이라고 생각되는 인물의 이름을 차례차례로 열거한다. 범인의 이름이 나오게 되면 목우는 고개를 끄덕인다는 것이다. 그리고는 목우를 내던져 찌른다. 도둑은 목우가 찔리는 것과 똑같은 곳에 아픔을 느낀다고 야쿠트인은 믿고 있다. 목우가 받는 것과 같은 심한 괴로움 때문에 사람은 죽음에 이르기도 한다.[13]

부리야트인의 경우 불행, 특히 병에 걸리게 하고 싶을 때 천 한 조각에 "머리가 아래를 향하도록" 그 인간의 그림을 물감으로 그리는 풍습이 있다. 쟈(zja)라고 부르는 이런 종류의 그림을 상대 집안 어딘가에 넣어둔다. 가족 중 몇 사람에게 해코지하고 싶을 경우에는 몇 장을 그리기도 한다. 쟈를 넣은 천막은 어쩐지 평온하지 않고 뒤숭숭하거나 우는 소리가 들린다고 믿고 있다. 상대는 가족에게 덮친 이런 불행이 어디에서 일어났는가를 감을 잡으면 그 그림을 찾아내어 없애기 위해 샤만을 부른다. 찾아봐도 그림이 좀처럼 찾아지지 않는 경우에는 쟈를 다른 곳으로 옮겼는지도 모른다. 여기저기 돌아다니는 샤만이 "별똥별[流星]"의 빛줄기 같이 빛나는 것을 본 사람이 있다고 한다. 또 쟈를 태워서 그것을 만든 샤만의 처소에 되돌려 보내 줄 수가 있다고 한다. 그러나 쟈가 샤만의 처소로 돌아가도 여전히 소동을 일으키게 되면 그들은 이 그림을 다시 한 번 만들어 누군가가 다른 사람의 집에 넣어 둔다. 쟈의 그림 색깔이 바랠 정도로 오랫동안 감추어져 있는 경우에는 그것을 찾아낼 수 있는 것은 만든 사람뿐이다. 이처럼 낡아서 바랜 그림의 신령은 알빈 쟈(albin-zja)라고 부른다. 쟈는 노파의 모습으로 되어 나타나는 것도 있다.14)

시베리아 여러 민족의 관념에서는 동물도 또한 인간과 마찬가지로 그림자의 《혼》을 가지고 있으며 여러 신령은 동물이 살아있을 때에도 그 몸에서 이 《혼》을 빼앗을 수가 있다. 퉁구스는 사냥을 나갈 때 사냥이 잘 되도록 산림동물의 조각상을 만들어 사냥터에 가지고 가게 되어 있다. 마찬가지로 예니세이 강 언덕에서 다수의 물고기상을 볼 수가 있는데, 이것은 그 땅의 주민이 봄철에 고기잡이를 시작할 때 풍어를 바라며 나무에 새긴 것이다. 카르얄라이넨(Karjalainen)은 오스탸크와 볼가의 같은 풍습을 기술할 때 이들은 제물용, 바꿔 말하면, 이러한 상은 여러 신령을 "달래기" 위해 만든 것이라고 상정(想定)한다.15) 그러나 북시베리아의 여러 민족은 이러한 상징적 제물을 사용하지 않으므로, 동물상을 만드는 의미는 그것이 사냥꾼의 손에 잘 잡히도록 최소한 상의 《혼》만이라도 하여튼 미리 가지려는 의도라는 것이 더 진상에 가까울 것이다. 사냥꾼은 큰 사슴이라든가 순록을 죽이기 전에 고인이 된 자신의 일가친척이 그 동물의 《그림자》를 손에 넣어 두어야 한다. 그렇지 않으면 사냥꾼은 사냥감을 손에 넣을 수가 없다는 유카기르(Yukagir)의 견해는 이런 종류의 신앙 관념과 동류(同類)이다.16) 같은 신앙은 유락사모예드(Yurak Samoyed)도 가지고 있었다. 레흐티살로(Lehtisalo)는 어떤 성지(聖地)의 신령에 대해 기술했다. 사냥이 시작되기 전에 샤만이 《동물 생명의 지배자》인 영혼을 방문해서 거기에서 동물 그림자의 《혼》을 가지고 온다. 사냥꾼은 그 수만큼의 사냥감을 손에 넣을 수 있었다고 기술하고 있다.17)

그러나 상(像)의 영혼은 생물에 한하지 않고 자연물이나 인간의 손으로 만든 일상 도구에도 들어 있다. 부리야트 일반 대중의 삶을 서술한 사람들은 이미 1880년대에 죽은 자에게 주는 부장품은 파괴한 채로 주지 않으면 안 된다는 사실에 주의를 기울였으며, 죽은 자는 무덤 위에서 죽인 희생동물의 그림자를 사용하는 것과 마찬가지로 저승에서는 이들 파괴된 기물(器物)의 그림자를 이용할 수 있다고 지적했다.18)

인간의 《혼》이 동시에 인간의 상(像)이라면 얼굴은 몸의 다른 부분보다도 중요한 의미를 가진 것이라고 이해해야 한다. 그 사람이 누구인가, 가장 알기 쉬운 것은 역시 얼굴이다. 그래서 타타르의 샤만은 여러 신령을 눈치 채지 못하게 할 때 얼굴에 탈을 쓴다.19) 시베리아의 어떤 민족은 마찬가지로 《혼》은 바로 얼굴에 깃들어 있다고 믿는다. 시에로세브스키(Sieroszewski)는 다음과 같은 예를 보고했다. 야쿠트의 샤만은 굿판에 있었던 한 사람이 놀란 나머지 《혼》을 잃어버리면 곧바로 깨닫고 손에 쥔 북을 내팽개치고 긴 의자 밑으로 들어가서 잠시 이리저리 찾다가 마침내 뭔가가 잡히면 그것을 그 사람의 '얼굴'에 던진다. 그때 샤만은, 그곳에서 《혼》이 빠져나갔지만, 재빨리 깨달았기 때문에 다시 잘 데려 올 수가 있었다고 말한다고 한다.20)

야쿠트인의 사고방식에 따르면 인간의 sur(알타이 타타르의 '외모', '몸', '모습')가 사는 곳은 얼굴, 크게 말해서 머리이며,21) 두피(頭皮)와 두개골의 보존도 또한 머리의 중요성을 나타내는 것인데, 어떤 지방에서는 등[背]도 또한 《혼》이 깃들어 있는 곳이라고 생각하고 있다. 알타이 지방의 몇몇 타타르 종족의 경우가 그렇다.22) 아마 등줄기에서 느끼는 전율은 《혼》이 나갔다 들어왔다 하는 증거라고 생각할 수 있기 때문일 것이다. 프리클론스키(Priklonski)가 기술한 바에 따르면 야쿠트인은 병은 뭔가 다른 것에 홀린 것이 병자의 몸속으로 들어와서 생기는 것이라고 생각하고 있기 때문에, 샤만은 병자를 집 모퉁이로 데리고 가서 무섭게 노려서 쏘아보는 것과 동시에 갑자기 소리를 질러서 치료하는 것을 흔히 볼 수 있다. 그때 병자가 떨면 홀린 것이 병자의 몸에서 피하여 달아나 병이 낫는 증표라고 믿었다.23) 한편 부리야트의 샤만은 병자로부터 빠져나온 《혼》을 찾고 있을 때 떨림이 일어나면 그것은 《혼》이 본래의 장소로 돌아간 증거라고 설명하고 있다.24) 시베리아 샤만의 굿을 관찰하면 샤만에게도 전율이 덮치는 것이 얼마나 중요한가를 알 수 있다. 인위적으로 느끼는 이러한 전율의 목적은 샤만이 《혼》을 육신의 끈에서 푸는 것이라고 봐도 좋을 것이다. 제물을 바칠 때 보통은 죽이기 전에 동물에게서 《혼》을 빼내 두는데, 그때 동물이 부들부들 떨며 두려워하면 《혼》이 빠진 확실한 증표이다. 이미 고대의 여러 민족과 또한 오늘날에는 볼가 강 연안에 사는 핀(Finn) 및 투르크 계통의 여러 민족 중에서 적어도 추바슈와 위구르는 희생동물을 떨게 하기 위해 냉수를 희생동물의 등에 끼얹는다. 희생동물이 무서워 떨면 체레미스는 "《혼》(tüs)이 있어요."라고 외친다.25)

몽골인 가운데에도 몸속에 《혼》(sünesün)이 있어서 몸속을 이리저리 움직이며 돌아다닌다는 관념을 믿고 있다. 가끔 손과 발에 《혼》이 옮아 오는 바로 그 때에 상처를 입거나 뼈가 부러지거나 하면 설령 그것이 한 번이라도 그 인간은 죽음을 면하지 못한다.26) 예를 들면 체레미스에 보이는 이런 관념은 사고 등으로 죽음에 이른 것을 본 어떤 경험에 기인한 것이리라.

그러나 《혼》은 몸속에 있을 때 이와는 다른 방식으로 괴롭히는 수가 있다. 어떤 악령 같은 것이 몸속에 몰래 들어와서 사람의 《혼》을 갉아 먹을 수가 있다고 야쿠트와 부리야트는 말한다.27) 퉁구스는 병자의 몸속에는 때로는 벌레 같은 것(kulikan)이 들어오는 수가 있는데, 그것을 쫓을 수 있는 사람은 샤만뿐이며, 더구나 샤만은 이 벌레를 사람에게 보여준 적도 있다고 믿는다.28) 이런 관념은 병자가 자신의 몸속에 뭔가가 우글거리고 있는 것과 같은 느낌을 받고 있다는 사실에서 생긴 것이다.

《혼》은 몸속에 있으며, 입이나 콧구멍으로 나와서 멋대로 헤매고 돌아다니다가 다시 같은 경로로 본래 살던 곳으로 돌아간다는 관념은 꿈에 대한 신앙 관념이나 이야기 속에 반영되어 있다. 프리푸조프(Pripuzov)가 적은 것에는 야쿠트는 자거나 지각을 잃은 상태에 빠진 인간의 《혼》은 콧구멍을 통해서 몸을 빠져 나오며 다시 같은 경로로 본래 있던 곳으로 돌아간다고 믿고 있다.29) 추바슈는 입을 열고 자는 것은 이 인간의 《혼》이 여행에 나가 있는 증표라고 설명했다. 《혼》이 다시 본래 처소로 돌아오면 입이 닫힌다고 한다.30) 그 경우 이야기 속에는 《혼》은 보통 겁이 많은 작은 동물의 형상을 하고 있다. 이런 점에서는 추바슈의 처소에서 채록된 다음과 같은 이야기가 그 실상을 잘 보여주고 있다.

목동 두 사람이 있었다. 한 사람이 꾸벅꾸벅 졸고 있을 때에 다른 한 사람은 벌린 입에서 어떤 새하얀 동물이 나와서 가는 것을 알아챘다. 그러자 본 쪽이 자는 사람의 입을 떡갈나무 채찍자루로 막았다. 귀여운 동물은 매우 당황하여 여기저기 쏘다녔지만 목표로 한 입구는 찾지 못했다. 방해를 하고 있었던 채찍자루를 치우자 동물은 겨우 자고 있는 사람의 입속으로 사라져 갔다. 그러자 그 목동은 곧바로 잠에서 깨어 꿈속에서 괴로워했던 상황을 말했다. 숲속을 걸어 돌아다니는데 큰 떡갈나무가 가로막아 서서 앞으로 나가기가 매우 힘들었다고 했다.31)

이 전설에 나오는 새하얀 동물은 따라서 육신 바깥을 돌아다니는 동안 자고 있는 사람을 대표하는 것이다. 다음에 기술할 부리야트의 전설에서도 혼 동물은 같은 행동을 한다.

한 천막에 두 부리야트인이 살고 있었다. 그 중 한 사람이 낮잠을 자고 있는 동안, 또 한 사람은 자고 있는 상대방의 코에서 벌이 날아 나와 잠시 천막 속을 돈 뒤 바깥으로 나가는 것을 보았다. 그것을 보고 있던 사람은 벌이 어디를 향해 가는가를 추적해 보려고 마음먹었다. 벌은 잠시 천막 주위를 날다가 점점 멀어져 가서 마침내 골짜기로 사라져 버렸다. 벌은 드디어 천막으로 돌아와 물통의 아가리에서 멈췄지만 물속에 빠지고 말았다. 겨우 기어 올라와 자고 있는 사람 가까이 가서 콧속으로 미끄러져 들어갔다. 자고 있던 남자가 깨어서 꿈속에서 본 것을 이렇게 이야기 했다. 어딘가를 걸어서 돌아다녔는데, 골짜기에 은화가 가득 뒹구는 것이 보였다. 거기에서 해안까지 찾아갔을 때 험한 낭떠러지에서 물에 떨어져 위기일발일 때 구조되어 눈을 떴다고 한다. 그 꿈 이야기를 들은 사람은 잠들었던 상대방의 《혼》이 걸어 다녔다는 골짜기로 헤치고 들어가자 거기에는 많은 은화가 발견되었다.32)

마지막에 기술한 전설은 중앙아시아 이외의 지역에서도 알려져 있었다. 그 중에도 꽤 비슷한 것은 보탸크(Votyak)의 이야기인데, 벌이 아니고 나비가 나온다. 에스토니아(Estonia)인의 경우는 파리로, 라프(Lapp)의 경우는 말벌이다. 중부 유럽의 혼 동물은 생쥐인 경우가 많다. 공통된 것은 돈을 발견하는 것이다.33)

다음에 기술할 되르뵈트(Dörböt) 몽골인의 이야기도 또한 위에서 기술한 전설과 비슷한 것 가운데 하나이다. 두 사람이 함께 자고 있었다. 그 가운데 한 사람이 눈을 뜨자 상대의 《혼》이 작고 붉은 거미 모습을 하고 입에서 나오는 것을 알았다. 거미가 풀밭 위를 기고 있을 때 눈을 뜬 쪽은 그것을 발견하고 모래를 던짐과 동시에 자고 있는 사람의 입술에 침을 발랐다. 놀란 거미는 나온 입을 향해서 서두르기 시작했지만 침에 걸리고 말아 필사적으로 발버둥친 끝에 겨우 탈출해서 자고 있는 사람의 코로 들어갈 수 있었다. 거기서 혼 동물의 동작을 지켜본 남자는 상대를 일으켜서 어떤 꿈을 꿨는가를 물었다. 남자가 한 이야기에 따르면 큰 숲속으로 헤매고 들어가서 금과 은덩어리를 보았는데, 사냥꾼이 쫓아와서 달아나 바다 속으로 떨어져 들어가 하마터면 빠져 죽을 뻔했다고 한다.34)

이 이야기 속에서 《혼》의 눈에 비친 풀밭은 숲이며, 모래알은 금덩어리와 은덩어리이며, 침은 바다이므로 그러한 《혼》의 세계에서는 어떤 작은 것이라도 크게 보인다는 것을 알 수 있다. 동시에 혼 동물은 매우 작은 것이라고 생각되는 것은 분명하다. 자고 있는 동안 《혼》은 《숨》이 죽을 때 가는 것과 같은 길을 더듬어 육신을 떠난다는 관념도 흥미롭다. 그러나 《숨》이 갈 때 역시 동물의 모습을 하고 있다는 보고는 없다. 이들 이야기는 특정한 민족에 한정된 것이 아니라서 그 가운데 노골적으로 되어 있는 영혼숭배가 투르크, 몽골 계통의 여러 민족의 본래 관념을 나타내고 있는지는 물론 의문이다. 하지만 역시 이들의 경우에도 《혼》이 동물의 모습을 하고 등장한다고 믿고 있는 예가 꽤 보인다.

《혼》은 수면 중 깃들어 있는 곳에서 자진해서 나갈 뿐만이 아니고 강제적으로 나가는 경우도 있다. 보통은 인간이 깜짝 놀랐을 때 일어나는데 여러 신령은 슬픈 《혼》을 지배하는 경우에 이런 방법을 쓴다고 생각된다.35) 인간은 그밖에 예를 들면, 넘어지거나 물속에 빠지거나 맹수와 맞닥뜨리거나 했을 때에도 깜짝 놀랄 수 있다. 그러나 인간에게 전율이 덮치면 때와 장소를 불문하고 《혼》은 몸에서 떠날 수 있으므로 중대한 결과가 생긴다. 알타이 타타르는 그때 육신을 떠날 수 있는 《혼》은 쿠트(kut)라는 이름으로 불린다. 야쿠트어에도 있는 이런 말에는 여러 가지 의미가 있다. 알타이 타타르의 방언에서는 "말쑥한 겉모습", "행복", "생명력", "다산" 등을 의미한다.36) 인간만이 아니고 땅이나 사는 곳도 또한 쿠트(kut)를 잃는 두려움이 있다.37) 아마 이 말은 본래

제13장 영혼숭배   269

겉모습, 모습, 그림자의 《혼》 등을 의미했을 것이다. 민간 신앙에 따르면 쿠트가 누락됨으로써 아름다움, 생명력, 다산, 번영의 상실이 생기므로 이 말은 체레미스의 외르트(ört)와 마찬가지로 상(像)이라든가 그림자의 《혼》이라든가 하는 것보다도 폭넓은 의미를 가지기에 이르렀다고 이해해야 한다. 쿠트는 인간을 떠나서 바깥에 살다가 다시 몸속으로 돌아가는 것에 대해 알타이 지방의 타타르는 몸 바깥에서 헤매는 《혼》에는 보통 다른 이름을 붙인다. 유라(jura, 아바칸 타타르는 tžula)라든가 쥐르(sür)라든가 쥐내(sünä)가 그것으로 이들 모두는 그림자의 《혼》을 의미한다. 알타이인(사가이, 코이발, 텔레우트)은 헤매는 《혼》을 쥐내, 몽골인은 쥐네(süne) 혹은 쥐네쥔(sünesün), 나나이는 예를 들면 외르괴니(örgöni)라고 부르고 있다.38) 이런 모든 명칭은 나름의 특징을 갖추고 있으면서도 극히 작은 한 존재를 의미한다. 이미 기술했듯이 나타난 모습은 바뀐 것도 있다.

  이러한 인간의 《혼》은 이미 든 명칭이 알려주듯이 어떤 그림자 같은 것일지 모르지만 어느 정도까지는 실질을 갖추고 있는 것처럼 상상된다. 《혼》의 재질이 어느 정도 미세하며 가벼울까 하는 것은 부리야트인이 갖고 있는 관념에서 분명해진다. 쥐네쥔이 인간과 함께 있어도 누구의 눈에도 보이지 않고, 화덕의 재에 넣어도 자취를 남기지 않고, 숲이나 들을 걸어도 풀 한 포기조차도 밟히지 않고, 마른 잎도 그의 발에 밟혀도 소리조차 내지 않는다.39) 그러나 이것과는 다른 관념도 또한 존재한다. 때로는 이 《혼》을 볼 수가 있으며, 그의 발소리를 들을 수 있으며, 눈이 좋은 사람은 그가 남긴 발자취를 따라 갈 수가 있다고 한다. 부리야트인의 이야기에 따르면 육신을 떠난 《혼》이 새끼양의 뒤에 달라붙어 있을 때 샤만이 그것을 잡으려 해도 《혼》과 새끼양의 발자취는 쉽게 겹쳐 버리므로 찾아내기는 꽤 어렵다고 한다. 《혼》이 처음 육신을 떠난 직후는 행동이 서툴지만, 마침내 완전히 소리도 내지 않고, 발자취도 남김없이 행동하는 방법을 몸에 익힌다고 하는 신앙도 또한 존재한다.[40]

《혼》의 재질을 갖추고 있으면 감기에 걸리고, 불이 붙으면 타며, 배가 고프면 사고도 치고, 아픔도 느낀다. 《혼》을 잡으려는 모든 신령에게 몰려 잡혀서 자루에 갇히기도 하고, "목과 손과 발"에 칼이 채워져 꼼짝 못하게 되면 불쌍한 《혼》은 "울거나 아우성치거나" 한다.[41]

《혼》에게 가장 큰 위험은 물론 육신 밖으로 나와서 돌아다니는 가운데 여러 신령이 사는 곳에 갈피를 못 잡고 들어가 꼼짝없이 잡히는 처지가 되고 마는 것이다. 그러나 현명한 《혼》이면, 예를 들면 죽은 일가친척에게 도움을 구하거나 착한 신령이 있는 곳으로 도망쳐 들어가서 몸을 지킬 수 있다. 위험이 다가오면 《혼》은 경계하지 않으면 안 된다고 알고 재빠른 《혼》이면 어딘가, 예를 들면 우거진 나무라든가, 동물의 털껍질 속으로 숨어든다. 《혼》은 그 인간의 특질과 성향을 가지고 있어서 요령이 있는 인간의 《혼》은 멍청한 인간의 《혼》보다 더 잘 괴로운 처지를 벗어날 수가 있다고 믿고 있다. 만약 여러 신령이 《혼》을 뒤쫓아 항상 있는 장소에서 쫓아내 버리면 불쌍한 《혼》은 깊은 숲이나 넓은 스텝이나 낯선 장소로 갈피를 잡지 못하고 들어가 찾을 수 없도록 숨는 것이다. 부주의한 《혼》은 또한 물에 떨어져 빠져 죽는 수도 있다.[42] 《혼》은 집의 천막 안에서 지켜지는 한 쫓겨 다닐 걱정은 없다. 그 중에도 가장 마음이 놓이는 장소로 화덕의 언저리가 되어 있는 것은 불의 신령이 불꽃을 가지고 모든 악령을 쫓아 버린다는, 널리 퍼져 있는 관념에 의한 것이다.[43] 그러나 한 걸음 천막 바깥으로 나가면 적대적인 여러 신령이 숨어서 기다리고 있다. 부리야트인이 말하는 바에 따르면 한밤중에 문 바깥이나 때로는 곧잘 이웃 천막에서, 어렴풋이 우는 소리나 신음소리가 들리고, 마침내 발소리와 함께 차츰 멀어지다가 들리지 않게 된다. 그로부터 머지않아 가까운 곳의 누군가가 병에 걸린 것을 아는 것이 보통이라고 한다.44) 샤만의 가장 큰 임무가 없어져 버린 《혼》을 찾아내어 본래 인간의 육신에 다시 데려오는 것이듯, 시베리아 샤머니즘은 바로 이러한 영혼숭배에 뿌리를 내리고 있다. 이러한 영혼숭배가 없어지면 시베리아 샤머니즘은 존립할 수 없을 것이다.

인간과 헤매는 《혼》은 여러 가지 경우에 《혼》을 잃어버린 것을 곧바로 알아채지 못하는 것이 보통이다.45) 물론 그것을 알아채는 것은 다른 사람으로 그 인간의 안색이 파래지기 때문에 안다. 병자는 몸이 모두 야위게 되고, 힘이 빠지기 때문에 피로, 무기력, 게다가 압박감이나 아픔을 느끼기 때문에 자신이 《혼》을 잃었다는 것을 차츰 알게 된다. 《혼》이 몸 바깥에 있는 시간이 오래되면 오래될수록 병자의 상태는 나빠진다. 《혼》이 어떻게 해서든 돌아오지 않으면 잘 될 희망은 없다. 부리야트인은 병자가 《혼》이 없어도 최고 9년간은 살 수 있다고 한다.46) 그런데 알타이 타타르는 《혼》(sür)이 가고 7년 아니면 9년간 돌아오지 않으면 반드시 죽음에 이른다고 믿고 있다.47)

그러나 《혼》이 돌아오더라도 인간의 건강은 《혼》이 어떠한 편력을 했는지에 달렸다. 퉁구스는 숲에 사는 여러 신령 때문에 인간이 잠자는 동안 나다닌 《혼》이 기진맥진할 정도로 힘들었으면 깨었을 때에 상쾌한 기분으로 일어날 수 없다고 설명했다. 요약하면 육신과 그것을 떠난 《혼》은 극히 밀접한 관계에 있으며, 맛본 괴로움은 육신도 또한 맛보지 않으면 안 된다고 믿고 있다. 숨쉬기가 어려워 괴로워하는 투루칸스크(Turukhansk)의 병자는 어떤 악령이 자신《혼》의 목구멍을 조르고 있다고 믿고 있다는 것을 들은 적이 있다. 예니세이(Yenissei)인도 또한 인간의 나쁜 건강상태는 《혼》이 병들었기 때문에 야기되는 것이라고 생각하고 있다. 예를 들면 《혼》(ulvei)이 다리가 아프면 당사자도 절룩거리며, 《혼》이 나가 걷고 있을 때 추운 곳에 발을 들여 놓으면 인간 쪽도 얼고, 누군가가 그 《혼》을 학대하면 인간도 같은 곳에 아픔을 느끼는 것이다.

나나이도 같은 생각을 한다. 《혼》(örgöni)이 아프면 그 혼의 소유자도 똑같이 아프다. 예를 들면 《혼》의 손에 상처를 입으면 인간도 또한 자신의 손을 사용할 수 없게 된다. 악령이 《혼》의 한쪽 눈을 도려내면 인간도 또한 애꾸눈이 된다. 《혼》이 죽으면 인간도 또한 죽는다. 《혼》이 손상을 입지 않으면 인간도 생명을 빼앗기지 않는다.[48] 나나이도 또한 병자의 용태(容態)에서 몸을 떠난 혼이 어느 정도 쪼들리는가를 추측할 수 있다. 병자의 고통은 예를 들면 곰의 신령에게 괴로움을 받는다든가, 요컨대 《혼》이 얼마나 고통을 맛보는가에 따라 결정된다. 때때로 여러 신령은 《혼》의 손발을 나무에 묶거나 교대로 찬물과 더운물을 끼얹는다.[49] 《혼》의 손발이 "묶이면" 분명히 병자는 운동 능력을 잃으며, "찬물과 더운물"을 끼얹는 것은 교대로 나타나는 발열과 오한을 의미하는 것이리라.

같은 사례가 알타이 타타르에도 기록되어 있다. 텔레우트는 악령이 《혼》(jula)을 뒤쫓을 때 《혼》이 상처를 입을 정도로 세게 잡기 때문에 그 상처는 당사자의 몸에 남기까지 한다고 말한다. 병자의 갈빗대가 비틀어져 있기라도 하면 샤만은 이렇게 설명하는 것이다.[50]

이와 같은 견해로 보면 잠자는 동안에 하는 인간의 동작이나 신음소리는 헤매는 《혼》의 행동거지를 반영하고 있는 것이라고 이해할 만하다. 《혼》과 육신의 비밀로 가득한 관계를 가장 잘 나타내는 것은 《혼》(쥐네쥔)이 빠져간 채 자고 있는 인간의 육신이 때로는 그 깃들어 있는 곳을 나와서 가는 《혼》의 자취를 뒤쫓아 간 적이 있다는, 몽골인이 품

제13장 영혼숭배 273

고 있는 관념이다. 몽골인은 몽유(夢遊)를 이처럼 설명한다.[51]

잠자는 동안 《혼》은 맘대로 육신을 떠나가는데 보통 밤 동안의 방황은 비교적 훨씬 쉽다. 그러나 자고 있는 사람이 너무 갑자기 깨지 않도록 주의해야 한다. 그 《혼》이 돌아오지 않은 채 눈을 뜨고 말면 끝끝내 《혼》이 나간 채 여러 가지 좋지 못한 일이 생긴다.[52] 이 경우 기묘한 엇갈림은 잠자는 동안에 쏘다니는 《혼》 쪽에 의식이 있는 내가 있는데 의식은 돌아오고, 한편 《혼》은 깜짝 놀랐을 때처럼 육신의 바깥에 빠져 나온 상태라는 것이다. 이러한 경우는 《혼》이 경악한 나머지 본래의 처소를 바로 찾아내지 못해 받는 충격적인 상태에 비유될 수 있다.

부리야트인의 사고방식에 따르면 놀란 사람의 처소를 잃은 《혼》은 보통 육신에서 떠난 그 장소에 잠시 머문다. 당사자가 그곳에서 자신의 상태를 곧바로 알아채지 못하면 혼을 찾아내는 것은 더욱 어렵게 된다. 내버려 두면 점차 떨어져 점점 멀리 가버리기 때문이다. 동시에 처음부터 무기력감과 쇠약을 느끼는 인간은 날마다 자신의 용태가 더욱더 악화되어 간다는 것을 알아차리기 시작한다. 빨리 좋게 하기 위한 전제조건은 병자가 《혼》을 잃었을지도 모른다는 장소, 바꿔 말하면 깜짝 놀라게 되었다는 장소를 떠올리려고 힘쓰는 것이다. 경험을 쌓은 인간이라면 자기 스스로 자신의 《혼》을 다시 데려올 수 있다고 한다. 그렇게 하려면 큰 소리로 부르든가, 혹은 《혼》이 떠나간 바로 그 때에 입었던 옷을 입고 깜짝 놀랐던 장소로 나가는 것이다. 당사자는 그 경우 《혼》이 좋아하도록 음식물을 가지고 나간다. 이렇게 해서 준비가 되면 《혼》을 식사에 부른다. 《혼》이 아직 그 재난이 있었던 장소나 그 가까이에 있으면 부르는 사람이 있는 곳으로 돌아와 몸속으로 들어간다. 그 증거로 병자는 그때 등골에 오싹한 느낌을 받는다. 매우 중요한 것은 정확한 시간을 생각해 내는 것이다. 그것은 처음에는 매일 그 시간이 되면 《혼》

은 정확하게 나타나는데 점점 사이가 멀어져 마침내는 1년에 한 번밖에 하는 식이 되어 버리고 말기 때문이다. 그러나 《혼》은 이렇게 오랫동안 육신에서 떨어져 있기 때문에 어떤 위험에 노출되어도 몸을 획 돌려 피하는 것이 거의 불가능하므로 잘 찾게 되는 것은 완전히 우연에 의한다.53) 부리야트인은 거기에 더해서 이렇게 설명한다. 《혼》은 설령 불행한 눈과 마주치지 않았더라도 이렇게 오랫동안 제멋대로 하고 있는 가운데 야성화(野性化)했고, 한편 오랜 병을 앓고 있는 육신 쪽도 설령 샤만이 《혼》을 찾아서 데려온다고 해도 《혼》을 받지 않을 정도로 퉁명스럽게 되어버렸다고 한다.54)

특히 벗어나기 쉬운 것은 아이의 《혼》인데 조금 놀라게만 해도 벗어나 버린다고 믿고 있다. 따라서 아이가 넘어지거나 놀라거나 해서 울기 시작하면 어머니는 곧바로 아이에게 달려가서 아이의 이름을 불러 혼에게 호소한다. 아이의 혼이 벗어나 버리는 것은 어른의 경우보다도 쉽게 알 수 있다.55)

텔레우트는 오랜 병을 앓고 있으면 "《혼》(jula)이 없어져 버려 샤만에게 가서 데려와 달라"고 말한다고 한다. 헤맬 수 있는 《혼》의 모습은 지각할 수 있으므로 병자는 가까이 있는 사람에게 "내 《혼》(sür)을 보지 못했나?"라고 물을 수 있다.56) 《혼》은 때로는 마을 안을 어정거리며 한밤중 어떤 집 창 아래에 서서 피리를 분 적이 있다. 가장은 그 소리를 듣고 곧바로 문을 열고 앞뜰에 나가 쇠솥을 두드리면서 《혼》을 집안으로 불러들인다. 《혼》은 이렇게 해서 부르면 찾아오는 것이라고 믿고 있다. 가장은 집안으로 되돌아오면 잠시 동안 문 있는 데에서 쇠솥을 두드려 울린다. 마침내 《혼》이 가까이 오면 그것을 덥석 솥 안에 잡아넣고 재빠르게 천조각으로 뚜껑을 해서 끈으로 단단히 묶는다. 이렇게 해서 《혼》을 잡은 후 잠시 동안 화덕 위에라든가 그밖에 적당한 장소에 놓아둔다. 다음날 샤만을 데려와서 그것이 누구의 혼인가 잘 조사해 달라고 한다. 그것은 《혼》을 잃은 당사자가 스스로 알아차릴 수 없는 경우가 일어날 수 있기 때문이다. 그래서 샤만은 《혼》이 벗어난 인간의 오른 귀에 둥글게 한 손바닥을 갖다 대고 《혼》을 불어 넣는 것이다.57)

텔레우트는 헤매는 《혼》은 선령(善靈)에게도 악령에게도 지배될 수 있다고 믿고 있다. 특히 최고신(위르젠)의 딸은 《혼》을 열심히 지킨다고 한다. 어떤 악령(쾨르뫼스)에게 《혼》을 빼앗기면 악령에게는 제물을 바쳐야 한다. 그렇게 하지 않으면 악령은 손에 넣은 것을 놓지 않으려고 하기 때문이다. 어떤 악령의 손안에 《혼》이 포로가 되는가는 샤만이 《문의 신령》(äžik-pi)의 중개로 헤아려 알 수가 있다.58) 사는 곳을 악령으로부터 지키는 문의 신령은 미누신스크 근방의 타타르도 기술하고 있다.59)

텔레우트의 샤만은 병든 아이의 《혼》을 데려가지 않으면 안 될 때에는 "오라. 너의 고향으로, 너의 70산으로, 너의 7개의 지붕 집으로, 너의 네 귀퉁이로, 너의 천막으로, 밝은 불이 있는 곳으로 오라. 악의에 찬 눈으로 모습을 보지 마라. 나쁜 일을 꾀하는 자를 피하라. 너를 걱정하는 아버지 곁으로, 너에게 젖을 물리는 어머니 곁으로, 돌아오라."라고 말한다.60)

알라르스크(Alarsk) 지방의 부리야트인이 《혼》을 찾을 때는 새하얗고 고운 펠트 깔개 2장을 사용하는데, 하나는 병자 아래에 깔고 또 하나에는 샤만이 앉아서 굿을 한다. 그밖에 집 서쪽에는 유제품을 넣은 통을 둔다. 통 밑바닥에는 은화를 넣어 놓고, 다시 특별한 화살 하나를 넣어둔다. 화살대에는 구리 쇠붙이에 붙인 붉고 긴 비단끈을 묶고, 그 한쪽 끝은 입구에서 바깥으로 늘어뜨리고, 거기에 자라는 어린 자작나무 가지에 묶는다. 끈은 돌아오는 《혼》의 안내가 된다고 설명하고 있다.

천막의 문도 물론 열어 둔다. 자작나무 옆에는 남자 한 사람이 앉아서 안장을 한 말의 고삐를 잡고 있다. 《혼》이 돌아오면 말이 떨기 시작하므로 혼이 돌아온 것을 안다고 부리야트인은 믿고 있다. 《혼》은 말에서 자작나무 옆에 앉아 있는 사람에게 가서 다시 끈을 타고 병자의 몸속으로 들어간다.

위에서 기술한 금속제품, 화폐와 구리 쇠붙이는 이 의식의 사악한 마귀인 악령을 쫓는 것을 목적으로 하고 있다고 해도 젖통에 넣은 화살이 무엇을 의미하는지를 아는 것은 매우 곤란하다. 시베리아에서는 화살은 제물로서만이 아니고 악마를 없애는 데나 혹은 지키는 도구로 나타난다. 부리야트인은 불에 제물을 바칠 때에도 또한 제물 통속에 화살을 넣는다는 데에 주목하기 바란다.

천막의 탁자 위에는 더구나 화주(火酒), 담배, 거기에 갖가지 맛있는 음식, 과자, 꿀과자, 호두 등 모두 에리카(Erika)를 태운 연기로 "깨끗하게" 해서 늘어놓는다. 만약 병자가 늙은이라면 천막에 모이는 사람은 노인뿐이며, 중년의 사람이라면 중년의 사람이, 아이의 경우에는 오로지 아이만이 모인다. 아이의 《혼》을 유인하는 데는 과자 외에 장난감도 책상 위에 늘어놓고 어머니는 젖을 드러내고 그 아이의 옆에 앉는다. 병든 가장의 《혼》을 다시 데려와야 할 경우는 개는 물론 모든 가축을 집에 모은다. 이런 의식을 하는 목적만을 위해서 집을 청소하는 경우조차 있다. 준비를 끝내면 샤만은 선신(善神)과 그 땅의 여러 신령, 병자의 조상들을 향해서 그들의 자비로운 도움을 바라는데, 무엇보다도 《혼》에게 돌아오기를 바라며 간절하게 호소하는 것이다. 샤만이 의식을 행하는 동안에 병자가 고열이 나고 동시에 한없이 소리 높여 울면 《혼》 데려오기가 잘 되고 있는 증표이다. 그러면 모든 참가자들도 또한 눈물을 흘린다. 의식을 하는 동안 샤만은 펠트 깔개 위에 서서 앞에서 말한

통을 동쪽에서 서쪽으로 돌리며 큰 소리로 병자의 《혼》을 부른다. 동시에 참가자 모두는 목덜미 단추를 푼다.

샤만은 《혼》을 불러오는 동안 이렇게 외친다. 너의 아버지는 A, 어머니는 B, 너의 이름은 C이다. 너는 어디에 있느냐? 너는 어디에 가버렸느냐? 먼 곳에서 와서 너와 맺은 평생의 배우자를 너는 오랫동안 혼자 내버려 두었다. 그녀는 슬픈 듯이 천막 속에서 가만히 눈물을 머금고 벽을 응시하며 너와 함께 보낸 옛날의 즐거웠던 생활을 쭉 생각하고, 지금은 걱정에 찌들어 울며 괴로워하고 있는 것이 아닌가. 그녀의 몸속에 자란 너의 귀여운 자식은 울부짖으며 "아버지는 어디 가셨지? 돌아오세요."라고 너를 부르고 있는 것은 아닌가? 그 외치는 소리를 듣고 빨리 돌아오라-오오 쿠루이-너의 형과 동생들, 너의 연로하신 양친, 마을의 노인들, 너의 친구와 어릴 적 친구, 그렇게 여기에 모여서 눈물로 네가 돌아오도록 간절히 바라고 있다. 마치 한 입에서 나오는 것처럼 이런 호소와 바람을 들었다면 빨리 몸속에 원위치로 돌아오라-오오 쿠루이-너의 사랑스런 말은 안장을 하고 서서 너를 기다리고 있다. 너의 말이 원래 있던 곳으로 돌아오라. 네가 말을 내버려 두면 나쁜 놈들이 끌고 가버릴 것이다. 네 말을 생각해서 빨리 돌아오라-오오 쿠루이-너의 값나가고 아름다운 의복은 모두 없어지지 않고 더러움이나 때도 타지 않은 채 있다. 찾아와서 그것을 입어 보라-오오 쿠루이-오라. 네 집안은 완전히 정돈되고 번쩍번쩍 닦여 있다. 그것을 사용하면 아직 오랫동안 행복하게 보낼 수 있을 것이다-오오 쿠루이-네 아내도 아이들도 갑자기 남겨져 절망적으로 울부짖으며 너를 부르고 있는 게 아닌가. "아버지, 어디에?" 이를 듣고 생각해서 다시 처자가 있는 곳으로 돌아오라-오오 쿠루이-너의 수많은 말들은 소리 높이 울며 너를 찾고 슬프게 너를 부르고 있다-"당신은 어디에? 우리들의 주인님. 우리들이 있는 데로 돌아오세요."-오오 쿠루이-네 수많은 소들은 음메, 음메 울고 주인인 너를 부르고 있다. 그들의 그리운 부름을 듣고 빨리 소들이 있는 곳으로 돌아오라-오오 쿠루이-네가 키운 개는 앞뜰에서 너를 부르며 짖고 있다. 개가 있는 곳으로 돌아오라-오오 쿠루이-네 화덕의 불은 1만년이나 꺼지지 않고 타고 있다. 너의 축복을 받은 육신은 활기차고 건강하게 90세를 더 살 것이다-오오 쿠루이-네 셀 수 없는 부와 행복한 생활을 헛되게 한 것이 없으니 빨리 돌아와 네 행복을 위해 쓰도록 해라-오오 쿠루이-보라, 네가 좋아하는 것, 새콤달콤한 담배, 영양이 많은 암한(amhan, 밀을 넣은 젖죽), 밀기울죽, 넘칠 정도의 황금색 버터, 타락(tarak)을 넣은 크림으로 상(床)은 가득하다. 보라, 삶은 고기, 살찐 고기는 그릇에 산처럼 담겨 네게 나와 있다. 거기에 설탕을 넣은 차도 빵과자도 있다. -돌아오라. 영양이 듬뿍한 식사를 하고, 좋아하는 이것들을 맛보고, 사랑하는 가족, 존경받는 마을 어르신들, 이웃, 가까운 친척, 먼 친척이 얼마나 너를 부르며 간절히 바라는가를 들어라. 그들은 눈물과 슬픈 노래로 너를 잃은 마음의 상처를 나타내고 있다. 그들은 가장 좋은 옷을 편 후에 바친 음식물 가운데 가장 좋은 것과 갖가지 맛있는 마실 것을 각각 손에 들고, 다들 모여 기도를 올리고, 다시 나타났으면 좋겠다고 하는 기원을 노래 부르고 있다-오오 쿠루이-저승은 어둡고, 춥고, 황량한데, 이 세상은 밝고, 따뜻하고, 기분 좋은 것을 알아라. 그러니 우리들이 있는 곳으로 돌아오라. 너는 네 마을 어른으로서 최고의 주인으로서 존중받게 될 것이다. 어두운 저승은 두렵지만 밝은 이 세상은 아름답고 매력이 넘치므로 우리들이 있는 곳으로 돌아오라-오오 쿠루이, 오오 쿠루이, 오오 쿠루이.[61]

샤만의 마지막 부름에 참가자 모두는 따라 부른다. 부르는 말은 물론 늘 그 병자에 어울리게 한다. 이런 의식은 샤만의 능력에 따라 하루에

3번까지 되풀이 할 수 있다.

《혼》이 억지로 육신을 떠나게 하려면 여러 신령은 깜짝 놀라게 하는 것만이 아니라 그 밖의 수단도 사용한다. 걱정할 만한 결과는 여러 신령이 인간의 코를 간지럽혀 재채기를 하게 해도 일어날 수 있다. 라프(Lapp)도 또한 강한 재채기는 죽음을 알리는 것으로 믿고 있으며, 고대 여러 민족의 경우도 재채기를 한 사람에게는 행운을 비는 관습이 있었다. 악령들이 어떤 일을 저지르는가는 다음의 부리야트에서 기록된 이야기에서 밝혀질 것이다.

일찍이 여러 신령을 보거나, 그들과 이야기할 수 있는 남자가 있었다. 어느 때 세 신령을 만나서 그들의 무리에 든 적이 있었다. 어느 부자 아들의 《혼》을 빼앗아 낼 수 있다는 것을 듣고 그 남자는 여러 신령의 친구인 체 하고, 그들에게 힘을 빌려준다고 약속함으로써 약탈행위를 함께할 기회를 얻었다. 그런데 산 인간인 이 남자에게는 여러 신령과 같이 행동하는 것은 곤란했다. 동행한 신령들은 왜 이 남자가 걸으면 풀이 짓밟혀 마른 잎이 버스럭버스럭 소리를 내는가 이상하게 생각했다. 그러자 약삭빠른 남자는 자신은 죽었을 뿐이므로 아직 신령처럼 소리를 내지 않고 자취를 남기지 않고 걸을 수 없다고 반박했다. 여러 신령은 이 말을 믿었다. 마침내 부자의 천막에 찾아가자 여러 신령의 하나는 문 옆에서, 또 하나는 연기가 나가는 구멍에서 망을 보고 섰고, 3번째는 예의 아들 옆에 가까이 가서 코를 간지럽혀 심하게 재채기를 하게 했다. 아들이 재채기를 했을 때 그 《혼》은 육신을 나와 문으로 도망치려고 했지만 거기서 망보고 있던 신령이 붙잡아 가엾은 《혼》은 큰 소리로 외쳤지만 신령은 놓아주지 않았다. 이렇게 해서 여러 신령은 잡은 《혼》을 데리고 갔다. 돌아오는 길에 여러 신령의 무리에 들었던 남자는 도대체 신령에게 두려운 것이 있는가를 물어 봤다. 그러자 엉겅

퀴나 가시나무처럼 가시가 나 있는 식물이 매우 무섭다고 설명했다. "그런데 너는 뭐가 무서워?"라고 이번에는 신령 쪽이 물었다. 빈틈없는 남자는 가장 무서운 것은 고기라고 말했다. 여전히 여러 신령의 친구로 행동하고 있었던 남자가 마침내 《혼》을 나르는 심부름을 시켜 달라고 말하자 남자의 꾀를 눈치 채지 못한 여러 신령은 그것을 양해했다. 그래서 가시나무가 나 있는 데에 찾아갔을 때 남자는 소년의 《혼》을 안고 가시가 돋아 있는 가시나무 수풀에 뛰어들자 여러 신령은 가까이 오려고 하지 않았다. 그러자 여러 신령은 고기가 무섭다고 하는 남자의 말을 생각해 내어 남자를 수풀에서 쫓아내려고 고기를 던지기 시작했다. 그런데 여러 신령은 남자가 고기를 받아서 맛있게 먹기 시작하는 것을 보고서 속았다는 것을 알고 가버렸다. 그래서 남자는 다시 한 번 서둘러 부자의 집으로 돌아갔으며, 병든 아들은 자신의 《혼》을 돌려받아 본래처럼 건강하게 되었다.62)

《혼》은 입과 코만이 아니고 귀로도 빠져 나갈 수가 있다. 서쪽에서 동쪽으로 불어서 그 속에 악마가 있다고 하는 회오리바람에 휘말리면 텔레우트는 자신의 《혼》(kut)이 없어지지 않도록 두 손으로 귀를 막는다.63) 이미 기술한 것처럼 샤만은 잡은 《혼》을 귀로 병자의 몸속으로 불어넣을 수가 있다.

텔레우트의 견해에 따르면 샤만(kam)은 인간으로부터 《혼》(jula)을 가져 가 다른 《혼》을 악령의 속박으로부터 해방시키려고 생각한 경우 그것을 몸 대신에 사용할 수 있다. 그 경우 《혼》을 빼앗긴 인간은 이른바 발작 같은 돌발적인 중병에 걸리며, 죽음으로 끝나게 될지도 모른다고 한다. 거기서 또 한 사람 다른 샤만이 그 빼앗긴 《혼》을 다시 되돌리려고 하면 양자 사이에 몹시 격렬한 싸움이 일어난다.64)

잠자는 중이라든가 그 밖에 어떤 원인으로 육신을 떠난 《혼》은 그 인간의 모습을 취하는 것 이외에도 곤충이나 조류 등이 되어 나타난다. 예를 들면 게세르 칸(Geser-Khan)의 모함을 기술한 몽골의 전설에는 인간의 《혼》은 곤충으로 나타나며, 어떤 라마(lama)가 칸을 죽이려고 해서 자신의 《혼》을 한 마리 말벌로 바꾸어 칸에게 보내자 그것을 게세르 칸이 잡아서 꽉 눌렀을 때에 라마는 기절했다고 기술하고 있다.65)

《혼》은 모든 신령에게 쫓기면 때에 따라 여러 가지 동물로 모습을 바꿀 수 있는 것이라고 부리야트인은 믿고 있다. 그러나 시베리아의 신앙 관념에는 《혼》이 새의 모습으로 되는 것이 가장 일반적이다. 예를 들면 돌간(Dolgan)과 야쿠트는 적의를 품은 신령이 가까이 오면 《혼》(쿠트)은 작은 새로 모습을 바꾸어 불안하게 달아날 곳을 찾는다고 설명한다.66) 나나이에 따르면 아기 《혼》은 오미야(omija)라고 불리며, 아이가 생후 1년 안에 죽으면 작은 새의 모습으로 되어 하늘나무(오미야 무오니 omija muoni《아이의 혼나무》)에 머문다.67) 돌간(Dolgan)인도 또한 아이의 《혼》은 새가 되어 하늘로 날아간다고 믿고 있다.68) 이미 기술한 것처럼 아이들의 《혼》은 지상으로 내려왔을 때도 작은 새가 되어 있다.69) 샤만의 《혼》은 특히 모습을 바꾸기 쉽다.

병자로부터 떠난 《혼》은 완전히 일정하지 않은 모습으로 나타나는 수도 있다. 텔레우트의 튈라(tüla)는 총알 정도의 크기로 둥글고, 푸르고 희며, 수은 같이 끊임없이 움직이고 있다고 베르비츠키(Verbitski)는 말했다. 샤만이 굿을 할 때 그것을 잡아 보여주는 바에 따르면 그러한 모습을 하고 있다고 한다.70) 시에로세브스키(Sieroszewski)에 따르면 인간의 《혼》(쿠트)은 작고 검은 숯 덩어리가 돌멩이 같은 모습을 하고 있으며, 샤만이 집의 침상에서 집어 올리면 그의 손안에서 움직인다고 야쿠트는 생각하고 있다. 어떤 사람은 또한 이러한 《혼》은 작은 것 치고는 상당히 무거운 것이라고 설명하고 있다.71)

육신에 상주하며 단지 일시적으로 육신을 떠나는 《혼》 외에 투르크, 몽골 계통의 여러 민족은 늘 인간의 바깥에 사는 《혼》을 말하고 있다. 이러한 영혼숭배는 무엇보다도 어떤 영웅의 《혼》을 말한 전설 속에 나온다. 《혼》은 감춰진 어떤 곳에 숨어 있어서 그곳을 적에게 들키기만 하면 죽임을 당한다.[72]

특히 샤만의 《혼》은 육신 바깥의 존재로 나타난다. 그것은 보통 동물의 모습을 하고 있다. 뒤에서 또 들겠지만 이 신앙의 예로서 발라간스크(Balagansk) 지방의 아홉 아들을 둔 눈먼 부리야트 샤만의 이야기를 기술해 본다. 어느 날 노인은 아들을 강으로 물고기를 잡으러 보냈는데, 그때 "너희들은 강에서 일곱 마리 잿빛 송어를 볼지도 모른다. 그 가운데 눈먼 한 마리는 잡아서는 안 된다. 그것이 내 《혼》이다."라고 주의했다. 그런데 아들들은 아버지의 명령을 듣지 않고 송어를 모두 잡아버리고 말았다. 그 결과 아버지는 죽었다.[73] 아마 이런 개념은 인간이 특정한 동물의 형태를 한, 바깥의 《혼》을 가진 것이라고 하는 신앙에 바탕을 두고 있다. 이러한 관념의 흔적은 특히 스콜트 라프(Scolt Lapp)인들에게서 확인할 수 있다.[74] 나나이도 또한 개개인은 각각 다양한 《혼》을 가지고 있는 것이라고 믿고 있다고 한다. 착한 사람의 《혼》은 물고기, 큰 사슴, 순록의 모습을 갖고 있는데, 나쁜 사람의 것은 이리, 모기, 등에 따위로 물고, 피를 빠는 동물의 모습을 하고 있다.[75]

투르크 계통의 많은 민족은 더구나 각자 태어날 때부터 특별한 수호령(守護靈)을 가지고 있어서 그것이 끊임없이 늘 따라다니며, 가까이에서는 작아진다고 믿고 있다. 알타이 타타르의 야유치가 그러한데, 인간을 아이 때부터 도우며 그의 일생을 통해서 비호한다고 라들로프(Radloff)는 기술하고 있다. 야유치는 인간이 태어나기 전에는 제3천에 살고 있으며, 아마 인간의 사후도 거기로 돌아갈 것이라고 생각한다.[76]

몽골인은 쟈야치는 돌봐야 할 사람이 생존 중에는 인간과 마찬가지로 행동하며, 동시에 그것을 지키고 있는 것이라고 믿고 있다고 포타닌(Potanin)은 쓰고 있다.77) 이것이 과연 몽골인이 말하는 《행운을 주는 자》 졸 자야가치(dzol-dzajagači), 반자로프(Banzarov)가 자야가치라고 부르고 있는 것과 같은 신령일까? 인간만이 아니고 그들이 소유하고 있는 가축이나 재산에까지 주의를 기울이는 이런 신령에 대해서 몽골인은 상(像)도 만든다고 한다. 날마다 자그마한 제물을 바치는 이러한 상은 어떤 천막 속에도 있다.78) 부리야트인의 자야치(zajāči)는 그 인간의 탄생과 함께 생기며, 죽을 때까지 안전을 지킨다. 게다가 자야치는 돌보는 사람의 일신상의 일에 대해서 신들에게 중재해 줄 수가 있다고 믿고 있다. "인간이 평생 부유하면 자야치도 좋게 차려입고 말을 타고 즐길 것이지만, 인간이 가끔 가난하게 되면 그 수호령도 가난해지고, 옷차림은 초라해지고 말도 타지 않고 걸어서 가며, 자신이 돌보는 사람의 운명을 한탄한다." 인간이 죽으면 자야치는 하늘로 올라가서 신들의 무리 속에 들어가 거기서 산다.79)

그러나 위에서 기술한 관념 중에는 외래문화의 영향이 확실한 것이 있다는 것을 알 수 있다. 인간의 일생 동안 항상 따라다닌다는 이러한 인간 운명을 정하는 역할은 알타이 계통 민족의 독자적인 발명이라고는 절대 말하기 어렵다. 몽골인에게서도 또한 투르크 계통 민족에게서도 폭넓게 볼 수 있는 것은 인간에게는 두 신령이 항상 따라다닌다는 관념이다. 그 하나는 잘 되라고 생각해서, 또 하나는 나쁘게 되라고 일을 추진한다.80) 이와 같은 신앙은 볼가 강변의 핀(Finn) 계통의 여러 민족과 시베리아에 뿌리를 내리고 있다. 알타이 타타르에 있는 이러한 관념을 라들로프는 인간의 오른 어깨에는 착한 야유치가, 왼 어깨에는 나쁜 쾨르뫼스(körmös)가 타고 있다는 식으로 적고 있다. 양자는 인간의 모든 운명에 항상 따라다닌다. 전자는 인간의 선행을, 후자는 악행을 각각 기록해서 그 비율에 따라 사후의 운명을 어떻게 할까를 결정한다.81) 이러한 사고방식은 알타이 계통의 여러 민족에서도 기원이 오래된 것은 아닐 것이다.

참고 정도로 말하면 로마인도 또한 그 탄생에서 죽음에 이르기까지 인간에게 충실하게 복종한 특별한 신령을 가지고 있었다. 그것은 게니우스(genius)인데 고대의 어떤 작가는 이렇게 적고 있다. "그래서 살아있을 때는 잠시도 떠나지 않고 어머니의 뱃속에서 사는 마지막 날까지 붙어 따라다니며 끊임없이 지켜볼 임무가 우리에게 놓여있는 것이다." 아이슬란드인도 또한 개개인의 노르네(Norne)에 대해 말하고 있다. 선령(善靈)과 악령이라는 사고방식은 아마 투르크 계통의 민족이 더욱 발달된 종교로부터 받아들인 관념일 것이다.

"신들(텡게리)이 때로 한번 잠들어 백년을 잘 때 그 《혼》이 땅에 내려와 지상에 태어나는 아이에게 바꿔 탄다."라는 부리야트인의 신앙에는 티베트의 지혜가 나타난다. 신이 잠든 지 이미 오래되어 겨우 내려오게 된 《혼》은 신을 잠 깨우기 위해 서둘러 돌아가지 않으면 안 되기 때문에 그렇게 태어나게 된 사람은 그다지 오랫동안 살지 못한다. 반대로 잠들자마자 곧바로 《혼》이 지상에 서둘러 온 경우에 태어난 사람은 장수를 누리게 된다.82)

영혼숭배의 영역에는 더구나 볼가 타타르의 우뷔르(ubyr)를 놓치면 안 된다. 이것은 그의 주인과 매우 밀접한 관계에 있다. 그러나 이 신령은 어떤 인간이나 갖고 있다는 것은 아니다. 우뷔르의 소유자의 머리 꼭대기에 우묵한 곳이 있으면 숫구멍은 굳어지지 않는다고 말한다. 헤매는 《혼》과 마찬가지로 우뷔르도 또한 그 인간이 자고 있는 사이에 돌아다닌다. 자주 공중을 나는 도깨비불같이도 보일 수 있는데, 동물 특히 돼지라든가, 검은 고양이라든가, 개의 모습을 취할 수가 있다. 날아오는 도깨비불과 만나는 사람은 그것을 멈추어 세울 수가 있다. 속옷을 벗기면 도깨비불은 땅에 떨어지기 때문이다. 우뷔르가 어떤 이유로 손상을 받으면 그 소유주도 병에 걸린다. 만약 도깨비불을 본 사람이 나무로 만든 거름 갈퀴, 혹은 뭐든지 두 갈래로 된 나무를 쨰면 우뷔르는 힘을 잃는다. 그러면 우뷔르는 그 인간으로 모습을 바꾸게 해달라고 한다. 우뷔르가 가끔 밤중에 헛간의 주위를 서성거리고 있는데, 만약 누군가가 눈을 도려내거나 상처를 입히면 이 신령의 소유자도 또한 눈을 잃거나 상처를 입는다. 그러나 우뷔르를 잡는 것은 쉽지 않다. 그것은 우뷔르를 발견해도 잡으려고 하면 주위에 불꽃을 뿌려서 깜짝할 사이에 꺼 버리기 때문이다. 우뷔르는 서성거리는 사이에 다른 사람이 가진 물건을 훔치거나 소나 말의 젖을 빨거나 해서 나쁜 짓을 대수롭지 않게 한다고 한다. 또한 말, 소, 양의 태속에서 태아를 빼앗은 적도 있다. 더구나 우뷔르는 그 소유자의 무덤 속에까지 들어가서 밤중에 시체의 입에서 탈출하고, 자고 있는 인간의 피를 빨고 돌아다닌다고 믿고 있다. 또한 하늘의 구름을 마셔 무서운 가뭄을 야기하기도 한다. 이 신령이 나돌아 다니기 때문에 일어나는 재앙과 나쁜 것에서 벗어나려면 그 인간의 무덤 위에 있는 출구의 구멍을 떡갈나무 마개로 막든가, 시체를 파내어 가슴에 비스듬히 갯버들 기둥을 대어 지면에 고정시키지 않으면 안 된다.[83]

이러한 관념은 동유럽에서는 매우 흔한 것이다.

제14장

죽음과 꺼림禁忌과 복상服喪

슈테른베르크(Šternberg)는 길랴크(Gilyak)는 만약 이 세상에 악령이 없으면 인간은 결코 죽지 않는다고 믿고 있다고 적고 있다.[1] 매우 많은 자연민족이 지닌 이런 관념은 아마 일찍이 알타이 여러 민족 사이에도 널리 퍼져 있었을 것이다. 적어도 젊은 사람은 노인과 같이 자연스런 죽음을 하지 않고 어떤 신령이 그 생명을 앗아간 것이라고 하는 야쿠트(Yakut)의 신앙에서 특히 많이 보인다.[2] 트로슈찬스키(Troščanskij)가 말한 것처럼, 모든 신령은 병자의 《혼》을 빼앗거나 먹어서 생명을 빼앗는다고 그들은 믿고 있다.[3] 그 밖의 시베리아 민족도 병과 거기에 이어지는 죽음은 육신을 벗어난 《혼》이 다시 돌아가지 않기 때문이든가, 혹은 악령이 몸속으로 들어왔기 때문이라고 믿고 있다는 것이다. 로파틴(Lopatin)에 따르면 나나이는 병자를 고치는 데에 두 가지 방법만 알고 있을 뿐이다. 하나는 사라진 《혼》을 본래의 주인에게 끌어와 되돌려주는 방법이고, 또 하나는 심한 소동을 일으켜 악령을 병자로부터 쫓아내는 방법이다. 후자의 경우 또한 짚 인형을 만들어 신령을 그 속에 꾀어 들인 후에 곧바로 버리는 것도 있다.[4] 알타이 타타르는 모든 병의 원인을 쾨르뫼스(körmös) 때문이라고 한다고 아노킨(Anochin)은 기술하고 있다.[5]

제물로 달랠 필요가 있는, 이들 죽음을 가져오는 자는 일찍이 죽은 자 몸 안의 신령이기도 하고, 먼 지방 사람의 신령이기도 하다. 지옥에는 특별한 왕이 있다고 하는 여러 민족은 그 왕이 아랫것들을 지상으로 보내서 인간의 《혼》을 잡아오게 한다고 믿고 있다. 알타이 타타르는 곳에 따라 지옥의 왕 애를리크(ärlik)의 사자(使者)를 알다치(aldačy)라고 하는데, 그는 일종의 죽음 심부름꾼으로, 사람이 죽은 후 잠깐 동안 그 집에 머무르는 것이라고 생각하고 있다.[6]

특별한 죽음의 신령은 키르기스의 애즈래일(äzräil, 아랍어 기원)인데, 이슬람과 함께 러시아에 사는 타타르인에게 옮아 왔다. 특히 추바슈(esrel, esrele)와 볼가 연안의 핀(Finn) 계통의 민족도 그것을 알고 있다.[7] 키르기스인의 사고에서 두려운 것은 여섯 얼굴을 하고 있어서 "그런 오싹한 얼굴은 보고 있을 수 없어."라고 말한다고 라들로프는 적고 있다. 타타르는 저승사자의 칼에 대해서도 말하고 있다. 카프카스 산악지대 유대인에게 있는 똑같은 관념을 아니시모프(Anisimov)는 다음과 같은 말로 묘사하고 있다. "어떤 인간이 죽음에 가까워지면 하늘에서 사자가 내려와 죽어가는 사람의 머리맡에 선다고 믿고 있다. 이 사자는 놀랄만한 모습을 하고 있으며, 몸은 완전히 눈으로 덮여 있다. 손에는 칼을 쥐고 있으며, 그 칼끝에서 독이 3방울 떨어진다. 죽음을 맞이하는 자가 이 무서운 사자를 보면 놀란 나머지 입을 벌린 채로 있을 때 저승사자가 입에 먼저 한 방울을 떨어뜨리면, 그 때문에 인간의 얼굴은 먼저 누렇게 변한다. 두 번째 방울로 죽음을 알리게 되면 경련이 일어나고, 세 번째 방울에 죽게 된다." 다른 설명에 따르면 저승사자는 칼로 죽음의 희생물을 죽인다. 더구나 인간이 죽을 때마다 저승사자의 눈이 하나씩 감긴다고 믿고 있다.[8]

그러나 칼을 가진 이 기괴한 죽음의 신령은 특정지역의 투르크 계통 민족에게만 알려져 있을 뿐이라 해도 죽음 그 자체 특히 여러 신령에 의해 일어나는 죽음은 역시 공포를 불러일으키지 않고서는 끝나지 않는다. 오로촌(Orochon)은 죽은 자를 두려워한 나머지 가망이 없는 병자는 그의 운명에 맡기고 방치한다고 심케비치(Šimkevič)는 기술하고 있다.[9] 나나이는 죽은 자와 영원한 이별을 고하고 부디 그의 아들과 아내를 데려가지 말아 달라고 부탁하는데[10] 거기에는 죽은 자는 가족을 길안내로 찾는다는 관념이 나타나 있다. 이른바 황위구르(黃Uigur)는 그 경우 "너의 아이를 길안내로 하지 마라. 가축을 길안내로 하지 마라. 소유물을 가지고 가지 마라."라고 말한다.[11] 텔레우트는 남편이 죽은 뒤 곧바로 아내와 아이들 또는 친구가 죽으면 그것은 죽은 자가 그들의 《혼》(쿠트)을 빼앗는다는 증표라고 한다.[12] 죽은 자는 또한 그들의 행복도 가지고 갈 수가 있다. 벨티르(Beltir)의 경우 유해가 앞뜰에 이르면 노파는 젖을 잔에 부어서 "우리들의 행복이 훌쩍 가버리지 않도록." 하고 말하는 것이 관례이다. 이어서 젖통을 손에 들고 젖을 조금씩 뿌리면서 시신 주위를 3번 돈다. 천막으로 돌아가면 노파는 삼베를 덮은 젖 그릇을 한쪽 구석에 감추어 둔다.[13]

통상적인 생각으로 보면 죽은 자는 변덕스러워서 매우 분별없는 이유로 화를 내고, 이 사람 저 사람 없이 짜증을 낸다. 그 때문에 특히 일가친척은 죽은 자가 집에 놓여 있는 한 방심하지 않는다. 텔레우트는 죽은 자는 자신 주위에서 일어나고 있는 모든 것을 듣고 이해하는 것으로 믿고 있다.[14] 따라서 일가친척과 친족은 말을 할 때 늘 죽은 자를 칭찬하지 않으면 안 된다. 죽은 자의 눈이 사물을 볼 수 없도록 시베리아의 여러 민족은 모피, 물고기 껍질, 삼베를 죽은 자의 얼굴에 씌운다.[15] 추바슈는 매우 신중해서 죽은 자의 눈구멍만이 아니고 귀나 콧구멍 속에도 붉은 비단을 뭉친 마개를 끼운다. 이렇게 해 두면 먼저 죽었던 사람들이 누구 그 밖에 따라온 자가 없는가 하고 물어도 "귀는 들리지 않고, 눈은 보이지 않고, 코는 어떤 냄새도 맡을 수 없었다."고 대답할 것이라고 믿고 있기 때문이다.[16)]

유해는 될 수 있는 한 빨리 집에서 밖으로 내보낸다는 것도 또한 두려워 생긴 준수사항이다. 퉁구스나 텔렝기트 같은 어떤 종족은 그때 문을 피해 천막 자락을 들어 올려 유해를 밖으로 내며, 그런 뒤 곧바로 본래의 위치로 내린다.[17)] 그렇게 하면 죽은 자가 나중에 되돌아오는 길이 막힌다고 믿고 있다. 같은 이유에서 나나이는 유해를 창문을 통해 밖으로 낸다.[18)] 사모예드, 오스탸크, 축치, 아시아 에스키모처럼 북시베리아의 많은 민족도 또한 퉁구스나 텔렝기트와 같은 방법을 쓴다.[19)] 문에서 나간 죽은 자는 같은 길을 통해서 돌아와 누군가를 데려갈지도 모른다고 유락사모예드는 설명한다. 퉁구스의 경우 역시 죽은 자가 나간 뒤에 천막의 위치를 조금 옮기거나 완전히 다른 장소에 다시 설치하는 풍습도 있었다. 야쿠트는 유해를 천막에 남겨둔 채로 떠나간다고 말하고 있다.[20)] 마찬가지로 소요트는 유해를 집에 두고 가려고 그곳을 떠난 적도 있다.[21)]

죽은 자가 있는 집안에서 불을 피우는 것도 또한 친족의 보호를 목적으로 하고 있다. 시베리아의 모든 민족은 죽은 자와 《혼》이 집에 있을 때는 화덕의 불을 주의 깊게 지켜봐 왔다. 나나이는 그 때문에 물고기의 기름으로 만든 횃불도 사용했다.[22)] 부리야트인은 시베리아 단풍나무(Abies 혹은 A. sibirica)의 수지(樹脂)가 많은 나무껍질이나 방향을 내는 풀을 태워서 집에 연기를 쐰다.[23)] 텔레우트는 유해가 앞뜰에 옮겨지면 곧바로 죽은 자를 가로눕혀 놓았던 장소에 삼베를 펼치고 불을 붙여 태우며, 그 뒤에 돌을 한 개 놓고 7일이 지난 뒤 그것을 무덤으로 옮긴다.[24)] 불과 마찬가지로 돌도 죽은 자가 두려워하는 것이라고 믿고 있기 때문이다.

매장지에서 돌아오는 길에도 특별한 주의를 기울여야 한다. 카자크 키르기스(Kazak Kirghiz)는 말에서 떨어질 정도로 빨리 쏜살같이 집으로 돌아온다고 한다.[25] 퉁구스는 겨울철에는 발자취에 눈을 뿌리고 여름에는 나뭇잎이나 잡목을 덮어서 주의 깊게 없앤다. "매장지에서 돌아올 때 바람이 부는 것은 좋은 일이다. 바람이 죽은 자의 자취를 완전히 불어 없애기 때문이다."라고 야쿠트는 말한다.[26] 카르긴즈(Karghinz)는 묘지를 떠날 때 동쪽에서 서쪽으로 3번 무덤 주위를 돌고 "그는 저승으로 가버렸으므로 가족이 있는 곳으로 가자.[27]"라고 외친다. 삼림유락(森林 Yurak)은 무덤 주위에 점점 큰 고리를 만들도록 해서 죽은 자가 헷갈리도록 한다.[28] 동쪽에서 서쪽으로 바꿔 말하면 태양이 가는 방향에 맞추어 움직이는 것은 사람이 사는 곳으로 돌아가는 것을 의미하며, 거꾸로 서쪽에서 동쪽으로 결국 태양에 역행해 가는 것은 지옥의 여러 신령에 가까이 가는 것이 된다.[29]

시베리아의 모든 민족을 통 털어서 장송(葬送)에 참가했던 사람은 돌아오는 길에 뒤돌아보면 안 된다는 공통된 관례가 있다. 그렇지 않으면 그 인간의 《혼》은 빼앗겨 버릴지 모른다고 사모예드는 말한다.[30] 텔레우트는 집으로 향할 때 돌, 지팡이, 풀 다발 등 뭔가 눈에 띄는 것을 3번 "어깨너머로"라고 말한 후에 던진다. 죽은 자(üzüt)가 자신들을 따라서 돌아오지 못하도록 이와 같이 해서 쫓아 버리는 것이다.[31] 미누신스크(Minussinsk) 지방 타타르의 경우 매장지에서 마을(ulus)로 통하는 길에 1주일간 망을 세워서 죽은 자가 집으로 되돌아오는 것을 방해하는 것이 관례이다. 땅거미 질 무렵 뭔가 괴상한 것이 보이는 것 같은 기분이 들면 지키는 사람은 부싯돌총을 발사한다.[32] 이런 관습은 묘지에서 돌아올 때 활로 화살 3개를 무덤을 향해 쏘는 유락사모예드의 관습과

비슷한 것이라고 말할 수 있다.33)

　집에 돌아오면 장례 행렬에 참가했던 사람들은 게다가 "부정(不淨) 없애기"를 해야 한다. 남자들이 묘지에서 돌아오는 것이 보이면 벨티르(Beltir)인의 여자들은 남자들이 집에 들어오기 전에 몸을 씻을 수 있도록 물통 한 개를 입구에 놓아둔다. 이 물통은 그 이후 절대로 사용하지 않고 어딘가의 구멍에 버린다.34) 사가이(Sagai)인도 똑같이 해서 부정 없애기를 한다.35) 나나이는 손과 얼굴을 씻고 여자들은 집안에서 초목의 뿌리를 태워 연기를 올리고 집을 깨끗이 한다. 헛간도 또한 열어놓아 바람을 통하게 한다.36) 황위구르는 화장을 끝마치고 돌아오면 특별한 의식을 행해서 깨끗이 한다. 그들은 일종의 반죽으로 작은 인형을 만들어 새 벽돌 위에 놓고 그 위에서 손을 씻는다. 이렇게 해서 물에 허물어진 인형을 얹은 벽돌을 막 꺼진 불속에 던진다.37)

　몇몇 민족이 이 경우 불을 청정제로 쓰고 있다. 예를 들면 야쿠트는 묘지에서 돌아올 때 길에 불을 피워 놓고 죽은 자가 따라오지 못하도록 그 위를 밟는다. 관의 자투리나 죽은 자를 씻을 때 사용한 볏짚도 태우고 죽은 자가 남긴, 입은 옷을 불에 쬐어 훈정(燻淨)한다. 경우에 따라서는 수레를 끌었던 가축도 불을 통과시킨다.38) 플라노 카르피니(Plano Carpini)는 "타타르"의 청정법을 다음과 같이 적었다. 두 곳에 불을 나란히 피우고 그 옆에 창을 한 자루씩 세우고 위끝은 끈으로 걸쳐서 묶어둔다. 사람도 동물도 이렇게 해서 만든 문으로 들어가야 한다. 게다가 두 여자가 각각 양쪽에 서서 들어오는 사람에게 물을 끼얹는다.39) 죽은 자의 유품은 오르두(ordu)와 그 밖의 가진 물건으로 나누어서 두 불 사이를 통과시켜 깨끗이 하는 상황에 대해서는 뤼브뢰크(Ruysbroeck)도 또한 써 놓았다.40) 부리야트인은 이런 관습을 오늘날도 아직 지키고 있다.41)
　플라노 카르피니가 기술한 문은 불과 마찬가지로 분명히 죽은 자의 통행을 막는 것을 목적으로 하고 있다. 시베리아의 몇몇 민족도 또한 어떤 문을 대피소로 사용해 왔다. 예를 들면 코랴크(Koryak)는 장례를 치른 후 돌아올 때에 두 그루를 나란히 세운 나무 사이를 통과하고 그 때에 샤만은 한 사람 한 사람을 나뭇가지 하나로 친다.42) 레흐티살로(Lehtisalo)에 따르면 사모예드도 또한 장례를 치르고 돌아오면 같은 문을 빠져나오는데, 여기서는 죽은 자가 돌아오는 길을 막으려는 의도이다.43) 캄차달(Kamtchadal)은 여린 나뭇가지로 고리를 만들어 거기를 빠져 나온다. 이어서 그 고리를 숲으로 가져가 서쪽을 향해서 건다.44)

시베리아의 여러 민족은 게다가 죽은 자 운반에 사용한 썰매, 배, 짐수레, 무덤을 판 나무 가래, 묘지에서 끓이는데 쓴 솥 따위, 매장에 사용한 모든 도구에 공포를 느낀다. 야쿠트는 이들을 부수어서 묘지에 두어 버린다고 한다.45) 텔레우트도 또한 죽은 자 운반에 사용한 썰매를 부순다.46) 투루칸스크(Turukhansk) 지방의 퉁구스는 매장지에서 장례식 음식을 조리한 후 솥 바닥을 뚫어서 주대(柱臺)에 얹은 관(棺) 옆에 엎어 둔다.47)[그림40참조] 이러한 도구는 어느 정도 시간이 지나면 또한 사용해도 좋다고 해서 그 가족이 가지러 오는 수가 있지만 그러한 관념은 새로 생긴 것이리라. 카르긴즈(Karghinz)는 매장지에서 돌아올 때 썰매나 짐수레는 반대 방향으로 향하게 들에 놓아둔다. 한 달 반 혹은 두 달이 지나면 가지러 온다.48) 벨티르와 사가이는 죽은 자의 탈것은 수레 채 막대를 묘지 쪽으로 향하게 해서 마을 변두리에 3일 동안 놓아둔다.49)

시에로세브스키(Sierozsewski)에 따르면 야쿠트는 죽은 자에게 준 무기와 도구를 부수는 것은 일종의 관례라고 생각하고 있다. 어떤 원주민들은 "죽은 자가 이들 도구를 사용해서 살아있는 사람을 다치게 하지 못하도록" 이렇게 하는 것이라고 설명했다.50) 그러나 이러한 주민의 입에서 얻은 설명은 죽은 자가 가지고 있었던 것은 그 옷에 이르기까지 모든 것을 파괴한다는 통상적인 법칙에 어긋난다. 절대 불가결이라고 간주되는 이런 행위는 이렇게 파괴함으로써 죽은 인간으로부터 《혼》이 빠지는 것과 마찬가지로 죽은 자가 저승으로 가도 사용하고 싶다고 생각하는 이들 품목에서 《혼》이 떠났다는 관념에 바탕을 둔 것은 틀림없다. 벨티르는 파괴된 물품은 저승에서는 파괴되지 않은 것이라고 믿고 있다고 카타노프(Katanov)는 지적하고 있다.[51]

그러나 죽은 자의 귀환을 갖가지로 방해하려고 해도 죽은 자의 《혼》은 매장 후 잠시 집안에 머문다는 관념은 여러 민족에게서 보인다. 죽은 자를 하룻밤만 집안에 머무르게 두는 벨티르는 매장지에서 돌아온 뒤에도 3일 밤은 조심한다. 이 기간에 누군가가 꾸벅꾸벅 졸기 시작하면 곧바로 일으켜서 잠을 깨게 한다.[52] 칼라르(Kalar) 거주지에서도 가족들은 매장 후 3일 밤은 자지 않고 깨어 있으며, 서로 옛날이야기를 하면서 보내는 관습이 있다고 한다.[53] 부리야트의 샤만이 죽으면 《샤만의 아들들》은 집으로 돌아가 탁자 위에 양초를 한 자루 세우고 그 주위를 돌면서 24시간 동안 노래를 부른다.[54] 카자크 키르기스는 집안사람이 죽으면 3일간은 자신의 집에서 식사를 하지 않고 이웃에 신세를 진다.[55] 야쿠트는 죽은 자가 생전에 갔던 곳을 3일 동안 돌아본다고 믿고 있다. 그 때문에 집안사람은 죽은 자의 목소리나 죽은 자가 내는 소리나 우는 소리를 여기저기서 들을 수가 있다고 한다.[56] 틀림없이 러시아인으로부터 받아드렸다고 생각되는 이런 관념은 본래는 죽은 자가 생전에 했던 좋은 것이든 나쁜 것이든 모든 행위가 죽은 자에게서 나타난다는 것을 의미하는 것이리라. 죽은 자는 죽었기 때문에 하다가 남긴 모든 일을 완수하려고 소망하여 그때까지 본래의 집안을 돌아다닌다는 이런 야쿠트 관념의 기원은 오래됐다.[57] 라프(Lapp)도 이런 관념을 가지고 있어서 손을 댄 채로 남긴 일을 매듭지으려고 바쁘게 하는 것이다.

삼일 밤낮에 걸친 이러한 관례 같은 것이나 특히 지키기는 원래 죽은 자의 유해는 이 기간 동안 집에 놓아둔다는 관습에서 나온 것일까? 어쨌든 역시 주목할 만한 것은 고대 이란과 같은 고대 여러 민족이 이미 죽은 자의 《혼》은 삼일 밤낮 역시 집안을 돌아다닌다고 생각했던 것이다.

죽은 자의 집안사람은 7일간 조심하지 않으면 안 된다는 예도 있다. 텔레우트는 1주일 동안 죽은 자의 침상에 돌을 놓아둔다고 기술해 놓았다. 이 기간 동안 그들은 불을 끄지 않고 또한 적어도 어른은 밤이 되어도 침상으로 가지 않고 옛날이야기를 하며 밤을 새운다. 그 때문에 특히 이름난 이야기꾼을 불러온다.58) 벨티르인의 생각에 따르면 7일 동안은 죽은 자의 천막에서 무엇을 가져 나가거나 팔거나 하는 것은 좋지 않다. 그렇게 하면 행복은 달아나 버린다는 것이다. 이 기간에는 또 매우 가까운 친척은 죽은 동물의 심장과 간장은 먹지 않는다. 이 기간이 지나서 다시 먹기 시작할 때는 다음과 같은 의식을 한다. 심장과 간장을 쥐고 그것을 먼저 자신의 심장과 간장이 있는 곳에 3번 문지른 다음 "숲 쪽을 향해서 내던진다." 만약 이러한 관례를 지키지 않으면 죽은 자는 심장과 간장이 아프게 된다고 사람들은 설명하고 있다.59) 야쿠트인의 견해에 따르면 심장과 간장은 모든 신령에게 가장 기쁜 제물이다.60)

죽은 자의 《혼》을 더 오래 집에 두는 경우도 있으며, 곳에 따라서는 샤만이 특별히 의식을 행하여 하계로 가져가기까지 집에 있는 것이다.

이런 행위는 두렵기 때문에 하는 것임에도 불구하고 동경(憧憬)의 느낌도 또한 섞여 있다. 뤼브뢰크는 사람이 죽었을 때 가까운 사람은 큰 소리로 운다고 이미 쓰고 있다.61) 중국의 연대기도 돌궐(突厥)의 선조에 대해서 마찬가지로 적고 있으며,62) 이 풍습은 다시 여러 장소에서 관찰되고 있다. 동투르크 여러 민족의 경우 사람들이 죽은 자의 집으로 모이

제14장 죽음과 꺼림과 복상 295

면 집안사람은 문에 서서 밤이 되기까지 우는 관습이 있다.63) 키르기스에서도 우는 것은 사령숭배(死靈崇拜)의 불가결한 부분을 이룬다. 카자크 키르기스의 매장의식 묘사 중에 남편의 유해가 운반되어 나가면 미망인은 울고 탄식하며 나오는 모습이 기술되어 있다. 더구나 여기서는 미망인과 딸은 1년 내내 매일 같이 슬피 운다.64) 사가이의 미망인은 "어째서 나와 아이를 버리고 가시오. 사악한 죽음이 당신을 이렇게도 빨리 빼앗고 말았구려. 홀로 불행한 나는 지금부터 당신이 없이 어떻게 살아가란 말이오."라고 말한다.65) 집안사람과 친척이 노래하는 "소리 높여 울기"라고 칭하는 텔레우트의 만가(輓歌)는 "통상적인 세속 가요의 형식"을 갖추고 있다. 집안사람이 죽었는데 아무도 만가를 불러주지 않으면 죽은 자는 저승에서 귀머거리가 된다고 텔레우트는 말한다.66)

키르기스의 부인은 울거나 한탄하는 것 외에, 침으로 얼굴을 할퀴고 머리카락을 쥐어뜯어 상을 당한 것을 나타낸다.67) 이런 풍습은 카자크 키르기스에서도 지켜지고 있으며, 과부와 딸은 피가 나올 때까지 얼굴을 할퀸다고 한다.68) 이런 상을 당한 것을 나타내는 방법에 대한 보고는 가장 오래된 자료에서 이미 인지할 수 있다. 요르다네스(Jordanes. 551년 무렵)는 아틸라(Attila)의 매장 상황을 다음과 같이 묘사하고 있다. 훈(Hun)은 "이 인민의 풍습에 따라서 머리카락의 일부를 자르고 그 더러운 얼굴을 끌어 찢어 상처를 입힌다. 이렇게 해서 강한 전사는 여자의 눈물에 의한 것은 아니고 남자다운 남자와 함께 피로써 그 죽음을 슬퍼하는 것이다." 중국의 연대기에는 돌궐 민족이 상을 당한 것을 똑같이 표명하는 것이 기록되어 있으며, 살아남은 사람들은 죽은 자의 집 문 앞에 자신의 얼굴을 작은 칼로 마구 베면서 큰 소리로 울며 "피와 눈물이 함께 흘러 떨어지고 있다."고 적고 있다.69)

게다가 매우 폭넓게 보이는 상을 당한 것을 나타내는 것은 땋은 머리를 푸는 것이며, 이것은 머리카락을 자르는 것과 관계가 있다. 벨티르인의 경우 죽은 자가 매장될 때 그 일족의 사람이 아닌 참석자 가운데 가장 나이 많은 부인이 집에서 미망인의 머리를 풀고 한가운데서 머리카락을 자르는 관습이 있다. 7일이 지나면 머리를 새로 땋는다.[70] 카자크 키르기스의 경우 매장 일에 다른 종족의 여자가 죽은 자의 아내와 딸의 머리를 푼다. 같은 여자가 7일 후에 다시 머리를 땋아 준다. 죽은 자의 동생의 아내는 땋은 머리를 반만 풀고 거기서 한 덩어리로 묶는다.[71] 나나이는 남자도 머리를 땋는데 적어도 처음의 경우는 머리를 풀고 "큰 슬픔을 나타내기 위해서" 머리카락을 자르기도 한다. 이것을 하는 이는 노부인으로 먼저 아들에게 다음으로 그 밖의 가까운 사람에게 해 준다. 그녀는 작은 방울이 달린 하얀 띠를 차례로 말아 주며, 동시에 푼 머리를 빗은 후에 땋아서 하얀 리본을 하지만 변발(辮髮)로 해서 묶는다. 그리고 변발의 끝을 자른다. 이렇게 해서 자른 머리카락은 일종의 방석 위에 놓고 "추도식"까지 죽은 자 대신에 집에 놓아둔다.[72]

퉁구스, 사모예드, 북(北)보굴과 같은 그 밖의 시베리아 여러 민족도 또한 집안사람이 죽으면 머리를 푼다. 땋은 머리를 푸는 것도 리본을 푸는 것도 사령숭배(死靈崇拜)의 경우 죽은 자의 《혼》을 생명의 굴레에서 해방시키는 것을 목적으로 하고 있다고 생각된다. 키르기스인의 남성은 가까운 사람의 사후 40일 동안 수염을 깎지 않고 여자들도 또한 이 기간은 반지와 팔찌를 끼지 않는다.[73] 머리카락을 자르는 것은 다른 의미가 있으며, 나나이의 관습에 따르면 자른 머리카락은 죽은 자를 나타내는 방석 위에 제물과 같이 해서 둔다. 고대 투르크인은 자른 변발을 그 밖의 엄청난 고가의 부장품과 함께 무덤에 넣는다. 예를 들면 우르가(Urga) 근방의 노인 울라(Noin Ula)에서 발굴된 흉노(匈奴)의 무덤에는 유해 옆에 비단으로 싼 17개의 변발이 발견되었다(그림25). 오스탸크가 "아버지나 어머니, 혹은 가족의 한 사람"이 죽으면 머리를 쥐어뜯고 얼굴을 피투성이로 할퀸 모습을 묘사해서 노비츠키(Novitski)는 "피가 묻은 머리카락을 죽은 자 위에 던진다."고 지적하고 있다.74) 오세트(Osset)와 조지아(Georgia) 지방의 주민도 또한 미망인은 잘라 둔 땋은 머리를 죽은 자의 가슴 위에 놓는다.75) 이미 일리아드(Iliad. 제23권)에도 나오는 이런 상을 당한 것을 나타내는 풍습은 이런 관습의 가장 오래된 형태를 나타내는 것이리라.

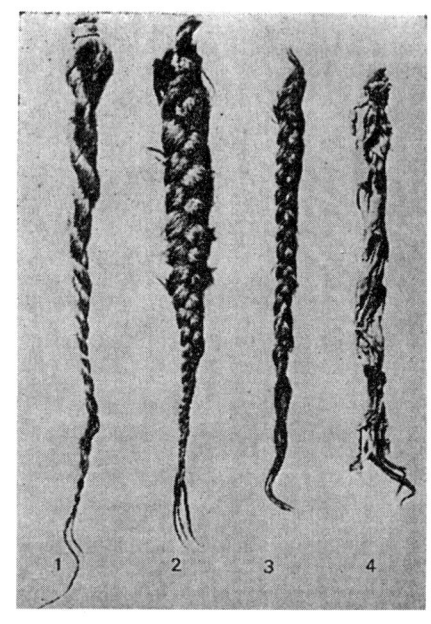

그림25. 노인 울라에서 출토된 부장품에서. 1~3 변발. 4 비단으로 입혔던 변발. 梅原末治에 의한다.

땋은 머리의 절단은 그 밖에 죽은 자의 애마(愛馬)의 꼬리와 갈기를 자른다고 하는 관습과 같은 종류의 것이라고 생각된다.76) 민그렐리(Mingreli. 조지아 서부에 사는 종족-역주)인은 죽은 자의 친족이나 친구가 자신 말의 갈기와 꼬리를 자르는 것은 상을 당한 것을 나타내는 것이라고 생각하고 있다.77)

머리카락을 자른 죽은 자의 친척은 "추도식"에 역시 다른 종족의 집에 들어가거나 다른 종족의 배에 타서는 안 된다. 그렇게 하면 불행을 가져올지도 모른다고 나나이는 생각하고 있다.78) 마찬가지 관습은 살림(Salym) 강가의 오스탸크에도 있으며, 죽은 자의 집 주인은 7일 동안 역시 걸어서는 안 된다.79) 이런 터부는 이 경우도 틀림없이 방어를 목적으로 하고 있다. 이런 터부에 어긋난 여자라도 죽은 자의 몸에 닿았던 붉은 실을 한 가닥 취하여 그것을 왼쪽 발목에 묶어 두면 이런 관습에 따를 수가 없다는 사정이 있기 때문이라는 것이다. 죽은 자는 인간의 발자취를 따라온다는 것이 수렵민의 신앙이며, 특히 맨발의 발자취는 곧바로 알아차린다는 것이 이런 관습을 설명하고 있다. 한편 붉은 실 쪽은 오로지 그 색 때문에 가는 곳마다 영적인 존재를 물리치는 도구로써 중요하다.

시베리아 여러 민족의 거주지에서 눈에 띄는 특별한 상복(喪服)은 틀림없이 외래의 모델을 따르고 있다. 야쿠트는 상복 같은 것은 어떤 것도 가진 것이 없다고 마크(Maack)는 기술하고 있다.[80] 나나이와 동투르크 계통 여러 민족은 곳에 따라 중국인과 마찬가지로 흰 상복을 사용하고 있다.[81] 카자크 키르기스의 미망인은 1년 동안 검은 옷을, 딸들은 흰옷을 입고 지내는데 두건은 붉은 색이어야 한다. 역시 문밖에서는 얼굴은 늘 가려야 한다. 복상 중 1년 동안은 공적인 장소에 결코 모습을 나타내지 않는 것이 보통이며, 집에서도 이 기간은 모든 일에 손을 떼고 피붙이가 대신 일을 한다.[82]

제15장
죽은 자의 몸차림

　두려움 때문에 생긴 신중함이나 슬픔의 표시 외에 물론 죽음의 나라로 옮아가 사는 데에 필요한 모든 것을 죽은 자에게 몸차림으로 해주는 것도 또한 사령숭배(死靈崇拜)의 하나가 된다. 지금 우리가 문제로 삼고 있는 여러 민족의 거주지에 여러 방향에서 흘러 온 문화의 흐름은 그들이 정복한 지역에도 그 자취를 남기고 있다. 라마(lama)가 지도권을 얻은 곳에서는 죽은 자의 유해를 들판에 내버려 개나 들짐승이나 까마귀가 먹도록 맡겨 두는 것이 매우 흔한 관습이다. 종교서의 규정에 따라 승려는 유해에 옷을 입힐 것인가 벗길 것인가, 들판에 내버릴 것인가 그렇지 않으면 작은 펠트 혹은 잡목으로 만든 작은 집에 넣을 것인가를 검토해서 결정한다. 게다가 제구(祭具), 기도용 리본, 그 밖의 것은 어느 정도 사용할지도 결정한다. 점성술(占星術)의 계산에 따라 유해를 죽은 시간에 맞추어 방위를 정한다. 칼무크(Kalmuck)는 지위가 높은 사람의 유해에 한해서 일종의 펠트 천막이나 잡목으로 만든 작은 집에 넣는다. 티베트의 교리는 특별한 경우에는 화장(火葬), 수장(水葬), 토장(土葬), 돌이나 나무로 보호하는 장법(葬法)도 규정되어는 있지만, 적어도 칼무크에서는 이러한 규정은 어떤 의미도 가지지 않는다. 토장이나 돌, 나무 아래에 장례 지내는 방법은 시신 위에 얼마큼의 흙덩이나 돌이나 나뭇가지를 두세 번 던진다는 식으로도 한다. 수장 대신에 유해 위에 물을 붓는 것만으로 끝내는 경우도 있다. 화장도 또한 들로 옮긴 유해에 잡목이나 풀을 조금 놓고서 태우는 것으로 대용한다. 승려나 왕후 유해의 화장만은 신중히 행한다. 팔라스(Pallas)가 지적한 것에 의하면 이런 방법은 땔나무가 모자라는 칼무크 지대보다도 몽골인 쪽에 더욱 폭넓게 보인다. 몽골인은 화장한 후 뼈를 들에 내버려 두며, 곳에 따라서는 그 주위에 티베트어 기도문을 쓴 청백색 깃발을 세워 두고 끝낸다. 그러나 신분이 높은 자의 유골은 모아서 화장한 곳에 세운 나무 혹은 돌비석 아래에 넣어 둔다.1)

이바노브스키(Ivanovski)는 토르구트(Torgut)의 의식을 다음과 같이 묘사했다. 병자가 죽으면 곧바로 라마를 부르고, 라마는 장례식의 보수로 죽은 자의 말과 칼과 의복을 주고받는다고 기술하고 있다. 죽은 자는 집 동쪽 약 15발 정도의 지점 들판까지 옮긴다. 유해를 개가 먹으면 그것만으로 죽은 자는 신심이 깊었다고 토르구트는 믿고 있다. "개가 유해를 먹지 않으면 그것만으로 죄의 업장(業障)이 많다."라고 한다. 저명한 인물의 유해만은 화장을 하고, 라마는 그 유골을 먼저 구리항아리에 넣고 그것을 찰흙과 섞는다. 이 찰흙으로 사람 형상을 만들어 화장한 곳에 세운다. 몽골초원의 이른바 《석부(石婦)》(러시아어로 카멘나야 바바 каменная баба)가 토르쿠트에 의해 크게 존숭을 받고 있는 것은 그것이 그들의 죽은 조상을 베낀 것이라고 생각하고 있기 때문이라고 이바노브스키는 지적했다.2)

"황(黃)위구르"는 죽은 자를 들에 버리기도 하고 무덤에 넣기도 하며 화장도 한다. 화장은 보통 저녁 무렵이나 밤중에 행하며, 유해의 머리를 남쪽을 향하게 해서 장작 위에 놓는다. 불꽃이 가장 높이 타오를 무렵을 봐서 화주(火酒)와 빵을 불에 던진다. 잠시 지난 뒤 집안사람은 시신이 탄 것을 모아 미리 준비해 둔 자루에 넣어 땅속에 묻는다. 이곳에는 작은 무덤을 쌓는다.3)

라마교의 영향을 받은 소요트(Soyot)도 또한 많은 경우 죽은 자를 들에 버려둔다. 화장은 가장 엄숙한 방법이라고 생각하며 라마와 귀족만이 한다. 타르바가타이(Tarbagatai) 지방에서는 고귀한 남자의 유골은 찰흙과 이겨서 죽은 자의 상(像)을 만든다. 소요트는 죽은 자를 들에 방치해 두는 경우 곳에 따라서는 유해 아래에 펠트 깔개를 펴고 안장을 죽은 자의 베개로 베어 준다. 그 밖에 죽은 자에게는 옷을 특히 겨울에는 모피를 여러 도구와 함께 가져가도록 준다. 고대에는 죽은 자의 머리맡에 그의 말을 묶어 준 적이 있다. 말의 부장(副葬)은 자주 키르기스인(Kirghiz)이 행했다. 나중에 여기서도 또한 라마가 죽은 자의 말과 안장을 인계하게 되었다. 흑(黑)이르티슈(Irtysh) 강 언덕에 사는 소요트는 나뭇가지로 책상 같은 대(臺)를 만들어 그 위에 유해를 놓고 그 옆에 죽은 자가 생전에 사용했던 신변 물건을 늘어놓는다. 특히 샤만은 낙엽송 사이에 가로지른, 낙엽송으로 만든 이러한 대 위에 장례지내고 신변 도구, 북, 무복(巫服) 그 밖의 샤만 용품은 나무위에 걸어 둔다.4)

또 부리야트의 대부분도 라마교 문화권에 속하는데 곳에 따라서는 옛날부터 고유한 관습을 굳건히 지키기도 한다. 특히 발라간스크(Balagansk)와 인딘스크(Indinsk) 두 지역에서는 저명한 샤만의 유해를 보존하기 위해 숲속 기둥 위에 관을 놓는 관습이 남아 있는 곳도 있다(그림26). 일찍이 알라르스크(Alarsk) 지방에도 솔숲 속에 만든 이와 같은 아랑가(aranga)가 존재해 있었다. 소요트도 마찬가지이며 부리야트도 또한 "구멍을 뚫은" 북, 그 밖의 샤만 용구를 유해 가까이에 걸어 두었다.5)

부리야트 지대의 곳곳에서 화장은 매우 일반적이다. 그때 죽은 자에

그림26. 부리야트 샤만의 관(棺) 아랑가 (aranga). 페트리 촬영.

그림27. 부리야트 장지. 유골은 기둥 끄트머리에 매단 자작나무 껍질 통에 들어 있다. 페트리 촬영.

게 가장 좋은 옷을 입힌다. 게다가 적어도 활과 화살, 작은 칼, 식량을 가지도록 준다. 베개로 안장을 베게 한다. 죽은 자와 함께 그의 말도 태운 적이 있다. 죽은 자의 재는 보통 3일 후에 자작나무 껍질로 만든 바구니에 모아서 땅속, 나무의 구멍, 혹은 특히 그 목적으로 세운 기둥의 끄트머리를 쪼개어 거기에 보존한다(그림27).

샤만의 유해를 태울 때는 보통 때보다 훨씬 성대히 한다. 샤만이 자신의 신령을 내버리면 유해는 씻어서 옷을 입힌다. 그 상태 그대로 3일 밤낮을 집에 두고 죽은 자의 샤만 용구는 유해 옆에 늘어놓는다. 샤만의 생전에 어떤 형식으로든 신세를 지고 조언을 받은 자는 모두 죽은 자의 집으로 모인다. 샤만의 제자와 조수 이른바 9인의 《샤만의 아들들》은 샤만의 생애와 그 업적을 나열해서 칭송하는 장송가(葬送歌)를 쉬지 않고 노래한다. 그때 시베리아 단풍나무 껍질과 방향을 내는 풀을 태운다. 장례식 식사용으로 양을 잡으며 익힌 양고기는 역시 부대에 넣어 화장터로 가지고 간다. 죽은 자의 유해를 실은 말에는 안장을 하고 재갈을 물린다. 말머리에는 방울을, 등에는 씌우개를 걸친다. 죽은 자 뒤에는 한 노인이 타며, 또 한사람 노인이 말을 끈다. 이렇게 해서 들로 가는 길에서 《샤만의 아들들》은 노래를 부르고, 노인들은 방울을 울리며, 동행하는 샤만들은 북을 쳐 울린다. 마을에서 보낼 때는 모인 장례식 참석자 주위를 동쪽에서 서쪽으로 3번 죽은 자를 끌어 돌린다. 장례 행렬의 선두에 가는 자는 손에 작은 숲속 동물의 모피를 여러 개 건 어린 자작나무를 가지고 있다. 이전에 죽었던 샤만의 바리사(бариса), 곧 도중에 세운 3기둥을 만날 때에 장례행렬은 일단 멈춘다. 이런 장소에서는 화주(火酒)를 마시고 양고기를 먹는 것이 관례이다. 그때 기둥에는 모피를 몇 장 걸친다. 마침내 알맞은 곳을 찾으면 새로이 죽은 자를 위해 역시 바리사를 세우고 같은 의식을 되풀이한다. 부리야트인의 설명에 따르면 죽은 샤만은 이 기둥에 말을 매어 두기 때문에 길가는 사람은 거기에 담배를 바치거나 화주를 붓기도 한다.

화장을 하는 숲에 다다르면 일행은 펠트 깔개를 펴고 그 위에 죽은 자를 내린다. 유해가 지면에 직접 닿는 것은 좋지 않기 때문이다. 죽은 자의 얼굴은 남쪽으로 향하도록 둔다. 《샤만의 아들들》이 노래하는 사이 소나무로 장작을 쌓고 그 위에 안장깔개와 이미 기술한 말에 걸친 씌우개를 펼쳐 둔다. 이어서 죽은 자를 엄숙하게 그 위에 놓고 안장을 베개로 하고 게다가 말 재갈과 화살 8개를 넣은 화살통과 활을 놓아둔다. 9번째 화살은 이미 오는 도중에 마을 쪽으로 향해서 쏘아 놓았다. 나무 가까이에는 또 샤만이 애용한 샤만 용구, 다수의 야수 모피, 화주(火酒)를 가득 채운 잔을 놓는다. 유족들은 잠시 동안 음식을 먹고 물론 죽은 자도 거기에 참여한 뒤 장례식 참석자들은 죽은 자가 애용한 말의 머리와 등에 칼자국을 낸다. 그리고 말을 죽여서 태우든가 산 채로 그곳에 놓아둔다.

출발 직전에 유해를 놓은 장작더미에 불을 놓고 모두 돌아보지 않고 떠나간다. 돌아오는 길에 마을 쪽으로 향해 쏜 화살을 찾아서 그것을 죽은 자의 천막에 보존해 둔다. 샤만의 집안에는 이미 기술한 것처럼 《샤만의 아들들》이 3일 밤낮 계속 노래하고 샤만의 모든 친구, 친척, 이웃이 다시 모여 온다. 깊이 사귄 친구들은 찾아올 때에 양, 화주, 타라순(tarasun), 거기에 어린 자작나무를 가지고 와서 거기에 작은 동물의 모피를 건다. 양고기가 익으면 다시 죽은 자의 바리사(бариса)가 있는 곳에 멈췄다가 화장터로 찾아간다. 거기에서 사람들은 죽은 자를 회상하고, 죽은 자를 대접하고, 동시에 모인 사람도 가지고 온 음식을 먹는다. 현지에 도착했을 때 먹을 것은 화장터에 늘어놓는데, 야수의 모피 쪽은 거기에 있는 두 나무에 걸쳐서 끈(dali)에 단다. 그리고서 가죽 장갑을 끼고 샤만이 타고 남은 모든 뼈를 긁어모아 특히 뼈를 넣기 위해 만든 부대에 넣고, 다음에는 굵은 소나무 줄기를 도려낸 구멍에 끝으로 넣는다. 구멍을 주의 깊게 막고 벗겨둔 나무껍질도 본래대로 나무에 붙이면 그 밖의 사람에게는 이 《샤만의 나무》(bögi-narkhan)와 그 주위의 소나무는 구분이 절대 되지 않는다. 다만 숲이 사라져 버린 오늘날에는 《샤만의 나무》를 섞은 신성한 숲속의 나무(aikha)를 평지나 산지 여기저기에서 확인할 수 있게 된다. 샤만의 유골을 나무속에 넣은 뒤에도 회식과 노래 부르기를 계속하며 마지막까지 남은 요리는 태운다. 끈이 달린 모피는 거기에 둬버리는 경우도 있는가 하면 집으로 가지고 돌아오는 경우도 있다. 화장터에 남은 말고기를 야수가 먹고 있으면 좋은 조짐이라고 생각된다.[6]

알라르스크(Alarsk) 지방의 부리야트인은 일찍이 죽은 자의 말을 도살했는데, 결국은 샤만들이 이 관습을 그만두게 하고 보수로 그 말을 받게 되었다고 포타닌(Potanin)은 지적했다. 사람에 따라서는 오늘날도 역시 말을 숲속으로 끌고 가서 죽은 자에게 도움이 되도록 그곳에 놓아두는 수가 있다. 말이 돌아오면 쫓아 버리든가 러시아인에게 팔아버린다. 부리야트인은 이 같은 말을 죽은 자 그 자체인 것처럼 두려워한다는 것이다.7)

최근에는 부리야트인도 당국의 명령으로 매장하게 되었다. 그때 유해는 관에 넣기도 하지만 관이 없는 경우도 있다. 후자의 경우는 무덤의 구덩이 바닥에 안장 깔개를 깔고 유해를 넣으며 머리 쪽에 말굴레와 안장을 놓는다. 관을 사용하는 경우에는 보통 신변 물품이나 죽은 자가 탄 말까지 태운다. 무덤에는 죽은 자의 작업 수레도 또한 놓아두는데, 죽은 자의 그 밖의 소지품과 마찬가지로 부수어 둔다. 관이 없는 매장은 들판에 유해를 방치하는 관습에 바탕을 둔 것 같다. 포타닌(Potanin)은 알라르스크의 부리야트는 죽은 자의 유해를 숲으로 옮겨 잡목을 걸쳐서 덮어둘 뿐이라고조차 말하고 있다.8)

이미 1세기도 전에 이슬람교도가 된 여러 민족에 눈을 돌려 보면 예전의 장례 관습은 여기서는 흔적조차 없이 사라져 버렸다는 것을 확인할 수 있다. 키르기스인은 무덤 옆 벽에 구덩이를 파고 죽은 자를 씻기고 수의를 입혀 그 속에 넣는데, 관은 없고 좌위(坐位)는 얼굴을 동쪽으로 향하게 한다고 젤란드(Zeland)는 적고 있다. 죽은 자는 보통 2일째에는 장례를 치른다.9)

동 투르크 계통의 여러 민족의 경우도 완전히 같은 방법으로 장례를 한다. 그런 신성한 처치의 보수로 몰라(mollah)는 특히 죽은 자의 말굴레와 안장을 한 말을 받는데, 이것은 사제가 여기서도 또한 죽은 자에게 바친 제물을 받는 사람이 되어 있음을 증명하고 있다. 저승으로 간 사람의 몸차림과 식량은 그것이 특히 유력자의 장례식인 경우 돈, 베, 말,

소, 양의 날고기 등을 장례식에 모인 사람들 사이에 분배하는 관습으로 대신하고 있다. 유해는 무덤의 옆 벽 구덩이에, 머리는 북으로 발은 남으로 향하도록 해서 가로누인다. 무덤을 묻기 전에 이 구덩이는 굽지 않은 벽돌로 막는다.10)

타르바가타이(Tarbagatai) 지방의 카자크 키르기스의 경우 남자의 시신은 3중으로, 여자는 5중으로 수의를 입힌다. 묘지가 바로 가까이에 있지 않을 때 죽은 자는 낙타에 실어서 묘지까지 운구한다. 유해에 축복을 준 몰라(mollah)가 보수로 받는 새끼양은 《무덤의 희사(喜捨)》라고 부른다. 죽은 자의 말은 1년 동안은 아무도 사용해서는 안 된다. 이슬람교도는 죽은 자의 무덤 속에 어떠한 부장품도 넣지 않는다.11)

그리스도교로 개종한 투르크 계통의 여러 민족은 그 장례법도 물론 그리스정교의 의식에 따라 행하게 되어 있다. 그러나 그리스정교의 사제는 이슬람 포교자보다 너그러우므로 그들의 영향권에는 다른 종교의 풍습이 얼마간 남아 있다. 보기를 들면 알타이 지방의 타타르 종족 거주지에서는 오늘날 죽은 자를 씻겨서 옷을 입히고 도려낸 나무라든가 널로 만든 관에 넣어 장례를 치른다. 계절과 자산의 정도에 맞추어 죽은 자는 머리부터 발까지 매우 정성들여 마치 여행자로 대하듯이 입혀 준다. 그러나 벨티르(Beltir)와 카르긴즈(Karghinz)는 죽은 자의 의복에서 단추를 잡아 뜯어서 집안사람이 가지고 있든가 혹은 그것만 따로 관속에 넣는다. 이것은 저승에서 단추는 저승에 어울리는 장소가 있기 때문이다. 관을 만들 때는 마을의 남자가 찾아와서 돕는다. 대개의 경우 죽은 자는 하룻밤만 집에 둔다. 일찍이 벨티르는 죽은 날에 죽은 자의 애마(愛馬)에 안장을 하고 갈기와 꼬리를 엮고 안장의 가죽 끈에는 고인이 사용했던 여러 가지, 그 중에도 도끼를 달았다. 이렇게 해서 말에 장비를 단 뒤에 죽은 자의 집 앞에 세워두었다가 마침내 죽은 자가 여행을 떠날 때가 오면 유해의 뒤에 달고 간다. 묘혈(墓穴)은 장례행렬이 도착하면 비로소 파기도 하지만 거기에 유해를 넣기 전에 말을 유해 옆으로 끌고 가서 "자, 너의 말을 데려 가라."고 말하고 죽은 자의 왼손에 3번 고삐를 준다. 그리고 말 등에 싣고 온 물건은 모두 내리고 말은 골짜기 같은 곳에 끌고 가 죽인다. 고기는 개나 새가 먹도록 둔다.[12)

벨티르는 고인(故人)의 식기(食器)와 숟가락을 부수어서 관에 넣고, 관 왼쪽에 먹을 것을 넣은 그릇을 넣는다. 마찬가지로 죽은 자의 왼쪽에 화주(火酒)를 넣은 병을 두는데, 술병의 주둥이는 미리 깨뜨린다. "저승에서는 왼손이 오른손으로 된다." 묘혈의 죽은 자의 발치에는 말 재갈, 안장, 안장깔개, 말의 족가(足枷)용 끈, 솥 등을 넣는다. 죽은 자에게 준 모든 것은 부수거나 자르며 솥 밑바닥에는 구멍을 뚫는다. "저승에 가면 모든 것은 본래대로 된다." 관을 닫기 전에 죽은 자의 앞길을 애도하여 먹고 또 마신다. 곳에 따라서는 무덤에 흙을 덮고 비로소 장례식 제사를 치른다.[13)

이미 18세기에 이 지방을 여행한 팔라스(Pallas)는 당시 벨티르도 쿠즈네츠크(Kuznetsk) 타타르도 또한 몇몇 산지(山地) 타타르에서도 죽은 자를 매장하는 풍습이 없고 유해를 넣은 관은 멀리 숲속의 나무 위에 놓아 둔다고 말한다. 팔라스는 벨티르의 젊은 여성과 그의 어머니가 쉬는 장소가 된 이러한 나무 위의 관 둘을 자신의 눈으로 보았다고 적고 있다. 생나무 널로 만든 관은 끈으로 하나로 묶여 있었다. 관 뚜껑은 자작나무 껍질로 덮여 있었다. 나무는 서로 50발 떨어진 두 그루로 소나무 고목이었다. 2그루의 가지로 관을 받치기 좋도록 나무는 톱으로 가지런히 잘려 있었다. 2번째 나무 위의 관은 낮아서 코사크 한 사람이 쉽게 올라서 그것을 관찰할 수 있을 정도였다. 죽은 자는 어김없이 몸치장을 해서 거기에 눕혀 놓았다. 머리맡에는 부인용 옷, 유해의 옆에는 보리쌀, 기름을 넣은 그릇, 고기조각 그 밖에 음식물과 여러 가지 물품이 있었다. 안장은 죽은 자의 두 발 사이에 놓여 있었다. 가장 가까운 나뭇가지에는 장례식 때 죽인 말의 꼬리와 발굽을 붙인 채인 박피(剝皮)가 걸려 있었다. 말의 머리 부분은 입에 재갈을 물린 채 특별한 가지에 걸려 있었다. 팔라스는 더욱이 죽은 자가 남자인 경우는 활과 꺾은 화살을 넣은 화살통도 가지고 있다고 덧붙였다.[14]

수장(樹葬)은 미누신스크 타타르의 영웅전설에도 기술되어 있다. 죽음이 가까이 온 칸은 아들에게 이렇게 명한다.

"내가 죽으면
땅의 품속에는 결코 묻지 마라
아홉 그루 낙엽송 가지를
서로 이어서
그 위에 관을 얹어라"

카르긴즈는 적어도 오늘날에는 죽은 자를 흙에 묻으며, 유해의 머리 쪽 끝에서 불을 피우고 묘지에서 죽인 동물의 뼈를 태운다. 죽일 때도 먹을 때도 뼈가 부서지지 않도록 주의해야 한다. 더구나 불속에는 화주(火酒)를 3잔, 고기를 한 줌 던진다. 이들 제물(祭物)은 불이 죽은 자에게 닿게 해 준다고 믿게 하는 것이다. 관을 묘혈에 내리기 전에 가까운 사람 하나가 말을 끌고 와서 관 옆으로 몰고 가는데, 이때는 죽이지 않고 다시 집으로 몰고 돌아간다. 묘지에서 돌아온 후 죽은 자의 추선(追善)을 하기 위해 죽은 자의 집에 모두 모이는데, 그때 화주 3순갈을 뿌려야 한다. 한 숟갈은 천막 깊숙한 곳에, 한 숟갈은 화덕에, 또 한 숟갈은 입구에 뿌린다.[15] 라프(Lapp)도 또한 이 세 곳의 여러 신령에게 제물로 바친다.

곳에 따라서는 샤만의 유해는 장례를 치를 때 훨씬 오래된 관습을 따르고 있다. 사가이(Sagai)인은 유해를 높은 산으로 운구해 가서 땅위에 눕혀놓고 그 옆에 죽은 자의 북과 몸차림을 놓는다. 칼라르(Kalar)는 들판의 지면에 말뚝 4개를 박고 거기에 가로로 나무를 걸쳐서 그 위에 가지를 놓는다. 이렇게 해서 만든 대(臺) 위에 둘로 나누어서 도려낸 나무에 죽은 샤만의 유해를 끼워 놓는다. 샤만의 북에는 구멍을 뚫어 북채와 함께 나무에 걸어 둔다. 카라가스인은 오늘날에는 샤만도 땅에 묻는데, 그 때 죽은 자의 머리는 동쪽에, 다만 얼굴은 서쪽을 향하게 눕혀야 한다.16) 알타이 지방의 그 밖의 몇몇 종족도 세례를 받지 않은 죽은 자는 마찬가지로 해서 눕힌다. 그리스도교의 관습으로는 그 반대 방향으로 향하도록 권한다.

작은 아이의 유해는 보통 자작나무 껍질이나 펠트로 감싸기만 해서 나무 위에 두든가 나무 구멍에 넣는다.17)

위에서 말한 여러 민족이 샤만의 유해를 관에 눕혀 말뚝으로 받치는 장례법은 최북단의 투르크 계통의 여러 민족의 거주지에서도 매우 널리 행해지고 있었다. 트레탸코프(Tretiakov)는 투루칸스크(Turukhansk) 지방의 의례를 이렇게 말하고 있다. 퉁구스가 죽으면 천막의 벽, 곧 덮은 '한쪽'을 열고 특별한 대(臺) 위에 수의(壽衣)를 입힌 죽은 자를 싣고 운구해 나와서 2, 3그루 가까이 자라고 있는 나무 위에 실어 지상 약 1발 높이에 안치한다. 대(臺) 위의 폭이 좁은 목관 속에 유해를 넣고 유해에는 갖가지 소유물, 특히 노리쇠를 놓은 화타석총(火打石銃), 시위를 끊은 활, 부순 작살, 도끼 등을 덧붙여 놓는다. 관 옆에는 더욱이 바닥을 뚫은 솥을 걸고, 그 속에 태운 숯, 순록의 기름, 담배를 넣는다. 관을 받친 나무 아래쪽의 나무껍질은 벗겨 두고, 순록의 피를 발라 야수가 죽은 자에게 가까이 하지 못하도록 날카로운 쇳조각을 붙여 둔다. 부인의 유해는 흔히 순록의 모피에 휘감아 싸서 지면에 놓고 통나무로 덮는다. 그리스도교도는 여기에서도 또한 무덤에 묻는다.18)

이 지방의 퉁구스는 죽은 자가 일반인인 경우 3개 혹은 4개 말뚝을 사용하는데 반해서 샤만의 관은 나무 한 그루를 도려내어 만들며, 두 개 말뚝 위에 놓아야 한다고 설명했다. 샤만을 흙으로 묻어버리면 그의 《새》, 정확히는 그의 《바다오리》(Colymbus의 일종으로 퉁구스는 이것을 혼이라고 간주하는 것이다.)는 다시 돌아온다고 한다. 결국 퉁구스는 샤만의 《혼》은 몇 년 지나면 가까운 사람 가운데 누군가에게 돌아와서 그 사람이 샤만의 능력을 받는다고 믿고 있다. 샤만의 몸차림, 북, 그 밖의 샤만 용구는 죽은 자의 소유로 남는다. 그러나 찢은 옷이나 북에 붙어 있는 쇠붙이는 떼어 내어 보존하는 관습이 있다.

사냥 도구와 그 밖에 필요한 물품 외에 퉁구스의 경우 죽은 자가 탄 순록도 받아들인다. 순록은 죽은 자의 마지막 쉼터에서 잡아 고기는 그 장소에서 익혀서 먹지만, 뼈는 부서지지 않도록 주의한다. 집에는 아무것도 가져갈 수 없으며, 순록의 가죽도 또한 나무에 걸어둔다.

외야키트(Öjakit) 강 숲에서 마크(Maack)가 확인한 퉁구스의 관은 2그루 나무를 잘라 맞추고 가로나무로 걸친 것으로 지상에서 약 2.5엘(el) 높이에 놓여 있다. 가로나무의 받침으로 말뚝 2개를 땅에 박아 놓았다. 죽은 자의 머리는 동북으로 향해 있었다. 유해의 오른쪽에는 사냥용 칼 1자루와 진주 장식을 붙인 화살통에 화살 6개가 들어 있었다. 왼쪽에는 활이 있었다. 무릎 옆에는 작은 나무 상자가 있었는데 구리와 매머드 뼈로 만든 예비화살이 들어 있었으며, 발치에는 자작나무 껍질, 숟가락, 교반봉(攪拌棒), 구멍을 뚫은 구리냄비가 놓여 있었다. 퉁구스는 이 냄비 속에 죽은 자의 식용으로 마련한 순록의 위(胃)에 고기를 채워 두었다고 마크는 적고 있다. 관 가까이에는 더구나 특별한 대(臺)가 만들어져 있으며, 그 위에는 장례 때 죽인 순록의 모피가 걸려 있다.19)

죽은 자 오른쪽에 있는 작은 칼과 화살통, 왼쪽에 있는 활은 저승살

그림28. 3다리 위에 놓인 퉁구스의 관. 마크에 의한다.

이에서는 오른쪽이 왼쪽이 되며, 왼쪽이 오른쪽이 된다는 관념에 바탕을 둔 것이리라.

마크는 게다가 퉁구스지대에서 나무를 도려내어 만든 관이 3말뚝 위에 널을 둘러서 놓은 것을 보았다고 기술했다. 머리 쪽은 말뚝 하나만을 받치고 북쪽으로 향하고 있다(그림28).

오로치(Orochi)에는 죽은 자에게 가장 좋은 옷을 입히고 외투의 깃을 떼어낸다는 관습이 있다. 마찬가지로 바지의 정강이 부분을 당겨 찢고, 구두의 뾰족한 부분을 잘라 낸다. 죽음의 나라에서는 옷은 본래 대로 된다. 유해는 자작나무 껍질로 싼다. 자작나무 껍질은 널로 만든 관 바닥에도 깐다. 게다가 유해에는 남자의 사냥 도구, 창, 작은 칼을 비롯해 자질구레한 갓과 가정용품, 특히 도끼와 냄비는 죽은 자의 발치에 부장(副葬)한다. 예를 들면 담비, 수달, 여우의 모피, 그 밖의 재산은 죽은 자가 가져가게 한다. 배, 눈신(스키), 작살 같은 큰 물건은 관 옆에 세운다. 죽은 샤만은 특히 샤만 도구를 필요로 한다. 여성의 무덤에는 여성용 도구 외에 장신구도 넣어 준다. 관은 만들어서 깊지 않은 무덤이나, 나무로 만든 대(臺)나, 자른 굵은 가지 위에 둔다. 유해를 두는 장소는 많은

그림29. 사할린의 오로크의 장례 대(臺). B. A. 바살리에프에 의한다.

경우 노천(露天)이다.20)

슈렌크(Šrenk)에 따르면 올차(Olcha)의 죽은 자는 자작나무 껍질을 넣은 관 속에 넣어 지상 4~5피트 높이의 3말뚝 위에 놓는다. 이 경우 남녀 구별 없이 같은 것을 만든다고 지적하고 있다.21)

사할린에 이주한 오로크(Orok)도 또한 퉁구스의 옛 장례 풍습을 지키고 있다. 여기에 든 사진(그림29)에서 보듯이 관을 받치는 대(臺) 아래에는 죽은 자를 실어서 통상 4사람이 운반한 파괴된 썰매가 있다. 관 속에는 사냥 도구 등 외에 순록의 안장이 들어 있는 것은 죽음의 나라에서는 순록을 탈것으로 사용한다는 것을 말하고 있다. 더구나 오로크가 순록을 썰매에 다는 것은 잘 알려져 있으며 순록은 죽은 자가 데려갈 수 있도록 무덤 옆에서 죽여야 한다. 따라서 순록 고삐의 끝은 죽은 자의 손에 쥐어 준다. 일가나 가까운 사람은 고기를 다 먹으면 뼈를 모아서 무덤 옆에 가지고 와서 침엽수 작은 가지로 덮는다. 죽은 자를 위해 여러 마리의 순록을 잡는 경우도 있다.22)

나나이의 장례는 심케비치(Šimkevič)와 로파틴(Lopatin)이 자세하게 묘사하고 있다. 《영혼》이 떠나가면 곧 유해를 마루 위에 누이고 머리를 빗긴다. 생전 존경을 받았던 인물의 유해는 씻기기도 한다. 보통 시베리아의 북방 여러 민족은 유해를 씻기지 않는다. 죽은 자에게는 어김없이 옷을 입혀서 특히 겨울은 감기에 걸리지 않도록 모피를 입힌다. 얼굴은 물고기 껍질이나 야수의 가죽, 때로는 아마포로 싼다. 죽은 자가 집에 있는 동안에는 고기기름 등불을 피운다. 제사(祭祀) 때에는 여자들은 콩이나 수수 스프나 갖가지 형태의 빵을 만든다. 죽은 자의 몫은 그 옆에 놓은 대(帶) 위에 올린다. 먼저 나이가 많은 사람 하나가 죽은 자에게 화주(火酒)를 바치며 "드시오. 얌전히 구시오. 자네의 아이들과 우리 친족은 해코지하지 마시오."라고 말한다. 이 장례 식사에는 가족과 가까운 사람이 참가한다. 유해가 집에 있는 동안은 죽은 자가 남자인 경우 그의 아내는 밤에 같은 이부자리에 들며, 죽은 자와 함께 자는 것으로 되어 있다. 죽은 자는 하루 밤낮, 기껏해야 이틀 밤낮 집에 머물 뿐이다. 유해는 집 창으로 앞뜰에 내어 상자 모양의 관에 넣는다. 우수리 강 상류에서는 죽은 자는 담뱃대, 창, 작살, 화총, 부싯돌, 칼, 통, 의복 등을 받는다. 여자에게는 여자용 도구, 특히 바늘, 실, 가위, 거기에 장신구를 넣은 작은 상자를 관 속에 넣어 준다. 이들 부장품은 반드시 부수어야 하며, 철제품에도 흠을 내어 둔다. 아무르 강변의 나나이는 새, 야수, 개 등의 그림을 종이에 그리든가, 혹은 그것을 오려 주며, 또한 중국 동전을 종이에 눌러 복사하여 주는 경우도 있다. 이러한 그림은 관에 넣어 주든가 태우는데, 이것은 분명히 중국인에게서 받아들인 풍습이다.

들판으로 옮길 때에는 세 번 가다가 서서 가지고 온 그릇으로 술을 지면에 붓고 이렇게 부른다. "드시오. 죽음의 나라로 무사히 여행할 수 있도록. 돌아오지 마시오. 아이를 데려가지 마시오." 곳에 따라서는 유해를 2가닥 끈으로 막대기에 단단히 묶어 운구하는 경우도 있다. 무덤은 숲 속의 일정한 장소를 파고 그 옆에서 가장 가까운 친척이 불을 피우고 그 속에 화주(火酒), 담배, 장례식 음식을 던진다. 그 때 죽은 자를 향해서 "그대에게 새로운 집을 만들어 줄 것이니 거기서 행복하게 사시오. 아내나 아이가 찾아와도 데려가지 마시오."라고 말을 건다. 무덤에 흙을 올리면 아내는 죽은 자의 개를 집에서 데리고 와서 무덤 옆에서 죽인다. 죽인 개에게는 순록이나 큰 사슴의 모피를 덮는다. 무덤에 작은 깃발을 세운 후, 모두 집으로 돌아간다.23)

나나이인은 행방불명이 되어 시신이 발견되지 않는 경우 다음과 같은 방식으로 가장(假葬)을 행한다. 죽은 자의 몸 크기와 같은, 손발이 붙은 상(像)을 만들고 거기에 죽은 자의 옷을 입혀 주고 격식대로 의식을 하여 장례를 치른다.24)

길랴크가 하는 것처럼 최근에는 나나이, 올차, 오로치도 곳에 따라서는 죽은 자를 위해 특별한 작은 집을 세우고 속에 하나 혹은 때에 따라서는 몇 개의 관을 넣는다(그림30). 죽은 자를 위해서 준 소유물은 작은 집 벽에 걸어 둔다.25) 1885년에 슈렌크가 아무르 강변에서 발견한, 익사자를 위해 세운 이러한 작은 집에는 한 가닥의 줄이 달려 있는데, 다른 끝은 언덕에 고정되어 있으며, 줄의 양쪽에는 가로수가 심어져 있다. 익사자의 《혼》은 이 줄을 타고 가서 자신이 마지막으로 살 곳에 다다른다고 생각된다.26)

그림30. 나나이의 죽은 자의 작은 집. 슈렌크에 의한다.

죽은 자의 작은 집도, 아마 매장도, 여기서는 최근에 배워서 안 것인데, 아무르 강 계곡의 퉁구스 계통 여러 민족은 길랴크(Gilyak), 코랴크(Koryak), 더욱이 아시아 동북단의 축치(Tchuktchi)도 유해를 태운다는 풍습에 익숙하지 않다.

그리스도교로 개종한 야쿠트는 물론 그리스도교 장례 풍습을 따르고 있다. 현지의 러시아인과 마찬가지로 역시 사람이 죽으면 반드시 옆에 물을 넣은 용기를 두고 《혼》이 스스로 씻을 수 있도록 해 준다. 유해는 씻어서 의복을 입히고 성스러운 한 모서리의 대(臺) 위에 둔다. 죽은 자에게 옷을 입힐 때 금속제의 단추나 죔쇠는 모두 떼어내며, 혁대나 식물 섬유로 만든 끈으로 바꾼다. 죽은 자가 남자인 경우는 그의 애마(愛馬)를, 여자인 경우는 암소를 죽여서 장례에 사용한다. 그 고기는 장례식 음식으로 제공한다. 극북(極北) 지방에서는 순록도 또한 죽인다. 야쿠트의 경우도 멀리 떨어진 묘지에는 부순 썰매, 배, 삽이 보인다. 부장품으로는 역시 밑바닥을 뚫은 솥, 안장, 창, 작살, 칼 같은 갖가지 물건이 있다. 샤만의 무덤 옆에는 샤만의 북과 무복(巫服)이 걸려있는 것이 보통이다. 아이의 무덤에는 요람이 있는데, 그 안에는 장난감이 들어 있다.[27]

옛날에 야쿠트는 나무를 도려내거나 널로 만든 관을 말뚝 위에 놓고 그 속에 죽은 자를 장례 지내든가, 혹은 슈트라알렌베르크(Strahlenberg)가 쓴 것처럼, "어떤 사람은 유해를 그냥 널 위에 놓고 숲속의 4기둥 위에 놓는다. 거기에 소, 말의 가죽을 덮는다." 이러한 옛날 아랑가(aranga. 그림31)는 아직 곳곳에 보이는데, 대부분은 마구 가져가 버렸다.[28] 어떤 오래된 아랑가 옆에는 안장, 도끼, 활, 7개 화살, 사냥칼, 여행 주머니, 말의 털로 만든 그물 등의 고풍스런 도구가 놓여 있었다고 트로슈찬스키(Troščanskij)는 기술하고 있다. 죽은 자는 나들이옷을 입고, 구유 형태의 관에 누워 있었다. 관 속에는 더욱이 예비 옷, 모자 2개, 바지, 신발 등이 있었다. 발치에는 구리 솥과 바닥을 뚫은 주석 접시, 거기에 나무 숟가락이 놓여 있었다.[29] 마크(Maack)는 여행 도중 두 말뚝에 실려 있는 아이의 관을 보았다. 관으로는 통나무를 갈라서

그림31. 통나무를 파내어 기둥 위에 실은 야쿠트의 관. A.O. 포포프에 의한다.

파내어 합친 것이 사용되었다. 아이의 유해는 소가죽으로 쌌으며, 그 주위에는 많은 인형이 놓여 있었다.30)

시에로세브스키(Sieroszewski)는 야쿠트는 이러한 아랑가를 퉁구스나 유카기르에서 받아들인 것이라고 추정하고 있다. 다만 남방의 몇몇 민족도 이런 관습에 따른다는 것을 상기해야 한다. 압카스(Abkhas)인처럼 카프카스의 몇몇 종족도 일찍이는 나무줄기를 도려내어 관을 만들고 그 안에 죽은 자를 넣고 노천에 세운 4기둥 위에 놓든가, 나뭇가지 위에 고정했다.31) 삼림이 없는 지대 혹은 때로는 그렇지 않은 곳에서도 야쿠트는 죽은 자의 유해를 다시 자작나무 껍질로 싸든가, 구유 모양의 관에 넣어서 그대로 지면에 놓는다.32) 프리클론스키(Priklonski)는 레나 하구(河口)의 야쿠트는 둥근 나무배에 노와 국자까지 넣어 관으로 사용하고 있다고 기술하고 있다.33) 오늘날 모든 야쿠트인은 적어도 이름으로 보는 한 그리스도교도여서 물론 가장 흔한 매장형식을 취하고 있다. 트로슈찬스키는 이런 풍습은 이미 꽤 오래 전부터 받아들인 것이라고 기술하고 있다.34) 그멜린(Gmelin)은 야쿠트도 또한 화장(火葬)을 행했다고 주장한다. 주인 다음에는 마음에 든 하인도 태워서 죽은 자가 저세상에서 부자연스럽지 않게 하려고 했다고 그는 쓰고 있다.35) 야쿠트인이 화장을 했다는 것은 의문스럽지만, 죽은 자의 아내나 하인이 주인을 따라 저세상으로 가야 했다는 전승은 존재한다. 남편과 함께 아내의 장례를 지냈다는 것은 프리클론스키가 기술하고 있다.36) 심케비치(Šimkevič)에 따르면 야쿠트는 중요한 인물이 죽으면 그의 애마(愛馬)와 마구 외에 예비 식량과 모피를 등에 실은 또 한 마리 말, 더구나 죽은 자의 나라에서 주인을 섬길 인간을 장례지낸다고 한다.37)

그림32. 조상(鳥像)을 붙인 퉁구스의 샤만 관(棺). 스타틀링에 의한다.

북방 야쿠트 지대에서는 죽은 샤만의 쉼터에 세운 기둥 위에 새의 상(像)을 하나 붙인다. 프리클론스키는 샤만이 죽으면 야쿠트인은 말뚝 위에 놓은 관의 머리맡에 나무로 만든 푸른 매(鷹)를, 발치에는 뻐꾸기 상(像)을 설치한다고 적고 있다.38) 관 옆에 4개 혹은 그 이상 설치하는 이러한 새는 보통 붉은목아비나 북극아비로, 요컨대 샤만의 직능을 돕는 역할을 하는 여러 신령이 지닌 모습을 나타낸 것같이 생각된다. 이러한 나무 상(像)은 샤만의 의례가 한창일 때도 만들어진다. 특히 퉁구스나 돌간(Dolgan) 샤만의 무덤에는 매우 많이 볼 수 있다(그림32).

한마디 덧붙이면 야쿠트의 무덤에는 시대가 내려가면 각재(角材)를 조합한 작은 구축물이 세워져 있다. 이러한 것은 시베리아에 이주한 러시아인의 무덤에도 보인다.

시베리아의 투르크 계통 여러 민족의 장례관습에는 확실히 다양한 방식이 보인다. 그 가운데에서도 인디언이 해 오던 말뚝 위에 관을 두는 풍습은 오늘날 시베리아의 극북민족에게도 보인다. 그 원형은 이미 팔라스가 언급했으며, 오늘날까지 그 견본이 전해지고 있는 수장(樹葬)에 있을 것이다. 야쿠트도 또한 관을 나무 위의 가지에 싣고 그 아래에 산 말을 묻었다고 프리클론스키는 전하고 있다. 그들은 이러한 유풍을 자신의 눈으로 보았다고 말하고 있다.39) 퉁구스는 죽은 자의 유해를 순록의 모피에 싸서 나무에 건다고 말한다.40) 보구찬스크 타타르(Bogutchansk Tatar)에 관한 보고에서도 죽은 자는 나무 위에 놓고 아래로 내려오지 못하도록 가지를 쳐 둔다고 말한다.41) 이미 말한 대로 많은 지방에서 아이의 유해는 지금도 역시 나무 위에 올리거나 나무에 판 구멍에 넣는다.

중국의 여러 연대기는 이미 이러한 풍습에 대해서 말했다. 5세기에 예니세이 강 상류에 살았던 도파(都波)라는 민족은 죽은 자의 유해를 관에 눕혀서 산 위로 모셔 가든가 나무 위에 고정시켰다고 말하고 있다. 이렇게 전하는 것은 투바(Tuba)라고 스스로 일컬으며, 적어도 샤만의 관이 오늘날에도 나무 위에 보이는 소요트의 것을 말하는 것은 분명하다. 이들 연대기에 따르면 아마 퉁구스 계통의 일족을 가리키는 것이라고 생각되는 실위(實韋)라는 한 민족도 역시 나무 위에 유해를 장례 지냈다.42)

중국의 연대기는 더구나 5세기부터 7세기에 걸쳐서 흑이르티슈(黑Irtysh) 강 연안과 고비사막 북부에 살고 있었던 돌궐(突厥)이 화장을 알고 있었다고 말했다. 죽은 자와 함께 그의 말도, 또한 신변용품도 태웠다. 영웅적 전사를 기념해서 화장지점 옆에 특별한 건물을 만들고 그 안에 죽은 자의 상을 만들고, 그의 공훈을 적은 비문을 써 두었다. 탈그렌(A. M. Tallgren) 교수가 친절하게 설명해 준 것에 따르면, 5~7세기 고대 투르크 화장묘지 쪽은 확실히 밝혀졌다. 그에 반해서 여기에 기술되어 있는 무덤의 구축물이라는 것은 잘못 전해진 데에 바탕을 두고 있다. 마찬가지 자료는 만주(滿洲)의 선비족(鮮卑族)과 가까운 혈통으로 기원후 수세기 동안 동부 몽골에 거주하고 있었던 오환(烏桓. 東胡라고도 한다)에 대해 기술하고 있다. 유해는 관에 넣고, 죽은 자의 개와 말은 의복이나 신변 소유물과 함께 태우고 그 재는 관 뒤에 실어서 묘

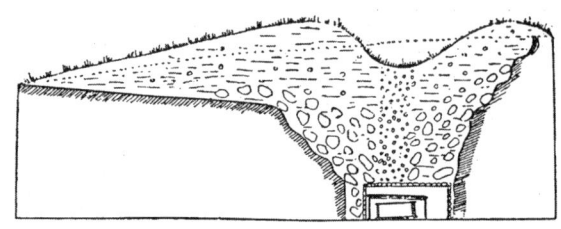
그림33. 노인 울라 발굴의 흉노왕 구상분묘

지까지 운반해 간다고 한다. 들판으로 가는 도중에 노래하고 춤을 춘다.[43]

중국의 연대기는 더욱이 금세기 초엽 동부 몽골에 거주했던 흉노(匈奴)는 죽은 수령(首領)에게 금은 장식을 단 옷을 입혀서 관에 넣은 뒤에 꽤 큰 신전(神殿)에 안치했다고 전한다. 여기에 덧붙인 그림(그림33)은 그 예로서 울가(Ulga) 근교의 노인 울라(Noin Ula)에서 발굴된 흉노왕의 구상분묘(丘狀墳墓)를 나타낸 것으로 땅속 깊이 서까래를 짜서 설치한 방 속에 보호하기 위해 신전을 만들고 그 속에 남북 방향으로 관을 두고 있다. 기원초로 거슬러 올라가는 노인 울라의 매우 귀중한 부장품은 단지 중국문화에만 그치지 않고 그리스, 스키타이문화의 영향도 이야기한다.

위구르인은 무덤 속에 유해를 세워서 넣는다고 중국인은 기록했다. 여기에서는 죽은 자는 산 인간과 마찬가지로 띠에 칼을, 옆구리에 창을 차고 손에는 활줄을 당긴 활을 가지고 서 있다고 한다. 라들로프(Radloff)가 지적하고 있듯이, 이 기술은 위구르인이 그의 생전 사용했던 무기를 죽은 자가 가지도록 준다는 이야기를 들은 것에 근거를 두고 있을 것이다.[44]

중앙아시아의 투르크 계통 민족의 초기 장례법에 관한 귀중한 보고는 역시 13세기에 현지를 여행한 유럽인의 이야기에서 얻을 수 있다. 플라노 카르피니(Plano Carpini)는 타타르는 죽은 수령을 몰래 장례 지내며

또 탁자를 세워서 그 위에 고기와 우유를 놓아 죽은 자에게 바친다고 적고 있다. 안장과 재갈을 한 그의 말도 함께 묻는다. 죽은 자의 먹을 것으로 더욱이 다른 말을 그의 무덤에서 잡는다. 유해에는 금은도 덧붙인다. 죽은 자가 사용했던 수레도 그 집과 함께 부순다. 죽은 자에게 주는 모든 것은 그 유해와 함께 지하실과 같은 무덤에 두고 누구의 눈에도 띄지 않게 흙을 덮어서 막는다.45)

뤼브뢰크(Ruysbroeck)도 또한 그의 여행기 중에서 스스로 목격한 것을 다음과 같이 적어 두었다. "누군가가 죽으면 그들은 울고 큰 소리를 지른다. 그런 뒤는 세(稅)를 면제받는다. 곧 1년 동안 세를 내지 않고 지낸다. 어른의 죽음에 입회한 자는 1년 동안 망구 칸(Mangu Khan)의 궁정(宮庭)에 발을 들여놓으면 안 된다. 아이가 죽은 경우에는 이 금기의 효력은 1개월에 그친다. 죽은 자의 고귀한 가문(家門), 결국 징기스칸 집안 출신이면 죽은 자의 무덤 옆에 천막을 하나 남겨 둔다. 죽은 자를 장례 지낸 장소는 어디인지 알 수 없지만, 고귀한 군주를 장례 지낸 장소를 지키는 남자들을 위해 천막은 늘 있다. 그러나 죽은 자와 함께 보물도 넣었는지는 나는 아직은 알지 못한다. 코만(Coman)인은 죽은 자 위에 흙을 덮어서 큰 봉분을 쌓고, 죽은 자를 위한 묘비(墓碑)를, 배꼽 주위에 있는 손에 그릇을 쥔 입상(그림34)을 얼굴을 동쪽을 향하게 세운다. 죽은 자가 부유하면 피라미드, 곧 뾰족하고 가는 구축물을 만들고 있는데, 어떤 장소에서는 벽돌로 쌓은 높은 탑이나, 또한 어떤 장소에서는 가까이에 돌을 구할 방법도 없는데 돌로 만든 것이 세워져 있었다. 죽은

그림34. 고대 투르크의 묘비. N. I. 베셀로브스키에 의한다.

지 얼마 안 된 사람의 무덤 옆에 긴 막대를 세우고 그 앞에 말 껍질 16장이 사방으로 걸려 있는 것을 본 적이 있다. 그러나 역시 세례를 받았다는 이 죽은 자에게는 마실 것으로 쿠미스(kumys, 코스모스)가, 식사에는 고기가 제공되었다. 좀 더 동방에서 본 무덤은 어떤 것은 둥글고 어떤 것은 큰 돌을 사각형으로 평지에 늘어놓았는데, 사방에 4기(基)의 높은 돌이 세워져 있었다.[46]"

플라노 카르피니와 뤼브뢰크 등이 말하고 있는 매장지를 비밀로 해두는 풍속은 고대 투르크 계통 여러 민족 사이에 꽤 퍼져 있었던 것 같이 생각된다. 훈(Hun)의 군주 아틸라(Attila)의 매장 이야기에서도 유해를 운구한 노예들은 이 위대한 영웅의 무덤이 있는 곳을 모르도록 하려고 죽였다고 말하고 있다.[47]

남러시아에서 정착하려고 옮아오기 시작한 투르크 계통의 일족을 가리켜서 당시 슬라브인은 코만인이라든가 폴로베츠(Polovets)인이라고 불렀는데, 그들에게는 무덤 위에 입상을 세우는 풍습이 보인다고 뤼브뢰크는 적었다. 오늘날 현지의 여러 민족이 《석부(石婦)》(러시아어로 kamennaja baba)라고 부르는 이 석비는 탈그렌(A. M. Tallgren) 교수의 말에 의하면 900~1300년 무렵의 것이다. 《석부》는 카스피 강 북방의 스텝에서 오데사(Odessa), 더 나아가 갈리챠(Galicya)에 이르기까지 남러시아만이 아니고 키르기스, 스텝, 예니세이 상류, 알타이 산허리 지방처럼 아시아 각지에서도 잘 볼 수 있다.

뤼브뢰크가 부자의 무덤 위에 쌓은 작은 피라미드에 대해 기술하며 말하려고 한 것이 무엇인지는 그의 여행기 다른 곳에 나타나 있다. 곧 라마가 죽은 자를 태워서 그 재를 파라미드의 뾰족한 끝에 넣어 보존한다는 것이다.[48] 이 파라미드는 아마 불교의 묘탑(스투파)를 가리키는 것이리라. 이러한 《탑》과 《돌쌓음[積石]》은 또한 페르시아의 모델을 따라

그림35. 북몽골의 고대투르크 묘비. 펠시 촬영.   그림36. 고대 투르크 풀밭 무덤. 그라뇌에 의한다.

세워진 후대의 묘탑건축을 생각나게 한다.

그에 반해서 뤼브뢰크가 목격했다고 하는, 사방으로 4개의 큰 돌을 세워서 원형, 혹은 사각으로 돌을 늘어놓은 묘면(墓面)은 고대 중앙아시아 기원이다. 돌을 세워서 다양한 형태로 두른, 이러한 선사시대의 유적은 특히 라들로프가 아바칸(Abakan) 지방, 예니세이 강과 유스 강 상류의 계곡, 카튠(Katun) 강 연안, 이르티슈 강 수원에서 조사했다. 돌과 흙의 층에 묻힌 이들 청동기 시대의 무덤 속에는 마구의 잔해도 발견되고 있다. 고고학자들이 조사한, 시베리아 지방의 그 밖의 선사시대의 무덤으로서는 세미팔라틴스크(Semipalatinsk), 부흐타르마(Buchtarma), 카튠에서 발견된 왕후묘와 같은 시대의 것이라고 생각되는 알타이 지방의 크고도 깊은 왕후묘는 이미 훨씬 전부터 도적에게 황폐화된 것이지만, 풍부한 부장품에 섞여서 특히 다수의 미라로 된 말이 발견되었다. 더욱이 아시아의 심장부인 이 지방에도 출토품에서 보면 중국문화뿐만이 아니고 그리스, 스키타이문화까지 그 발자취를 더듬어 볼 수 있는 것이 확실하다.

이러한 선사시대의 분묘가 대표하는 문화와 비교해서 말뚝 위에 놓은 북방의 풍습은 별도의 극히 오래된 문화권에 속하는 것이다. 중앙아시아에서 부장품은 무엇보다도 말과 양을 가장 중요한 가축으로 한 전사(戰士), 유목문화의 존재를 말한다. 중앙아시아의 기마민족은 극히 최근까지 죽은 자에게 재갈과 안장을 갖춘 승마를 하도록 해 주고 있으며, 이 풍습을 야쿠트인은 그들의 현재 주거지까지 가지고 들어왔다. 한편 북방문화를 특징지을 수 있는 것은 사냥이며, 죽은 자가 사용할 수 있도록 마련해 준, 수많은 사냥 도구가 그 증거가 된다. 다양한 퉁구스 계통 여러 민족의 경우가 그렇듯이 순록이 가축만이 아니고 탈것으로서도 기르는 것은 순록은 죽은 자의 짝이 되어 저승으로 가기 때문이다. 나나이의 경우는 많은 장소에서 유일한 가축인 개만을 죽음 여행에 데려간다.

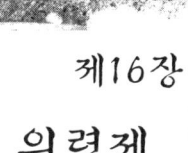

제16장
위령제

투루칸스크(Turukhansk) 지방의 퉁구스에는 제사를 지내는 날이 특별히 정해진 것도 없는가 하면 장례식 후 고인의 무덤에 참배하는 관습도 없다. 그들은 죽은 자를 매우 두려워하는데, 숲을 지나갈 때 장지에 가까이 온 것을 알아차리면 곧 되돌아간다고 트레탸코프(Tretiakov)는 쓰고 있다. 그러나 가끔 친척이 장례 지낸 장소에 찾아오게 되는 경우는 거기에 걸어둔 냄비 속에 타고 있는 숯, 지방(脂肪), 담배를 넣는다.[1)]

마크(Maack)는 야쿠트(Yakut)도 마찬가지라고 기술했으며, 러시아인과 접촉의 정도가 깊은 사람만 죽은 뒤 9일째, 20일째, 40일째에 죽은 자를 위해 제사를 지낸다고 지적했다. 그때 제사용 요리를 방구석 탁자 위에 1시간, 때로는 더 오랫동안 진설해 놓고 뒤에 가난한 사람들에게 나누어 준다. 죽은 자의《혼》은 열린 창으로 식사에 찾아 들어온다고 사람들은 믿고 있다. 제사의 택일과 함께 의식 쪽도 또한 러시아인으로부터 받아들인 듯하다. 러시아인도 또한 죽은 자를 제사에 부를 때 역시 창을 열고, 죽은 자가 식사를 끝마친 후 그 나머지를 가난한 사람들에게 나누어 준다.[2)]

알타이 계통의 여러 민족에서 특정한 날을 정해서 의식을 하는 것은 주로 그리스도교 혹은 이슬람교의 영향권에 든 사람이다. 전자에 해당하는 사람은 특히 아바칸 타타르(Abakan Tatar)와 알타이 타타르이다. 아바칸 타타르의 풍습은 비교적 오래된 것이며, 죽은 뒤 잠시는 식사 때마다 죽은 자에게도 음식의 일부를 놓는다. 먹을 것과 마실 것을 불에 던져서 죽은 자에게 드리는 특별한 제사는 죽은 뒤 3일째, 7일째, 20일째, 40일째 그리고 죽은 날에 지낸다. 마지막 두 제사에는 다수의 친척과 이웃이 음식물을 가지고 식사에 모여 성대하게 행한다. 고인을 위한 음식물은 특별한 그릇에 담는다. 의식은 통상 저녁에 시작한다. 밤은 죽은 자가 다니는 때이다. 다음날까지 이어지며, 그날은 묘지로 간다. 무덤 옆에서 불을 피우고 죽은 자를 대접한다. 아바칸 타타르는 죽은 뒤 40일째에 그 동안 누구도 사용하지 않았던 죽은 자의 애마(愛馬)를 잡는다고 한다. 그 고기는 묘지에서 먹고 말의 머리는 묘지 옆에 세워둔 막대 끝에 꽂아 둔다.3)

벨티르(Beltir)는 가까운 사람이 죽은 후 3일째, 7일째, 20일째, 40일째 이외에도 반년 및 1년째에 제사를 지낸다. 3일째와 20일째에는 집안 사람만이 죽은 자의 집에 모이며 식사를 시작할 무렵에 맞추어 죽은 자를 회상해서 음식물을 화덕의 불에 던진다. 가까운 사람이 죽은 자에게 음식을 가지고 오는 7일째에는 묘지에도 간다. 장례를 지낸 곳의 머리 쪽에 불을 피운 후 모든 참석자로부터 고기 한 점씩 모아 특별한 그릇에 담고 동시에 한 사람씩 용기에서 소량의 화주(火酒)를 특별한 잔에 붓는다. 게다가 각자 "이 화주를 마시고 음식물을 드시오."라고 하고, 화주를 무덤 위에 조금씩 3번 부어야만 한다. 그래서 위에서 기술한 그릇과 잔을 무덤 위에 두고 이번에는 죽은 자의 가족과 가까운 사람들이 스스로 먹거나 마신다. 마지막으로 죽은 자를 위해 따른 술잔은 불에 부어서 비우지만, 고기 그릇 쪽은 3번만 불에 던지고 나머지는 모두 나눈다. 무덤에서 돌아오면 식사는 죽은 자의 집에서 이어서 한다. 벨티르인은 죽은 후 40일째, 반년째, 1년째에 이렇게 추모, 위령을 한다. 마지막으로 묘지를 떠날 때 과부는 동쪽에서 서쪽으로 3번 무덤 주위를 돌고 "또 올게요."라고 한다. 현지 관례에 따르면 과부는 이것을 행한 후는 자유롭게 되어, 새로운 결혼 생활을 할 수 있다.4)

사가이(Sagai)인과 카르긴즈(Karghinz)는 거의 같은 방식으로 위령을 한다. 묘지에서는 관의 머리에 해당하는 쪽에서 위령을 하기 위해 죽인 동물의 뼈도 태우는데, 그 뼈는 결코 부수어서는 안 된다고 한다. 위에서 말한 때 이외에도 카르긴즈는 봄, 뻐꾸기가 울기 시작하면 곧 그리워서 제사를 지낸다.5)

텔레우트(Teleut)는 죽은 후 7일째, 40일째 및 죽은 날만 제사(üzüt pairamy, pairam〈페르시아어 bairam 제사〉)를 지낸다. 당일은 집에서 죽은 자에게도 유족에게도 식사를 준다. 식기는 창가에 두었다가 나중에 관을 만든 뜰로 옮긴다. 그때 식사를 가져오는 사람은 "살아서는 당신은 스스로 먹었지만, 죽은 지금은 당신의 《혼》(sünä)이 먹는다."라고 한다. 그리고 죽은 자에게 바쳤던 음식은 개에게 준다.6) 죽은 뒤 7일째에 텔레우트는 죽은 자의 애마(愛馬)를 죽여서 저승에서 쓸 수 있도록 보내준다. 죽은 당일 말은 이미 집으로 끌고 와서 그 등에 값나가는 덮개 천을 입히고 갈기와 꼬리에 비단 리본을 묶어 둔다. 운구할 때에는 죽은 자를 실은 썰매나 수레 앞에 묶는다. 매장 후 7일간은 말은 쭉 안장을 한 채 앞에서 말한 덮개를 걸친 채 먹이고, 다음으로 가까운 사람이나 이웃사람의 집으로 끌고 다닌다. 그때 모두 말에게는 귀리를, 망아지에게는 차(茶)와 화주를 여기저기 뿌려야 한다. 그리고 말을 죽이고, 그 안장과 덮개는 가난한 사람들에게 나누어 주어야 한다. 말은 죽은 자의 것이 된다고 믿고 있음에도 불구하고 때로는 말 그 자체까지 대접하고 마는

수가 있다.[7)]

　죽은 후 7일째와 40일째에는 가까운 사람은 바칠 음식과 화주를 들고 묘지로도 간다. 무덤의 가장자리에서는 두 곳에서 불을 피우고 죽은 자의 머리 쪽에는 죽은 자를 위해 작은 불을 그 반대쪽에는 참석자를 위해 큰 불을 피운다. 작은 쪽의 불에는 죽은 자에게 바치는 음식을 던진다. 텔레우트는 죽은 자(üzüt)는 불을 매개로 해서 자신의 몫을 가지러 오는 것이라고 믿고 있다. 의식이 끝난 뒤 모인 사람 가운데 제일 나이가 많은 사람이 불을 밟아 끄고 "자네의 불을 끄고 그 재에 가루음식을 실어라."라고 한다. 40일째의 행사에서는 이른바 집안의 부정(不淨)을 씻어서 깨끗이 한다. 그를 위해 샤만(kam)을 불러야 한다. 샤만은 갖가지 의식을 행하여 죽은 자를 찾아내어 추방하는 모습을 보인다. 손가락으로 북을 쳐 울리면서 집안의 구석구석까지 새롭게 하고 드디어 죽은 자를 잡아 앞뜰에서 춤추기 시작하며 '사우(sau)'라고 절규한다. 동시에 샤만은 죽은 자를 불러내어 그를 위해 《마련한 나무》(관)가 있는 곳으로 가서 그를 위해 《판 땅》(무덤)에 드러눕도록 권한다. 인간의 생명을 빼앗은 저승사자 알다치(aldačy)도 또한 죽은 자와 함께 쫓아낸다.[8)]

　죽은 자가 일가친척과 헤어지는 것을 싫어하는 경우에는 탁월한 샤만을 찾아 멀리까지 나가 데려와 죽은 자를 쫓아내게 하는 것이 알타이인의 풍습이라고 라들로프(Radloff)는 말한다. 1860년 라들로프는 켄기(Kengi) 호반에서 죽은 후 40일째에 천막의 청소가 행해지고 죽은 여자의 《혼》을 찾아내어 쫓아 버리는 상황을 몸소 목격할 기회를 가졌다. 어둠이 깔리자 문밖에서는 북소리가 울리고 100걸음 정도의 간격을 두고 천막 주위를 고리를 그리며 걸으면서 샤만이 부르는 단조로운 노래가 들려온다. 샤만은 차츰 고리를 줄이다가 마침내 천막 벽의 외측을 바짝 달라붙어서 걷다가 마침내는 불타오르는 화덕의 불에 비치면서 천막의 문으로 들어간다. 샤만은 북의 겉에도 속에도 연기를 쏘이면서 문과 화덕 사이에 앉자 차츰 몰래 흥얼거리고, 북은 점점 드물게 울리고, 마침내는 가녀린 비탄의 소리가 들려올 뿐이다. 샤만은 주의 깊게 일어서서 천천히 화덕 주위를 돌고 죽은 여자의 이름을 부르면서 마치 그 여자를 찾아내는 것처럼 근처를 살핀다. 때때로 샤만은 나를 일가친척들로부터 떼어 놓지 않을 수 없느냐고 눈물을 흘리며 절절히 애원하는 여자의 목소리를 흉내 낸 목소리로 말한다. 죽음의 나라에 이르는 길은 멀고 홀로 걸어가는 것은 두려운 것이어서 죽은 자는 일가친척과 헤어지지 않는 것이다. 샤만은 손에 북을 쥐고 구석에서 구석으로 죽은 자를 몰아가서 마침내 북과 북채 사이에 혼을 끼우고 북으로 지면에 누르는데 성공한다. 죽은 자는 이제야 천국으로 인도되고 북의 소리는 점점 침통하게 울린다. 마지막으로 샤만이 더욱 강하게 북을 쳐 울리자 그에 따라 샤만은 혼과 함께 목적지에 도착한 것이 분명하다. 그런데 샤만과 죽음의 나라에 있는 가까운 사람들과 이야기 나누는 것을 들어보면 앞서 죽은 자들은 새로운 혼을 무리에 맞아들이는 것을 거부한다. 그때 샤만은 죽은 자들에게 화주를 대접하고 이것도 또한 의식 중에서 표현하는 것인데, 이렇게 해서 죽은 자들이 술에 취한 틈을 타서 혼을 죽은 자들 사이에 잘 미끄러져 들어가게 할 수 있는 것이다. 그리고 샤만은 뛰고 소리 지르며 마침내는 "온몸에 땀범벅이 되어 의식을 잃고 땅에 쓰러져" 이 세상에 돌아오는 것이다.[9]

  샤만이 하는 방식은 사람에 따라 조금씩 차이가 있다고 한다. 때로는 혼이 샤만의 손을 빠져나와 되돌아온 적도 있는데, 이런 경우 일은 또한 하나부터 다시 하지 않으면 안 된다. 샤만에 따라서는 죽은 자의 혼을 따라서 갈 때 죽음의 나라 주인이 눈치 채지 못하도록 얼굴에 그을음을 칠한다.[10] 천막을 깨끗하게 하는 의식의 조수로 야유크 칸(jajyk-kan)

아니면 나마(Nama. 홍수의 왕)도 흔히 불러내는데, 그 때에 샤만은 밀려드는 물의 시끄러운 소리를 흉내 낸다. 나마의 임무로 죽은 자가 저승으로 데려가는 가축을 몰고 가는 것도 있다. 경우에 따라서는 죽은 자를 나타내는 닭을 죽음의 상(床)에 묶어서 그것을 샤만이 내몬다. 죽음의 저승사자 알다치(aldačy)는 천막 속에서 노간주나무를 태워서 쫓는다.11)

알타이 지방의 주민은 원래는 죽은 자에게 특정한 시기에 음식을 올리는 것은 하지 않으며, 죽은 자의 집단에 들어가는 것을 두려워하여 묘지에 가까이 하지 못하도록 경계하고 있다는 포타닌(Potanin)의 주장은 다분히 옳을 것이다.12) 이에 반해서 북방 민족의 터전에서 흔히 볼 수 있으며, 샤만의 가장 중요한 임무라고 여겨지는 것으로, 산 사람의 세계에서 죽음의 나라로 죽은 자를 내보내는 것은 기원이 극히 오래된 것 같이 여겨진다. 그러나 이것을 40일째의 위령과 결부시키는 것은 틀림없이 후대에 시작된 것이리라.

대부분 그리스도교도로 된 볼가(Volga) 연안의 추바슈(Chuvash)도 또한 특정한 날에 위령을 한다. 죽은 후 3일째에는 이미 그들의 관습에 따라 산양이나 닭을, 더구나 관을 만든 장소에서 잡는다. 식사 때는 먼저 가장 나이 많은 사람이 이어서 그 밖의 모든 사람이 나이순으로 죽은 자에게 한 몫씩 바친다. 음식물은 역시 앞뜰 문에서 바깥으로 던진다. 대다수의 가까운 사람이 모이는 것은 7일째가 처음이며, 다음은 특히 40일째이다. 그때는 양초나 음식물을 가지고 와서 하루 밤에 고인을 대접한다. 어떤 사람은 죽은 자를 식사에 부르기 위해 방울 소리를 내면서 썰매나 수레에 타고 묘지까지 찾아간다. 거기에 도착하면 마치 살아 있는 인간에게 말을 거는 것처럼 죽은 자와 이야기 하고, 집으로 돌아와 화덕 옆에 앉아 몸을 녹이라고 권한다. 화로 옆 탁자 위에는 죽은 자를 위해 빈 그릇과 잔이 놓여 있는데, 가까운 사람들은 올린 음식을 먹기 시작할 때 차례차례 그 속에 음식물을 넣는다. 식기 테두리에는 때로는 작은 양초에 불을 붙여서 세우기도 한다. 죽은 자를 대접하기 위해 노래를 부르고 놀며 춤춘다. 그 외에 추바슈의 경우에는 볼가 연안의 핀계통의 여러 민족과 마찬가지로 유족 대표로 뽑힌 한 사람이 밤중에 고인의 옷을 입는다는 관습이 있다. 새벽을 맞이하면 죽은 자는 다시 데리고 올 때와 마찬가지로 성대하게 묘지로 데려다 준다. 죽은 자와 함께 식사도 또한 거기로 보내는데, 음식을 올리기 위해 죽인 말머리, 혹은 머리와 다리, 죽은 자가 입었던 셔츠, 바지, 가죽구두, 거기에 식기, 국자, 접시, 젓가락 등과 같은 갖가지 물품을 거기에 가지고 간다. 때로는 무덤 옆에서도 노래하거나 춤추는 경우도 있다. 한편 집에 남은 사람은 고인에게 음식을 바친 탁자를 길 위에 내어놓고 추모를 계속하는 가운데 이윽고 누군가가 춤추는 순간 탁자를 확 뒤집어서 거기에 개들이 음식물을 노려서 달려들도록 하는 것으로 끝마치게 된다.[13]

추바슈는 위에서 말한 날 외에도 특히 처음에는 목요일마다 죽은 자를 위령한다. 더구나 죽은 지 얼마 되지 않은 자에게는 10월의 첫째 목요일, 혹은 10월 외의 기일(期日)에 행하는 통상적으로 위령을 하는 동안 특별히 주의를 한다. 그때 죽은 자의 성별에 따라 말이나 소, 때로는 송아지나 새끼양을 잡고, 맥주를 많이 담는다. 일반적으로 고인이 생전에 존경을 많이 받았으면 준비도 그만큼 크게 한다. 준비가 되면 죽은 자와 가까운 몇몇 사람들은 말에 마구를 달고 목걸이 나무에 많은 방울을 달고 숲으로 들어간다. 화주(火酒), 구운 닭, 작은 달걀과자, 펠트 1장의 깔개도 또한 가지고 가야 한다. 숲속에서 적당한 보리수(菩提樹)를 찾으면 남자들은 그것은 베어서 길이 2피트 기둥을 만들고 맨 위에는 조각을 한다. 기둥에는 가지고 온 펠트 덮개를 말아 붙인다. 먹을 것은 모두 숲에 놓아두는데, 화주는 죽은 자의 명복을 빌며 조금만 땅에 뿌린다. 집으로 돌아오면 네 남자는 깔개 속에 말아 넣은 기둥을 마치 죽은 자를 다루듯 방으로 옮겨와서 벽 옆 긴 의자의 새털이불 위에 얹는다. 곧바로 죽은 자의 의류를, 예를 들면, 그의 두건을 기둥에 붙인다. 다음으로 방에서는 놀이와 춤이 시작되고, 어떤 사람은 슬퍼한다. 나중에 가족과 친척은 그 기둥을 가지고 무덤으로 가는데 그때 여러 가지 음식물도 가지고 간다. 기둥은 죽은 자의 무덤에 "딱 알맞게 고인이 살도록 해서" 세운다. 묘지에서 행하는 것처럼 집에 돌아와서도 하룻밤 동안 제사를 지내고 먹는다.[14]

이슬람교로 옮아간 투르크 계통의 여러 민족도 또한 특정한 기일(期日)에 위령을 한다. 다만 의식 그 자체는 대체로 극히 검소하다. 러시아의 타타르는 죽은 후 3일째, 7일째, 40일째에 죽은 자를 제사를 지내는데, 특히 40일째에는 광범위한 친척이 죽은 자의 집에 모인다.[15] 더구나 동투르크 여러 민족의 제삿날은 20일째와 죽은 날이다.[16] 같은 기일에 카자크 키르기스도 또한 위령을 하는데, 특히 흥미로운 관습이 몇몇 남아 있다. 예를 들면 상중(喪中)에는 쭉 상좌(上座)에 안장을 두고, 안장의 쇠붙이에는 죽은 자의 옷, 두건, 띠를 걸어 둔다. 젊은 남자를 제사하는 경우에는 더구나 창 한 자루를 기대어 세워놓고, 창끝에 붉은 리본을 단다. 창은 천막 위로 뾰족한 부분이 향하도록 해서 천막의 중앙에 세워 둔다. 죽은 날이 되어서 비로소 "좋은 사람"이 그것을 잡아 꺾는다. 주부와 그 딸은 창을 쥐고 울며 건네주지 않으려고 하지만, 남자는 그것을 잡아떼어 꺾어 버린다. 그리고는 불을 활활 피우고 창을 그 속에서 태워버린다. 창을 가져가는 보수로 남자는 주부에게 새 외투를 받는다. 다른 풍속을 함께하는 제삿날을 들면, 7일째에 고인의 애마(愛馬) 꼬리를 잘라서 빈터에 던진다. 40일이 지나면 화덕 옆 상좌(上座) 옆에 작은 등불을 단다. 어떤 제삿날에도, 특히 죽은 날에는, 사람들을 대접

하고 음식을 나누는 것이 보통이다.17)

할 수 없이 상중(喪中)에 이사하지 않으면 안 되는 경우에는 고인의 말 꼬리에 붉은 천을 묶고 안장은 앞을 뒤로 해서 등에 놓는다. 안장의 쇠붙이에는 고인의 외투와 두건, 거기에 그의 화타석총(火打石銃)과 칼을 건다. 말은 고인의 미망인 혹은 미망인이 없으면 딸이 끌고 간다. 한편 아내가 죽은 경우는 안장을 낙타의 등에 싣고 옷과 천으로 덮는다. 딸 혹은 며느리가 낙타의 끈을 잡고 간다. 1년 후 고인의 말을 죽이는 경우 뼈가 부서지지 않도록 주의해야 한다.

카자크 키르기스가 위령을 할 경우에 경마도 함께 한다. 입상자가 고인과 같은 마을(ulus)의 사람일 경우 상품은 고인의 천막으로 가지고 들어간다. 일등한 말에게는 상품으로 말 300마리, 혹은 소 300마리가 주어지는 경우도 있다. 라들로프는 경마에 나온 10가지 상품을 들고 있다. "첫째는 필요한 모든 가구를 갖춘, 붉은 천으로 된 작은 천막이었다. 천막 앞에는 머리에 새위캐래(Saükälä)를 쓰고, 새색시 옷에 몸을 단장한 소녀가 안장을 놓은 말에 타고 있고, 그밖에 천막 옆에는 갖가지 종류(낙타, 말, 소, 양)의 가축 50마리씩 있었다. 둘째 상은 은화(銀貨) 10닢과 갖가지 가축 10마리씩. 등등. 열 번째는 말 5마리였다." 그 밖에 여러 종류의 씨름이 행해졌다. 경마와 씨름은 투르판 투르크(Turfan Turk)의 경우에도 고인이 남자라면 추모하는 날에도 행한다.18) 더구나 이런 풍습은 이미 고대 그리스에도 알려져 있었으며(예를 들면 일리아스 23), 카프카스 여러 민족에게는 일상적이었다.19)

카타노프(Katanov)는 중국 서부 투르크인의 경우 앞서 간 쪽의 배우자가 남자는 4달, 여자는 7달로 결정된 복상(服喪) 기간이 끝나기 전에 재혼을 하려고 하면 당사자가 가득 찬 물병을 무덤으로 가지고 가서 죽은 자의 머리 쪽에 부어야 한다고 적고 있다.20)

위령을 해야 하는 정해진 날은 그리스도교도가 된 경우에도 혹은 이슬람화한 경우에도 보통은 마찬가지이다. 7일째가 아닌 9일째에 위령을 하는 야쿠트는 이 경우 러시아정교의 극히 일반적인 관습에 따르고 있다. 죽은 자는 40일 동안은 변함없이 본래 살던 곳과 가까운 관계를 가진다는 관념도 또한 양쪽 종교의 공통점이다. 곳에 따라서는 40일째의 고별 제사를 죽은 자가 죽음의 나라로 가는, 진짜 이별하는 때라고조차 생각하고 있다. 이런 날짜 정하기가 무엇에 근거하는지는 분명하지 않지만, 이미 그리스도교의 초기에 그리스도는 40일째에 하늘로 올라갔다는 관념이 퍼져 있었다. 죽은 자에 대한 마지막 특별한 제사라는 의미인 죽은 날의 제사는 아마 꽤 오랜 기원을 가지고 있을 것이다.

라마교에서 그리스도교와 이슬람교의 40일째에 해당하는 것은 49일째 곧 7주째이다. 칼무크(Kalmuck)는 이 기간 중에는 죽은 자의 혼에 재앙이 일어나지 않도록 사냥을 않는가 하면 가축도 잡지 않으며 벌레 한 마리도 죽이지 않는다고 팔라스(Pallas)는 말한다. 결국 이 기간 중 《혼》은 지상을 헤매며, 그로부터 49일째에 겨우 재판정에 서서 마지막으로 받아야 할 처우가 결정된다. 따라서 재일(齋日)에는 죽은 자와 닮게 만든 상을 태우는 풍속이 있다.21) 굴빈(Gulbin)은 라마교화한 '황(黃)위구르'에 대해서도 쓰고 있는데, 그들은 49일째에 죽은 자를 그리워하여 차와 빵을 올리고 '종이'를 태운다고 한다. 동시에 죽은 자의 혼령을 모시고 등명(燈明)을 올린다.22) 부유한 몽골인은 죽은 날도 그런다고 한다. 위에서 말한 위구르인은 죽은 날에 3번 올리는데 첫 번째는 등명을 하나, 두 번째는 둘, 세 번째는 셋을 올리는 것으로 되어 있다.23)

소요트(Soyot)도 또한 이 49일 기간을 알고 있는데, 각 7일째는 신성하다고 생각하는 듯하며, 여러 가지 점으로 보아 그것은 7주간뿐이다. 이것은 곧 그 사이는 어떤 것도, 젖조차도 죽은 자의 집에서 다른 사람의 집으로 가져가는 것은 결코 허락되지 않기 때문이다. 되르뵈트(Dörböt)의 견해에 따르면 이 금기는 같은 숫자가 든 날짜에 대한 것이다. 예를 들면 고인이 달의 3일에 죽었다고 하면 13일, 23일에 9일이라면 19일, 29일에는 죽은 자의 집에서 어떤 것도 집어 낼 수가 없다. 이 같은 관념과 관습은 물론 외래문화의 영향이 나타난 것이다.[24]

아무르 계곡에서는 추모제에는 중국적 특징이 눈에 띈다. 나나이의 경우 중국과 마찬가지로 곳곳에서 남편의 사후 잠시 아내는 무덤에서 밤을 보내며 남편의 무덤에서 자는 것이 관례이다. 집에서는 특히 그 때문에 만든 흰 쿠션이 죽은 자를 나타내고 있어 매장 후 7일째 혹은 때로는 그보다 일찍 만들어 고인의 침대 위에 놓아둔다. 고인이 남자면 쿠션 위에 그의 옷과 두건을, 여자인 경우 특히 그녀의 장신구를 얹어 놓는다. 어릴 때라면 물론 장난감이다. 나나이는 이 쿠션을 파니아(fania)라고 부르며, 그것은 죽은 자와 매우 가까운 관계에 있다. 식사 때 특히 파니아 옆에 찻잔을 올린다. 잠자러 갈 때 미망인은 파니아를 안고 같은 이부자리에 든다. 파니아 앞에는 가슴에 구멍을 뚫은 또 하나 목제 영상(靈像. ajami-fonjalko)을 둔다. 추모 때는 담배를 말아서 불을 붙여 이 구멍에 꽂아 준다. 이렇게 해서 파니아는 '큰 추모제'까지 이어서 중요하게 여기다가 그 날이 오면 태워 버린다.[25]

나나이의 위령제 가운데 특히 둘은 주목할 만하다. 하나는 님간(nimgan)이라 부르며, 거행하는 장소는 제각각이며 때도 장례 후 7일 혹은 더 나중에, 때로는 2달 후에 거행한다는 식으로 구구하다. 또 하나는 역시 '큰 위령제'라고도 부르는 카사타우리(kasatauri)이다. 이 나중의 위령제에 거행하는 가장 중요한 의식은 죽은 자를 저승으로 보내기이다. 님간의 경우와 마찬가지로 이 제사 날짜는 정확히 정해져 있지 않고 일가친척이 스스로 정하는 것이다. 날짜를 빨리 하려고 하는 사람도 있으며, 1년 혹은 그 이상으로 하려는 사람도 있다. 그날까지 달에 한 번 작게 제사를 지내며, 그날은 저녁에 음식과 물을 파니아 앞에 차린다.26)

나나이는 님간을 준비할 때 으레 쓰는 빵을 굽는데, 그 하나는 새(鳥) 모양으로 만들고, 그 밖에 여러 가지 음식을 만든다. 그때 샤만도 불러서 파니아 옆에 자리를 마련한다. 파니아에 화주(火酒)와 잎담배를 바치는데 담배는 영상(靈像)의 가슴에 불을 붙인 것을 넣으며, 여자들은 앞뜰에 동서로 문이 달린 천막을 두 개 세운다. 그리고 이 천막 속에 파니아를 가지고 들어가서 깨끗한 인피(靭皮) 깔개 위에 놓는다. 두 입구 앞에는 각각 불을 피우는데, 동쪽을 향하는 것은 《땅》 쪽에, 서쪽을 향하는 것은 《죽은 자의 나라》(buni) 쪽에 해당한다. 여자들은 더구나 마른 풀로 무그데(mugde)라는 인형을 만들어 거기에 고인의 옷을 입힌다. 그것이 끝나면 샤만도 옷을 차려 입고 천막으로 들어온다. 상(喪)을 나타내기 위해 샤만은 흰 띠를 두르고 그 밖의 사람은 변발에 흰 리본을 묶는다. 그 밖에 통상적인 관습에 따르면 모든 참가자는 손에 버드나무 가지를 가지고 찾아온다. 천막, 파니아, 무그데가 알맞게 마련돼 있는가를 살펴보고 샤만은 고인의 《혼》을 찾아서 파니아 속에 넣으려고 한다. 처음에 샤만은 여리게 띄엄띄엄 북을 치다가 이윽고 자신의 노래에 맞추어 점점 세게 쳐 울리면서 여러 신령(seon)에게 도움을 청한다. 동시에 여러 신령을 보고 그 답을 듣는 것 같은 모습을 한다. 모든 참가자가 주의 깊게 샤만의 표정과 행위를 지켜보는 가운데 샤만은 곧바로 실신상태에 빠졌다가 다시 회복해서 뛰고, 또 혼을 찾기 시작한다. 마지막에 샤만은 환희의 소리를 지르고 손에 뭔가를 쥔 듯한 동작을 함으로써 혼을 쥐었다고 모두에게 믿게 한다. 혼이 돌아다니는 중에 상처를 받거나 병에 걸리는 경우에는 파니아에 넣기 전에 샤만은 그것을 치료해 주어야 한다. 혼은 그 뒤 쿠션에서 빠져나와 가는 경우도 있는데, 그것을 또한 되잡아 올 때에는 여자들은 파니아 앞에 식사를 날라 온다. 샤만도 또한 "술을 마시고 함께 기뻐해 주라."고 말하며 화주(火酒)를 바친다. 파니아에는 또 물도 올린다. 남은 식사와 무그데 인형은 마지막에 불에 던져서 태우는데, 파니아는 본래의 집으로 되돌린다.27)

나중의 추모 위령 카사타우리(kasatauri) 경우에도 같은 의식이 되풀이 된다. 사람이 샤만을 부르러 가서 화주(火酒)를 바치면 샤만은 먼저 집게손가락을 그 속에 넣고, 자신의 여러 신령(seon)의 제물로 왼손에 몇 방울 뿌린다. 다음에 샤만은 옷을 걸치고 북을 들고 자신의 여러 신령에게 도움을 청한다. 죽은 자의 집에 닿으면 먼저 그의 파니아 옆에 앉고, 그리고 님간제(祭)에 친 천막으로 옮기며, 다시 두 문 앞에서 불을 피운다. 그리고 무그데 인형을 만들어 고인의 옷을 입히고 발이 강 아래를 향하도록 흐르는 물 방향으로 향해서 파니아의 옆에 둔다. 샤만은 먼저 완전한 몸차림을 마치고 북을 울려 천막 속에 몰래 들어갔을지도 모를 악령을 쫓아내고 또한 제(祭)를 지내는 동안에 멀리 가버렸을지도 모르는 혼을 찾기 시작한다. 굿을 하는 동안 샤만은 자신의 여러 신령과 죽음의 나라로 갈 동행자에 대해 말하고 북을 치고 춤추며 고함을 지른다. 또한 천막 주위를 돌아다닌다. 조수들은 급히 그의 뒤를 쫓아서 그의 긴 띠에 손을 걸쳐서 멈춘다. 샤만은 이윽고 손으로 혼을 잡아 천막속으로 가지고 간다. 그리고 고인의 일가친척에게 그 혼의 이런저런 특징이 고인의 것과 꼭 일치하는지 물으면서 잡은 혼이 정말로 고인의 것인지 확인시킨다. 찾은 혼이 틀림없다고 확신하면 그것을 파니아 속에 옮겨 넣는다. 샤만은 파니아 앞에 무릎을 꿇고 두 손을 그 위에 놓고 손바닥을 한 번 불면 혼이 든다. 혼이 돌아다니는 동안에 상처를 입은 경우에는, 곧 악령이 귀를 긁어 없애기도 하고 눈을 도려내기도 하는 경우도 있으므로, 마술을 사용해서 그것을 치료하는 것이 샤만의 역할이다. 또한 고인의 혼이 정말 치료되었는가는 제비를 뽑아서 조사한다. 그리고 고인의 대접이 시작되며, 다른 사람도 심야까지 제사음식이나 술을 함께 하는 데 초대한다. 고인을 기쁘게 하려고 하는 것은 말할 것도 없다. 마지막으로 샤만은 음식물과 화주가 남은 것을 불에 던지고 여자들은 천막에 침상을 날라 들여서 그 가운데에 파니아와 무그데를 가로놓는다. 다음은 샤만이 침상 옆에 무릎을 꿇고 파니아에게 말을 걸어 자도록 권하고 이부자리를 깐다. 그때 샤만과 가족 중에 누군가가 같은 천막 안에서 잔다.

다음날 샤만은 다시 한 번 무복(巫服)을 갖추고 북을 쳐 울려 죽은 자의 자고 있는 혼을 불러 깨운다. 그 다음 이불 속에서 쿠션과 상을 집어내며, 여자들은 다시 식사 준비를 하고, 대접과 향연은 계속된다. 요리의 일부분은 역시 타고 있는 불에 던진다. 저녁이 되면 전날과 마찬가지로 파니아는 다시 재운다. 이같이 해서 마지막 위령의 가장 중요한 행사인 고인을 죽은 자의 나라로 보내는 날까지 때로는 며칠이나 이렇게 제를 지낸다. 샤만은 다시 아침나절에 노래를 불러 파니아를 식사에 오게 하고 실컷 먹으라고 권하는데, 다만 화주(火酒)는 지나치게 마셔 취하면 죽은 자의 나라로 여행을 가는 도중에 마주칠 위험을 극복해 낼 힘을 잃을까봐 주의한다. 그래서 대접은 저녁까지 이어진다. 해가 떨어져야 겨우 죽은 자의 엄숙한 저승가기가 시작된다. 이 중요한 행사를 시작할 때 샤만은 노래하고 춤추며 그리고 얼굴에 숯으로 선을 그린다. 곧 알타이인과 같은 방어수단을 사용한다. 그리고 크게 북을 쳐 울리면서 여러 신령에게 도움을 요청하기 시작한다. 여러 신령이 '자신의 자리로 와서 앉아 주도록' 바라고 샤만은 마치 그들을 삼켜버릴 듯이 곧바로 큰 입을 벌린다. 그리고 머리를 흔들거나, 여기저기 뛰어 돌아다니거나, 여러 신령(seon)이 나타내는 동물과 새의 몸부림이나 우는 소리를 흉내 낸다.

이들 동물이나 새에게 죽은 자의 나라(buni)로 가는 길을 가르쳐 주도록 부탁한다. 특히 그를 위해 세운 계단을 붙인 나무에 가까이 가서 가장 높은 계단까지 오르면 실마리를 살핀다. 작은 손을 이마에 올리고 죽은 자의 나라로 통하는 길을 확인한다. 그때 샤만은 그 밖에 모든 사람들로부터 질문을 받는 비밀스런 것도 볼 수가 있다. 어느 때 아무르는 어느가, 이번 겨울은 눈이 많을까 적을까, 사냥이 잘 될까 등도 샤만에게 물어볼 수 있다. 세계나무[世界樹]를 의미하고 있다고도 말할 수 있는 계단을 붙인 이 나무는 샤만으로서는 일종의 예견탑(豫見塔)이다.

샤만이 천막에 돌아와 다시 파니아 앞에 앉으면, 가까운 사람들은 혼과 함께 여행을 떠나주지 않겠느냐고 부탁한다. 샤만은 부추(bučču)와 코오리(koori)에게 도움을 청한다. 부추는 날개가 있는 외발 인간의 모습을 하고 있으며, 코오리는 목이 긴 새의 형태를 하고 있다. 이 두 가지와 닮은 목우(木偶)를 만들어 어린 노루의 털껍질을 동체에 입힌다(그림37·38). 의식을 하는 동안 부추는 보통 세로로, 코오리는 가로로 걸어둔다. 어느 것이나 죽은 자의 나라로 샤만이 여행하는 동안 줄곧 곁을 따르며, 같은 곳을 함께 나아간다고 말하는 것이다. 더구나 코오리새의 도움이 없으면 샤만은 어떤 일이 있어도 죽은 자의 나라에서 돌아올 수가 없기 때문에 혼을 죽은 자의 나라로 보낼 때 코오리새만은 어떻게 해서라도 데리고 가야 한다고 한다. 샤만은 여

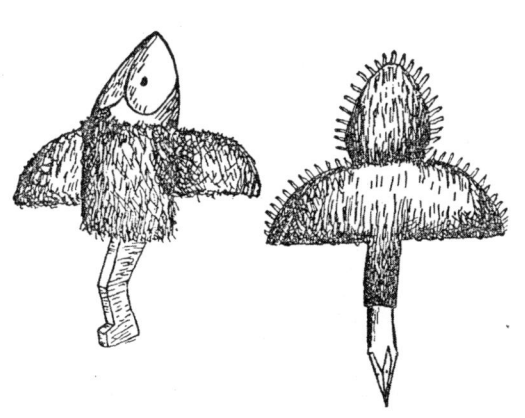

그림37(왼쪽)·**그림38**. 나나이의 샤만이 죽음의 나라로 갈 때에 함께 하는 부추와 코오리. 심케비치에 의한다.

행의 가장 곤란한 부분을 틀림없이 이 새의 등을 타고 벗어나는 것이다.

오랫동안 파김치가 될 때까지 무술(巫術)을 행한 뒤 샤만은 시베리아의 썰매를 나타내는 널판 뒤에 얼굴을 서쪽으로 향해 급히 썰매에 개를 달도록 부탁한다. 더구나 또 한 사람 《하인》에게 자신의 뒤에 타도록 권한다. 그리고 개를 향해 소리를 질러 달리게 한다. 여행 도중에 만났던 사건이나 고생담이나 죽은 자와 《하인》과의 이야기는 모두 샤만의 노래, 몸짓, 음색에 비치어 나온다. 이렇게 해서 샤만은 참석자에게 보거나 듣거나 경험한 것을 모두 말한다.[28]

썰매를 개에게 끌게 해서 죽은 자의 나라로 여행하는 것은 아무르강 연안의 나나이뿐인데 더 북쪽에 사는 사람은 순록을 타고 여행을 한다고 심케비치(Šimkevič)는 지적하고 있다.[29] 순록은 고인을 날라주는 동안 위험한 곳은 모두 피해서 다닌다고 이해할 수 있다.[30]

샤만과 따르는 자가 죽은 자의 나라에 닿으면 여러 신령이 찾아와서, 어디에 사는가, 누구라고 불리었는가, 새로 온 자는 누구인가 등 자세히 묻는다. 물론 신중한 샤만은 자신과 살아 있는 자의 이름은 가르쳐주지 않는다. 샤만은 앞서 죽은 가까운 사람들에게 이 새로운 혼을 맡기면 돌아오게 되는데, 도중의 곤란과 위험은 코오리와 부추의 도움으로 뚫고 나간다. 여행 수단으로 개를 쓰는 것은 가는 길에는 여행을 떠날 때이고, 돌아오는 길에는 여행을 마칠 때뿐이다. 이 알 수 없는 여행에서 돌아오면 친척들은 여행은 잘 되었는가, 죽은 자의 나라는 어떻든가, 혼은 극진히 받아들여졌는가 등을 묻는다. 샤만은 듣는 사람들에게 죽음의 나라로부터 누가 거기는 좋다고 말을 전하였다든가, 예를 들면 검은담비 선물을 받아왔다는 등 처음부터 끝까지를 이야기해 준다. 검은담비 선물을 받은 자는 다음 사냥에 나갔을 때 이러한 것을 손에 넣을 수 있을 것이라는 의미이다. 의식이 끝나면 샤만은 파니아도 무그데도 불에 던진다. 죽은 자를 위해 두었던 음식물 바구니도 불에 던진다. 동시에 샤만의 조수들이 풀로 줄을 한 가닥 엮으면 그 한쪽 끝은 샤만이, 다른 쪽 끝은 죽은 자의 친척들이 잡는다. 끈을 불 위에서 올리면 샤만은 그것을 끊어서 양쪽 끝 또는 한쪽 끝만을 불에 던지고 남은 부분은 썰어서 서쪽을 향해서 던진다. 이것은 고인과 그의 일가친척 사이에 있었던 모든 관계가 마지막으로 끊어졌다는 것을 의미한다. 친척들의 의무도 또한 여기에서 끝난다. 죽은 자는 이제부터 유족에게 아무것도 요구할 수 없다.31)

로파틴(Lopatin)은 무그데의 상(像)은 단지 죽은 자를 구체적으로 보일 목적 때문에 만든 것이라고 지적했다. 동시에 대접과 기원은 파니아 및 그것과 함께 천막으로 날라 와서 파니아 앞에 놓는 아야미 포얄코(ajami-fonijako)만이 아니고 무그데 상에도 하고 있다고 로파틴은 말하고 있다.32) 파니아도 무그데도 죽은 자를 대표하고 있는데 반해 아야미 포얄코는 일종의 수호령일 것이라는 로파틴의 지적은 말할 것 없이 옳다. 다만 나나이의 경우처럼 죽은 자를 대표하는 것에 상(像)과 쿠션이라는 두 가지가 있는 경우, 그 중 어느 것이 더욱 기원적인 것인가 하는 문제가 생긴다.

이 문제를 논할 때에 상(像) 쪽은 언제나 위령할 때에 한 회 한 회 새로 만드는데, 쿠션 쪽은 상(喪) 기간 중 쭉 둔다는 사실을 주목해야 한다. 이런 관습이 서퉁구스 여러 민족에게도 있는지는 알려져 있지 않지만 적어도 이르티슈(Irtysh) 연안의 오스탸크(Ostyak)는 추모위령제에 쿠션을 침상에 두는데, 그것은 죽은 자를 대표하는 것이라고 파트카노프(Patkanov)는 적고 있다.33) 투루칸스크(Turukhansk)의 퉁구스는 샤만이 산 사람의 세계에서 혼을 데려가지 않으면 안 되는 때에 비로소 죽은 자의 상(무그데)을 만드는 것이다. 그때 죽은 자의 상은 그림에서 보는 대로(그림39), 이롤론(irollon)이라고 부르는 목제(木製)에 매달았다. 그것이 어떤 것인가, 내가 퉁구스와 서로 이야기 했을 때도 유감스럽게 이롤론이란 도대체 무엇을 나타내는 것인지는 분명하지 않았다.

라프(Lapp)도 또한 죽은 자에게 제물을 바칠 때에 경우에 따라서 특정한 의식 행사에만 목우(木偶)를 만든다. 그러나 그것은 상중(喪中)에 계속 죽은 자의 집에 놓아두는데, 죽은 자의 본래 인형과 혼동해서는 안 된다. 우리가 이미 북방 오스탸크와 인접한 사모예드(Samoyed)에 대해서 알고 있는, 이러한 죽은 자의 인형은 키르기스(Kirghiz)인도 또한 갖고 있는 듯하다. 적어도 포타닌(Potanin)은 키르기스인의 여자는 남편이 죽은 뒤 남편과 닮은 인형을 만들어 일정한 때에 그 옆에 앉아서 울며, 날이 저물면 자신의 옆에 놓고 함께 잠자리에 든다고 말하고 있다.34) 프리클론스키(Priklonski)는 야쿠트의 죽은 자 예배에 대해서, 아이가 죽으면 소나 말의 발굽으로 인형을 조각하고 거기에 값비싼 모피를 입혀서 은(銀) 장식을 붙인다고 말했다. 이 상에는 음식물을 바치며, 날마다 음식물을 간다. 이처럼 해서 죽은 아이의 신령에게 불행이 닥치지 않도록 신령을 달래야 한다. 이 신령에서 달아나기 위해 야쿠트는 마지막에 인형을 나무 구멍에 넣고 거기에 희생물을 죽여서 바친다.35) 옛 자료에는 어린 여자의 추모에 대해서만 이러한 방식을 적고 있다.36) 그러나 이 전승에는 실제로 언제쯤 이러한 죽은 자의 인형이 만들어졌는가는 확실하지 않다. 옛 보고에 바탕을 두고 반자로프(Banzarov)가 말하고 있는 것은 가장 사랑하는 사람이 죽으면 그 아들과 딸, 혹은 형제들이

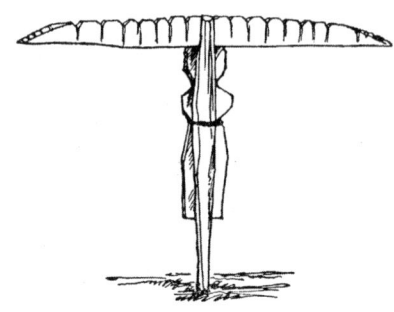

그림39. 서퉁구스족이 죽은 자의 《혼》을 붙인 지주(支柱) 이롤론.

그와 비슷한 상을 만들어 집안에 보존해 둔다고 한다. 인형 앞에는 늘 식사의 맨 처음 것을 바치고 입맞춤하며, "이것은 우리 가족 누구의 상입니다."라고 말하며 기도한다.37) 그러나 이 보고는 상(喪) 기간이 지나면 바로 부수는 본래 죽은 자의 인형을 말하는지, 혹은 나중 세대에까지 계속 이어져 존숭의 대상이 되는 특별히 죽은 자를 위해 만든 목우(木偶)를 말하는지는 분명하지 않다. 몽골인도 또한 죽은 자의 인형을 알고 있다는 것을 시사하는 것은 마지막 추모제에서 태워버리는 종이 상(像)이다. 죽은 자의 인형 사용이 어느 정도 오래되었는가를 살피는 데에, 축치도 또한 가죽으로 죽은 자의 화상을 오려내어 식사 때에 지방과 피를 발라서 나중에 그의 무덤에서 태우는 것을 상기해야 한다.38)

그러나 죽은 자의 인형을 만들고부터는 고인의 의복 그 밖에 고인이 가졌던 물건을 마지막 위령제까지 그냥 두는 쪽이 더욱 일반적이다. 이런 관습의 기원은 아마 훨씬 오래되었을 것이다. 죽은 자의 대표물이라고 여겨지는 것에는 특히 입은 옷이 많다. 그 때문에 라들로프(Radloff)의 보고에 따르면 키르기스의 여자는 천막 속에 머무는 7일 동안 울고, 죽은 남편의 의복 앞에서 긴 만가(輓歌)를 부른다.39) 상을 당하여 처음 가장자리를 자르는 죽은 자의 옷은 추바슈와 그 밖에 많은 민족, 특히 카프카스 여러 민족의 추모위령제에서는 중요한 역할을 맡고 있다. 예를 들면 체르케스(Tcherkess)인은 죽은 자의 옷을 쿠션 위에 놓고 다시 그 위에 무기(武器)를 붙이는데, "살아 있는 자가 붙이는 것은 순서를 거꾸로 해서 붙인다.40)"

제17장
저승

알타이 계통의 여러 민족이 사후생활을 어떻게 상상하고 있는가는 그들의 장례제도를 보면 매우 분명해진다. 죽은 자에게 옷이나 음식은 물론 가재도구, 작업도구, 무기, 여행용품, 더구나 가축까지도 주는 것으로 봐서, 저승에 가서도 이러한 사물을 모두 사용한다고 믿는 것은 분명하다. 알타이인은 저승에 가서도 씨를 뿌리며, 가축을 먹이고, 화주(火酒)를 마시며, 쇠고기를 먹는 이 땅에서와 같은 생활을 상상하고 있다고 포타닌(Potanin)은 쓰고 있다.1) 아바칸(Abakan)의 어떤 타타르(Tatar)인은 앓고 있을 때 자신의 죽은 일가친척의 오래된 천막과 그의 옷을 보기도 한다.2) 부리야트(Buryat)인은 죽은 자는 유족이 준비해 준 대로 음식과 옷 등을 가지고, 또한 저승에서 살림살이에 걸맞게 걸어가기도 하고, 말을 타기도 하며, 혹은 수레에 타기도 한다고 설명한다. 죽은 자도 또한 결혼식 등의 경사스러운 일을 축하하기도 한다.3) 마르코 폴로(Marco Polo)는 몽골인은 아들과 딸이 저승으로 가면 양친은 사후에도 그들을 결혼시켜 준다고 쓰고 있다. 그들은 그런 경우 죽은 자의 모습과 말 등의 동물 그림 외에 여러 가지 의복, 가재도구, 돈을 종이에 그려서 혼인서약서와 함께 태운다. 이렇게 해 주면 죽은 자들이 불을 통해 지참금을 받아서 정말 저승에서 부부가 될 수 있다고 생각한다. 그 이후 죽은 자의 양친들은 아이들의 결혼식을 이미 그들이 살았을 때 끝마친 것 같이 서로 친척이라고 생각하게 된다.4) 텔레우트(Teleut)에서는 과부와 결혼한 남자는 저승에서는 아내가 없게 된다. 왜냐하면 과부는 전남편과 살아버린다고 믿고 있기 때문이다.5) 예를 들면, 옛날 카프카스의 체첸에도 똑같은 사고방식이 있었는데, 재혼한 여자는 본래 남편의 소유물이므로 죽으면 남자의 친척들은 그의 시신을 본래의 배우자와 함께 묻도록 요구했다.6)

더구나 사람은 모두 저승으로 가도 생전에 했던 것과 같은 일을 계속한다고 생각하고 있다. 예를 들면 무복(巫服) 일습을 받아간 죽은 샤만은 이어서 자신의 중요한 직무를 계속한다. 부리야트의 장인(匠人)도 또한 솜씨를 잊어버리지 않으며, 서기(書記)는 저승에 가서도 계속 쓰는 것은 침모(針母)가 바느질을 잊지 않는 것과 같다. 따라서 여느 사람보다 훌륭한 사람은 하계(下界)의 왕이 그의 도움을 필요로 하기 때문에 보통 사람보다 빨리 죽는다고 말한다.7) 퉁구스는 저승에서 자작나무 껍질 천막에 살며, 사냥이나 물고기 잡기를 하고, 저승의 큰 숲속에서 순록을 먹이고 있다.

나나이와 같은 사고방식은 특히 샤만이 죽은 자의 혼을 저승(buni)으로 보낼 때 행하는 의식과 노래 중에 반영되어 있다. 저승으로 가는 길의 어려움과 위험을 묘사하면서 샤만은 하계(下界)로 가는 도중 각각 이름이 붙어 있는 수많은 장소에 대해서 말한다. 처음 길은 한 갈래지만 어떤 곳까지 가면 나나이 씨족의 수만큼 많은 작은 길로 갈라진다. 저쪽 언덕에 저승이 있다고 생각되는 강을 건너는 것은 매우 힘들다. 솜씨가 좋아서 믿을 수 있는 샤만만이 혼을 무사히 저 언덕에 닿게 할 수 있다. 이윽고 꺾은 나뭇가지나, 찢은 나무나, 지저깨비, 발자취 등과 같은 인간이 살고 있는 표시가 보이는 곳까지 찾아오면 죽은 자의 마을은 그리 멀지 않다고 한다. 개가 짖는 소리가 들리기 시작하고 이윽고 연기, 작은 집, 순록 등이 눈에 비치게 된다.[8]

나나이가 생각하고 있는 하계(下界)에서는 각 씨족이 각각 거주지를 가지고 있으므로 저승의 길은 갈라져 있다. 저승으로의 여행도 어떤 씨족에서는 다른 씨족의 경우보다 멀고 곤란하기도 하고, 또한 그 거주지도 산이나 비탈이기도 하며, 깊은 숲이나 낮은 늪이 있기도 해서 가는 길이 더욱 곤란하기도 하다고 말한다. 저승으로 가는 여행에는 역시 여러 방법이 있다. 개가 끌고 가기도 하며, 순록을 타고 가기도 한다. 저승의 경관과 그 상황은 분명히 지상이 반영되어 있으며, 곳에 따라 여러 가지라는 것은 말할 것까지도 없다. 다만 지하의 생활은 꽤 쾌적하다고 생각하고 있으며, 거기에는 많은 사냥터와 고기잡이 장소가 있으며, 야생동물이 많아서 사로잡기도 쉬워 살기 좋다고 생각한다.[9]

트로슈찬스키(Troščanskij)가 "아래에" 있다고 쓰고 있는 야쿠트인의 저승도 또한 본래는 같은 종류의 것인 듯하다. 사슴을 쫓다가 길을 잃고 들어가 버린 사냥꾼은 야쿠트인과 같은 모습을 한 인간과 만났다. 역시 야쿠트어로 말하고 있었는데, 인간도, 그의 천막도, 가축도, 나무까지가 다 작은 모양이었다.[10] 영혼이 작을 것이라는 관념은 유라시아의 많은 여러 민족의 기록이 있다. 야쿠트인의 관념에도 하계의 영혼은 갖가지 씨족을 대표하고 있으며, 거기로 가는 데에는 강을 건너야만 한다고 프리푸조프(Pripuzov)는 말하고 있다.[11] 야쿠트의 전설에서는 여러 신령의 거주지는 보통 북방의 훨씬 먼 곳에 있다.[12] 현지의 말로도 '북쪽에'라는 것과 '아래에'라는 것은 같은 의미이다. 레나(Lena) 강만이 아니고 예니세이(Yenissei)와 오브(Ob)의 계곡에서 들을 수 있는 이렇게 말하는 방법은 이들 대하가 북쪽을 향하여 흐르고 있다는 데에 기인하는 것이리라. 다만 그렇지 않아도 북쪽 방향 혹은 밤의 방향은 죽은 자 나라의 관념에 특히 잘 맞는다. 투루칸스크(Turukhansk) 지방의 퉁구스가 나에게 설명해 준 바에 따르면, 보통의 경우는 남쪽으로 향하여 천막의 입구를 두는데, 북쪽 혹은 밤을 향해서 두면, 죽은 자가 찾아와서 가족을 여러 가지로 번거롭게 한다는 것이다. 또 하나의 방위, 서쪽도 또한 죽은 자에게 바쳐져 있다. 특히 잘 때나 죽은 자에게 제물을 바칠 때 이 방위를 되도록 신경 써야 한다.

북시베리아 여러 민족의 원시적인 견해는 야쿠트와 가까이 사는 유카기르(Yukagir)의 경우에도 나타나고 있다. 유카기르도 죽은 자는 저승에서 씨족끼리 나누어져 보통 지상과 같은 천막에서 살고 있다고 생각하고 있다. 저승에서는 각자 자신보다 앞에 죽어서 유족의 수호령이 되어 있는 가까운 사람의 무리에 더해진다. 샤만의 노래에서 추측해 보면 유카기르의 저승도 또한 물의 저쪽에 있으며, 거기에서는 자신도 그림자가 된 죽은 자가 동물의 《그림자》를 사냥하고 있다.[13]

이 그림자의 세계를 알타이 계통의 여러 민족은 일반적으로 지하의 세계가 아닌 《다른 세계》(야쿠트어로 atgu doidu) 혹은 《다른 나라》(알타이 타타르어로 ol jär 혹은 paška jär)라고 부르고 있다.[14] 저승의 특이한 점은 생활은 지상과 같이 영위하고 있는데, 모두가 다른 양상을 드러내고 있는 것일 것이다. 이 중에서 특히 재미있는 것은 슈렌크(Šrenk)가 적고 있는 올차(Olcha)의 저승(bun)인데, 거기에는 지상과 완전히 같은 여러 민족이 있으며, 각각의 종족, 각각의 일족이 따로따로 한데 모여 살고 있다. 거기에는 해, 달, 별도 빛나고 있다. 아무르 강도 흐르고 있으며, 올차의 고향에 있는 것과 같은 산도 있다. 그 밖에 동물, 식물도 지상에 있는 것과 꼭 같다. 다만 단 하나 다른 점은 저승에는 모두가 지상과는 거꾸로 되어 있다는 것이다. 지상이 낮일 때 저승은 밤이므로 영혼들도 자고 있다. 지상이 여름이 되면, 그곳은 겨울이며, 또 그 반대이다. 그래서 곰이나 물고기가 많이 잡히는 때에는 지상에서는 조금밖에 잡히지 않는다. 슈렌크는 또 저승의 소재지는 올차의 관념으로는 지하는 아니라고 지적하고 있다.15)

저승에서는 모든 것이 이승과 역의 관계에 있다고 생각하고 있는 예는 그 밖의 많은 알타이 계통의 여러 민족에도 보인다. 예를 들면 벨티르(Beltir)인은 장례 때에 화주(火酒)의 병이나 또는 말을 바치는 경우에는 말고삐를 죽은 자의 왼손에 쥐어주는데, 왜 그렇게 하는가 하면 "왼손은 저승에서는 오른손이기 때문"이라고 설명한다.16) 오래된 분묘의 부장품도 마찬가지 예를 보이고 있다. 아스펠린(Aspelin)은 동북러시아의 아나닌(Ananin) 묘지에서 발굴된 어떤 영웅의 묘를 기술했는데, 죽은 자는 머리에는 뾰족한 모자를, 목에는 금속제 장식이 있는 넓은 고리를 걸고, 오른쪽에 단검을 차고 있었다고 말했다.17) 같은 묘지를 조사한 쿠자코프(Kudjakov)는 돌에 새긴 남자상(男子像)에 대해 말하며 "모든 민족의 경우 무기는 왼쪽에 가지는 것이 규칙"인데, 여기에서도 마찬가지로 단검은 오른쪽에 있었다고 말하고 있다. 쿠자코프는 또 추바슈(Chuvash)는 죽은 자에게는 산 자와는 다른 식으로 옷을 입히는데, 오늘날도 역시, 옛날의 관습을 지키고 있다고 지적하고 있다. "죽은 자의 옷은 산 자와는 달라서 오른쪽에는 버튼이 없고 왼쪽에 두며, 칼은 죽은 자의 오른쪽 띠에 차는 등등.18)" 검 또는 단검을 죽은 자의 오른쪽에 차는 풍습은 의심할 것도 없이 죽은 자는 왼손잡이라는 관념에 기원을 더듬어 찾을 수 있다.

특히 널리 볼 수 있는 것은 저승에는 우리의 낮이 밤에, 또한 우리의 밤이 낮에 해당한다는 사고방식이다. 그 때문에 죽은 자는 밤에 나와 다닌다고 믿고 있으므로 죽은 자의 위령은 밤에 한다. 올차도 소요트

(Soyot)도 저승에는 특별한 해와 특별한 달이 있다고 생각하고 있다.[19] 레흐티살로(Lehtisalo)에 따르면 사모예드(Samoyed)인에게는 저승의 해는 서쪽에서 떠서 동쪽으로 진다. 일반적으로 죽은 자의 방향은 서쪽, 산 자의 방향은 동쪽이라고 정해져 있다. 지상의 강이 반영된 저승의 강은 이승의 강과 역방향으로 흐르고 있다는 관념도 또한 있다. 죽은 자에게 준 말에는 안장을 거꾸로 놓는다는 카자크 키르기스(Kazak Kirghiz)의 관습도 또한 위에서 말한 사정을 증명하고 있다.[20]

카타노프(katanov)에 따르면 지상에서 잘못 되어 있다고 생각되는 모든 것이 저승에서는 건실한 것이라고 벨티르인은 믿고 있다.[21] 죽은 자에게 준 사자(使者), 도구, 그릇 등은 통상 위치를 거꾸로 해서 무덤에 늘어놓는 관습도 또한 여기서 유래한다. 카르얄라이넨(Karjalainen)은 오스탸크(Ostyak)도 또한, "냄비나 접시를 뒤집어서 무덤 안에 놓는다."고 쓰고 있다(그림40). 일반적으로 산 자의 나라에서의 위가 저승에서는

그림40. 에벤키인의 무덤에 엎어서 둔 구멍을 뚫은 프라이팬. 그 아래에는 원추형 텐트의 덮개로 사용한 자작나무 껍질의 쪼개진 조각이 보인다. 1962년 토그루코프가 촬영.

아래에 해당하는 것으로 생각된다. 레흐티살로에 따르면 유락(Yurak)의 경우 지상세계에 그대로 대응되는 하계(下界)의 인간도 발바닥을 우리들을 향하고 있다. 나뭇가지 끝도 천막의 지붕도 또한 거기서는 우리들의 눈으로 봐서 아래로 향하고 있다. 같은 관념을 나는 예니세이인의 처소에서 만났다. 또한 라프(Lapp)인도 하계를 이처럼 상상하고 있다. 룬디우스(Lundius)는 『라프誌』(Descriptio Lappinae)에서(6페이지), 라프의 샤만이 실신 상태에서 우리에게 돌아왔을 때, "지하에는 우리 쪽으로 발을 향해서 걷는 민족이 있다."라고 말했다고 적고 있다. 더구나 지하의 경관은 나무, 산, 강, 호수가 지상의 경관을 하나하나 반영하고 있다고 믿고 있는데, 분명히 저승은 지상세계의 거울에 비치는 상(像)이다. 위에서 말한 하계(下界)의 여러 특질은 본래 물에 비친 모습을 본 경험에 바탕을 두고 있는 듯하다고 나는 일찍이 내가 지은 책 속에서 지적한 적이 있다.[22] 저승은 '아래쪽의' 물 저쪽에 있다는 관념도 또한 다분히 여기에 근거가 있는 것 같다.

  더구나 이 같은 거울에 비치는 모습에 대응하고 있는 것은 지상에 중첩되어 있는 하늘의 층계는 지하 세계에도 그 대응물이 있다고 하는 타타르의 사고방식이다. 확실히 라들로프는 알타이인의 세계상(世界像)을 묘사해서 "위의 17층이 빛의 나라로 하늘을 만들며, 7 혹은 9층이 어둠의 나라로 하계를 구성하고 있다."고 말하고 있다.[23] 그러나 이들 층수는 땅 위에도 아래에도 본래는 같으며, 지하층의 수 쪽이 더욱 오래된 기원을 가진 것이라고 추정하기 좋은 근거가 있다. 다른 장소에도 알타이 타타르는 하늘의 층은 7이나 9를 말하고 있다. 타타르의 다층적 하계는 바슈간 오스탸크(Vasyugan Ostyak)의 세계상에도 확실히 나타나고 있다. 샤만이 이들 층을 통해서 지하의 노인이 있는 곳으로 가는 데에는 "각각 땅의 노인 지킴이가 지키고 있는 지하 7층을 꿰뚫지" 않으면 안 된다.24) '물에 의해' 서로 사이를 두고 있는 7층 혹은 또 다른 관념으로의 9층은 투루칸스크(Turukhansk) 지방의 사모예드의 하계에도 있다.25) 같은 신앙은 예니세이인의 장소에도 있는 듯하며, 아노킨(Anochin)의 설명에 따르면 지하에는 거대한 동굴이 있고, 그 지붕은 사람이 사는 지상으로 되어 있으며, 상하로 거듭하여 합친 7공간을 가지고 있다.26) 벨티르(Beltir), 카르긴즈(Karghinz), 카라가스(Karagas), 소요트(Soyot)라고 한, 시베리아의 몇몇 투르크 계통의 종족은 하계는 겨우 3층이고, 하늘의 층계도 마찬가지로 3층이라고 말하고 있다.27)

퉁구스는 알고 있지 않으며, 야쿠트에 대한 자료에도 적혀 있지 않은 이런 하계의 층은 시베리아의 타타르에 본래 있었던 것은 아니고 새로이 바깥에서 들여온 것이라는 데에는 의심의 여지가 없다.

알타이 타타르는 인간과 동물에게 병을 보내는, 죽은 자를 자신이 있는 곳으로 모은다고 하는, 특별한 하계의 신령에 대해 말하고 있다. 허둥거리는 육체를 갖추고 숯 같은 검은 눈을 가지며, 무릎까지 오는 긴 수염을 기른 이런 용서가 없는 노인은 애를리크(ärlik)라는 이름을 가지고 있다. 다만 보통은 이 이름으로 불리지 않고 대신에 카라 내매(kara검은 nämä것)라는 빗댄 호칭법이 사용된다. 애를리크는 하계의 물 위를 노를 사용하지 않고 검은 배를 타고 나아가든가, 얼굴을 뒤로 향해서 검은 소를 타고 간다고 한다. 채찍 대신에 한 마리 뱀이나 달(月) 모양을 한 도끼를 손에 쥐고 있다. 그들의 검은 궁전(örgö)은 아홉 갈래 흐름이 하나로 합쳐지는 토이보딤(Tobodym)이라는 이름의 강에 있다. 인간의 눈물을 가득 모아 흘리는 이 강 위에 말의 모근 같은 가는 다리가 걸려 있으며, 죽은 자의 누군가가 이 말의 털다리[毛橋]를 건너 도망치려고 하면 다리를 밟아서 물속에 빠뜨린다. 다음에는 물결이 그를, 저승의 왕 강변에 쳐 올린다. 토이보딤 강에는 무서운 물의 괴물이 살고 있어서 애를리크의 궁전을 지키고 있다. 또 다른 기술에 따르면, 애를리크 궁전은 《풍성한 바다》(bai tängis)의 기슭에 있다.[28]

애를리크의 집으로 통해 있어서 거기를 샤만이 걸어간다는 길에는 갖가지 《장해》(pudak)가 있다.[29] 이들 《장해》는 도대체 어떤 것일까? 이 서술로는 분명하지 않지만 아마 샤만이 최고신이 있는 곳으로 갈 때 통과해야만 하는 《장해》에 대응되는 것이리라. 어떻든 바시우간 호반의 오스탸크의 샤만이 지하의 7층을 넘으면 안 된다는 것[30]은 지상의 세계가 지하세계의 모델이 되어 있다는 것을 시사한다. 애를리크의 《아들》이 일곱이라든가 아홉이라고 말하는 것도 천신(天神)의 아들 수와 같은 것이다. 때로는 애를리크의 《심부름꾼》(älčizi)이라 불리며, 각지에서 갖가지 이름으로 바뀌는 이러한 존재는 '여러 신령'(körmös)의 가축들을 이끌고 가서, 샤만이 지하로 여행하는 것을 돕고 샤만과 애를리크의 중개 역할을 한다. 저승의 왕에게 스스로 가까이 갈 수 있는 존재는 비범한 샤만뿐이라고 믿고 있다. 더구나 때로는 애를리크의 《아들들》은 인간의 주거를 악령으로부터 지킨다는 관념도 있다. 각각의 씨족(sök)에 애를리크의 《아들》이 한 사람 혹은 두 사람의 문지기를 두고 있다는 것은 이들 저승의 《사자》들이 각각 씨족의 수호령과 혼동되어 있다는 것을 증명하고 있다.[31] 바시우간 호반의 오스탸크의 경우에는 반대로 하계의 각 층에 《땅 노인 파수꾼》이 살고 있어서 하늘의 각 층에 사는 지킴이와 대응된다.

애를리크의 아들 중에는 카라시(karaš), 캐래이 칸(kärăi-kān), 태미르 칸(tämir-kān), 파뒤스 피(padys-pi), 파이 마티르(pai-mättyr)가 가장 잘 알려져 있는데, 그 중에서 카라시만 특별한 존숭을 받고 있다. 카라시는 검은 천으로 상(像, čalū)을 만들어 9개 리본을 달고 두 기둥으로 받쳐서 천막의 문 왼쪽에 설치한다. 샤만은 애를리크에게 부탁할 것이 있을 때 반드시 여기서 굿을 한다고도 한다. 애를리크 그 자체에 대해서는 상을 만들지 않지만 그의 《아들들》과 마찬가지로 검은 소를 바친다. 아노킨은 애를리크에게는 말을 바치지 않는다고 분명히 말했다. 제사를 지내는 곳은 통상 마을의 북쪽에 있다.32)

알타이의 샤만은 더구나 애를리크에게는, 8명뿐일 경우도 있지만, 9명의 《딸》이 있다고 하는데, 이는 천신(天神)의 딸 9명에 대응되는 것 같다. 딸들의 역할이 애당초 무엇인가는 분명하지 않다. 그 딸들은 재롱을 부리거나 춤추어 하계로 여행을 가는 샤만을 유혹해서 애를리크를 위해 가지고 온 제물(祭物)을 빼앗는다고 말한다. 샤만의 주술가(呪術歌)에는 이들 딸들은 피부색이 검고, 검은 머리이며, 포동포동 살이 찌고 풍만하며 큰 성기(性器)를 가진 음탕한 존재로 그려져 있다. 다분히 애를리크의 아들 파이 마티르의 9명의 딸은 샤만 노래 중에서 검은 뱀으로 비유된 것과 같은 존재일 것이다.33)

기원문에서 《애를리크 아버지34)》라 불리는 알타이인의 애를리크는 미누신스크 타타르(Minussinsk Tatar)의 이를레 칸(irle-kan), 혹은 일칸(ilkan) 및 부리야트의 에를렌 칸(erlen-kan)에 해당하는 것이리라.35) 포타닌(Potanin)에 따르면 쿠즈네츠크(Kuznetsk) 타타르(텔레우트)는 애를리크를 최초의 인간이라고 생각해서 아담이라고도 칭하고 있다.36) 다만 기원적으로는 무서운 인도의 야마(Yama, 閻魔)임에 틀림없다. 야마는 저승에서 최초의 죽은 자의 왕이 되며, 라마교의 불화(佛畵)에도 푸른 소에 탄 모습으로 그려져 있다.37)

그림41. 인도의 야마.

저승세계의 왕의 얼굴은 뒤를 향하고 있다는 알타이인의 사고방식과 비슷한 예는, 이미 고대 이집트인에게도 보이며, 그들의 예술작품에 그려진 하계(下界)의 나룻배 사공은 얼굴을 뒤로 향하여 배에 타고 있다. 야쿠트의 하계 왕 아르산 두올라이(arsan-duolai)도 아마 애를리크와 같은 것을 나타내고 있을 것이다.38) 프리클론스키(Priklonski)도 또한 8명 악마의 대장이 따랐던, 야쿠트인의 하계 왕 부카르 도다르(bukhar-dodar)의 이름을 들며 이것도 애를리크와 마찬가지로 소에 타고 있다고 말하고 있다.39) 악령의 두목으로 병, 재해, 기근 등을 가져온다는, 카라(Kara) 키르기스(Kirghiz)의 아르만(arman)은 페르시아의 아흐리만(Ahriman)이다.40) 위에서 말한 저승에 걸린 다리도 또한 페르시아 기원이다.

로파틴(Lopatin)은 나나이는 죄업(罪業)이나 사후의 갚음[應報]에 대해서는 어떤 관념도 지니고 있지 않다고 말한다.41) 모든 알타이 계통의 여러 민족도 본래는 같다고 할 수 있다. 오늘날까지 예외인 것은 외래의 종교와 접촉한 것뿐이다. 그런데 바이칼(Baikal)의 퉁구스에는 인간의 혼은 사후 흰 돌과 검은 돌 추가 있는 저울로 단다는 관념이 보인다. 흰 돌 쪽이 더 가벼우면 죽은 자는 하늘로 가지만, 검은 돌 쪽이 가벼우면 하계로 간다. 그 경우 혼은 먼저 아마 역겹게 춥고 어두운 협곡에서 계속해서 꺼지지 않는 불속에 던져진다.42) 혼의 무게를 재는 것은 이미 고대 이집트인이 알고 있었다. 라들로프는 알타이인의 관념을 묘사하며 죄가 있는 자의 혼은 하계에서 기름이 끓고 있는 솥에 던져진다고 말하고 있다.43) 이 또한 볼가(Volga) 여러 민족에도 보이는 신앙이다. 잘 알다시피 이러한 통속적인 관념은 이슬람교도에게도 그리스도교도에게도 있다.

저승에서의 갚음은 특히 하계의 환영(幻影)을 말한 몇몇 전설에 언급되어 있다. 예로 아버지의 명을 받아 하계로 간 영웅 무몬토(Mu-monto)

에 대한 부리야트인의 이야기를 말해 보자. 하계에 이르기 위해 그는 먼저 곧바로 북쪽으로 향하지 않으면 안 된다. 가는 길에 크고 검은 돌과 만나서 그것을 들어올리며, "나오라."라고 말한다. 그러자 지면의 구멍에서 여우가 나와서 '꼬리를 꽉 잡고 있어'라고 한다. 그리고 무몬토는 여우 뒤에 붙어서 지하 나라로 점점 깊이 내려가는데, 가는 길에 수많은 불가사의한 것을 본다. 드러난 바위 위에는 살찐 말이, 우거진 풀밭에는 말라빠진 가축이 있다. 어떤 장소에는 입을 봉합한 여자가 있다. 펄펄 끓는 솥 안에는 관리와 샤만이 몸부림치고 있다. 더 나아가면 손발이 함께 묶인 남자, 벌거벗은 채 가시 다발을 안고 있는 여자, 어떤 곳에서는 가난한 것 같지만 행복한 듯한 여자, 유복한 듯한 모습을 하고 있지만 굶주림으로 괴로워하는 듯한 여자가 있다. 무몬토는 거기서 여자들에게 그의 운명을 묻는다. 가난한 여자는 생전, 돕기 위해 행복하게 살았지만, 유복한 여자는 인색하고 냉혹했으므로 이제는 배고픔을 맛보지 않으면 안 된다고 한다. 가시 다발을 안고 있는 여자는 생전 바람둥이라서 남편에게 충실하지 못한 여자들이다. 한편 손발이 묶인 남자는 본래 도둑이었다. 기름이 끓고 있는 솥에 던져진 자는 자신의 일로 속임수를 쓴 패거리이다. 입이 봉합된 여자는 생전 거짓 소문을 꾸며내 퍼뜨린 자이다. 우거진 풀밭에 풀을 뜯고 있는 야윈 말은 생전 주인에게 학대를 받아 살찌지 못한 것이며, 드러난 바위 위에 있는 말은 옛날 충분히 먹이를 제공받았다는 이유만으로 살이 쪄 있다.44)

카스트렌(Castren)이 사얀(Sayan) 초원에서 채록한 전설 가운데에도 똑같은 서술이 있다. 저승의 왕 이를레 칸(Irle-Kan)의 딸은 검은 여우의 모습으로 지상을 돌아다니며, 여러 가지 나쁜 일을 하기 시작한다. 어느 날 용사 콤데이 미르갠(Komdei-mirgän)이 이 여우에게 홀려 뒤쫓아 가는 동안 길을 잃고 다리까지 부러지고 말았다. 그러자 곧바로 40개

뿔을 지닌 소를 타고 간다고 상상되는, 질베갠(Djilbegän)이라는 이름의 머리 아홉인 괴물이 땅에서 나타났다. 괴물은 영웅의 머리를 베어서 하계로 날라 갔다. 영웅의 여동생 쿠바이코(kubaiko)는 오빠의 시신에 매달려서 울고 있는 동안에 목이 달아났다는 것을 알고 하계로 찾으러 가려고 결심했다. 그녀는 괴물의 발자취를 밟아가는 동안 드디어 이를레 칸의 나라로 통하고 있는 구멍을 찾았다. 그 길에서 헤매며 가고 있는 동안 이상한 것을 보았다. 먼저 깨달은 것은 한 통에서 또 하나의 통으로 언제까지나 우유를 계속 붓고 있는 여자이다. 좀 더 가니까 풀도 물도 없는 모래벌판의 말뚝에 묶여있는 말이 있었다. 그럼에도 불구하고 말은 건강한 것 같았다. 조금 가까이에는 샘 옆의 파란 풀밭에 야윈 말이 있었다. 어떤 곳에서는 인간의 반신(半身)이 냇물을 막고 있는 것이 보였는데, 다른 곳에서는 온몸으로도 물을 막을 수 없었다. 쿠바이코 (Kubaiko)는 다시 나아가 땅의 아래 깊이 내려갔다. 차차 강한 망치 소리가 들려오기 시작하다가 마침내 40명의 남자가 망치를 두드려 톱 40자루와 집게 40개를 만들고 있는 것이 보였다. 괴물의 자취를 쫓아가고 있는 동안 이 용기 있는 소녀는 마침내 한 강의 언덕에 닿았다. 강은 높은 산기슭을 흐르고 있으며, 산 위에는 이를레 칸의 40각(角)의 큰 돌집이 있었다. 입구 앞에는 나무 한 그루에 9그루 낙엽송이 나 있었다. 9명의 저승 왕이 말을 맨 그 나무에 쿠바이코도 또한 말을 매었다. 그러자 나무에는 이렇게 쓴 것이 보였다. "쿠다이(Kudai, 神)가 하늘과 땅을 만들 때 이 나무도 만들었다. 그래서 오늘날까지 어떤 사람이나 동물이 살아서 여기까지 다다른 자는 없다." 이 말을 읽어본 이 용감한 소녀는 저승 왕이 사는 곳에 들어와 문을 뒤쪽에서 닫았다. 안은 깜깜해서 방향을 짐작할 수 없었지만, 다만 보이지 않는 손에 잡혀서 옷은 찢어지고 억압당하고 있는 것을 느꼈을 뿐이다. 다가오는 요물을 잡으려고 손으로 더듬었지만 요물들은 육체를 가지고 있지 않아서 접촉할 수가 없었다. 쿠바이코는 불안해서 부르르 떨면서 소리를 지르자 그때 문이 열리고 방에 빛이 들이비치고 하계 군주(君主)들의 우두머리(ataman)가 소녀 있는 곳으로 다가왔다. 그는 쿠바이코를 보고 아무 말도 않고 등을 돌려 다가왔는데, 소녀는 그 뒤에 붙어 갔다. 그래서 아직 산 자를 기다리고 있는 빈 방을 몇 개나 빠져 나와 마침내 인간과 같은 것이 있는 작은 방에 다가갔다. 이러한 작은 방 하나에는 꿈속에서 실을 짜고 있었던 노파가 있고, 다른 방에도 그러한 자가 있었는데, 일은 하지 않았다. 노파들은 무엇인가를 삼키려고 하고 있었는데, 목구멍 부분이 막혀 있었다. 3번째 방에 있는 중년 여자들은 목에 큰 돌을 달고 손에도 또한 움직이지 못하도록 돌을 달고 있었다. 네 번째 방에는 남자들이 목에 바퀴를 걸고 큰 차꼬에 묶여 있었다. 다섯 번째 방에서는 총알을 맞은 남자들이 무장해서 쏘다니며 소리 지르고 신음하고 있었다. 똑같이 부르짖는 소리와 애달프게 우는 소리는 여섯 번째의 방에서도 들리며, 칼을 몸에 찬 남자가 중상을 입고 있었다. 일곱 번째 방에서는 미친개가 미친 듯이 날뛰고, 인간도 또한 개에게 물려 미쳐 있었다. 여덟 번째 방에서는 남자와 여자가 1쌍씩 이불을 덮고 있는데, 각각의 이불은 양 9마리의 모피로 만들어져 있어도 2사람이 덮기에는 부족했으므로, 부부는 언제까지나 이불을 서로 빼앗고 있었다. 아홉 번째 방에는 한 쌍의 부부가 편안하게 이불을 덮고 자고 있었다. 이불은 단지 양피 1장이었지만 부부 두 사람에게 충분했다. 빈터처럼 넓은 열 번째 방에는 8명의 저승 왕후(王侯)가 수레에 앉아 있는데, 가운데에는 그 우두머리 이를레칸이 있었다. 쿠바이코는 왕후들에게 인사를 하고 무엇 때문에 왕후들의 신하 질베갠(Djilbegän)은 오빠의 목을 쳐서 가져가 버렸는지를 물었다. 저승의 왕후들은 그것은 자신들의 명령으로 한 것인데, 소녀가 만약 7개의 뿔을 가진 양을 땅에서 갈라놓아 주면 머리를 되돌려 줄 것이라고 곧바로 약속했다. 양은 땅에 박혀서 뿔만이 보일 정도라고 한다. 본래 용기가 있고 당찬 쿠바이코는 이런 흥정에 동의했다. 그녀는 저승의 왕후들에게 이끌려 인간의 머리가 가득 찬 9개의 방을 지나갔다. 이들 머리 중에 오빠의 머리도 섞여 있는 것을 보고 쿠바이코는 와락 눈물을 흘렸다. 열 번째 방에는 위에서 말한 양이 땅속에 묻혀 있었다. 쿠바이코는 지금이야말로 자신의 힘을 시험할 기회라고 여겨 세 번째 끌어당겼을 때에 양은 벌써 그녀의 등에 타고 있었다. 저승의 왕후들은 그녀가 얼마나 센가를 눈으로 보고는 오빠의 머리를 돌려주어 앞의 낙엽송 뿌리가 있는 곳으로 가지고 갔다.

거기서 쿠바이코는 말을 타고 저승의 왕후들에게 전송해 주기를 바랐다. 돌아오는 길에 그녀는 하계에서 실제로 본 것의 의미를 물었다. 저승의 왕후들은 다음과 같이 설명했다. "우유를 통에서 통으로 옮기고 있는 저 노파는 생전에 물을 섞은 우유를 손님에게 내놓았기 때문에 그 꺼림칙한 행위에 대한 벌로써 영원히 우유와 물을 나누는 일을 견뎌내야 한다. 강을 막고 있는 반신(半身)은 벌을 받고 있는 것은 아니다. 저 반신은 흐름을 멈추는 것은 물론 무엇이라도 바라는 대로 할 수 있는 현명한 남자이다. 저쪽의 어떤 반신은 통행인에게 현명한 인간은 손발이 없어도 큰일을 할 수 있다는 것을 떠올리게 하는 표시이다. 한편 강을 막지 못하는 오체(五體)가 갖추어진 몸은 인간 한 사람의 힘만으로 또한 육체의 힘에만 의지해서 큰 것을 할 수 없다는 것을 가르쳐 준다. 이 육체는 일찍이 강하기야 강하지만 마음이 잘 통하지 않는 남자다. 물이 그의 육체 위를 넘쳐흘러 가 버리듯이 모든 것은 그의 머리를 그냥 지나쳐 가 버리기 때문에 무엇도 몸에 붙지 않는다. 바짝 마른 풀밭의 살찐 말은 주의 깊은 남자라면 저런 목장에서도 말을 어김없이 기를 수가 있다는 것에 반하여, 풍성한 풀밭의 야윈 말은 필요한 돌봄과 주의를 하지 않으면 저렇게 좋은 목장에서도 가축은 잘 기를 수 없다는 것을 가르쳐 주는 것이다."

그 다음에 쿠바이코는 어두운 방에서 그녀를 잡아서 옷을 빼앗고 강압한, 육체가 없는 그는 도대체 어떤 자인가를 물었다. 하계의 왕후들은 "그는 우리들이 볼 수 없는 심부름꾼으로 모든 나쁜 인간에게는 상처를 주고 죽일 수 있지만, 착한 사람에게는 손을 대지 않는다."고 대답했다. 쿠바이코는 이어서 하계 왕후의 주거에서 본 인간의 죄에 대해 묻고 다음과 같은 답을 얻었다. "최초의 방에서 베를 짜고 있었던 여자들은 생전에 일하는 것이 금지되어 있는 일몰 후에 베를 짠 벌로써 이런 일을 하고 있었다(시베리아와 볼가 연안의 타타르나 그 밖의 많은 민족, 더구나 인디언에서도 해가 없는 때에 일하는 것은 범죄라고 생각하고 있다). 또한 두 번째 방에 있었던 여자들은 실을 감으려고 실패를 집어 들었을 때 실타래 속을 비게 하고 몰래 훔쳐서 자신의 호주머니 속에 넣고 말았다. 그녀들이 그렇게 해서 훔친 실타래는 바로 삼키지 않으면 안 되는데, 언제나 목이 막히어서 저렇게 하고 있는 것이다. 세 번째 방에서 목과 팔에 돌을 매단 젊은 여자들은 버터를 팔 때 무게를 많게 하려고 속에 돌을 감추었던 무리들이다. 네 번째 방의 남자들은 사는 것이 싫어서 목을 매었기 때문에 목에 바퀴를 감고 늘 목 졸리지 않을까라고 무서워하고 있었다. 다섯 번째 방에서 끊임없이 신음하며 슬프게 울고 있었던, 탄환에 쏘여 관통된 남자들은 아내와 사이가 나빴기 때문에 자신의 몸을 쏘아 자살한 무리다. 여섯 번째 방에 있는 너무 취해서 죽은 무리들도 또한 스스로 목숨을 함부로 끊은 자들이다. 일곱 번째 방에 있는 자들은 미친개를 성내게 하여 물려서 벌을 받고 있다. 여덟 번째 방에는 생전 자신의 몫을 서로 빼앗고 말다툼하면서 산 부부들이다. 지금은 사이좋게 살고 있으면서 두 사람에게 충분한 이불을 서로 **빼앗는** 벌을 받고 있다. 그에 반해서 이불 한 채로 잠자리에 들어 있는 아홉 번째 방의 부부들은 두 사람이 사이좋게 살면 설령 아무리 가진 것이 적어도 가족에게는 충분하다는 본보기로 보이고 있을 뿐이다. 그들은 벌을 받고 있는 것이 아니고 나쁜 사람들이 함께 그것을 보았을 때 자신을 한층 괴롭게 느끼도록 이렇게 한 것이다."

쿠바이코는 이러한 설명을 듣고 하계의 왕후들과 헤어지고 나서 **오빠**의 머리를 본래대로 몸에 붙이고 신들에게 받은 생명수를 뿌려서 죽은 자를 되살렸다.45)

갖가지 죄 때문에 받는 것과 같은, 때로는 꼭 같은 벌은 특히 오세트(Osset)의 저승을 묘사한 것 중에서 볼 수 있다. 여기에서도 또한 생전 사이가 나빴던 부부는 소 껍질 이불을 서로 **빼앗으려고** 하는데, 특별히 사이가 좋은 부부는 토끼 가죽 한 장을 덮고 조용히 자고 있는 예를 들어 보려고 한다.46) 이 예에서 이들의 관념은 특정민족에 한하지 않는 것이라고 결론지을 수 있다.

인간은 그가 사는 방식에 따라 여러 가지 다른 장소에 있는 저승으로 가게 되어 있다. 라들로프에 따르면 예를 들면 알타이 타타르는 죄 있는 자만이 지하의 애를리크(ärlik)의 세계에 떨어지고, 착한 사람은 하늘에서 행복을 누리면서 보낼 수 있다고 믿고 있다.47) 그러나 착한 사람에게 해당되는 하늘의 낙원은 먼저 고급종교에서 발달한 것임에 틀림없다. 그렇다고 하늘을 저승이라고 생각하고 있는 곳 어디나 그리스도교나 이슬람교의 영향만을 인정할 수 있다는 것은 아니다. 몇몇 지방에서 야쿠트는 착한 사람도 악한 사람도 샤만도 보통사람도 고귀한 사람도 도둑도 죽은 자는 모두 하늘(tangaralla)로 올라간다고 믿고 있다는 것이며,48) 또한 프리클론스키(Priklonski)에 따르면 이들 혼(kut)은 하늘에서 새(鳥)가 되어 살고 있다.49) 죽은 자의 영혼이라고 불리는, 악령 아바시(abasy)는 지하에 살며, 거기에서 특별한 구멍(abasy oibono)을 통해서 인간이 있는 데로 나타난다50)고 하는 예에서 엿보면 야쿠트(Yakut)인의, 하늘이 모든 죽은 자가 다다르는 곳이라고 하는 사고방식은 새로이 발생한 것이라고 추측해도 좋을 것이다. 유해를 태운 샤만은 연기와 함께 하늘로 올라가 거기에서 지상과 똑같은 생활을 누린다는 부리야트(Buryat)의 신앙도 또한 나중에 생긴 것이다. 유해에 바치는 것이 그들의 음식물이 되며 수의(壽衣)를 의복으로 상용하고 장례 때 죽인 말을 타고 있다. 죽은 자는 천국에서 아내나 아이도 가질 수가 있다.51) 죽은 자의 나라로서의 하늘은 아마 화장과 밀접한 관계가 있으며, 축치(Tchuktchi)나 코랴크(Koryak)에서와 같은 관념도 이런 점에 바탕을 두고 있다.52)

그러나 죽은 자 가운데 어떤 자는 하늘에 오르고 어떤 자는 지하의 저승으로 간다는 관념도 그 기원은 매우 오래되었다. 특히 번개에 맞아 죽은 인간은 하늘의 자식으로 된다.53) 볼가 여러 민족, 예를 들면 체레미스의 토착관념에 따르면 무참하게 죽은 사람도 또한 천국으로 간다.54) 오스탸크(Ostyak)족의 이런 종류의 신앙은 18세기에 슈트라알렌베르크(Strahlenberg)가 다음과 같이 표현하고 있다. "나는 여행을 가는 도중에 오브 강 연안에 있는 오스탸크에게, 당신들은 죽으면 혼은 어디로 가는가하고 물어 보았다. 그러자 상대는 나에게 이렇게 대답했다. 무참하게 죽거나 곰 사냥에서 죽은 자는 곧 하늘로 올라가지만, 이불 위에서 죽거나 당연하게 죽은 자는 하늘로 가서도 그 전에 지하의 무서운 신이 있는 곳에서 오랫동안 섬기지 않으면 안 된다.55)" 카르얄라이넨(Karjalainen)은 그의 『유그라Yugra 여러 민족의 종교』라는 저서 중에서 오스탸크의 이와 같은 사고방식은 타타르에서 발생한 것이라는 가설을 세우고 있다.56) 그런데 내가 아는 한 알타이 계통의 여러 민족에게는 위에서 말한 것 같은 관념은 기록되어 있지 않은데, 그러한 예는 유라시아 및 아메리카 대륙의 극북 여러 민족, 라프(Lapp), 축치, 틀린카트(Tlinkit) 등등, 지구상 각지에 보존되어 있다.57) 따라서 투르크 계통의 여러 민족도 아마 알고 있었을 것이다.

　이런 사고방식이 완전히 보편적이라고 하면 그것이 어떤 공통적인 사고에 바탕을 두고 있는 것은 분명하다. 자연민족은 일찍이 전쟁터에서의 죽음은 오래 앓다가 병상에서 죽는 것보다 낫다고 생각했기 때문에 피투성이가 된 죽음은 저 세상에서 특별한 포상을 받는다고 믿고 있던 것이라고 상상할 수 있다. 카르얄라이넨이 지적한 것처럼 고대 중국의 자료에도 돌궐(突厥) 민족은 "전쟁에서 죽는 것을 명예로 여기며, 병으로 죽는 것을 굴욕으로 생각한다."고 적혀 있다. 그러나 이런 신앙이 역시 원시의 자식들을 격려해서 그들에게 과감하고도 영웅적인 기분을 불러 일으킴으로써 지구상의 어디에서나 싸우고자 하는 마음을 드높이기 위해 하늘이 전사자를 맞이하는 곳으로 마음에 그리게 된 것이라고는 생각되지 않는다. 이렇게 말하는 것은 전쟁에 의하지 않고도 그 밖에 모든 비명(非命)의 죽음에 의해서도 또한 하늘로 올라간다는 신앙을 인지할 수가 있다. 예를 들면 오스탸크는 야수에 물어 뜯겨 죽은 자의 영혼도 또한 '위로 올라간다'고 생각한다는 것이다.58) 그 밖에 매우 많은 민족이 자살자의 혼조차 위로 올라가는데 병들어 죽은 자의 혼은 지하로 간다는 식으로 생각하고 있다고 하면 이런 신앙의 출처는 또한 다른 기원이 있음에 틀림없다.

　그 때문에 사후의 경우와 사는 곳은 그 인간의 생활 방식이 어떠했는가가 아니고 어떻게 죽었는가에 따라 정해지며 어떤 연구자들이 생각하는 것처럼 장례법의 차이만으로 정해지는 것도 아니다. 문제의 핵심은 병으로 죽었는가, 피를 흘려 죽었는가라는 죽음 방식에 결부된 관념 속에 있다는 것은 틀림없다. 그런데 그 때 마음에 담아두어야 할 것은 자연민족의 사고방식은 우리들로서는 자연스런 죽음인 병사(病死)는 '초자연'이며, 우리들로서는 부자연스러운 비명의 죽음은 자연민족의 사고방식으로 하면 '자연'이라는 것이다. 전자의 경우 이전에 죽은 친척이나 아니면 지하에 사는 여러 신령이 병자의 혼을 지하의 자신이 있는 곳으로 데리고 간다. 원시인으로서는 여러 신령을 따라간 혼이 바로 여러 신령의 지배하에 든다는 것은 말할 필요도 없이 자명할 것이다. 그런데 여러 신령에게 잡히지 않은 혼은 어디로 가는 것일까? 이런 뿌리 없는 부초 같이 떠도는 혼은 하계로는 가지 않고 공중을 헤매고 있다고 널리 믿어지고 있으므로 혼은 하늘에서 흔들리는 오로라든가, 아침놀, 저녁놀의 빛남 등의 알 수 없는 자연현상이라고 쉽게 일체화하기 쉽다는 것을 염두에 두어야 한다. 이러한 현상 중에서 많은 민족은 전쟁터에서 죽은 혼의 출현과 전투를 보아 온 것이다. 더구나 하늘의 붉은 색은 흐르는 피의 관념을 불러 일으켰다. 오스탸크의 민간문학에는 붉은 눈을 한 세 마리 다람쥐가 하늘로 올라가는 도중에 있는 영웅의 혼과 만났다. "인간의 핏속에서 먹을 수 있는 것은 먹어야지. 인간의 핏속에서 마실 수 있는 것은 마셔야지. 돌아오라"라는 일절이 나온다. 하늘이 죽은 자의 나라라는 최초의 관념은 이러한 관념 연합에 바탕을 두고 생겨난 것 같다. 그것이 나중에 점점 용감하고 훌륭한 죽음을 위해 명예로운 땅으로 변화해간 것이다.

제18장

죽은 자와 산 자의 관계

카스트렌(A. m. Castrén)은 시베리아 타타르(Tatar)의 신앙 관념을 서술했는데, 그들은 자연 속에는 무수한 영적 존재가 살고 있다고 상상하며, 어떤 종족은 그것을 아이나(aina), 어떤 것은 아사(asa), 또한 어떤 것은 위쥐트(üzüt)라는 이름으로 부르고 있다고 말했다. "그들은 대체로 지하에 있지만, 자연의 어디나 헤매고 다닌다고 한다." 샤만은 이러한 존재를 주술력으로 불러낼 수가 있다고 믿고 있다. 퉁구스와 마찬가지로 타타르도 모든 샤만은 충실히 그리고 열심히 어떤 명령도 듣는 이러한 많은 수호령을 갖고 있다고 믿고 있다. 수호령은 그 성질이 선한 것도 있는가 하면 악한 것도 있는데, 오늘날에는 통상 악한 것으로 생각되어서 이를레 칸(irle-kan)이 시키는 대로 움직여서 인간에게 병을 가져다주거나 죽음을 가져다주기까지 한다.[1]

대체로 나쁜 것만을 야기하는, 어쩐지 기분이 나쁜 지하의 신령은, 카스트렌이 말한 것 가운데 아이나(aina. 텔레우트Teleut, 레베드Lebed, 타타르, 쇼르Shor, 샤가이Sagai〈페르시아어 aenanh〉와 아자(aza. 레베지, 타타르, 투바 등)이다. 라들로프(Radloff)에 따르면 쇼르는 지하에 사는 아이나는 사람이 죽으면 그 혼을 먹는다고 믿고 있다.[2] 한편 레베드 타타르의 관념에 따르면 아자가 인간을 압박할 때 샤만은 그 인간을 편안하게 하기 위해 아자에게 검은 희생동물을 바쳐야 한다.3) 아자는 카스트렌이 든 제3의 것으로 계승된 민간 의식에 나타나는 위쥐트와 마찬가지로 본래는 사령적(死靈的) 성질을 가지고 있었을 것이다. 미누신스크(Minussinsk)의 타타르는 위령(慰靈)을 하는 동안은 죽은 자의 혼을 쥐내(sünä)라든가 쉬뤼뉘(sürünü)라 부르는데, 그것이 지나면 죽은 자의 혼을 말할 때에 위쥐트가 쓰인다고 마이나가슈브(Mainagachev)는 지적하고 있다.4) 아노킨(Anochin)에 따르면 텔레우트의 위쥐트는 러시아인의 포코이니크(pokojnik), 곧 죽은 자와 같다.5) 이 이야기는 앞에서 말한 것처럼 특히 위령제의 이름 위쥐트 파이라미(üzüt-pairamy. 死者祭)에 나타난다. 죽은 자가 나타나는 형상이라고 생각되는 나비도 또한 위쥐트 쿠바간(üzüt-kubaghan. 위쥐트 나비), 묘지에서 빛나는 도깨비불도 위쥐트 오디(üzüt-odi. 죽은 자의 불)라 말한다.6)

위쥐트도 부르지 않은 손님으로 집에 들어오면 아이나나 아자와 마찬가지로 두렵다. 위쥐트는 40일째의 위령제까지 무덤에 머무른 뒤 밤중에 때때로 집으로 찾아와서 땅땅 두들긴다고 텔레우트는 믿는다. 그 경우 가족들은 오싹해서 난로의 뚜껑을 두드리거나 작은 칼이나 채찍에 손을 뻗어서 "어째서 찾아왔어? 자 나가"라고 소리친다.7) 샤만 이외의 인간의 눈에는 보통 보이지 않지만 개는 그것의 낌새를 채고 짖게 된다. 알타이 지방에서는 위쥐트는 회오리바람이 되어 부근을 움직여 돌리고, 지나가는 자의 혼을 잡아 버린다고 생각한다. 따라서 사람들은 맹렬한 회오리를 보면 "가, 가"라고 외친다.8) 위쥐트가 집안으로 들어오면 인간의 입에서 위(胃) 속으로 들어가 심한 고통을 일으킬 수 있다. 그것을 쫓아내려고 남자나 여자 샤만을 부르러 가면 샤만은 작은 나무 삽을 만들어 그 위에 타고 있는 숯을 놓고 그 위에 다시 밀가루, 버터, 담배를 뿌리고 병들어 누워있는 병자가 있는 곳으로 다가간다. 샤만은 곧바로 여러 주문을, 처음에는 작은 목소리로, 이윽고 높은 소리로 외우며, 마지막에는 외치면서 죽은 영혼에게 나가도록 압박한다. 주문을 다 읽은 후 샤만은 앞뜰에 나와 삽을 던지며 "자 돌아가라"라고 소리를 지른다.

그때 부르는 말은 어떤 것인지 여기에 일례를 보인다.

너는 뭐 위줘트. 뭐 검은 악령(jäk)인가?
모든 길모퉁이를 돌고,
모든 수풀 속에서 돌아다니는가?
회오리바람 같이 도는가?
바람의 신령같이 날아가는가?
―――――――――――――――――
흰 산을 넘어서 가는가?
흐르는 강을 타고 흘러내리는가?
너의 이름, 너의 길을 드러내!
이를 악물지 말고,
내 질문에 입을 열어!
너를 가혹한 불속에 던져 넣어
붉은 불덩이 위에 놓겠어,
창으로 없애 주겠어,
칼로 찔러 거꾸러뜨려 주겠어,
푸른 쇠붙이로 혼내 주겠어,
깊은 골짜기에 밀어 떨어뜨려 주겠어!
살고 싶으면 도망치라구!
네 이름을 말해. 성별(性別)을 밝혀!

네 쓸 것으로 만든 관속에 들어가,
너 때문에 판 무덤 속에 들어가!
너를 데리러 온 알다치(aldačy, 죽음의 使者)와 함께 가고,
네 도둑과 함께 빨리 가!
우리 소는 너를 들이받고,
우리 망아지는 너를 찰 거야!
네 이름을 말해, 길을 밝혀!
어서 나가![9]

위쥐트는 물질적인 손해도 끼칠 수 있다. 텔레우트의 여성들은 화주(火酒)를 만들 때에 잘 발효되지 않으면 위쥐트가 갈증을 없애려고 그 속에 몰래 들어가 있다고 생각한다. 이 경우에도 아픈 사람의 경우와 마찬가지로 내쫓는 의식을 하는 것이 습관화되어 있다.[10]

알타이와 텔렝기트(Telengit)는 쾨르뫼스(körmös)도 역시 사령(死靈)이라고 생각하고 있다. 그 가운데 어떤 자는 애를리크(ärlik)의 하인으로 등장하는데 병을 가져오거나 혼을 빼앗으며, 그 밖의 나쁜 짓을 하려고 그때그때 인간에게 찾아온다. 사람이 병들면 "쾨르뫼스가 먹고 있다."고 하며, 사람이 죽으면 "쾨르뫼스에게 먹혔다."라고 한다. 이러한 점에서 쾨르뫼스는 앞에서 말한 아이나와 비슷하다.[11]

땅속 깊이 특별한 죽음의 나라에 있는 악령 쾨르뫼스 외에, 있는 곳은 그다지 멀지 않으며, 살아 있는 인간과 매우 비슷하게 살고 있는 존재가 있다. 그들의 신령도 또한 화를 내면 일가친척을 여러 가지 방법으로 괴롭히지만, 그의 도움에 몸을 맡겨 버리면, 유족을 지켜 주거나 도움을 주는 수도 있다. 그들은 꿈속뿐만 아니고 때로는 집안이나 산이나 숲에 나타난다. 이들 신령이 어느 정도 육체를 갖추고 있는 것으로 생각

되는 것은 그들이 가시나무가 무성한 것이나 그 밖에 가시가 있는 식물을 피한다고 믿고 있기 때문이다. 죽은 샤만은 이러한 미래의 모습에 가까운 죽은 자의 나라 속에서는 가장 신분이 높은 거주자라고 간주되고 있다. 샤만은 그의 사후에도 일가친척을 그냥 내버려 두지 않고 돌보며 이전 가족의 수호자가 되기 위해서, 물론 몇 년이나 지난 경우가 많지만, 자손 중 한 사람에게 나타나 제물(祭物)을 바란다. 죽은 자가 원하는 것을 거부하는 것은 좋지 않기 때문에 상(čalū)을 만들어서 천막의 윗자리에 세우고 곧바로 특별한 의식을 집행하는 것이 관습으로 되어 있다. 이렇게 해서 죽은 샤만은 대대로 집과 가족의 수호령으로 보존되며 존중되어 왔다. 그때까지의 쾨르뫼스 신령의 한 무리에 더해진 것이다. 죽은 자의 신령을 상으로 만들기 위해서는 샤만을 불러 와서 새로운 우상(偶像)에 화주를 끼얹고 여러 가지 주문을 외어 바친다.[12]

아노킨(Anochin)에 따르면 알타이인은 아버지와 어머니의 선조를 적어도 7대까지 거슬러 올라가 기억하고 있다. 더구나 아들과 며느리가 새로운 세대를 이룰 때는 양친으로부터 쾨르뫼스상(像)을 받는다고 말하고 있다. 남편의 집으로부터 받은 쾨르뫼스는 천막의 남자 자리 쪽에, 아내의 것은 여자의 자리 쪽에 세운다. 결국 알타이인에게는 남편과 아내의 가정 수호령은 떨어뜨려 두는 관습이 있다. 이렇게 해서 내부의 통혼(通婚)을 금지하고 있는 각 겨레(sök)는 각각 고유한 쾨르뫼스를 가지고 있다. 모계(母系) 쾨르뫼스는 통상 돌이켜보는 경우는 거의 없고 잊혀져 가는 것조차 있으므로 가족이 또박또박 배례하는 쾨르뫼스의 수는 우리가 생각하는 정도로 많지는 않다. 더구나 '작은' 신령과 '큰' 신령이 구별된다. 전자는 특별한 이름을 가지고 있는 것만이 아니고 단지 '아버지의 아버지들'이라든가 '어머니의 어머니들', 혹은 '조상'이라는 총칭으로 불리고 있다. 결국 그에 반해서 '큰' 울루 쾨르뫼스(ulu körmös)에게는 구전(口傳)이 붙어 있다.13)

　뭔가 좋지 않은 사태가 일어났을 때 특히 병의 경우, 샤만을 불러와서 어느 쾨르뫼스가 불행의 원인이 되었는가, 확실히 알아 곧바로 제물을 바쳐야 한다. 그렇게 하지 않고는 신령을 진정시킬 수는 거의 없다. 사태가 중대한 경우에는 몇 번이나 속죄 제물(tolū)을 가지고 와서 최초 신령의 도움을 받을 수 없는 경우는 그 이외의 여러 신령에게 바쳐야 한다. 죽은 일가친척에게는 천막을 망보게 하고 자주 인간의 집 주위를 신음소리를 내며 돌고, 타관 사람의 신령을 쫓아내 주도록 절한다. 여행을 떠나거나 사냥을 나갈 때 역시 죽은 자의 것을 잊지 않도록 빈다. 삼나무 열매를 딸 때조차도 죽은 자를 소홀히 하지 않는다. 샤만이 어떤 이유로 의식을 행하려고 할 때 역시 쾨르뫼스상(像)에 술을 뿌리는 것이 보통이다.14)

　톰스크 지방의 '그리스도교도' 타타르도 또한 손도 없고 발도 없이 다만 머리에 눈으로 두 단추를 붙였을 뿐인 천조각으로 만든 성스러운 인형을 헛간 귀퉁이에 들여놓을 때 이 인형의 제물로는 숲의 작은 동물이나 새의 껍질을 달아서 바친다. 병 그 밖의 재앙이 있을 때 그 인형을 방으로 가져 와서 젖 수프라든가 죽인 양의 피를 바친다.15) 이와 같은 몇 가지 역할을 아우른 집과 가족의 신령은 틀림없이 알타이 계통의 여러 민족에게 공통된, 기원적인 조상숭배를 보이고 있다.

　알타이 타타르의 쾨르뫼스와 비슷한 것은 야쿠트의 아바시(abasy)라든가 요르(yör)로 불리는 여러 신령이다. 아바시라고 불리는 것은 보통 악령만인데, 죽고 나서 꽤 날이 지난 인간은 이것이 된다. 야쿠트의 전설에는 자주 등장한다. 어떤 종류의 병의 원인은 아바시가 병자를 '먹는' 탓으로 돌린다.16)

　한편 요르(yör) 쪽은 쉬지 않고 주위를 헤매는 죽은 자라고 사람들은 이해하고 있다. 어떤 죽은 사람은 지금까지 산 곳을 떠나지 않고 헤매고 돌아다니는 것은 일가친척의 평화를 어지럽히려는 것이라고 야쿠트(Yakut)는 설명하고 있다. 이러한 영혼은 특히 생전 매우 마음에 들었던 환경에 살았다든가, 그가 일찍 죽어서 사업의 완성을 보지 못했다든가, 자연스럽지 못한 죽음을 맞이한 죽은 자의 영혼이다. 결혼하지 못한 채 죽은 여자들의, 만족하지 못한 영혼도 또한 이런 부류에 더해진다. 이빨이 없는 인간은 요르(yör)로 변화할 수 없다는 관념은 이 유령에는 이빨이 있다고 생각하는 것을 가르쳐 주고 있다.17)

아바시(abasy)와 마찬가지로 요르(yör)도 또한 병자 속에 들어가면 격심한 통증이나 정신병(mänäri)을 일으킨다고 생각하기 때문에 두려워하고 있다. 그런 때에는 이 영혼을 쫓아내기 위해서 샤만을 불러와야 한다.18) 시에로세브스키(Sieroszewski)는 요르는 때로 새떼 같이 움직이는데, 날 때는 외마디 소리를 내며 들떠 돌아다닌다고 적고 있다.19) 프리클론스키(Priklonski)에 따르면, 가족마다 고유한 요르를 가지고 있는데, 어떤 것은 이름도 알고 있는 죽은 자이다. 요르 때문에 일어난, 사람이나 가축에게 덮친 재난에서 벗어나려고 사람들은 애써 제물을 바친다.20) 특히 위험한 것은 묻히지 않은 죽은 자로, 광풍이나 뇌우(雷雨)를 일으킨다.21) 죽은 자가 친부모의 평화를 어지럽히는 요르가 될지도 모른다는 걱정이 있기도 하고 혹은 실제로 그러한 일이 일어난다고 확신하기 때문에 곧바로 요르의 상을 만들고 거기에 죽은 자의 영혼을 넣는 것이 야쿠트의 관습이다. 샤만은 그 경우 자작나무 껍질로 죽은 자의 상을 재단하여 그 속에 그의 영혼을 넣는데, 가족의 요르는 하나에 모은다. 때때로 여기에 식사를 올린다고 트로슈찬스키(Troščanskij)는 말하고 있다.22)

당시 야쿠트는 이러한 가신(家神)을 거의 갖지 않게 되었으므로 트로슈찬스키의 서술은 전승에 바탕을 둔 것이리라. 그런데 훨씬 오래된 자료에는 이것을 전하고 있다. 이런 종류의 보고는 1844년에 나타난 쉬추킨(Ščukin)의 『야쿠트기행』이라는 책에 보인다. 그것은 두 고사본(古寫本)에 바탕을 두고 있다고 하며, 다음과 같은 흥미로운 부분이 있다. "그들의 천막에는 산호의 눈을 하고 자작나무 껍질을 입은 목우(木偶)가 있는데, 이들의 가령(家靈)에는 어떤 존경도 하지 않는다. 하지만 야쿠트인은 잡은 가축의 고기를 먹을 때는 각각 목우의 눈에 기름을 발라 준다.23)"

죽은 자를 상(像)으로 연결해 두는 것은 본래는 상에 가둔 영혼은 달래기 쉬우므로 보다 잘 지킬 수가 있다는, 가족의 신앙에 바탕을 두고 있는 것은 분명하다. 영혼을 달래면 당연히 곧바로 특별한 효능을 보여 주는 것 같이 기대한다.

각각의 주거, 각각의 씨족이나 종족은 각각 고유한 신령을 가지고 있다고 말한 프리푸조프(Pripuzov)는 여러 지방의 가장 잘 알려져 있는 신령 가운데 몇몇을 열거했는데, 그 중에는 남자 샤만의 신령도, 여자 샤만의 신령도 있었다고 지적하고 있다.24) 죽은 샤만은 보통사람의 죽은 자에 견주어서 보다 높은 지위를 얻고 있다고 하는 것은 이상하지 않다.

반자로프(Banzarov)는 몽골인의 관념을 기술할 때 몽골에서는 죽은 자의 신령은 유족에게 이익도 주는가 하면 손해도 끼친다고 말하고, 그것은 온곤(ongon)이라는 이름으로 존숭되고 있다고 말하고 있다. 죽은 자 가운데 누가 온곤의 지위에 오르는지를 결정하는 것은 샤만이었다. 이런 종류의 신령은 다수가 오르지만 지방이나 종족별은 아니고 몽골 전체에 걸쳐 공통되고 있다. 특별한 주목을 받는 것은 특히 왕후(王侯)의 선조였는데, 각지의 샤만이나 그 밖의 요직에 있었던 자도 사후 온곤이 된다. 각각 가족의 수호령이 된 것은 물론 가까운 사이의 온곤이었다.25)

몽골인은 이러한 온곤의 상도 만들었다. 이미 13세기에 몽골인은 죽은 자들의 인형을 펠트로 만들고 거기에 화려한 옷을 입혀서 수레에 태우고, 승려의 역을 하는 샤만 이외, 어떤 사람도 접촉하지 않았다고 뤼브뢰크(Ruysbroeck)는 말하고 있다. 제삿날과 매월 1일에 이들 상을 내어 집으로 가지고 와서 사람들은 모여서 뵙는다. 그 때 타인은 천막 안으로 들어가는 것을 허락하지 않는다.26) 다분히 명문 출신자들에 대해서 말하고 있는 듯하며, 이 흥미로운 보고는 사모예드(Samoyed)인이 특별한 썰매에 그들의 신령을 보관하고 있는 것과 마찬가지로 몽골인은 그의 이동생활 형태 때문에 그것을 수레 안에 보관하고 있다는 것을 이야기하고 있다.

또한 뤼브뢰크(Ruysbroeck)는 별도의 장소에 머무르는 중에도 영상(靈像)을 둔다는 것을 전하며, 천막의 구석진 곳 가장(家長)의 침대 위쪽에 '가장의 형제'라고 칭하는 일종의 펠트로 만든 인형이 세워져 있고, 주부의 침대 위에는 '주부의 형제'라는 것이 있다고 말한다. 두 상 사이에는 좀 더 높은 곳에 가족 전체 수호령의 자그마한 상이 벽에 걸려 있다. 더구나 주부의 침대 발치에는 노비와 그 밖의 여자들을 위한 작은 영상(靈像)이 있었다. 잔치 때에 가족은 가장의 침대 위의 상에 먼저 한 잔을 뿌리고 다음으로 그 밖의 상에도 뿌린다.27) 앞서 말한 기묘한 명칭을 가진 상이 각각 본래는 무엇을 나타내는지는 뤼브뢰크의 기술에서는 분명하지 않다.

몽골인과 마찬가지로 부리야트(Buryat)인도 칼무크(Kalmuck)인도 신령과 상(像)에 온곤(ongon)이라는 명칭을 쓰고 있다. 부리야트인의 온곤은 나무를 드러낸 채로 만들기도 하고, 혹은 뭔가를 입히기도 하며, 펠트·양철판·양의 모피 등으로 만들기도 하고, 혹은 단지 헝겊에 그리기만 한 것도 있다고 게오르기(Georgi)는 말하고 있다. 펠트로 만든 상(像)은 오려서 만든 것이 있는가 하면 꿰맨 인형도 있다. 다만 어느 것이나

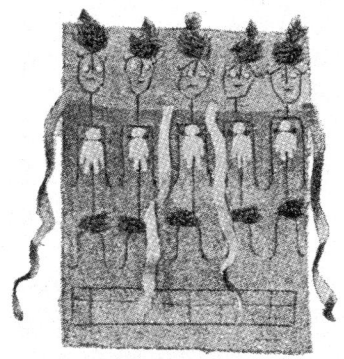
그림42. 쿠딘스크 지방의 부리야트 온곤. 아가피토프와 캉갈로프에 의한다.

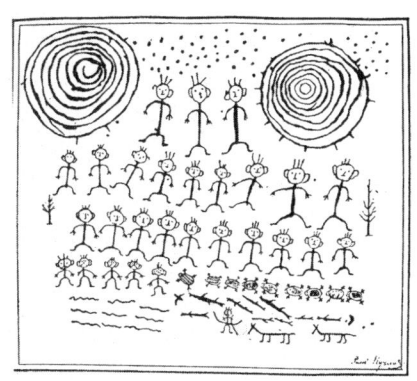
그림43. 주룩탄 온곤. 자토플리야에프에 의한다.

납구슬 혹은 유리구슬 눈이 붙어 있다. 게오르기가 쓴 것에는 양의 모피로 만든 것은 이메길친(imegilčin)이라 불리며, 만드는 방법은 이렇다. 다리를 붙인 채로인 검은 양의 모피 머리에 해당하는 데에 판(板)을 그대로 대든가, 혹은 뭔가를 늘려 붙인 뒤 거기에 산호 눈을 붙인 인형의 머리를 만든다. 때로는 모피에 충전물을 넣어 꿰맨 것도 있다.[28] 팔라스(Pallas)는 이메길친은 온곤의 무리에 넣지 않고, 양이나 가축을 비호하는 것으로 모신다고 말하고 있다. 그들은 더구나 이런 신령에는 남과 여 두 종류가 있다고 말한다.[29]

게오르기에 따르면 부리야트에는 천에 그린 온곤이 매우 많았다. 천은 작은 사각형을 하고 있으며, 그 위에 붉은 색으로 하나, 많은 경우 인간 형태를 한 상(像)이 그려져 있다. 상의 눈에는 산호 알갱이나 산탄(霰彈)이 사용되었다. 그 외에 머리에는 독수리 깃의 작은 다발이 붙어 있었다(그림42 참조).

라마도 또한 부르칸(burkhan)을 이와 같이 만들었는데, 이렇게 비단 등의 천이나 가죽에 그린 상(像)을 부리야트인은 오늘날까지 전하고 있다. 그러나 온곤은 죽은 자의 신령만이 아니라 갖가지 동물이라든가 천체, 여러 가지 신화적인 것도 나타낸다. 특정한 병이 돌 때에 한해서 지켜주기를 바라는 온곤도 있다. 예로 뿔이라 불리는 샤만의 두건을 붙인, 27인의 샤만을 붉은 색으로 그린 주룩탄 온곤(zuruktan ongon)을 들어 본다. 그 가운데 9인은 시각 장애인, 9인은 손 장애인, 마지막 9인은 발 장애인이라고 부리야트인은 설명하고 있다. 샤만 외에도 여러 가지 동물이 그려진 이 온곤 위에 눈이나 손발이 불편한 사람은 술을 뿌린다고 한다(그림43[30]).

게오르기가 적은 것 가운데에는 또 다른 온곤이 나온다. 길이 한 뼘 정도이며, 인간의 형상을 한 목상인데, 샤만 북의 테를 연상시키는 고리에 달거나, 때로는 단지 작은 상자에 넣는 것도 있다. 이들의 상(像)은 모두 머리나 손발을 갖추고 있지만, 부리야트인의 복장을 갖추고 있는가 하면 맨몸 그대로인 것도 있다. 아가피토프(Agapitov)는 바이칼 주변의 천막에는 모두 같은 온곤이 있었다고 말하고 있다. 그것은 붉은 천을 사람의 형상으로 잘라 자작나무로 만든 고리에 묶어 놓았다. 인형의 머리 부분에는 둥근 납판과 흰색과 분홍색 리본이 묶여져 있다. 고리 가운데에는 물론 자작나무로 만든, 꽤 폭이 넓은 막대를 세로로, 방울을 단 쇠막대를 가로로 달아 놓았다(그림44[31]). 캉갈로프(Changalov)가 부리야트의 샤머니즘에 대해서 쓴 논문에 첨가해 둔 발간스크(Balgansk)의 상(像)에는 고리에 세로로 붙인 나무 그 자체가 인간의 형상으로 새겨져 있으며, 기름으로 다룬 가죽이 입혀져 있다. 눈에는 하얀 유리구슬이 붙어 있다.[32]

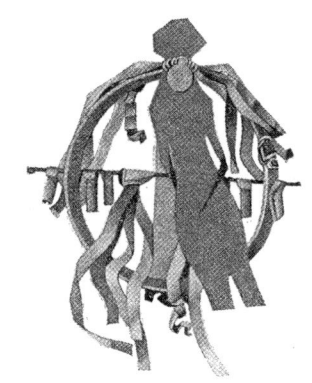

그림44. 붉은 천을 잘라 만들며, 자작나무 고리에 단 온곤. 아가피토프와 캉갈로프에 의한다.

그림45. 부리야트 칸긴 씨족이 모시는 뵈르퇴. 아가피토프와 캉갈로프에 의한다.

샤만 북의 안쪽을 생각나게 하는 이러한 온곤은 알타이 타타르에도 보이는데, 그것들은 샤머니즘과 밀접한 관계가 있다는 것을 가르쳐 준다.

특정 씨족에게는 그 밖에 예를 들면 뵈르퇴(börtö)라고 불리는 여러 형태의 온곤이 있었다. 칸긴(Khangin) 씨족이 모시는 이런 명망 있는 온곤은 보통 인간의 머리를 크게 한 것인데, 머리털, 수염, 눈썹은 검은 양의 모피로 만든다. 여기에 보인 상(像)은 입에 아직 기름 한 덩이를 물고 있다(그림45). 전하는 이야기에 따르면 이 온곤은 본래 그의 아들 코레도이(Khoredoi)와 코르톤(Khorton)이 몽골에서 도망쳐 올 때 가지고 온 샤만의 머리였다. 칸긴 씨의 가족은 거의 모두 이 온곤을 가지고 있다고 캉갈로프는 말하고 있다.[33]

위에서 말한 온곤은 샤만이 만들어서 천막의 입구에서 볼 때 왼쪽 곧 남자의 자리 쪽에 두고, 출산을 돕거나 아이나 가축을 지키는 여자의 수호령은 천막의 오른쪽 여자의 자리에 둔다.[34] 앞에서 말한 것처럼 알타이 타타르의 경우도 마찬가지이다. 뤼브뢰크(Ruysbroeck)는 이미 이러한 가족의 질서에 대해서 천막의 입구는 남쪽으로 향해 있고, 남자는 서쪽, 여자는 동쪽에 자리를 차지한다고 말하고 있다. 가장의 자리는 천막의 정면 안쪽에 있다. 남자들은 천막에 들어갈 때 활을 결코 여자의 자리 쪽에는 걸지 않는다.[35] 게오르기는 더구나 여자들은 어떤 경우에도 남자 자리 쪽의 영상(靈像)에 가까이 하지 않으며, 그 장소를 통해서 드나들지 않는다고 했다.[36]

집안의 온곤 외에 부리야트인은 집밖에 놓아두는 온곤을 가지고 있었다. 이러한, 이른바 산의 온곤은 특히 쿠딘스크(Kudinsk), 베르콜렌스크

(Verkholensk), 올콘스크(Olkhonsk) 등에 보인다. 아가피토프(Agapitov)는 이에 대해서 부리야트인이 결혼할 때, "샤만은 결혼 뒤, 천 한 조각에 그린 눈에는 유리나 금속 구슬을 넣고, 머리털은 수달 가죽으로 만든, 인간의 모습을 한, 특별한 온곤을 만들어 준다. 머리에는 올빼미 깃을 꽂는다."라고 말한다. 여러 가지 묘사에서 보면 상의 아래쪽에도 수달의 털이 붙어 있는 것을 알 수 있다. 각각의 상에서 가슴 부분에는 작은 인간의 형태를 한 철판이 달려 있다. 천 조각에 붙은 리본은 흰색과 노란색이다(그림42). 온곤은 상단을 도려내고 판으로 덮개를 한 기둥 속에 나무상자나 가죽부대에 넣어 월동 준비를 위한 장소 주변에 세워 놓는다. 기둥에는 보통 지붕이 달려 있다. 여러 가지 목적의 의례 때에 제사를 지내며, 샤만 혹은 선조의 《아들들》을 나타내는 것 같은 이들 상(像)은 가장이 죽으면 태워버리며, 동시에 기둥도 넘어뜨리고 만다.37)

그림46(우), 그림47(좌). 부리야트의 온곤을 넣어 둔 기둥. 페트리 촬영.

그 명칭대로 하면 이들 온곤은 산에 모셔야 한다. 그러나 B. E. 페트리(Petri)가 찍은 2장의 사진(그림46, 47)에서 밝혀진 것처럼 아가피토프(Agapitov)가 말한 기둥은 스텝에도 세워져 있다. 그 가운데 한 장(그림47)에는 지붕이 붙은 깊숙한 부분에 역시 나무로 만든 인간의 형상이 들어 있다는 것을 알 수 있다.

산의 온곤 외에 부리야트인은 《산의 노인》에 대해서도 말하고 있는데, 캉갈로프(Changalov)가 기록한 바에 따르면 그것은 각지의 각 씨족, 각 집단 마을에서 수호령(zajān)으로 존숭되고 있다. 일반적인 관념에 따르면 그것은 자신이 속한 지역에만 한정된 세력권을 가진 남자, 혹은 여자 샤만이 죽어서 산이나 숲에 장례 지낸 신령이다. 매우 광범위하게 걸쳐서 두려워하고 존숭하고 있는 것인데, 다른 지방의 주민은 이들 신령에는 제물을 바치지 않는다.38)

부리야트인은 이들 신령이 자신들을 위해 가축을 지켜준다고 믿고 있어서 게오르기가 썼던 것처럼 '가축과 목축업의 신들'이 밤이나 거친 날씨에 짐승들에게 눈을 떼지 않기에 알맞은 곳을 찾도록 산위에 작은 천막을 세워주는 경우도 있다. 마찬가지로 소요트(Soyot)도 또한 날씨가 좋지 않을 때에 여러 신령이 머물도록 '성산(聖山)' 위에 천막(āva)을 세우는 것으로 되어 있다.39)

기도의 대상이 된 신령 외에 부리야트인의 관념에 따르면 아직 제물을 바칠 필요가 없는 대체로 유해한 것이라고 간주되는 존재가 꽤 있다. 밤 동안에 돌아다니는 외눈박이 아나카이(anakhai)라는 것이 있는데, 그의 눈은 고양이의 눈처럼 매우 빛난다고 한다. 어떤 동물의 모습이 되었을 때에도 역시 외눈박이이다. 인간에게는 어떤 덜컹덜컹하는 소리를 내는 것 같이 들리며, 그의 독특하고도 이상한 냄새에 깜짝 놀라지만 볼 수 있는 자는 샤만뿐이다. 이 사악한 성질을 말로 잘 나타낸 것은 "무리를 떠나 이리에게 먹히거나 마을을 떠나 아나카이에게 먹혀라"라는 속담이다. 그러나 부리야트인은 많은 아나카이는 작은 아이만 괴롭혀서, 아이를 남김없이 죽이고 간 여자의 혼이라고 설명한다. 아이들을 아나카이로부터 지키기 위해 부모들은 요람 속에 금속의 거울, 채찍, 방울 등 아나카이가 두려워할 것 같은 것을 넣어둔다. 아나카이는 특히 무기와 금속의 울리는 소리, 거기에 불과 연기를 무서워하는 것이라고 믿고 있다. 아나카이가 아이에게 손을 대려고 할 때는 아이의 그림을 요람 안에 넣어두고 아이 대신에 그 그림을 괴롭히도록 초원에 가지고 나가서 둔다. 이러한 여러 신령을 볼 수가 있는 샤만만이 그것을 쫓아 버릴 수가 있다. 아나카이는 샤만에게 응징을 당하면 끊임없이 참기 어려운 악취를 낸다고 부리야트인은 말해 주었다.[40]

우케르(uker)도 또한 그 성질이 아나카이와 비슷하여 고약한 냄새를 내는 요괴로 추위와 배고픔에 떨면서 따뜻함과 먹을 것을 구해 인간의 집으로 들어온다. 이것도 또한 일찍 죽은 여자의 혼이며, 작은 아이를 매복해 기다린다. 그 여자의 수명이 자연스레 다할 무렵이 되어 비로소 우케르는 이 세상에서 죽은 자의 나라로 옮아가 머문다.[41]

젊어서 혹은 산욕으로 죽은 여자, 특히 작은 아이들을 괴롭히는 자리 잡지 못한 영혼에는 다쿨(dakhul)과 아다(ada)가 있다. 이것은 작은 아이의 목을 세게 졸랐기 때문에 목구멍에 손가락 자국이 남아 있다고 한다. 굶주린 아다는 먹을 것을 구하는데, 아다가 먹었던 그 음식물을 먹은 자는 가래가 끊어지지 않는 악성 병에 걸린다. 결국 올빼미는 어둠에 나타나는 아다의 무리를 쫓아 버리는 것이라고 믿고 있다. 아다에게 특징적인 것은 그가 내는 마늘과 비슷한 것이라고 말하는 냄새이다. 아다는 그 밖에 신비적인 빛을 발하는 것으로 등장한다.[42] 알빈(albin)과 쟈(zja)도 또한 어떤 도깨비불 같이 타는 영혼이다.[43]

살아 있는 자의 《혼》을 잡기 위해 인간이 사는 곳 주위에 몰려오는, 자주 연회나 결혼식에 초대받지 못한 손님으로 찾아오는 사령(死靈)을 부리야트인은 보콜도이(bokholdoi)라고 부른다. 보콜도이는 달이 없거나 작게 되는, 밤에 좋아서 나돈다고 믿고 있으며, 샤만의 권유로 큰 소동을 피우는 자를 쫓아내는 의식이 행해진다. 이들 자지 않는 신령은 어딘가 사람이 살지 않는 천막에 모여서 푸르고 흰 불을 켜고 그 등 옆에서 저녁을 보낸다. 영혼의 이런 등을 잘 훔치는 자는 행운이라는 것은 부리야트인이 그렇게 하면 부자가 될 수 있는 징표라고 생각하기 때문이다. 영혼들은 불 주위에 앉거나 춤을 추는 동안은 결코 닫힌 고리를 만들지 않는다. 때때로 초원의 풀밭에서 영혼이 춤춘 자취(예를 들면 스웨덴어 elvdans를 참조)인 작은 바퀴 혹은 바퀴 모양의 가지가 보인 적이 있다. 그 모임에는 외눈박이 우두머리가 있고, 누구나 자신의 생각대로 혼을 잡으러 갈 수 있다. 어느 때 한 인간이 이러한 모임에 찾아와서 그 우두머리의 이마에 한 발 쏘자 골반으로 바뀌고 말았다는 전설이 있다. 그러나 부리야트인은 이 뼈는 3일 후에는 다시 신령으로 돌아간다고 설명한다. 인간의 귀에도 들린다는 영혼의 노래는 말해 둘 가치가 있을 것이다.44)

바타로프(Batarov)에 따르면 부리야트인은 어떤 인간이라도 혼을 셋 가지고 있는데, 하나는 하계로, 또 하나는 보콜도이로서 이 세상에, 세 번째는 새로이 인간으로 태어난다고 여기고 있다. 죽은 근친자의 혼이 새롭게 태어난 자에게 실려 옮아갈 수 있다는 관념은 예를 들면 퉁구스나 야쿠트에도 기록되어 있다.45)

퉁구스 여러 민족으로 눈을 돌리면, 여기에도 또한 죽은 자는 갖가지 미신적 관념이나 의식의 대상으로 되어 있다는 것을 알 수 있다. 중요한 역할을 하고 있는 것은 사령(死靈)인데 그것은 종족의 세습 재산으로 대대로 이어지고 있다. 모든 씨족령은 아버지로부터 아들이나 딸로 상속되고 있다고 시로코고로프(Shirokogorov)는 말하고 있다. 딸에게는 결혼하고나서도 가지고 가게 하는데 모자(母子) 모두 괴로움을 당할 수 있다. 그런 경우에 그녀는 영상(靈像)을 만들어 절을 한평생 계속한다. 어머니가 죽은 뒤 신령이 아이에게 옮아가는 경우는 극히 드물다. 아이들은 보통 신령에서 도망치려고 힘쓴다. 남편은 아내 씨족령의 제물에까지 신경을 써야 한다. 동퉁구스는 대대로 이어받은 신령과 그 상(像)을 샤보키(šavoki)라고 부른다. 그것은 시벤(syven)이라고 부르는 종족도 있으며, 나나이는 세온(seon)이라고 부르고 있다. 많은 지방에는 대체로 기원이 분명하지 않은, 이러한 신령이 많다. 그 상(像)도 갖가지여서 어떤 것은 나무로 새기기도 하고, 금속으로 만들기도 하며, 베나 종이에 그리기도 하고, 혹은 천 조각이나 리본을 이어 붙여 만들기도 한다. 부리야트인과 마찬가지로 퉁구스나 나나이도 사람이나 동물, 신화적 생물이나 천체까지도 그린 군상(群像)을 가지고 있다. 이러한 상은 씨족에게 전해지는 것이라도 선조의 영을 그대로 나타내는 것이 아니라는 것은 분명하다. 몇몇 퉁구스계 종족은 역시 몽골어의 명칭으로 불칸(burkhan)이라 불리고 있다. 이러한 많은 상을 만드는 방법 중에는 중국의 영향도 확인된다.46)

퉁구스의 영상(靈像) 가운데에서 기원적인 형태를 18세기 초에 그멜린(Gmelin)은 "그들은 스스로 될 수 있는 한 잘 조각한, 보통 15센티에 달하는 나무의 신들을 가지고 있다."라고 말한다. 그멜린은 더구나 퉁구스는 수렵이나 어로에 적당한 장소를 찾으면 미리 "사냥이 잘 되어 좋은 사냥감을 잡도록 아침저녁으로 목우(木偶)에 뭔가를 바친다." "그래서 사냥이 시작되면 처음 동물을 죽인 장소에서 이 악마에게 제물을 바친다."고 말한다.47)

2, 30년 쯤 뒤에 이들 지방에 여행한 게오르기는 스텝에 사는 퉁구스는 천막 입구의 왼쪽에 스물 몇 개의 신상(神像)을 걸어두었는데, 삼림퉁구스는 '노천에' 그것을 세워놓았다고 적었다. 그러나 게오르기는 삼림퉁구스도 또한 세 개를 묶은 기둥을 비스듬히 땅위에 꽂고 그 위에 모피의 덮개를 걸고, 신상을 위해서 일종의 천막을 만들어 준다고 지적하고 있다. 소난(šonan)이라 불리는 이런 것은 보통 천막의 뒤쪽 몇 걸음 떨어진 곳에 설치된다. 게오르기는 샤만이 만드는, 소보키(šovoki)라 불리

는 퉁구스의 신상(神像)은 샤만의 장신구에 걸린 것만이 금속제이며, 그 외는 나무로 만든다고 말한다. 이러한 목제 신상에는 얼굴에 산호 혹은 납구슬 눈이 붙어 있으며, 손은 대체로 작고, 발은 몹시 흉하게 보인다. 어떤 것은 알몸이며, 어떤 것은 샤만의 복장을 하고 있다. 등의 길이는 약 1피트 반이다. 게오르기에 따르면 퉁구스는 돌로 만든 신(神)을 가지고 있는 곳도 있다. 그러나 그것은 가끔 산에서 발견된 흉한 돌덩어리에 불과하며, 상상력을 동원하면 어쩐지 인간의 얼굴 같이 보이지 않는 것은 아니라는 정도의 것이다.[48]

게오르기의 기술은 퉁구스가 그들의 수호령을 어디에 놓아두는가를 말하고 있는 점에서도 흥미롭다. 결국 스텝의 퉁구스는 몽골인이나 알타이 타타르와 같은 관습을 가지고 있다. 한편 삼림 퉁구스는 그 후도 쭉 '푸른 하늘에' 그 상을 세우고 있다. 예니세이 퉁구스에서 내가 그것을 질문했을 때 샤만의 천막 안에 영상(靈像)이 있는 것을 본 것은 한 번도 없다는 답을 얻었다. 그런데 이동할 때는 자작나무 껍질로 만든 여행 자루에 넣어 그것을 '성스러운 순록' 등에 매달아 가지고 간다. 이 지방에서는 영상이라고 말하면 모두 나무로 조각한 것이며, 금속제와 천이나 종이에 그린 것은 알려져 있지 않다.

생업의 처음부터 끝까지를 좌우하는 퉁구스 가족의 수호령[49]은 보통 매우 다면적인데, 한편으로는 갖가지 목적에 따라 각각의 신령이 다른 상으로 나타나는 예도 있다. 몇몇 장소에서는 어떤 병은 특히 그것만의 특별한 신령을 가지고 있다.[50] 갖가지 신령이 가지고 있는 주목할 만한 의미는 샤만의 조력자로서인데, 샤만 앞에 모습을 나타내어 샤만에게 협력해야 비로소 샤만이 직무를 수행할 수 있게 된다. 퉁구스의 수호령은 대부분 저 세상으로 간 샤만의 신령이라는 것도 또한 있을 수 있는 것이다. 게오르기는 이미 몇몇 상은 샤만의 복장을 하고 있다고 쓰고,

다른 장소에서는 희생제를 행할 때는 언제나 죽은 샤만을 불러서 도와주기를 바란다고 말한다.51) 토착령 중에는 현 세대에도 그것이 다른 민족의 것이라고 의식되는 것도 들어 있다. 특히 나나이와 동퉁구스 여러 민족의 경우가 그렇다. 이들 신령에는 도나(dona)라는 명칭이 사용되고 있다. 도나가 샤만의 몸에 들어가면 샤만은 다른 민족의 언어를 할 수 있게 된다고 한다.52) 그러나 이 땅의 다수 시벤(syven)도 그 상(像)도 다른 민족의 것이라고 해도 각 씨족의 이전 수호령의 고향이 각 씨족의 발상지에 있다는 관념53)은 확실히 죽은 자의 숭배를 시사하고 있다. 나나이의 가장 잘 알려진 지역적인 신령에 퉁구스카(Tunguska) 강을 고향으로 하는 푸치쿠(putsiku)가 있다.54)

로파틴(Lopatin)에 따르면 나나이는 어떤 신령을 매우 두려워할 때 그의 상을 만들어 신령 속에 봉해 넣는다. 그 상을 손보아 입에 지방을 발라주면 더 이상 위험하지 않게 되며 곧바로 온순하게 된다고 믿고 있기 때문이다. 그것을 인간에게 봉사하도록 할 수도 있다. 상에는 역시 끈을 한 가닥 묶어 주고 신령이 그것을 전달해서 상 속에 넣도록 해 준다. 일반적으로 나나이도 동퉁구스도 신령이 전달해서 움직여 가는 신령의 길에 대해 말하고 있으며, 이 경우 끈이 그 작용을 하고 있다.55)

그 명칭으로도 알 수 있는 일가친척의 수호령으로 된 것 외에 말할 것도 없이 자손이 변함없이 돌보는 명예에 관계없는 다수의 존재가 있다. 그 때문에 이들은 야위도록 굶어 걸신들린 듯이 짓궂으며, 때로는 흔들려서 산 자에게 달갑지 않은 불의의 습격을 한다. 저승에 이르지 못하고 처지게 되어 죽은 자 사이를 휘청거리며 돌아다니는 것 같은 영혼은 일부러 정착하지 않고 떠돌고 있다. 그들은 밤에 특히 가을밤에 나돌아 다닌다고 믿고 있다. 그런 경우에는 제물을 바친다.56)

나중에 든 신령들 중에는 나나이와 동퉁구스가 아렌키(arenki)라고 부르는, 장례를 치르지 못한 사람의 신령이 있다. 아렌키는 보통 숲, 산, 강, 호수 혹은 일반적으로 돌연사를 한 장소에 나타난다. 숲속에는 도깨비불로 되어 나타나며, 소음을 일으키고 휘파람을 불며 신음소리를 내어 그 주변의 인간들을 움츠러들게 한다. 숲에서 들리는 온갖 신비한 소리는 그들이 불안감을 일으키게 하거나 유인하게 하는 것임에 틀림없다. 자리 잡고 사는 장소에 따라서 인간을 물속이나 골짜기로 끌어들이거나 숲속에서 헤매게 한다. 지나가는 사람에게 작은 돌이나 나뭇가지를 던지기도 한다. 죽은 자와 마찬가지로 보통 인간의 꿈에도 나타난다.[57]

나나이는 부세우(buseu)라는 것을 특별히 두려워하며, 태어나다 죽은 아이, 자살자 그 밖에 자연스럽지 않은 죽음을 맞은 자가 부세우로 된다고 설명한다. 부세우는 모두 행복한 인간을 질투하여 괴롭힌다. 부세우가 위험한 양상을 보이며 나타나면 샤만을 부른다. 나나이는 이렇게 해서 악령을 쫓아 버릴 수가 있다고 믿는다. 전설 중에 부세우는 무서운 모습을 하고 큰 이빨과 큰 몸을 가진 사람을 먹으면서 나타난다. 그것은 맹수나 새의 모습으로도 된다. 집안으로 몰래 들어와 밤이 되면 자고 있는 자를 괴롭히고, 그 사람의 몸속에 들어갈 수도 있다. 아이도 어른도 무섭게 하는 것에는 쇠로 된 깃을 펼치고, 쇠로 된 부리와 갈고리 발톱을 가진 가자(gaza) 새가 있다.[58]

근친상간으로 태어난 영혼인 세카(sekka)도 또한 나나이의 관념에 따르면 샤만 앞에 사생아로 나타나고, 유방이나 배를 긁어서 여성을 괴롭히는 위험한 존재이다. 이것을 쫓아 버리기 위해 샤만은 그 상을 만들어 안에 집어넣거나 꾀어 들어가게 해 두고 나서 물고기 껍질로 만든 자루에 처넣는다.[59]

특히 주목을 받고 있는 것으로 역시 동퉁구스의 본(bon)이 있다. 육체를 지니고 있는데, 혈관에는 검붉은 피가 흐르고 있어서 자고 있는 자를 악몽에 시달리게 한다. 장례를 지내지 못한 죽은 자의 신령이 다른 죽은 자의 유해 속으로 들어가 머무르게 되면 본이 생겼다고 퉁구스는 설명한다. 여자가 임신한 채 매장되면 여자의 본은 무덤 속에서도 아이를 낳는다는 것이다. 특히 전설에서는 본은 주목할 만한 역할을 하고 있다.[60]

보통은 이들 악령에게는 제물을 바치지 않으며, 소리를 지르고, 북을 울리며, 쇠붙이를 두드리고, 혹은 활이나 총을 쏨으로써 재빨리 쫓아 버릴 수가 있다.[61]

제19장
자연의 주인들

어떤 특정한 토지나 영역의 지배자라고 여기는 영적인 존재를 알타이 계통의 여러 민족은 그 토지나 지역의 《주인》이라고 부르고 있다. 동물이나 식물도, 또한 갖가지 사물이나 자연현상도 이와 같은 《주인》이 있다는 것이다. 이런 의미로 사용되는 말은 타타르(Tatar)어에서 애(ä), 외애(öjä), 야쿠트(Yakut)어에서 이치(iččí), 부리야트(Buryat)어에서 에젠(edžen), 퉁구스(Tungus)어에서 아마카(amaka) 등으로 모두 '주인, 가장, 소유자'를 의미한다. 북시베리아에서도 또한, 유카기르(Yukagir)와 축치(Tchuktchi) 같은 어떤 민족은 같은 신령을 가지고 있으며, 거기서는 하나하나 숲, 호수, 더욱이 나무나 동물에 이르기까지 특별한 《주인》을 가지고 있다고 말한다.[1]

활동범위가 일정지역에 한정되어 있는 신령에는 가령(家靈)도 포함된다. 볼가 타타르(Volga Tatar)는 그것을 《집주인》(öj öjase)이라 부르며, 인간과 닮은 모습을 하고 긴 털이 나 있으며, 화덕 옆이나 방의 마루 아래에 숨어 있다고 생각한다. 보통은 선령(善靈)이어서 집을 지키고 한 집안에 번영을 가져다주는데, 어떤 영향으로 화가 나면 사람을 병들게 할 수 있다. 특히 누군가가 방 아래의 지하실에 물을 흘리면 화를 낸다고 한다. 그 때마다 정성을 드리든가, 적어도 1년에 한 번 보통은 가을에 죽(粥)을 바쳐야 한다. 또한 때때로 가축도 잡아 바쳐야 한다. 더욱이 볼가 타타르는 아들이 독립해서 새로운 집을 가질 때 새로운 집에서의 생활이 행복하도록 특별한 의식을 하는 관습이 있다. 아들은 그 때 빵을 가지고 부모의 집으로 가서 한밤중에 지하실에 촛불을 3개 꽂고 거기에서 흙을 조금 가지고 와서 자신의 새로운 집의 지하실에 뿌린다. 돌아오는 길에 우연히 사람이나 동물을 만나는 경우는 같은 의식을 다시 해야 한다.2)

볼가 타타르에는 《축사(畜舍)의 주인》(abzar öjase)이라는 것도 있는데 이것은 집의 신령에 가까운 것이어서 본래는 같은 것이었을지도 모른다. 축사의 주인은 어떤 말에게는 먹이를 잘 주고 손질을 하고, 갈기나 꼬리를 꼬아 주기까지 하면서, 다른 말에게는 화를 내고 여물통에서 먹이를 가져가버리며, 밤이 되면 악령에게 노출시켜 괴롭힌다고 타타르는 믿고 있다. 아침에 말이 땀을 흘리고 지쳐 있는 것을 보면 그것을 알 수 있기 때문이다. 축사의 신령에는 검은 양을 잡아 바치며 고기는 그곳에서 전부 다 먹어 치우는데, 뼈나 그 밖의 나머지는 축사에 묻어야 한다는 것이 관습으로 되어 있다. 희생제의 집행자는 가족 가운데 최연장자가 된다.3) 이것과 비슷한 관념이나 의식을 수반하는, 완전히 러시아적인 똑같은 신령은 그 밖의 볼가 여러 민족이나 추바슈(Chuvash)에게도 보인다.

다음으로 시베리아로 눈을 돌리면 거기에는 집의 신령은 그다지 일반적이지 않다. 다만 미덴도르프(Middendorff)의 사전에는 야쿠트인에게는, "집의 가장 오래된 주인이라고 자신의 소유물을 수호령으로 간주하는" 지애 이치태(džia iččitä)라는 존재를 들고 있다. 내가 핀란드에서 만난 몇몇 야쿠트인은 이런 《집의 주인》 지애 이치태는 러시아인의 '다마

보이(domovoj, 집의 신령)'와 같은 것인데, 그 상은 한 번도 만들어진 적이 없다고 설명해 주었다. 야쿠트인은 《천막 집의 주인》(balagan iččitä)은 물론 천막 네 기둥의 《주인》에 대해서조차도 말하고 있다.4) 야쿠트는 옛날 천막의 기둥을 세울 때 쿠미스(kumys)와 말의 피를 바른다고 마크(Maack)는 말했다. 마크는 쿠미스나 화주(火酒)를 마실 기회가 있으면 가장은 마시기 전에 손가락을 먼저 그 속에 넣어서 좌우로 흔들어서 집의 신령에게 바친다고 말한다.5) 곳에 따라서 야쿠트는 《축사의 주인》에게 절도 하는데, 특히 말을 손본다는 이 신령은 틀림없이 러시아 기원이다.6) 집의 신령은 가장 오래된 주인이라고 하는 관념도 또한 러시아에서 들어온 것 같다. 러시아의 '다마보이'는 뜰을 쓸고 축사를 청소하는 《불의 주인》이라고 혼동하는 경우도 있다.7)

이미 말한 아다라는 이름의 신령을 가진 부리야트인은 어떤 지방에서는 그런 신령은 각 집의 화덕 옆에 살고 있다고 생각한다. 다만 이것을 지적한 아가피토프(Agapitov)는 이런 관념은 러시아인에게도 확인할 수 있으므로 토착적인 것인지를 의심하고 있다.8) 시로코고로프(Shirokogorov)에 따르면 만주인도 집이나 뜰의 신령을 중국인으로부터 받아들였으며, 이들은 선령(善靈)이라고 생각하기 때문에 여기저기서 제사를 행하고 있다.9)

가족의 수호자로서 각 집에서 그 상을 모시고 있는 나나이 집의 신령에는 줄리(džuli)라는 것이 있는데, 죽이나 화주를 바친다. 나나이는 특히 사냥 등 오랫동안 여행을 할 때 '가족을 잘 부탁합니다'라고 말하고 거기에 절한다는 것이다. 갖가지 병, 특히 등에 통증이 있을 때에도 부탁을 한다. 줄리를 뜰로 가지고 나와서 병자가 좋아질 때까지 허리까지 땅에 묻어 둔다.10) 다만 나나이가 그 밖의 가족 수호령과 마찬가지로 상을 만들어 특히 중요하게 여기고 있는 이 신령이 과연 유럽의 가령(家靈)에 해당하는 것일지는 의심스럽다.

집, 가족, 가축에 신경 쓰는 유럽의 가령으로 바뀐 것은, 시베리아에서는 일반적으로, 앞에서 말한 가축의 수호령이었는데, 그 상은 오늘날까지 천막 안에 걸려 있는 것이 있다. 베, 가죽, 나무 등으로 만들며, 인간이 식사를 할 때는 반드시 그의 몫을 준다. 소요트의 《집의 신》도 또한 여기에 더해야 한다.[11] 많은 민족에서는 더욱이 《불의 주인》도 가령으로 나타난 적 있는데, 이에 관련된 관념이나 의식은 처음부터 불 그 자체와 관련이 있다.

숲의 신령을 가장 일반적으로 부르는 방법은 《숲의 주인》(카잔 타타르 urman ölase, 야쿠트 tya iččitä, 부리야트 oin edžen, 퉁구스 ūre amaka)이다. 숲이 많은 산악지대에서는 《산의 주인》(카라가스 dag äži)이라고도 부른다.[12] 야쿠트는 숲의 신령에 바야나이(bajanai. 대귀족)라든가, 바랄라크(barallak)라는 이름을 부여했는데, 각각의 숲이나 마을은 각각 주인을 가지고 있다고 믿고 있다.[13] 카라가스나 부리야트인의 관념에서도 또한 각각 숲이나 산은 고유한 신령을 가지고 있다.[14] 기도문 중에서 일컬어지는 이러한 국지적인 《주인》은 카라가스 등의 거주지대에서는 바르비타이 애지 안 애지(barbitai äzi än äzi), 콩고로크 애지(khongorok äzi)라는 이름으로 불리고 있으며, 바르비타이, 칸, 콩고로크 등의 강 주변지방에서는 이들 주인은 사냥감을 준다고 믿고 있다.[15]

시베리아의 《숲의 주인》은 일반적으로 성격이 확실하지 않다. 다만 보통 인간 같은 모습을 하고 있다고 생각되며, 그 상도 또한 인간 같은 형으로 만든다. 시로코고로프에 따르면 "타이가(밀림)의 신령은 퉁구스의 경우 백발의 노인으로 숲에 사는 야수의 주인이다. 그 상은 보통 타이가 속에 만든다. 세공하기 쉽도록 껍질을 벗긴 나무에 눈, 코, 입, 수염을 대략적으로 새긴다."고 한다. 사모예드(Samoyed), 핀(Finn), 라프(Lapp) 등과 같은 그 밖의 많은 민족에게도 같은 풍습이 알려져 있다.

유럽과 마찬가지로 시베리아에서도 또한 숲의 신령은 이상하리만큼 월등하게 크게 나타난다. 예니세이(Yenissei) 계곡의 퉁구스는, 《숲의 주인》은 보통 인간보다 훨씬 크다는 것을 알 수 있다고 내게 설명해 주었다. 숲과 숲 동물의 군주(君主)인, 몽골인의 마니칸(mani kān)도 또한 거대한 인간의 모습으로 나타난다.16) 더욱이 부리야트의 《숲의 주인》(oin edten)도 마찬가지로 매우 큰 키다리로 검고 인간을 닮은 모습을 하고 있다.17) 그런데 숲의 신령은 인간의 모습을 띠고 있는 것 외에도 어떤 동물이나 사물의 형태를 띠고 나타나는 경우가 있다. 퉁구스는 아이들에게 《숲의 주인》의 가짜 모습이라고 믿고 있는 돌에는 가까이 하지 않도록 주의를 주고 있다.

그러나 숲의 신령의 소리는 숲에 들어가면 잘 들리는데, 실제로 모습을 드러낸 경우는 매우 드물다. 때로 울부짖는가 하면 갑자기 웃는다. 이와 같은 관념이 생긴 것은 숲속의 신비한 소리 때문이다. 《숲의 주인》이 외치는 소리는 때로는 인간의 목소리를 닮았는데, 그것은 이렇게 하여 인간을 꾀어서 숲속에서 헤매게 하려고 하는 것이므로 결국 가지 않는 쪽이 좋다. 이런 부르는 소리는 본래 메아리를 의미하는 것이리라.

젤레닌(Zelenin)은 숲의 신령에는 두 가지 형(型)이 있다고 주장한다. 하나는 정적과 휴식을, 또 하나는 떠들썩함과 웃음과 외치는 소리를 좋아한다. 젤레닌에 따르면 첫째 형에 속하는 것은 무엇보다도 산의 《주인》이다. 라무트와 야쿠트는 산 옆을 통과해 갈 때 산신령에게 방해가 되지 않게 소리를 내지 않도록 조심한다는 것이다. 알라르스크(Alarsk) 지방의 부리야트는 사냥을 하고 있는 동안에 노래하는 것이나 목소리를 높여 말하는 것은 캉가이(Khangai) 산 《주인》의 기분을 상하게 하므로 어울리지 않는다고 생각한다. 카친스크(Katchinsk)의 타타르도 또한 산 속을 갈 때는 조용히 행동한다. 쇼르(Shor)는 사냥을 나갈 때 다투거나,

휘파람을 불거나, 손을 두드리면 신령은 태양의 흑점(黑點)을 가지고 가버리거나 또한 폭풍을 일으킬 수도 있다고 믿고 있다. 알타이 타타르는 숲에 들어갈 때 집에 남아 있는 아내에게도 정적을 좋아하는 숲의 신령이 사냥꾼에게 사냥감을 주지 않으면 안 되므로 큰 목소리로 말을 주고받는 것은 물론 웃음도 말다툼도 조심하라는 말을 남기고 간다.[18]

야쿠트의 바야나이(bajanai)는 반대로 떠들썩하며 쾌활하게 웃는 것을 좋아하는 신령이다. 따라서 사람은 사냥감을 손에 넣었을 때 신령에게 소리지르며 웃는 것이다. 이오노프(Ionov)에 따르면 야쿠트는 이미 멀리서 큰사슴이 자동 화살에 희생되었다고 알면 달리거나 뛰고 웃으면서 "호호, 호크호크, 보라, 검은 숲의 주인(kara tya iččitä)은 우리들에게 사냥감을 주었지. 호크호크"라고 외친다. 그들은 그물에 걸린 것을 발견했을 때도 역시 웃음소리를 낸다. 왜 그런가 하면 이렇게 해서 숲의 주인에게 기쁨과 감사의 뜻을 보이기 위해서다.[19] 삼림유락(Yurak)도 또한 저쪽으로 가는 곰에게 독특하게 불러서 인사한다. 레흐티살로(Lehtisalo)는 그때 그들은 "헤헤이, 헤헤헤(he heej he he he)."라고 부른다고 적고 있다. 이런 습관을 게을리 하는 것은 큰 죄라고 보았다.[20] 어떤 지방의 부리야트는 사냥을 나가서 숲의 천막에서 밤을 보낼 때, 《숲의 주인》을 기쁘게 해 줄 수 있을 정도의 좋은 사냥감을 얻을 수 있도록 숙련된 이야기꾼이나 악사를 함께 데리고 간다고 말한다.[21]

이들 예는 그렇다고 해서 각지의 《숲의 주인》이 성격을 달리 한다는 것이 증명이 되는 것은 아니다. 사냥 중의 정숙은 야수는 귀가 밝아 사람 목소리를 듣고 달아나기 때문이라는 데에 이유가 있을 뿐이다. 산 위의 여행에서 무슨 소리를 내지 않도록 조심하는 것과 마찬가지로 또 하나의 근거, 곧 산이 야기한다고 하는 폭풍을 두려워한다는 것이다. 사냥감을 손에 넣은 후에 웃는다는 야쿠트의 관습은 이렇게 어떤 짐승의 소리를 흉내 내려고 한 것이지만, 본래는 단지 자연민족의 기쁨의 표현이었을지도 모른다. 그들이 사냥감을 잡았을 때 무슨 소리를 냄으로써 놀라게 하여 도망가지 못하게 하는 것은 분명하다.

야쿠트의 《부자(富者)》라는 호칭법이 증명하고 있듯이, 《숲의 주인》은 삼림동물의 소유주라서 사냥꾼이 잘 해내는 것은 그들로부터 받은 선물에 달려 있다고 생각하므로 사냥꾼이 뭐라고 해서 그의 마음에 들도록 노력하는 것은 자명한 이치이다. 사냥과 병행해서 목축도 하고 있는 곳에서는 마찬가지로 숲의 신령이 돕는 힘에 스스로를 맡긴다. 페트리(Petri)는 카라가스(Karagas)의 《산의 주인》(dag äži)에 대해서, 산의 주인은 모피수(毛皮獸)를 가져오고, 순록 무리를 보호하기 때문에 그들이 가장 대단한 《신》이라고 지적한다. 그 때문에 숲의 주인에게는 필요할 때만이 아니고 특정한 시기를 정해서 1년에 3회 봄, 여름, 가을에도 제사를 지낸다. 봄철은 땅이 잔디로 덮이는 5월에 시작되며, 카라가스는 순록이 자라서 새끼를 낳게 되면 불에 차나 기름을 뿌려 《산의 주인》을 받든다. 두 번째 제사는 6월이 되어 여름 숙영지로 옮기면 바로 지내며, 그 땅의 신령에게도 역시 순록의 보호를 기원한다. 세 번째 제사는 사냥이 시작되는 가을에 지낸다. 그때 각자 기원문에서도 엿볼 수 있듯이 그 지방의 동물 구역 주인에게 "검은 담비, 다람쥐, 기름이 오른 고기, 검은 곰"을 청한다.22)

다름 아닌 가을이야말로 역시 사냥꾼 본래의 제사철이다. 예니세이 계곡의 퉁구스는 다람쥐의 털이 잿빛으로 바뀌기 시작하자마자 바로 새해 제사를 하고 그때 《숲의 주인》에게 특히 대단하게 제사지낸다. 가을 사냥을 시작할 즈음에 야쿠트의 경우도 또한 고기와 버터를 불에 던져 숲의 신령에게 바치는 것이 관례로 되어 있다.23) 처음 사냥감을 손에 넣으면 나무에 사람의 얼굴을 새겨 넣거나 혹은 거기에 그을음으로 그려서 바야나이(bayanai)의 상을 만든다.24) 좋은 사냥감을 얻은 장소에는 퉁구스도 또한 나무 한 그루의 껍질을 벗기고 '눈, 귀, 입, 수염'을 새겨 넣어서 숲의 신령의 상을 만든다.25) 숲의 신령에게 바치는 것으로는 베, 리본, 값비싼 짐승가죽이다. 야쿠트는 바야나이가 사냥꾼에게 어떤 이유로 사냥감을 주지 않을 때는 한 아르신(arshine) 반의 엉성한 목우(木偶)를 만들어 천막으로 가지고 가서 거기서 잡은 가축의 피를 바른다는 관습도 가지고 있다. 천막 오른쪽 지면에는 잔가지를 펴고 그 위에 푸른 풀로 덮은 탁자를 일종의 제단 같이 해서 설치했다. 탁자 위에는 고기와 숟가락을 넣은 죽사발, 거기에 화주(火酒)의 술병과 잔을 차려 놓았다. 제물을 올리는 사제의 임무를 다한 자는 두건과 여자의 복장을 몸에 걸치고 손에는 그물을 가져야 한다. 숲의 신령에게 기도를 올릴 때 먼저 불의 《주인》, 천막, 천막의 네 기둥, 가축의 우리, 거기에 대지의 이름을 부르는 것을 잊으면 안 된다.26)

위에서 기술한 이오노프(Ionov)의 보고를 약간 보충해 주는 비타슈브스키(Vitashevski)의 서술에 따르면, 이 행사는 밤에 행하며, 숲의 영상(靈像)은 다음날 숲으로 가지고 가서 나무 위에 놓아둔다고 한다.27) 숲의 신령에게 기도하거나, 제물을 바치는 사제가 그 경우 왜 여장을 하고 임하지 않으면 안 되는지는 어느 서술에서도 분명치 않다.

사냥을 할 때에 행하는 의식을 주의 깊게 지키지 않으면 숲의 신령은 노하여 가축을 감추어 버린다고 한다. 그에 반해서 장과(漿果)나 히말라야 삼나무의 열매를 따거나, 나무를 자르는 데에는 숲의 신령은 무관심하다.28) 이것은 사냥꾼들이 숭배하는 《숲의 주인》은 삼림동물의 수호령임에 틀림없다는 것을 알려준다. 야쿠트는 보다 일반적인 《숲의 주인》외에 여러 종류의 동물 신령을 말하고 있다.29) 오로크(Orok)나 오로치(Orochi)의 몇몇 퉁구스 계통의 민족의 경우 특히 도토(dooto)라는 곰의 신령은 매우 주목할 만한 역할을 하고 있다.30) 나나이는 몇몇 숲의 동물에 대해서는 그 상도 만들며, 숲속에 걷고 있을 때나 이들 동물 때문에 일어난다고 여겨지는 병에 걸릴 때 거기에 절을 한다.31) 더욱이 《숲의 주인》은 흔히 동물의 모습을 하고 혹은 그 등에 타고 나타난다고 믿고 있다는 것을 말하고 싶다.32) 축치(Tchuktchi)나 유카기르(Yukagir)의 극북시베리아 민족은 삼림동물의 신령에 대해 말하고 있는데, 아마 기원적으로는 틀림없이 삼림동물 그 자체가 사냥에 관련된 모든 습관이나 관념의 대상이었을 것이다.

하지만 숲 신령의 기원을 논할 때에 말해 두고 싶은 것은 많은 사람이 그것을 숲속에서 죽은 사람들의 신령이라고 생각하는 것이다. 숲속에서 부르거나 인간을 꾀어 헤매게 한다는 《숲의 주인》(oin edžen)은 숲속에서 사라진 사람들의 진압되지 않은 신령이라고 부리야트인은 설명하고 있는 듯하다.33) 그런데 민족에 따라서는 예를 들면 퉁구스는 숲속으로 헤매어 들어와 죽은 자와 《숲의 주인》은 확실히 구별하고 있다. 야쿠트도 또한 바야나이(bayanai)가 요르(yör)라든가 아바시(abasy)와 같은 것이라고 하는 것은 납득할 수 없다. 한편으로는 어떤 생업을 하는 경우에도, 따라서 수렵을 하는 경우에도, 죽은 자의 도움을 구한다는 것을 상기해야 한다. 이 점에 대한 유카기르의 관념을 요헬손(Jochelson)은 다음과 같은 말로 표현하고 있다. "한 종족의 산 자와 죽은 자 사이에는 항상 더욱 밀접한 관계가 존속되고 있어서, 지상의 인간생활과 생명의 유지는 그 관계에 의존하고 있다. 따라서 이 세상의 인간이 큰 사슴이라든가 순록을 잡으려고 생각하면 미리 죽이려고 하는 동물의 그림자를 죽은 친척의 그림자에 의뢰하여 반드시 죽여 달라고 해야 한다. 그렇지 않으면 사냥꾼은 그 동물을 손에 넣을 수가 없다.34)" 이미 그멜린(Gmelin)이 퉁구스에 대해서 보고하고 있듯이 결국 사냥에서 죽인 첫

동물은 악마에게 바친다는 관습도 또한 죽은 자에 대한 것이리라.35)

자연 속의 신비한 신령에는 더욱이 가기에 곤란한 길, 특히 산의 고개나 산등성이를 지배하고 있다고 믿고 있는 신령이 있다. 이러한 것을 야쿠트인은 《길의 주인》(ättuk)이라고 부르고 있다.36) 야쿠트는 높은 분수령이라든가 두 강에 낀 골짜기를 넘거나, 작은 배를 타고 급류를 건너 갈 때는 반드시 제물을 바친다고 마크(Maack)는 말한다. 제물로는 말의 털, 의복의 조각, 가죽 조각, 깃털 등이 쓰이며, 그것을 가까운 나무에 건다. 특히 값어치 있다고 여겨지는 것은 말을 탄 사람이 자신의 말갈기나 꼬리에서 뽑은 털로, 이것은 작은 배나 순록을 타고 여행할 때도 가지고 가야 한다.37) 마크는 또한 퉁구스는 강의 합류점에서 작은 칼을 빼어 안장으로 하고 있는 순록의 가죽을 조금 잘라내어 곧 옆의 수풀에 걸었다. 거기에는 그 전에도 같은 가죽의 조각이 매달려 있었다고 한다.38) 여행자가 재난을 만날 것 같은 장소에 말의 털이나 리본을 매다는 관습은 그 밖에 알타이나 사얀 산맥이라는 다른 장소에서도 널리 보인다.39) 말의 털은 분명히 말 전체를 대표하고 있는 것이므로 이것과 같은 제물이 무덤 가까이에 바쳐지는 것은 위에서 말한 신령이 죽은 자와 비슷한 것이라고 생각하는 것을 말하는 것이다.

시베리아에서는 산등성이나 여러 험한 장소에서는 오보(obō)라는 큰 돌무더기를 만날 수 있다. 그것은 지나가는 자가 전에 던진 돌 위에 다시 돌을 던지고 간다는 식으로 해서 만들어진 것이다. 이런 관습은 계속 이어서 하고 있다. 그렇게 하지 않으면 여행자에게 어떤 재난이 닥친다고 두려워한다. 알타이인은 산이나 급류를 넘을 때, 땅의 신령에게 감사의 뜻을 나타내기 위해 이렇게 해서 만들어진 돌무더기 위에 돌 한 개를 놓든가, 혹은 성목(聖木)에 리본을 단다고 라들로프(Radloff)는 적고 있다.40) 벨티르(Beltir)인은 이러한 장소(obō)에 돌이나 나뭇가

그림48. 몽골의 오보. 지나가는 여행자는 돌 하나씩을 놓고 가야 한다.

지를 놓기도 하며, 화주를 뿌린다고 마이나가슈브(Maïnagachev)는 보고하고 있다.[41] 부리야트인의 오보는 일반적으로 여행자가 어떤 위험이 닥칠 것 같은 장소에 있다고 한다.[42] 칼무크(Kalmuck)의 오보는 초원에도 언덕 위에도 강가에도 있다.[43] 반자로프(Banzarov)에 따르면 몽골인은 이것을 길가에 만들며, 지나가는 자가 모두 오보의 신령에게 말의 털 등을 바쳐서 여행의 안전을 지켜주도록 하고 있다고 한다.[44]

이미 고대 민족이 하고 있었던, 돌이나 나뭇가지를 특정한 장소에 둔다는 관습은 세계 어느 곳에서나 그 예를 찾을 수 있을 정도로 널리 퍼져 있는 것을 볼 수 있다. 연구자는 때로는 이것을 제물이라고 하며 어떤 경우에는 어떤 마술적인 의식이라고 설명해 왔다. 이슬람 세계에서는 흔히 성인을 모시고 돌무더기 위에 돌을 하나씩 쌓는다.[45] 이러한 의례를 행할 때 카렐리아의 어부도 이렇게 외친다. "성 페트루스, 여기에 돌을 바쳤습니다." 누군가가 이상하게 죽은 장소에 돌을 던지는 지방도 있다. 젤레닌(Zelenin)은 그 예를 러시아에서 인용하고 있다.[46] 서

그림49. 현대의 오보. 교통표지와 나란히 있다.

유럽에서는 이러한 돌을 던지는 장소는 많은 경우 지하의 신령 때문이다. 에스토니아(Estonia)인도 또한 사라진 가축을 찾기 위해 예부터 쭉 그렇게 해온 장소에 돌이나 나뭇가지를 놓는다.47) 지구상의 여러 지점에서 모은 이 점에 대한 수많은 보고에서 이런 관습은 본래 영계(靈界)를 위한 것이라고 결론지을 수 있을 것이다.48) 더욱 설명이 어려운 것은 돌을 던지는 이러한 풍습이 본래는 어떻게 생겼을까라는 것인데, 아마 멋대로 행동하여 해를 입을지도 모른다는 신령을 이렇게 해서 일정한 장소에 매어 두려는 의도에서 출발했을 것이다.

야쿠트와 같은 몇몇 민족은 알려지지 않은 곳이나 멀리 여행을 나설 때 안전을 위해 은어를 쓰는데, 그들의 만가(輓歌), 배, 무기는 물론, 예를 들면 강을 건너는 여행조차 그림으로 그리거나 다른 민족의 말로 표현한다. 트로슈찬스키(Troščanskij)는 야쿠트는 이렇게 해서 신령을 속이려고 한다고 설명하고 있다.49) 같은 관습은 사냥하기에서도 지켜진다.

알타이 여러 민족의 관념에 따르면, 일반적으로 땅의 《주인》이라고 불리는 신령 외에 자연계에는 사람이 경배하지 않고, 보통은 나쁜 존재로밖에 생각되지 않는 여러 가지 이름으로 불리는 수많은 신령이 있다. 볼가 타타르(Volga Tatar)의, 인간을 유인하여 간지럼 태워 죽이고 만다는 손가락이 긴 쉬랠레(šüräle)도 그 하나로 어깨 위에 걸칠 정도의 긴 젖을 늘어뜨리고 있다. 때로는 그 젖을 인간의 입에 억지로 눌러 넣어 질식시킬 수도 있다. 풀밭에서는 가장 좋은 말에 태워 그를 녹초가 될 때까지 태워 돌린다. 쉬랠레는 얼굴을 뒤로 향하게 하고 말에 태운다고 타타르는 믿고 있다. 쉬랠레에게 습격을 당한 자는 만약 가까이에 강이 있는 경우는 강을 건너면 살게 된다. 쉬랠레는 물을 두려워하기 때문이다.[50] 추바슈(Chuvash)의 긴 머리카락을 한 오비다(obyda)도 또한 큰 젖을 가진 신령과 비슷하며, 인간과 마찬가지로 숲속을 걷지만 알몸이다. 그의 발자국에서 뒤로 간다는 것을 알 수 있다. 인간을 꾀어내면 곧바로 간지럼을 태워 돌리고, 지치게 되어 죽을 때까지 함께 춤춘다. 오비다는 옆구리 아래에 있는 구멍에 손을 살짝 대면 힘이 빠져서 손을 놓는다. 영계(靈界) 특유의 역방향은 오비다의 발만이 아니고 거기서 타는 말도 또한 거꾸로 달리는 것으로 나타난다.[51]

더구나 사악하고 위험한 신령은 볼가 타타르의 알바스티(albasty)로, 그것은 노천만이 아니고 폐가에도 자리 잡고 살고 있다. 인간의 모습을 하고 있지만 숲이나 들에 있는 물건들의 형상을 취하고 있는 것도 흔히 있다. 이것에 시달리면 인간은 숨이 차거나 가슴이 답답하게 된다. 알바스티는 이렇게 해서 만난 인간을 졸라 죽인다고 한다.[52] 키르기스인은 알바스타(albasta)는 머리가 크고, 젖은 무릎까지 드리워졌으며, 길고 날카로운 갈고리 손톱이 유별나게 큰 손가락을 지닌 여자로 생각하며, 주로 아이를 밴 여자를 습격한다고 믿고 있다. 일찍이 어떤 사람은 알바스타가 잡은 여자의 허파를 강에서 씻고 있는 것을 목격했다고 한다.[53]

메사로슈(Mészáros)는 이것은 해산하는 부인을 습격하는 아주 무서운 꿈이라고 말하고 있다. 임산부는 이런 것을 벗어나기 위해 붉은 리본 천을 머리에 두른다고 한다.54)

반신(半身)만으로 한손, 외발, 애꾸눈인 숲의 악령을 추바슈는《반인(半人)》(ar sori)이라 부르고 있다.55) 오스만(Osman)인의《반인》도 또한 머리 반쪽과 반신을 가진 비슷한 존재이다(jarym adam). 오스만인은 이런 애꾸눈, 한귀, 한손, 외발의 신령은 옛 사원의 폐허에 산다고 생각하고 있다.56)

위의 예에서 밝혔듯이 특별한 이름으로 불리는 이런 신령은 사람들에게 잘 알려진 명료한 특징을 갖추고 있다. 쉬랠레, 오비다, 알바스티가 시베리아의《숲의 주인》과 닮은 것은 각 지역에서 모두 월등하게 크다고 생각되는 점뿐이다. 그 크기는 늘이거나 줄일 수조차 있다고 생각된다. 그러나 이들은 사악하며 두려움을 준다는 점에서 앞 장에서 말한 진압할 수 없는 한 무리의 신령과 가까운 관계에 있다. 몇 가지 특징, 특히 입에 눌러 넣어 인간을 죽이고 만다는 큰 젖은 그것이 원래 여성적 존재였다는 것을 증명하고 있다. 많은 민족은 훨씬 이전에 죽어 버린 이러한 여자의 신령을 지독하게 두려워하고 있다. 이미 부리야트인의 경우로 살펴본, 길에 도깨비불을 켜는 몽골초원의 신령 알빈(albin)은 특히 죽은 자를 생각나게 한다. 여행자는 길에서 벗어나 불을 따라가는 동안 마침내 알빈에게 유혹되어 길에서 헤맨다는 것을 깨닫게 된다.57)

강이나 호수에 사는 곳곳의 신령은 일반적으로《물의 주인》이라고 불린다. 강이나 호수는 각각 자신의《주인》을 가지고 있다고 야쿠트인은 말한다. 카라가스(Karagas) 같은 민족은 어부가 물고기를 받도록 여기에 제물을 바친다. 페트리(Petri)에 따르면 카라가스는 어량에서 물고기를 잡을 때 언덕의 자작나무에 색 리본(džalama. 잘라마)을 묶고 그 옆에서 불을 피우고 그 속에 차(茶), 지방, 버터를 던지는데, 빵과 담배는 넣지 않는다. 《물의 주인》(sug äži)은 그것을 좋아하지 않기 때문이다. 공동 어업을 하는 모든 어부는 이 행사에 참가한다. 이따금 낚시 바늘이나 그물로 물고기를 잡을 때는 언덕에서 제물을 바치는 것도 없으며, 물속에 제물을 던지는 것도 하지 않는다. 물에 얽힌 의례에 대해서는 청결을 지키기 위해 엄격하게 주의한다는 것을 말하고 싶다. 《물의 주인》의 비위를 거스르지 않기 위해 더러운 것, 냄새나는 것, 부패한 것은 물에 던지면 안 된다. 또한 더러운 용기로 물을 긷는 것도 안 되며, 결코 유통(乳桶)이나 그을린 솥을 거기에 사용해서는 안 된다.58)

카라가스가 물의 신령을 어떤 것으로 상상하고 있었는가는 페트리의 기술에서는 분명하지 않다. 아마 그것은 알타이 타타르의 《물의 신령》과 마찬가지로 확실하지 않는 특징을 지니고 있을 것이다. 샤쉬코프(Šaškov)는 부리야트의 《물의 주인》(ukhun edžen)은 그 역할에서도 성격에서도 러시아의 물의 신령 결국 '뤼사르카(русалка)'와 비슷하며, 부리야트인의 관념에서는 익사자의 영혼에서 비롯되었다고 적고 있다.59) 볼가 타타르와 추바슈의 뛰어나게 발달한 특징을 갖추고 있는 물의 신령도 또한 러시아의 물의 신과 닮았다. 또한 야쿠트의 경우도 곳에 따라 같을 것이라고 여겨진다. 이 경우 특히 물의 신령은 크리스마스와 현현절(顯現節)[예수 그리스도께서 나타나심을 의미하는 현현절은 1월6일 부터 약 8주간을 말한다. 이 기간은 하나님의 나타나심을 강조하고 교회의 선교적 사명을 강조하는 특성이 있다-역주] 사이에 육지에 올라온다는 관념은 진짜 러시아적이다. 자식이 많은 그들은 그 때 길 위를 으스대고 다니며, 자신들의 많은 아이들을 소에 태워서 데리고 다닌다고 한다. 또한 물의 신령은 어떤 곳에서 다른 곳으로 옮겨 갈 때 여러 가지 목소리를 낸다고 믿고 있다. 그 소리를 들으려고 사람들은 길이 교차하는 곳이나 얼음 구멍이나 사람이 살지 않는 천막 옆에서 꾹 참고 있다. 그 때 듣는 목소리로 사람들은 다음해의 일을 예언한다. 물속에 가축을 데려가서 산다는 이러한 신령을 야쿠트 사람 등은 실리킨(sylykyn)이라고 부르고 있다.60)

봄이 되어 얼음이 갈라지면 야쿠트인은 빵과 소금을 물에 던지고 화타석총(火打石銃)을 쏜다는 관습을 가지고 있다. 그들이 강이나 호수의 신령을 칭해서 말하는 《노파》(äbä)에게 악을 끼치지 않기 위해서다.61) 얼음이 깨질 때에 행하는 똑같은 의례는 러시아인이나 그 밖에 동유럽의 여러 민족의 경우에도 널리 보인다.

더욱이 야쿠트는 봄의 어업을 비롯해 풍어를 비는 《물의 주인》(ū iččitä)에게 새끼를 낳지 않은 어린 암소를 바친다고 말한다. 제물은 많은 경우 물고기라든가 화주에 한한다.62) 야쿠트의 수령(水靈)을 부르는 특별한 이름은 우쿨란 토욘(ukulan tojon)이라고 한다.63)

일찍이 서부 삼림퉁구스에게 수령(水靈)숭배에 대해 물었을 때 제물을 물에 던진다고 하는 관습을 가지고 있는 경우는 한 번도 없었다고 설명했다. 한편 대부분 물가에 살고 있는 나나이는 무케 암바니(muke-ambani)라는 이름의 수령에 대해서 말하고 있으며, 그것을 본 사람은 죽는다고 말했다. 로파틴(Lopatin)에 따르면 나나이는 봄에 얼음이 녹을 때 풀뿌리를 물에 던져서 수령이 누구에게도 해를 끼치지 않도록 기원한다. 수령은 인간을 물에 빠뜨려 죽인다고 한다. 곳에 따라서는 해마다 적어도 한 사람을 요구한다고 한다. 그러나 결코 수령에게 끌려 다니지 않는 씨족도 있다. 또한 물이 넘칠 시기에 강한 폭풍우로 작은 배가 이리저리 밀릴 때 안전하게 언덕까지 배를 저어 갈 수 있도록 앞길에 조용한 수로가 열리기를 수령에게 기원한다고 한다. 나나이는 이렇게 해서 구원을 받는 경우에는 돼지를 잡아서 그 피를 강에 뿌린다. 돼지를 바치는 것으로 보아 이것은 중국의 풍습인지도 모른다.64)

현재 유별난 신령은 나나이가 물고기를 잡을 때에 도움을 준다고 믿고 있는 칼가마(kalgama)이다. 나나이가 만드는 그의 목우(木偶)는 '뚱뚱한 몸뚱이, 긴 다리, 높은 모자'를 갖추고 있다. 물고기가 잘 잡히지 않는 경우에는 샤만을 불러서 이 신령을 위로한다. 도미의 상을 나무로 새겨 먼저 그 꼬리 쪽을 천막의 덮개에 걸어 두고 일정한 시기에 떼어 내어서 물속에 담가 두었다가 거기에서 물을 뜬다. 이러한 행사를 해서 손에 넣은 최초의 물고기는 이 어상(魚像)의 입에 밀어 넣어 칼가마에게 바친다. 물고기는 잠시 그대로 두었다가 나중에 깨끗이 하고, 아가미에서 흐르는 피를 영상(靈像)의 머리에 바른다. 물고기의 아가미는 칼가마의 발밑에 둔다.65)

나나이의 칼가마는 부부로도 혼자로도 나타나고 있다. 후자의 경우 남자인 경우도 있고 여자인 경우도 있다. 남성인 경우 개가 끈으로 그의 주인에게 묶여 있는 것이 보통이다. 여자 칼가마의 상은 꽤 크게 만들며 2주(肘)에 달한다. 그것은 모든 분야의 생업을 도와주는 것이라고 믿고 있다. 그 때문에 사냥에나 고기잡이에나 나나이는 그것을 가지고 간다. 수렵과 어로를 보호하는 또 다른 신령은 찰리 아가(čalli aga)로 남자들은 그것을 띠에 묶고 사냥을 한다. 나나이는 샤만을 불러서 칼가마에게 하는 것과 마찬가지로 이 찰리 아가의 비위를 맞춘다. 여러 가지 생업을 도와주는 제3의 신령은 아제카(adžekha)로 나나이는 역시 이 상도 띠에 묶고 있다. 그러나 아제카가 작용하는 장소는 매우 넓게 걸쳐 있기 때문에 샤만도 또한 접신을 하기 전에 아제카의 남상(男像)과 여상(女像)을 가슴에 단다고 한다.66) 이처럼 몇 가지 역할을 아울러 가지고 있는 여러 가지 존재는 어떻든 처음부터 단지 홀로 숲이나 물의 신령이었다고 보아서는 안 된다.

현지의 여러 민족이 제물을 바치는 신성한 샘이나 강의 신령도 또한 본래부터 물의 신령은 아니다. 신성한 강은 몽골인 거주 지대에서는 특히 셀렝가, 오논, 캘랠래, 황하 등이 숭배되고 있었다는 것은 이미 오래된 시대의 자료에 있다. 부리야트인에게도 몇몇 유럽 민족의 경우

그림50. 사얀 산맥 중의 성스러운 샘. 니오라제에 의한다.

와 마찬가지로 물을 더럽히거나 하면 샘은 다른 장소로 옮아가 버릴지도 모른다는 관념이 보인다. 또한 어떤 특정한 강이나 흐름이 비를 오게 할지도 모른다는 관념은 부리야트에서는 매우 많이 볼 수 있다.67) 다른 한편으로 알타이 타타르는 비를 내려 주는 자로서 특히 아바칸(Abakan) 강의 주인인 아바칸 칸(Kan)을 신앙하고 있다.68)

몽골인에게는 폭풍우나 그 밖의 중대한 일이 일어나기 전에 호수에서 어떤 소가 운다는 미신적인 관념이 전해지고 있다.69) 야쿠트도 또한 어떤 호수에는 무소(ū ogusa)가 살고 있는데, 겨울에 때때로 얼어붙은 얼음을 깬 적이 있다고 믿고 있다.70) 호수에 사는 소가 운다는 관념은 유럽에서도 그것은 아마 Botaurus stellaris라는 섭금류(涉禽類)가 내는, 소의 울음소리와 닮은 신비한 소리 때문일 것이다.

땅과 식물계의 주인이라든가—그 중에서도 《불의 주인》으로 가장 잘 알려져 있다— 불이나 회오리바람 등 갖가지 자연현상의 주인에 대해서는 이미 앞에서 언급해 두었으므로, 그것에 대해서 여기서 역시 다룰 필요가 있을 것이다. 사물의 신령 가운데 부리야트인의 《현악기의 주인》 (khūrī edžen, 쿠리 에젠)에 대해서 말하면 이것은 인간을 뛰어난 악사(樂

土)로 만들어 준다고 한다. 이 악기로부터 묘기를 얻기 바라는 자는 달이 없는 캄캄한 밤에 세 갈래 길로 갈 때 비단 말굴레를 한 말머리에 타지 않으면 안 된다. 한밤중이 되면 말머리는 악사를 흔들어 떨어뜨리려고 하는데, 만약 그 때 떨어지면 죽는다는 것이다. 그러나 그래도 힘껏 끊임없이 연주를 계속하면 훌륭한 연주자로 될 수 있다고 한다.71) 유럽의 여러 민족에도 똑같은 관념이 보이는데, 이것은 어떻든 부리야트인 자신의 착안이라고 생각해서는 안 된다.

야쿠트인과 부리야트인의 경우 대장장이의 일은 매우 중요하며 이 직업에 필요한 몇몇 도구에는 그 하나하나에 주인이 있을 정도이다. 러시아인으로부터 산 것이 아닌 한, 각각의 대장장이 도구는 야쿠트인의 사고에 따르면 《주인》(ičči)을 가진다고 트로슈찬스키(Troščanskij)는 지적하고 있다. 쇠망치와 쇠판은 공통의 주인을, 용광로의 주인은 따로 있으며, 그 가운데 우두머리는 풀무의 주인이다.72) 프리푸조프(Pripuzov)는 야쿠트가 쿠다이 박시(kudai bakši)라 부르며, 하계에 주거를 가지고 있다는 대장장이의 특별한 수호령을 말하고 있다. 이것을 모실 때 야쿠트는 다갈색의 소를 잡아 그 피를 연장에 바르고 심장과 간장은 용광로 속에서 쬐며, 다음 고기는 쇠판에 놓고 완전히 으깨어질 때까지 쇠망치로 두드린다.73)

발라간스크(Balagansk) 지방의 부리야트는 아홉 아들과 한 딸을 가진 보신토이(Boshintoi)라는 이름을 가진 특별한 대장장이 신을 모시고 있다. 인간에게 쇠를 다루는 방법을 가르쳐 주었다고 하는 이 신령의 일족(一族)을 위하여 대장간은 끓는 쇠에 쿠미스를 붓고 때로는 양을 바치기도 한다. 부리야트는 보신토이의 아들과 딸의 상도 만든다. 이들 상은 모두 쇠망치, 집게, 쇠판, 풀무, 숯 등 대장간의 도구를 손에 쥐고 각각의 도구 《주인》이라는 것을 나타내고 있다.74)

참고로 말해 두면 어느 정도 야쿠트와 닮은 의례를 가진 카프카스의 압카스(Abkhas)인도 또한 특별한 대장장이 신을 모시고 있다. 여기에서도 또한 심장과 간장에 기원을 한 뒤에 쇠판에 망치를 두드리는 것이 중요한 의미를 가지고 있다.75) 이런 대장간의 의례는 어쩌면 기원이 이란일 것이다.

가장 발달한 것은 야쿠트에서 자연계의 《주인》에 대한 신앙이며, 그 관념에 따르면 물, 산, 돌, 숲, 풀, 무성함, 목축지, 그릇, 무기 등 모두 그 《주인》(ičči)을 가지고 있다고 고로코프(Gorokhov)는 말하고 있다.76) 트로슈찬스키는 야쿠트의 신앙 관념 중에는 스스로 소리를 내거나 움직일 수 있게 된 것, 또는 쉽게 상처를 낼 수 있는 작은 칼 같은 것은 《주인》이 있다고 말하고 있다.77) 동퉁구스 여러 민족은 각지의 앤두리(änduri) 외에도 용기나 작업도구와 같은 《주인》도 가지고 있다.78)

제20장
사냥의례(儀禮)

시베리아 민족의 터전에서는 동물계도 또한 여러 가지 속신적인 관념과 풍속의 대상이다. 특수한 무리를 만드는 것은 어떤 이유로 신성시하기 때문에 결코 죽이지 않는 동물이다. 영혼이 나타난 모습이라고 생각하고 있는 백조, 거위, 특히 아비 종류가 이러한 동물이다. 나나이의 경우 범 같은 위험한 맹수도 또한 사냥감에서 뺀다. 만약 사냥꾼이 숲속에서 범을 만났을 경우 무기를 버리고 땅에 꿇어 앉아 "아저씨, 사냥감을 주세요. 먹을 것을 주세요. 탄알이 미치는 곳에 동물을 보내 주세요.[1]"라고 말하는 것이다. 시베리아에서는 어떤 동물과 특정한 씨족 사이에 매우 밀접한 관계가 있다고 믿고 있기 때문에 이러한 동물을 죽이거나 화를 돋우어 재앙을 불러일으키지 않도록 조심한다.

그러나 숲의 동물이든 물의 동물이든 동물 그 자체가 미신적 풍속의 대상이었다. 사냥꾼이 사냥감을 잡느냐 못 잡느냐가 달려 있는 사냥의 운을 잃지 않도록 늘 신경을 쓰지 않을 수 없다. 동물은 인간의 의도를 읽는 능력을 어느 정도는 가지고 있다는 관념이 경계심을 불러일으킨다. 특히 곰은 이런 점에서 실로 불가사의한 본능을 가지고 있다고 믿는다. 야쿠트인은 곰은 아무리 멀리에서도 저절로 사람이 말하는 것을 들고 있다고 말한다. 정말로 "곰은 모든 것을 생각하고 있으며, 무엇 하나 잊는 것이 없다."는 것이다. 따라서 설령 집에 있을 때도 곰을 험담하지 않으며 곰은, 굴에서 잠자고 있는 겨울은, 주위의 일들을 어떤 것도 알고 있으므로 더한층 주의해야 한다.[2] 몇몇 알타이 타타르는 곰은 "지면을 통해서" 듣고 있다고 믿고 있으며, 소요트(Soyot)는 "대지는 곰의 귀이다.[3]"라고 말한다. 퉁구스는 곰의 보금자리를 발견하면 가까운 사람들에게 여러 가지 신호나 몸짓으로 그것을 전할 뿐이다. 그런데 이런 사냥감을 잡기 위해 집을 나올 때 역시 공공연하게는 않는다. 그들은 마치 긴 여행을 떠나는 듯한 차림을 한다. 알타이 타타르의 경우 사냥꾼이 모이면 어떤 의도를 가지고 있는지를 직접 말하지 않고 다만 몸짓으로만 가까운 사람에게 전한다. 곰에게 먼저 알려지면 사냥은 잘 되지 않는다고 생각한다. 그래서 쇼르(Shor)는 곰사냥을 나갈 때 도중에서 맞닥뜨리는 동물이 곰에게 알려주지 못하도록 전부 죽이고 만다.[4] 더욱이 야쿠트인은 곰이 만약 먼저 자신을 노리고 있는 것이 누구라는 것을 알면, 사냥꾼이 없는 사이 그 집으로 들어가 아이를 데리고 가 버릴지도 모른다고 설명하고 있다.[5] 시베리아 민족은 보통 곰에 대해 말할 때 우회적으로 부르기를 한다. 《아저씨》《검은 아저씨》《큰 사람》《숲의 주인》《검은 동물》 등이 그것이다. 예를 들면 오로촌(Orochon)처럼 민족에 따라서는 곰의 보금자리를 발견했을 때 곰을 그 이름대로 부르는 것을 피하는 것이다.[6]

위에서 말한 관념과 관습은 곰에만 머무르지 않고 그 밖의 삼림 동물에 대해서도 해당된다. 똑같은 비밀스런 거동은 어떤 사냥에도 따라다니는 것이다. 동물 이외에도 무기, 사냥 도구를 비롯해 사냥에 관계되는 것에는 모두 귀에 익지 않은 표현이 쓰이며, 그 때문에 사냥꾼의 말은 각지에서 관계자 이외에는 전혀 알 수 없는 것으로 되어 있다.

사냥에 나가 있는 동안 될 수 있는 한 말을 아끼지 않으면 안 된다는 것도 또한 이런 비밀성과 엮여 있다.

다른 야수와 비교해서 곰이 가장 주의와 관심의 대상이 되어 있다는 사정은 분명히 독특한 사는 방식 외에 시베리아 삼림에서는 가장 강한 동물이라는 점에 귀결될 것이다. 라무트 등의 민족은 곰을 대단히 두려워하므로 누구도 곰 사냥에 나가려는 생각조차 하지 않는다.[7] 마크(Maack)에 따르면 퉁구스는 나무에 곰의 이빨 흔적을 찾으면 그 아래에 자신의 표시를 해서 곰과 만나고 싶지 않다는 마음을 표명한다. 이것은 곰의 표시보다 위에 자신의 표시를 한 자는 결국 곰과 우연히 만난다고 믿고 있기 때문이다.[8] 일반적으로 곰은 자신과 사이좋게 지내고 싶다고 신경을 쓰는 자에게는 너그럽다는 관념이 있다. 예를 들면 야쿠트는 곰을 만났을 때 무릎을 꿇고 "숲의 주인이시여, 숲을 회상하세요. 그럼 숲으로 가 주세요. 그대에게는 관여하고 싶지 않으며, 상처를 주고 싶지 않아요. 가 주세요."라고 말하며 공손한 뜻을 표하는 자에게는 아무것도 하지 않는다고 믿고 있다. 또한 어떤 지방에서는, "그대가 이 주변의 유일한 지배자라는 것을 알고 있습니다. 그대를 해치우기 위해서 그대의 왕국으로 찾아간 것은 아닙니다. 자, 가 주십시오."라고 말한다.[9] 쇼르는 숲속에서 곰과 맞닥뜨리면 모자를 벗고, "어서 지나가 주세요."라고 말한다. 텔레우트는 곰에게 자신의 아이들을 보이며, "큰아저씨, 아이들을 꾸짖지 마세요. 무엇을 찾으러 걷고 있습니까? 부디 그대만의 깨끗한 길을 걸어가 주세요."라고 말한다.[10] 사냥꾼들은 곰에 대해 말할 때 분명히 비위를 맞추기 위해 '할아버지' 혹은 '할머니', '아버지', '아저씨' 등의 친족 명칭을 사용한다.[11] 곰에게 상처를 주거나 괴롭히면 곧바로 복수를 한다고 믿고 있다. 원시적인 사고에 따르면 각 동물에 대해서도 그 무리 전체가 책임을 지고 있으므로 자신의 무리를 위해 보복을 한다. 죽임을 당한 곰의 그림자 혼도 또한 그의 복수자로 된다. 이미 말했듯이 나나이는 곰 때문에 걸린 병을 고치거나 사냥이 잘 되도록 기원하기 위해 곰의 상을 만든다(그림51). 그 밖에 여러 가지 삼림 동물의 상을 이러한 목적으로 만든다.[12]

그러나 모든 위험에도 불구하고 기회라도 있으면 곰을 살려 두지는 않는다. 그 모피는 값이 나가며, 고기는 맛이 있고, 피를 마시면 담력을 키울 수 있다고 한다. 곰의 기름과 쓸개는 이미 예부터 약용으로 쓰며, 이빨과 발톱은 주술의 용도로 써 왔다.

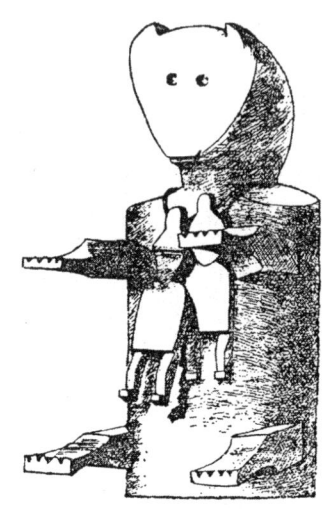

그림51. 나나이의 곰의 신령. 심케비치에 의한다.

곳에 따라서는 여러 장기는 날것으로 먹는데, 그것은 이렇게 함으로써만이 곰 혼의 힘을 자신의 몸속으로 이입시킬 수 있다는 관념 때문일 것이다.

게다가 곰의 발, 발톱, 이빨은 수렵민의 생활에서 중요한 지킴이로서의 의미를 지니고 있다. 집의 지킴이로서 퉁구스는 곰의 앞발을 천막의 입구 위에 걸어 둔다.[13] 쇼르는 악령(aina)이 다가오지 못하도록 곰발을 입구 옆에 놓아둔다.[14] 또한 몇몇 지방에서는 특히 아이가 있는 집에서는 발, 발톱 혹은 모피를 걸어 둔다. 같은 관습을 지닌 미누신스크의 타타르는 곰은 출입문의 신령 역할을 한다고 믿고 있다. 곰에게는 개미, 월귤, 일종의 백합근(百合根. Lilium mortagon)을 바친다. 텔레우트의 출입문 신령도 또한 곰의 가죽을 입고 나타난다.[15] 더욱이 글라조프(Glazov)의 보탸크(Votyak)의 경우 곰은 가령(家靈)으로 되어 있다.

야쿠트에는 아기의 요람 속에도 곰발을 넣는 풍습이 있었다. 콜리스만(Kolysman)의 텔렝기트(Telengit)는 가축이 잘 자라기를 빌며 천막 안에 곰발을 넣어 둔다. 한편 쇼르는 송아지나 암소의 머리에 곰 발톱을 묶어서 설사를 멎게 하려고 한다. 알타이 타타르는 곰의 발톱을 환자의 머리 주위에서 돌려 두통을 쫓아 버리려고 한다.16) 투루칸스크 지방에서는 순록이 이리에게 습격당하지 않도록 목 주위에 곰의 발톱을 묶어 둔다. 곰의 이빨도 역시 주술적인 목적으로 여러 가지 방식으로 이용된다.

　자연민족은 동물 신체의 부분 하나하나로 그 동물 전체를 볼 수 있으므로 그 전체의 힘이 그들의 부분에 깃들어 있다고 생각하는 양상은 그들이 맹세하는 방법을 봐도 잘 알 수 있다. 몸의 결백을 증명하기 위해 퉁구스는 곰의 모피, 발톱, 이빨을 깨물어서 "만약 나에게 죄가 있다면 곰에게 먹혀도 좋다"라고 한다. 야쿠트는 곰의 머리에 걸터앉거나 혹은 그것을 물거나 입맞춤하면서 맹세의 말을 한다. 알타이 타타르는 곰의 모피에 앉아 코끝에 입맞춤한다. 곰의 두개골로 물을 퍼마시는 지방도 있다. 소요트는 죽인 곰의 코끝을 냄새 맡기도 하며, 곰의 머리나 발을 핥기도 한다. 사모예드는 맹세를 할 때 작은 칼로 곰 두피(頭皮)의 털을 잘라 하는 것 같다.17) 마찬가지 관습은 시베리아의 핀(Finn)계 여러 민족에게서도 보인다.

　곰의 경우와 마찬가지로 그 밖의 삼림동물의 신체 부분도 또한 주술적인 목적으로 이용된다. 북빙양(北氷洋) 연안의 여러 민족은 흰곰의 이빨을, 아무르 지방 정착민은 호랑이의 발톱과 이빨을 띠에 찬다. 또한 순록을 지키기 위해 그 꼬리에 호랑이 껍질의 한 조각을 단다. 프리아얀스크(Priajansk)의 퉁구스는 순록의 이빨을 '지킴이'로 한다고 한다. 야쿠트는 악령(abasy)이 집에 들어오지 못하도록 토끼의 귀와 꼬리, 흑뇌조(黑雷鳥)의 꽁지깃 등을 끈에 꿰어서 집의 씌우개에 걸어 둔다. 가축의 우리를 지키기 위해 수리부엉이의 머리를 단다. 어떤 종류의 동물 머리는 특히 어린 아이의 지킴이로 단다. 야쿠트는 아이의 요람 위에 곰의 발이나 맹수의 발톱, 때로는 검은 담비의 두개(頭蓋)나 벗긴 토끼의 껍질을 단다. 나나이는 아이의 침대에 고양이의 뼈를 넣는다. 알타이 지방의 타타르는 요람을 단 끈에 영양, 양, 새의 뼈를 늘어뜨리는 것은 그것들이 부딪혀서 딸각딸각 우는 소리를 내면 아이가 기뻐한다고 설명하는데, 이런 풍습은 여기서도 또한 본래는 아이의 보호를 목적으로 하고 있었다는 것은 분명하다(그림52). 사모예드는 순록이 이리에게 먹히지 않도록 때때로 이리 모피를 통째로 신(神. kaehe)의 썰매에 넣어 둔다고 한다.18)

그림52. 알타이 지방의 짐승 뼈로 만든 요람에 늘어뜨린 끈.

그러나 곰은 여러 가지 이유로 다른 삼림 동물보다 크게 주목을 받으며, 두려움에도 불구하고 야수와 여자 혹은 사냥꾼과의 관계를 봐도, 혹은 잡은 동물의 뼈를 다루는 것으로 봐도, 곰과 그 밖의 동물에 대한 의례 사이에는 본질적인 차이를 느낄 수 있다.

1. 여자와 야수野獸

여자와 야수의 관계는 모든 시베리아 민족들 사이에서는 특히 야릇하다. 유별나게 월경이나 임신 기간에는 남자들의 사냥 운은 나빠지기 쉽다. 여자들이 생각해 주지 않아서 동물을 먼 곳으로 쫓아 보내고 마는 경우도 있다. 투루칸스크(Turukhansk) 지방 퉁구스의 경우 여자들이 그러한 기간에는 남자들을 전혀 가까이하지 않으며, 때로는 특별한 천막을 만들어 별거하기조차 한다. 적어도 무기와 사냥 도구는 보호하여 집안의 구석이나 혹은 어딘가로 옮겨놓지 않으면 안 된다. 여자들은 사냥꾼들이 들어가 있는 천막의 주위를 서성거려도 안 된다. 그리고 무엇보다도 야수와 맞닥뜨려서도 안 된다. 야쿠트족의 북부 거주 지대에 퍼져 있는 관념에 따르면 야생 순록 무리가 마을 근처의 강 언덕에 나타났을 때에 임신부는 모습을 보이지 않도록 해야 한다. 그때 임신부는 집에서 절대 벗어나지 말고 더군다나 순록이 무리를 짓고 있는 것을 보아서도 안 된다. 임신부는 또 배에 타고 강을 건너거나 순록이 달리는 것이 보이는 장소에서 길을 건너가서도 안 된다. 그러면 순록이 거기에는 전혀 접근하지 않게 되고 말기 때문이다. 여자가 임신 중에는 그녀의 남편도 또한 일정한 금기를 지켜야 한다. 이러한 때 사냥을 하는 것은 정당하지 않다고 생각하는 점도 있다.[1]

임신 중의 여성이 왜 숲의 동물에게 어울리지 않는가라는 물음에 대하여 자료에는 갖가지 회답이 나와 있다. 곰은 "태어나는 아이가 자신의 박해자로 되는 것을 두려워하기" 때문에 임신 중의 여자를 증오하고 있어서 여자를 죽일 때에는 배를 찢는다고 오스탸크(Ostyak)는 설명한다.[2] 같은 설명은 룰레아 라프마르크(Lulea Lapmark)에도 기록되어 있는데, "곰이 임신부에게 악의를 가지는 것은 그 배의 씨가 사내아이기 때문이다."고 한다.[3] 그러므로 민간에서 수집된 이러한 설명에는 특히 곰이라든가 큰 사슴이라든가 중요한 야수가 사냥꾼에게 죽임을 당한 경우에 행하는 의례에는 임신부만이 아니고 그 밖의 여자도 참가시키지 않는지 잘 설명되어 있지 않다.

여자들은 어떤 비밀스런 방법으로 사냥 도구나 사냥꾼을 더럽힌다고만 설명되는 경우가 많다. 사냥은 말할 필요 없고, 여성은 어디에도 물고기 잡이를 보내서는 안 된다. 소요트는 여자는 쉽게 물을 더럽히므로 물고기를 잡아서는 안 된다고 말한다.[4] 예니세이(Yenissei)인은 여자가 미역을 감으러 가면 물고기는 북빙양(北氷洋)으로 도망가 버린다고 나에게 설명해 주었다. 야수가 차지하는 지위는 전혀 물고기와 비교되지 않는다. 동물의 가죽을 벗기거나 고기나 뼈를 나누는 것조차 보통 여자에게는 금지되어 있다. 여자는 어떤 경우에도 날고기나 날가죽(生皮)에 손을 대어서는 안 된다. 야쿠트의 관념에 따르면 여자는 순록의 날가죽을 밟거나 뼈 위에 타지 않도록 주의해야 하며 마르기까지는 어떤 가죽도, 특히 여우의 가죽에는 결코 손을 대서는 안 된다. 더욱이 야쿠트는 큰사슴, 순록, 여우, 비버(beaver), 어민(ermine)의 날가죽이 사람 손에 넘어가서 당연한 주의사항이 지켜지지 않으면 사냥 운을 잃지 않을까 두려워하여 팔려고 하지 않는다고 말한다.[5] 나나이의 경우 여자는 결코 곰의 머리를 바라보아서는 안 되며 또한 곰 축제에 참가해서도 안 된다.[6]

여자와 야수 사이의 미묘한 관계가 본래 어디에서 유래하는가 하는 설명을 찾아보면, 동물을 잡은 뒤 여자가 지켜야 할 관습은 남자가 사냥에 나갈 때 남자가 여자 때문에 지켜야 할 관습으로 여자 자체가 여자로서 보다 중대한 의미를 가지고 있다는 점에 주목해야 한다.

1917년 여름 투루칸스크 지방에 있었던 나는 퉁구스가 잡은 곰이라든가 그 모피를 집으로 날라 올 때 입구로 통하지 않고 천막의 뒤쪽 덮개 아래를 통해서 집안으로 들인다는 이야기를 들었다. 이런 풍습은 여자가 집에 들어올 때에 사용하는 보통의 길을 사용하지 않는 것을 곰이 바라는 것이기 때문이라고 설명한다. 부리야트인도 또한 이 경우 입구를 피하고 적어도 검은담비는 특히 그 때문에 벽에 낸 구멍을 통해서 천막 안으로 들인다.[7] 야쿠트는 잡은 여우, 혹은 스라소니를 창구멍으로 방에 들인다.[8] 각지의 몽골인은 희생동물의 고기도 또한 친척에게 보내는 경우에 "입구 왼쪽 위의 천막 덮개 사이의 틈새로" 천막 안에 넣으며, 정면 입구로는 하지 않는다.[9] 이 풍습은 분명히 역시 고대의 수렵의례에 바탕을 두고 있다. 참고로 말하면 캄차달은 검은담비를 '위에서' 다분히 연기가 빠져 나가는 창에서 천막 속으로 던져 넣는 것 같다.10) 마찬가지로 길랴크는 곳에 따라서는 머리가 붙은 곰의 모피를 입구로부터는 아니고, 침엽수 가지의 긴 막대기에 꽂아 연기가 나가는 창으로 들인다.11) 아무르 계곡의 사람들과 아이누는 죽인 곰을 창을 통해 가건물로 들인다.12) 라프는 곰과 순록의 고기 외에 토끼, 담비, 스라소니, 비버, 수달, 새에 이르기까지, 더구나 여러 신령에게 바칠 것도, 사냥꾼이 기어서 겨우 찾아 들어갈 정도의 작고 '신성한' 뒤의 틈새에서 천막 속으로 날라 들인다.13) 통나무 가건물에 살고 있는 오스탸크는 입구를 피해서 뒤쪽의 창을 통해 곰의 모피를 방으로 들이며, 또한 같은 곳에서 나와 헛간으로 나른다.14)

이러한 풍습을 관찰하면 통나무 가건물을 넓혀 갈 때조차 본래의 관습이 어떻게 끈질기게 이어져 나갔는가에 주목을 하게 된다. 그런데 이런 오래된 관습의 유래는 무엇일까? 이들 민족은 이미 설명할 수 없다. 숲에서 야수를 날라 오면 역시 입구를 피하는 톰프슨(Thompson) 강변의 인디언은 "입구는 여자가 드나들므로" 이렇게 하는 것이라고 말한다.15) 북아메리카에서 퉁구스나 라프의 경우와 같은 답을 얻을 수 있는 것은 흥미로운 사실이다. 라프의 사냥꾼은 곰을 집으로 가지고 돌아올 때, 여자의 발자취와 섞이지 않도록 주의한다. 여자로서도 또한 곰이 걸었던 길을 밟지 않는 것이 좋다. 곰을 실어 나른 순록조차 여자는 1년 동안 사용해서는 안 된다.16)

곰을 이미 잡은 뒤에도 이 풍습이 지켜지고 있으므로 분명히 두려움의 대상은 사냥의 성공 여하에 달린 것이 아니고, 여자 자체가 위험에 노출되어 있다고 간주하는 증거이다.

곧 극북의 여러 민족은 죽은 자를 천막에서 운구할 때도, 입구를 피해

온 것을 주목해야 한다. 그곳에서는 보통 죽은 자의 시신이 마지막으로 안치되었던 천막의 지붕 아래에서 밖으로 내는 것이다. 결국 죽은 자는 입구로 내거나 하면 곧 다시 집으로 되돌아간다고 믿고 있었다. 시신을 운구하는 자의 발자취를 지우는 것으로 봐도 이러한 풍습이 어디에서 왔는가는 더욱 의문의 여지가 없을 것이다. 재미있는 것은 죽은 사람이나 동물의 신령은 자취를 추적해 보면, 이런 관념은 수렵민족에게 공통되므로 동물의 생활에서 얻은 경험에 바탕을 두고 있다는 확신이 선다.17)

이런 금기사항은 집에 있는 남자나 아이들에게는, 여자, 특히 임신한 여자일 경우는 극단적이지 않은 것을 봐도, 바로 여자가 위험에 노출되어 있는 것이 틀림없다는 것을 말하고 있다. 경계를 하려고 통구스의 여자는 사냥꾼이 집에 돌아오면 자신의 얼굴을 가렸다. 또한 여자들은 곰의 고기를 먹을 때에도 장갑을 끼거나 나무 조각에 놓거나 해서 입에 넣었다. 특히 라프의 여자는 이 경우 여러 가지 방어수단을 쓰는 것을 알고 있었다.

이런 풍습을 좀 더 깊이 들어가 생각해 보면 비로소 여자가 남자에 비하여 더럽다든가 못한 것은 아니고 단지 여자의 보호가 한 목적이었다는 것을 알 수 있다. 모든 방어수단이 오로지 출산 가능한 여자에 대한 것이어서 그보다 어리거나 나이가 많은 여자에게는 관여하지 않았다는 사실은 그것이 여자의 성생활과 얼마나 밀접한 관계가 있는지를 확실히 증명하고 있다. 죽어 가는 자 혹은 시신에 임신부를 가까이 하지 않도록 하는 것과 같은 이유로 임신부는 죽인 동물에도 역시 가까이 하면 안 된다고 생각된다. 그러나 그렇지 않은 여자도 또한 다름 아닌 여자라는 이유만으로 모든 신령에게 괴롭힘을 당할 수 있다. 곰을 가건 물로 날라 들일 때 부르는 핀 계통의 곰노래는 분명히 이렇게 불리고 있다.

귀여운 여자들이여, 조심하라.
여자들이여, 배를 조심하라.
그대의 태아를 감쌌다.

　자연민족의 관념에 따르면 모든 신령은 태아 속에 들어가 여자를 이용하여 새로이 탄생을 할 틈을 노리고 있으므로, 여자가 몸을 지키는 것은 동시에 태어날 세대를 지키는 것이라고 이해해야 할 것이다. 그것을 가르쳐 주는 것은 특히 야쿠트의 관념에서 임신부가 곰의 생가죽에 앉으면 바보 같은 아이가 태어난다고 하는 것이다.[18] 또한 모든 신령은 여자의 자궁에 병을 나게 할 수도 있다. 라프인은 "모든 신령이 여자의 자궁을 찔러서 터뜨리거나 구멍을 내지 못하도록"(ue ventrem feminarum terebret seu perforet), 크리스마스에는 헤매고 돌아다니는 모든 신령의 무리에게 제물을 바친다고 회그스트룀(Högström)은 말하고 있다.[19] 야시첸코(Jachtchenko)도 마찬가지로 콜라 라프(Kola Lapp)의 여성은 모든 신령이 살고 있다는 성지(聖地) 가까이 가면 "어떤 정해진 식으로" 병이 나므로 낯선 고장으로 온 경우 그것으로 바로 가까이에 성소(聖所)가 있다는 것을 알 수 있다고 말한다.[20] 이런 예에 비추어 보면 여러 가지 주의사항도 수렵민 특유의 남녀 사이의 분업도 완전히 이해할 수 있다.
　죽인 야수에 대한 공포는 여성이 그 고기를 먹는 경우에도 신중히 행동하도록 요구한다. 시베리아에도 라프에도 여자가 야수의 피, 심장, 간장 등의 장기를 먹는 것은 옳지 않다는 관념이 매우 널리 퍼져 있다. 소요트의 관념에 따르면 임신부는 곰 고기를 먹어서는 안 된다. 야쿠트의 경우에는 임신부만이 아니고 그의 남편도 또한 야생 순록의 내장이나 야수의 머리, 혹은 넓적다리에서 잘라낸 고기를 먹는 것은 삼가야 한다. 또 색다른 것은 퉁구스, 보굴(Vogul), 유락(Yurak), 라프(Lapp) 등지에서 볼 수 있는 사고방식인데, 여자들은 삼림동물, 게다가 곰의 머리 혹은 전반신에서 잘라낸 고기를 결코 입에 대서는 안 된다고 하는 것이다.[21] 이 금지된 부분은 또한 흔히 다른 부분의 고기와는 별도로 해서 익히는 수도 있다. 이런 오래된 풍습은 바로 이런 부분이나 장기에는 대부분의 경우 동물의 혼 혹은 혼의 힘이 담겨 있어서 여자는 그것을 경계하지 않으면 안 된다는 관념에 바탕을 두고 있다.

2. 사냥꾼과 야수野獸

사냥꾼과 야수 사이도 경계가 필요한 관계인데, 그 원인은 양자가 서로 두려워하고 있는 데에 있다. 동물은 사냥꾼을 두려워하고 사냥꾼은 죽인 동물을 두려워한다. 전자는 사냥꾼이 야수를 손에 넣기 전에 행하는 관습에 나타나며, 후자는 야수를 죽일 때라든가, 혹은 그 뒤에 행하는 갖가지 의례에 나타난다. 그 외에 어떠한 경우에도 사냥운을 잃으면 안 된다는 두려움을 엿볼 수 있다.

시베리아의 모든 민족은 사냥을 나가기 전 사냥꾼의 부정을 없애는 것을 매우 중요한 행사로 생각하고 있다. 통상 그것은 사냥하는 사람들이 불을 피우고 그 위를 밟고 넘어가는 것과 같은 방식으로 자기 자신도 무기도, 거기에 때로는 개도 연기를 지나가게 한다. 예를 들면 야쿠트는 가을에 사냥철이 시작되면 의복과 사냥 도구를 불 옆에서 '연기에 쏘인다.' 대개의 경우 이런 부정 없애기 의례를 행하는 것은 여자 때문이라고 한다. 야쿠트는 여자가 월경 때나 혹은 아이를 낳은 뒤 얼마 되지 않은 때에 사냥 도구에 접촉하거나 넘으면 숲의 신령은 부정한 무기를 사용한 사냥을 '꺼리'므로 사냥이 성공할 가망은 없다고 한다.

그 때문에 부정을 탄 사냥 도구는 불로, 게다가 가능하다면 번개에 맞은 나무 조각을 태운 불로 부정을 없애야 한다. 쇼르(Shor)나 그 밖의 몇몇 민족은 사냥에 나갈 준비를 하고 있는 기간은 여자와 관계하는 것은 완전히 피한다.1) 다 알다시피 핀 우그르(Finno-ugric)계통 민족의 사냥꾼도 여자에게 더럽혀지지 않을까 두려워한다. 쥐리앤(Zyrian)은 "사냥은 순수한 것이어서 야수는 청결한 인간만을 사랑한다."라고 한다. 오스탸크도 또한 곰을 잡으러 나갈 때는 "곰을 화나게 하는 부정(不淨), 특히 여자와 접촉하여 생기는 불결을 없애기 위하여" 연기에 쏘여서 몸을 깨끗하게 한다.2) 핀족의 사냥꾼도 또한 여러 가지 방식으로 몸을 '깨끗이 한다.'

《숲의 신령》은 여자로 더럽혀진 사냥꾼을 '싫어하며', '곰은 화를 낸다'고 하는 민간의 설명은 이런 풍습의 본래 목적을 관찰해 보면 나중에 붙여진 설명이거나 단순한 억지이다. 부정을 없애는 것은 분명히 야수가 인간의 냄새를 알아채면 독특한 예민함과 민감함으로 사냥꾼이나 그의 사냥 도구를 피한다는 당연한 경험에서 본래 기인하는 것이다. 시베리아의 많은 민족은 그 때문에 훈증을 하려고 두송(杜松), 시베리아 단풍(Abies pichta 혹은 A. sibirica)의 나무껍질, 각종 향이 강한 풀 등을 태운다. 핀 계통의 사냥꾼도 또한 자신의 몸, 자신의 총, 그 밖의 사냥 도구류를, 예를 들면 솔잎으로 문지르거나 자신의 신체에 소의 오줌을 발라서 동물의 예리한 후각을 흐리게 하려고 한다. 알타이 타타르의 몇몇 지방에서는 사냥 도구와 사냥 장비는 주의 깊게 헛간에 묶어 두고 보통은 독특한 냄새에 찌든 집안에는 놓아두지 않도록 한다.3)

시베리아 대부분의 민족은 라프인이 하는 것처럼, 곰은 겨울 동안에만 동면하는 굴에서 잡는 방법을 취해 왔다. 굴의 통로는 보통 막혀 있으며, 지붕 부분에 구멍을 뚫고 거기에서 창을 찔러 곰을 죽인다. 어떤 지방에서는 곰이 구멍으로 찾아오면 곧 사냥꾼들은 구멍 입구에서 절을 하여 경의를 표하고, 곰에게 정중하게 인사한다. 동시에 이렇게 찾아와 곰의 평화를 깨뜨려서 미안하다고 잘못을 빈다. 프리아얀스크(Priajansk)의 퉁구스는 "아버지, 당신을 존경한다. 두려워하지 마."라고 한다.[4] 투루칸스크 지방의 퉁구스는 곰의 구멍으로 가까이 가기 전에 감을 잡지 못하도록 얼굴에 그을음을 칠해 두는 경우가 흔하다. 퉁구스는 곰의 복수를 피하려고 다른 방법으로 곰을 달랜다. 곧 야쿠트의 이웃인 퉁구스는 "그대가 있는 곳에 온 것은 퉁구스는 아니다. 야쿠트가 여기로 헷갈려서 들어온 것이다."라고 말하는 것이다.[5]

자고 있는 곰을 죽이기 전에 깨우는 것이 사냥꾼의 관례이다. 곰도 또한 숲에서 자고 있는 인간을 해치는 일은 없기 때문이라고 야쿠트는 설명하고 있다. 또한 사냥꾼이 곰을 동면에서 깨우지 않은 채 죽이면 다른 곰이 사냥꾼이 자고 있는 것을 습격하여 원수를 갚는다고도 야쿠트는 말한다. 그들이 막대로 찔러서 곰을 깨우며 "일어나, 너와 싸우기 위해 적군이 찾아왔어."라고 한다.[6] 라프도 또한 자고 있는 곰을 죽이는 것은 야비한 행위라고 생각한다. 그들은 더구나 자고 있는 동물은 곧바로는 쉽게 죽일 수 없다고 생각한다. 오스탸크는 곰이 몸을 움직이기 시작할 때 비로소 구멍을 노려서 쏘아 넣는다. 카렐리아(Carelia)인도 같은 풍습을 지키고 있다. 부오키니에미(Vuokkiniemi)에서는 "사랑스런 곰이여, 자 일어나 손님을 맞으렴."이라고 말해서 곰을 깨운다.[7]

곰을 죽일 때에 괴롭혀서는 안 된다는 것도 또한 신경 써야 할 것이며, 만약 그렇게 하지 않으면 사냥 운은 없어지게 된다고 믿고 있다. 투루칸스크 지방의 퉁구스는 야수가 오랫동안 그물 안에서 괴로워한 경우에는 거기에 다시 그물을 쳐도 효과가 없다고 설명하고 있다. 더욱이 동물을 학대하거나 아픈 눈과 마주치는 자는 병들게 되며, 각각의 야수를 돌보고 있는 신령은 야수가 받은 고통을 복수한다고 믿고 있다. 마크(Maack)는 콜리마(Kolyma) 강에서 들은 다음과 같은 이야기를 하고 있다. 성질이 못된 인간이 순록을 그물로 잡아 가죽을 벗기고 나서 달아나게 했다. 순록은 도망쳤지만, 그날 이후로 다시는 순록의 모습은 이 지방에 한 마리도 보이지 않게 되었다. 그러던 어느 때 순록의 한 무리가 강을 건너려고 하는 것을 보고 사냥꾼들은 언덕 뒤에서 엎드려 기다리고 있었다. 그런데 갑자기 산 채로 껍질이 벗겨진 순록이 나타나 무리가 있는 곳으로 달려오자 모든 순록이 되돌아가고 말았다.8) 라프는 상처를 입은 곰이 다시 보금자리로 돌아오도록 사냥꾼들이 곧바로 죽이지 않았을 때 곰을 향해서 슬픈 목소리로 불러서 이렇게 말하고 용서를 빈다는 것이다. "너에게 상처를 주고 고통스럽게 눈에 맞히려는 것은 아니었다. 고통스럽게 눈에 맞히지 않고 너를 죽였지만, 너는 그것을 기대하지 않았다. 따라서 너는 고통스럽지만 우리 때문이 아니다.9)" 이와 같은 우는 소리는 분명히 염려하면서 말하는 것이다. 알타이 타타르는 곰의 눈과 귀를 쏘는 것을 금하고 있다.10)

곰이 죽으면 곧 사냥꾼은 거듭 자신이 무죄라고 우기고 용서를 구하면서 곰을 노려보며 끌어낸다. 라무트는 '화해의 의식'을 행하고, 특별히 달래는 노래를 부른다고 보고라스(Bogoras)는 말하고 있다.11) 예니세이 계곡의 퉁구스 수렵민은 곰을 죽인 뒤 곧바로 구멍을 떠났다가 다시 돌아와서 거듭 거기를 지나가며 곰이 죽어 있는 것을 찾아내려고 한다. 그래서 모르는 남자들이 곰을 죽이고 말았다고 슬퍼한다. 곳에 따라서는 퉁구스가 곰을 향해서 "너를 죽인 것은 우리들이 아냐. 야쿠트가 왔어"라고 우긴다. 야쿠트는 또한 인접해 있는 유카기르에게 죄를 덮어씌운다. 두려운 생각을 하며 다른 종족에게 죄를 씌우려는 이러한 방법은 다음의 오스탸크에서 기록되어 있듯이 다른 경우에도 보인다. "우리들의 일을 나쁘게 생각하지 마라. 러시아인이 만든 화살이 너를 죽이고, 러시아인이 만든 창이 너를 없앴다." 모든 야쿠트 사냥꾼은 곰의 복수를 두려워하며, 누구의 탄알에 곰이 죽었는가를 곰이 모르도록 일제히 쏘는 수도 있다.[12]

그러나 이와 같이 달래는 의식은 곰에게만 한하는 것이 아니다. 예를 들면 야쿠트인은 큰 살쾡이가 그물에 걸리면 '울면서', "검은 숲의 귀한 혈통의 동물이 여기를 지나가다 목숨을 잃은 것은 안됐다."라고 외친다.[13]

죽인 야수의 가죽을 벗기기 전에 입 주위의 입술 가죽을, 코나 콧구멍과 함께 떼어놓는 것이 많은 민족의 관습이다. 사냥꾼은 그것을 떼어서 천막 속에 보관해 두는 데, 이전 소요트에서는 코가 붙은 곰의 머리를 살 수가 없었다. 프리아얀스크의 퉁구스는 여우의 입 가죽을 잘라서 3일 동안 보존한 뒤 나무에 건다고 말한다. 야쿠트도 또한 여우나 북극여우의 콧등 가죽을 뗀다. 알타이 지방의 타타르 여러 민족은 여우나 검은 담비의 콧등을 상자에 넣어 두며, 거기에 동물의 《혼》이 깃들어 있다고 믿고 있다. 소요트는 사냥 운이 있다고 해서 검은담비의 입술과 수염을 호주머니에 넣어둔다. 축치는 집을 지켜주기 때문이라고 맹수의 콧등을 모으고 있다. 길랴크는 역시 바다표범의 코를 잘라낸다.[14]

핀 우그르 계통 민족에도 같은 풍습이 있다. 보굴은 이리, 검은담비, 산족제비의 콧등을 몸에 지니고 있으면 무엇이든 잘 되어 간다고 믿고 있다고 곤다띠(Gondatti)는 쓰고 있다.[15] 보굴도 역시 곰을 죽인 후 콧등 주위를 잘라낸다. 적어도 아직 18세기에는 라프도 또한 이런 관습을 지키고 있었다. 피엘스토룀(Fjellström)은 라프는 곰 코끝의 얇고 털이 없는 부분의 가죽을 벗겨내며, 목을 자른 자가 그것을 자신의 얼굴에 붙들어 맨다고 말한다.[16] 핀란드(北카렐리아 Carelia)에는 첫째로 게다가 '매우 빨리' '콧등의 고리(tarparengas)'나 '입술띠(huulipanta)'를 뗀다. 카이 돈네르(Kai Donner)가 케트(Ket) 강에서 핀란드 국립박물관에 가지고 간 샤만의 장신구는 사모예드의 경우에도 곰 콧등의 고리는 중요한 것이라고 하는 증거가 된다. 이 장신구에는 이런 고리가 샤만의 머리띠에 사용되며, 거기에 곰의 콧구멍도 보인다. 이런 샤만은 분명히 이렇게 해서 곰을 표현하며, 혹은 자기 자신의 몸에 곰의 능력이 스미게 하는 것이다. 핀란드의 많은 지방에서는 토끼 콧등의 가죽(kirsio)을 잘라내어 죽인 현장에 남겨 둔다. 이런 오래된 수렵의례가 이미 보이지 않게 된 볼가 지방에도, 적어도 체레미스의 경우, 희생물인 말의 가죽을 벗기기 전에 입 주위의 가죽을 콧구멍과 함께 잘라내는 풍습을 지키고 있다.[17)]

이렇게 넓은 지역에 걸쳐서 기록되어 있는 관습이 먼 옛날의 것임은 분명하다. 그것이 본래는 곰에 대한 공포심을 말끔히 없애기 위한 것임은 분명하다. 이와 같은 사고방식을 노골적으로 드러내는 것은 그 가운데에도 다음과 같은 핀족의 곰노래 구절이다. "우리들은 곰의 후각이 사라지도록, 우리들은 곰의 코를 취한다." 길랴크는 잡은 바다표범의 코와 눈을 도려내어 물속에 던지는데, 그것은 누가 죽였는가를 알리고 싶지 않기 때문이다. 사가이(Sagai)도 또한 곰을 죽였을 때 "다시 사람을 보지 못하도록" 눈을 도려낸다. 칼라르(Kalar)는 곰에게 공격을 받지 않도록 하려고 삼켜버리고 만다. 쇼르(Shor)의 경우도 또한 곰의 눈을 곧바로 먹어버리는 것은 매우 흔한 습관이다.[18)]

콘도마(Kondoma)에 사는 쇼르는 죽인 곰의 입에서 '처음 것이라고 해서' 이를 뽑아낸다. 그 밖에 알타이 지방의 몇몇 민족도 똑같이 한다.[19)] 야쿠트는 보통 이리나 북극이리에서 발톱 혹은 발을 제거하며, 그 때문에 모피를 상하게 하고 만다.[20)] 이들 물건은 주술적인 목적에 쓰이지만 본래는 이것을 떼어내어 어떤 위험을 피하려고 한 것이다. 이것을 분명하게 보여 주는 것은 그 중에도 다음과 같은 쥐리엔(Zyrian)의 곰사냥에 관한 보고이다. "곰을 죽이면 곰의 이빨을 자르고, 발톱을 뽑는다. 곰은 그래서 비로소 죽었다고 생각하기 때문에 사냥꾼들은 안심하고 곰의 몸뚱이 위에 타고 담배를 피울 수 있다.[21]"

몇몇 보고에 따르면 콧등과 마찬가지로 그의 눈도 이빨도 발톱도 될 수 있는 한 빨리 없애버려야 한다. 이런 재빠른 처치는 위에서 기술한 추정을 긍정하는 것이다. 위에서 말한 각 부분이 없어지면 가장 아슬아슬한 위험이 우선 없어진다는 사고방식은 더욱이 사냥꾼의 고대 관습법에도 나타나고 있다. 쥐리엔에는 본래 다음과 같은 관습이 있었다. "만약 낯선 사냥꾼이 아직 죽은 곰에 이빨이나 발톱이 붙어 있는 채로 놓여 있는 곳으로 온 경우 죽인 자들과 같이 사냥감을 나누는 데에 참여할 권리를 가진다.[22]" 러시아 칼레리아 지방에서는 아직 곰 '콧등의 고리'를 떼지 않은 곳으로 찾아온 자는 낯선 사냥꾼이라도 사냥감을 나누는 데에 참여할 수 있는 규칙이 있다.[23] 늦게 온 자는 빈손으로 돌아가게 한다는 관습법은 늦게 온 자는 위험을 무릅쓰지 않았다는 생각에 따른 것이리라.

시베리아의 수렵민족은 보통 죽인 그곳에서 곰의 가죽을 벗기고 옆에서 불을 피운다. 투루칸스크 지방의 퉁구스에는 이 불 위를 밟는 관습이 있다. 카라가스(Karagas)는 곰을 구멍에서 끌어내면 곧 노간주나무의 가지와 기름에 불을 붙여 연기로 그을린다. 그리고 털을 거꾸로 만지며 "킥, 킥, 킥(kik)"이라고 소리친다. 오스탸크는 사냥터에서 불을 피우면 그 옆에서 훈제 음식물을 먹는다. 라프는 부싯깃을 태운 연기로 곰을 깨끗이 한다. 핀의 사냥꾼도 또한 곰을 죽이면 불을 피운다고 한다.[24]

곰이 숨을 거둔 그곳에서 불을 피우는 것은 곰 고기를 그곳에서 요리를 하든, 아니면 다른 곳에서 하든 관계없이 훈증(熏蒸)과 마찬가지로 불과 연기로 곰의 혼을 쫓아 버리는 목적이었다는 것을 증명하고 있다.

목동이 야수를 쫓아 버리기 위해 피운 화톳불을 야수가 두려워하듯이 야수의 《혼》도 또한 불을 두려워하여 도망친다고 믿고 있다. 불로 혼을 쫓아 버리는 힘이 있다는 것은 또한 장례에서도 알 수 있다.

쇼르는 곰 머리를 잘라내면 마가목나무로 찔러 불에 조금 쬐고 콧등이 동쪽을 향하게 해서 세운다. 그리고 모든 사냥꾼은 새삼스럽게 번갈아가며 곰의 머리를 쏜다. 머리를 마가목나무에 찌르고 있는 동안 몇이서 이렇게 소리친다.

> 너는 오리나무에 올라가서 헛디뎌서 죽었지
> 너는 풀 열매를 먹다가 바위에서 굴러서 죽었지
> 마가목나무의 열매를 먹다가 미끄러져 죽었지
> 나무딸기를 먹다가 늪에 떨어져 죽었지.[25]

알타이의 사냥꾼이 곰의 복수가 두려워 자신 때문이 아니라 이 재난은 곰의 자업자득이라고 말해주려고 읊는다. 이런 말과 비슷한 것으로 또한 핀족의 다음과 같은 곰노래 1절이 있다.

> 너를 죽인 것은 내가 아냐
> 또한 내 동료도 아냐
> 너 스스로 넘어졌지
> 너 스스로 가지에서 미끄러졌지
> 너의 황금 몸에는 금이 가고
> 너의 밥통은 나무 열매가 완전히 찢었지.

그런 뒤 쇼르는 곰의 머리를 모피에 싸서 집으로 돌아오든가, 나무에 찌른 채로 그곳에 방치한다. 곳에 따라서는 곰의 가죽을 벗기고 나서 그 사체를 나뭇가지로 두드리는 풍습이 있다.[26] 라프도 또한 죽은 곰을 가지로 두드린다. 이런 풍습이 얼마나 자주 행해졌는가는, "곰을 막대기로 두드린다.[27]"는 관용어가 있으므로 알 수 있다. 여기에 어떤 의도가 숨어있는지를-《혼》를 빼내는 것이 아닐까 생각되지만- 확실히 말하는 것은 어렵다.

알타이 지방의 몇몇 타타르 종족은, 나중까지도 곰의 구멍을, 곰을 죽인 장소를 향해서 쏘거나 혹은 곰이 쫓아오지 못하도록 스키의 자취에 비스듬히 둥근 나무를 놓아둔다. 또한 눈 위에 고리를 그려 놓는다. 이렇게 하면《혼》이 그 속에 들어갔을 때 좀처럼 나오지 못한다고 한다. 이러 식으로 쇼르는 길을 막으면서 "우리 길을 걷지마."라고 말한다. 죽은 곰의《혼》은 적어도 3일 동안은 그 주위에 출몰하여 인간을 불안에 빠뜨리며 괴롭힌다고 믿고 있다. 곰의 신령이 사냥꾼의 작은 집에 가까이 오면 불이 꺼지고 개가 요란하게 짖는다고 한다.[28]

시베리아의 사냥꾼들은 잡은 곰을 들고 숲에서 돌아오면 집식구에게 사냥감을 잡았다는 것을 말을 사용하지 않고 여러 가지 방식으로 외치거나 혹은 요들이나 노래로 알린다. 곰의 껍질을 집에 들이기 전에 수컷에게는 남성용, 암컷에게는 여성용 옷을 입혀 꾸미고 난 뒤 세운다. 그러나 두건을 두르는 것만으로 옷을 입힌 것으로 여기는 경우도 많다. 예니세이 퉁구스는 그 성별에 따라 '할아버지'라든가 '할머니'라고 부른다. 오스탸크도 알고 있는 이런 풍습은 곰을 마치 오랫동안 만나지 못했던 매우 친한 친척처럼 대해서 달래려고 하는 의도로 한다. 이런 의식은 곰에 대해서만 하는 것이 아니고 그 밖의 야수에 대해서도 행한다. 이오노프(Ionov)에 따르면 만약 야쿠트의 사냥꾼이 여우가 그물에 걸린 것을 보면 집에 도착해도 곧바로 안으로 들어가지 않고 바깥에 머물며 문을 두드리면서 "숲의 신령이 왔다."고 한다. 그러면 집에 있는 사람은 무슨 일인지 곧 알고 버터나 그 밖의 다른 음식물을 숲의 신령에게 바치고, 화덕의 불에 던지며, 모자를 하나 집에서 가지고 나온다. 사냥꾼들은 이 모자를 잡은 여우의 머리에 씌우고 자신들의 옷자락으로 여우를 덮고 집으로 들이고 여우의 얼굴이 불을 향하지 않도록 주의한다. 오두막 집의 구석 화로 뒤에서 여우의 머리를 잘라내고, 그 껍질은 벽 옆의 긴 의자에 마치 명예로운 손님이라도 대접하듯 놓고, 다음날 똑같은 의식을 행하고 헛간으로 옮겨 갈 때까지 그대로 둔다.29) 다른 보고에 따르면 야쿠트인은 여우를 창에서 방으로 날라 들이기 전에 앞뜰에서 은장식 목걸이를 걸어주고 부인용 모피 외투를 입힌다.30) 부리야트인은 특별한 입구에서 집 안으로 검은담비를 들일 때 "손님이 오셨다."라고 한다.31) 퉁구스는 특히 검은담비나 북극여우 같은 고가의 모피는 특별한 의식을 행하여 경의를 표한다. 모자나 천을 머리에 씌우고 칭송하며 입맞춤을 한다. 숲의 신령은 쾌활하게 떠들기를 좋아한다고 믿고 있는 야쿠트는 그물에 걸린 산족제비의 콧등 주위에 버터나 크림을 발라주고 끊임없이 소리를 내어 웃도록 한다. 자동 활에 맞아서 순록이 죽은 것이 멀리서라도 보이면 역시 아이처럼 뛰면서 소리높이 외치거나 웃거나 한다.32)

투루칸스크 퉁구스에서는 곰의 고기를 익히기 전에 이 곰은 인간을 먹은 적이 있을까 조사하는 관습이 있다. 만약 그런 경우 곰의 고기는 식용으로는 제공되지 않는다. 곰이 인간을 먹은 적이 있는지는 곰에서 잘라낸 앞다리를 하늘에 집어던져서 그 떨어지는 쪽을 보고 결정한다. 그것이 안으로 향해 떨어지면 인간을 먹은 징표이다. 쇼르는 곰의 심장을 조사해서 거기에 인간의 털이 붙어 있는지 찾아본다. 그것과 비슷한 것이 있으면 그 곰은 인간을 찢은 적이 있다고 판단한다. 이 같은 경우 그들은 곰의 고기도 모피도 태워버리고 만다. 한편 오스탸크는 곰의 위(胃)를 조사해서 거기에 '털 뭉치'가 발견되면 이 곰이 인간을 먹은 확실한 증거라고 생각한다. 이 경우도 또한 곰은 태우든가, 털과 가죽을 함께 버리고 만다.33) 아마 이런 준수사항은 길랴크가 믿고 있듯이 곰에게 잡혀 찢긴 인간의 혼이 곰 속에 들어 있다는 두려움에서 나온 것이리라.34) 따라서 이 같은 곰의 고기를 먹을 수 없는 것은 그 때문이다. 물론 곰에게 복수한다는 기분도 저절로 더해진다.

그에 반해 내력이 확실한 곰은 요리를 만들어 축복하며, 죽은 곰을 달래고, 화해시키고, 즐기게 하는데, 물론 두려움 때문에 행하는 많은 의례도 관련이 있다. 물론 다른 야수일지라도 기쁘게 하려고 화려한 옷을 입히고, 기분을 좋게 하며, 향응을 베푼다. 야쿠트는 산족제비, 담비, 여우가, "지금부터라도 또한 그물에 걸리도록"이라고 그 콧등에 버터 등을 바르는 것이 습관화 되어 있다.35) 캄차달은 바다표범에게도 음식을 대접해서, 인간이 사는 곳에 손님으로 온 것이라는 식으로, 다른 바다표범에게도 알리려고 한다.36) 콜라 라프(Kola Lapp)는 "집으로 돌아와서 뭐든 먹게 해주겠다고 말하지 않았어? 다른 무리라도 찾아오면 먹게 해줄 테니까."라고 흰곰의 입에 물고기를 넣어준다.37)

사가이도 또한 죽은 자에 대해서 행하는 것과 똑같이 곰에게도 '장례식'을 해 준다는 것이다. 그들은 한밤중에 먹고 마시며, 또 노래하는 동안 죽은 동물의 《혼》도 또한 향연에 참가하며, 이러한 모든 것을 보거나 듣는다고 믿고 있다. 곰의 성별에 따라서 "우리 할아버지, 늙은이는 죽었다."라든가, "늙은 할머니는 죽었다."라고 말하며 탄식한다.38) 시베리아의 그 밖의 여러 민족도 저녁이 되면 비로소 곰의 장례식을 한다. 퉁구스의 관념에 따르면 참가자 누구도 향연이 한창일 때는 자리에서 일어나거나 쉬러 가서는 안 된다. 퉁구스가 행하는 곰의 장례식에서는 그 동안 집에서 바깥으로 무엇을 내가거나 꾸거나 해서는 안 된다. 특히 물을 꾸어서는 안 된다는 점에서도 죽은 자의 장례의식과 위령제와 매우 비슷하다. 향연에는 오로지 곰의 고기가 제공되는데 그것은 다음날까지 남겨두어서는 안 된다. 그 때문에 라무트는 모든 이웃을 향연에 부른다.39) 라프도 또한 마찬가지 관습에 따르고 있다.

아무르 계곡의 여러 민족의 경우 곰 고기 식사에 이어서 여러 가지 '우스광스러운' 의례가 행해진다고 마크(Maack)는 말하고 있다.40) 가장 진기한 것은 곰을 헷갈리게 해버리려는 것이다. 야쿠트는 곰 고기를 먹기 시작할 때 소리를 질러서 곰을 속이려 한다고 포타닌(Potanin)은 말하고 있다. 그 때문에 남자들은 연회에 찾아가면 '쿡, 쿡(kukh! kukh!)'이라고 말하고, 여자들은 '탁, 탁(tak! tak!)'이라고 한다. 이래서 까마귀의 울음소리를 흉내 내어 인간은 없고 까마귀가 그 고기를 먹으러 모여 있다고 믿게 하려는 것이다.41) 어떤 곳에서 야쿠트는 죽인 곰의 심장이 아직 따뜻하다는 것을 알고 날것으로 먹으며, 까마귀가 울 듯이 '까악 깍, 까악깍(khakh, khakh)'이라고 소리친다. 이런 이야기를 소개하고 있는 뒤렌코바(Dyrenkova)는 곰 사냥에 참가했던 모든 사람이 곰의 따뜻한 피를 홀짝홀짝 마시며, 간장이나 심장의 한 조각을 날것으로 먹고, 지방을 먹은 후 하늘을 쳐다보며 3번 '욱(ukh)'이라고 소리치는 관습이 아직 남아 있다고 말한다.42)

앙가라(Angara) 강 상류의

그림53. 곰제(祭)에서 자작나무 껍질 가면을 쓰고 춤추는 보굴.

퉁구스도 마찬가지로 곰 축하를 한다. 사냥한 것을 가지고 숲에서 나오면 곧 사냥꾼들은 '쿡, 쿡(kuk! kuk!)'이라고 소리치고, 좋은 소식을 알리는 것을 들은 야영지의 일동은 일제히 천막에서 나와서 손을 흔들고 '쿡, 쿡(kuk! kuk!)'이라고 소리친다. 남자들이 곰 고기를 해체하기 시작할 때도 역시 먼저 '우후(uhuu!)'라고 소리치고 이어서 '쿡(kuk!)'이라고 소리친다. 도브로미슬로프(Dobromyslov)가 지적하고 있는 것으로는 어떤 지방의 퉁구스는 곰의 향연에 참가한 자는 새가 날갯짓을 하는 것과 똑같이 손을 흔들며 공중에 뛰어오르듯이 해서 까마귀의 울음소리를 흉내 낸다는 풍습이 있다. 그 때문에 곰제(祭)에 참가한 사람은 《까마귀》라고 불린다. 때로는 얼굴에 그을음을 바르는 경우도 있다. 이런 풍습의 목적이 무엇일까는, 퉁구스가 곰의 뼈를 숲에 가지고 갈 때 부르는 구절에서 분명하게 나타난다. 이른바 "너를 쳐 죽인 것은 우리들이 아냐. 러시아인이야. 너를 먹은 것은 우리들이 아냐. 까마귀야. 우리들은 너의 뼈를 보고 묻은 것이야.43)" 여기서 아울러 생각해 볼 수 있는 것은 오스탸크 사모예드의 관습이다. 오스탸크 사모예드는 곰의 모피와 대가리를 천막 깊숙이에 놓아두고 자작나무 껍질로 그의 눈을 덮고 그의 눈을 쪼는 것은 곰에게 날아간 까마귀라고 속여서 말하기 위한 것이다.44)

오스탸크와 특히 보굴(Vogul)의 경우 곰제(祭)에는 흔히 춤과 연극이 이어서 행해지는데, 전자 쪽이 좀 더 기원이 오래된 것 같이 여겨진다. 오스탸크의 이러한 춤을 묘사한 카르얄라이넨(Karjalainen)은 춤은 "손발, 특히 손을 돌렸다가 흔들다가 할 뿐이며, 오늘날 이미 그 의미는 이해할 수 없게 되었는데, 이런 춤사위는 일종의 공격과 방어를 표시하고 있는 것같이 여겨진다."고 덧붙이고 있다.45) 곰제(祭) 때 오스탸크 사모예드의 여성은 팔을 굽혀서 올렸다가 내렸다가 하며, 손바닥을 팔랑팔랑거리며 주위를 돈다고 파트카노프(Patkanov)는 쓰고 있다.46) 이

그림54(왼쪽), **그림55**. 보굴이 곰제(祭)에서 사용하는 ≪두루미≫와 ≪수리부엉이≫. 카니스토에 의한다.

런 동작이 맹수를 흉내 내려는 것은 분명하며, 보굴도 또한 때로는 이러한 분장을 하는데, 이 경우의 맹수는 퉁구스 등의 《까마귀》와 같은 의미를 가진 것이다.47) 분명히 먼 석기시대로 거슬러 올라가는 이런 원시 수렵문화에 속하는 특징은 동시에 인류 연극예술의 원초적인 역사에 빛을 던지는 실마리가 된다.

아이누인이나 오스탸크와 마찬가지로 투멘(Tumen) 강에 사는 오로치(Orochi)도 사할린의 오로크(Orok)도 새끼곰을 잡아서 2, 3년 동안 먹이를 주어 키운다. 통상 겨울이 시작될 무렵에 이 곰을 잡아야 할 시기가 찾아오면 나무를 깎아서 털을 세우는 것으로 몸치장을 하고, 그 모습 그대로 마을 안으로 끌고 가서 구경꾼이 많이 모여 있는 특설 '무대(arena)'까지 끌고 가서 활로 쏘아 죽인다. 오로크는 쏠 때 이러한 곰은 다른 민족 출신의 것이라고 생각한다. 다음으로 하는 연회는 그런 의례라는 점에서는 사냥꾼이 숲에서 죽이는 경우에 하는 곰제(祭)와 큰 차이가 없다.48)

특별한 보기로 이 지방에서는 곰제(祭)에는 또한 경주도 한다는 것을 말하고 싶다. 오로치, 올차, 길랴크는 탈것을 개에게, 오로크는 순록에게 끌게 해서 경주를 한다. 멀리서 구경꾼이 찾아오는 이 경주는 곰제의 인기 종목이다.49) 이미 말한 것처럼 투르크 계통의 여러 민족의 희생제 때도 또한 곳에 따라서는 경주를 하고 있다.

곰 연회에 이어서 각지에서는 아직 중요한 행사, 곧 곰 **뼈**의 보존이라는 것이 남아 있다. 그때 사냥꾼들은 보통 장례식에서 돌아왔을 때와 마찬가지로 몸을 깨끗이 한다. 물론 어느 경우에나 의미는 같다. 부정을 없애는 가장 일반적인 방법은 노간주나무나 시베리아 낙엽송의 연기로 쬐거나 불 위를 뛰게 한다. 사냥꾼들은 자신의 몸을 지키기 위해 집으로 돌아올 때에 곰의 마지막 휴식처를 향해서 쏜다. 칼라르(Kalar)인은 나무에 건 곰의 머리를 쏜다고 한다.50) 퉁구스의 곰 사냥꾼은 연장자 순으로 죽인 곰의 배를 향해 활을 쏜다.51) 이와 같은 활쏘기 풍습은 핀족의 경우에도 기록되어 있다. 예를 들면 칼레리아(Carelia)인은 곰의 가슴 부위를 갈라 열고 그 피로 소나무에 십자를 긋고 그것을 노려 몇 번인가 쏜다. 곳에 따라서는 곰의 비장(脾臟)을 세워서 표적으로 한다. 라프는 곰의 간장을 소나무에 걸고 그것을 쏜다고 한다. 가장 잘 맞히는 자가 다음에 곰을 쏘아 죽일 것이라고 생각한다. 이러한 활쏘기 풍습이 모두 원래의 의도는 아마 단지 스스로의 보호밖에 없었을 것이다.

3. 삼림동물의 **뼈** 간직하기保存

잡은 동물의 **뼈**를 다루는 것도 또한 수렵의례에서 중요한 역할을 한다. 사냥꾼이 그것을 소홀하게 하면 사냥의 운이 달아나 버린다고 믿고 있다. 이 풍습이 가장 엄격히 지켜지는 곳은 곰제(祭)이다. 죽은 곰에게 바치는 마지막 봉사는 의례를 힘써 행하는 것이다. 곰을 해체할 때 이미 눈에 띄지 않는 뼈라도 부러지지 않게 하기 위하여 각 살점은 반드시 관절이 있는 곳에서 나누고 될 수 있는 한 주의하지 않으면 안 된다. 먹을 때도 마찬가지로 설사 뼈 하나라도 다치지 않도록 주의해야 한다. 그 때문에 작은 칼이나 날붙이를 쓰는 것은 피한다. 식사가 끝나면 뼈는 모두 주의 깊게 주워 모아 둔다. 오래된 관습이 잘 보존되어 있는 곳에서는 특히 그렇다.

라무트는 곰의 뼈를 주의 깊게 모아서 본래 뼈 조직의 배열대로 함께 연결하여 사람의 시신과 똑같이 숲속에 설치한 기둥의 대상(臺上)에 둔다고 보고라스(Bogoras)는 쓰고 있다.[1] 오로크(Orok)도 또한 곰의 '모든 골격'을, 그 때문에 특별히 만든 기둥의 대상(臺上)에 모으고 등골을 버드나무 한 가지에 꿴다.[2] 나나이는 나무 위 높이 곰 뼈를 단다.[3] 그 밖에 몇몇 퉁구스 계통의 민족도 같은 관습을 가지고 있는데, 다만 뼈 하나라도 없어지지 않게 주의한다.[4] 야쿠트도 또한 마찬가지로 뼈를 없애거나 부서지지 않도록 삼가 주의한다. 야쿠트는 뼈를 자작나무 껍질인가 뭔가로 싸서 네 나무 기둥으로 받친 대(臺. arangas. 아랑가스) 위에 싣는다.[5]

곰의 뼈를 주의 깊게 보존하는 풍습은 고대 수렵문화에 속하는 일반적인 특징이다. 오래된 자료에는 라프(Lapp)는 곰의 고기를 분해할 때 뼈를 다치지 않게 할 뿐만 아니라 동맥이나 힘줄을 찢어지지 않도록 신경을 쓴다. 따라서 몸뚱이에서 머리를 자를 때 기관(氣管)이나 거기에 들러붙어 있는 내장을 머리에 붙인 채로 해서 함께 삶는다. 곰을 먹고 남은 부분을 자작나무 가지를 깔아서 땅속에 묻을 때 하나하나 뼈가 정확한 장소에 오도록 신경을 쓴다. 이미 말한 콧등의 껍질이나 성기(性器)나 꼬리도 또한 적합한 위치에 늘어놓는다. 라프도 오로크도 곰의 등뼈가 본래 늘어놓는 방법이 바뀌지 않도록 나뭇가지에 펜다. 라프는 개나 맹수가 죽은 동물의 평화를 어지럽히지 못하도록 곰의 무덤을 통나무나 낙엽송의 잎으로 덮어 준다.6)

트레탸코프(Tretiakov)가 투루칸스크 지방의 여러 민족에 대해 말한 곰의 매장은7) 뼈를 나무 위에 걸거나 기둥으로 받친 대(臺) 위에 놓는 것과 견주어서 일반적, 기원적인 관습은 아닌 것처럼 여겨진다. 퉁구스나 나나이에서는 곰의 고기나 지방을 지면에 떨어뜨

그림56. 야쿠트가 짐승 뼈를 넣기 위해 세운 가대(架臺). 트로슈찬스키에 의한다.

리는 것은 결코 허용되지 않는다.8) 라프에서도 매장과 함께 나무 위 장례도 역시 행해졌던 것이다. 그란(Graan)의 기록 중에 "어떤 사람은 곰의 뼈를 연결해서 곰을 죽인 장소의 나무에 건다."는 지적이 있다. 어떤 지방에서는 더욱이 나무판자로 일종의 대(臺 peäleb)를 만들고, 개나 맹수가 미치지 못할 정도 높이의 나무 위에 올린다. 그 위에는 시베리아에서 하는 것과 마찬가지로 곰의 모든 뼈를 본래 대로 늘어놓는다.9)

도브로미슬로프(Dobromyslov)는 다음과 같이 언급했다. 오로촌은 곰의 뼈를 숲에 가지고 갈 때 콧등, 귀, 목, 기관(氣管), 발, 꼬리 등에서 잘라져 나온 어떤 작은 조각이라도 가지고 간다. 뼈 하나하나는 '완전한 곰이 되도록' 짜 맞추어 나뭇가지에 놓는다.10) 한편 티토프(Titov)는 퉁구스는 곰의 뼈에 이끼를 덮는데, 특히 그 목적으로 세운 대(臺) 위에 놓고, 거기에 심장, 내장, 눈, 귀의 한 부분을 더한다고 말한다. 곰의

콧등은 서쪽으로 향하게 하고 죽은 곰이 거기로 간다는 서쪽을 퉁구스는 가리키고 곰에게 용서를 비는 것과 동시에 앞으로 풍성한 사냥이 되도록 빈다. 앙가라 강 상류의 퉁구스는 곰의 머리와 몸뚱이의 왼쪽 고기 조각을 도끼로 네모로 자른 나무 위에 놓는다.[11] 여기에 든 보고에서는 '서쪽'도, '왼쪽'도, 죽은 자의 의례에서는 보통 그런 것처럼 같은 의미를 가지고 있다.

　오늘날 많은 지방에서 두개골만 보존의 영광을 입지만, 본래는 곰의 모든 **뼈**가 보존되었던 것 같다. 예를 들면 카라가스는 곰의 두개골만 나무에 건다. 그들은 뼈를 부서지지 않도록 하려고 두개골 속의 뇌수(腦髓)는 먹지 않는다. 사가이(Sagai), 칼라르(Kalar), 카르긴즈(Karghinz)도 마찬가지로 곰의 두개골을 나무에 거는데, 투발라르(Tubalar)와 텔렝기트(Telengit)는 때로 혀끝과 함께 땅속에 묻기도 한다. 카르긴즈는 그 때 곰의 '콧구멍'에 순록 이끼를 넣어 막는다. 사가이는 곰의 턱뼈 사이에 돌 한 개를, 몇몇 인접 종족은 마른 풀이나 풀을 넣는다. 소요트는 곰의 턱**뼈**를 나무나 혹은 길가에 세운 기둥 끝에 건다.[12]

　특히 다른 **뼈**를 보존한 경우에도, 특별히 중요하게 다루는 것은, 역시 곰의 두개골이다. 마크가 일찍이 여행 도중에 봤다는 이야기에서는 야쿠트와 퉁구스는 죽인 곰의 모든 **뼈**를 숲으로 날라 가서 세 그루 나무의 그루터기 위에 만든 대(臺) 위에 늘어놓고 풀이나 나뭇가지로 덮는다. 그런데 머리는 마치 '승리의 표시'처럼 집 가까이에 기대어 세워 둔다. 마크는 또한 다른 저서에서 오로촌은 곰의 두개골을 자작나무 껍질로 싸서 나무 위에 걸어 둔다고 말하고 있다.[13] 삼림유락도 곰의 두개골을 길가 나무에 걸고 그 밖의 **뼈**는 주워 모아서 흙에 묻든가 물속에 빠뜨린다고 레흐티살로(Lehtisalo)는 적고 있다.[14] 집에서 키웠던 곰을 죽일 때의 의식을 묘사한 레온토비치(Leontovitch)는 아무르 지방에서 본 무덤에는 자작나무 껍질로 휘감아 싼 곰의 뼈가 '마치 인간의 시신처럼 무덤 속에서 쉬고 있다.'는데, 두개골은 보통 나무에 달거나 죽인 장소 가까이에 있는 기둥의 끝에 달려 있었다고 말한다.15)

곰의 두개골을 이처럼 다른 뼈와 구별하는 것은 흔히 어떤 주술적인 목적을 위해 사용되기 때문이다. 게다가 그것이 사는 곳 가까이에 있는 것은 분명히 그 보호력을 생각한 것이다. 길가에 걸려 있는 경우에도 두개골은 어떤 목적을 가지고 있다. 소요트는 곰의 두개골 옆을 지나갈 때 거기에 인사를 해 두면 다른 곰에게 습격을 받지 않고 산다고 믿고 있는 것 같다.16)

투루칸스크 지방의 퉁구스가 죽인 곰 머리의 가죽을 천막 속에 보존해 두는 관습도 역시 곰의 머리에 종교적인 의미가 담겨 있다는 것을 보이고 있다. 일찍이 나는 예니세이 계곡에서 퉁구스가 곰의 머리를 사람의 손으로 건네주면 사냥 운을 잃는다고 믿고 있는 것 때문에 머리에 붙은 곰의 모피를 손에 넣을 수가 없었다고 모피 상인이 투덜대는 것을 들은 적이 있다. 유락사모예드도 마찬가지로 귀를 자른 곰의 모피를 아마포에 싸서 보존하고 그것을 일종의 가신(家神. kaehe)으로 간주해서 입술에 때때로 화주(火酒)를 발라준다. 사모예드어에서 대략 '신상(神像)'을 의미하는 kaehe, haehe, koika 등은 투르크 계통의 언어들에서 '두피(頭皮)'라는 의미의 말에서 나온 차용어라고 레흐티살로는 상정(想定)하고 있다.17)

역시 곰의 시체는 어느 정도 특별한 지위를 차지하고 있는데, 그것만이 이러한 의례의 대상인 것은 아니다. 퉁구스는 그 밖에 식용으로 제공되는 동물의 뼈나 순록의 뿔을 세 그루터기 위에 받친 대(臺) 위에 놓는다고 마크는 지적하고 있다(그림57)18). 프리아얀스크(Priajansk) 퉁구스는 야생 순록의 두개골과 다리뼈에는 특히 주의를 기울이며, 나무에 걸거

그림57. 퉁구스가 짐승뼈를 장례 지내기 위해 세운 가대(架臺).

나 숲속 나무 대(臺) 위에 둔다. 게다가 순록의 여러 기관에서 잘라낸 조각은 그 두피(頭皮) 속에 싸서 다리가 하나인 기둥 위의 방에 넣어 둔다. 이 경우 모아 싼 것의 숫자는 죽인 순록의 숫자와 같다.[19)]

야쿠트도 또한 큰사슴의 뼈를 모아서 숲으로 가지고 간다. 뼈를 부수어 버릴 염려가 있는 자에게는 그 고기를 결코 팔려고 하지 않는다는 것이다. 몇몇 알타이 타타르 종족은 네 기둥으로 받친 대(臺) 위에 검은담비를 싣고, 그 위에 섶을 덮는다. 한편 카라가스는 검은담비의 고기와 뼈를 나무 위에 매단다. 여우의 고기를 먹지 않는 야쿠트는 가죽을 벗긴 시체를 마른 풀로 싸서 나무와 나무 사이에 만든 무덤 위에 두든가, 땅속에 묻는다. 이리의 시체도 마른 풀로 싸서 나무에 매단다. 프리아얀스크의 퉁구스도 마찬가지로 죽인 여우의 고기와 뼈만의 시체를 나무에 매단다. 라프 등은 이리에 대해서도 이것을 행한다. 잡기에 하찮은 동물에 대해서는 시베리아 여러 민족들은 곰, 큰사슴, 야생 순록, 혹은 그 밖의 값나가는 동물을 잡았을 때만큼 그 정도로 마음에 두지 않는 것이 보통이다. 그러나 때로는 토끼의 두개골을 보존하는 경우도 있으며, 야쿠트를 비롯해 몇몇 시베리아 민족은 자신의 집에 가져다 둔다. 이와 같은 토끼의 두개골은 아무르 지방에서 천막의 끈에 끼워져 있는 것을 본적이 있다고 마크는 말하고 있다.[20)]

투루칸스크에는 곰의 뼈를 태우는 관습도 있었다고 트레탸코프(Tretiakov)는 말하고 있다.[21)] 그러나 이 보고는 그것이 곰을 처벌하기 위한 것이 아닌 한, 더 오래된 관습과 모순된다. 라프와 마찬가지로 시베리아 민족들도 또한 몸의 어떤 작은 부분도 불에 넣지 않도록 신경을 쓴다. 야쿠트는 만약 어느 순간 곰의 고기가 불속에 떨어지면 곰은 심하게 화를 낸다고 한다. 알타이 타타르는 곰의 뼈를 태운 적이 있는 사냥꾼은 두 번 다시 곰을 찾을 수 없다고 주장한다. 퉁구스, 부리야트 등의 관념에 따르면, 동물의 털이나 새의 깃을 불에 태우면 사냥 운을 상실한다. 안심하고 불을 사용할 수 있는 것은 제사에 쓰거나 부정을 쫓기 위해 사용하는 경우에 한한다.

동물의 사체를 보존할 때의 의례를 인간의 경우와 비교해 보면 사람의 장례 때와 마찬가지로 분명한 평행 현상이 있다는 것을 알게 된다. 이미 말했듯이 많은 시베리아 민족은 죽은 자도 또한 나무 위나 기둥 위 보호할 수 있는 장소에 둔다. 장례의식의 관습은 변화해도 잡은 동물의 뼈를 다루는 방법 면에서는 보통 본래의 자세를 그대로 간직하고 있다.[22] 나나이의 곰 무덤에서 인간의 무덤에 놓았던 것과 똑같은, 자작나무 껍질로 만든 용기를 보았다고 적고 있는 슈렌크(Šrenk)는 그것은 잡은 곰의 《그림자》를 위한 제물일 것이라고 추측하고 있다.[23] 이 용기는 아마 뼈를 나르는 데에 사용된 듯한데, 동물에게도 인간에게도 똑같이 행하는 풍습은 두피(頭皮)를 벗긴 것과 그 보존이다. 나는 투루칸스크 지방에서 퉁구스가 일찍이 곰의 두피만이 아니라 죽인 적의 두피도 천막에 보존하고 있다는 이야기를 들었다. 핀 계통의 오스탸크도 또한 인디언과 마찬가지로 적의 두피를 벗겼으므로 이 이야기를 의심할 근거는 없을 것이다. 인간의 두개골도 또한 옛날에는 동물의 경우와 마찬가지로 특별한 주목을 받았다는 것은 틀림없다. 예를 들면 유카기르는 샤만 혹은 족장이 죽으면 그 살의 일부를 뼈로 만든 작은 칼로 시신에서 떼어 내어 태양에 쪼여 말렸다고 요헬손(Jochelson)은 말하고 있다. 유카기르는 그때 탈을 쓰고 죽은 자에게 직접 손이 닿지 않도록 장갑을 꼈다. 그리고 그 살은 일종의 관에 모아 넣고 나무 혹은 기둥 위에 놓는다. 뼈는 친척에게 나누어 주어 '부적'으로 가지게 하고, 사는 것이 힘들 경우 의논할 때마다 꺼낸다. 머리는 한 종족 최연장자의 소유가 된다.[24]

어떤 여행자나 연구자는 위와 같은 방식으로 뼈를 보존한 것은 희생 동물이었다고 추측하고 있다. 제물은 숲의 신령을 위한 것이라고 설명할 수 있다. 예를 들면 마크는 이처럼 해석하고 있으며, 퉁구스 스스로는 이러한 식으로 하는 것은 동물의 시체를 개나 맹수로부터 지킬 목적일 뿐이라고 설명하는데, "몇 번이나 끈질긴 질문을 되풀이 하는 가운데" 그렇게 보존된 뼈는 숲의 신령의 제물이라고 말했다고 지적하고 있다.[25] 이 경우 질문자는 세간의 입을 빌어 스스로 생각해낸 의미부여에 어울리는 좋은 답을 끄집어낸 것 같은 생각이 든다. 적어도 수렵민의 의례로 하든, 그들이 말하고 있는 말로 하든, 그것이 숲의 신령을 모시기 위한 것이라는 것은 느낄 수 없다. 그렇지는 않고 곰 자체를 누그러뜨리고 위로하는 것이 어디에서나 중심적인 역할을 하고 있다. 특히 뼈의 보존에 대해서 말하면 뼈가 남아 있는 한 생명은 어떤 불가사의한 방식으로 계속되고 있다고 하는 사고방식이 분명히 그 속에 잠재되어 있다. 피엘스트룀(Pjellström)은 라프는 모든 뼈를 올바른 위치로 늘어놓는 것을 끝내면, 곰에게 가라는 듯이 말하고 또한 다른 곰에게도 어느 정도 대접을 받았는지 전하고, 다른 곰이 두려워 거역하는 것이 없이 기쁘게 잡히도록 가르쳐 주기를 바란다고 말하고 있다.[26] 곰의 뼈를 나무에 걸면서 나나이는 "화내지 마라, 너에게는 잘 해 줄게. 우리들이 있는 곳으로 곰을 데리고 와서 잡히도록 하라."고 말하는 것이 습관화되어 있다.[27] 핀 계통의 어떤 곰 노래 한 구절도 같은 내용이다.

말하라, 여기를 떠나
숲으로 돌아갈 때에는
거기서는 누구에게도 괴롭힘을 당하지 않았어
먹을 것으로는 벌집을
먹을 것으로는 달콤한 꿀을 주었다고

　더구나 뼈를 주의 깊게 보존해 준 곰은, "또 되살아나서 다시 그것을 쏠 수가 있다."고 라프는 믿는다고 전해지고 있다.[28] 똑같은 관념은 다른 자연민족에게도 있다. 인디언은 쏘아 잡은 들소의 뼈를 초원 위에 배열한 채로 두는데, 이렇게 함으로써 다음해 사냥철에는 다시 되살아나기를 바란다고 말한다. 한편 에스키모는 다시 한 번 잡힐 것이라고 바다표범의 뼈를 물속에 던진다. 흥미로운 것은 라프에 관한 다음과 같은 투레니우스(Thurenius)의 보고이다. "곰, 토끼, 늑대의 뼈는 마른 모래언덕에 묻거나 개나 맹수가 가까이 오지 못하도록 산의 협곡에 감추어 둔다고 한다. 라프가 이렇게 하는 것은 이런 동물은 건조한 땅에 살고 있기 때문이며, 거꾸로 물에 사는 동물의 뼈는 샘 안에 빠뜨려 놓는다.[29]"
　이러한 속신적 관념에 한줄기 빛을 비추어 준 것과 관련된 몇몇 수렵 민간문학을 들어 본다. 예를 들면 카프카스에는 숲의 신령들이 동물을 죽여서 그 고기를 요리하는데, 뼈는 모두 모아서 모피에 넣고 나뭇가지로 두드려서 다시 살린다는 이야기가 있다. 어느 때 한 사냥꾼이 있었는데, 식사 때에 뼈를 하나 감추고 그 대신에 막대를 하나 넣어 두었다. 그래서 동물은 다시 되살아났는데, 우연히 같은 사냥꾼이 그 동물을 잡아서 보니 그 동물의 몸속에는 예의 막대가 들어 있었다.[30] 같은 민간문학은 다른 데에도 기록되어 있는데, 퉁구스도 또한 그 동물의 뼈로 눈과 귀를 붙여 주면 시각도 청각도 되살아난다고 확실히 믿고 있다.

따라서 위에서 말한 모든 예는 동물이나 인간의 뼈 보존은 원래 완전히 목적이 같았다는 것을 암시한다. 이 문제를 들고 어떤 연구자들은 다시 위에서 말한 의례에서 볼 때 자연민족의 사고방식으로 보면 동물 중에는 동물의 혼보다 뭔가 더욱 고도한 신령이 살고 있다고 상정된다. 카르스텐(Karsten)은 브라질의 어떤 인디언 종족은 잡은 야수 혹은 물고기는 주술사가 축복해 줄 때까지는 먹어서는 안 된다고 믿고 있다는 것을 말하고, "그 인디언 관념에 따르면 죽은 주술사의 혼은 사람이 값비싼 음식물이라고 간주하는 것 같은 삼림동물이나 물고기로 즐겨 재생한다.31)"고 적고 있다. 동시에 고대 핀(Finn)인도 또한 곰에는 인간의 혼이 깃들어 있다고 믿고 있는 듯하다고 지적하고 있다. 그래서 어딘가에 나쁜 인간의 《혼》이 들어 있지 않은 곰은 해를 끼치지 않는다는 관념이 핀란드에 알려져 있다. 그런데 그러한 인간을 위해 곰제(祭)가 행해진다는 예는 존재하지 않는다. 인간을 먹었기 때문에 그 사람의 《혼》이 들어 있을지도 모른다는 곰은 시베리아의 민족들은 전혀 먹으려 하지 않을 뿐만 아니라 완전히 없애 버리는 것이 보통이다.

그러나 시베리아에는 다른 지방과 마찬가지로 곰이 영리한 것은 본래 사람이었기 때문이라고 설명하는 전설이 있다. 투루칸스크(Turukhansk) 지방에서는 나무 둘레를 3번 기고 곰의 신음소리를 흉내 내면 인간은 곰으로 변할 수가 있다고 말하고 있다. 야쿠트의 경우에는 쓰러진 나무 줄기 위를 3번 뛰어 넘으면 된다.32) 곰의 껍데기를 벗겨서 보면 그 속은 인간의 몸이었던 것이 때때로 있다고조차 말하고 있다. 야쿠트의 이야기에 따르면 껍데기를 벗긴 암곰의 몸은 여자의 몸과 닮았는데, 역시 여자의 유방과 발이 있다.33) 라프에도 이러한 이야기가 있는데, 그렇다고 해서 죽인 곰을 제사지내는 것은 본래 인간의 영혼을 제사지내는 의식이었다고 하는 증거로는 되지 않는다. 이것이 순록 그 밖의 야수인 경우는 이 설명이 맞지 않는다.

더구나 야쿠트는 곰제(祭) 때 숲의 신령(바야나이 bajanai)의 상을 만들어 그것에 예배한다고 전해지고 있다. 뼈가 부서지지 않도록 주의하면서 곰의 고기를 먹은 후에 그 뼈를 모두 숲의 신령의 상과 함께 자작나무 껍질로 싸서 나무에 걸고 "할아버지, 러시아인인가 퉁구스인이 당신을 먹었으므로 우리는 당신의 뼈를 찾아서 주웠어요."라고 말한다.34) 이처럼 노래 부르는 말은 곰을 향해서 말하는 것이므로 본래는 곰의 뼈와 함께 나무에 건 상(像)은 곰에 대한 헤아림이기도 했다. 야쿠트인 자신이 이 문제를 다르게 이해했는가는 확실하지 않지만 곰에 대해 다른 민족도 그렇게 부르듯 야쿠트인도 《숲의 신령》이라고 불렀다. 이런 풍습은 당연히 죽은 자의 상을 만들어 고인을 나타내는 어떤 제사에 비유해 볼 수가 있다. 슈렌크(Šrenk)가 말하고 있듯이 길랴크(Gilyak)는 곰제 때 곰의 모형에 길랴크의 옷을 입혀서 상좌에 앉힌다는 관습도 있었다. 길랴크는 곰제가 끝난 뒤 이 상을 작은 특별한 건물 속에 마치 수호령을 모시듯이 안치한다고 적고 있다. 축치(Tchuktchi)와 코랴크(Koryak)의 경우는 이런 제(祭) 때 곰의 모피를 입은 인간이 곰이 되어 나타난다. 코랴크도 어떤 지방에서는 곰제 때 곰의 상을 마련한다.35) 이런 비교 재료를 비추어 보면, 야쿠트인의 똑같은 풍습은 쉽게 이해할 수 있다.

북방 아시아의 샤머니즘에 관한 논문에서 수렵에 관련된 의례를 논한 스타들링(Stadling)은 도살 희생의 경우와 완전히 같고 일정한 의식에 따라서 행하는 야수의 도살이 희생행사로 보일 뿐만이 아니라 가축의 도살도 그러한 것으로 간주한다고 말하고 있다.36) 여기서 스타들링이 이러한 의식은 가축의 도살에 맞추어 행한다고 기술한 것은 말할 것도

그림58. 부리야트의 가축우리 지붕에 놓은 동물의 두개골.

없이 옳다. 그 뼈도 또한 이전은 보존되어 있었다. 뼈를 부수어서는 안 되기 때문에 고기는 관절 있는 데서 잘라 냈다. 라프는 야생 순록과 마찬가지로 사육 순록의 뼈도 역시 개 눈에 띌 걱정이 없는 곳으로 나른다. 야쿠트는 야생동물의 뼈만이 아니고 순록, 말, 소의 두개골도 또한 나무에 건다. 키르기스인은 도살한 말이나 양의 두개골을 어딘가 높은 곳이나 기둥 끝에 올린다. 부리야트는 가축의 뼈는 가축우리의 지붕에 놓는다(그림58).37) 똑같은 풍습은 유럽의 농경민에게도 확인된 적이 있다.

가축은 야생동물을 길들여 기른 것이므로 도살할 때에 옛 수렵문화의 의례가 남아 있는 것은 이해가 된다. 극북민족들에게 가장 중요한 가축인 순록의 경우가 특히 그렇다. 많은 세월이 흐른 뒤에도 라프는 집의 상좌(上座) 뒤에서 순록을 도살하고, 그 고기는 뒤의 입구에서 천막 안으로 들이며, 적어도 여성에게는 그 고기를 요리하도록 허락하지 않았다. 뼈의 보존도 결부된 이러한 통상적인 경우에도 지켜지고 있는 도살 풍습은 제물 동물에 대해서도 행해지는 것인데, 제물행사로는 간주되지 않는다. 농경민의 제물의례에도 야생동물에 관한 오래된 방식이 인정되는 것은 흥미롭다. 제물에 쓰이는 동물의 경우 모피도 또한 숲의 성소에 남겨 둔다는 점을 제하면 둘 사이에는 본질적으로 서로 다른 것은 보이지 않는다. 수렵의례의 경우에는 유럽의 석기시대에 이미 그 예가 보이듯이, 두개골 혹은 두개골과 다리뼈의 보존만이 중요시되고 있는데, 농

3. 삼림동물의 뼈 간직하기

경민의 가축 제물의 경우에도 사정은 마찬가지이다. 또한 야생동물의 경우와 마찬가지로 가축 제물의 경우에도 뼈와 함께 여러 가지 기관이나 신체 부분이 보존되었다. 수렵민이 흔히 다른 부분과는 별도로 해서 익히는 신체 부분은 제물의례의 경우에도 구별해서 익히며, 여자들이 그것을 먹지 않도록 주의한다.

 이것은 야생동물의 뼈 보존이라는 행위 속에 들어 있는 것과 같은 사고방식이 오래된 제물의례 속에도 반복해서 행해진다는 것을 의미한다. 그 경우 제물에 쓴 동물을 '저 세상'으로 옮겨가는 것도 또한 제물 그 자체보다 중요한 처치였다. 희생제사의 향연을 어느 정도 사치스럽게 해도 뼈를 부수거나 흩어 버려서는 의식은 완전히 망치는 것이다. 카르얄라이넨(Karjalainen)은 오스탸크의 제물의례를 기술하면서 "이 경우 동물 희생제사의 본래 목적은 그것을 수호령에게 인도하는 것이다."라고 지적하고 있는 것은 정말 옳다.[38] 라프는 제물의 식사를 마친 후 동물의 뼈를 모두 모아서 다치지 않도록 완전히 본래대로 해서 성소로 날라다 놓으면 신들은 뼈에 새로이 살이 생겨나게 할 수 있다고 믿었다. 천신에게 망아지를 제물로 바치고 도살할 때 체레미스(Cheremis)는 "높이 올라간 혼이 빛나는 머리카락, 빛나는 갈기, 은빛 꼬리, 은빛 말발굽을 가진 망아지가 되도록" 기원한다. 보탸크(Votyak)도 또한 제물에 쓴 말의 뼈를 나무에 걸었는데, 이 말은 죽은 것이 아니고, 살아서 그 목적지에 도달한다고 믿었다.[39] 이러한 관념과 관습은 제물의 기원에 대한 연구에서도 중대한 의미를 지닌다.

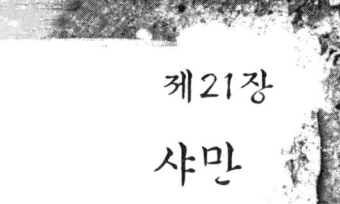

제21장
샤만

　시베리아 민족들의 원시적인 영혼숭배에 뿌리를 둔 세계관은 일반적으로 샤머니즘이라고 불린다. 이는 거기에는 일종의 마술사인 샤만이 대단히 중요한 역할을 하고 있기 때문이다. 그러나 샤만이라는 명칭을 사용하는 것은 만주 퉁구스 계통 민족뿐인데(퉁구스 šaman, saman나나이 s'aman 만주 saman), 연구 여행가들이 이 말을 시베리아의 마술사를 일반적으로 부르는 이름으로 사용하여, 국제적으로 문헌에 정착된 것이다. 처음으로 샤만을 말한 사람은 1692년에 중국에 여행하고, 함께 여행기를 간행한 모스크바 대공(大公)의 사절(使節) 에베르트 이스브란트 이데스(Evert Yssbrant Ides)와 같이 간 아담 브란트(Adam Brand)이다. 이 말의 기원에 대한 설은 구구하다. 고유한 어원을 가졌다고 생각하는 사람이 있는가 하면, 그에 반대한 사람도 있는데, 예를 들면 카이 돈네르(Kai Donner)에 이르러서는 산스크리트어 śramaṇa나 빨리어 samaṇa(乞食僧)와 관련시키고, 이 어형은 또한 토카라어(samāne)나 소그드어(śmu=šaman), 끝내는 중국어(沙門)에까지 나타난다.[1)]

　투르크 계통의 민족들에서는 마술사의 가장 일반적인 호칭은 캄(kam)인 것 같으며, 시베리아의 타타르와 '황위구르'는 오늘날도 이 말을 쓰고 있다. 러시아의 민족지 문헌에 나타나는, 샤만이 의식을 집행하는 것을 가리키는 캄라니에(kamlanie)라는 말은 여기에서 나왔다. 샤만을 의미하는 캄이라는 말은 이미 가장 오래된 위구르어 문헌인, 1069년의 쿠다쿠 빌릭(Kudatku bilik) 속에 보인다. 다음의 기술과 같이 뤼브뢰크(Ruysbroeck)도 또한 이 말을 알고 있었다. "프랑크족이 안티오키아(Antiochia)를 빼앗을 무렵(1098년의 제1차 십자군 무렵), 콘 캄(con cham)이 이 북쪽 나라들의 지배자였다. 콘은 이름이고, 캄은 예언자라는 의미로, 그들의 칭호였다. 그들은 예언자들에게는 모두 캄이라는 이름을 붙여 부르고, 민중의 지배는 예언술을 받침으로 하고 있으므로, 군주도 캄이라는 호칭이 사용되었다.2)" 그런데 뤼브뢰크는 여기서 캄(kam)과 칸(khan)을 구별 없이 쓰고 있다. 특별한 것은 그가 샤만의 행위를 다음과 같이 묘사한 것이다. "그들 가운데 어떤 이는 악마를 존숭하여, 밤중에 천막 중앙에 요리한 고기를 놓고 악마의 계시를 바라는 자들을 모은다. 기도의식을 치른 예언자(cham)는 마술을 시작하는데, 북으로 세차게 지면을 때린다. 그는 이윽고 광란 상태에 빠지며, 자신을 묶도록 한다. 마침내 어두워지자 악령이 찾아오고, 마술사가 악령에게 고기를 내밀면 악령은 통 알 수 없는 계시를 내린다.3)"

몽골인, 부리야트(Buryat)인, 칼무크(Kalmuck)인은 오늘날 샤만을 뵈(bö)라고 부르며, 야쿠트(Yakut)인은 오윤(ojūn)이라고 부른다. 여성 마술사에게는 야쿠트인도 같이 몽골어 udgan을 사용한다. 그러나 여자 샤만은 남자만큼 중요한 역할을 하지 않는다. 프리클론스키(Priklonski)에 따르면 야쿠트인은 가까이에 남자 샤만이 없을 때라든가 그다지 중요하지 않은 경우에 한해서 여자 샤만의 신세를 진다고 말한다.4) 그러나 곳에 따라 예를 들면 야쿠트인이라든가 부리야트인의 경우 여자 샤만이 명성을 얻어 죽은 뒤에 영원히 제사의 대상으로 되는 경우도 있다.

그림59(좌), 그림60(우). 나나이의 여자 샤만. 심케비치에 의한다.

몽골인과 야쿠트인, 거기에 트란스바이칼(transbaikal) 지방의 퉁구스의 경우 남자 샤만의 명칭은 언어마다 각각 다른데, 여자 샤만은 공통의 호칭을 가지고 있어서 트로슈찬스키(Troščanskij)는 이 민족들이 공통의 운명을 가졌던 시대에는 샤만은 오로지 여성이었다는 결론을 내렸다. 또한 트로슈찬스키는 다른 데에서 일반적으로 여자 쪽이 신병(神病)에 걸리기 쉬우므로 여자가 먼저 샤만을 시작했다고 말하고 있다. 야쿠트 샤만의 가슴걸이에는 '젖꼭지를 나타내는' 쇠붙이(그림84)까지 달려 있다는 것은 그의 해석에 따르면 남자 샤만은 본래는 여자였다는 증거이다.5) 트로슈찬스키의 생각을 지지하는 니오라제(Nioradze)는 더 나아가 최초의 샤만은 여자였다는 텔레우트(Teleut)와 부리야트의 전설을 기록했다고 말한다.6) 그런데 이렇게 말하는 이유에 대한 근거가 모자라 동의하기가 어렵다. 여자는 보통 영계(靈界)에서 피하며, 성물(聖物)에 손대거나 기도의식에 참가해서는 안 된다는 데에 자주 직면하는 것을 보면, 샤만의 직책은 기원적으로는 남자만이 맡았다고 하는 쪽이 더 확실한 것 같다. 카이 돈네르(Kai Donner)는 사모예드에 대해 기술하면서 "실제로 신의 계시에 의해 인간과 영계의 중개자로 된 진짜 샤만은 늘 남자이다.7)"라고 했다. 다른 시베리아 민족들의 경우도 기원적으로는 마찬가지라고 생각된다.

1. 샤만의 능력과 소질

영계(靈界)와 연락을 하는 것이 샤만의 가장 중요한 일이므로 이 역할은 모든 인간에게 주어지지 않는 특별한 소질을 전제로 하고 있다는 것은 틀림없다. 따라서 샤만이 되는 것은 단지 수업을 거듭해서 되는 것이 아니고 그 사람이 피할 수 없는 운명이라고 여겨진다. 투루칸스크 지방의 퉁구스 샤만 중 몇 사람이나 자기 자신이 샤만 직을 만들 수는 없었고 다만 그것을 '받았을' 뿐이라고 나에게 설명했다. 이러한 선물은 당사자에게는 싫은 것이며, 매우 무거운 짐이라고조차 보통 생각한다.

베르비츠키(Verbitski)는 알타이 지방의 샤머니즘을 서술하면서 샤만의 소양은 가계(家系)로 이어받는 병 같은 것이라고 말한다.[1] 몇몇 예도 또한 샤만의 소질이 사실상 일종의 병으로 나타나는 것을 증명하고 있다. 라들로프(Radloff)에 따르면 이 병의 발작은 돌발적으로 찾아온다. 갑자기 권태감이 밀려오고 손발이 저리고 떨기 시작한다. 게다가 이상한 하품이 이어지고 가슴을 졸이며, 그것 때문에 아픈 사람이 외치는 일종의 독특한 소리를 낸다. 떨면서 눈을 뒤룩거리다가 갑자기 일어나기도 하며, 홀린 듯이 데굴데굴 구르고, 마침내는 입안 가득 거품을 물고 지면에 쓰러지며, 뇌전증(腦電症)처럼 괴로워하며 돈다. 그때 손발은 감각이 없어지고, 무엇이나 닥치는 대로 움켜쥐며, 새빨갛게 단 것이나 뾰족한 것을 삼키고도 태연하다. 잠시 뒤에 토해 낸다. 그 사람은 마지막으로 북을 잡고 샤만을 시작하기까지 이런 고민과 고통이 이어진다. 그로부터 조금씩 천천히 안정을 되찾는다. 그런데 조상이 불러내는데 응하지 않고 샤만이 되는 것을 거부하면 정신병자가 되든가 일찍 죽게 된다.[2]

소볼리에프(Soboliev)도 또한 알타이 타타르는 샤만의 재능은 타고나

그림61(좌). 그림62(우). 성장한 야쿠트의 샤만. 포포프에 의한다.

는 것으로 보통 이미 아이 때에 뇌전증(腦電症) 발작으로 되어 나타나는 것이라고 믿고 있다고 적었다. 아픈 사람은 때때로 의식을 잃고 사람을 피하기 시작하며 오랫동안 비참한 상태로 사는 가운데 마침내 샤만의 제자로 받아들여진다고 한다.3)

 야쿠트인도 샤만의 소질은 이미 아이 때에 흔히 나타난다고 한다. 쉬추킨(Ščukin)이 말한 것에 따르면 샤만이 되어야 할 운명에 있는 자는 어릴 때부터 정신박약아처럼 행동하고, 숲속을 헤매며, 스스로 목숨을 끊으려고 물이나 불에 뛰어들며, 흉기를 손에 들기도 한다. 이러한 조짐으로 친척들은 이 아이는 샤만으로 될 것이라고 결론을 내린다.4) 그렇지만 이러한 성향은 청년기에 접어들어 시작되거나, 혹은 훨씬 뒤에 나타나는 경우도 있다. 위에서 말했듯이 전조가 나타나면 어떤 신령이 그 사람을 억눌러 자신을 섬기도록 요구함과 동시에 자신도 신령을 섬기려는 의사표시를 한다고 널리 믿고 있다. 야쿠트의 어떤 샤만은 마술사 직을 맡게 되었을 때의 일을 이처럼 말했다. "스무 살 때 나는 병에 걸려 다른 사람이 볼 수도 들을 수도 없는 것을 내 눈으로 보고 내 귀로 듣게 되었습니다. 9년 동안 일어난 것을 누구에게도 털어놓지 않았는데 그것은 바보로 되어 버리는 게 아닌가 하고 두려웠기 때문입니다. 그리고 《신령》과 싸웠다는 것은 말해도 믿어주지 않았습니다. 결국 나는 병이 심해져서 하마터면 죽을 뻔했습니다. 그래서 샤만을 하게 되자 곧 병도 낫게 되었습니다. 지금도 오랫동안 샤만을 하지 않고 있으면 기분이 나빠지고 병에 걸리게 됩니다.5)"

야쿠트인은 샤만의 소질을 암시하는 병을 가진 인간을 맨내릭(mänärik)이라 부르고, 일종의 '신경발작'이 그를 괴롭히며, 그 경우 히스테리와 뇌전증(腦電症) 성향이 있다는 설명을 한다고 트로슈찬스키는 적고 있다. 트로슈찬스키는 더욱이 본래 샤만도 맨내릭도 의례를 행할 때에 같은 상태로 넘어져도, 맨내릭 쪽은 때로 샤만의 흉내를 냄으로써 마음대로 이런 상태에 이를 수 있다고도 하는데, 의도하지 않고 자신을 잊는 상태에 빠진다고 말하고 있다.6)

아가피토프(Agapitov)와 캉갈로프(Changalov)에 따르면 부리야트인은 죽은 자가 미래의 샤만을 결정하는데, 이미 어릴 때에 마술사로 선택된다고 믿고 있다. 누가 샤만으로 되는가는 독특한 징후에 따라 결정된다. 흔히 실신하여 넘어지며, 신령을 보고, 환각을 가지며, 사람을 두려워하고, 산이나 숲에 틀어박히는데, 주위의 사람이 샤만에게 가르침을 받도록 데려 간다.7) 부리야트인의 경우 샤만이 되는 소질은 무병(巫病)의 형식으로 나타나며, 환각이나 다른 사람에게는 보이지 않는 신령과의 대화나 마비상태가 그 특징이라고 페트리(Petri)는 말한다. 때때로 충격이 병자를 엄습하여 샤만이 되게 할 때에 뛰어오르며 춤추거나 박자를 맞추어 노래하기 시작한다. 그러면 기분이 좋아진다고 느낀다.8)

퉁구스의 경우도 샤만이 되는 소질은 병으로 나타난다고 말하고 있다. 시로코고로프는 말한다. 샤만이 죽으면 '영혼이 떠나'서 일족의 젊은 남자나 여자에게 알 수 없는 병이 널리 퍼지기 시작한다. 병에 걸린 자는 자주 꿈을 꾸는 것 같이 되며, 힘이 빠지는 듯해서 일을 완수할 능력을 잃고, 헛소리를 하며, 잠을 자다가 헤맨다. 과민과 우울 때문에 자주 거친 들판으로 도망친다. 누구도 고칠 수 없는 이 병에는 또한 히스테리 발작과 경련이 동반한다. 영혼이 마침내 병자 한 사람을 희생 제물로 고르면 일족의 다른 사람들은 구원을 받는데, 뽑힌 자는 상태가 더욱 악화된다. 그는 식욕을 잃고 잠도 자지 못하게 된다. 저녁과 밤은 거기에 더해서 격렬한 발작이 엄습하고 마치 샤만이 된 것처럼 떨며, 뛰어 오르고 이를 간다. 그리고 병자가 샤만으로 되어 빨리 자신을 잊는 상태에 들도록 북을 손에 쥐어 주는 것이 관례로 되어 있다. 퉁구스는 샤만의 후보자가 의식을 잃으면 신령이 몸속으로 든다고 믿고 있다. 그것은 누구도 보지 못하며, 또한 발작이 일어나도 도와줄 수 없는 숲속에서도 일어날 수 있다. 경우에 따라서는 이 경우 신령에게 시달린 자는 친척들이 찾아내어 집으로 데려오려고 나가기까지 혹은 죽음의 손에 걸리지 않는 동안에 스스로 집에 겨우 다다르기까지 며칠이나 계속 무병을 앓는 것이다.9)

시베리아의 다른 민족의 경우에도 그런지 라프의 경우에조차도 샤만이 되는 것은 특별한 소질이 바탕이 된다고 말하고 있다. 벤야민(Venjamin)은 사모예드에 대해서 샤만의 아이 전부가 아버지의 직업을 이을 수 있는 것은 아니고 신령이 뽑아서 아이 때 이미 신령이 모습을 보인 자만이 될 수 있다고 말한다. 특별한 전조가 나타나면 그 자는 샤만 아래에서 교육을 받는다.10)

샤만이 되는 전제 조건인 병적인 증상조차 아직 납득할 만하게 설명하지 못하는 마당에 큰 명망을 얻고 있는 시베리아 샤만을 단지 정신병자에 지나지 않는다고 몰아붙이는 것은 안 된다. 다수의 보고에 따르면 뇌전증(腦電症)이 샤만 후보자의 특색이라고 확인할 수 있는 것은 흥미롭다. 나나이의 경우에도 사정은 같다고 말한 로파틴(Lopatin)은 동시에 이 병의 발작은 간헐적으로 나타나며, 그 후 병자는 다시 보통 건강한 사람과 완전히 같이 행동하기 때문에 원시적인 사람들은 더욱 신비롭게 느낀다고 말하고 있다.11) 샤만의 심리상태를 연구한 결과 어떤 결론에 이르렀을까? 망아(忘我)의 발작이라는 헛소리가 샤만의 특징이다. 사전 예고도 없이 엄습해오는 매우 고통이 심한 이 병의 발작에서 벗어나려고 환자는 때때로 스스로 병을 악화시켜 그 상태를 파악함으로써 병을 다잡아 고통을 누그러뜨리려고 노력한다. 샤만을 하기 시작하면 곧바로 기분이 좋아진다는 것도 수많은 샤만이 말하고 있다. 더욱이 그 행위를 그만두면 새로 고통이 시작된다고 많은 사람이 덧붙이고 있다.

이미 말했듯이 망아상태(忘我狀態)는 헛소리를 동반하는데, 그것은 샤만의 무의식의 육체에 신령이 들어오기 때문이라고 믿고 있다. 그 때 샤만이 입으로 하는 말은 그 자신의 것이 아닌, 그의 몸 안에 들어온 신령의 것이다. 샤만은 의식이 돌아온 후 신령이 자신을 통해 무엇을 말했는가는 보통 모르므로 샤만 가까이에 사태에 정통한 노련한 인물이 있다가 샤만의 거동을 주의 깊게 추적하여, 보거나 듣거나 한 것을 잘 기억해 두는 것이 중요하다. 동시에 이 인물은 신령에게 너는 누구인가, 왜 찾아왔는가, 바라는 것은 무엇인가 등을 묻는다. 샤만을 다룰 때에 중요한 의미를 가진 이러한 인물은 샤만의 조수라고 불린다.12) 핀(Finn)인이 라프인 샤만의 조수를 《수수께끼를 푸는 사람》이라고 부르는 것은 망아상태에서 하는 말은 흔히 매우 흐릿하므로 해설자의 수수께끼 푸는 능력을 전제로 해야 하기 때문이다.

훈련만으로는 누구도 진짜 샤만으로는 될 수 없지만, 그렇다고 해서 천부적인 능력만으로도 이 중요하고도 다면적인 직무를 수행할 수 있는 것은 아니다. 샤만에게는 적성 외에 재빠름과 지식, 결국 전통적인 표상과 풍습, 특히 씨족의 정신세계에 정통해야만 한다. 따라서 후보자는 씨족의 현자들만이 아니고 세간에 걸출한 샤만으로 알려져 있으며, 신비한 힘으로 제자를 완전히 암시적으로 사로잡는 인물에게 가르침을 받아야 한다. 과민하고 병적인 환각작용이 아침이나 저녁이나 그러한 불가사의한 사물에 매몰되는 이러한 환경 속에 빠져 있는 가운데, 젊은 신참 샤만은 신령들에게 둘러싸이면서 사람들에게 두려움이 섞인 외경(畏敬)적인 생각을 불러일으키며, 일단 샤만을 할 때에는 일거수일투족 말 한마디도 옆 사람을 곧바로 감응시키고 마는, 위대한 인물로 바뀌게 되는 것이다. 샤만은 게다가 깜깜한 밤, 토방에서 타고 있는 불꽃만이 진짜 어두운 빛을 던지듯이, 사람의 훈김으로 가득한 텐트 속에서 샤만이 굿을 하면 사람들은 모두 강한 최면작용에 사로잡힌다. 그러면 샤만 주위에는 차례로 신비한 후광이 비치어 모든 사람에게 신뢰감을 불러일으키며, 그 명성은 후대에까지 사라지지 않는다.

2. 샤만의 신령들

샤만이 신령들에 의해 뽑힌다는 사고방식은 앞에서 말한 몇몇 예에서 분명해졌을 것이다. 이 신앙은 샤머니즘이 행해지고 있는 지역에서는 어디에서나 일반적이다. 투루칸스크 지방의 퉁구스는 샤만으로 불리는 자는 카르기(khargi)라는 이름의 악마를 꿈꾼다고 트레탸코프(Tretiakov)는 말하고 있다.1) 앞에서도 말했듯이 이 지방의 퉁구스는 샤만의 시신을 땅속에 파묻으면 죽은 샤만의 《혼》이라고 생각되는 바다까마귀는 두 번 돌아오지는 않는다고 나에게 설명했다. 조만간 일어나는 이 바다까마귀의 복귀는 그들의 사고방식에 따르면 고인의 비속 중에 한 사람이 새로 샤만의 소질이 나타난다는 것을 의미한다. 이런 징후가 나타난다고 확인되면 친척들은 나무로 조상(鳥像)을 깎는다.

알타이 타타르는 미래의 샤만이 중병과 싸우는 모습을 보면 "신령(tös)이 찾아왔다"든가 "신령이 괴롭히고 있다"라고 말하는 관습이 있다.2) 부리야트인의 사고로는 샤만을 하기 시작하면 《조상의 신령》 혹은 《미치광이 신령》이 샤만 속으로 들어간다. 이 이야기를 하고 있는 페트리(Petri)는 동시에 "《미치광이 신령》이 샤만을 엄습하는 순간 그는 앞으로 고꾸라질 듯하게 되어 다리를 약간 벌리고 머리를 내리고 큰소리로 아브르르(abrr!)라고 외친다."고 말하고 있다. 이런 몸짓이야말로 샤만의 몸속으로 신령이 침입하는 것을 의미하는 것이라고 부리야트인은 설명한다. 페트리는 더욱이 샤만은 그때 곁에서 보고 있는 사람의 눈에는 완전히 "정체를 벗은 듯이" 보인다고 말하고 있다. 신령이 벗겨지든 않든, 샤만은 한숨을 쉬고 외투 자락으로 얼굴의 땀을 닦으면 매우 기분이 좋아진 것 같은 마음이 된다.3)

죽은 샤만의 《혼》으로 간주되며 후계자에게 나타나 샤만으로 되도록 재촉하는 신령을 야쿠트는 애매개트(ämägät)라고 부른다. 인간 같은 모습을 한 애매개트의 상을 동판으로 만들어 샤만으로 되는 인간의 옷에 단다. 마술사는 샤만을 하고 있는 동안 애매개트를 매개로 해서만 보거나 들을 수 있다고 한다.4) 야쿠트의 샤만은 더욱이 언제나 샤만을 시작할 때에 천막 안으로 불러들여 샤만을 하면서 이야기를 나누는 캘래니(kälani)라고 칭하는 한 무리 종자(從者)와 조수를 데리고 있다. 샤만의 힘이 강한가 약한가는 그가 얼마나 강력하며 유능한 신령들을 가지고 있는가에 달렸다고 믿고 있다.5) 아마 캘래니도 이미 죽음의 나라로 간 씨족의 샤만 신령이어서 쉬추킨(Sčukin)에 따르면 야쿠트의 샤만은 캘래니에게 원조를 구한다고 한다.6) 경우에 따라서는 샤만은 이들 캘래니의 이름을 든 적도 있다.

일족이 죽은 샤만은 알타이 지방에서도 역시 절대적으로 불가결한 수호령으로 등장한다. 이들 신령은 샤만이 굿을 하는 동안 그의 머리꼭대기, 어깨, 팔, 다리 등에 머문다고 알타이 타타르는 믿고 있다. 이러한 눈에 보이지 않는 조수를 다른 샤만보다도 많이 가지고 있는 샤만도 있다. 큰 샤만은 10명이나 가지고 있는데, 작은 샤만은 하나나 둘을 가지는 경우도 있다. 아노킨(Anochin)에 따르면 그것이 여럿이 있는 경우 일족의 시조로 된 고인이 그들의 수장이다. 데리고 있는 신령 수의 다소는 샤만과 신령의 힘에 관련되며, 어떤 샤만은 다른 샤만보다도 많이 가지고 있다. 다른 샤만의 영혼을 가로채는 샤만조차 있다.7)

알타이인의 견해에 따르면 이러한 신령들의 가장 중요한 의미는 샤만의 상담역이 되는 것이다. 가장 엄숙하고 긴장으로 가득한 순간은 뭐라 해도 모두 잠들어 고요해진 한밤중 샤만이 샤만을 하면서 자신의 신령들과 말을 주고받기 시작하여 신령들이 무엇인가를 알려고 하며, 무엇을 바라는가, 혹은 다른 신령이 이 신령을 통해서 무엇을 바라고 있는가를 알아내려고 하는 어느 순간임에 틀림없다. 이러한 초감각적인 계시의 전달자로서 신령은 없어서는 안 될 존재이며, 그 때문에 샤만은 샤만을 하기 시작하면-신령들의 애원을 연결하기 위해- 끊임없이 쾨르뫼스(körmös)의 상에 제주를 뿌리는 것이다.8)

아노킨의 보고에서 추측하면 알타이 타타르는 신령들은 오로지 샤만 바깥에서 활동하는 것이라고 생각하는데, 어떤 민족은 그것이 샤만 그 자체 안에 들어 있는 것이라고 생각하는 데가 있다. 이런 사고방식을 보이는 것은 특히 나나이의 샤만이며, 그들은 샤만의 신령 세온(seon)을 불러내면 곧바로 그것을 삼키기 위해 입을 벌리고, 신령들이 동물의 모습을 하고 나타날 때에는 그 동물의 몸짓이나 소리를 흉내 내어 그것을 몸속으로 유인해 넣는 것이다.9)

같은 관념과 습관은 퉁구스에도 보인다. 시로코고로프가 시벤(syvén)

에 대해서 설명하는 바에 따르면 그것은 샤만 사후 자유롭게 되며, 씨족 구성원 중에 알맞은 처소를 찾아 마침내 새로운 샤만을 얻어 그를 자신의 생각대로 하는 샤만의 신령이다. 이렇게 해서 신령들은 샤만을 자신의 세력 아래에 둘 수 있는 한편, 샤만 쪽에서도 자기 신령의 중개로 다른 신령에게까지 '작용'하여 샤만의 도움을 필요로 하는 모든 자에게 역할을 해 준다. 뿔뿔이 흩어지게 되면 씨족의 사람은 큰 불안에 떨어진다. 매우 영향력이 강한 이런 씨족령(氏族靈)들을 자신의 아래에 모을 수가 있기 때문에 샤만이 어느 정도 큰 역할을 하는가가 이해될 것이다. 이러한 씨족령은 사후 그《혼》이 자손의 한 사람에게 전해진다고 믿는 죽은 샤만은 따라서 단독으로 나타나는 것은 없고 일찍이 그의 수호령으로 작용한 모든 신령을 거느리고 나타난다.[10]

완전히 독특한 방법으로 샤만 안으로 숨어 들어가는데, 이러한《신령》(야쿠트의 애매개트를 참조)을, 아마 퉁구스도 야쿠트도 일반적인 수호령과는 다른 것으로 이해하는 듯하다. 샤만의 육체에서 떠난 혼이 스스로 계시를 내리는 것이 아니고 광범위하게 움직이고 돌며 보고 들은 것을 말할 수 있는《신령》을 통해서 계시를 받는다고 믿고 있는데, 이것은 분명히 전자의《신령》을 가리키고 있다. 이런 샤만의 신령은 다른 신령들과 하나로 되어서 그들이 그때에 무엇을 요구하고 있는지를 찾아내는 것이다. 더욱이 이런 샤만의 신령은 다른 신령들에게 부탁하거나 강제로 샤만을 돕게 된다.[11]

그러나 시벤은 그 힘도 모양도 능력도 한결같지 않고 샤만을 하는 동안 샤만 속으로 숨어 들어간다고 믿고 있다. 샤만이 발휘하는 특유의 개성과 능력은 어떤 신령이 몸에 들어가는가에 따라 결정되는 것이지 샤만 그 자체에서 생기는 것은 아니다. 따라서 누군가의 손을 빌리지 않으면 움직일 수 없을 것 같은, 맹인이랴 위태위태한 노인이라도, 원기 왕성한 신령이 몸속으로 들어가자마자 마치 청년 같이 춤추기 시작해, 특별히 무거운 샤만의 장신구를 몸에 걸치고 있다는 것도 잊고 1미터 높이에서 뛰어 내리기도 한다. 약한 여자 샤만도 필요하면 힘센 남자 여럿이 억누를 수 없을 정도의 힘을 발휘할 수 있다. 불을 두려워하지 않는 신령이 샤만 속으로 숨어들면 샤만은 맨발로 활활 타는 숯불 위를 걷고, 시뻘건 쇠를 대며, 혹은 불이 붙은 양초를 입속에 넣을 수 있다. 동물의 모습을 한 신령이 샤만의 몸에 들어가면 샤만은 그 동물의 성질을 갖게 된다. 따라서 시벤이 뱀이면 샤만도 뱀처럼 몸을 움직인다. 퉁구스는 샤만에게 회오리바람 같은 능력을 주는 회오리바람 시벤도 말하고 있다. 그 신령의 성질이 샤만의 몸에 어떻게 나타날 수 있는가 하는 예로, 어떤 임신부의 신령이 여자 샤만 속으로 숨어들면 마치 그 사람이 임신한 것처럼 배가 부르기 시작한다고 한다. 신령이 떠나자마자 몸은 본래의 상태로 돌아간다.12)

더욱이 퉁구스나 나나이는 씨족의 신령들 외에 때로는 다른 씨족의 신령이 샤만, 특히 여자 샤만의 몸속으로 들어갈 수 있다고 믿고 있다. 이러한 시벤은 외국어를 말하는데, 샤만은 그 신령이 꿰뚫고 들어오자마자 외국어를 하기 시작한다. 그래서 전해지는 것처럼 퉁구스의 샤만은 때로는 샤만을 하고 있을 때 야쿠트어, 만주어, 중국어 등을 사용하게 된다. 샤만 자신이 이런 말을 전혀 모르는 경우는 신령이 샤만의 입을 빌려 말하고 있는 증거라고 생각된다.13)

신령들이 샤만을 자신의 도구로서 뽑는 한편, 샤만도 또한 이 갖가지 신령을 갖가지 목적으로 불러내어 이용할 수 있다. 각각의 신령은 그 목적을 다하면 가버린다. 퉁구스의 말에 따르면 물러가는 것은 갑자기 일어나는데, 샤만은 곧바로 침착성을 되찾으며, 얼굴의 땀을 닦거나 눈을 문지르거나 물이나 차를 마시며, 곧바로 잠자리에 들거나 녹초가 되어 잠에 빠져 들고 만다. 다음날 산뜻한 모습으로 자리에서 일어나며, 옆에서 보기에는 어떠한 혼의 그늘도 눈에 붙어 있지 않다.

신령들이 샤만에게 불가사의한 능력을 준다는 관념은 퉁구스에 한하지 않는다. 나나이도 또한 신령이 들린 샤만은 불에도 타지 않고, 심한 추위에도 얼지 않으며, 물에도 빠지지 않는다고 말한다. 샤만의 육체는 신령이 들렸을 때에는 난폭하게 두드리거나 찌르거나 끊어도 견딘다는 것도 폭넓게 믿어지고 있다.14) 페트리는 부리야트의 샤만과 그 놀라운 행위를 서술했는데, 샤만이 불 위에서 춤추고, 역시 타는 듯한 철판 위를 걸으며, 혹은 새빨갛게 타는 불도장을 핥으며, 타고 있는 숯불을 삼키며, 펄펄 끓는 물을 순간적으로 식은 물로 만들어 버리는 등등이다.15) 시베리아의 여러 민족에 머무르지 않고 라프에 대해서조차 있는 이러한 이야기는 실제의 관찰에 바탕을 둔 것이다. 햇병아리 샤만은 그러는 사이에 뇌전증이 발작되면 불에 혹은 물에 몸을 던지고, 또는 반나체로 추운 겨울에 돌아다닌다는 사실을 볼 수 있다. 더구나 그 때 그들은 고통을 느끼지 못하며, 스스로 자기 몸을 날카로운 칼날 등으로 벨 수가 있다는 예도 있다. 그런데 노련한 샤만은 옆 사람이 더욱 불가사의한 것을 보았다고 생각이 들 정도로 암시할 수도 있다. 이런 점에서 레흐티살로(Lehtisalo)가 옵도르스크(Obdorsk)의 사모예드에 대해서 말한 다음의 묘사는 특히 재미있다.

"샤만이 받은 28자루의 칼을 검사하여 더러워진 것이 있으면 그것을 깨끗이 한다. 가장 큰 것은 마지막으로 돌린다. 그는 셔츠를 벗고 칼을 맨몸에 꽂아 구경꾼이 잘 볼 수 있도록 손으로 꽉 쥐고 찔러 넣는다. 마찬가지로 해서 몸의 여러 부분에 칼로 꽂고 있다. 가장 큰 칼은 정수리에 꽂았다. 처음에는 반까지, 다음에는 완전히 보이지 않게 될 때까지 꽂아 넣었다. 조수는 샤만이 하고 있는 것을 봐서는 안 된다. 보려고 하면 샤만은 칼로 협박한다. 그리고 샤만의 안색은 검어지고 말도 할 수 없게 된다. 그는 조수에게 북을 주도록 손으로만 신호한다. 그는 북을 치면서 이상한 춤을 시작하면 칼은 하나하나 먼저 꽂은 앞이 다음에는 전체가 나타나서 땅에 떨어진다. 마지막으로 샤만은 발을 흔들어 한쪽 장화를 벗어버린다. 더욱이 발을 흔들면 발 안에서 먼저 칼 앞이, 이어서 가장 위쪽까지 나타나 마침내 칼은 땅에 떨어진다. 샤만은 그것이 마지막으로 정수리에 꽂아 넣은 것과 같은 칼인지 구경꾼에게 확인하게 한다.16)"

이러한 예는 교활한 샤만이 사람이 쉽게 믿는 것을 잘 이용하여 일종의 요술쟁이로 전락하기 시작한 것을 말하는데, 실은 그것이 샤만 본래의 모습이 아니라는 것은 말할 것도 없다.

3. 샤머니즘巫俗과 동물계動物界

시베리아민족들의 미신적 관념에서의 성스런 동물은 샤머니즘 전 영역에 걸쳐서 특히 주목할 만한 역할을 하고 있다. 그 신성함은 어디에 바탕을 두고 있는지는 언제나 간단히 풀 수 있다는 뜻은 아니다. 어떤 동물은 보다 일반적인 존숭의 대상이며, 어떤 것은 어떤 특정 씨족의 범위에만 한정된다. 또 특정 인간에게만 어떤 신비한 관계가 있는 동물이 있다. 매우 주목할 만한 것은 어떤 종류의 새이며, 그 가운데서도 독수리와 백조를 들지 않을 수 없다.

이미 샤머니즘의 기원 전설 중에서 독수리는 신들의 사자로 등장한다. 아가피토프(Agapitov)와 캉갈로프(Changalov)는 이런 전설을 다음과 같은 식으로 소개하고 있다. 처음 이 세상에는 병도 죽음도 없었는데,

마침내 악령이 병과 죽음의 채찍으로 인간을 고통 속에 빠뜨렸다. 그래서 신들은 독수리를 하늘에서 인간이 사는 곳으로 보내어 도우려고 했다. 그런데 구원의 독수리가 땅으로 내려왔는데도 인간들은 그 말도 그 목적도 이해하지 못했다. 따라서 독수리는 할 수 없이 신들에게 날아 돌아갔다. 그래서 신들은 지상에서 최초로 만난 인간에게 샤만의 재능을 주라고 독수리에게 명했다. 독수리는 다시 찾아왔으며 이내 한 그루 나무 아래에서 잠자고 있는 여자가 눈에 들어왔다. 여자는 남편과 헤어져 살고 있었는데, 새는 이 여자와 관계를 가졌으며, 여자는 아이를 가졌다. 마침내 여자는 남편이 있는 곳으로 돌아가서 달이 차서 사내아이를 낳았다. 이 사람이 《최초의 샤만》으로 되었다. 달리 전하는 바에 따르면 이 여자 자신이 신령들을 볼 수 있게 되어 여자 샤만으로 되었다.[1]

부리야트인은 그 때문에 독수리를 특히 우러러 보며, 이 새가 천막 위를 날고 있는 것을 보면, 경의를 표하며, 공중에 젖이나 타라순(tarasun)을 뿌려준다고 말한다. 더욱이 독수리를 죽인 자는 반드시 죽는다고 그들은 믿고 있다.[2] 야쿠트도 또한 독수리에게 상처를 주면 큰 죄가 된다고 생각하고 있다. 가끔 독수리가 그물에 걸려서 거기서 죽기라도 하면 자작나무 껍질로 싸고 일찍이 죽은 자를 장례지내는 것과 마찬가지 방식으로 특히 그 목적으로 만든 대(臺. arangas)나 혹은 나무 위에 싣는다. 시에로세브스키(Sieroszewski)에 따르면 야쿠트는 이렇게 준비된 장소에 독수리 뼈를 넣을 때에 "너의 구리 뼈는 나무 대(臺) 위에 안치하고, 은(銀) 몸은 위에 올렸다."라고 부른다. 독수리는 사람을 도울 수도 있으므로 천막의 상좌에 둔다. 트로슈찬스키(Troščanskij)는 가까이에 독수리가 없을 때에도 뜰 가운데 일종의 탁자 위에 독수리를 위해 죽은 동물의 심장을 놓아 준다. 그런데 주거 가까이에 독수리가 찾아오면 가장은 송아지를 잡아서 그 일부를 독수리가 잡아가도록 놓아 준다.[3]

독수리는 또 알타이 타타르의 경우 각지에서 특별한 존숭의 대상이 되어 있다. 전 세기 초엽 알타이 지방을 여행한 알렉산더 부게(Alexander von Bugge)는 차리슈(Tcharych) 강변의 어떤 천막 위에 독수리의 박피가 놓여 있는 것을 보았다고 적고 있다. 그 까닭을 물어본 결과 그것은 《신》(러시아어로 bog)이라고 대답했다.4) 이 경우 독수리는 앞에서 기술한 신화적인 독수리와 혼동해서는 안 된다. 이 점에 대한 관념은 다른 성스런 새에 보이는 비교 재료에 비추어 연구해야 한다.

시베리아 민족들이 괴롭히거나 죽이는 것을 죄라고 생각하는 또 한 성스런 새는 백조로, 부리야트에는 이 새에 말미암은 다음과 같은 재미있는 전설이 있다. 어느 날 백조 3마리가 수영을 하려고 호수로 내려왔다. 백조는 입고 있던 옷을 벗자 훌륭한 여자로 변했다. 그래서 호반에 숨어 있었던 코레도이(Khoredoj)라는 이름을 가진 사냥꾼이 옷 한 벌을 훔쳐서 숨겼다. 백조인 여자들은 잠시 수영하고 옷을 입으려고 물에서 나왔다. 그러나 옷을 빼앗긴 백조는 친구들이 날아간 뒤에도 알몸인 채 남겨졌다. 그래서 사냥꾼은 그녀를 데리고 가서 아내로 삼았다. 세월이 지나 여자는 아들 11명, 딸 6명을 낳았다. 꽤 지난 어느 날 옛날 옷이 생각나서 남편에게 감춰둔 곳을 물었다. 남자는 아내가 자신도 아이도 두고 가버리지 않을 것이라 믿고 여자에게 그 이상한 옷을 돌려주었다. 여자는 잠시 시험 삼아 입어 본다고 말하고는 옷을 입었다. 그러자 곧 천막의 굴뚝으로 날아 올라가고 말았다. 집 위를 날면서 여자는 남은 사람들에게 외쳤다. "당신들은 지상의 사람이므로 지상에 남으세요. 나는 하늘에서 태어났으므로 하늘로 돌아갑니다." 높이높이 날아올라 가면서 "해마다 백조가 북쪽으로 향하는 봄과 돌아오는 가을에는 반드시 나를 위해 축제를 하도록"이라는 말을 남겼다. 부리야트는 더욱이 딸 가운데 검댕이 묻은 손을 가진 한 사람이 도망치는 어머니를 못 가게 하려고 그 발을 붙잡았기 때문에 백조의 발이 검게 되었다. 오늘날 백조의 발이 검은 것은 그 때문이라고 한다.5)

중국 그 밖의, 더욱이 유럽에도 알려져 있는 이 전설은 부리야트의 경우 미신적인 관념과 의례에 결부되어 있는데, 이것을 앞에서 말한 샤만의 아버지로서의 독수리 이야기와 비교하면 어느 동물이나 씨족의 시조, 결국 독수리는 아버지, 백조는 어머니로 나타나는 것을 알 수 있다. 그렇다면 일족이 그 동물의 이름을 대며, 크게 존숭하는 마음을 가지고 다루며, 결코 잡거나 죽이거나 하물며 그 고기를 먹는 것 따위는 하지 않으며, 어떤 특정 동물의 자손이라고 하는, 많은 자연민족에게 보이는 신앙, 이른바 토테미즘에 눈을 돌려야 한다. 그 동물이 죽은 것을 발견하면 성대히 명복을 빌고 장례를 치러야 한다. 토테미즘이라는 말은 어떤 인디언의 말인데 씨족이라는 의미의 토템(totem)이라는 말에서 나왔다. 이 말과 그에 관련된 미신적인 관념을 처음 소개한 사람은 인디언 지대를 여행하고 1791년에 그의 여행기를 출판한 캐나다의 상인 롱(J. Long)이다. 그로부터 수십 년 뒤 맥 레난(Mac Lennan)이 토테미즘을 종교사적 및 사회학적 연구의 대상으로 삼았을 때 이 현상은 좀 더 큰 주목을 받게 되었다. 비교 재료가 축적됨에 따라 다수의 연구자들은 이 문제를 자주 다루었다. 어떤 이는 거의 모든 동물숭배에 토테미즘의 이름을 붙여 보려고 했다. 곰제(祭)도 때로는 토템 관념에 귀착되었다. 그러나 오늘날에는 이 문제에 관해서 이전보다도 훨씬 냉정한 자세를 취하게 되었다. 동물이 관련된 모든 관념을 오로지 토테미즘만으로 설명해 버리는 것은 옳지 않다는 것도 분명하다.

그럼에도 불구하고 시베리아의 민족들도 또한 인디언 그들에게 맞는 관념과 풍습을 생각할 수 있는 뭔가를 지녔다는 근거가 존재한다. 맥 레난은 연구자들의 주의를 토테미즘 쪽으로 향하게 하려고 전부터 이미, 그래서 롱의 저작이 나타나기 전에, 슈트라알렌베르크(Ph. J. Strahlenberg)는 야쿠트 등의 신앙에 대해서 쓴 1730년의 저작에서 다음과 같이 적고 있다. "그 밖에 각 종족은 예를 들면 백조, 거위, 까마귀 등 특정 동물을 가지고 신성시하고 있다. 일족이 신성시하는 동물은 먹어서는 안 된다. 그런데 다른 종족의 동물이라면 먹어도 지장이 없다.[6]" 똑같은 귀중한 보고는 1840년에 나온 쉬추킨(Ščukin) 저작의 보유(補遺)에 들어 있는 '두 고사본(古寫本)'에서 마찬가지로 간결하게 적혀 있다. "그 밖의 각 씨족은 그들의 고유한 수호자와 중재인을 가지고 있다. 그것은 하얀 콧구멍을 한 수말이라든가, 까마귀, 백조, 매 등이라고 생각된다. 이들 동물은 식용으로 제공하지 않는다.[7]"

이러한 미신적 관념은 야쿠트의 경우 오늘날에 이르기까지 살아 있다. 이 책의 지은이는 지금[1930년 무렵] 핀란드 체재 중 각각 다른 야쿠트 씨족에 속하는 세 망명자로부터 각각 특정한 씨족 동물을 가지고 있다는 것을 들었다. 곧 한 사람은 독수리를, 또 한 사람은 까마귀를, 나머지 한 사람은 발은 희고, 정수리에 흰 반점이 있는 다갈색의 암소를 가지고 있다. 씨족동물은 어떤 씨족의 구성원도 이를 으르거나, 욕하거나, 상하게 하거나, 죽여서는 안 된다. 만약 그렇게 하면 불행이 생기기 때문이다. 특정 암소를 씨족동물로 가진 자는 만약 그러한 소가 무리 중에서 태어나는 경우 그것을 다른 사람에게 주거나 팔아서도 안 된다. 씨족의 구성원은 가령 그 동물의 앞에서도 그 젖이나 고기를 입에 대는 것은 삼가야 한다고 가르쳐 주었다. 그런데 다른 씨족의 동물은 그것을 신경 쓰지 않고 마음대로 처분해도 좋다. 늘 아버지로부터 자손에게 전수되는 이러한 씨족동물의 이름으로 알려져 있는 것을, 앞에서 말한 야쿠트는 더 많이 들 수가 있다. 곧 말, 곰, 개, 고양이, 매, 백조, 뻐꾸기, 오디새가 그것이다. 이 야쿠트인들은 어떤 씨족이 물론 이런 동물명으로 불린 적이 있는지는 몰랐다. 오늘날 그들은 보통 러시아인의 성을 가지고 있기 때문이다. 씨족과 동물과의 결부는 무엇에 바탕을 두고 있는가 하는 것도 그들은 설명하지 못했다. 그런데 크고 강한 씨족동물은 어쨌든 '값어치가 더욱 크다'라든가, 혹은 '더욱 뛰어나다'고 그들은 듣고 전했다.

같은 신앙이 있을 것 같은 징후는 투르크, 몽골 계통의 종족들에게서도 볼 수가 있다. 몇몇 부리야트 종족은 그들이 우트카(utkha)라고 부르는 것의 기원은 실제는 백조로 거슬러 올라간다고 말한다. 캉갈로프(Changalov)가 기록한 캉긴(Khangin) 씨족의 샤만 가요에서 캉긴 씨족의 우트카는 센(sen)새로, 셀렐 몽골(Selel Mongol)족의 훈(khun)새이라고 노래하고 있다. 어느 것이나 시베리아의 백조속(白鳥屬)의 이름이다.8) 포타닌(Potanin)은 백조를 시조의 어머니로 하는 캉긴족은 백조를 죽이는 것은 중죄라고 생각한다고 말한다. 백조의 깃털에 한 번이라도 손을 댈 수 있는 용기 있는 자는 거의 없다. 백조를 뒤쫓아 가면 중병에 걸리게 된다.9) 샤쉬코프(Šaškov)가 말하고 있는 부리야트의 전설 중에는 사냥꾼이 백조의 둥지를 부수고 새끼를 가져갔을 때 그 부리에서 불이 일어나 천막의 지붕에 떨어져 마을이 타버렸다고 말하고 있다. 봄에 백조가 찾아오면 백조를 위해 마실 것을 제공하고 입질할 것을 흩뿌리는 것이 관습이다. 여자들도 또한 봄이 되어 처음 백조를 보면 인사하고 절한다고 말한다.

이러한 존숭은 기원적으로는 아마 정말 백조에서 유래한 씨족에 의해서만 행해졌을 것이다. 갈라간스크(Galagansk) 지방에 사는 캉긴 씨족 외에 자신의 시조가 전통적인 사고방식에 따르면 백조였다고 하는 정주(定住) 부리야트 씨족이 역시 알라르스크(Alarsk) 두 지방에 있다고 한다. 앞에서 말한 옷을 빼앗겨서 사냥꾼의 아내가 되었다고 하는 백조의 전

설은 이 두 지방과 관련이 있다.10)

　독수리에 대해 행하는 특별한 의례도 아마 특정 씨족에 한하였을 것이다. 뒤렌코바(Dyrenkova)에 따르면 텔레우트(Teleut)의 일족 매르퀴트(Märküt)는 베르쿠트(berkut)라는 새에 기원하며, 마찬가지로 유트(Jutty) 씨족은 양을, 유르타스(Jurtas) 족은 머리가 흰 독수리를 조상으로 한다.11)

　아가피토프(Agapitov)와 캉갈로프는 시조의 아버지로서 역시 부가노욘(bugha-nojon. 牛主)이라는 이름의 존재와 이리, 명태, 대구, 로타(lota. 대구과의 담수어)를 든다. 부가노욘에 대해서는 샤만이 대단한 전설을 말하고, 부리야트인이 제물을 바치는데, 그것은 수소 또는 인간이라고도 말하며, 칸(khan)의 딸이 낳은 사내아이가 불라가트(Bulagat) 씨족의 시조가 되었다고 한다.12)

　《독수리왕》 등을 형제로 가진 《우왕(牛王)》은 이미 위구르인의 전설 세계에서는 그 왕족의 시조로 말하고 있다. 어떤 전설은 톨라(Tola) 강과 셀렝가(Selenga) 강이 합류하는 곳에 두 그루 소나무가 있으며, 그 사이에 솟아있는 언덕에서 이 《우왕》이 태어났다고 가르치고 있다. 헝가리의 고대 연구자 A. 알푈디(Alföldi)는 여기에 덧붙인(그림63) 노인 울라의 흉노(匈奴) 무덤에서 발견된 금속판이야말로 틀림없이 이런 종류의 전설에 나오는 수소의 모습을 한 시조를 나타낸 것일 것이라고 생각했다.13)

　자신이 이리의 자손이라고 생각하는 씨족과 부족은 시베리아에 몇몇 있다. 예를 들면 위구르의 기원 전설은 흉노의 왕이 자신의 아름다운 두 딸에게 토지의 영웅들은 어울리지 않는다고 생각하여 《하늘》에 보내자 《하늘》은 딸들에게 한 마리 이리를 보냈으며, 이리는 딸들을 위구르인의 시조 어머니가 되게 했다고 전하고 있다. 한편 어떤 중국의 연대기에 돌궐(突厥)의 문장(紋章)에는 '은(銀) 이리의 머리'가 묘사되어 있다고 적혀 있으므로 라들로프(Radloff)는 추방된 일족의 시조는 이 전설에 따르면 암이리 한 마리가 키웠다고 생각했다. 동부 알타이에 사는 베르시트(Bersit)족도 또한 이리 한 마리의 자손이라고 한다. 징기스칸의 시조가 이미 회색의 이리라고 말했다.14)

범에 기원을 찾고 있는 것은 나나이의 악텐카(Aktenka)족이다. 그의 시조 악텐카는 전설에 따르면 범과 나나이 여자의

그림63. 노인 울라 출토의 금속판.

교합으로 태어났다. 이 맹수는 일족에 대해서는 어떤 위해도 가하지 않으므로 그들은 범을 두려워 할 필요가 없다고 말한다. 물론 사람들은 범을 상하게 해서는 안 되며, 범이 쫓아가는 야수를 잡아서도 안 된다. 인간이 잡은 동물에 범이 닿은 의심이 있을 경우 나나이는 그 가죽조차도 자신을 위해 쓰지 않는다. 이 일족 이외의 사람도 또한 신경 써야 한다. 만일 외부인이 불행히도 우연히 범을 죽이고 만 경우 처벌을 면하기 위해 악텐카족 한 사람이 있는 곳으로 가야 한다. 자수한다는 말을 들은 자는 일족을 모아 이 안건에 대해 이야기한다. 용서를 받기 위해 당사자는 술과 야수의 고기를 가지고 와야 한다. 이 두 가지는 악텐카족의 제사나무가 있는 곳까지 가지고 간다. 일족의 최고 연장자는 곧바로 "장로여, 노하지 마라. 그는 너의 자식을 운수 나쁘게 잘못하여 쏘았다. 앞으로는 그는 삼갈 것이다. 여기서 하는 대접은 그가 가지고 온 것이다. 먹고 또 마시고 화난 것은 잊어버려." 이어서 마을이 떠들썩한 잔치는 며칠이나 이어진다.15)

슈테른베르크(Šternberg)는 아무르 강 연안에는 자신의 시조모(始祖母)가 꿈속에서 범이나 곰과 교접을 하므로 자신들은 범과 곰의 자손이라고 생각하는 많은 종족이 있다고 적고 있다.16)

곰에서 비롯되었다고 하는 종족은 알타이 타타르 중에도 있다고 한다. 텔레츠코이(Teletskoi) 호수 동쪽 언덕에 사는 텔렝기트(Telengit) 계통의 일족인 카라 텔레스(Kara-Teles)는 곰을 조상이라고 생각한다. 마찬가지 관념은 비스크(Bijsk) 및 쿠즈네츠크(Kuznetsk) 지방의 몇몇 타타르도 가지고 있다.17)

위에서 말한 종족전설과 신앙 관념을 보면 동물은 보통 일족의 시조부(始祖父)로 등장한다는 것을 알 수 있다. 따라서 옛날에는 여자와 동물이 결혼할 수 있다고 정말 믿고 있은 듯하다. 슈텔러(Steller)는 1774년에 출판한 저서 중에서 캄차트카(Kamtchatka)의 사정을 묘사했고, 캄차달(Kamtchadal)은 쌍둥이가 태어났을 때는 언제나 그 아버지는 이리라고 생각한다고 말했다. 더욱이 캄차달은 10월에 하는 연중행사 때 마른 풀로 이리를 만들고 이리가 마을의 아가씨와 결혼하도록 일 년 내내 소중하게 간직해 둔다고 말한다.18) 교접이 꿈속에서 이루어진다는 슈테른베르크의 설명은 자연민족의 관념으로 보면 잘 이해할 수 있다. 그런데 그러한 짐승 아버지가 보통 생각할 수 있는 것처럼 수소라고 해도 사람은 동물의 어느 성과도 교접할 수 있는 데에 주목해야 한다. 앞에서 말한 야쿠트 망명자 한 사람이 자신의 씨족동물이 얼룩 암소라고 하는 것은 동시에 얼룩 암소라는 것도 의미하는 바는 있지만, 이 경우 말 그대로 그것이 어떤 시조모(始祖母)와 같은 것이라고 결론지을 수는 없다. 씨족동물과 전설이 결부되어 있는 경우 그 동물은 아버지이지 어머니는 아니라는 것이 보통이다. 어떤 동물이 일족의 시조모라고 하는 신앙이 무엇에 바탕을 두고 있는지를 이해하는 것도 또한 매우 곤란하다. 이와 같은 씨족동물은 내가 아는 한 시베리아 민족들에서는 백조뿐이다. 예니세이 인에게 들은 바로는 백조의 월경은 인간 여자와 완전히 같다고 한다. 그런데 씨족 조상으로서의 백조가 아예 처음부터 정말 어머니의 역할을 할지는 확실하지 않다. 씨족동물의 신앙이 단지 하나의 기원으로만 소급되는지도 의심스럽다. 이미 말했듯이 어떤 종족은 우레도 또한 토템으로 생각했다. 이 경우 본래는 아마 우레는 큰 독수리와 비슷한 것이라고 생각했을 수 있었을 것이다.

이러한 토템 관념은 특별한 종족의 동물명이나 왕가의 동물 문장이 더욱 분명하게 해 줄지도 모른다.

그림64. 부리야트 샤만의 ≪성스런 모피≫. 페트리 촬영.

토테미즘이라는 용어를 사용함에 있어 앞에서 말한 본래의 의미로서의 토템 동물 외에 샤만은 스스로 어떠한 의미가 있는지 그다지 잘 알 수 없는 동물의 모습을 한 종족령(種族靈)을 아직 많이 가지고 있다. 예를 들면 부리야트의 사르툴(Sartul)족은 샤만 가계의 사람(우트카 utkha)은 동물의 피 특히 "사르툴족의 샤만 동물의 피"를 먹는 것은 금지되어 있다고 말했다.19) 샤만 동물이란 어떤 의미인가 이 기술에서는 잘 알 수 없다. 부리야트 샤만의 주거 중에서 보통 윗자리의 벽이라든가 마법의 지팡이에는 작은 삼림동물의 가죽이 많이 걸려 있다. 그 모두가 오로지 제사용이라는 것은 아니지만 그것이 본래 어떤 의미를 가지고 있었는지는 알려져 있지 않다. 퉁구스의 시벤(syven)도 나나이의 세온(seon)도 동물의 모습을 하고 있는 것 같다는 것은 이미 말한 대로이다. 북시베리아의 민족들은 거위, 아비, 특히 붉은 부리 아비 등의 물새는 영적 존재여서 결코 손가락질해서는 안 된다고 생각한다. 이들 물새 모습을 취한 것은 퉁구스, 돌간(Dolgan) 야쿠트의, 특히 제례 장소나 무덤에 보인다. 아마 사람은 그것을 죽은 샤만의 신령이라고 생각하고 있는 듯하다. 적어도 퉁구스 샤만의 《혼》은 바다 까마귀의 모습을 띠고 새로운 샤만의 몸속으로 옮겨 간다.

　샤만 의례를 행할 때 퉁구스는 갖가지 동물을 보좌역으로서 쓴다. 투루칸스크에서 들은 이야기인데, 마술사는 샤만 의례를 할 경우에는 특별한 천막을 설치하고 그 주위에 상을 단 여덟 개의 기둥을 박는다. 나무에 새긴 이들 상은 의례가 진행 된 후에도 버리지 않고 보존하는데 태양, 달, 우레의 새 외에 갖가지 새를 표현하고 있다. 태양, 우레의 새, 백조, 뻐꾸기는 천막의 동쪽에, 서쪽에는 달, 학, 바다까마귀, 아비가 있다. 더욱이 이와 같은 갖가지 동물의 상은 샤만이 천막 정면의 화덕 뒤의 흙바닥에 앉는 경우 자신의 옆에 놓는다. 왼쪽에는 회색 송어, 수달, 이리, 모캐, 오른쪽에는 연어, 뱀, 도마뱀, 곰의 상을 둔다. 앞에는 도마뱀과 닮은 목상을 세운다. 공중에서도 수중에서도 지상에서도 지하에서도 구조를 외치는 이들 동물은 샤만 의례를 할 때에 중요한 임무를 띤다고 퉁구스는 생각하고 있다. 의례의 처음에 이들의 상을 교대로 들어 올려서 그때그때의 무게로 여러 가지를 헤아리는 것이다.

　돌간과 야쿠트의 샤만도 이리라든가 여우의 동물 상을 만들어 조수 임무를 주어 내보낸다.20) 부리야트의 샤만도 또한 어떤 특정 동물에 다음과 같이 노래하여 도움을 청한다. "회색 토끼는 우리의 주자(走者), 회색 이리는 우리의 사자(使者), 쿤(khun)새(백조)는 우리의 쿠빌간(khubilghan, '모습을 바꾼다'에서), 독수리 코토(khoto)는 우리의 사자(使者).21)" 부리야트의 샤만은 각각 어떤 자는 독수리, 어떤 자는 검독수리, 어떤 자는 개구리라고 하듯이, 각각 쿠빌간을 가지고 있다는 사실에 자토플라이에프(Zatoplaïev)는 주의를 기울이고 있다.22)

　부리야트 샤만의 쿠빌간이 늘 일정한 동물인 것과 마찬가지로 돌간이

나 야쿠트도 특정한 동물의 모습을 띠고 나타나는 샤만 특유의 신령에 대해서 말하고 있다. 돌간이나 야쿠트의 이 같은 관념에 대해서 V. A. 바실리에프(Vasiliev)는 이렇게 적었다. "각각의 샤만은 물고기, 새, 곤충 등과 같은 갖가지 동물의 모습을 띠고 나타난다고 상상할 수 있다. 수많은 보조령(補助靈)을 가지고 있는데 그 밖에 자신의 생사가 걸려 있는 또 하나의 주령(主靈) 이예 퀼(ijä-kyl)《모수母獸》를 가지고 있다. 샤만은 이 신령을 일생을 통해서 3번밖에 볼 수 없다고 한다. 첫 번째는 샤만이 될 때, 두 번째는 샤만으로서의 경력 중간에, 마지막은 죽기 전이다. 이 《모수》는 보통 샤만 자신보다도 일찍 죽는다. 이 신령이 어떤 우연한 계기로 죽는 경우에는 샤만의 죽음도 또한 연장할 수 없다. 바실리에프는 예를 들면 짓궂은 샤만이 무술(巫術)을 한참 하고 있는 중에 다른 샤만의 혼동물(魂動物)을 보거나 으르거나 해서 그 동물만이 아니라 그 동물을 가진 주인도 죽음에 이르고 마는 것이라고 적고 있다.23)

이런 종류의 동물에서 가장 강한 것은 시에로세브스키(Sieroszewski)에 따르면 수소, 수말, 곰, 큰사슴, 독수리이다. 자신의 이예 퀼(ijä-kyl)이 개라든가 이리의 모습을 하고 있는 샤만은 운이 나쁘다고 시에로세브스키는 적고 있다. 특히 개의 모습을 한 것은 자신의 샤만을 결코 가만히 두지 않고 끊임없이 심장을 '갉아먹으며', '육체를 괴롭힌다'고 말했다. 새 샤만이 나타날 때는 반드시 새 이예 퀼도 함께 나타나므로 오래된 샤만은 이예 퀼의 도래(到來)를 보고 그것을 안다. 이들 샤만 동물은 무엇보다도 "샤만만 볼 수 있는" 공상의 산물이라는 점에서 토템 동물과 구별된다. 야쿠트는 더욱이 샤만이 다투면 그들의 '동물'도 서로 다투며, 그것이 1개월에 그치지 않고 1년이나 계속될 수 있다고 믿고 있다. 자신의 동물이 죽은 샤만은 마침내 죽게 되어 있다. 샤만의 병도 또한 그들의 신령들 사이의 다툼의 징표라고 보고 있다.24)

알타이의 텔레우트도 또한 튄 부라(tyn-bura. 부라 신령)라는 샤만의 특별한 신령을 말하는데, 그 이름에서(bura, pura는 동물. 카라가스 pur 큰사슴, 야쿠트 bur 순록, 몽골 buri 큰사슴과 비교하라) 동물의 모습을 하고 있다고 짐작하게 된다. 아노킨(Anochin)에 따르면 서로 싸우는 샤만의 강한 쪽이 상대의 튄 부라를 '빼앗고', 그 다리와 목을 잘라버리게 된다. 이렇게 해서 튄 부라가 죽으면 상대의 샤만도 또한 2, 3일 안에 죽는다.[25]

이러한 예로 보면 동물의 모습을 한 샤만의 신령은 이들 민족에서는 주인과 대단히 가까운 관계에 있다. 그것은 아마 동물의 모습을 하고 돌아다니는 샤만 고유의 혼일 것이다. 샤만의 《혼》이 바로 순록의 모습을 하고 배회한다는 관념은 대단히 광범위하게 걸쳐 있다. 나나이의 샤만은 죽은 자를 짊어지고 죽음의 나라로 나를 때 순록의 모습이 된다. 삼림유락(Yurak)도 또한 샤만의 《혼》이 저 세상에 사라지면 "저 사람의 수소 모습이 다니고 있다."라고 한다.[26] 트레탸코프(Tretiakov)에 따르면 투루칸스크 지방의 사모예드는 각각의 샤만은 몸 가까이에 "순록의 모습을 하고 살고 있으며," 부르면 곧 오는 종자(從者)를 가지고 있다고 생각하고 있다. 일종의 이상한 끈이 그 동물과 주인을 묶고 있어서 그 동물은 샤만의 의향에 따라 멀리 나가면 그 만큼의 끈도 늘어난다고 한다. 때로는 두세 샤만이 함께 마음에 들지 않는 샤만에게 압력을 가하는 경우가 있다. "자신들의 순록"이 하나가 되어 상대의 '순록'을 덮치게 만드는 것이 그 방법이다. 이 '순록'이 고군분투하여 잘 참아내지 못하고 굴복하면 샤만도 또한 생명을 잃는다.[27] 여기서 레흐티살로(Lehtisalo)가 유락사모예드의 죽음 의례에 대해서 쓴 것을 말해 두고 싶다. "나이 지긋한 마술사 응기테르마(ngytterma)가 죽은 뒤 그 아들은 《응기테르마의 머리》라 칭하고 뿔과 다리를 갖춘 순록의 목상을 만들었다. 고인의 아내는 이것을 작은 새끼 순록의 모피로 감싸서 천막의 아내 자리에 세워 두었다.28)"

　같은 관념은 라프에도 보인다. 참고삼아 18세기의 J. 킬달(Kildal)의 묘사를 다음에 인용해 보겠다. "두 마술사는 서로 '순록'을 부추겨서 다투게 했다. 그러자 '순록'이 이기거나 지는 데에 따라 샤만도 또한 이기고 지는 것을 느꼈다. 한편 '순록'이 상대의 뿔에 부딪혀 딱 둘로 꺾이면 '순록'의 뿔이 얻어맞은 쪽의 샤만은 병에 걸린다. 한편의 '순록'이 상대의 순록을 죽이면 순록이 죽은 쪽의 샤만은 죽는다. 이 싸움은 서로 싸운 한 '순록'이 녹초가 되면 그와 마찬가지로 그 주인 샤만도 지쳐서 뻗게 된다는 식으로 진행된다.29)" 이 정도로 서로 멀리 떨어져 사는 민족들의 터전에서 서로 싸우는 샤만이 약속이나 한 듯 보통 샤만의 동물이 오로지 순록의 모습을 띠고 있다는 것을 이 기술에서 다룬 것은 정말 놀랍다. 그런데 포르부스(Forbus)는 라프에 대해서 "마술사가 만약 새를 가지고 있으면 그 새(vurnes lodde)를 보낼 수 있다."고 말하고 있다.30) 다음과 같은 인간 혼의 모습은 여러 가지라고 하는 나나이의 사고방식은 야쿠트의 이예 퀼 관념과 더욱 비슷하다. 그것에 의하면 선인(善人)은 순록, 큰사슴, 물고기의 모양을 한 혼을 가지고 있는데 반하여, 악인의 혼은 야수, 이리, 혹은 모기, 등에 등의 흡혈곤충으로 나온다. 분명히 이것과 관련이 있는 귀중한 비교자료가 되는 것은 특히 스콜트(Scolt) 라프(Lapp)의 카즈(kaddz, 助手) 동물과 스칸디나비아의 필기아(fylgia) 동물이다.

4. 샤만의 나무

　돌간(Dolgan)과 야쿠트(Yakut)는 최고신 아유 토욘(aju-tojon)이 처음 세계와 그 주민을 만들었을 때 인간이 병 등의 불행에 싸였을 경우에 도와줌과 동시에 《최초의 샤먄》도 만들었다고 생각된다. 그들의 전설에는 또한 어떤 종류의 나무도 등장하고 있는데, V. A. 바실리에프(Vasiliev)는 그에 대해서 다음과 같이 말하고 있다. "그(神)는 샤만을 만들고, 그 주거 앞에 가지가 여덟인 '결코 넘어지지 않는' 성스런 나무 튀스패트 투루(tyspät turū)를 자라게 하고 그 가지의 그늘에 신 자신의 아들, 빛나는 영인(靈人)을 살게 했다. 동시에 아유 토욘은 지상에 세 그루 나무를 자라게 하고 그 나무뿌리에 앉은 채 최초의 샤만을 시켜 모든 주술 도구를 만들게 하고 인간에게 적의를 품은 신령들과 싸울 때 이것을 어떻게 사용해야 하는지를 가르쳤다. 샤만은 각각 그때의 흔적으로 <u>당사자가 샤만의 직에 부름 받았을 때에 성장하기 시작해 샤만이 죽는 것과 함께 죽는</u> 투루라는 샤만의 나무를 가지고 있다. 그런데 최고신의 주거 앞에 자라는 튀스패트 투루는 그렇지 않다. 이 나무는 늙지도 않을뿐더러 결코 죽지도 않는다.[1]"

나나이는 세계나무[世界樹]로 세 그루가 있는데, 한 그루는 <u>하늘</u>에, 또 한 그루는 <u>죽은 자의 나라</u>에, 또 한 그루는 <u>지상</u>에 자라고 있으며, 최초의 샤만 카도(khado)는 이 지상의 나무에서 샤만의 무구(巫具)를 받았다고 말한다. 더욱이 나나이, 오로치(Orochi), 오로크(Orok)의 샤만은 누구라도 <u>자신이 사는 것도 죽는 것도 그 나무에 달려 있다</u>는 특별한 나무를 가졌다고 한다.[2] 옵도르스크(Obdorsk) 최북단에 사는 툰드라 유락(Tundra Yurak)도 샤만과 그 나무 사이에는 이러한 신비한 관계가 개재되어 있다고 생각한다. 이것을 암시하고 있는 것은 특히 다음과 같은 레흐티살로(Lehtisalo)의 말이다. "샤만은 또한 자신의 신성한 장소를 가지고 있으며, 거기에는 그의 나무(tād'ib'em be'a)가 자라고 있다. 나무에는 인간 정도 크기의 샤다이(sjadai, 偶像)가 두 개 달라붙어 있으며, 샤만의 나무를 망보고 있다. 누군가가 샤만의 나무를 쓰러뜨리면 샤만은 죽는다. 그러나 도끼를 나무에 찍으려고 하면 자신의 발을 찍고 말 뿐이므로 나무를 쓰러뜨릴 수는 없다. 샤만이 죽으면 1년 안에 나무는 마른다. 다른 샤만이 이 나무를 쓰러뜨려야 할 때가 왔다는 것을 알면 이것을 쓰러뜨려 제물을 바치고 사모예드인을 위해 이 나무로 샤다이(木偶)를 만든다."

여러 민족에 관한 앞의 인용에서 밑줄 친 부분은 샤만의 나무와 그 주인이 서로 얼마나 밀접한 관계에 있는가를 나타내고 있다. 그러나 여기에 인용한 자료로는 툰드라 유락의 경우가 그런 것처럼 왜 특정 나무가 이러한 의미를 띠고 있는가는 분명하지 않다. 어쩌면 위의 전설에서 추측할 수 있듯이 그 샤만이 무구로 쓰는 도구가 바로 이 나무로 만들었기 때문이 아닐까? 그러나 돌간과 야쿠트에 관한 보고를 보면 그것이 사실에 바탕을 둔 것이라고 하므로 샤만이 그 직에 부름을 받았을 때 비로소 자란다고 하는 샤만의 나무에 대해서 이 설명을 적용하기에는 무리가 있다.

5. 흰 샤만白巫과 검은 샤만黑巫

카를로 힐덴(Kaarlo Hildén)은 어떤 시베리아 종족들에서는 이른바 《흰 샤만》과 《검은 샤만》을 구별하려는 노력이 보인다고 말하고 있는데, 힐덴에 따르면 이 구별은 알타이 지방에는 알려져 있지 않다.[1] 그러나 아노킨(Anochin)은 알타이 타타르의 샤머니즘에 관한 논문에서 《흰 샤만》(ak kam)도 《검은 샤만》(kara kam)도 들고 있는데, 어느 샤만이나 무구로 북을 쓰고 있다고 적었다. 양자의 차이는 적은데, 《흰 샤만》은 결코 죽은 자의 나라 왕 애를리크(ärlik)를 섬기지 않으며, 또한 샤만의 긴 웃옷(마니야크, manjak)을 입지 않는다고 하는 점뿐이다. 마니야크를 입는 것은 '모든 신령(tös)'과 관련된 일을 하는 《검은 샤만》뿐이다. 그런데도 《흰 샤만》은 흰 새끼양의 모피로 만든 특별한 모자를 쓴다. '깨끗한' 영체(靈體, aru tös) 곧 윌갠(ülgän, 天神)과 그 아들들에게 기원하고 선령(善靈)을 섬기는 데는 하얀 것을 입지 않으면 안 되기 때문이다. 이 규정은 두건에 올빼미의 깃장식(ülbräk)을 꽂고, 그 뒤쪽에 세 개의 하얀 리본(jalama)을 드리우기를 바라는 것이다. 지면까지 닿는 세 개 리본은 사제(司祭)의 옷 등에도 드리워져 있다.2)

트로슈찬스키(Troščanskij)는 야쿠트인 지대에서 이와 같은 2분제(分制)를 찾았고 샤머니즘에 관한 전문 문헌에 검은 샤만이라든가 흰 샤만이라는 말은 나오지만 역시 그다지 주의를 기울이지 않는다고 푸념하고 있다. 따라서 어떤 샤만의 일이 적혀 있어도 그것이 흰 샤만인지 검은 샤만인지 확신할 수 없다고 한다. 자신은 야쿠트가 흰 샤만을 아위 오유나(ajy ojuna), 검은 샤만을 아바시 오유나(abasy ojuna)라고 부르는 것을 알고 있을 뿐이라고 그는 적고 있다.3) 트로슈찬스키가 말하는 아위 오유나는 본래 샤만은 아니고 사제(司祭)를 의미하는 말이다. 이렇게 다른 직능의 사람이 흔히 혼동되는 것이 연구를 곤란하게 하고 있다. 야쿠트에 관한 한 그들이 흰 샤만과 검은 샤만이라는 두 가지를 가지고 있지 않다는 프리푸조프(Pripuzov)의 주장 쪽이 맞는 것 같이 여겨진다. 곧 같은 샤만이 천상의 신령도 지상의 여러 신령도 찾을 수가 있는 것이다.4)

내가 방문한 투루칸스크 지방의 퉁구스는 한 종류의 샤만만 가졌을 뿐이라고 한다. 그때 천신에게 제물을 바치는 사제는 샤만 이외의 사람이 된다는 점에 신경이 쓰였다. 그 밖에 천신에 대한 제사는 낮에 한해서 행하는데, 샤만이 의례에 따라 행하는 제사는 밤에 준비한다. 일반적인 제사를 지내는 사람은 아버지라든가 나이가 가장 많은 남자여도 좋으며, 그를 샤만이라고는 부르지 않는다.

옵도르스크 최북단에 사는 툰드라 유락은 하늘과 땅의 여러 신령들을 달래기 위하여 그 부르는 이름에 샤만이 비는 대상이 '하늘'의 신령인가, '땅'의 신령인가를 알 수 있는 말을 덧붙인다.[5] 그런데 이 호칭으로도 또한 우리가 이용한 자료로도 "하늘의 여러 신령들을 자신의 신령으로 하고", 그들에게 제사를 행하는 이 인물이 정말로 여러 신령들에 의해 선택되어 샤만의 소질을 받은, 통상 이 말로 이해할 것 같은 샤만인가 아닌가는 분명하지 않다.

흰 샤만과 검은 샤만에 대해서 말하는 것은 그 중에서도 부리야트에 관한 자료뿐이다. 아가피토프와 캉갈로프는 "샤만은 선신을 모시는가 악신을 모시는가에 따라서 하양과 검정 두 무리로 나뉜다."고 말한다.

《흰 샤만》(사가니 뵈. sagānī bö)은 선신을 모시고 인간에게 결코 나쁜 일을 시키지 않으며 오히려 인간에게 행복과 축복을 가져다주도록 신들에게 기도함으로써 인간을 돕는다. 한편《검은 샤만》(카라인 뵈. karain bö)은 인간에게 '재악(災惡)만'을 가져다주며, 악령에게 기도하고, 오로지 악신에게만, 결국 "동쪽의 텡게리, 동쪽의 제후, 올콘(Olkhon) 섬의 주인, 애를렌 칸(ärlen-kan), 검은 말의 주인"에게 제물을 바친다.

더욱이 흰 샤만의 옷은 하양, 검은 샤만의 옷은 푸른 비단 혹은 무명으로 만든다고 한다. 쿠딘스크(Kudinsk)의 부리야트인은 샤만 사후 비로소 이러한 옷을 입힌다고 하는데, 발라간스크(Balagansk)의 샤만은 그 샤만 생시에 이미 특별한 서품의식을 받은 뒤 그 옷을 받는다고 한다. 샤만의 유해를 태운 뒤《흰》샤만의 재는 하얀 천으로,《검은》샤만의 재는 푸른 천으로 꿰맨 작은 주머니에 모아 나무 구멍 속에 넣는다.[6]

검은 샤만을 매우 나쁜 역할에 놓는 이들 부리야트인의 보고를 잘 보면 꽤 과장되었다는 것을 알 수 있다. 그의 힘을 결코 과소평가해서는 안 된다는 하계(下界)의 영체(靈體)도 역시 달래지 않으면 안 된다고 하는 면에서 보면 이른바 《검은》 샤만은 위에서 말한 보고에서 받은 인상과는 기원적으로 완전히 다른 의미를 가지고 있음에 틀림없다. 그 밖에 이 검은 샤만이 단지 나쁜 일을 할 뿐이라고 하면 왜 특별한 복장을 할당하고 장례를 지냈는가는 수수께끼다. 그런 행위에 대한 평가도 또한 분명히 후대 세계관의 영향을 받은 것이다.

이 문제를 좀 더 큰 비교 자료의 배경에 놓고 음미해 보면 야쿠트인의 경우 틀림없이 《검은 샤만》 쪽이 물론 우리들이 라프에 대해서 알고 있는 것과 같이 가장 기원적인 샤만을 대표하고 있었던 것처럼 생각된다.

6. 샤만의 서품敍品

야쿠트인들에게는 선배 샤만은 후계자에게 기초적인 것을 가르쳐 주고 비결을 전수하며 동시에 애매개트(ämägät)의 상(像)을 가져다주는 것이 관습이라고 스타들링(Stadling)은 말하고 있다.[1]

프리푸조프(Pripuzov)에 따르면 야쿠트 샤만의 《서품식》은 다음과 같이 한다. 고참 샤만이 신참 샤만을 높은 산 위에나 넓은 들판에 데리고 가서 무복(巫服)을 갖추게 하고 북, 북채, 말갈기를 말아 붙인 여린 버들 가지를 준다. 더욱이 신참의 오른쪽에는 행실이 바른 아홉 사나이를, 왼쪽에는 순결한 아홉 아가씨를 세운다. 이 고참 샤만 자신도 무복(巫服)을 갖추고 신참의 뒤에 서서 주문을 외우면 후계자는 그것을 되풀이해야 한다. 먼저 신참은 선배 샤만에게 신을 비롯해 자신에게 중요한 모든 것을 버리고 평생 악마를 섬긴다고 약속해야 한다. 그러면 악마는 샤만이 원하는 것을 들어준다. 이어서 이 악마는 어떤 자이며, 어디에 살며, 어떤 병을 일으키는가, 어떻게 해서 달랠 수 있는지를 알려 준다. 마지막으로 후계자는 동물 한 마리를 잡아서 그 피는 자신의 옷에 뿌리고 그 고기는 이 식에 참여한 모두의 몫으로 준다.[2]

이 기술 중에 신을 버리는 약속을 한다고 하는 것과 같은 몇몇 특징은 프리푸조프 자신의 개인적인 느낌 쪽이라고 해도 역시 야쿠트에서는 새 샤만의 공적인 활동은 실제로 서품식을 전제로 하고 있는 것처럼 생각된다.

샤만이 할 일은 무엇보다도 그 씨족의 안녕을 위한 것이어서 샤만의 많은 준비 비용을 공동으로 부담하는 씨족으로서는 역시 새 샤만이 탄생하는 것을 확실히 해두고 싶다는 것도 무리는 아니다. 따라서 퉁구스 지대에는 씨족원은 미리 의논해 두고 대대로 행해져 온 시험과 의식을 행하며 신참의 능력을 시험해 보는 날짜를 잡아 둔다. 신참이 일족의 샤만으로서 잘 알려진 권리를 얻는 이러한 의식은 며칠이나 계속되는데 마지막은 제물을 바치는 것으로 매듭을 짓는다.[3]

나나이의 경우에도 제물을 바치는 행사의 절정은 새 샤만의 임명식이다. 그는 미리 씨족의 집집마다 찾아가 차례로 굿을 해야 하는데 그 때에 제사를 도와주도록 부탁해 둔다. 근처 주위에 나갈 때 처음 따르는 사람은 한 사람뿐이지만 마침내 가는 곳마다 차차 열성적인 지지자가 나타나서 가까운 주위에 더해지며, 더욱이 다음 집에도 이어 가서 추종자는 점점 불어난다. 마침내 제물을 바치게 되어 있는 신참의 집에 모두 모인다. 전야제에 샤만 춤판이 벌어지는데 춤판 참가자는 모두 띠에 방울을 달고 손에 북을 잡고 있다. 춤추는 사람은 적어도 아홉이 되어야 한다. 다른 사람은 북을 쳐 울리면서 잠시 둥글게 돌면 새 샤만도 완전히 몸차림을 하고 춤추기 시작한다. 춤추다가 쉬는 사이에 그는 신령들을 기리는 찬가를 부르고, 자신이 불려질 차례를 말한다. 자기 힘으로는 자신이 없다고 말하면서도 큰 소리로 힘을 주어 모두가 따라야 할 세온(seon) 지명을 알린다. 그리고 아홉 샤만 앞에서 백산차(Ledum palustre)를 태운다. 그 연기는 나나이인의 생각에 따르면 깨끗하게 하는 작용이 있다고 한다. 신참의 노래가 끝나면 씨족의 최연장자가 무릎을 꿇고 화주(火酒) 한 잔을 바친다. 젊은 샤만은 화주에 손가락을 찍어 신령들을 위해 '왼 손바닥에' 조금씩 뿌려 준다. 이것을 3번 되풀이한다. 다음날에 제물을 바치는 장소로 가면 미리 돼지 아홉 마리가 준비되어 있는데, 조수들은 신호와 함께 돼지를 잡는다. 신참은 그 돼지 피를 마시고 다시 굿을 시작하면 마침내 망아상태에 빠지고 주위 사람들은 장래의 일을 이것저것 묻는다. 잔치는 고기와 술이 남아 있는 한 며칠이나 계속된다. 샤만은 자신의 세온(seon)에게 이러한 제물을 그 해에 정해진 수만큼 되풀이해서 바쳐야 한다.[4)]

종교연구의 입장에서 보면 부리야트인에 대해 기록한 서품식의 방식이 매우 재미있다. 하지만 부리야트의 샤만은 샤만으로서 활동하고 있더라도 전부가 서품을 받는 것은 아니다. 서품은 고도한 책무를 주는 것이라고 생각하기 때문이라고 캉갈로프는 지적하고 있다. 이러한 사정 때문에 서품을 받은 샤만은 좀 더 높은 계급에 들며, 그들만의 집단을 만든다. 더욱이 서품은 부리야트인의 사고방식에 따르면 매우 중요한 의미를 가지고 있다. 그것은 "서품은 샤만의 지적 능력을 높이고 저 세상의 생활과 영계(靈界)의 비밀을 해명해 주며, 신들과 신들이 있는 곳을 가르쳐 주고, 신들의 지배하에 있는 영체(靈體)와 가까워지게 하며, 샤만의 중개로 신에게 원을 세우는 방법을 가르쳐 주기 때문이다.[5)]"

서품은 곧 신참을 특정 목적에 헌신하도록 하는 것을 의미하며, 일정한 생활 태도의 유지를 전제로 하고 있으므로, 미리 준비 없이 행하지는 않는다. 신참은 무엇보다 먼저 돼지고기를 먹는 것과 같은 부정이라고 여기는 행위는 모두 피해야 한다. 또한 목욕재계를 통해 몸을 깨끗이 해야 한다. 본래의 서품의식은 《샤만의 아버지》라 불리는, 이전부터 신참 스승의 소임을 맡고 있으며, 이미 서품을 받은 샤만이 집행한다. 조수는 《샤만의 아홉 아들》이 소임을 맡게 되어 있으며, 그 때문에 소년 아홉이 뽑힌다. 그들은 굿을 준비하고 신참과 함께 미리 그 근처를 말을 타고 돌며 굿에 필요한 것들을 모은다. 돌아다니는 여러 천막에서 젖, 타라순(tarasun), 쿠룽가(kurunga)의 대접을 받고 또한 돈 등의 선물도 받는다. 신참의 손에 들려 있는 작은 자작나무에는 리본이나 천 조각이 묶여 있다. 발라간스크(Balagansk) 지방에는 《샤만의 아들들》도 손에 자작나무의 어린 가지를 쥔다.

이 지방에서는 또 서품식에 앞서 신참과 《샤만의 아버지》와 《샤만의 아들》은 특별한 천막에 들어가 차와 물로 익힌 곡식 가루 죽만 먹고 9일 동안 단식을 하는 것이 관습으로 되어 있다. 천막 주위에는 관습에 따라 말의 털로 짠 끈을 3번 감아 돌리고, 거기에 작은 삼림동물의 모피나 리본이나, 막자와 숟가락 비슷한 것을 단다. 그 동안에 다른 사람들은 서품식에 필요한 모든 사전 준비를 한다.

전야제에 신성한 숲 또는 묘지에서 자작나무를 가져오는데, 그 중 적어도 두 그루는 뿌리째로 가져 온다. 나무를 가지러 갈 때 부리야트인은 타라순과 양 한 마리를 가지고 가서 숲의 《주인》에게 바친다. 다음날이 되어야 비로소 자작나무와 그 밖의 것은 그곳에 세운다. 뿌리가 붙은 자작나무 가운데 한 그루는 샤만의 천막 속에, 뿌리를 화덕 옆 지면에 묻고, 가지는 천막의 굴뚝으로 보이도록 해서 세운다. 샤만이 그것을 따라 하늘 세계[天界]에 도달하는 이 나무를 《출입구의 비호자》(ūdešiburkhan)라고 부르는 것은 그것이 "샤만에게 하늘의 여러 신들의 입구를 열어 주고 있기" 때문이다. 나무는 서품식이 끝난 뒤에도 그대로 남겨 두므로 마을 어디에 서품을 받은 샤만의 천막이 있는가를 쉽게 알 수 있다.

또 한 그루 뿌리가 붙은 자작나무, 에케 샤라 모돈(äkhä-šara-modon)도 역시 중요한 역할을 맡으며, 천막의 바깥에 세워져 굿을 하는 동안 이것도 하늘로 오르는 데에 사용된다. 이들 뿌리 붙은 자작나무 외에 또 아홉 그루 자작나무를 심는데, 뿌리가 붙어 있지 않아서《마른 자작나무》라고 불린다. 캉갈로프에 따르면 이것들은 세 무리로 나뉘어 늘어서 있으며, 많은 경우 흰 말의 털로 짠 끈을 감아 붙이고, 거기에 하양, 파랑, 빨강, 노랑 리본을 번갈아 늘어뜨린다. 이들의 색깔이 무엇을 의미하고 있는지는 분명하지 않지만, 아마 방위의 색깔을 나타내는 것이리라. 그 밖에 뿌리가 없는 나무쪽에는 작은 삼림동물의 모피 9장과 타락(tarak)이 가득한 자작나무 껍질로 만든 그릇을 건다. 캉갈로프는 이 점에 대해서 이들 자작나무는 천막 속의 것을 포함해서 하양과 파랑의 줄무늬 끈으로 서로 연결하여《무지개》곧 샤만의 텡게리(tengeri)로의 여행길을 나타내는 것이라고 전하고 있다. 서품식에 사용되는 상징적인 자작나무 외에 또 다른 나무나 특히 아홉 그루의 기둥을 세우고 같은 수의 양(羊)을 거기에 묶는다.

이 신성한 행사를 위해 지도(žido)라는, 아래 끝을 뾰족하게 한 아홉 그루 자작나무 막대가 사용된다. 그 위쪽 끝에 새긴 눈금에는 시베리아 전나무(Abies pichta)의 수지(樹脂)가 많은 나무껍질이 끼워져 있고, 중간 쯤 남은 가지에는 리본을 묶었다. 횃불로 쓰이는 이들 막대는 아마 나중에 지면에 꽂도록 뾰족하게 되어 있을 것이다.

신참과 도우미를 하는 자들은 굿을 할 때 하얀 외투를 입고 등장하며,

《샤만의 아들》의 외투 끝자락에는 하얀 리본이 드리워져 있다. 포타닌(Potanin)은 《샤만의 아버지》와 신참은 붉은 비단 술이 붙은 하얀 모자를 머리에 쓴다고 말하고 있다.

새 샤만의 서품에 앞서 일종의 《죽마(竹馬)》 같은 막대나 현악기(khūr) 같은 도구를 부정 없애기를 한다. 《죽마》 부정 없애기는 동시에 생명 불어넣기라고 생각할 수 있다. 샤만이 또 다른 한 세계로 떠날 때 그것은 살아있는 말로 섬기는 것이다. 막대의 부정 없애기 할 때는 《죽마 주인과 주부》(khorboši-nojon과 khorboši-khatun)를 위해 양 한 마리를 잡아 그 주위에 타라순(tarasun)을 뿌리고 절한다. 그 때에 막대의 하단에 양의 피를 바르기도 한다. 현악기(khūr)의 부정 없애기를 할 때에도 또한 그의 신령에게 제물을 바치는 것을 게을리 하지 않는다. 부리야트인은 타라순을 만들 때 이 고귀한 마실 것이 화주(火酒)의 증류기에서 이 악기 위에 직접 방울이 떨어지도록 안배해서 이 악기를 귀가 달린 단지에 넣어 둔다. 이렇게 해서 부정을 없앤 악기에는 신도 또한 귀를 기울이는 것이라고 믿고 있다.

다음날부터는 천막에 모인 모든 사람은 줄곧 굿을 하고, 신들에게 기도하고, 타라순을 바친다. 먼저 처음으로 애르길 부가 노욘 통코이(ärgil-bugha-nojon-tonkhoi)를 예배하고 타라순을 뿌린다. 이 신령은 스스로 서품을 한 뒤 다른 샤만에게도 서품을 한 최초의 신령이라고 이른다. 그래서 기원문 중에 "지상에 내려와 아홉 나라의 군주, 부리야트인의 수호령이 되고", "은(銀)띠와 은칼"을 띠고 차고 있다고 말하는 《서쪽의 칸들》과 그의 아홉 아들에게 화주를 뿌려야 한다. 일정한 순서에 따라 화주를 바쳐야 할 그 밖의 영체(靈體)는 아래와 같은 것이다. 《샤만의 아버지》의 선조, 그의 토지 신령, 아홉 샤만의 수호령, 그 지방과 가까운 곳에서 고인이 된 잘 알려진 모든 샤만, 대(大)부르칸(Burkhan), 그

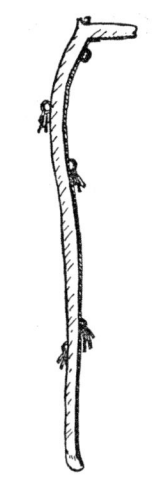

그림65. 부리야트 샤만의 '죽마'

밖의 위력 있는 신들이다. 술을 바친 후 《샤만의 아버지》는 갖가지 신령에게 다시 한 번 기원문을 낭독하고, 새로 샤만이 되는 자는 그것을 되풀이한다. 전승에 따르면 그때 신참 샤만은 하늘이 불렀을 때 받았다는 칼을 손에 쥐고 있다. 마지막으로 천막 속에 세운 자작나무를 기어오르며, 때로는 굴뚝 구멍을 빠져 나와 지붕 위에까지 나갈 수 있다. 그 때 큰 소리로 신들에게 원조를 구한다.

그러는 동안에 서품식 하는 곳으로 나가게 된다. 위에서 말한 횃불에는 다시 불이 붙여지고, 하나는 선두에 서서 걷는 《샤만의 아버지》가, 다른 것은 그 뒤에 따라 걷는 신참이 가지고 간다. 다음 《샤만의 아들들》이 서품식에 필요한 펠트 깔개나 그 밖의 무구(巫具)를 가지고 뒤따른다. 일행의 맨 뒤에 가는 자는 여기에 참석한 지금까지의 서품을 받은 자와 특히 초대된 손님이다. 가지고 온 모든 물건은 천막의 앞에서 방향을 내는 풀을 태운 불 위에서 쬔다. 손님들은 이미 천막 안에서 연기가 나는 풀을 뜬 삽을 머리 위에서 세 번씩 흔들어 부정을 씻는다.

천막을 떠날 때 뒤따르는 일행은 길-잔디로 덮인 곳도 있다-을 따라 자작나무가 줄 지어 선 곳까지 가서 판에 박힌 듯한 찬가를 부른다. 자작나무 줄 동쪽 끝에는 갖가지 색깔의 리본으로 꾸민 잎이 붙은 작은 자작나무, 투르게(turge)가 세워지고, 그 뿌리에는 일종의 제단으로 깔개를 편다. 깔개 위에는 타락과 타라순이 가득한 용기와 제물인 고기를 넣은 통을 벌여 놓는다. 부리야트의 성의(聖儀)에서는 볼가의 민족들과 같이 아홉이라는 수가 중요한 의미를 가지고 있으며, 그 때문에 제물의 잔, 제물의 빵 등도 늘 아홉으로 갖춘다. 투르게 옆에는 서품식의 집행자와 후보자가 반원형으로 앉고, 위에서 말한 횃불도 거기에 세워두는 것이다. 다른 일반인은 자작나무 줄의 북측에 놓은 아홉 제물 솥 주위에 모인다.

서품식에서 가장 중요한 행사 가운데 하나는 신참을 피로 씻어 부정을 없애는 것이며, 그 때 그는 상반신을 벗고 흰 펠트 깔개 위에 앉아야 한다. 다음으로 흰 산양 한 마리를 끌고 와서 신참의 머리위에 올리고 옆구리를 단검으로 찌르면 신참 위로 피가 쏟아진다. 피를 신참은 사방팔방에서 9번 뒤집어쓴다. 다음으로 그 산양을 달아나게 하면 청년들은 산양을 붙잡아 잡는다. 캉갈로프는 더욱이 신참은 산양의 피를 "자신의 머리와 눈과 귀"에 바르고 다른 지방, 예를 들면 발라간스크에서는 피를 먹기도 한다고 보고하고 있다.

피로 씻은 후 이어서 물로 씻어 깨끗이 한다. 《샤만의 아들들》은 때로는 세 우물에서 퍼온 수통에 구운 돌을 던져 넣어 따뜻해진 물에 푸른 자작나무 가지로 만든 다발을 넣어 물에 적시어 핏자국이 없어질 때까지 신참의 등을 때린다. 그러면 샤만은 현악기(khūr)를 타서 신성한 행사의 반주를 시작하며, 《샤만의 아들들》이 신참을 향해서 평생을 통해서 지켜야 할 규칙을 말하면 신참은 엄숙히 그것을 지킬 것을 약속한다. 캉갈로프에 따르면 이들 규칙은 다음과 같은 윤리적 내용도 들어 있다. "가난한 사람이 도움을 바라면 걸어서 그곳으로 가라. 당신의 수고에 대해서 많은 보수를 바라면 안 된다. 바치는 것은 거두어 들여라. 늘 가난한 자의 신상을 생각해 주고 그의 힘이 되며, 악령과 그 위력으로부터 그들을 지키도록 신들에게 비호를 구하라. 부유한 자에게 부름을 받으면 소를 타고 가며, 물론 많은 보수를 바라면 안 된다. 만약 부유한 자와 가난한 자가 동시에 당신을 부르면 먼저 가난한 자에게 가고, 그 다음에 부유한 자에게로 가라."

다음으로 희생동물의 도살이 시작된다. 그 숫자는 아홉 마리여야 한다. 참가자의 수가 많으면 그에 따라 늘리는 것은 괜찮다. 제물의 식사 준비를 하고 있는 동안 한 쪽에서는 샤만의 행사가 열린다. 서품식의 가장 엄격한 순간은 승천의(昇天儀)인데 그때 《샤만의 아버지》는 앞에서 말한 뿌리가 붙은 자작나무 줄기를 9번 돌고 올라가는데 꼭대기까지 간다. 샤만이 올라가는 동안 그 혼은 하늘에 다다른다고 믿어진다. 나무를 한 번 돌 때마다 하늘의 일정한 층을 관통하게 되어 있으며, 샤만은 그 때 관찰한 것을 하나하나 보고한다. 가장 높은 하늘 곧 제9천까지 올라가면 다시 9번 돌면서 지상으로 내려온다. 《샤만의 아들들》은 그 사이 계속 안전을 기하고 나무 아래에서 펠트 깔개를 받치고 있고 마침내 샤만은 그 위에 내려온다. 그 다음에 신참은 곧바로 똑 같이 해서 하늘의 각 층을 뚫고 여행을 한다. 이미 서품을 받은 샤만도 이처럼 한다. 거기에 모인 대중은 그때 망아(忘我)의 상태에 든다고 말한다.

젊은 샤만은 나무 위에 있는 동안 신령들에게 원조를 구하는데, 자신이 원할 때 그 하나하나에 타라순을 뿌려주기를 부탁한다.

물론 이러한 의식은, 그런데, 곳에 따라 그 방법도 약간 다르다. 예를 들면 발라간스크 지방에서는 펠트 깔개 위에 신참을 태우고 일렬로 늘어선 9그루 자작나무 주위를 동쪽에서 서쪽으로 9번 돈다. 그때 신참은 자작나무를 한 그루 한 그루 차례대로 오르며, 한 그루 한 그루를 9번 돌면서 점점 높이 올라간다. 위에 오르면, 아래에 있으며 역시 나무 주위를 돌고 있는 《샤만의 아버지》와 완전히 똑같이 '샤만 의식을 한다.6)'

포타닌은 9그루 나무는 천막의 입구에서 오른쪽 방향으로 꼭 붙어서 나란히 있으며, 신참 샤만은 펠트 깔개에 실려 옮겨진다고 보고하고 있다. 가장 끝에 있는 나무까지 오면 펠트 깔개에서 나무로 뛰어 가 나무의 꼭대기에 이르며, 거기서 재빨리 나무 주위를 3번 돌고, 나무에서

나무로 마찬가지로 하면서 마지막 나무까지 이르면 다시 그 펠트 깔개 위에 내려선다.7)

샤만이 하늘로 여행할 때 9그루 나무를 도는 것은 9그루 나무가 하늘의 9층을 나타내기 때문이라고 생각된다. 서품식을 하고 있는 동안 제물 고기는 차례차례 익혀 와서 특별한 그릇에 수북이 담고 투르게(turge) 옆에 놓는다. 한 마리씩 따로 나누어 익힌 고기는 역시 따로따로 그릇에 수북이 담는다. 먼저 《불의 주인》에게 고기 조금과 수프를 바치고, 《샤만의 아버지》, 《샤만의 아들들》과 그 밖의 샤만은 일렬로 나란히 고기와 수프를 담은 그릇을 하나씩 손에 들고 아홉 샤만의 제물을 받으라고 신에게 기원하며, 그리고 나서 제물의 수프와 고기를 공중과 불속에 던진다. 그리고 《샤만의 아버지》와 그 밖의 사람들은 먹기 시작한다. 희생동물의 뼈는 마지막으로 짚에 싸서 제물배(祭物盃)를 묶기 위한 기둥(aduhani-särgä) 사이에 세운 9그루 자작나무(gur-burkhan)에 건다.

제물 바치기 의식이 끝나면 샤만은 앞에서 말한 천막으로 돌아가는데, 젊은 샤만은 느릿느릿 놀면서 한다. 다음날 되베되이(döbedöi)를 위해 또 양을 한 마리 바친다. 되베되이는 부리야트 전설 중에서 솔본(solbon. 金星)의 종복(從僕)으로 등장하는데, 밝은 명성(明星)인 것 같다. 이 양의 뼈는 태우는데, 모피는 투르게의 뒤에 서 있는 주핼리(zuhäli)라는 자작나무에 건다. 양의 콧구멍에는 자작나무의 어린 가지를 채우고 머리 위에는 횃불(žido)을 놓는다.

샤만의 서품식을 할 때 이외의 제물을 바치는 것도 있는데, 그 중에도 위에서 말한 보카 뇨욘(소의 왕)에게는 흑회색의 수소가 다음과 같은 방법으로 바쳐진다. 소는 깨끗한 물로 씻고 리본을 달며, 작은 멍에를 머리에 씌운다. 그리고 소의 머리에 타라순를 뿌리고 간단히 기도문을 읽은 뒤에 풀어 놓는다. 이러한 의식은 9일 동안이나 계속되는 경우가 자주 있으며, 그것이 끝나고 비로소 자작나무에서 리본과 모피를 떼어 내고 샤만이 성구(聖具)를 넣어두는 상자에 넣는다.[8]

옛날은 갖가지 서품식과 여러 가지 지위가 있었다. 지위 수를 캉갈로프는 9였다고 하는데, 페트리는 5뿐이라고 한다. 서품식에서 승부를 낼 때에는 샤만은 더욱더 크게 존숭(尊崇)하여 위계를 나타내는 징표로 사용했다고 하는데, 그것이 본래 어떠한 것이었는가는 분명하지 않다. 샤만이 이미 첫 번째 서품식에서 받은 칼은 하늘 세계로 여행갈 때 쓰인다. 악령은 칼을 휘두르는 것을 두려워한다고 한다. 서품의 종류에 따라서 샤만의 복장도 다르다는 것도 생각할 수 있다. 페트리에 따르면 5번째 서품을 받은 자는 자린(zārin)이라는 존칭을 받는다고 한다.[9]

이와 같이 복잡한 서품은 극북민족들의 샤만이 황홀한 경지에 드는 것을 설명하는 원시적인 문화를 보여주는 것이 아니라는 것은 분명하다. 이런 서품은 또한 독립적으로 발달해서 형성된 것도 아니다. 그러나 고유한 의례를 동반한 외래종교에서 전범(典範)을 취한 것이라고 생각해도 그것을 어디에서 더듬어보면 좋을까? 어쩌면 라마교의 영향을 받았을지도 모른다. 라마에도 또한 서품식이 있으며, 게다가 여러 가지 계급이 있다. 물론 그들도 부정한 동물의 고기를 식용으로 제공하는 것은 피해야 한다고 한다. 라마도 역시 제자를 두고 있으며, 제자는 라마의 지도 아래에서 성사(聖事)를 배운다. 그들은 특별한 옷을 입고 있다. 그러나 이 경우 라마 자체가 이교(異敎) 시대의 잔재라고 생각하는 부리야트의 의식에 대응하는 것은 눈에 띄지 않는다.

그러면 라마교와는 어떠한 관계에 있는 것일까? 잘 알다시피 오르콘(Orkhon) 강가의 카라 발가순(Kara-Balgasun)의 폐허에서 발견된, 소그드어를 포함한 세 언어로 쓰인 돌비석에는 "신의 스승(mar) 마니의 가르침"이 위구르 왕국의 최전성기(8세기)에 이미 이 지방에 뿌리를 내렸다고 쓰여 있다.10) 부리야트의 민족문학 중에는 페르시아의 최고신 아후라 마즈다(Ahura Mazda, Khormuzda)가 나타나고 있는데, 마니교를 생각나게 하는 신앙 관념이나 의식도 자취를 더듬는 것은 그 때문일까? 그러나 우리가 마니교에 대해서 알고 있는 한 정말 비교할 점은 없다. 어쨌든 기원적으로 수도승을 의미하는 샤만(šaman)이 만주 퉁구스어의 샤만과 같은 것이라고 하면 특별한 생활 규정을 가지고 서품된 샤만을 승려 혹은 성직자와 비교되는 또 하나의 증거가 된다.

서력기원 초 무렵 로마의 그리스도교에 맞서 있었던 페르시아의 종교권에 눈을 돌리면, 먼저 두드러진 상호관계를 알 수 있다. 미트라(Mithra)의 밀의(密儀)에는 실제 부리야트인과 같은 습관과 비슷한 의식화된 서품이 등장한다. 그 하나는 피에 의한 신참의 부정 없애기인데, 이것은 종교사적으로 결코 흔한 예는 아니다. 미트라 교도에게 타우로볼리움(taurobolium)이라 불리는 이 행사를 프루덴티우스는 이렇게 묘사하고 있다. 동굴 속에 가만히 있는 신참은 머리 위에 구멍을 낸 널빤지 위에서 잡은 소의 피를 받는다. 핏덩이가 '뺨, 귀, 입, 입술, 코' 등에 방울지고 눈을 적시도록 흘러내리는 핏물을 향해서 얼굴을 위로 한 채 받으며, 혀로 피를 핥거나 탐욕스럽게 삼킨다.11)

따라서 미트라교의 경우에는 신참의 머리 위에서 산양을 상처 내어 그 피를 '머리와 눈과 귀'에 바르고 마지막은 마신다고 하는 부리야트인과 같은 행사가 있다.

더욱이 공통적인 특징은 특별한 생활 규정과 돼지고기 그 밖의 부정한 것을 피한다는 서약, 특별한 위계와 상징을 가진 갖가지 계급의 서품이다. 그러나 무엇보다도 흥미로운 것은 미트라의 신비에도 또한 오리게네스(Origenes)가 말하고 있듯이 중요한 의식으로 하늘로의 여행, 혹은 하늘의 층을 뚫는 이동이 확인된다는 점이다. 이와 같은 유사점은 결코 전혀 우연이라고는 말할 수 없을 것이다.

미트라교가 그 성물(聖物)을 승려와 함께 로마로 가져갔을 때에는 이미 오랫동안 변화에 직면해 있었지만 많은 특징은 아직 옛 터전의 신앙 관념과 의식을 반영하고 있었다. 아마 페르시아 사제도 또한 그것을 따랐을 것이며, 사제의 민속적인 풍습은 무엇보다도 부리야트인이 위에서 말한 의식 중에서 모방해 들여온 것 같이 보인다. 사제와 샤만은 어딘가 비슷한 목사(牧師)와 같은 임무를 띠고 있으며, 또한 어떠한 예에서도- 미트라교에도 또한- 망아상태가 중요한 역할을 하고 있으므로 중앙아시아의 민족들이 문화적으로 높은 쪽의 이웃으로부터 영향을 받은 것이라고 이해해야 한다.

부리야트인은 앞에서 말한 여러 풍속을 전하고 있는 유일한 민족은 아니다. 똑같은 의식은 일리스코이(Iliskoi)와 타르바가타이(Tarbagatai)에 사는 퉁구스 계통의 시보(Sibo)족에도 보인다. 여기서도 또한 샤만의 서품 때에 '검은 껍질 자작나무'라 불리는 계단을 새긴 나무를 이용하고 있으며, 크로트코프(Krotkov)에 따르면 그 새긴 눈금은 하늘의 층을 나타내고 있다. 서품을 받은 샤만은 집안에 아홉 눈금을 새긴, 작은 상어를 닮은 것 같은 나무를 두고 있다.[12] 샤만이 아홉 눈금을 새긴 자작나무를 올라서 하늘에 이르는 알타이 타타르도, 부리야트의 각지에서 보이는 것 같이 몇 그루의 나무를 일렬로 나란히 하고 의식에 사용하는 야쿠트도 또한, 같은 문화권에 속한다. 야쿠트와 나나이에 그런 흔적이 남아있는 서품식도 또한 부리야트의 같은 의식과 관련이 있을지도 모른다.

7. 샤만의 복장巫服

시베리아 샤만-여기에서는 남자 샤만[男巫는 覡, 女巫는 巫라고 한다(國語, 楚語, 下).-역주]만을 다룬다-이 그 직무를 수행하는 경우 보통 특별한 무복(巫服)을 갖추며, 알타이 지방에서는 일반적으로 그것을 무구(巫具)와 함께 가죽 부대에 넣어서 창고 깊이 쾨르뫼스(körmös) 상(像) 옆에 치워 둔다. 이동할 때는 이 부대를 말안장에 달며, 그 말은 여자가 끌지 않도록 주의한다.13) 시베리아 최북단 민족들도 무복은 마찬가지로 신성시한다. 퉁구스는 차림새를 샤만의 그 밖의 무구와 마찬가지로 일상용으로 쓰지 않고 특별한 순록에 싣는다. 성의(聖衣)를 더럽히는 것을 극도로 두려워하므로 여자나 남이 손대는 것을 금하고 있다. 오래 사용한 무복이 그 효력을 잃거나 샤만이 그 직책이 끝나서 사용하지 않는 경우에도 손상하지는 않으며, 숲에 가지고 가서 나무 위에 건다. 마찬가지로 주인이 죽은 후도 그 무복은 무덤 가까이에 있는 나무에 걸어 둔다.14)

그래서 새 샤만에게는 옛 관습에 따라 새 옷을 짓는다. 시로코고로프가 말하는 바에 따르면 동퉁구스에서는 나이 먹은 과부 혹은 젊은 아가씨(이른바 순결한 여자)가 그것을 짓게 되어 있다. 모든 씨족의 부담으로 모든 부속품을 붙인 무복(巫服)이 다 되면 신참 샤만은 특히 이렇다 할 의식도 없이 그것을 입는다.15) 어떤 지방, 예를 들면 알타이에서는 무복은 인간이 만진 후에는 어떤 방법으로든 '부정을 씻어야' 한다.16) 곳에 따라서는 이 부정 씻기 의식, 혹은 성화(聖化) 의식은 샤만의 수호령에게 바치는 제물과도 결부되어 있다. 야쿠트의 샤만은 그때 가축을 잡고 그 피를 새로 맞춘 무복에 바른다. 옛 무복에 손을 대거나 새로운 부분을 덧붙이는 경우에도 마찬가지 의식을 한다.17)

알타이 지방의 샤만에게는 샤만 의식을 할 때 바지를 뚫고 그 위에

성의(聖衣)를 걸치는 것이 관습이다. 다만 예외로 따뜻한 계절에는 맨몸에 바로 입는다. 이미 그멜린(Gmelin)이 말한 것처럼 퉁구스는 여름에도 겨울에도 보다 본래의 형식에 가깝다고 생각되는 후자의 관습에 따르고 있다. 일반적으로 극북민족들의 경우도 마찬가지이다.[18]

완전히 갖춘 무복(巫服)은 폭넓게 분포한 알타이 계통의 어떤 민족에게도 이미 보이지 않으며, 물론 아직 샤만의 위력이 떨어지지 않은 민족의 경우도 그렇다. 아버지의 대를 이어 계속하는 의식을 샤만이 복장만은 평상시의 옷을 입은 채 행하는 것 같은 지방도 있다. 이러한 주술적인 옷은 입지 않았지만 북은 사용했던 샤만은 오늘날 특히 알타이 지방에서 볼 수 있다. 이미 라들로프(Radloff)는 북부 알타이 지방에 정착한 검은 타타르(Black Tatar), 쇼르(Shor), 텔레우트(Teleut)의 샤만은 고유한 무복을 사용하지 않는다고 말하고 있다.[19] 카를로 힐덴(Kaarlo Hilden)은 레베드 타타르(Lebed Tatar)에 대해서도 같은 말을 하며, 옛 무복(巫服)이 사라진 뒤에는 머리 주위에서 말아 뒤쪽에서 묶은 아마포만이 그 위계를 표시하는 것으로 남아 있으며, 이것이 없어지면 샤만의 행위는 효력을 발하지 못한다고 믿는다는 것을 지적하고 있다.[20]

그림66. 레베드 타타르의 손북을 쥔 샤만. 그라뇌에 의한다.

그러나 많은 지방에서 옛 무복(巫服)이 없어서는 안 될 무구로 간주되고 있지만 많든 적든 쇠퇴현상이 뚜렷이 보인다. 특별한 무복(巫服)을 입은 한 샤만에게서 특히 그러한 것을 하지 않아도 좋은 샤만으로의 변화는 물론 손바닥을 뒤집는 것과 같은 것은 아니고 무복의 어떤 부분이 생략되었다고 하는 식으로 해서 천천히 진행된 것이다. 일찍이 완전한 무복(巫服)은 몇 부분으로 이루어졌다. 곧 윗도리, 북부의 민족들에서는, 가슴이 열린 가운데 목 주위에 단 방한용 속옷, 두건, 장갑, 허벅지까지 덮은 바지 형태의 장화 등이다. 복장의 퇴행을 추적해 보면 일찍 퇴행이 시작된 곳에 존재했던 것으로는 먼저 처음으로 장갑이 생략되고 이어서 신발 순이었다는 것을 알 수 있다. 윗도리와 두건은 그것보다 오래 그 지위를 유지한 것 같이 여겨지며, 어떤 것은 오늘날도 아직 이른 시기 무복(巫服)의 흔적을 전하는 것으로서 남아 있는 것이다.

무복(巫服)의 퇴행은 그 어떤 부분이 소멸하는 것만이 아니고 무복에 붙어 있는 장식을 떼 내는 것까지에 이른다. 더욱이 옛 무복을 새 무복으로 바꿀 때 장식의 위치를 잘못하여 엉터리로 붙이고 마는 경우도 많다. 만약 연구자가 같은 형식의 샤만 복식을 서로 많이 비교할 수 있는 기회가 생기면 이러한 잘못을 알아차릴 수 있을 것이다.

지금은 이미 살아있는 인간이 완전한 무복(巫服)을 갖추고 있는 것을 보는 행운은 결코 가질 수 없다고 해도 러시아와 시베리아 이외에도, 서유럽의 몇몇 박물관에 영구히 보관되어 있는 풍부한 수집이, 이런 주목할 만한 복식의 기원과 그것이 원래 지니고 있었던 의미를 이해하기 위한 길을 가리켜 줄 것이다. 더욱이 여러 지방에서 여러 시대에 걸쳐 쓰인 문헌에 보이는 무복에 관한 기술은 이런 연구 자료를 보충하고 있다.

이렇게 해서 연구자가 이용할 수 있는 비교 재료가 되어 있으므로 어떤 유형이 어떤 문화권의 것인가를 확정하는 것은 어렵지 않다. 물론 같은 민족이라도 여러 가지가 눈에 띄지만, 그 대부분은 부차적인 것이며, 대체로 옷에 붙어 있는 것도 그것으로 옷의 성격 자체를 좌우할 정도로 깊은 의미가 있는 것은 아니다. 특히 샤만의 부조령(扶助靈)의

상이 그런데, 그것들은 여러 가지 모양을 하고 있으며 하나하나는 고유한 의미를 가지고 있다. 그러나 예를 들면 퉁구스와 같은 어떤 민족에서는 무복(巫服)에 기본틀이 몇 종류나 쓰이고 있다는 것은 주목할 만하다. 각각의 틀을 아는 데에는 물론 무복의 모든 부분이 원 상태로 남아 있는 것이 필요하다. 이렇게 주의해야 할 것은 박물관에서는 때로 잘 알지 못하여 각각 다른 옷의 부분을 모아서 하나로 뭉뚱그려 놓는 경우가 흔히 있기 때문이다.

무복(巫服)을 자세히 조사해 보면 그것은 개인적인, 혹은 그곳에서 착상된 것도 아니지만 넓든 좁든 어떤 지역에 공통된 관념의 특색을 띠고 있다는 것을 알 수 있다. 더욱이 무복은 많은 알타이 계통의 민족들에게는 그것 자체가 여러 동물을 대표하는 완결된 전체를 이루고 있다는 것은 분명하다.

알타이 지방에 사는 텔렝기트(Telengit) 샤만의 윗도리(manjak)는 흰꼬리사슴, 마랄(maral)사슴, 혹은 양의 가죽으로 만들었는데, 분명히 큰 새의 특징을 나타내고 있다. 소매 밑 부분의 기운 줄을 따라 드리워진 술(總)은 《새의 날개깃털》을 나타낸다고 민간에서는 설명하고 있다. 어깨에서 드리워진 가죽이나 천으로 된 술도 또한 《날개》라고 불리고 있으며, 거기에 올빼미의 깃이 꽂혀 있는 경우가 많다. 이러한 부속품은 더욱이 허리와 등에서 거의 지면에 닿을 정도로 길게 드리워져 있으며, 윗도리 아래 전부를 치장하고 있다. 등에서 드리워진 이런 긴 띠는 새의 《꼬리》를 나타내고 있다. 샤만의 겨드랑이에는 때로 수리부엉이의 깃이 똑바로 서 있는 경우도 있다. 윗도리에 하는 것과 같은 방식은 《새의 두건》(kyš-pörük)이라 칭하는 두건에도 포함되어 있는데, 이것은 오늘날 이 지방에서는 이미 진귀한 것으로 되어 있다. 통상 그것은 붉은 천으로 되어 있으며, 쇠단추, 작은 조개, 구슬 술, 또한 때로는 나는

그림67(오른쪽), 그림68(왼쪽). 텔렝기트의 샤만 윗도리. 오른쪽은 앞면, 왼쪽은 뒷면. 두 그림 모두 A. V. 아노킨에 의한다.

새의 상으로 붙어 있는 것도 있다. 두건의 술에는 올빼미의 깃이 쓰인다. 아마 이전에는 이런 《새의 두건》은 오늘날보다도 더욱 새와 닮았음에 틀림없다.21)

따라서 알타이의 샤만은 오늘날에는 윗도리와 두건밖에 남아있지 않다고 해도 그 무복(巫服)을 갖추었을 때에는 곧바로 새의 모습, 그것도 깃으로 추측해 보면, 수리부엉이의 모습이 되는 것은 분명하다.

알타이 샤만은 더욱이 악령을 쫓아내기 위해 여러 가지 무복(巫服)을 갖춘다. 무복의 소매나 등에 단 방울이나 딸랑이가 그런 것이다. 오른쪽 소매에는 보통 5개, 왼쪽에는 4개를 단다. 등에는 2줄, 혹은 3줄로 나란히 단다. 더욱이 등의 작은 대롱 모양의 부속물과 함께 단 고리는 소리를 내어 신령들을 물리친다. 이런 부속물은 등에 가로로 붙여 놓은 쇠막대에도 달려 있다. 그 밖에 등에는 작은 금속제 활과 화살이, 때로는 9개가 한 줄로 나란히 달린 것조차 보인다. 이들은 분명히 악령을 쫓아내기 위한 도구이며, 역시 샤만의 등에 한 줄로 나란히 달려 있는

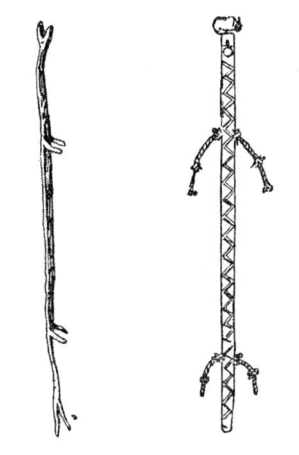

그림69(왼쪽), **그림70**(오른쪽). 죽은 자의 나라 괴물 유트파와 아르바. A. V. 아노킨에 의한다.

작은 조개(jylan basy《뱀의 머리》)도 또한 이런 목적에 부합된 것이리라. 때로 옷자락의 끝에도 조개를 매단다. 더욱이 특히 주목해야 할 것은 어깻죽지라든가, 팔꿈치라든가, 손목이라든가 소매의 여러 부분에 기워 붙인 살쾡이 가죽에서 떼어낸 조각이다. 샤만은 이렇게 해서 관절을 보호하려고 한 것이라고 추정해도 거의 틀림이 없다.

더욱이 이 지방의 무복(巫服)에는 어떤 신비한 영상(靈像)이 붙어 있다. 그 가운데에도 가장 흔한 것은 목에 단 9개의 인형으로 각각 머리에는 수리부엉이의 깃이 똑바로 서 있는데, 윌갠(ülgän. 최고신)의 딸들을 나타내고 있다고 설명한다. 옷의 주위에는 뱀과 닮은 동물의 상이 빙 드리워져 있다. 그 하나는 검정 혹은 다갈색 천으로 만들었으며, 애를리크(ärlik)의 나라에 사는 유트파(jutpa)라는 괴물을 나타내고 있다. 여기에 든 그림에서 보듯이 찢어진 입, 대칭의 두 다리, 두 갈래 꼬리가 있다(그림69). 또 하나 아르바(arba)라는 죽은 자의 나라 괴물상은 녹색 천으로 만드는데, 그 가운데 발과 꼬리는 반드시 붉은 색이어야 한다. 머리에는 올빼미의 깃과, 그 눈을 나타낸다는 작은 동판이 달려 있다(그림70). 어느 괴물이나 죽은 자의 나라로 여행하는 샤만을 지키는 것이라고 믿고 있다. 샤만의 윗도리 허리 주위에는 금속 장식과 조개를 곁들인 일종의 붉은 띠가 기워져 있다.[22]

란케나우(Lankenau)가 말하고 있는 알타이 무복(巫服)은 기원이 더 오래된 것 같으며, 그 붉은 두건에는 회색 수리부엉이의 깃과 꼬리가 붙어 있다. 같은 수리부엉이의 깃은 윗도리 등 부분의 겨드랑이에도 붙어 있다. 흰꼬리사슴의 가죽으로 만든 윗도리에는 새 모습 무복(巫服)의 양식을 답습하고 있으며, 꼭 가죽끈이 달려 있다. 등에는 더욱이 담비의 모피와, 긴 줄 끝에는 수리부엉이의 굽은 발톱이 붙어 있다. 겨드랑이 아래에는 꽤 긴 방울이 두개 매달려 있다.[23] 담비의 모피와 수리부엉이의 굽은 발톱은 여기에서는 방울과 마찬가지로 신령들을 쫓아 버리기 위한 상투적으로 으레 있는 도구이다.

같은 새 모습을 대표하는 것은 소요트(Soyot)의 무복(巫服)이다. 보존이 잘 된 한 벌은 외리얀 올센(Ørjan Olsen)이 오슬로(Oslo) 민족학 박물관에 넣어 두었다(그림71-73). 이것을 알타이에서 가져온 것과 비교해 보면 만드는 방법과 상징적인 면에서 가장 비슷한 것을 알 수 있다. 공통적인 특징을 보이고 있는 것은 무엇보다도 윗도리의 소매와 등에서 늘어져 있는 천과 가죽 끈과 그 밖의 부속품으로, 그 목적과 기능은 물론 같다. 알타이 윗도리의 어깨 아래로 내려져 있는 새의 날개를 나타내는 줄 다발은 죽은 자 나라의 신비한 동물이라고 여겨지는 뱀과 마찬가지로, 소요트의 무복 중에 대응되는 것이 있다. 더욱이 공통되는 것은 금속제 딸랑이와 방울이다. 소요트 샤만의 양 어깨에는 다분히 샤만을 보호하기 위한 일종의 방패인 철판 2장이 붙어 있다. 여기에서는 머리를 덮는 것은 머리띠의 위쪽에 수리부엉이의 깃을 똑바로 심고, 그 얼굴 옆에 구슬로 눈을 기워 붙여 이른바 얼굴 같이 되어 있다(그림73). 머리띠 아래에는 얼굴에 늘어뜨린 것 같은 술이 붙어 있다. 알타이 샤만도 또한 옛날 얼굴을 덮기 위해 이보다 더 넓은 두건인 경우가 많은데, 같은 술을 쓰고 있다. 소요트 무복에는 외투와 덮는 것 외에 몸통에 작은 가죽줄, 결국 《깃》을 늘어뜨리며, 그 끝에는 가죽 줄을 기워 붙인 새의 발가락을 나타낸 장화도 있다(그림71).[24]

그림71(上左). 소요트 샤만의 갖은 무복(앞쪽).
그림72(上右). 소요트 샤만의 갖은 무복(뒤쪽).
그림73(下). 소요트 샤만의 두건.

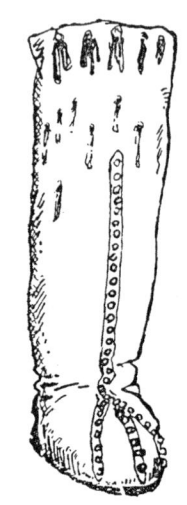

그림74(우), 그림75. 카라가스의 샤만. 니오라제에 의한다.

그림76. 새 발 모양을 한 퉁구스 샤만의 장화.

같은 문화권 내에서 새와 닮은 무복(巫服)은 더욱이 카라가스(Karagas)에서도 볼 수 있다. 거기에서 샤만이 쓰는 것은 똑바로 서 있는 수리부엉이의 깃이 가선을 두르고 있으며, 더욱이 윗도리의 많은 부속품 중에 어깨에서 늘어뜨려져 있는 긴 줄의 다발, 곧《새날개》가 눈에 띈다(그림 75). 이 문화권 전체는 결국 샤만은 그 행위를 하는 동안, 새의, 좀 더 구체적으로 말하면 수리부엉이의 옷을 입어야 한다는 관념을 공통적으로 가지고 있다.

새의 모습과 닮은 무복(巫服)은 더욱이 시베리아 극북의 민족들, 돌간(Dolgan), 야쿠트, 퉁구스에게도 보인다. 그것은 알타이, 소요트, 카라가스의 것과는 현저하게 다른데, 후자의 샤만 윗도리는 털을 안으로 한 털가죽 모양의 것인 데 반하여, 극북민족의 것은 순록의 기름으로 닦은 가죽으로 만들었다는 점이 먼저 다르다. 극북 지방 새 유형의 특징 중에 먼저 말하고 싶은 것은 소매의 솔기를 따라 《새의 날개》를 나타내며, 등에 아래로 늘어뜨린 윗도리의 옷자락에 《새의 꼬리》를 나타내는 가죽 끈이다(그림78). 작은 잎 모양 혹은 원통형의 금속 부속품도 또한 《새의 깃》이라고 불리며, 보통은 옷에 때로는 구두에도 그것이 붙어 있다.25) 이러한 무복(巫服)의 하나가 되는 구두의 전면에는 퉁구스의 경우도, 소요트의 경우도, 가죽끈 혹은 염주처럼 엮은(노란) 구슬옥의 끝을 셋(혹은 다섯)으로 갈라서 《가락》으로 한 일종의 새의 발이 붙어 있다(그림76). 같은 사고방식은 물론 자연의 새깃으로 만든 씌우개에도 나타나고 있는데, 그것은 오늘날에는 야쿠트인 지대에서는 완전히 없어졌다. 이 무리에 속하는 퉁구스와 야쿠트의 무복이 본래 어떤 새를 나타내는가를 확실히 알기는 어렵다.

앞에서 말한 새와 닮은 무복(巫服)과 견주어 보면 더 북쪽의 것에는 훨씬 많은 금속제품, 그것도 해골의 여러 부분을 나타내는 금속제품이 붙어 있다는 점에서도 구별된다. 예를 들면 야쿠트의 샤만 소매에는 윗팔뼈와 연결된 척골(尺骨)과 요골(橈骨)을 나타내는 가늘고 긴 철판이 붙어 있는 것을 볼 수 있다. 때로 소매의 위쪽과 아래쪽 《뼈》의 위치가 잘못되어 거꾸로 달려 있는 경우가 있다(그림78). 옛 자료에는 나오지만, 오늘날에는 이미 쓰이지 않는 특별한 손장갑으로, 소매 입구에 철판을 단련하여 만든 다섯 손가락을 형상한 것이 달려 있다(그림77). 윗도리의 옆구리에는 《갈비뼈》가, 목 아래의 깃에는 《쇄골(鎖骨)》이, 어깨에는 《어깨죽지뼈》 등이 보인다(그림78).26)

게오르기(Georgi)는 퉁구스 샤만의 옷도 마찬가지로, 소매를 따라서 긴 철근이 붙어 있으며, 소매 입구에는 장갑으로 되어 있다고 적고 있다.27)

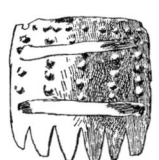 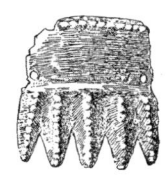

그림77. 야쿠트 무복(巫服)에 붙었던 쇠 《손바닥》.

그림78. 야쿠트 샤만의 상의. 등쪽. 페카르스키에 의한다.

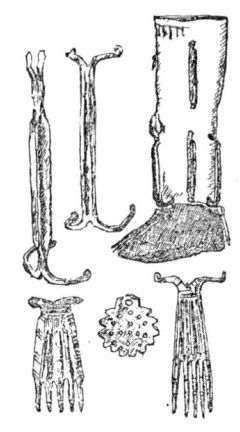
그림79. 예니세이 샤만의 鐵《骨》을 붙인 장화.

 더욱이 퉁구스 샤만은 양말에도 소매와 마찬가지로 '갑(甲)'이 갖추어져' 있다고 한다. 그멜린(Gmelin)도 또한 '위에서 아래까지 견고하게 쇠가 박혀 있으며, 그 끝에는 5개 발가락이 붙은' 퉁구스 샤만의 《가죽양말》에 대해 말하고 있다.28) 나 자신도 투루칸스크(Turukhansk) 지방에 여행할 때 물론 예니세이(Yenissei)인이 사는 곳에서 어떤 샤만과 서로 알게 되었는데, 철상(鐵像)을 붙인 기름 먹인 몸통 장화가 특히 눈에 들어왔다. 이 신발에 붙은 쇠붙이로 된 것은 모두 곰발의 골격을 나타내고 있다고 나는 설명을 들었다. 매우 이상한 것은 한 신발에 곰의 앞발뼈도 함께 붙여져 있다는 것이다. 결국 윗부분에는 대퇴부가 덮이도록 하고 몸통 왼쪽에도 안쪽에도 위팔뼈와 대퇴골이 붙어 있으며, 그 아랫부분에는 두 전박골(前膊骨)과 두 하퇴골(下腿骨)이 전후좌우 네 측면에 붙어 있다. 앞 다리의 발가락은 장화의 갑(甲)에, 뒷다리의 것은 발뒤꿈치에 붙어 있다(그림79).29)
 이와 같이 일색으로 해서 붙이는 방식은 자연스럽지 못하므로 예니세이인은 다분히 본래 소매에 붙어 있었던 것까지도 나중에는 신발에 붙였던 것이리라. 이런 추측은 이런 점에서 분명히 예니세이인의 모델이 되었던 퉁구스 샤만이 야쿠트와 마찬가지로 그 팔과 손의 뼈를 윗도리의 그곳에 해당하는 장소에 붙였다고 하는 사실에서 나온다. 이런 뼈가 원래는 정말 곰의 뼈를 의미하고 있었을까도 확실하지 않다. 그러나 비트젠(Witsen)은 이미 1705년의 저술에서 퉁구스 샤만의 장갑과 장화에는 철제의 곰 수족이 붙어 있었다고 말하고 있다.30) 마찬가지로 모르드비노프(Mordvinov)는 퉁구스 샤만의 장화에는 쇠 또는 진짜 곰 발톱이 붙어 있었다고 보고하고 있다(1860년). 또 덧붙여져 있는 그런 장갑에도 쇠 《발톱》이 붙어 있다고 보고하고 있다.31)

이들의 복장에는 그 밖에 철 《골(骨)》도 붙이고 있는데, 그것은 본래 당연히 통합된 전체를 이루고 있다고 생각된다. 어떤 연구자들은 그것은 무복(巫服)이 나타내는 동물을 표현하는 것이라고 추정하고 있다. 예를 들면 새 치장 다발의 쇠붙이 뼈는 새의 뼈라고 설명하고 있다. 나 자신도 또한 이런 설명을 옳다고 여기고 있지만, 더욱 자세한 연구를 해 보면 거기에는 납득이 되지 않는 점이 있다.32) 트로슈찬스키는 야쿠트 의복에 붙어 있는 이러한 철제품은 인간의 해골을 의미하고 있다고 말하여 적중시켰다.33) 마찬가지로 카이 돈네르(Kai Donner)는 어떤 예니세이인의 설명에 따르면 그들 무복에서 신발 이외의 장소에 붙어 있는 뼈는 샤만 자신의 뼈를 나타내고 있다고 설명한다.34) 샤만은 자신의 뼈를 특히 신경 써서 보호해야 한다는 예도 또한 있다. 신령들은 샤만 육체의 모든 관절을 따로따로 떼어 내어 그 뼈가 전부 역할을 하는지를 조사해 보려는 것이라고 쇼르(Shor)는 상상했다. 야쿠트도 완전히 똑같은 관념을 가지고 있다.35) 더욱이 야쿠트가 샤만의 윗도리 소매의 관절에 하나하나 금속 장식판을 붙여 놓은 것은 알타이인이 살쾡이의 모피

그림80. 퉁구스 샤만. 비트젠에 의한다.

조각을 댄 것과 수법이 같으며, 그것은 분명히 샤만의 관절을 보호하기 위한 것이다.

여기에 든 민족들의 어떤 것에는 새 모습의 무복(巫服) 외에 이것과는 다른 동물 모양의 옷이 보이는 경우도 있다. 그런 것 중에 가장 중요한 특색은 머리에 쓴 것에 붙인 뿔이다. 이 경우 샤만의 쓰개는 머리 둘레에 두르고 더욱이 머리 위에 십자(十字)로 건 몇 개의 철테와 그 끝에 대부분 세 갈래 모양의 막대 두개가 뿔 같이 고정한 것으로 되어 있다. 알타이 샤만의 경우 수리부엉이의 날개가 쓰개에도 윗도리의 등에도 붙어 있는 것과 똑같이 무복의 이런 제2형(型)의 경우도 《뿔》은 샤만의 등에도 보인다. 그멜린은 이미 18세기 어떤 퉁구스의 샤만이 무복의 양 어깨에 쇠를 쳐서 만든 몇 갈래로 갈라져 나온 뿔을 붙이고 있는 것을 본 적이 있다고 말하고 있다.36) 내가 러시아와 시베리아의 박물관에서 스케치한 이런 퉁구스의 무복에는 뿔은 통상 양 어깨 사이에 설치되어 있는데 가는 쇠 띠의 양 끝에 붙어 있다. 샤만 윗도리의 등에도 몇 개나 나란히 붙어 있는 것도 있는 이런 뿔이 붙은 띠는 퉁구스에서 서쪽으로

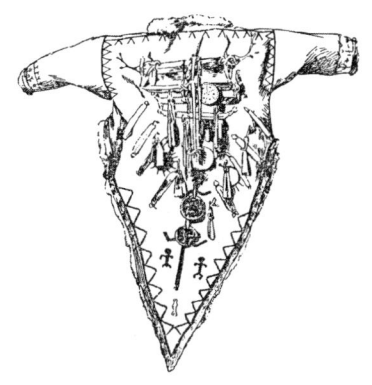

그림81. 예니세이 샤만의 윗도리. 아누친에 의한다.

향해서 예니세이에도(그림81), 사모예드족에도 퍼져 있는 무복(巫服)의 한 고정된 양식의 특징을 이루는 것이다.

윗도리는 극북민족들의 경우 역시 소매에서 늘어뜨려진 긴 술은 보이지 않지만, 뼈로나 그 밖의 꾸밈으로나 극북민족들이 가지고 있는 새 모습의 것은 본질적으로 다른 점은 없다. 술은 이 경우 매우 짧게 되어 옷깃 부분에 붙어 있어서 《털》이라고 불린다.37) 예니세이인의 무복(巫服)처럼 옷깃은 술이 전혀 붙어 있지 않고 아래쪽으로 뾰족한 것이 있다. 이것은 어쩌면 어떤 동물과 닮게 하려고 한 것인지도 모른다. 물론 그 뿔이 무엇보다도 특징이 있는데 이 뿔 장식은 본래는 어떤 동물을 나타낸 것인지 결정하기는 더욱 어렵다. 이들 자료는 흔히 쇠로 된 《뿔》이라는 것은 말하고 있지만, 이 이상 형태에 대해서는 자세하게 다루지는 않았기 때문이다. 비트젠(Witsen)이 퉁구스 샤만의 기술에 덧붙인 가장 오래된, 물론 불충분한 스케치에서는, 갈라져 나온 많은 뿔은 순록의 뿔과 닮았으며(그림80, 82), 예니세이인도 역시 그런 형태로 만들었다. 그럼에도 불구하고, 이런 유형이 본래부터 순록을 나타내었을지는 분명하지 않다. 이런 점에서 다른 뿔 있는 동물도 역시 중요한 역할을 하기 때문이다. 예를 들면 시로코고로프는 동퉁구스 여러 민족을 다루면서 샤만의 쓰개에 붙어 있는 쇠로된 뿔은 노루사슴의 뿔을 나타낸 것이라고 적고 있다. 그는 더욱이 이것은 일찍이 자연의 뿔이며, 진짜 사슴의 뿔을 붙인 쓰개를 본 적이 있다고 말해서 주의를 환기시켰다. 이와 같은 무복(巫服)은 또한 사슴의 가죽으로 만들었음에 틀림없다.38)

일찍이 부리야트 샤만은 같은 뿔이 붙은 무복(巫服)을 사용하고 있었다. 팔라스(Pallas)는 18세기에 부리야트 샤만이 사슴뿔의 형태를 한 쇠로 된 뿔을 쓰개에 붙인 것을 본 적이 있다고 전하고 있다.39) 부리야트에서 나온 발굴물을 바탕으로 같은 결론을 낼 수 있다(그림 83). 따라서 부리야트에서든, 동퉁구스에서든 뿔 유형을 대표하는 무복은 노루사슴을 나타내므로 오늘날 쓰개에 붙은 철제로 된 것이 노루사슴의 뿔이 아닌 순록의 뿔을 나타낸 것이라고 해도 뿔 무복은 다른 북방 민족들의 경우에도 역시 노루사슴을 나타내고 있다고 생각해도 좋을 것이다.

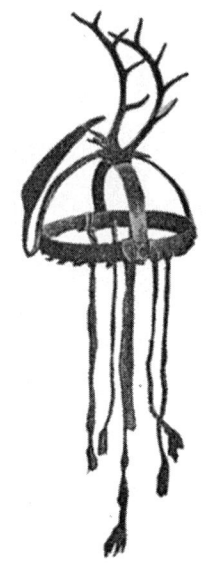

그림82. 예니세이 샤만의 금속제 머리 장식. 아누친에 의한다.

발굴물에서 또 부리야트의 오래된 무복(巫服)에는 알타이에도 샤얀(Sayan) 지방에도 보이지 않는 샤만의 《뼈》를 나타내는 쇠조각이 붙어 있었다고 추론할 수 있다. 이들도 또한 역시 바이칼호에서 시베리아 북부 쪽으로 보급된 듯하다. 그것들이 옛날 무복의 두 가지 유형 어디에 붙어 있는 것인가는 분명하지 않지만 이미 말했듯이 남방의 새 모습에는 이러한 것은 붙어 있지 않은 것도 있다.

퉁구스와 야쿠트 샤만의 윗도리 및 이 땅에서 흔히 착용한 흉갑(胸甲)(그림84)에는 쇠로 된 《뼈》·방울·딸랑이 외에 물론 그 밖의 많은

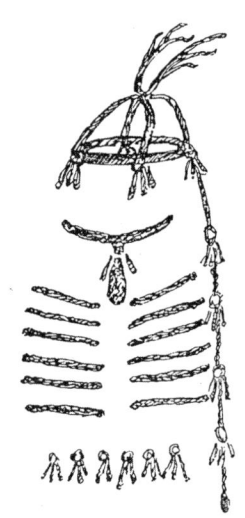

그림83. 부리야트 샤만의 무덤에서 나온 철제품.

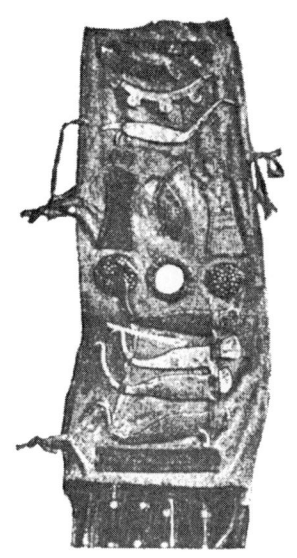

그림84. 야쿠트 샤만의 흉갑(胸甲). 페카르스키에 의한다.

금속제품이 붙어 있는데, 그 중에도 등에 걸린 태양과 달의 형태, 둥근 금속제 거울, 한가운데에 구멍이 뚫린 둥근 금속판 등을 들 수 있다. 이 원반은 그 중심 구멍을 통해서 샤만이 아비새처럼 하계로 내려갈 수 있는 평평한 대지를 나타내는 것이라고 한다(그림1·62·78). 그 밖에 무복(巫服)에는 여러 가지 모양을 한, 샤만을 돕는 신령들이 걸려 있다. 사족수(四足獸)·파충류·물고기·뱀, 그 가운데도 새가 많고 특히 신성시되는 바다까마귀와 그것과 비슷한 아비새 종류는 영계(靈界)를 헤매는 샤만에게 지시를 하고 샤만을 보호하는 것으로 믿어지고 있다. 몇몇 무복에는 인간의 모습을 한 신령들의 상도 보인다.

소요트 유형으로 최근의 것은 몽골 무복(巫服)이며, 쓰개에는 새의 깃이 꽂혀 있는데 그 소매와 윗도리의 자락에는 새 무복 술이 붙어 있지 않다(그림85). 그에 반해서 때로는 알타이 지방(그림93)과 소요트인의 경우(그림87, 88)에는 뱀 모양을 한 장식물이 많이 붙어 있다. 또 둥근 거울과 영상(靈像)도 붙어 있는데, 그 만든 방법으로 보면 이미 중국문화와의 접촉이 엿보인다.

이러한 뱀과 비슷한, 뱀을 나타내는 장식물은 부리야트와 퉁구스 무복(巫服)에도 때로 볼 수가 있다. 팔라스는 이미 부리야트의 여자 샤만 어깨에는 이러한 것이 30개 정도 지면에 닿을 정도로 늘어뜨려져 있다고 말한다.[40]

위에서 말한 무복(巫服)과 장식물을 견주어 보면 아무르 계곡의 무복

만들기는 훨씬 단순하다. 나나이 샤만의 덧옷은 물고기의 가죽 혹은 중국제의 푸른 무명으로 만들었다. 띠 아래의 앞면에는 범 2마리와 용 2마리, 때로는 게다가 도마뱀, 뱀, 개구리 등 여러 가지 모양을 그리고 있다. 이를 보고한 로파틴(Lopatin)은 이들 동물은 샤만을 돕는 것이라고 설명하고 있다. 결국 용은 샤만이 하늘로 갈 때, 범은 숲으로 갈 때, 또한 도마뱀과 뱀과 개구리는 샤만이 강이나 못이나 늪을 건너야 할 때에 수행한다. 덧옷의 윗부분에는 같은 감으로 덧댄, 소매가 짧은 윗도리를 입는다. 이런 중국식 복장 중에서 가장 주목할 만한 부분은 곰, 이리, 여우, 미국너구리의 모피로 재단한, 어깨까지 덮은 긴 모피의 줄을 단 쓰개이다. 나나이 무복(巫服)에는 거기에 덧붙여 방울과 딸랑이와 작은 금속제 거울 등이 달려 있다(그림86). 턱 아래에 끈으로 묶은 쓰개에는 순록의 뿔을 생각나게 하는 쇠로 된 뿔이 붙어 있는 경우도 있다. 로파틴에 따르면 이러한 쓰개를 사용하는 것은 큰 샤만뿐이다.

그림85. 북을 가진 북몽골의 샤만, 팰시 촬영.

나나이 무복(巫服)에는 또 장갑 외에 수많은 원통형 철제 장식물, 구리 딸랑이를 달고 현란한 색으로 작은 뱀, 도마뱀, 개구리의 그림을 그린 특별한 띠가 있다. 그 밖에 목에 감은 가죽띠에 단 금속제 거울이 샤만의 가슴과 등 양쪽에 걸려 있다. 거울 중에는 인간의 행위를 비추는 것도 있고, 거울은 악령의 화살로부터 샤만을 지키는 것도 있다고 말한다. 샤만은 굿하는 것을 끝낸 후 화살이 맞은 수만큼 그 《방패》에 금을 그어야 한다. 더욱이 나나이 샤만의 경우 아이누인이 했던 것처럼 머리, 팔, 발 주위에 나무를 얇게 깎아서 둥글게 붙이는 풍습이 있다.[41)]

옷깃과 어깨에 그림을 그린 만주족의 샤만 외투는 알타이 샤만의 모자와 마찬가지로 신령들을 위협하기 위해 붉은 천으로 만들며, 반드시 금속제 거울을 단다. 장식물을 단 띠는 나나이 경우와 마찬가지이다. 쓰개 위에는 구리 새의 상[鳥像]인가 쇠로 된 뿔인가가 붙어 있다. 쓰개에 따라서는 새의 상이 몇 개나 붙어 있는 것도 있다. 시로코고로프가 지적했듯이, 아무르 계곡의 무복(巫服)은 중국문화의 영향 아래에 있다.[42)]

지금까지 투르크, 몽골, 퉁구스 민족들의 무복(巫服)과 그 장식물을 대략 훑어보았는데, 당연히 이런 주목할 만한 복장이 본래 어떤 목적을 가지고 있었을까라는 의문이 든다. 시베리아 샤만이 신령들과 교섭에 들어가야 할 때에 한해서 이런 무복을 한다고 하면 이 옷에 특별한 효용을 기대할 수 있다. 옷에 붙어 있는 많은 것은 역시 신령들을 위협하는 도구라는 것은 틀림없다. 따라서 이 무복 자체가 역시 샤만의 몸을 지키며, 혹은 그 위력으로 재앙을 불러오는 신령들을 인간의 옆에 다가오지 못하게 하는 일종의 변장복일 가능성이 있다. 알타이, 사얀 지방의 무복과 그 모양새가 비슷한 수리부엉이에게는 신령들을 쫓아 버릴 힘이 있다는 민속신앙이 있다는 것은 흥미롭다. 아이가 병이 났을 때 수리부엉이를 잡아서 기르는 풍속은 오늘날도 각지에 남아 있는데, 수리부엉이가

그림86. 무복(巫服)을 갖춘 나나이 샤만. 심케비치에 의한다.

아이의 요람에 접근하는 악마를 막는다고 믿고 있기 때문이다.[43] 보굴의 곰제(祭)에서는 죽은 곰을 위협하는 일까지 하는 수리부엉이로 변장한 인물이 등장한다. 시베리아 샤만이 뿔이 있는 동물의 복장을 하는 것은 분명히 악령을 물리치기 위함이다.

　이 경우 샤만은 그 무복(巫服)에 보이는 동물의 모습으로 된다고 믿고 있는 예도 역시 존재하지만, 무복에 얽힌 관념을 이해하기 위해 토테미즘이라든가 이른바 혼동물(魂動物) 등을 끌어댈 필요는 없다.[44] 역시 나나이의 전설에는 새로 되어 날아가는 신령이 깃털을 한 번 두드리자 그 날개가 쇠로 된 깃털이 돋아 있는 무복으로 변하고 말았다고 전해지고 있다.[45] 그러나 무복의 기원이 가장복(假裝服)이라고 하면 본래의 가면 혹은 가두(假頭)가 오늘날의 형태로 진화했다고 생각된다. 삼림타타르의 샤만은 무복을 쓰지 않고 자작나무 껍질의 가면을 얼굴에 쓰는 것만으로 끝난다.[46] 부리야트 샤만은 가죽, 나무, 쇠붙이의 덮개를 얼굴에 쓴다고 한다. 그러나 이러한 보고에서는 이 가면과 몽골 라마승이 어떤 종류의 의식에서 쓴 가면 사이에 어떤 관계가 있는지는 분명하지 않다.[47] 알타이 지방과 나나이의 경우 샤만은 죽은 자의 혼을 저승으로 옮길 때 거기의 신령들이 얼굴을 볼 수 없도록 얼굴을 그을음으로 검게 칠한다. 나나이의 샤만은 정신병자를 치료할 때에도 자신의 얼굴에 줄을 늘어뜨린다고 한다.[48] 이들 자연민족은 또한 머리 전체를 감싼 듯한 가면도 가지고 있는데, 틀림없이 이러한 쓰개가 다분히 시베리아 무복의 기원적인 면을 대표하는지도 모른다. 벤야민이 사모예드에 대해서 쓴 것처럼, 샤만의 모자는 그 복장의 가장 중요한 부분이라는 데에 주목할 만하다.[49] 알타이 샤만의 쓰개는 날개도 머리도 붙은 수리부엉이의 박피를 통째로 하여 만들었으며, 쓰개에는 얼굴을 덮을 정도의 술이 드리워져 있다. 새의 쓰개가 신발까지 싹 감싸는 새 무복으로까지 발달하기 이전에 샤만은 이미 이와 같은 것을 썼으며, 수리부엉이를 나타냈을 것이다.

쓰개에서 뿔 무복(巫服)으로 발달한 것은 더 자세히 관찰할 수 있다. 만주족의 어떤 큰 샤만의 가장 중요한 특징은 쓰개에서 튀어나온 뿔이다. 신령들을 쫓기 위한 이러한 뿔을 심은 가면은 아시아뿐만 아니라 다른 대륙의 자연민족에게도 확인된다. 쓰개에 얽힌 관념이 무복 전체에 미칠 때 뿔 모양은 무복의 등에까지 미친다. 뿔 무복은 이렇게 새 무복에 대한 평행 형태로 발생했다. 모든 샤만은 일반적으로 두 형식 중 어느 하나를 대표하는 의상을 입었지만 시로코고로프가 지적하고 있듯이 자바이칼 퉁구스 샤만은 새를 나타내는 것과 노루사슴을 나타내는 것 두 무복을 동시에 가지고 있다. 샤만이라고 해도 새 무복만으로는 뭐든지 이루어지는 것이 아니기 때문이다.[50]

무복(巫服), 특히 새 무복은 어떤 지방에서는 여자 샤만도 이것을 쓰고 있다. 하지만 역시 남자와 여자는 같은 옷을 쓰지 않는다.

8. 샤만의 북 巫鼓

시베리아 샤만은 굿을 할 때 무복(巫服) 외에 북도 사용한다. 이것은 무구(巫具)로서는 무복보다도 분명히 훨씬 오래되었으며, 더욱이 몇몇 민족에서는 무복이 사용되지 않게 된 뒤에도 북은 계속 이어져 매우 중요한 역할을 하고 있다. 잘 알다시피 라프의 샤만이 무복을 쓴다는 보고는 어디에도 없지만 북은 쓰고 있다. 처음부터 종교적인 목적에 사용되었다고 여겨지는 이 발명품은 어느 정도 오랜 내력을 가지고 있는지는 딱 부러지게 말할 수는 없지만 대다수 시베리아 민족의 샤만 북은 그 구조적인 면에서 라프의 사형(篩型)북과 비슷하다.

투르크, 몽골, 퉁구스 민족들의 광대한 지역을 통해서 북의 모양과 특히 그 자루의 모양에는 차이가 있을지라도 크게 보면 북은 모두 같은 모양을 하고 있다. 퉁구스, 야쿠트, 돌간(Dolgan)의 샤만 북(그림61, 62, 89, 90)은 일반적으로 타원형으로 낙엽송, 자작나무, 버드나무로 만든 틀에 털을 뽑은 순록의 가죽을, 동부에서는 더욱이 노루사슴의 가죽을, 야쿠트에서는 말가죽을 기워 붙여 만든다. 가죽을 펴는 데에는 가죽과 나무 테 사이에 가늘고 긴 막대를 끼워 북의 높이를 잡는다. 북의 안쪽에는 쇠를 불려서 만든 십자 막대를 붙이며, 통상 손잡이로 쓴다. 막대의 끝부분은 가죽 끈으로 테에 고정한다. 철제 손잡이는 특히 날아가는 새

그림87. 북을 가진 소요트 샤만. 앞면.
그림88. 같은 소요트 샤만의 뒷면. 니오라제에 의한다.

모양을 한 것이 있다. 북의 안쪽에는 방울이나 딸랑이나 그 밖에 쇳소리를 내는 것이 달려 있다. 가죽의 겉과 속은 보통 그림이 그려져 있지 않다.[1] 그러나 게오르기(Georgi)는 퉁구스 북의 가죽에는 때

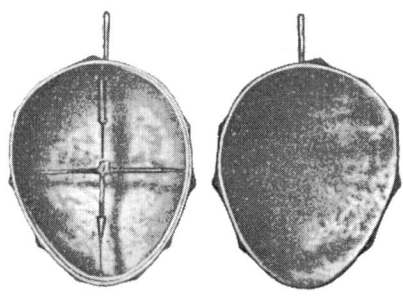

그림89(좌), 그림90. 야쿠트 샤만 북의 이면과 표면.

때로 새, 뱀 그 밖에 동물의 그림이 그려져 있다고 쓰고 있는 것은 말해야겠다. 그것은 또 손잡이에는 양철로 만든 영상(靈像)이 매어져 있다고 말한다.2)

알타이 및 사얀(Sayan) 지방의 샤만 북은 같은 구조이지만 때로는 북의 테에 혹이 달린 것도 있다. 한편 소요트(Soyot)의 경우 테는 거의 둥근 형이며 손잡이는 대체로 막대 2개를 십자로 했는데, 거기에 '신성한' 리본이 묶여져 있다. 오늘날 대부분은 말가죽으로 만들었는데, 치는 면에는 여기에도 그림이 그려져 있지 않다(그림87, 88).3)

민족학의 입장에서 특히 흥미로운 것은 몇몇 알타이지방과 아바칸(Abakan) 계곡에 사는 타타르의 북(tüngür)인데, 그 테는 히말라야 삼나무나 버드나무로 완전히 둥글든가 타원형으로 만들며, 치는 면은 마랄사슴(canadensis asiaticus)이나 야생산양의 가죽(Capra sibirica) 혹은 어린 말가죽으로 만들었다. 힐덴(Hilden)은 레베드(Lebed) 타타르는 야생산양의 가죽을 이런 목적으로 사용하고 있다고 말한다. 라프의 사형(篩型) 북과 같이 안쪽을 두 부분으로 나눈 자작나무 손잡이는 아바칸 타타르의 경우 특히 예술적으로 조각이 되어 있다(그림91, 92, 100). 알타이에서는 손잡이 윗부분에 인간의 얼굴이 새겨져 있으며 눈에 해당하는 곳에 구리 단추를 붙여 놓았다. 아래는 두 다리로 나누어져 있다(그림66, 93). 목에 색동 리본이 묶여 있는 이 상(像)은 《북의 주인》(tüngür äzi)이라 불리고 있다. 몇몇 지방에서는 레베드

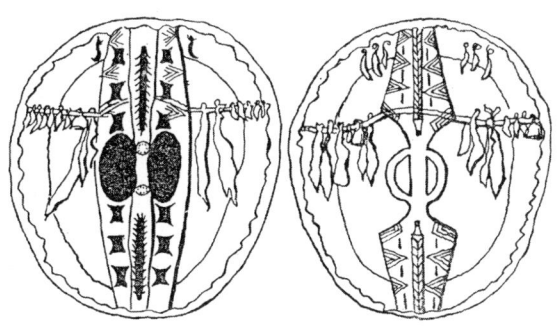

그림91(左), 그림92(右). 아바칸 샤만 북을 장식한 손잡이. 클레멘츠에 의한다.

타타르처럼 나무 손잡이 두 끝은 인간의 얼굴 같이 만들어져 있다. 이러한 북 손잡이와 비슷한 것이 천막 안에 모셔져 있으며, 이 지방에서는 목우(木偶)로서도 경배하지만 그것은 죽은 자의 나라로 간 샤만의 조상을 나타내는 것이라고 설명하고 있다.

알타이와 아바칸 샤만 북의 안쪽 윗부분 곧 손잡이를 향해 직각으로 붙어서 뒤틀려 있는 단순한 쇠막대기는 북에 붙어 있는 《주인》 상(像)의 《팔》을 나타낸다고 하는 것이며, 무복(巫服)의 등에 있는 것과 같은 원통형의 금속제

그림93. 북을 가진 동알타이 지방의 샤만. 니오라제에 의한다.

딸랑이가 매달려 있다. 대체로 손잡이 한쪽에 5개, 다른 쪽에 4개, 합해서 9개이다. 그 밖에 작은 철제 《화살》, 방울, 리본도 붙어 있다. 딸랑이와 방울은 물론 북소리를 한층 크게 한다.

그러나 가장 주의를 끄는 것은 현지의 타타르가 흑·백 때로는 갈색도 사용해서 북 위에 그린 기묘한 상(像)이다. 알타이 지방, 주로 텔렝기트(Telengit)의 경우에는 북 가죽 안쪽에도 그림이 그려져 있다(그림94, 96). 이것은 보통 옷에 장식을 늘어뜨린 인간의 모습을 묘사한 손잡이를 모사한 것이며, 그 밖에도 샤만이 각각 전통적인 관념으로 갖고 있는 많은 것이 그려져 있다. 예를 들면 가로 지른 쇠막대에서 윗부분은 하늘과 별을 나타내는데 쓰이며, 아래쪽에는 《무지개》(solongy)를 나타내는 하나 혹은 3개의 곡선, 북의 손잡이를 만드는데 쓰이는 자작나무, 거기에 북의 가죽에 쓰이는 마랄사슴이 보인다. 거기에는 또한 저승의 갖가지

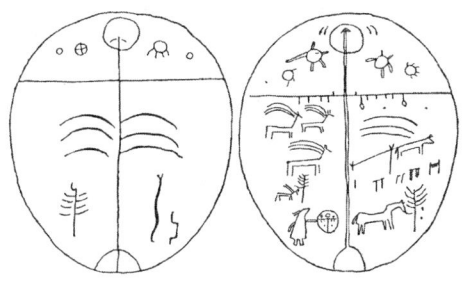 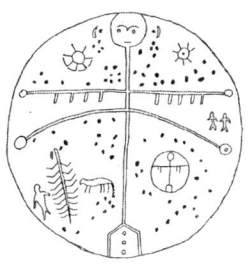

그림94(좌), 그림95. 알타이 샤만 북의 속과 겉에 그려진 그림. 아노킨에 의한다.

그림96. 알타이 샤만 북의 안 쪽 그림. 포타닌에 의한다.

존재, 샤만의 일, 제사의례 등도 그려져 있다.4)

북 가죽의 표면에도 또한 같은 그림이 보이며 더구나 두 팔을 갖춘 장신구를 단 《북의 주인》이 그려져 있는데(그림95), 도대체 원래는 안과 밖 어느 쪽에 그려져 있었는가라는 의문이 생기는 것은 당연하다. 《북의 신령》은 이미 본성적으로 샤만이 의례를 할 때 다른 신령들도 불러들여 안쪽에 머물게 하는 점에 주의하게 되면, 안쪽의 그림 쪽이 오래되었고, 바깥쪽의 것은 단지 그것을 불필요하게 그린 것에 지나지 않는다고 추정할 수 있을 것이다. 이미 카르얄라이넨(Karjalainen)은 다음과 같이 쓰고 이 입장을 취하고 있다. "북의 안쪽은 샤만이 도우미로 쓰기 위해 신령들을 불러 모으는 곳이다. 하늘과 땅을 갖춘 세계의 줄인그림 [縮圖]으로 그려낸" 것이며 "그대로 그렸거나 혹은 약간 변형시킨 것이 바깥에도 그려져 있다.5)"

그러나 예를 들면 아바칸 타타르에서는 북의 가죽 바깥쪽에만 그림이 그려져 있는 것은 주목할 만한 것이다. 북의 손잡이는 이 경우 인간의 모습으로 만들지 않았으므로 《북의 주인》을 가죽의 어느 면에서 찾아도 찾을 수 없다. 장식 그림은 완전히 다른 양식을 띠고 있다. 여기서는 북의 표면은 하나의 분리대로 윗부분과 아랫부분 둘로 나누고 있는 풍속이 있다(그림13, 21, 99). 이 같은 띠는 북을 전체 혹은 윗부분만을 두르고 있으며 하늘을 나타내고 있다. 《하늘》에는 해, 달을 비롯해 그 밖의 천체가 보이며, 더욱이 활을 가지고 말 등의 동물을 쫓고 있는 기마인(騎馬人)도 있다. 하늘을 나타내는 부분에는 나무와 기둥이 그려져 있고, 그 가지에는 별이 빛나고 있는 것도 있다(그림97). 가죽의 아래쪽에는 북을 가진 샤만이 보이며, 더욱이 저승의 여러 가지 동물이나 여성의 병을 일으키는 신령이 홀수로 1열 혹은 2열로 늘어서 있다(그림21, 97, 99). 서로 큰 차이를 보이는 장식 그림은 때로 매우 개성적인 성격을 나타내 보이고 있다.

아바칸 계곡에 있는 것과 같은 장식 그림의 양식은 알타이 각지에서도 답습되고 있는데, 그림은 분리 띠로 나누어진 겉쪽에만 그려져 있다. 그 한 예는 화가 구르킨(Gurkin)이 텔레츠코이(Teletskoi) 호반에서 만든 필사(筆寫)인데, 하늘을 나타내는 부분의 한가운데에는 높이 솟아 있는 세계나무[世界樹]와 그것을 사이에 두고 좌우에 해와 달이 있다. 아래쪽에는 뿔이 달린 동물이 두 마리 그려져 있다. 다갈색으로 그려진 이 스케치의 재미난 점은 북의 가죽을 나눈 띠에서 아랫부분에는 다른 장식 그림이 특별히 있는데, 그것에서 차용한 늘어뜨린 장식이 그려져 있다는 점이다(그림13)[6]. 각각 기원적으로는 독립된 것이라고 여겨지는 이러한 다른 형식이 서로 영향을 주고받았는지도 모른다. 특히 주의를 끄는 것은 어떤 형식에서든 공통된 이분적(二分的)인 세계의 축소판인데, 어느 형식이 더 오래되었는가는 확신을 가지고 말할 수 없다. 재미있는 것은 각지의 라프도 또한 북의 장식 그림을 그려 가로선으로 나

그림97. 아바칸 샤만 북의 겉그림. 클레멘츠에 의한다.

그림98. 알타이 샤만의 북채. 아노킨에 의한다.

누고 위쪽을 하늘과 거기에 사는 영체(靈體)를 위해 할당한 것이다. 이 정도로 멀리 떨어져서 살고 있는 민족이 상대로부터 그것을 배운다는 것은 물론 있을 수 없다.

알타이인의 샤만 북의 테도 또한 별이나 그 밖의 것으로 장식한 경우가 있다. 오늘날에는 전혀 장식이 없는 북도 보인다. 예를 들면 레베드 타타르의 북에는 어떤 그림도 그려져 있지 않다고 힐덴(Hilden)은 말하고 있다.[7] 그림85에서 그 안쪽이 보이는데 사카리 팰시(Sakari Pälsi)가 캬크타(Kiakhta)와 우르가(Urga) 사이에서 촬영한 몽골의 샤만 북에도 또한 그림이 없다. 손잡이 위쪽 끝에 붙어 있는 인간의 머리는 재미난 것으로 알타이의 《북의 주인》과 비슷하다(그림85).

북채는 대부분 빨래 방망이의 형태로 가늘고 긴 것이 쓰이고 있다. 알타이인은 보통 어린 자작나무에, 레베드 타타르는 일종의 관목(Spiraca chamaedryfolia)에 조각을 하고, 그 치는 면은 토끼 가죽이나, 야생 산양 같은 큰 동물의 가죽으로 싼다. 북채의 등 쪽에는 알타이 지방에서는 작은 금속제 고리를 붙인다. 자루 상단 구멍에도 고리를 달고 거기에 여러 가지 색의 끈이나 천 조각을 늘어뜨린다(그림98). 알타이 샤만의 노래에서 《채찍》이라 불리고 있는 이 북채는 손에서 떨어지지 않도록 끈으로 손목에 묶는다.[8] 어떤 북방민족의 경우 자루는 동물의 머리 같은 형태로 되어 있으며, 혹은 나나이 지대에서와 같은 영상(靈像)을 조각한다. 등 쪽에 어떤 금속제 상(像)을 붙인 지방도 있다. 북채의 위쪽 끝에 나나이는 노루사슴의 가죽을, 퉁구스는 순록 그 밖의 동물의 다리 가죽을 쓴다.[9]

무복(巫服)과 마찬가지로 북도 또한 신성한 것이라고 생각하며, 특히 이동 시에는 그것을 더럽히지 않도록 신경을 쓴다. 퉁구스의 경우 북의 테로 쓰는 나무의 재료는 신성한 곳에서 가져 와야만 한다. 알타이 지방의 주민은 북의 테로 쓸 나무를 찾을 때 인간이나 동물이 꺾거나 손대지 않은 것을 고르도록 주의한다. 따라서 그런 나무는 사람이 사는 마을에서 멀리 떨어진 곳에서 자라는 나무여야 한다. 야쿠트는 북의 테에 사용할 목재는 낙엽송에서 그 나무가 자라는데 지장이 없도록 자른다고 말한다. 그때 동물을 잡아 바치고, 줄기에 피와 화주(火酒)를 붓는다. 알타이에서는 연기에 쐬거나 화주를 부어서 샤만의 북을 성스럽게 한다. 북이 닳아 떨어져도 보통 틀 갈이는 하지 않지만, 필요하면 언제나 새 가죽으로 바꿀 수 있다. 예를 들면 그 집에 죽은 사람이 나와서 북이 더럽혀진 경우에도 같은 조치를 한다. 오래된 가죽은 찢어지거나 하지 않도록 나무에 건다. 샤만이 죽으면 북은 고인의 무덤 옆에 놓아둔다. 남자와 마찬가지로 여자 샤만도 또한 굿을 할 때는 북을 쓰며 모두 자신의 것을 가지고 있다.10)

북이 어떤 목적을 가지고 있을까라는 물음에 대해서 자료는 여러 가지 해답을 주고 있다. 야쿠트의 관념에 따르면 북은 샤만이 영계(靈界)로 여행을 할 때에 타고 가는 상징적인 동물을 나타내는 것이라고 프리클론스키는 설명한다. 야쿠트 전설 중에서는 때때로 샤만의 말(馬)이라고 불린다. 그것은 이 지방의 북이 말의 가죽으로 만들었다는 데에 기인했을 것이다. 북을 마랄사슴 혹은 사슴 가죽으로 만들었을 때는 마랄사슴이라든가 노루사슴이라 불린다. 사실 카라가스와 소요트의 샤만은 "나는 샤만, 야생의 마랄에 타고 간다."고 노래한다. 야쿠트의 전설에서는 샤만이 그의 북을 가지고 7층을 뚫고 날아간다고 말하고 있다.11)

이러한 예는 북은 의식을 할 때 여행의 도구, 혹은 샤만과 동반하는 동물이라는 생각을 보이고 있다. 알타이인이 북채를 《채찍》이라 부르

그림99·100. 벨티르 샤만 북의 겉과 속. 니오라제에 의한다.

는 것도 또한 이러한 관념과 일치한다. 샤만은 강하게 북을 치는 동안 망아(忘我)의 경지에 들며, 그 혼은 육신을 떠나 불가사의 한 여행에 나서므로 이러한 사고방식도 또한 특히 잘 이해할 수 있다. 그러나 북이 처음부터 샤만의 흥분을 촉진시키는 도구로 사용되었는지는 분명하지 않다.

이 문제를 논할 때 영계(靈界)도 또한 북을 치는 대상이었다고 하는 것을 상기해야 한다. "오스탸크에서 북의 목적을 묻자 그들은 샤만이 지금 당장 필요로 하는 신령들을 불러 도움을 얻으려는 것이라고 망설이지 않고 대답했으며, 곳에 따라서는 샤만의 도우미인 신령들을 불러내는 것이다."라고 카르얄라이넨은 쓰고 있다.12) 로파틴(Lopatin)도 또한 나나이의 샤만이 무복(巫服)을 갖추고 북을 쳐 세온을 불러 도움을 청한다고 보고하고 있으며, 마찬가지로 이것을 이해하고 있다. 처음에는 낮게 이따금씩 북을 치기 시작하여 점점 강하고 빠르게 치고 거기에 따라 노래를 불러 신령들이 도와주기를 청한다. 동시에 신령들을 보고 그 답을 듣고 있는 듯한 몸짓을 한다.13) 알타이인과 야쿠트인은 신령들을 북 안으로 모으려고 친다고 한다.14) 그러나 샤만이 북을 치는 것은 악령을 쫓기 위해 친다고 하는 예도 또한 있다. 예를 들면 사람이 죽었을 때 고인의 혼이 아직 헤매고 있다고 믿고 집을 깨끗이 하는 동안 알타이 샤만은 북을 쳐 울리면서 집안 구석구석 악령을 쫓아내어 마침내 "북과 북채 사이"에 악령을 끼워 잡는다.15) 무복은 신령들을 위협하기 위한 도구라고 간주하므로 방울과 그 밖의 금속물을 달아 소리를 더 세게 하려고 하는 북소리도 또한 본래는 같은 의미라고 추정할 수 있을 것이다. 더구나 많은 자연민족이 이런 방법으로 악령을 집에서 쫓아낸다고 우리는 알고 있다.

레흐티살로(Lehtisalo) 박사는 오브 강 하류의 툰드라 유락(Yurak)의 샤만은 무가 중에서 북을 《활》이라든가 《노래하는 활》이라 부른다는 것을 시사하면서 "사모예드의 경우도, 핀 계통의 민족들도, 샤만 북의 사용은 2차적인 것처럼 여겨진다. 그래서 샤만은 본래 활을 사용해서 신령들을 위협하고 악령들을 향해 쏘는 것 같이 여겨진다."라고 말한다. 그들은 또 "활쏘기로 악령을 위협한다."는 것을 암시하는 실례를 전하고 있다.16) 사실이 이러하며, 따라서 활이 북보다 먼저 사용되었다고 하면 그것은 곧바로 북은 실제로 원래 악령을 쫓는 도구로 사용되었다고 하는 증거가 될 것이다. 활은 또한 몇몇 투르크 계통 민족에서도 굿을 할 때에 등장한다. 곧 라들로프는 레베드 강변에서 그가 만났던 한 샤만은 북 대신에 활을 사용한다고 보고하고 있는데, 그 샤만은 이렇게 해서 신령들을 자기 쪽으로 불러 모으고 있었다고 적고 있다.17) 아노킨도 또한 알타이 지방에서는 남자 샤만도 여자 샤만도 작은 활(jölgö)만을 사용하여 의식을 행한다고 말하고 있다. 이 경우 어떻게 행했는가는 이 기술에서는 분명하지 않지만 작은 활이라고 하는 것에서 활 줄은 틀림없이 일종의 악기로 쓰였음에 틀림없다.18)

북이라는 것을 사용하지 않는 키르기스 샤만(baksa)은 오늘날 현악기(kobus)로 반주하면서 노래를 부른다. 그 밖에 방울과 쇠 딸랑이를 붙인 네모난 판을 막대기에 붙인 것을 가지고 있다. 샤만은 잠시 연주하며 노래를 부른 뒤 흥분상태에 빠지면 그 막대기를 움켜잡고 거기에 붙어 있는 것을 흔들어 울리면서 망아상태(忘我狀態)로 춤을 추기 시작한다.

그림101. 나무말(竹馬)을 가진 부리야트 샤만. 어느 것이나 방울과 삼림소동물의 가죽이 붙어 있다. B. E. 페트리 촬영.

두 샤만이 함께 굿을 하는 경우 한사람은 노래를 부르고 나머지 한 사람은 손에 그 막대기를 쥐고 춤을 춘다.19)

프리클론스키(Priklonski)는 야쿠트의 샤만도 또한 북이 없을 때는 막대기를 사용한다고 적고 있다.20) 부리야트의 샤만도 자작나무나 쇠로 만든 《말(馬)》이라 칭하는 막대기를 두 개 가지고 있는데, 쥔 부분은 말의 머리로 되어 있으며, 아래 부분은 발굽과 비슷하다(그림65). 때로는 막대기 가운데 정도에 《정강이》를 만든 것도 있다. 오른손에 쥔 막대기는 왼손에 쥔 것보다 어느 정도 긴 것이 보통이다. 어느 것이든 딸랑이나 삼림동물의 모피가 많이 달려 있다(그림101). 캉갈로프(Changalov)는 북과 죽마(竹馬)는 샤만이 가고 싶은 곳으로 여행을 할 때에 사용하는 말을 나타내는 것이므로 같은 역할을 하는 것이라고 생각할 수 있다고 설명한다. 북의 나무 테와 마찬가지로 막대를 만드는 데에 필요한 재료도 또한 신성한 장소, 곧 일찍이 샤만 장례를 치른 곳에서 취한다.21) 알타이 지방의 삼림 타타르의 샤만도 또한 이러한 죽마를 쓴다고 한다.22)

라프가 북을 사용하여 하는 예언의 풍습은 투르크 계통의 민족에게는 알려져 있지 않다. 그에 반해 퉁구스나 북시베리아의 그 밖의 다른 몇몇 민족은 북채를 하늘로 던져 그것이 땅에 떨어질 때의 위치로 이것을 판단한다. 곧 치는 면이 위로 향하게 되면 긍정적인 답을 뜻한다.

9. 샤만의 직능職能

본래 샤만의 도움을 필요로 하는 것은 영계(靈界)와의 접촉이 없으면 벗어날 수 없는 경우에 한한다. 영계와의 접촉은 2가지 형태로 이루어진다. 샤만의 혼이 망아(忘我)의 상태에서 육체를 벗어나 저승으로 가거나, 혹은 신령들이 샤만에게 들어와 영감을 주는 것이다. 후자의 경우 신령들은 망아의 경지에 든 샤만의 입을 통해서, 샤만 자신은 의식하지 못하는 것에 대해 말하며, 이미 말했듯이 또 다른 한 인간이 그 말의 의미를 푸는 역할을 한다. 이와 같이 해서 샤만의 도움으로 신령들과 직접 접촉할 수가 있으므로 이 경우 마술이나 주문의 힘을 빌릴 필요가 없는 것은 틀림없다.

물론 어떤 자료는 샤만이 매우 다양한 일들을 해야 한다는 것을 밝히고 있다. 예를 들면 양의 어깨죽지뼈를 이용하여 예언을 하기도 하고, 갖가지 마술을 쓰는 사람으로 또는 의사, 사제로서 등장하기도 한다. 그러나 주목해야 할 것은 그 때 샤만이라는 말은 흔히 잘못 사용되고 있다는 것이며, 그래서 위에서 말한 직능은 망아상태에 이르지 못하는 본래 샤만이 아닌 사람이라도 그런 사정에 통달한 자라면 행할 수 있다는 것이다. 샤만의 도움은 '생의 전환기에' 필요로 한다는 사고방식도 또한 오해를 불러일으키기 쉽다. 라들로프(Radloff)가 지적했듯이 샤만은 보통 탄생, 결혼, 장례와 관련된 의식에는 뭔가 예기치 못한 일이 생기지 않는 한 관계하지 않는다.[1] 예를 들면 난산 때라든가 불임 때에는 샤만에게 부탁한다. 투루칸스크 지방의 퉁구스는 아이에게 이름을 지어 줄 때 샤만이 반드시 함께할 필요는 없다고 나에게 설명했다. 그러나 힐덴은 레베드 타타르의 샤만은 갓난아이와 산모의 행복을 위해 아이를 낳은 뒤 며칠이 지나 경우에 따라서는 2, 3주간 뒤에 아이의 이름을 지을 때 북을 가지고 온다고 말하고 있다. 부리야트의 경우도 아이를 낳은 뒤 샤만의 도움을 받는 풍습이 있는데, 그 때 샤만은 "아이가 울지 않고 빨리 자라도록" 끓인 물에 넣은 풀이나 잎을 묶은 다발로 아이를 때린다. 끓인 물속에는 두송(杜松)이나 방향을 내는 풀도 넣는다. 다음으로 아이의 무사를 빌며 양이나 염소를 제물로 바친다.2)

일찍이 내가 투루칸스크 지방에 사는 퉁구스의 실태를 조사했을 때 여기서는 샤만의 도움은 다음과 같은 경우에 한한다는 설명을 들었다. 곧 죽은 뒤 1년 동안은 본래 살던 집에 머문다고 믿는 죽은 자의 혼을 저승으로 보내야 할 때, 정처 없는 영체(靈體)를 위해 만든 목상(木像) 속에 옮겨 넣을 때, 어떤 초자연적인 이유로 사냥이 안 될 때, 통상 가을에 사냥을 시작할 때, 게다가 특히 퉁구스 일족 가운데 중병에 걸렸을 때 등이다.

시베리아 그 밖의 민족도 또한 같은 이유로 샤만을 부른다. 특히 알타이 타타르와 나나이의 샤만이 집에 남아 있는 고인의 혼을 어떻게 잡아 저승으로 보내는가는 하는 예는 이미 위령제에서 말한 것이다. 멋대로 떠돌며 해악을 끼치는 영체를 온순하게 만들기 위해 목상에 넣을 때에 행하는 의식에 대해서는 거의 기록된 보고가 없다. 다만 확실한 것은 샤만은 굿을 할 때에 목상을 만들며 그 속에 신령을 넣는데, 그 전에 먼저 문제의 신령을 찾아내야 한다. 더욱이 이 신령에게 처음 식사를 올리는 것은 샤만이 해야 하며, 그 후는 가족이 돌본다. 오늘날 사냥이 잘되도록 샤만이 굿을 하는 것은 주로 극북의 민족들뿐이며, 유카기르의 관념에 따르면 나중에 사냥꾼의 손에 잡힐 동물의 《모습》을 미리 잡아 주도록 신령들에게 도움을 바라는 것이다. 퉁구스의 샤만은 굿을 하는 동안 야수 포획에 관한 의식도 한다. 야생 순록을 잡으러 갈 때에는 샤만은 순록이 살고 있는 장소를 알아두어야 한다. 초감각적 정보의 전달자로서 그는 필요하면 적과 그 예비군, 도둑과 그가 숨어 있는 장소, 멀리서 일어나는 우발적인 사건 같은 매우 신비한 일까지도 맞히는 수가 있다.

그러나 시베리아의 사람들이 샤만을 찾는 주된 동기는 대부분 병 때문이다. 알타이 지방의 이러한 병으로는 말라리아, 천연두, 매독, 백치 등이 보고되고 있다. 알타이 타타르는 몽골인처럼 약초나 약을 사용하지 못하고, 어떤 쾨르뫼스가 이러한 불행을 일으켰는지, 어떤 방법으로 이것을 해결해야 하는지는 다만 샤만의 힘을 빌려야만 확실히 알 수 있다고 믿는다는 것을 아노킨은 지적하고 있다.3)

병에 걸리는 것은 인간의 혼이 몸에서 **빠져나와** 바깥에 잠복하고 기다리고 있는 위험한 힘에 **빠지기** 때문이라고 생각한다. 당연히 샤만의 임무는 아픈 사람이 본래의 상태로 돌아올 수 있도록 달아난 혼을 찾아서 돌아오는 일이다. 이런 일은 부리야트 전설에서는 이미 최초의 샤만도 도망친 혼을 찾아서 돌아오는 것이 임무였다. 모르곤 카라(Morgon-Kara, 비슷한 이야기에는 Bokholi-Kara이다)는 저승의 군주 애를렌 칸(ärlen-kan)이 하계(下界)로 데려가 버린 혼조차 구출해서 데려올 수 있을 정도로 유능한 샤만이어서 애를렌 칸은 천신 애새개 말란 텡게리(Äsägä-malan-tengeri)에게 불평을 늘어놓았다. 그래서 신은 샤만을 시험해 보기로 했다. 이 때문에 신은 인간의 혼을 잡아서 데려가 술독에 넣고 아가리를 엄지로 막았다. 그래서 인간이 병에 걸리자 가족들은 모르곤 카라에게 도움을 청했다. 모르곤 카라도 또한 곧바로 일을 시작하여 숲, 물속, 산골짜기 마지막은 죽은 자의 나라까지 그 혼을 찾았지만 찾지 못했다. 마지막으로 샤만은 '북을 타고' 천계(天界)로 올라갔다. 거기에서도 또한 혼은 술독 속에 갇혀 있으며 천신이 그 아가리를 손가락으로 막고 있다는 것을 알기까지는 오랫동안 혼을 찾아야 했다. 그래서 이런 술책에 능한 샤만은 장수말벌로 모습을 바꾸어 신의 이마를 쏘자 신은 깜짝 놀라 술독 아가리에서 손가락을 떼고 말았다. 샤만은 이렇게 가엾은 혼을 구출할 수 있었다. 샤만이 다시 북을 타고 혼과 함께 지상에 내려온 것을 보고 신은 화가 났다. 샤만의 힘을 빼려고 북을 정확히 둘로 갈라 버렸다. 샤만의 북은 본래 양면에 가죽을 입혔는데, 이 날부터 한쪽에만 가죽이 붙어 있게 되고 말았다고 부리야트 사람은 설명했다.[4]

병의 원인은 혼의 상실에 있으며, 그럴 때 물론 샤만이 찾아야 한다는 관념 외에 병에 걸리는 것은 한 신령(몇 신령이라는 경우도 있다)이 환자 속으로 들어와서 괴롭히는 것이라고 하는 관념도 있다. 샤만은 이 때 악령을 쫓아내야 한다. 그런데 혼을 유인하는 의식이든, 악령을 추방하는 의식이든 반드시 그곳에 샤만이 있어야 된다는 것도 아닌 듯하다. 결국 샤만이 오지 않아도 가족 중에 스스로 사라진 혼을 돌아오게 부르든가, 혹은 큰 소리를 내어 못살게 구는 신령을 환자의 몸에서 쫓아내든가 하는 예도 또한 있다. 나나이는 때때로 마른 풀로 인형을 만들고 그 속에 신령들을 유인해 들여 봉해서 앞뜰에 버린다.[5] 이렇게 해서 가족이 해 봐도 좋아지지 않을 때는 물론 샤만의 도움이 어쨌든 필요하다.

더욱이 샤만은 혼이 빠져나간 환자의 몸에 그 혼을 되돌리기 앞서 몸속에 들어와 있는 다른 신령을 먼저 쫓아내야 한다는 관념은 매우 널리 퍼져 있다. 퉁구스의 경우도 그러한데, 굿하는 행위에는 다른 몇 가지 순서가 들어 있다. 시로코고로프(Shirokogorov)는 다음과 같은 순서로 기술하고 있다. (1) 샤만은 먼저 자신의 수호령을 불러 세우면 그러는 동안 그 가운데 하나가 샤만 앞에 앉는다. (2) 샤만은 그의 도움으로 병의 원인과 환자로부터 빠져나온 혼이 있는 곳을 알아낸다. (3) 샤만은 다시 자신 앞에 앉아 있는 여러 신령들을 불러내고 곧바로 환자의 혼을 찾는다. (4) 샤만은 불러 모은 신령들의 도움으로 환자의 몸속에 들어간 신령들을 쫓아내고, 특히 그 신령들이 원래 살던 곳으로 돌려보낸다. (5) 샤만은 환자의 혼을 다시 원래의 몸속으로 돌린다. (6) 샤만은 도와준 신령들에게 감사한다. 시로코고로프는 동시에 다른 신령들도 또한 모처럼의 노력을 망쳐버릴까 봐 두려워서 이 의식을 성공시키기 위해서는 호의를 가진 신령들의 비호를 받는 것이 전제로 되어 있다고 지적한다. 신령마다 고유한 능력, 지식, 담당 장소, 몸짓과 언어를 가지고 있으며, 샤만은 굿을 하는 동안 그들을 흉내 낸다.6)

환자로부터 악령을 쫓아내고 사라진 혼을 찾아오는 것은 야쿠트와 돌간의 샤만에게도 가장 중요한 임무이다. 그 때문에 여기서는 샤만 행위를 일정한 순서로 전개하는 행사 중에서도 영혼 불러내기를 맨 처음 한다. 어떤 자료에 의하면 그 때 샤만은 천막의 토방에 만든 화로 곁에 앉아서 불과 천막과 주거의 신령, 자신의 수호령, 모든 친지의 요르(yör. 故人), 게다가 병의 원흉과 병의 원흉이라 지목된 무시무시한 아바시(abasy)에 이르기까지 갖가지 신령들을 부른다. 그리고서 샤만은 곧바로 미리 혼을 빼앗은 신령이 숨은 곳을 수색한다. 북을 쳐 울리는 동안 샤만은 이따금 쉬면서 아득한 저편을 보고 있는 듯한 모습을 한다. 굿을 할 때에는 동시에 말의 울음소리 혹은 새의 울음소리를 흉내 낸다고 전해지고 있다. 의례의 제3단계에서 샤만은 환자의 몸에 들어가 있던 모든 아바시를 자신에게 모은다. 아바시를 환자의 몸에서 몰아내기 위해 잔가지를 자른 창과 같이 만든 자작나무에 나무껍질을 벗기고 3곳에 고리 모양의 장식을 달고 3곳 혹은 7곳에 말의 털을 붙인 것을 쓴다. 위협하듯이 큰소리를 치며 이 신비한 무기를 환자의 몸에 얹는다. 샤만은 악령이 자신의 몸으로 들어오면 몸을 흔들어 보이는데, 이때 다른 사람들은 창으로 샤만을 찌르는 흉내를 낸다. 곧 바로 샤만은 북을 쳐 울리고 노래를 계속하면서 악령이 원래 있던 곳으로 데리고 간다. 그때 샤만은 실신 상태에 빠지는 경우도 있다. 환자의 몸에 몇몇 혼령이 들어간 경우 샤만은 그 혼령을 모두 차례로 쫓아내야 한다. 샤만이 《참수(斬首)의 요르》 같은 위험한 괴물을 환자로부터 자신에게 인도해 들일 때는 광란 상태로 되며, 작은 칼을 요구하기도 하고 또 북채로 자신의 목을 자르는 행동을 하기도 한다. 게다가 스스로 자신의 몸을 물어뜯는데, 그것을 막으려는 다른 사람의 손도 문다.

　의식의 제4단계는 샤만의 하늘여행을 나타내고 있다. 기술에 따르면 샤만은 천막 남쪽 창으로 간다. 그 바깥쪽에는 벽을 따라서 가지를 제거한 3그루의 나무가 한 줄로 서 있다. 자작나무를 가운데로 해서 그 양쪽에 낙엽송이 있다. 자작나무 끝에는 잡은 갈매기의 부리가 남쪽을 향해서 위로 향하도록 붙어 있다. 자작나무 동쪽 나무에는 말의 두개골이 얹혀 있다. 이것과 아무것도 붙어 있지 않은 3번째 나무를 포함해서 전부 말의 털과 천 조각이 걸려 있다. 그 밖의 나무는 말 털로 짠 끈으로 서로 연결되어 있다. 나무와 벽 사이에는 외다리 대(臺)를 세우고 그 위에 화주(火酒)를 넣은 잔을 놓는다. 온몸을 부드럽게 움직이며 북채를 잡은 오른손을 흔들면서 샤만은 분명히 새가 나는 것을 흉내 낸다. 천계(天界)로 여행할 때 머무는 장소(olokh 《자리》)가 9군데 있다고 생각하는데, 샤만은 여행 도중에 머무는 곳마다 그곳의 신령에게 선물을 주어야 한다. 하늘을 오르는 동안 샤만은 자주 아래위로 눈길을 돌린다. 돌아올 때 샤만 앞은 온통 거울로 되며 '가운데의' 세계 곧 인간 세계에 도착했을 때는 실신상태로 되므로 정기를 되돌리도록 불꽃을 일으켜

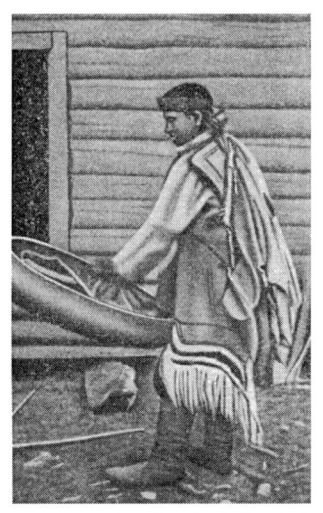

그림102. 사모예드의 샤만. 카이 돈네르에 의한다.

준다. 샤만 자신이 의식이 돌아왔다고 말하면 그의 오른발, 목덜미, 정수리 등 신체 어느 부위에 부싯돌을 쳐 불꽃을 일으켜 주어야 한다.[7] 이 불꽃이 본래 무엇을 의미하였는지 분명하지 않지만 사모예드의 샤만도 또한 굿을 한 뒤 타고 있는 숯이나 타고 있는 나무로 자신의 몸을 '깨끗이 한다'고 카이 돈네르(Kai Donner)는 기록하고 있다.[8] 샤만이 할 일을 마치고 잠시 화로 가에 앉을 때 사람들은 불속에 말의 털과 버터를 제물로 던진다.

여기에 인용한 묘사 중에서, 자작나무 끝에 붙어 있는 "샤만 앞을 살짝 스쳐가는" 갈매기는 하늘의 신령들에게 바치는 희생물이라고 설명하고 있다. 같은 장소에서 다른 샤만이 이와 완전히 같은 의식을 행할 때 이 3개 기둥의 끝에 각각 새의 조각상을 붙였다. 서쪽 나무에는 욋쇠쾨 퀼(öksökö-kyl. 머리 두 개를 가진 신화적인 새), 가운데에는 캐이퀼(Käi-kyl. 역시 신화적인 새), 동쪽에는 수오르(suor《까마귀》)이다.[9] 나무에 조각해 만든 이런 신화적인 새는 적어도 희생의 새는 아니고 물론 샤만의 혼을 안내하는 길잡이라는 것이 분명하다.

야쿠트 샤만의 의례도 물론 서로 세부적인 면에서는 차이가 있다. 곳에 따라서는 몇 개의 나무 기둥을 쓰고 있다. 예를 들면 프리클론스키는 환자를 위해 굿을 할 때 천막 바깥에 낙엽송 한 그루, 자작나무 한 그루, 게다가 남쪽에는 가지를 친 낙엽송을 1줄로 늘어놓고 줄 하나로 그 나무들을 연결한다고 보고하고 있다. 희생동물을 묶은 첫 번째 나무에는 아홉 개의 눈금이 새겨져 있다.[10] 몇 개의 나무를 세우는 것에 대해서는 시에로세브스키(Sieroszewski)도 말하고 있는데, 샤만이 희생동물을 하늘로 데려가기 위해 나무를 한 줄로 세워야 한다고 적혀 있다. 나무 줄의 맨 처음에는 희생동물을 묶은 기둥이 세워져 있다. 거기에 막대기 3개가 연결되어 있으며, 그 하나하나에는 새의 조각상이 놓여

그림103. 야쿠트의 제물. 시에로세브스키에 의한다.

있다. 첫째 것은 전설적인 머리가 둘인 새, 두 번째 것은 바다까마귀 혹은 까마귀, 3번째에는 뻐꾸기가 놓여 있다. 새의 부리는 나무의 줄과 마찬가지로 남쪽을 향하고 있다. 새가 앉아 있는 막대에서 한 길 정도의 사이를 두고 윗부분의 잎만 남기고 가지들은 모두 친 9개의 나무가 한 줄로 나란히 서 있다. 맨 처음 새를 얹은 막대에서 시작하여 나무에서 나무로 말의 털로 만든 줄이 쳐져 있으며 거기에는 백마의 갈기털이 매달려 있다. 이 나무에서 다른 나무로 점점 높이 올라간 줄은 시에로세브스키에 따르면 샤만이 새의 뒤를 따라 희생동물을 쫓으면서 천계(天界)로 올라가는 코스를 의미하고 있다.[11] 여기에 든 시에로세브스키의 저서에서 따온 스케치에는 윗부분에 잎이 달린 나무는 7그루만 보인다(그림103).

야쿠트와 같은 관념과 의식(儀式)은 야쿠트어를 쓰는 돌간(Dolgan)에서도 발견된다. 이런 북방 고위도 지대에서도 또한 샤만은 병을 고칠 때 아홉하늘층을 통과해야 된다. 각 층에는 샤만의 여행에서 안전을 지켜주고 나쁜 마술사가 하늘로 찾아오지 못하도록 방해하는 역할을 하는 신령들이 살고 있다고 한다. 악령은 하늘의 맨 아래층조차 뚫을 수가 없다고 돌간은 설명하고 있다. 그에 반해서 선령(善靈)은 각층의 머무는 장소에서 쉬면서 여행을 계속할 수 있다고 한다. 가는 도중에 가장 어려운 부분은 주민의 의견에 따르면 아래 3개층인데 거기를 통과하면 머무는 곳을 하나하나 지나며 여행하는 것은 더욱 즐겁다. 물론 머무는 곳

(olokh)이라는 것도 앞에서 말한 아홉 그루 나무와 같이 하늘층을 의미하고 있다. 모두 같은 방향을 향하고 있는 새가 얹혀 있으며, 한 줄로 나란히 서 있는 기둥은

그림104. 돌간 샤만의 하늘로의 여행길. 바실리에프에 의한다.

돌간인의 경우에도 샤만이 하늘로 가는 여행을 나타내고 있다. 기둥은 차례차례로 높아지기 때문에 나무로 조각한 새도 조금씩 높이 올라가고 있다(그림104)[12].

 야쿠트의 샤만도 돌간의 샤만도 머무는 곳의 신령에게 제물을 바쳐야만 한다. 이런 의식을 위해 대(臺)는 단지 가로나무를 지를 뿐이며, 외다리 《책상》를 세우는 곳은 곳곳에 있다. 가로나무에는 9개(때로는 7개)의 작은 잔이 조각되어 있고, 샤만은 각 머무는 곳에 이를 때에 차례차례로 우유를 채운다. 곳에 따라서는 잔 옆에 작은 고기 덩어리를 놓는 경우도 있다. 여기서 묘사한 의식을 좀 더 잘 이해하려면 몇 그루 나무를 세우는 대신 세계주(세계기둥. Tyspät turu.《결코 넘어지지 않는 기둥》)를 하나만 사용하는 곳에서는 판자지붕 끝에 우유를 채우기 위해 파놓은 9개의 작은 구멍을 봐야 한다(그림5).

 이 특이한 의식을 관찰해 보면 환자를 치료할 때 샤만이 왜 하늘까지, 그것도 제9천까지 올라가야 한다고 하는 의문이 생긴다. 샤만이 거기까지 가는 것은 환자의 혼(kut)을 찾기 위한 것이라고 비타셰브스키(Vitachevski)는 주장하고 있다.[13] 상식적으로 사악한 아바시(abasy)의 포로가 되었다면 환자의 혼은 어째서 가장 높은 하늘까지 가야 하는지

알 수 없다. 악령이 하늘에 산다는 것은 보통 생각하기 어려우며, 더욱이 최고신이 사는 곳에 있다는 것을 생각할 수 없는 일이다. 샤만이 환자를 위하여 천계(天界)에서 새로운 혼을 손에 넣어 가지고 왔다는 보고는 없다. V. N. 바실리에프(Vasiliev)는 이 문제를 다른 방법으로 해석했다. 그에 따르면 악령에게 빼앗긴 환자의 혼을 샤만이 구출할 때 그것을 곧바로 환자의 몸속에 되돌리지 않고 먼저 제9천에 가지고 가서 혼을 쉬게 하고 원기를 회복시켜 깨끗이 한다는 것이다. 악령의 그물에 걸린 혼을 이런 방식으로 깨끗이 하지 않으면 다시 도망치지는 않는다 해도 터무니없는 고통을 당하든가 아니면 학대를 받아서 병이 되거나 해서 악령에게 방해를 받아 더럽혀진다는 것이다.14)

바실리에프가 틀림없이 현지인들에게 들은 이런 설명은 함부로 보고 지나칠 문제가 아니다. 결국 이런 목적을 위해 하늘로 여행하는 것을 옛 샤머니즘의 관점에서 이해해야 할 것이다. 이런 문제를 논할 때 트로슈찬스키(Troščanskij)는 그가 수집한 자료에 의거하면 야쿠트 샤만은 결코 하계로는 가지 않으며, 전설 중에서도 보통 하늘로 올라간다는 데에 주의할 필요가 있다. 그러나 트로슈찬스키는 샤만은 때에 따라서는 반대 방향으로도 여행하는 일이 있을 수 있다고 여긴다. 이것을 암시하고 있는 것은 그의 견해에 따르면 샤만은 물에 잠수하는 새를 이용하는데 새를 신령들이 있는 곳으로 가는 도중의 길잡이라고 생각하는 것, 더욱이 무복(巫服)에는 지하 세계로 통하는 《신령들의 구멍》(abasy-oibono)의 모사(模寫)가 되어 있다는 것이다. 그러나 트로슈찬스키는 지하의 신령에게 원하는 것은 극히 드물며, 그 중에는 야쿠트가 오늘날의 거주지에 정착한 뒤 비로소 생긴, 곧 좀 더 뒤에 생긴 풍속이 나타난다고 추정하고 있다. 이에 반해 천계에 있는 신령에 대한 관념은 아마도 야쿠트가 오늘날의 거주지로 옮아와 살기 이전의 본거지에서 이미 있었다고 트로

슈찬스키는 판단하고 있다.15)

그렇지만 이 문제는 트로슈찬스키가 생각하는 만큼 간단한 것은 아니다. 왜냐하면 혼을 빼앗아 병을 일으킨 신령들이 하늘에 살고 있다고 야쿠트가 믿고 있는 예는 없기 때문이다. 바실리에프는 물론 혼은 인간의 육신을 떠난 뒤 쉽게 혼을 노리는 신령들의 노획물이 되어 지하세계로 끌려가고 만다고 지적하고 있다. 그렇다면 샤만은 혼을 지하에서 찾기 위해 나서지 않으면 안 된다는 것은 분명하다. 더욱 주목해야 할 것은 비교적 새로운 자료에 나오듯이 야쿠트의 샤만은 굿을 할 때 다른 방향에 대해서 말하며, 알랄라 쿠라르(allara kyrar)와 위새 쿠라르(üsä kyrar)라는 두 가지 다른 표기를 사용하고 있다는 점이다. 전자는 샤만이 하계의 신령들을, 후자는 천계의 신령들을 대할 때 쓰는 말이다.16) 샤만은 먼저 전자의 굿을 먼저 하므로 이쪽이 후자보다 오래 되었다는 증거로 볼 수 있다.

샤만은 환자의 육신에서 쫓아낸 악령을 '남쪽으로' 데려 간다고 보고하고 있다.17) 이런 보고는 야쿠트 본래의 고토(故土)인 남쪽에서 병을 일으키는 악령이 찾아온다는 관념이 그 속에 반영되어 있다고 하지 않는 한 오해를 일으킬지도 모른다. 바실리에프는 역시 이런 점을 다른 말로 다음과 같이 말하고 있다. 샤만은 땅에 몸을 깐 뒤 마치 물속에 잠수한 것처럼 행동하면서 환자의 몸에서 쫓아낸 악령을 하계로 데리고 간다고.18) 기묘한 것으로는 퉁구스도 축치도 라프도 샤만이 반쯤 잠들어 있는 상태로 들어가는 것을 '잠수한다'라고 표현한다는 점이다.19) 이같은 사례들은 분명히 저승이 곧 물 아래에 있다고 생각하도록 암시하고 있다. 이미 말했듯이 샤만의 협력령(協力靈)도 흔히 잠수하는 새의 모습을 띠고 있다.

더욱이 샤머니즘이 하계의 신령들과 어떤 관계에 있는가를 가르쳐 주는 것은 무복(巫服)과 통상적인 의례가 밤에 이루어진다는 점이다. 예를 들면 스타들링은 야쿠트 샤만의 의례는 천막 속에서 밤에 이루어진다고 적고 있다. 바실리에프도 돌간과 야쿠트에 대해 같은 말을 하고 있다. 투루칸스크 지방의 퉁구스도 또한 샤만은 땅거미가 진 후 비로소 일을 한다고 나에게 설명했다. 시로코고로프가 지적했듯이 동퉁구스에서도 또한 샤만은 '밤, 어슴푸레한 집 안에서' 굿을 했다. 그러나 그것은 오로지 극북의 민족들에 한하지 않고 알타이 지방에서도 또한 보편적이다. 이미 뤼브뢰크(Ruysbroeck)는 13세기에 고대 투르크 샤만(캄)의 제의를 묘사하면서 "악마의 부름을 받은 자는 밤에 작은 집에 모인다."라고 말하고 있다.20)

이러한 것으로 생각해 보면 야쿠트의 알라라 키라르(allara kyrar)는 트로슈찬스키가 생각한 것처럼 나중에 차용된 것은 아니고 그 가운데에는 시베리아 샤머니즘의 매우 오래된 상태가 나타나고 있는 것은 분명하다. 또 하나 의문점은 야쿠트가 오늘날의 거주지로 옮아왔을 무렵 이미 승천의식(昇天意識)을 알고 있었는가 하는 것이다. 여기서 다룬 의식이 이미 알타이와 바이칼 지방에서 예부터 뿌리를 내리고 있었다는 것을 생각해 보면 야쿠트도 또한 꽤 일찍부터 분명히 북쪽에서 옮아오기 이전부터 이미 알고 있었다고 판단해도 좋을 것이다.

그러나 알타이 타타르에 대한 자료로는 샤만이 환자의 치료를 위해 하늘로 올라갔는지는 분명하지 않다. 제사에서 천신에게 바치는 잡은 동물의 혼을 하늘로 가져가지 않으면 안 될 때 샤만이 천계로 갔을 뿐이라는 것은 보고되고 있다. 적어도 전세기의 중엽 무렵에는 알타이 지방 전도단의 문서실에 있었다고 보이는 한 고사본(古寫本)은 3일 동안에 걸친 제의를 상세히 서술하며 샤만의 하늘로의 여행을 매우 흥미롭게 그려 내고 있고, 베르비츠키(Verbitski)도 라들로프도 이 자료를 이용했다.21)

첫날 태양이 산의 저편으로 지면 굿의 준비에 들어간다. 샤만이 멀리 떨어진 곳에 있는 자작나무 숲에서 알맞은 굿터를 정한다. 탁 트인 숲의 빈터에 문 입구를 동쪽으로 낸 펠트 덮개를 씌운 천막을 친다. 천막 중앙에는 가지 끝이 굴뚝으로 튀어나온 어린 자작나무를 안배해서 세운다. 자작나무의 꼭대기에는 천을 매달아 일종의 깃발로 삼는다. 가지를 없앤 줄기에는 도끼로 밑에서 위로 차례로 깊은 눈금 곧 계단(tapty)을 새긴다. 그리고 샤만은 말 무리에서 희생용으로 말 한 마리를 고른다. 천신에게 바치기 위해서다. 털 색깔은 흰 것을 고른다. 말을 잡기 전에 샤만은 그 말이 희생에 어울리는가 어떤가를 잘 살피고, 《혼》을 빼서 제9천에 올려 거기서 천신의 《하얀 천막》 곁에 머무르도록 명한다. 희생의 도살은 그 날 밤에 한다.

굿은 다음날에도 이어지는데 최고도에 달한다. 샤만은 땅거미가 지면 어두운 천막에 불을 밝힌다. 먼저 샤만은 그 전날 익힌 제사 고기를 담아 《북의 주인》, 《불의 어머니》, 마지막으로 천막 속에 모인, 보이지 않는 손님에게도 보이는 손님에게도 향응한다. 샤만은 다시 장식을 붙인 끈(쵤퇴, söltü)을 천막 앞에 길게 건너지르고 거기에 솜, 털, 혹은 비단으로 만든 9벌의 옷을 건다. 샤만은 그것을 노간주나무의 연기로 훈증하고 '말에 실을 수 없을' 정도의 제물을 바친다. 이어서 마찬가지로 북을 정화하고 무복(巫服)을 갖춘다. 샤만은 또한 북의 가죽을 불에 쬐여 따뜻하게 하여 팽팽하게 부풀린 다음 노래를 부르며 북을 쳐 울리면서 정해진 순서에 따라 신령들의 이름을 부르기 시작한다. 신령이 하나씩 나타날 때마다 샤만(캄)은 '아캄 아이 ā kam ai!'라고 외치면서 어떤 몸짓을 하고 찾아온 신령을 북 속에 잡아둔다. 엄청난 수에 이르는 이러한 신령들의 도움이 없으면 의식은 성공하지 못하기 때문에 신령 하나하나마다 아첨하는 말을 한다. 신령들이 많이 모이면 모일수록 샤만은 한층 힘을 가해 북을 친다. 천막 안에 세운 자작나무 주위를 몇 차례 돈 뒤에 마지막으로 《문의 수호령》(문에 사는 신령)에게 어느 신령의 협력을 구해야 하는가를 묻는다. 그리고 원하는 답을 얻으면 다시 샤만은 아이나(aina)라든가 그 밖의 악령이 의식을 방해하지 못하도록 '구리칼[銅劍]'로 망을 봐 달라고 부탁한다. 다음으로 곰을 바친 자와 그 가족과 친척들도 '정화'시키고 천막에서 모든 악령을 내쫓는다. 기묘한 것은 샤만이 손에 활을 쥐지 않았는데도 무가 속에서는 '활쏘기'가 나온다. 이것은 활이 일찍이 악령을 쫓는 도구로 사용되었다는 것을 암시한다.

마침내 도입부의 행사가 끝나면 샤만은 뼈를 깎는 하늘로의 여행을 시작한다. 지금 어느 단계에까지 와 있는가 하는 것을 여러 가지 무가나 소리나 몸짓으로 나타낸다. 하늘의 어느 층까지 갔는가를 나타내기 위해서는 자작나무를 오를 때 그 하늘 층에 해당하는 눈금에 발을 놓는다. 그리고 곧 바삭바삭하는 소리가 들리면 샤만은 '아, 돌파했다'라고 외친다. 다음으로 샤만은 자작나무와 불 주위를 뛰듯이 돌다가 점점 황홀한 상태에 빠지며, 무가를 부르고 한층 격하게 북을 친다. 제4층에 이르면 그 때까지 샤만이 타고 온 희생의 말(pura)은 피로한 기색을 보이기 시작하므로 말은 《머리를 지탱하는 손》(baštutkan)-제물의식 때 조수의 한 사람-에 맡긴다. 그의 혼은 말의 혼을 따라간다. 다음 샤만은 곧 독수리를 불러 그 울음소리를 흉내 내면서 독수리의 등에 탄다. 이때 샤만은 손으로 독수리의 비상을 흉내 내는 일이 많다. 독수리는 제3천의 《우유바다》에서 목을 적시고 쉬로(süro) 산을 한입 먹는다. 그리고 샤만은 《머리를 지탱하는 손》을 통하여 여행이 너무 괴로워서 돌아가 버리고 싶다고 불평을 늘어놓는다. 잠시 쉬며 원기를 회복하여 다시 여행을 계속한다. 샤만은 쉬는 곳에서 청중에게 본 것과 들은 것을 이야기해 준다. 샤만은 특히 자신을 압박해 오는 황천(荒天), 괴로운 병이나 재난을 전한다. 샤만이 다른 샤만을 만나면 또한 그에게 들은 것도 전한다. 다른 하늘 층으로 옮아갈 때에도 같은 관찰을 한다. 예를 들면 샤만은 제4천에서는 카라쿠시(독수리) 한 마리가 뻐꾸기를 쫓고 있는 모양을 묘사한다. 제5천에서는 강한 야유치를 만난다. 제6천에서는 달, 제7천에서는 태양을 만난다. 샤만은 갖가지 의례를 행하면서 제8천, 제9천으로 차차 나아가 최고신에게 바친 제물이 제대로 받아들여졌는가를 확인한다. 그 다음 최고신으로부터 기후의 변화, 그 해의 풍작과 흉작에 대한 확실한 정보, 나아가 신이 새로운 제물을 바라는가, 그것은 어떤 것이 좋은가 등에 대해 듣는다. 샤만은 최고신(월겐)과 이야기를 나눈 뒤 망아(忘我)의 극치에 이르며, 마침내 샤만은 힘이 다 빠져 땅에 넘어진다. 천막 속은 자주 경건한 침묵 속에 빠진다. 샤만은 눈을 부비고, 두 손을 펴며, 웃옷의 땀을 짠다. 그리고 그곳에 있는 모든 사람에게 마치 장거리 여행에서 돌아온 사람처럼 인사를 나눈다.

 굿은 3일째 밤에도 계속 이어진다. 이때 특히 부유한 자는 음식물을 지참하며, 바치는 술은 눈금이 새겨진 자작나무에 뿌린다.

 이들 의식의 일부는 처음부터 끝까지 그 의식을 행하는 종족도 여럿이므로 알타이 전역에 걸쳐서 죄다 같다는 뜻은 아니다. 차이는 그 지방의 전통적인 관념이나 관습은 말할 것 없고 샤만 개인의 지식과 역량에 달렸다. 여기에 덧붙인 A. V. 아노킨의 민족학 자료집에서 취한 흥미로운 그림은 이 기묘한 의식을 독특한 방식으로 보다 알기 쉽게 보여 주고 있다(그림105). 여기에 보이는 가

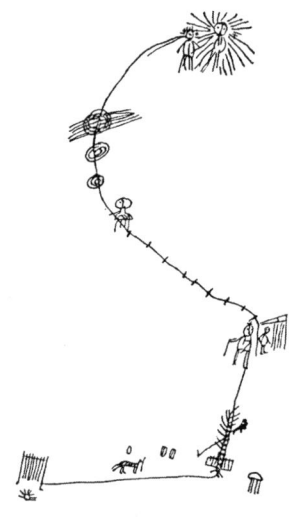

그림105. 알타이 샤만의 하늘로의 여행길. 구르킨에 의한다.

느다란 선은 《윌겐의 길》 혹은 샤만이 제물을 가지고 최고신이 있는 곳으로 향하는 여행길을 보이고 있다. 제물 기증자의 천막에는 불이 켜져 있는데, 선은 거기서 출발하고 있다. 《길》 옆에는 먼저 말뚝에 묶여 있는 희생 말과 그 가까이에 있는 3개의 통과 만난다. 첫 번째의 것은 보그디간(Bogdygan)에, 두 번째의 것은 쾨기쉬(Kökysh)에, 세 번째의 것은 윌겐에 바치는 것이다. 다음에는 비스듬하게 세워져 있는 기둥이 있으며, 거기에는 희생동물의 모피가 걸려 있다. 하늘로의 여행은 《자작나무》로부터 시작되며, 그것은 그림에서 볼 수 있는 것으로는 천막의 가운데 있으며, 아홉 《계단》(tapty)이 새겨져 있다. 자작나무 위쪽에는 보그디간의 주거가 있으며, 그 앞에 또 하나의 신화적인 존재, 보비르간(Bobyrgan)도 보인다. 거기에서 아홉 개의 짧은 빗금으로 나타낸 '불안정한' 장소가 보이며, 다음으로 샤만이 전부를 지나면 '윌겐으로 가는 길 앞에 세운 게쿠시'와 만난다. 여기서 더 나아가면 동그라미 표시를 붙인 세 곳이 있으며, 처음 동그라미는 물이 있다고 파랗게 되어 있으며, 두 번째의 것은 하얀 모래가 있다. 세 번째는 구름이 닿아 있을 정도로 높은 곳에 있다. 가장 높은 곳에는 최고신 즉 샤만이 목표로 하는 《하얀 윌겐》이 빛에 싸여 있다. 옆에는 《사자(使者)》가 서 있다.[22] 샤만이 하늘로의 여행 중에 만난 인물 가운데 말할 것도 없이 이 두 사람이 가장 중요하며, 그래서 여기에 마실 것을 바친다.

  병 때문에 굿을 할 때 고통이 애를리크(ärlik)의 사자가 병자의 혼을 잡아 지하세계로 데리고 가 버렸기 때문에 일어난다고 생각하는 알타이 사람은 샤만을 지하세계에서 혼을 데려 오도록 내보낸다. 이런 뼈를 깎는 듯한 고통이 따르는 여행 도중에 샤만은 어느 하나 쉬운 것이 없는 여러 가지 장해(pudak)를 극복해야만 한다. 샤만은 때때로 죽은 샤만이나 그가 타고 다녔던 순록의 해골이 흩어져 있는 것이 보이는 어두운 숲속이나 높은 산맥을 방황하다가 마침내 한 동굴이 있는 곳까지 온다. 여행에서 가장 곤란한 단계는 샤만의 눈앞에 하계(下界)가 매우 깊게 그 무서운 모습을 열어 보이는 곳부터 시작된다. 샤만은 굿을 할 때 이러한 모든 것을 말과 동작으로 전한다. 특히 죄를 지은 사람의 혼이 고통을 당하고 있는 신비한 재판장의 묘사는 주의를 끈다. 죽은 자의 파수꾼을 꾀고 또 하계의 갖가지 위험을 헤쳐 나가 드디어 샤만이 목적으로 하는 죽은 자의 왕 애를리크에 가까이 다가갈 수 있다. 애를리크는 처음에는 갑자기 확 달려들 것 같이 격하게 울부짖지만 요령이 있는 샤만이라면 제물을 많이 바칠 것을 약속하며 그를 회유한다. 샤만이 애를리크와 대화하고 있는 사이 굿은 최고조에 달하며 망아(忘我)의 경지에 빠진다. 샤만은 지하세계에서 돌아올 때에 하늘로 오를 때처럼 독수리를 타고 온다고 생각하는 지방이 있다. 돌아올 때는 병자의 혼도 데리고 온다. 샤만은 마치 위에서 떨어지듯이 돌아오는데 지상에 도착하면 마치 잠에서 깨어나듯이 눈을 뜬다. 그러면 모두가 여행은 어떠했는지 묻는다.[23]

이 의례 때에 행해지는 저승의 묘사는 분명히 새로운 시대에 접어들었을 때에 외국으로부터 들어온 것이다. 하지만 샤만이 혼을 풀어주고 그 외에 재난의 원인을 조사하기 위해 다른 세계로 갈 수 있다고 하는 신앙이야말로 시베리아 샤머니즘의 참다운 특질이다. 샤만은 물론 신령을 방문할 때 어떠한 고초를 당했는가에 대해서도 차례대로 기술하고 있다. 이렇게 오랜 기원을 가진 시베리아 샤머니즘은 나름대로 확고하게 정립되어 있다. 그러나 하계에 대한 의례는 천신에 대한 의례와는 전혀 다른 형식으로 되어 있다. 흔히 말하는 하늘로의 여행은 기원적으로는 여기에 기술되어 있는 것과는 별종으로 보인다.

저승에서는 이승과는 반대로 밤이 보통 일하는 시간이므로 샤만도 밤에만 신령들을 가까이 할 수 있다. 따라서 샤만의 의례는 언제나 해가진 다음에 시작하여 한밤중까지 이어진다. 시베리아 샤만이 하는 굿 중에는, 지역적인 또는 아마 개인적인 특징이 들어 있겠지만, 그 가장 본질적이며 기원적인 부분에는 큰 차이가 없다. 일찍이 필자가 예니세이 하류 지방에서 어떤 샤만의 행동을 관찰했을 때 특히 주의를 끈 것은 그의 움직임과 몸짓이었다. 그것은 다분히 무가보다는 북치는 것과 밀접한 관계를 맺고 있었다. 샤만의 춤은 일종의 독특한 몸놀림으로 옷에 붙인 쇳조각을 울리면서 일정한 박자로 앞으로 움직이고 있었다. 그리고 때로는 기묘하게 돌기도 하고 뛰기도 한다. 보는 이에게는 이러한 춤이 마치 어떤 동물을 흉내 내고 있는 듯이 보인다. 어떤 사람들은 샤만이 춤출 때 곰처럼 걸었다고 말한 적도 있다. 또 격노한 것처럼 땀을 뻘뻘 흘리는 불안한 얼굴로 되기도 했다. 그러나 다시 원래대로 돌아오면 샤만은 곧바로 허탈한 상태에 빠진다. 샤만은 몸을 움직이고 있는 동안 무가를 부르며, 천막으로 불렀던 신령과 이야기를 나누든가 혹은 저승여행에 대한 이야기를 한다. 샤만이 무가를 2, 3절 부를 때마다 조수가 그것을 되풀이한다. 이 원시적인 무가의 단조로운 박자에 변화를 주는 것이 샤만이 때때로 하는 속삭임과 부르짖음 및 자연의 소리를 모방한 것이다. 그멜린(Gmelin)이 쓴 것처럼 퉁구스 샤만의 무가는 '곰이 울부짖는 소리, 사자후, 개 짖는 소리, 고양이 울음소리'를 재현하고자 하는 것일지도 모른다.[24]

아마 샤만의 다양한 동작과 소리는 샤만의 복장과 일치하고 있으며, 특히 그 옷차림이 나타내고 있는 동물의 몸짓과 소리를 모방한 것이다. 또 샤만 몸속에 들어와 있다고 여겨지는 신령에 걸맞게 물론 그 밖의 동물이나 영체(靈體)도 표현할 수 있다.

퉁구스와 마찬가지로 유카기르(Yukagir)도 또한 굿을 할 때 다양한 동물이나 새의 울음소리를 흉내 낸다.[25] 프리클론스키(Priklonski)는 야쿠트 샤만은 특히 새의 울음소리를 잘 흉내 낸다고 적고 있다. 또 레흐티살로(Lehtisalo)는 사모예드(Samoyed)의 샤만은 무가를 부르면서 마치 무언가 보이지 않는 것을 흉내 내듯 마치 북극 오리 같은 동작을 하며 끊임없이 걷고 있었다고 보고하고 있다. 북극 오리는 아아아 아블뤼크(a a a avlyk)라는 소리를 내며 뒤뚱뒤뚱 걷기 때문에 샤만도 무가를 부를 때 그것을 흉내 내는 것이라는 현지인들의 설명도 덧붙이고 있다.[26] 부리야트의 샤만도 자신의 몸속으로 들어온 토템적인 《소의 주인》 즉 부가노욘(bugha-nojon)의 역할을 할 때 그 동작을 흉내 내어 소처럼 4발로 걸으며 음매하고 울며 땅을 파고 주변에 있는 사람들에게 돌진한다.[27]

관찰자들은 샤만의 행동만이 아니라 그 주변에 조용히 앉아서 한눈팔지 않고 샤만의 연기를 지켜보는 주위 사람들에게도 주목한다. 밤이 주는 신비 속에서 숨을 죽이며 바라보는 이 사람들은 샤만과 하나가 되어 관찰자들의 주목을 끌기에 충분하다. 일부 지방에서는 굿을 마친 후 샤만이 모든 참석자들을 위하여 북채를 그들의 다리 앞으로 던지는 관습이 있다. 한 사람씩 모두 북채의 점복을 받는데, 북채의 타면(打面)이 위로 향해 있으면 그가 바라는 목적이 이루어졌든가 혹은 이루어진다고 전해진다.

현대의 인간이 오늘날 종교적 또는 사회적 현상으로서 샤머니즘을 어떻게 평가하든 원시사회에서의 그 가치와 의미는 매우 중요하다는 것은 분명하다. 샤만의 위력은 보통 샤만의 사후에도 이어지며, 샤만의 상(像)이 만들어지고 후대가 되어도 가족과 씨족의 수호령으로서 받들어진다.[28] 그렇지만 시베리아의 샤만은 특별한 사회계급을 형성하지 않았을 뿐만 아니라 작은 보수로 다른 사람보다 뛰어난 경제적 지위를 누리지도 못했다.

제22장

제물祭物과 제사祭祀

자연민족은 인간의 주위를 맴돌며 그의 생활을 방해도 하는가 하면 도와주기도 한다는 눈에 보이지 않는 영체(靈體)는 인간의 모습을 하고 있다고 생각하는데, 동시에 사람이 신령들의 요구를 들어주면 신령들이 돌봐준다는 사고방식도 여기서 싹텄다. 죽은 자의 영혼에게 제물을 바치는 풍습은 분명히 기원이 오래되었다는 것은 쉽게 이해할 수 있으며, 그것에 대해서는 이미 죽은 자와 제사를 결부시킨 데서 예를 들어 보였다.

죽은 자 숭배는 본래 알타이 계통의 여러 민족이 집집마다 제사 지내는 영상(靈像)을 위로하는 데도 목적이 있다. 나나이는 죽, 고기, 물고기 등 자신이 먹을 수 있는 것을 그 영상의 입에 발라준다고 로파틴(Lopatin)은 적고 있다. 나나이는 또한 영상 앞에 그릇을 놓고 손가락으로 화주(火酒)를 튀겨 뿌리고, 담배를 물리며, 그 밖에 여러 방법으로 영상을 기쁘게 해 준다.1) 가족령(家族靈)에 대한 이러한 제물 바치기는 나나이에 한하지 않고 시베리아 모든 민족에 공통된다. 마찬가지로 신령들이 입는다고 여겨지는 모피나 천 조각 등을 준비해 주는 것이 보통이다. 또 기회 있을 때마다 제물을 바치는데, 그 목적은 신령과 향응하는 것뿐만 아니고 필요로 하는 신령에게 가축을 보내 주는 것이기도

하다. 이것은 짐승을 잡아서 바칠 때에 지켜지며, 수렵문화와 밀접한 야수도살의례와 비슷한 의식에서 여러 가지 형태로 자리잡게 되었다. 무엇보다도 희생동물의 뼈는 부수지 않고 그대로 보존하도록 꼼꼼하게 신경을 써야 한다. 이렇게 해서 이 희생동물은 저 세상으로 가며 거기에서 받아들여 사용한다고 여겨진다. 후대가 되어 남쪽에서 들어온 것으로, 제물을 불로 보낸다는 풍속도 마찬가지로 분포되어 있는데, 그때도 역시 뼈는 태워도 되지만 부서지지 않도록 유의해야 한다. 희생동물의 뼈를 완전히 그대로 보존하는 데는, 예를 들면 삼림 퉁구스의 경우처럼, 나무에 걸어두는 것이 보통이다. 또 어떤 지방에서는 제사를 지낼 때 뼈는 안전한 장소에 두고 혀, 심장, 간장 같은 특정 장기에서 떼 낸 한 점을 더해 놓도록 신경을 쓴다. 황(黃)위구르도 또한 동물의 가장 중요한 기관 곧 머리, 목, 심장, 허파 거기에 늑골 10개 등을 별도로 해서 삶는다.2) 부리야트인은 어떤 종류의 제사의식에서는 가축을 잡아서 고기를 삶을 때에도 기관(氣管), 허파, 심장을 분리되지 않도록 주의해야 한다. 때로는 머리나 앞에서 말한 그 밖의 기관(器官), 거기에 다리도 가죽이 붙은 채로 두고 벗긴 껍질은 지면에 꽂아 세운 자작나무에 건다.3) 희생으로 바쳐진 동물의 모피는 곧 오래된 관습에 따라 일반적으로 나무에 걸어 둔다. 라들로프(Radloff) 등이 말한 것처럼 알타이 지방에서는 희생으로 바친 말의 속을 발라낸 가죽을 산 말이 생각나도록 모습을 만들어 비스듬히 세운 기둥에 찔러서 둔다(그림 106, 107).

그림106. 희생동물의 박피를 세운 알타이인의 제장(祭場). 라들로프에 의한다.

알타이계의 유목민은 보통 말 제물은

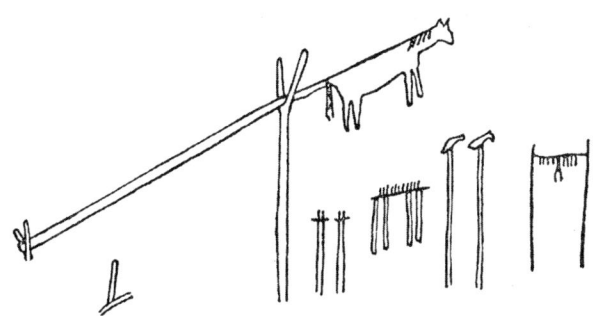

그림107. 알타이 샤만의 북에 그린 제사의 모습. 말의 박피 외에도 네발짐승 제물대(祭物臺), 조상(鳥像)을 단 두 나무, 두 막대에 끈을 걸쳐서 장식을 드리운 것 등이 보인다. 아노킨에 의한다.

다른 제물에 비해서 가치가 더 있다고 여긴다. 그러나 어떤 지방에서도 미리 약속을 받아내지 않고는 제물을 올리지는 않는다. 이미 그멜린은 퉁구스의 샤만이 병자의 혼을 데려올 때 긴 끈 하나에 다양한 모피나 자작나무 껍질로 만든 작은 말을 걸고 혼을 빼앗긴 자를 위로하고 굿을 하면서 이들의 선물을 《악마》에게 과시한 뒤에 이 끈을 천막 입구 앞에 세운 기둥 사이에 거는 것으로 일부의 시작과 끝을 알린다. 약속한 말은 병자가 나은 뒤 비로소 잡는 것이다.[4)]

다른 투르크 계통의 민족에게도 공통되는데, 끈을 가로질러 다는 관습이 본래부터 제물의 약속을 의미했을까는 확실히 말하기 어렵다. 알타이 지방에서는 집안에까지 목우(木偶) 옆에 끈을 걸치고 아홉 가닥 장식 끈 혹은 천 조각을 드리운 것이 보이며, 한가운데는 동물 한 마리의 모습으로 만들었는지 그 주위에 토끼의 털가죽이 붙여져 있다. 곧 동물의 희생을 약속할 때 맨 처음 먼저 상(像) 한 개 혹은 몇 개의 작은 동물로 마무리하는 것은 주목할 만하다. 지금까지 기술한 많은 예에서 모피, 장식 끈, 그 밖에 드리운 장식을 붙인 이 끈은 본래의 제사에도 사용하고 있는 것이다. 또 예를 들면 부리야트인에게 토끼의 털가죽은 이 때에도 또한 특별한 역할을 하고 있는 것은 분명하다.[5)] 또 라들로프가 텔레우트(Teleut)의 제물 의례에 대해서 쓴 것은 유의해야만 한다. 캄

(Kam)의 설명에 따르면 그들은 목우(木偶)는 가지고 있지 않지만 집집마다 윗자리에는 신에게 명예의 자리를 할당해 주고 있다. 집집마다 몇 그루 자작나무가 세워져 있으며 거기에 토끼의 모피가 걸려 있는 것이 보인다. 이 토끼의 털가죽은 썩을 때까지는 치우면 안 된다. 그 때에는 새로운 것을(아마도 겨울의 털가죽을) 새 자작나무 줄기에 걸어 준다. 1년에 2번 봄과 가을에 모피에 젖을 뿌려줌으로써 대지와 하늘의 아버지 (ülgön)에게 제물을 바친다.6)

특히 여행지에서는 말을 바치는 약속, 또는 그 대용으로 갈기에서 뽑은 털, 때로는 말의 꼬리도 사용한다.

알타이 계통의 민족들은 도살제물(屠殺祭物) 외에도 신령들과 신들에게 산 가축을 바치는 경우가 있는데, 이런 관습은 사모예드 및 시베리아의 우그르(Ugric) 계통의 민족들도 알고 있다. 예를 들면 마크(Maack)의 보고에 따르면 야쿠트는 신령들에게 순록이나 말이나 그 밖의 동물을 바치는데, 이들은 꽤 여러 해 살아 있으며, 비단천이나 남경옥(南京玉, beads)으로 장식한 줄이 붙어 있어 바친 동물이라는 것을 알 수 있다.7) 게오르기(Georgi)에 따르면 퉁구스는 가축의 번식을 바라 샤만을 매개하여 신들에게 가축을 바친다. 신에게 바친 동물(hongun)은 여기서는 그 동물의 갈기와 귀에 붉은 천 조각을 묶어서 표시를 한다. 퉁구스는 맹수나 서리의 피해 때문에 가축이 피해를 입은 경우 이와 같이 해서 모든 가축을 한 달, 또는 그 이상 때로는 2년 동안도 신에게 바치며, 그 동안 가축을 잡거나 보내거나 팔거나 하면 안 된다고 게오르기는 적고 있다.8) 부리야트는 말을 신에게 바칠 때 등에 젖이나 쿠미스(kumys)를 뿌린다. 이들은 신령들에게 암소를 바치는 경우도 있다. 캉갈로프 (Changalov)는 부리야트인은 이러한 경우 제물인 수소를 씻겨주고 장식끈을 달며, 그 등에는 타라순(tarasun)을 뿌리고, 기원문을 낭독한 뒤

놓아준다고 적고 있다.9)

이렇게 신에게 바쳐진 동물을 나중에 잡는다는 예도 있다. 팔라스(Pallas)에 따르면 칼무크(Kalmuck)는 머리가 황색인 흰 숫양을 《하늘의 숫양》(tengerin tekhe)이라 칭하며, 거세도 하지 않고 팔지도 않으며 양떼 속에 놓아두는데, 나이를 먹으면 죽여도 좋다. 고기는 먹고, 뼈와 기름은 태우며, 머리와 모피는 나무에 걸어 둔다. 동시에 새로 교체해서 숫양을 신에게 바친다.10)

팔라스(Pallas)가 보고한 이런 예는 제물(祭物) 목적으로 소중히 간직해 둔 《손질하지 않은 양》을, 이미 새끼양 때부터 골라 둔다는 고대 핀(Finn)족의 풍습을 떠올리게 한다. 매우 널리 분포된 관습에 따르면 제물로 쓸 동물은 건강하며 역축용(役畜用)으로도 종자용(種子用)으로도 사용하지 않은 동물이어야 한다. 동북 알타이의 투르크족(쿠만딘. Kumandin)의 경우 오늘날도 제물용으로 고른 동물은 어리고 사람을 태운 적이 없는 것이어야 한다.11) 그러나 제물 동물을 죽이지 않고 산 채 두는 것이 이런 풍습에서 유래한 것인가는 분명하지 않다. 이 문제를 논할 때에 주의할 점은 제물 가축은 신령에게 바칠 때 비로소 다른 것과 구별한다는 것과, 또 그 경우 희생동물을 잡을 때와 같은 의식을 지킨다는 것이다. 이런 공통 관습에는 적성음미(適性吟味), 동물 정화(淨化), 끈 장식 등이 있다.

그런 제물의 가축이 받아들여졌는가를 조사하기 위해 부리야트인은 잔을 동물의 등에 실은 뒤 그것이 땅에 떨어질 때의 위치를 본다. 잔이 땅에 엎어져 떨어질 때는 신의 마음에 들었다는 것을 의미한다. 이란 사람들도 행하는 잔이나 숟가락을 던지는 것은 시베리아에도 제물의례와 결부되어 있다.12) 희생동물의 등에 우유나 쿠미스를 뿌리는 것은 제물이 마음에 들었는가를 조사하는 볼가 지방에 알려져 있는 관습과 비숫한데, 거기에서는 물을 뿌려서 동물이 부들부들 떨면 좋다고 하는 것이다.13) 적어도 황(黃)위구르에 대해서도 똑 같이 보고하고 있는데, 희생양의 등에 《백수 白水》(ak su), 곧 물로 나눈 우유를 끼얹어 동물이 부들부들 떨면 그것은 신에게 받아들여진 표시로 본다.14) 티베트의 탕구트(Tangut)도 또한 희생동물의 적성을 이렇게 해서 조사한다.15) 또 중국어에서 차용한 말로 만주어에 나타나는, 희생용 돼지의 귀에 화주(火酒) 혹은 물을 쏟아 붓는 것을 의미하는 말은 같은 관습이 거기에도 알려져 있다는 것을 보이는 것이다.16) 그 밖에 고대 민족들도 이미 관습을 알고 있었다.

알타이 계통 민족의 제사의식을 관찰하면 갖가지 차이는 지역적인 원인만이 아니고 어떤 영체(靈體)에 제물을 바치는가 하는 것과 관계가 있다. 특히 불을 받드는 제물은 다른 것과는 다르다. 가장 두드러지는 점은 죽은 신령과 천신에 대한 의식에서 그 차이는 극북 여러 민족의 경우에서조차 확실하다. 예를 들면 투루칸스크 지방의 퉁구스가 나에게 설명해 준 바로는 샤만은 병자의 치료에 필요한 제물을 바칠 때 다음과 같은 것에 유의한다. 밤일지라도 얼굴을 서쪽으로 향해서 갈 것. 희생동물은 검은 순록일 것. 그 가죽은 침엽수에 걸고, 뼈는 천막 뒤 땅속에 묻을 것이다. 부리야트인도 또한 밤중에 죽음의 나라 신령들에게 검은 희생동물을 바치고 그 뼈를 태우지 않는 것이 보통이다.17) 알타이 타타르도 또한 굿을 하여 병자가 건강하게 되면 똑같이 한다.18)

한편 천신에게는 흰 희생동물을 잡든가 다른 것과 구별한다. 투루칸스크 지방 퉁구스의 경우 천신에 바치는 제물은 드물며, 해마다 행해지는 것은 결코 아니다. 늘 한낮 동쪽 아니면 남쪽을 향해서 간다. 여기서 가장 흔한 희생동물은 흰 순록인데, 그것을 잡는 것은 가장이다. 모피는 기둥에 가로나무 2개를 붙이고 머리는 기둥 위에 놓고 발은 가로나무로 바치는 듯한 상태로 뻗는다. 이 《십자가》(kres)는 지면에 세우지 않고 뿔 재료로 짠 대(臺) 위에 놓는 것이 보통이다. 이 의식에는 샤만이 참가하지 않는다. 한낮 동쪽을 향해서 흰 희생물을 바치고 천신에게 제사하는 관습은 시베리아 그 밖의 지방에서도 하며, 사모예드조차도 한다.

어떤 지방에서는 제물 나무로 활엽수, 많이는 자작나무를 쓰려고 유의한다. 베르비츠키(Verbitski)는 알타이인의 제사의식을 서술하면서 울겐(Ulgen)에게는 그다지 자주 제물을 바치지 않기 때문에 드물게 한다고 기술하고 있다. 모든 사람은 결혼할 때 제물(iik)을 바쳐야 한다. 그 때문에 신이 특히 값어치 있는 것이라고 여기는 백마를 고른다. 울겐에게 말 한 마리를 약속할 때 이 말은 독특한 영예를 얻는다. 갈기에는 붉은 장식 끈을 달고 여자들은 이 말을 타는 것을 꺼린다. 제물을 바치는 계절은 주로 봄이며, 그 장소는 자작나무 숲속이다.[19]

벨티르(Beltir)는 3년 마다 《하늘에 제물》을 바치는데, 그 때는 집집마다 화주(火酒)를 준비하며, 제물을 바치는 제에는 양을 많이 준비한다. 제물에 쓰는 양으로는 머리만 검은 흰 양이 가장 좋다. 남자들은 제를 지내는 산으로 갈 때 두건에는 독수리의 깃 묶음과 백색과 청색의 늘어뜨린 끈으로 장식한다. 산등성이에는 신성한 자작나무 4그루가 있는데, 그 동쪽에서 불을 피운다. 제물로 쓰는 양을 잡아서 고기를 익히면 두건 장식을 떼어내어 끈 하나에 달고 끈의 끝은 가장 동쪽 자작나무에 묶고 다른 한쪽은 주최자가 손에 쥐고 기도문을 읽는다. 그 뒤 끈은 동쪽에서 서쪽으로 모든 자작나무에 묶으면서 가장 서쪽 바깥 자작나무에 끝이 오도록 해서 가져 온다. 벨티르는 제물의 고기를 구울 때 그 연기가 태양을 향해서 오르면 좋은 조짐이라고 한다. 뼈는 부서지지 않도록 마지막에 가죽과 함께 태운다.[20]

《세계의 기둥》 옆 또는 한 줄로 나란히 세운 나무 옆에서 천신에게 바치는 제물에 대해서는 이미 기술하였다. 하늘의 7층 혹은 9층을 꿰어서 제물을 가져가는 것을 목적으로 하는 이러한 의식은 물론 그 숫자만큼의 층과 거기에 살고 있는 파수꾼을 전제로 하고 있다. 이런 의식 그 자체는 각각 따로따로 제물을 주지 않

그림108. 수소를 죽이는 미트라. 그 위에 일곱 유성수(遊星樹)와 일곱 제단이 보인다. 큐몽에 의한다.

으면 안 되는 이러한 파수꾼과 같이 그만큼 기원이 오래된 것은 없다. 재미난 것으로 미트라(Mithra) 신자의 오래된 사원 안의 그림 중에는 하늘의 7층에 대응하는 나무와 일곱 《제단》이 보인다(그림108).

예년의 제사 일정은 알타이 민족의 경우 그들의 생업에 따라 결정되는 것 같이 보인다. 게오르기(Georgi)는 삼림퉁구스에는 정기적인 제(祭)는 없다고 적고 있다.[21] 그러나 사실은 그렇지 않다. 적어도 투루칸스크 지방의 퉁구스에게 들은 바로는 사냥과 함께 《새해》가 시작되는 가을에 신령들에게 맛있는 음식을 바친다고 한다. 나나이도 가을에 그 해의 제를 드린다고 한다. 로파틴(Lopatin)은 나나이는 2년에 1번 아무르가 얼어붙는 때에 모여서 일족(一族)의 큰 제를 지낸다고 적었다. 모이는 장소는 보통 가장 주민이 많은 마을이나 일족의 장로 혹은 샤만이 살고 있는 곳을 고른다. 제일(祭日)은 공동으로 결정하여 행한다. 먼저 제에 앞서 샤만은 굿을 하여 일족 신령들의 호의를 얻어 두고 다음날이 되어 비로소 《씨족의 나무》가 있는 곳으로 간다. 기제(忌祭)는 반드시 이 나무 아래에서 하며, 그 뿌리에는 일족 수호령의 상(像)이 세워져 있

다. 샤만이 일단 노래를 부르며 뛰면 참가자들은 무릎을 꿇고 샤만이 제물을 신령들이 받아들였다고 고하기까지 그대로 있는다. 그리고 노인 중에서 누군가가 그때까지 나무 옆에 발을 묶어 두었던 돼지를 잡는다. 샤만은 돼지의 피를 우상에 뿌리고 스스로 그것을 마신다. 다음으로 샤만은 일동이 꿇어 앉아 있는 동안 족령(族靈)에게 다음해의 바람을 말하고 그런 뒤 우상은 창고라든가 집안의 토방으로 되가져와 다음 가을의 제 때까지 모셔 둔다. 제물 돼지의 고기는 가장 넓은 집에서 먹고 그 다음 화주(火酒)를 마신다. 입에 대기 전에 먼저 엄지에 조금 묻혀 튀겨서 신령들에게 바친다. 다른 경우에도 결코 제에 참여하지 못하는 여자들은 나나이의 사고방식에 따르면 제물 돼지의 고기를 입에 대어서는 안 된다.[22)]

게오르기(Georgi)는 삼림퉁구스에는 기일을 정한 제일(祭日)은 없다고 해도, 말을 먹이는 퉁구스는 《최초의 풀과 최초의 젖》의 계절인 봄에 이러한 제일이 있는데, 그때에는 동물 1마리와 최초의 젖을 바친다고 지적하고 있다.[23)] 이런 관습은 대부분 알타이 계통의 유목민에게는 공통적이다. 거기에 대해서는 이미 오래된 보고가 있다. 예를 들면 흉노왕조(凶奴王朝)시대의 자료에는 흉노족은 해마다 5월(중국력)에 모여서 《조상, 하늘, 땅, 신령》에게 제물을 바친다고 적혀 있다.[24)] 5월에 행하는 제에 대해서는 뤼브뢰크(Ruysbroeck)도 그의 유명한 여행기 중에 적고 있다. "5월 9일 그들은 가축 중에서 모든 흰 수소를 모아서 제물용으로 쓸 것을 구별한다. 그리고 신선한 쿠미스(kumys, cosmos)를 땅에 뿌리고 그날 대제(大祭)를 행한다. 이는 우리나라(프랑스) 곳곳에서 생 바르텔미(Saint-Barthélemy) 혹은 생 식스트(Saint-Sixte) 날에 보통 술을 마시고 생 자크(Saint-Jacques) 혹은 생 크리스토프(Saint-Christophe) 날에 들의 과일을 먹는 것을 관습으로 하듯이, 그들은 그날에 신선한 쿠미스를 마시는 것이 걸맞다고 생각하기 때문이다.25)"

　옛날부터 있는 이런 춘제(春祭)는 야쿠트의 경우 오늘날 사는 곳으로 옮아온 뒤에도 계속되고 있다. 천신을 제 지내는 것은 이것이 유일한 것이며, 트로슈찬스키(Troščanskij)는 풍요를 기원하여 쿠미스를 바친다고 지적하고 있다. 천신에게는 피를 희생으로 바친다고 하지 않으며, 가축 중에서 희생물을 구별하여 그날부터 특별히 관리를 한다. 이전에는 암소와 송아지는 모두 희생 제물과 구별하여 멀리 동쪽에 방치했다.26)

　야쿠트 춘제(春祭)에 대해서는 여러 가지 면에서 보고되어 있다. 이미 슈트라알렌베르크(Strahlenberg)는 이렇게 쓰고 있다. "주위가 푸르게 되자 곧바로 각 씨족은 멋있는 나무 한그루가 자라고 있는 장소로 모인다(그들은 봄부터 새해를 시작하기 때문이다). 그래서 그들은 말이나 소를 희생 제물로 삼고 가죽이 붙은 말의 머리를 나무 주위에 둔다. 그리고 쿠미스라 부르는 마실 것을 가지고 동그랗게 둘러앉는다. 마실 때는 잔을 손에 들고 높이 올리며 서로 돌리고, 다음에는 솔을 쥐고 쿠미스에 담가 공중에 뿌리고 또 피워둔 불속에 넣는다." 1823년의 기록이 전하는 바에 따르면 봄에 암소에서 젖을 짜고 젖으로 쿠미스를 만들면 야쿠트는 이런 제주(祭酒)를 불속에 뿌린다. 위륀 아이(ürün ai), 위륀 아르(ürün ar), 퀸 퀴배이 코툰(künkübäi khotun), 애잭시트(äjäksit)와 같이 말하며 신들에게 바친다. 의식은 주연(酒宴)으로 옮아가며 모든 참가자가 여기에 함께 한다.27)

　마크(Maack)는 미덴도르프(Middendorff)와 같이 이 야쿠트의 제(祭)를 《뿌리기》(ysyah)라고 칭하며, 정령강림제(精靈降臨祭) 무렵 노천에서 행한다고 적고 있다. 노래에서 보면 이것은 가축에 필요한 액즙이 많은 목초의 성장에 대한 기쁨의 표현이며, 또 나뭇잎이 나오는 것에 대한 기쁨의 표현이기도 하다. 제장(祭場)은 작은 기둥을 나란히 하여 구획을 지으며, 자작나무로 장식한다. 그 옆에는 손님들이 넓은 자리 위 여기 저기에 모여 앉는다. 쿠미스는 자작나무 껍질로 만든 그릇이나 가죽 부대에 넣어져 있으며, 이런 기회에는 넉넉히 대접을 한다. 주연(酒宴)은 정오에 시작하며, 그때 특히 이를 위해 뽑힌 임원이 손에 잔을 잡고 동쪽을 향해서 불 옆에 자리를 잡는다. 각자 먼저 몇 번이나 잔을 높이 들어올리고 불속에 쿠미스를 뿌려서 천신 알 토욘(ar tojon)과 비(妃) 퀴배이 코툰(kübäi khotun)에게 바치고, 또 아래의 모든 신령과 고인이 된 샤만에게 바친다. 그리고 일동 중에 나이 많은 한 사람이 혹은 연회의 주인이 기도문을 읽어서 신들에게 감사하고 또 앞으로의 행복과 축복을 빈다. 기도문은 3번 우루이(urui)라고 부르고 끝낸다. 다른 사람도 큰 목소리로 이를 따라 부른다. 먼저 신들에게 바친 후 비로소 참가자는 잔에 입을 댄다.[28]

또 다른 한 지방의 관습을 묘사한 프리클론스키(Priklonski)가 전하는 바에 따르면, 제(祭)의 손님은 당일 매우 일찍 해돋이를 기하여 모이며, 아홉 젊은이가 앞에 나란히 하여 손에 잔을 들고 왼 무릎을 꺾어 앉는다. 제주(祭主)는 잔을 잡고 차례로 국자로 술을 따라 하늘의 아홉 신들에게 뿌린다.[29]

야쿠트는 곳에 따라서 춘제(春祭)를 위해 특별한 천막을 치며, 그 벽면과 지면은 푸른 자작나무 가지로 꾸민다. 여기서 주연을 시작하기 앞서 천막 중앙에 설치한 화덕 안에 신들에 대한 제주(祭酒)를 뿌린다.[30] 야쿠트의 이런 춘제에는 또 갖가지 경기, 씨름, 경주, 경마가 펼쳐진다. 가장 흥미 있는 관습은 겨울과 여름을 나타내는 인물의 등장이다. 두 사람이 씨름을 할 때 겨울을 나타내는 인물은 흑갈색, 여름을 나타내는 인물은 흰색 옷을 입는다. 경주가 시작되면 달리는 사람들은 옷을 벗는데, 전자는 검은 피부, 후자는 흰 피부인 것 같이 해 두어야 한다. 경마

때는 말도 각각 이 색에 맞추어야 한다.31) 잘 알려진 대로 유럽의 각지에서도 겨울과 여름이 서로 다투는 이런 봄의 경기가 전해지고 있다.

말을 기르는 사람들이 좋아하는 쿠미스(kumys)가 매우 중심적인 역할을 한 봄 제전(祭典)은 몽골인, 칼무크(Kalmuck)인, 부리야트(Buryat)인이 축하하는 곳에서도 있었다. 반자로프(Banzarov)에 따르면 몽골인은 암말을 하나로 모아 두 기둥 사이에 친 끈에 묶고 참가자 한 사람은 암말 한 마리에 타고, 또 한 사람은 망아지에 탄다. 이들은 말무리의 주위를 달리는데, 앞

그림109. 부리야트인의 제장(祭場). B. E. 페트리가 촬영.

사람은 쿠미스 그릇을 손에 쥐고 말 등에 한 마리씩 뿌려 준다. 희생용 말의 갈기에는 또 붉은 천 조각을 단다.32)

부리야트인의 경우는 가족마다 각각 모여서 희생을 바치는 산에 젖과 쿠미스와 희생동물을 가져가는 풍습이 있다. 제물을 바치는 사람은 자작나무 막대 위에 붙인 수지과(樹脂科) 식물의 껍질에 불을 붙이고 그것을 하나하나 잔에 넣어 성스럽게 한다. 그 다음 제물을 바치는 사람은 거기에 설치한 제단 옆에 서서 남쪽을 향해 기도문을 읽고, 그 다음 각 가족의 대표가 오른손에 타라순(tarasun), 왼손에는 젖 그릇을 쥐고 제물을 바치는 사람이 있는 곳까지 찾아가면 그는 다시 앞에서 말한 막대를 그 안에 담근 뒤 그 막대로 타라순이나 젖을 남쪽으로 향해서 뿌린다. 이것이 끝나면 제물을 바치는 사람은 막대를 하늘을 향해 던지고, 다른 사람은 주발을 공중에 던지며 "복받아"하고 외친다. 주발이

땅에 떨어지면 그 위치를 조사해서 밑바닥이 지면에 붙어 서 있으면 길하고 엎어져 있으면 흉하다. 이것을 3번 되풀이한다. 제물을 먹은 뒤 씨름과 경마가 이어진다. 이것은 다른 지방에서도 이러한 의식에서는 하는 것이다. 경마에서 이긴 사람은 말의 갈기에도 타라순을 뿌려 주어야 한다. 모두 취기가 돌면 마지막으로 노래를 불러 기분을 북돋운다. 부리야트인은 건기 뒤에 기우제에서는 한층 더 법석을 떤다.33)

같은 봄 제전이 또 아바칸(Abakan) 및 알타이 지방에도 보인다. 아바칸 지방에서는 6월에 열리며, 마을마다 각각 다른 날에 마을 주민이 제장(祭場)에 모인다. 각 가장은 연회를 위해 많은 양의 쿠미스를 준비하는 것이 보통이다. 신들을 위해 쿠미스 외에, 동물에 장식 끈을 달아 잡는다. 여기서도 봄 제전은 술과 노래와 춤으로 즐기고, 게다가 씨름과 경마를 하고 마친다고 라들로프는 말하고 있다.34)

같은 지방에서 사가이(Sagai)가 행하는 6월의 제(祭)를 카타노프(Katanov)는 다음과 같이 기술했다. 그들은 어떤 높은 산에 모여서 빽빽이 가지가 달린 자작나무 한 그루를 그 위에 세우고 그 아래에 다리가 넷인 대(臺)를 놓는다. 자작나무 가지에는 모자에 단 것과 똑같은 하양과 파랑의 장식 끈을 단다. 희생은 돼지 한 마리로 하며 거기에 젖을 뿌리고 잡기에 앞서 자작나무 주위를 3번 끌고 다닌다. 제물을 바치는 사람은 기도문으로 천신 및 산과 강의 신령들에게 빈다.35)

이러한 목자(牧者)의 오래된 춘제(春祭)는 중앙아시아 이란의 경우도 그렇듯이 동시에 새해 축하인 것 같다. 앞에서도 말했듯이 키르기스(Kirghiz)인은 맨 처음 봄에 생기는 우레를 가지고 한 해의 시작을 헤아린다고 한다.

알타이 지방의 텔레우트(Teleut)는 7월 20일을 기다려 비로소 제(祭)를 올리고, 세 마리 말 혹은 소를 '들판에서' 잡는다고 샤쉬코프(Šaškov)는 보고하고 있다. 그런데 이 경우에는 이미 농경문화의 영향을 확인할 수 있다. 러시아의 엘리아(Elia) 날의 제일(祭日)조차도 외래인 것처럼 느껴진다.36)

정기적인 제물 바치기가 역시 1년에 1번밖에 없는 레베드 타타르(Lebed Tatar)는 힐덴(Hilden)의 보고에 따르면 하지(夏至) 다음 보름날에 한다. 각 마을은 따로따로 제(祭)를 올리는데, 때는 같다. 제장(祭場)으로는 잎이 무성한 어린 자작나무가 나 있고 될 수 있으면 산의 동쪽 비탈이 가장 알맞다고 여긴다. 희생으로는 오로지 말이 사용되며 향연을 마친 후 그 뼈는 자작나무 가지로 엮어서 바구니 속에 모아 제물인 자작나무 가지에 건다. 여기서도 제물을 바치는 사람의 조수로서 사나이 7인이 더해진다. 보고자의 안내인은 이 제(祭)는 "곡물을 익히기 위한 것"이라고 설명한다. 그런데 레베드 타타르가 농경을 시작하게 된 것은 꽤 최근의 일이라는 것을 덧붙여 둔다.37)

농경문화의 보급과 함께 각지에서 그 숫자는 증가하고 있다. 이러한 아름다운 계절에 행하는 제(祭)는 보통 천신(天神)을 위한 것이다. 흰 희생동물, 동과 서로 향해서 하는 큰절, 자작나무가 제물수(祭物樹)로 빠뜨릴 수 없다는 것도 이것을 증명하고 있다. 볼가(Volga) 지역에 살며 거기서 농경민이 된 추바슈(Chuvash)와 타타르의 희생제(犧牲祭)는 그것을 여는 계절적인 시점에서도, 그 의식을 봐도, 현지의 핀(Finn) 계통 민족들의 축제와 비슷하다.

옮기고 나서

　인간과 동물이 다른 점은 문자언어가 있고 없는 것이다. 곧 동물은 음성언어[말]와 기호언어[몸짓]를 사용하지만 문자언어[글]는 없다. 음성언어와 기호언어는 주로 본능적이며 자연스레 습득하고 생득적이다. 그러나 문자언어는 인위적으로 배워야 비로소 알 수 있다. 이 문자언어는 인간만이 가진 문화의 원천이다. 인간만이 문자언어로 문화를 쌓아 간다.
　우리 민족의 문화는 어디에 그 뿌리가 있을까? 먼저 문화에서 제일 중요한 언어를 봐야 한다. 우리말은 계통적으로 볼 때 알타이어족에 속한다. 그러나 알타이어족이라는 것조차 분명한 실체가 없어 문제일 뿐만 아니라 알타이어족에 속하지 않는다고 주장하는 사람조차 있다. 이 책을 옮긴이는 우리말의 뿌리에 관심이 많아 서정범 선생님 밑에서 알타이어학을 공부하려고 했다. 그러나 너무 방대하여 손을 제대로 댈 수 없었다. 자료가 주로 러시아에 있고 러시아어로 적혀 있어 러시아어도 조금 공부하고 시베리아의 소수민족 언어와 문화를 조사하려고 그곳을 답사하기도 했다. 그러나 자료가 부족하여 언어로서 우리 민족의 뿌리를 찾는 데 어려움이 많다. 그래서 언어 외적인 문화에서 뿌리를 찾을 수밖에 없다고 생각했다.
　문화는 스스로 만든 것도 있고, 가지고 들어온 것도 있고, 흘러 들어온 것도 있다. 곧 고유문화와 외래문화라는 것이 있지만 그것을 명확히 구분할 수 있는 근거를 찾기는 어렵다.

샤머니즘은 우리나라에 가지고 들어온 것일까 아니면 흘러들어온 것일까? 우리 민족은 주류가 북방에 있는가 남방에 있는가? 일반적으로는 우리 문화의 주류는 북방에 있다고 본다. 그 첫 번째 근거가 우리의 기층문화라고 할 수 있는 것이 주로 북방과 연결되기 때문이다. 그 중심에 샤머니즘이 있다.

이 책에서는 단편적이나마 우리문화의 발자취를 되짚어 볼 수 있는 다음과 같은 자료가 담겨 있다. 책에 실린 순서대로 적어 본다.

1. 솟대의 원형이라고 할 수 있는 조상(鳥像).
2. 전통 혼례에서 북향사배(北向四拜)하는 풍습.
3. 숫자 3을 비롯한 홀수를 중요시 하는 것.
4. 고수레의 풍습.
5. 사람이 죽으면 머리를 푸는 풍습.
6. 죽은 자를 위해 평소에 사용한 물건을 부수거나 태워 저승에서 쓰게 하는 것.
7. 고갯마루 등에 여행의 안녕을 빌기 위해 돌을 던지는 것.-오보.
8. 영리한 곰은 사람이었는데, 야쿠트의 이야기에서는 껍데기를 벗긴 암곰은 여자와 닮았다는 것.
9. 샤만의 무병이나 공수, 신이 내리면 외국어를 하는 것.
10. 부리야트 샤만은 신이 내리면 불 위에서 춤추고 타는 듯한 철판 위를 걷는 것.
11. 부리야트 전설에 샤만의 아버지는 독수리, 어머니는 백조로 나오는데, 백조가 호수에 내려와 옷을 벗자 여자가 된다. 그 중 한 여자의 옷을 사냥꾼이 숨겨 같이 사는 이야기.

12. 나나이의 악텐카 족에서 범과 나나이 여자가 교합하여 시조(始祖)가 태어난 것.
13. 아무르 강 연안에는 자신의 시조모(始祖母)가 꿈속에서 범이나 곰과 교접을 하므로 자신들은 범과 곰의 자손이라고 생각하는 종족이 있는 것.

샤머니즘에서 샤만의 어원은 이 책에도 다양하게 실려 있다(마술사, 걸식승, 沙門 등등). 흔히 '흥분해서 뛰는 사람'이라고 해서 굿하는 샤만을 그린 말로 보기도 한다. 그러나 옮긴이는 한국에서 지금껏 가장 많은 무당을 만나고 무당에 대해 조사하고 연구한 서정범 선생님의 어원을 말하고 싶다. 퉁구스어 saman은 어근이 sam이고 an은 접미사다. sam은 말(語)의 뜻을 지니는데, 말씀의 옛 표기 말숨의 '숨'은 말(語)이다. 무당은 묻+앙으로 '묻'은 '묻그리(占)'의 '묻', 묻다의 '묻'과 같이 말이다.〈국어어원사전. 256쪽〉곧 샤만은 신의 말을 인간에게 전해 주는 역할을 한다. 곧 말이 중요하다는 것을 나타내는 말이다.

이 책을 번역하기 시작한 것은 1980년대 말이다. 처음에는 알타이어학 곧 퉁구스어군, 몽골어군, 터키어군 등을 공부하면서 자연스레 그 언어의 문화에 관심을 가지게 되었다. 그러던 차에 이 책을 접하게 되었다. 이 책은 몽골 전문가 박원길 교수가 쓴 『유라시아 초원제국의 샤마니즘』(민속원, 2001)에 일부분 번역되어 있다. 우리나라에서 알타이어학, 민속학, 기층문화, 옛 이야기 등에 관심이 있거나 전문으로 연구하는 사람에게는 매우 좋은 책이라고 여겨진다. 물론 알타이의 문화 자체를 러시아나 이란의 문화에서 왔다는 식으로 기술하거나 일방적으로 중국 문화에서 차용한 것이라는 등의 견해에는 동의 할 수 없지만 옥석을 잘 가리면 자료적 가치는 충분하다고 생각하여 번역하게 되었다.

옮긴이가 처음 만난 책은 일본인 田中克彦이 1971년 일본 三省堂에서 출판한 『シャマニズム-アルタイ諸民族の世界像-』(샤머니즘-알타이 민족들의 세계상-)이다. 이 책은 역자후기에서 독일어본(Uno Harva, Die Religiösen Vorstellungen der altaischen Völker, Helsinki, 1938. 알타이 민족들의 종교적 표상)을 원본으로 하고 프랑스어본(Les représentations religieuses des peuples altaïques, traduit par Jean-Louis Perret. Paris, Gallimard, 1959.)을 참조하여 번역하였으며, 독일어본에 착오가 있는 것은 프랑스어본 때문에 피할 수 있었다고 했다. 옮긴이는 이 일본어본과 프랑스어본을 구해 번역하는데 참고하였다. 특히 문헌 해제와 참고문헌, 원주, 도판 그림 등에서 도움을 많이 받았다.

일본어본에도 지적되어 있지만 이 책에는 알타이어족들만 있는 것이 아니라 극북(고아시아)민족도 있고 우랄 계통의 민족들도 포함되어 있다. 고아시아 계통 민족으로는 축치, 코랴크, 캄차달, 예니세이, 유카기르, 길랴크, 아이누 등이 있고, 터키 계통의 민족으로는 야쿠트, 타타르, 알타이, 키르기스 등이 있으며, 퉁구스 계통의 민족으로는 에벤키, 라무트, 나나이, 오로크, 오로촌 등이 있으며, 몽골 계통으로는 몽골, 부리야트 등이 있고, 우랄 계통의 민족으로는 사모예드, 오스탸크, 보굴, 핀 등이 있다.

이 독일어 원본이 워낙 오래된 책이라서 민족의 이름이 러시아 자료나 현재 일반적으로 부르는 이름과 차이가 다소 있는데, 예를 들면 다음과 같다. 골드-나나이, 퉁구스(좁은 의미의)-에벤키, 라무트-에벤, 길랴크-니브흐, 예니세이 오스탸크-케트, 체레미스-말리, 보굴-만시, 오스탸크-한티 등이다.

번역을 하는 데 많은 어려움이 있었다. 첫째는 용어 문제다. 예를 들면 샤만을 무당이라고 번역하려다가 그냥 샤만이라 했다. 표기도 샤먼도 있으나 특히 만주 퉁구스어는 모음조화가 있으므로 샤만이라 했다. 그러나 샤머니즘은 영어이므로 샤머니즘이라 적었다. 특히 학술용어 번역에 만약 오류가 있으면 그것은 전적으로 옮긴이의 책임이다. 나름대로 신중을 기했다. 둘째, 인명, 민족명, 지명, 강이름 등의 표기가 어려웠다. 앞에서도 조금 예를 들었지만 러시아식과 영어식이 다르고 민족 같은 경우에는 자칭과 타칭이 다른 것도 다수 있다. 또 관용적으로 오랫동안 사용해온 징기스칸은 요즘 칭기즈칸으로 표기하지만 관용을 존중하고 현실음이 징기스칸이므로 징기스칸으로 적었다. 셋째, 원저서와 약간 차이를 두지 않을 수 없는 점이다. 그것은 독일어본과 프랑스어본에는 문헌이 거의 다 로마자로 되어 있어 원래 러시아어로 된 문헌은 읽고 확인하기 어려우므로 일본어본을 참고하고 러시아 유학생 크리스티나의 도움을 받아 러시아 문자인 끼릴문자로 바꾸어 실었다. 전체적으로 어려운 사항은 역주를 달아 읽기에 편하게 했다.

끝으로 옮긴이를 학문의 세계로 인도한 우리 할머니, 어원의 세계로 이끌어주신 徐廷範 선생님, 한결같은 선비의 미소를 머금은 고려대학교 한문학과 金彦鍾 교수, 한자 및 국어사전 편찬에 열중하는 성균관대 중문과 全廣鎭 교수, 불법을 일깨워 주는 동국대 한성자 박사, 독일어본을 한 장 한 장 사진으로 찍어 USB에 담아준 한연희 여사, 모스크바 대학교에서 알타이어학으로 박사학위를 받은 김철홍 박사와 꼼꼼하게 교정을 봐 준 김선희 선생, 그리고 우리말 회원과 한국어원학회 회원을 떠올린다.

한편 어려운 출판 사정에도 불구하고 이 책을 기꺼이 출판해 준 보고사 김흥국 사장과 박현정 편집장에게도 고마움을 표한다.

學術誌 略稱

AA………American Anthropologist. 아메리카 人類學者
AASF………Annales Academicae Scientiarum Fennicae. 핀란드과학아카데미 年報
AR………Archiv Für Religionswissenschaft. 宗敎學誌.
AUFA………Annales Universitatis Fennicae Aboensis. 핀란드 투르크大學年報.
(BS)БС………Бурятведческий сборник. 부리야트學論集
(Е)Э………Этнография. 民族學
(EI)ЭИ………Этнограф, исследователь. 民族學硏究者
(EO)………Этнографическое обозрение. 民族學評論
FFC………Folklore Fellows Communications. 民俗學同好會通信.
(IKE)ИКЕ………Известия по Казанской епархии. 카잔主敎區 通報
(IOAIE)ИОАИЭ………Известия Общества археологии, истории и этнографии при Казанском университете. 카잔大學 考古・歷史・民族學會通報
(IOLEAE)ИОЛЕАЭ………Известия Общества любителей естествознания, антропологии и этнографии при Московском университете. 모스크바大學 博物學・人類學・民族學 同好會通報
(IRGO)ИРГО………Ивестия Русского Географического Общества. 러시아地理學會通報
(IV)ИВ………Исторический Вестник. 歷史通報
(IVSORGO)ИВСОРГО………Известия Восточно-Сибирского Отдела Русского Географичсекого Общества. 러시아 地理學會 東시베리아支部 通報
JSFOu………Journal de la Société Finno-Ougrienne. 핀 우그르學會報
KSz………Keleti Szemle. 東方學評論
(MER)МЭР………Материалы по этнографии России. 러시아民族學 資料
MO………Le Monde Oriental. 東方世界
MSFOu………Mémoires de la Société Finno-Ougrienne. 핀 우그르學會 論文集
(PS)ПС………Православный собеседник. 正敎의 이야기相對
(SGV)СГВ………Симбирские губернские ведомости. 심비르스크 地域報告
(SMAE)СМАЭ………Сборник Музея по антропологии и этнографии при Академии наук. 科學아카데미 附屬 人類・人種學博物館 彙報

SO.........Studia Orientalia. 東方研究
(SS)CC.........Сибирский сборник. 시베리아彙報
(SV)CB.........Сибирский вестник. 시베리아通報
(SŽ)СЖ.........Сибирская жизнь. 시베리아生活
(SŽS)СЖС.........Сибирская живая старина. 시베리아의 살아있는 古代
(TNVONOK)ТНВОНОК.........Труды Нижне-Волжского областного научного общетва краеведения. 니지네·볼가 州 鄕土研究學會 紀要
(TPMIE)ТПМИЕ.........Труды православных миссий Иркутской епархии. 이르쿠츠크 主敎區 正敎傳道團 紀要
(TRAO)ТРАО.........Труды Русского археологического общества. 러시아考古學會 紀要
(TTKOPORGO)ТТКОПОРГО.........Труды Троицкосавска-Кяхтинского отделения Приамурского отдела Русского географического общества. 러시아地理學會 沿海州아무르部트로이츠코사브스크·캬흐타支部 紀要
(TTOIS)ТТОИС.........Труды Томского общества изучения Сибири. 톰스크 시베리아研究會 紀要
(UZKU)УЗКУ.........Ученые записки Казанского университета. 카잔大學 學報
(VO)BO.........Восточное обозрение. 東方評論
(VRGO)ВРГО.........Вестник Русского географического общества. 러시아地理學會 通報
(Z)З.........Земледелие. 農學
(ZAN)ЗАН.........Записки Академии наук. 科學아카데미 年報
(ZAO)ЗАО.........Записки археологического общества. 考古學會 紀要
(ŽMNP)ЖМНП.........Журнал министерства народного просвещения. 敎育部 雜誌
(ZPORGO)ЗПОРГО.........Записки Приамурского отдела Русского географического общества. 러시아地理學會아무르 支部 紀要
(ZRAO)ЗРАО.........Записки Русского археологического общества. 러시아考古學會 紀要
(ZRGO)ЗРГО.........Записки Русского географического общества. 러시아地理學會 紀要
(ŽSt)ЖСт.........Живая старина. 살아있는 古代
(ZVORAO)ЗВОРАО.........Записки восточного отделения Русского археолгического общества. 러시아考古學會東方支部 紀要
(ZVSORGO)ЗВСОРГО.........Записки Восточно-Сибирского отдела Русского ге

ографического общества. 러시아地學會 東시베리아支部 紀要

(ZZSORGO)ЗЗСОРГО.........Записки Западно-Сибирского отдела Русского географического общества. 러시아 地理學會 西시베리아支部 紀要

原 註

제1장 세계상 …… 1. 땅[大地]

1. Приклонский, Три года (ЖСт 1890), 170.
2. Третьяков, 200.
3. Georgi, Bemerkungen I, 275.
4. Потанин, Очерки II, 166.
5. Худяков, 112, 132.
6. Munkási, Die Weltgottheiten der wogulischen Mythologie (KSz IX).
7. Munkási, Der Kaukaus, 263-240; Strahlenberg, 19.
8. Житецкий, 66.
9. Алт. Церк. Миссия, 36.
10. Olsen, 137.
11. Алт. Церк. Миссия, 36.
12. Приклонский, Три Года (ЖСт 1891), 62.
13. Трощанский, Эволюция, 38.
14. Худяков, 18, 112, 132, 144, 152.
15. Wichmann, Wotjakische Sprachproben I, 192.
16. Потанин, Очерки, IV, 65.

제1장 세계상 …… 2. 땅[大地]을 받치는 것들

1. Сказ. Бурят, 140.
2. Потанин, Очерки, IV, 221-222.
3. Потанин, Очерки, IV, 224-225.
4. Сказ. бурят, 72.
5. Спасский (СВ IXX), 36.
6. Потанин, Очерки, IV, 208.
7. Lasch, Die Ursache u. Bedeutung der Erdbeben im Volksglauben u. Volksbrauch (AR V), 252-253.
8. Pallas, Sammulungen II, 24.

9. Dähnhardt, I, 77-79.
10. Бурят. Сказки, 128.
11. Шашков, 30.
12. Вербицкий, 90; Алт. Церк. Миссия, 25.
13. Афанасьев. Поэт. Воззрения славян на природу, II, 162, 164, 166.
14. ЖСт, 1900, 199.
15. ЖСт, 1900, 199.
16. Lasch, Die Ursache (AR V), 253-254; Batchelor, The Aïnu and their folklore, 55.
17. v. Andrian, Der Höhenkultus der asiat. und europ. Völker, 124.
18. Warneck, Die Religion der Batak, 30-31.
19. Потанин, Очерки, II, 153-154, IV, 799.
20. Потанин, Очерки, IV, 799.
21. Holmberg, Permalaisten uskonto, 179-180; Holmberg, Die Religion der Tscheremissen (FFC No: 61), 73注.
22. Lasch, Die Ursache (AR V), 274.
23. bin Gorion, Die Sagen der Juden, Die Urzeit, 6.
24. Анохин, Шаман. У телеутов (СЖ 1913, No: 253).
25. Потанин, Очерки, IV, 709.
26. Крашенинников, II, 106.
27. Lentisalo, Entwurf, 11-12.

제1장 세계상 ······ 3. 하늘과 그 기둥

1. Горохов, Материалы, 37.
2. Сказ. бурят, 6.
3. Karjalainen, FFC No: 63, 26注.
4. Магницкий, 63注.
5. Хангалов, Нов. матер., 18注.
6. Karjalainen, FFC No: 44, 262.
7. Серошевский, 667.
8. Горохов, Матер., 36.
9. Hommel, Aufsätze u. Abhandlungen, 405.
10. 參照 Rob. Eisler, Weltenmantel und Himmelszelt II, 601 ff., 619 ff.

11. Сказ. бурят, 18注.
12. Сказ. бурят, 18注.
13. Ehrenreich, Die allgemeine Mythologie (Mythol. Bibl. IV), 205.
14. Кренович, 79-80.
15. Богораз, Материалы, 237; 더욱 상세한 것은 Toivonen, Pygmäen, 87 ff.
16. Tylor, Die Anfänge der Kultur, I, 343.
17. Alexander, North American Mythology (The Mythology of all Races X), 249-250.
18. Radloff, Aus Sib., II, 8-9.
19. Третьяков, 201.
20. Bogoras, The Chukchee, 307; Jochelson, The Koryak, 123.
21. Holzmayer, Osiliana (Verh. Der Gelehrten Estn. Gesellschaft zu Dorpat VII), 44.
22. Holmberg, Der Baum des Lebens, 10.
23. Потанин, Очерки IV, 137-138, 734-736.
24. Худяков, 127, 参照195.
25. Monum. Germ. Hist., V, 3, 423.
26. Holmberg, Der Baum des Lebens, 15-18.
27. Афанасьев, Поэт. воззр., I, 609.
28. Худяков, 127.
29. Сказ. бурят, 122-123; Бурят.·сказки, 125-126.
30. Худяков, 135, 153.
31. Хангалов, Нов. Матер., 40.
32. Катанов, Сказ. и легенды, 223注.
33. Karjalainen, FFC No: 44, 47 f.
34. Brunnohofer, Arische Urzeit, 280.
35. Karjalainen, FFC No: 44, 42 ff.
36. Patkanov, Die Irtysch-Ostjaken, I, 132.
37. Васильев, Изображения, 269 f., 参照 Рычков, XXIV, 38, XXV, 132.
38. Васильев, Изображения, 269 ff.
39. Olsen, 133.
40. Kirfel, Die Kosmographie der Inder, 6.
41. Philpot, The sacred tree, 118.
42. Худяков, 31.

43. Walles, Världsträdet och den därmed förbundna religionshistorien, 228.
44. Reuterskiöld, Källskrifter till lapparnas mytologi, 77.

제1장 세계상 …… 4. 세계층(世界層)

1. Анохин, Материалы, 9.
2. Вербицкий, 46 ff.
3. Агапитов и Хнагалов, 48 ff.
4. Приклонский, Три года (ЖСт 1891), 56 ff.
5. 参照 Штернберг, Культ орла, 735.
6. Karjalainen, FFC No: 44, 45.
7. Karjalainen, FFC No: 44, 48.
8. Lehtisalo, Entwurt, 67.
9. Шитков, Полуостров Ямал (ЗРГО по общей географии XLIX), 227.
10. Munkácsi, Der Kaukasus, 238.
11. Radloff, Aus Sib., I, 361-362.
12. Катанов, Сказ. и легенды, 221; Radloff, Aus Sib., II, 3.
13. Штернберг, Культ орла, 736.
14. Вербицкий, 91.
15. Katanov, Über die Bestatt., 229.
16. Bogoras, The Chukchee, 331.
17. Alexander, North Amer. Mythol., 95-96.
18. Анохин, Матер., 9.
19. Агапитов и Хангалов, 48-49.
20. Бурят. сказки, 29.
21. Вербицкий, 73-74; Radloff, Aus Sib., II, 6.
22. Токмашев, Тел. матер., 78 f.
23. Chwolsohn, Die Ssabier und Ssabismus II, 375-376.
24. Bousset, Die Himmelsreise der Seele (AR IV), 241.
25. Третьяков, 200-201.
26. Katanov, Über die Bestatt., 226, 229, 230.
27. Анучин, Очерк, 12.
28. Munkácsi, Die Weltgottheiten (KSz X), 62.
29. Karjalainen, FFC No: 44, 318.

제1장 세계상 …… 5. 세계산(世界山)

1. Radloff, Proben, II, 602.
2. Потанин, Очерки, IV, 429; Сказ. бурят, 1.
3. Вербицкий, 94; Radloff, Aus Sib., II, 6.
4. Худяков, 84, 135.
5. Потанин, Очерки, IV, 555.
6. Pallas, Sammlungen, II, 22-23, 46.
7. Худяков, 84.
8. Karjalainen, FFC No: 44, 307.
9. Ландышев, 7.
10. Котвич, 217; 參照 Eberhard, 111.
11. Ruysbroeck, 188.
12. Сказ. бурят, 140.
13. Kirfel, Die Kosmographie der Inder, 15.
14. Pallas, Sammlungen, II, 22 f.
15. Brunnhofer, Arische Urzeit, 280.
16. Radloff, Aus Sib., II, 6.
17. Windischmann, Zoroastr. Studien, 72.
18. Потанин, Очерки, IV, 223-224.
19. Потанин, Очерки, IV, 228.
20. Holmberg, Der Baum des Lebens, 94.
21. Pallas, Sammlungen, II, 22 ff.
22. Потанин, Очерки, IV, 191.
23. Потанин, Очерки, IV, 166.
24. Житецкий, 65 ff.; 參照 Pallas, Sammlungen, II, 22 ff.
25. Handbook of American Indians north of Mexico, I, 325.
26. Grube, Religion u. Kultus der Chinesen, 135.
27. Kirfel, Die Kosmogr. der Inder, 16, 93.
28. Dähnhardt, I, 112.
29. Hardy, Manual of Buddhism, 11.
30. Банзаров, 19-20.
31. Потанин, Очерки, IV, 825, 692.
32. Банзаров, 20.

제1장 세계상 …… 6. 세계나무[世界樹]

1. Radloff, Aus Sib., II, 7.
2. Потанин, из альбома, 101.
3. Radloff, Proben, II, 602.
4. Потанин, Очерки, IV, 555-556.
5. Потанин, Очерки, IV, 226.
6. Karjalainen, FFC No: 44, 264.
7. Castrén, Resor IV, 260. III, 151.
8. Штернберг, Культ орла, 735.
9. Karjalainen, FFC No: 44, 264.
10. Schiefner, Heldensagen, 62 f.
11. Mészáros, Osm.-türk. Volksglaube, 63.
12. Потанин, Очерки, IV, 223, f.
13. Schott, Über den Buddhaismus, 9.
14. Grünwedel, Mythologie des Buddhismus, 50.
15. Pallas, Sammlungen, II, 36, f.
16. Warneck, Die Religion der Batak, 49-50.
17. Худяков, 112.
18. Сказ. бурят, 149.
19. Грохов, Юрюнг-Уолан, 43.
20. Middendorff, Reise, III, 79, ff.
21. Schröder, Altgerm. Kulturprobleme, 115.
22. Radloff, Aus Sib., II, 6.
23. Carnoy, Iranian Mythology (The Mythology of all Races, VI), 298.
24. Горохов, Юренг-Уолан, 43; 參照. Сказ. бурят, 149.
25. Middendorff, Reise, III, 87.
26. Middendorff, Reise, III, 87.
27. Афанасьев, Поёт. Воззр, II, 294.
28. Лопатин, 199.
29. Васильев, Изображения, 281; Рычков. XXV, 132.
30. Житецкий, Очерки, 66.
31. Хангалов, Нов. матер., 42.
32. Потанин, Очерки, IV, 188.

제1장 세계상 ······ 7. 세계강(世界江)과 그 수원(水源)

1. Худяков, 202.
2. Georgi, Bemerkungen, I, 291.
3. Radloff, Aus Sib., II, 6, 11.
4. Потанин, Очерки, IV, 389.
5. Radloff, Aus. Sib., II, 11.
6. Житецкий, 66; 參照. Pallas, Sammlungen, II, 37.
7. Grube, Relig. u. Kultus der Chinesen, 180.
8. Потанин, Очерки, IV, 217.
9. Alexander, North American Mythology, 286 f.
10. Kirfel, Die Kosmographie der Inder, 40, 109 f.
11. Житецкий, 66.
12. Eisler, Weltenmantel u. Himmelzelt, II, 480.

제2장 땅의 기원

1. Банзаров, 8.
2. Банзаров, 8.
3. Попов, Китайский пантеон 1; Eberhard, 97 f.; Шашков, 29.
4. Потанин, Очерки, II, 166.
5. Dähnhardt, I, 19 注.
6. Dähnhardt, I, 18.
7. Спасский (СВ IXX), 33-34.
8. Сказ. бурят, 67-68.
9. Dähnhardt, I, 23.
10. Потанин, Очерки, IV, 268.
11. Munkácsi, Die Weltgottheiten (KSz IX, 3), 209; Крашенников, II, 100.
12. Трощанский, Эволюция, 22-23.
13. Приклонский, Три года (ЖСт 1891), 66.
14. Серошевский, 653.
15. Потанин, Очерки, IV, 218-219.
16. Сказ. бурят, 69-71.
17. Веселовский, Разыскания, V, 54, 56; Munkácsi, Die Weltgottheiten (KSz

IX, 3); 212 ff.; Dähnhardt, I, 66.
18. Веселовский, Разыскания, V, 34-35.
19. Dähnhardt, I, 3, 32, 44.
20. Dähnhardt, I, 10-11.
21. Потанин, Очерки, IV, 219.
22. Radloff, Proben, I 75 f.
23. Веселовский, Разыскания, V, 69.
24. Munkácsi, Die Weltgottheiten (KSz IX, 3), 212 ff.
25. Сказ. бурят, 69.
26. Веселовский, Разыскания, V, 13.
27. Middendorff, IV, 2, 1602.
28. Dähnhardt, I, 2.
29. Потанин, Очерки, IV, 221-222.
30. Munkácsi, Die Weltgottheiten (KSz IX, 3), 219.
31. Antero Vipunen, 1908, 25-26.
32. Dähnhardt, I, 44.
33. Radloff, Proben, I, 序文 x.
34. Сумцов, 5.
35. Radloff, Proben, I, 177.
36. Третьяков, 201-202; 参照 Lehtisalo, Entwurf, 8 ff.
37. Веселовский, Разыскания, V, 67.
38. Dähnhardt, I, 63-64.
39. Анучин, Очерк, 14.
40. Radloff, Aus Sib., I, 360.
41. Шашков, 30.
42. Сказ. бурят, 65-66.
43. Сказ. бурят, 67.
44. Третьяков, 207.
45. Сказ. бурят, 66-67.
46. Богаевский, Очерки религиозных представлений вотяков (ЭО 1890), 143.
47. Dähnhardt, I, 77-79; Alexander, North Amer. Mythology, 278-279.
48. Dähnhardt, I, 74 ff.
49. Dähnhardt, I, 79 ff.
50. Warneck, Die Religion der Batak, 30.

51. Потанин, Очерки, II, 153.
52. Третьяков, 202; Munkcsi, Die Weltgottheiten (KSz IX,3), 293; Серошевский, 196.
53. Крашенинников, II, 101.

제3장 인간의 창조

1. Спасский (СВ XIX), 34.
2. Dähnhardt, I, 89−90.
3. bin Gorion, Die Sagen der Juden, Die Urzeit, 101; Dähnhardt, I, 112.
4. Ruysbroeck, 228.
5. Ruysbroeck, 145.
6. Житецкий, 67.
7. Grube, Relig. u. Kultus Der Chinesen, 101; Eberhard, 96.
8. Schröder, Altgerman. Kulturprobleme, 137.
9. Reitzenstein, Weltuntergangsvorstellungen (Kyrkoh. Årsskrift, Uppsala, 1924), 197 ff.
10. Reitzenstein, 197 ff.
11. Förster, Adams Erschaffung u. Namengebung (AR XI), 477 ff.

제3장 인간의 창조 …… 1. 인간의 창조자인 신과 악마

1. Radloff, Proben, I, 285.
2. Middeneorff, IV, 2, 1602.
3. Веселовский, Разыскания, V, 5−14.
4. Веселовский, V, 18; 參照 Lehtisalo, Entwurf, 10.
5. Сказ. бурят, 67−68; 參照 Анохин, Материалы, 18.
6. Сказ. бурят, 69−70.
7. Munkácsi, Die Weltgottheiten (KSz IX, 3), 228 ff.
8. Веселовский, Разыскания, V, 12.
9. Потанин, Очерки, IV, 219−220.
10. Анохин, Материалы, 18−19.
11. Потанин, Очерки, IV, 222−223.
12. Вербицкий, 91−92.

13. Ruysbroeck, 310 注, 250.
14. Middendorff, IV, 2, 1602.

제3장 인간의 창조 …… 2. 인간 타락의 근원인 과일

1. Radloff, Proben, I, 177-179; Серошевский, 653.
2. Munkácsi, KSz IX, 3, 231 ff.; Karjalainen, FFC No: 41, 23.
3. Веселовский, Разыскания, V, 12.
4. Eisen, Miks? Seletuset, mistprast maailmas nii ja on, 11.
5. bin Gorio, Die Sagen der Juden, Die Urzeit, 95; Dähnhardt, I, 226.
6. Dähnhardt, I, 226.
7. Житецкий, 67-68.
8. Dähnhardt, I, 244.
9. Житецкий, 68.
10. bin Gorion, Die Sagen, 105.
11. Radloff, Proben, I, 179.
12. Житецкий, 68.
13. Потанин, Очерки, IV, 210.
14. Анохин, Материалы, 18.

제4장 세계의 종말

1. Потанин, Очерки, IV, 228.
2. Сказ. бурят, 71-72.
3. Сказ. бурят, 79, 142.
4. Сказ. бурят, 140-141.
5. Munkácsi, Die Weltgottheiten (KSz IX, 3), 262 f.; Patkanov, Die Irtysch-Ostjaken I, 134 f.
6. Сказ. бурят, 142.
7. Dähnhardt, I, 258 f.
8. Dähnhardt, I, 266.
9. Вербицкий, 102-103.
10. Вербицкий, 76, 103注.
11. Radloff, Aus Sib., II, 11.

12. Потанин, Очерки, IV, 208.
13. Потанин, Очерки, IV, 208.
14. Radloff, Proben, I, 183.
15. Анохин, Материалы, 17.
16. Анучин, Очерк, 14–15.
17. Третьяков, 201–202.
18. Steller, 243.
19. Пекарский и Цветков, Очерки, 114.
20. Munkácsi, Die Weltgottheiten (KSz IX, 3), 258 f.
21. Munkácsi, Die Weltgottheiten, 260.
22. Lehtisalo, Entwurf, 11.
23. Andree, Die Flutsagen, 25–26; Eberhard, 84f., Gerland, Der Mythus von der Sintflut, 71–72.
24. Вербицкий, 113–114.
25. Radloff, Proben, I, 185 f.; Radloff, Aus Sib., II, 13–14.
26. Веселовский, Разыскания (ЗАН XLV, 1883), 336.
27. Веселовский, Разыскания, 342–343. Walter Anderson, Nordasiatische Flutsagen(Acta et Commentationes Univ. Dorpatensis B IV, 3).

제5장 천신(天神)

1. Ruysbroeck, 191.
2. Ruysbroeck, 252.
3. Ruysbroeck, 260.
4. Plano Carpini, III, § 1.
5. Marco Polo, 126, 219.
6. Банзаров, 7.
7. Владимировцов, 519注. 5; Дыренкова, Культ огня, 72; Банзаров, 11.
8. Банзаров, 12.
9. Майнагашев, Жертвоприн., 99.
10. Трощанский, Эволюция, 32–33, 37, 44–46.
11. Банзаров, 6.
12. Майнагашев, Жертвоприн., 99 f.
13. Olsen, 137.

14. Банзаров, 12.
15. Банзаров, 8.
16. Банзаров, 7.
17. Банзаров, 27-28.
18. Söderblom, Gudstrons uppkomst, 208 ff.
19. Söderblom, 223.
20. Karjalainen, FFC No: 44, 287.
21. Максимов, 567-568.
22. Хангалов, Нов. матер., 2.
23. Катанов, Сказ. и легенды, 224.
24. Middendorff, 辭典; Пекарский, 辭典.
25. Банзаров, 9.
26. Банзаров, 10.
27. Банзаров, 10.
28. Банзаров, 10.
29. Donner, Sip. sam. kesk., 129; 参照 Karjalainen, FFC No: 44, 281 ff.; Серошевский, 651.
30. Georgi, Bemerkungen, I, 275; Широкогоров, Versuch, 50.
31. Приклонский, Три года (Жст 1891), 60.
32. Вербицкий, 43.
33. Пекарский и Цветков, 113.
34. Reuterskiöld, Källskrifter till Lapparnas mytologie, 94.
35. Банзаров, 8.
36. Шашков, 29.
37. Трощанский, Эволюция, 33.
38. Анохин, Материалы, 11.
39. Шашков, 24.
40. Агапитов и Хангалов, 23; Хангалов, Нов. матер., 45-46.

제6장 천신의 ≪아들≫과 ≪도우미≫

1. Анохин, Материалы, 9.
2. Потанин, Из альбома, 103.
3. Pallas, Sammlungen, II, 47.

4. Катанов, Сказ. и легенды, 223.
5. Бурят. сказки, 129.
6. Анохин, Материалы, 9.
7. Анохин, 14.
8. Потанин, Из альбома, 104.
9. Анохин, Материалы, 12-13.
10. Вербицкий, 103 注.
11. Анохин, Материалы, 13-14.
12. Анохин, 14.
13. Анохин, 12.
14. Потанин, Очерки, IV, 218.
15. Анохин, Материалы, 12.
16. Вербицкий, 47; Radloff (Aus Sib., II, 22)의 Kartysch는 誤植일 것이다.
17. Вербицкий, 69-70.
18. Radloff, Aus Sib., II, 30.
19. Radloff, Aus Sib., I, 361 f.
20. Гондатти, Следы языч. веров. У манзов, 56.
21. KSz VIII, 100 f.
22. Karjalainen, FFC No: 44, 305 f.
23. Катанов, Сказ. и легенды, 223.
24. Radloff, Aus Sib., II, 6.
25. Radloff, Aus Sib., II, 6.
26. Токмашев, Тел. матер., 78 f.
27. Вербицкий, 73-74.
28. Chwolsohn, Die Ssabier und Ssabismus, II, 243, 382 f.
29. Банзаров, 26-27.
30. Radloff, Aus Sib., II, 22; Вербицкий, 47.
31. Rachmati, Türkische Turfan-Texte VII, 22.
32. Припузов, Мелк. Заметки, 48.
33. Приклонский, Три года (ЖСт 1890), 29-30; 參照 Пекарский 辭典.
34. Банзаров, 28-29.
35. Банзаров, 29.
36. Банзаров, 14.
37. Приклонский, Три года (ЖСт 1890), 29-30.

38. Магницкий, 48, 62, 93.
39. Holmberg, Die Religion der Tscheremissen (FFC No: 61), 第20, 26그림.
40. Chwolsohn, Die Ssabier u. Ssabismus, II, 375-376.
41. Потанин, Очерки, IV, 223-224.
42. Агапитов и Хангалов, 2 ff.; Хангалов, Нов. матер., 1 ff., 17-18; Петри, Стар. вера, 18.
43. Вербицкий, 100.
44. Grünwedel, 50.
45. Grube, Relig. u. Kultus der Chinesen, 170.

제7장 출산과 출신신령

1. Лопатин, Гольды, 199.
2. Лопатин, 200.
3. Васильев, Изображения, 281; 参照 Рычков, XXV, 132.
4. Приклонский, Три года (ЖСт 1891), 65-66; 参照 Рычков, XXV, 122.
5. Приклонский, 59-60; Трощанский, 38-41; Сеерошевский, 673.
6. Пекарский, Материалы, 676; Трощанский, 168.
7. Припузов, Сведения, 59; Серошевский, 674.
8. Худяков, 197-198.
9. Худяков, 194-195, 参照 202.
10. Худяков, 194.
11. Анохин, Душа, 253, 260-261, 267, 258.
12. Radloff, Aus Sib., II, 6.
13. Вербицкий, 70.
14. Вербицкий, 70-71.
15. Radloff, Aus Sib., II, 6; Bleichsteiner.
16. Radloff, Aus Sib., II, 11.
17. Потанин, Очерки, IV, 70.
18. Магницкий, 91, 参照 64.
19. Никольский, 71.
20. Radloff, Aus Sib., II, 11.
21. Приклонский, Три года (ЖСт 1891), 60.
22. Банзаров, 27.

23. Банзаров, 28.
24. Каруновская, Из алт. Веров., 27, 2. 34.
25. Анохин, Душа, 254.
26. Radloff, Aus Sib., II, 7.
27. Karjalainen, FFC No: 44, 177.
28. Warneck, Die Religion der Batak, 50.
29. Каруновская, Из алт. веров., 22 ss.; Анохин, Душа, 268.
30. Karjalainen, FFC No: 41, 53.
31. Приклонский, Три года (ЖСт 1891), 63-64.
32. Припузов, Сведения, 59-60; Серошевский, 673-674.
33. Трощанский, Любовь, 23-24.
34. Потанин, IV, 27; 比較 mai-änäsi(바다 어머니), Radloff 辭典.
35. Лопатин, 176-177.
36. Лопатин, 172.
37. Каруновская, Из алт. веров., 25.

제8장 별[星辰]

1. Vámbéry, Die prim. Kultur, 153-154.
2. Потанин, Очерки, IV, 712.
3. Andree, Die Plejaden im Mythos (Globus 64); Karl von Steinen, Plejaden und Jahr bei Indianern (Globus 65).
4. Reuterskiöld, Källskrifter till Lapparnas mytologie, 72.
5. Припузов, Сведения, 63.
6. Горохов, Материалы, 36.
7. Серошевский, 667.
8. Серошевский, 667.

제8장 별[星辰] …… 1. 해와 달

1. Потанин, Очерки, IV, 191.
2. Житецкий, 68.
3. Катанов, Сказ. и легенды, 227 m. 4.
4. Karjalainen, FFC No: 63, 52.

5. Сказ. бурят., 151; 参照 Потанин, Очерки, IV, 179.
6. Ивановский, 263.
7. Крейнович, 83.
8. Eberhard, 112; Крейнович, 86-87; Warneck, Die Religion der Batak, 43-44.
9. Агапитов и Хангалов, 22 注. [Хангалов, Собрание сочиенений I, стр.328]
10. Мяхнаев, 72-73.
11. Магницкий, 18.
12. Потанин, Очерки, IV, 225.
13. Токмашев, 80.
14. Бурят. сказки, 146, 154.
15. Банзаров, 13-14; Шашков, 12.
16. Лопатин, 231.
17. Лопатин, 231.
18. Припузов, Сведения, 62.
19. Georgi, Bemerkungen, I, 275.
20. Серошевский, 667.
21. Андреев и Половцов, Материалы, 35.
22. Серошевский, 667.
23. Анучин, Очерк, 15; Karjalainen, 415.
24. Трощанский, 47; Серошевский, 667; Горохов, Материалы, 36.
25. Агапитов и Хангалов, 17; Шашков, 14-15; Бурят. сказки, 127-128.
26. Припузов, Сведения, 62.
27. Лопатин, 330.
28. Крейнович, 81.
29. ЖСт 1900, 197 ff.; Магницкий, 64.
30. Alexander, North Amer. Mythology, 257.
31. Потанин, Очерки, IV, 190-191.
32. Третьяков, 201.
33. Потанин, Очерки, IV, 270; Bergmann, III, 20, 204; Pallas, Sammlungen, II, 41.
34. Серошевский, 668.
35. Лопатин, 330.
36. Крейнович, 81.

37. Лопатин, 330.
38. Alexander, North Amer. Mythology, 277.
39. Бурят. сказки, 127-128; Агапитов и Хангалов, 17.
40. Потанин, Очерки, IV, 209-210, 参照 191-193.
41. Владимирцов, 519-522.
42. Шашков, 18.
43. Radloff, Aus Sib., I, 372-373.
44. Никольский, 96.
45. Ruysbroeck, 255.

제8장 별[星辰] …… 2. 북극성과 작은곰자리

1. Vámbéry, Die prim. Kultur, 154; Афанасьев, Поэт. воззр., I, 609.
2. Афанасьев, Поэт. воззр., I, 763.
3. Потанин, Очерки, IV, 736.
4. Афанасьев, Поэт. воззр., I, 763.

제8장 별[星辰] …… 3. 큰곰자리

1. Третьяков, 201.
2. Анучин, Очерк, 15.
3. Серошевский, 660.
4. Alexander, North Amer. Mythology, 26, 278.
5. Лопатин, 331.
6. Бурят. сказки, 126-127.
7. Банзаров, 3, 14; 参照 Агапитов и Хангалов, 18.
8. Потанин, Очерки, II, 125; IV, 193.
9. Потанин, Очерки, IV, 194.
10. Потанин, Очерки, IV, 200.
11. Афанасьев, Поэт. воззр., I, 763.
12. Потанин, Очерки, IV, 200-204.

제8장 별[星辰] …… 4. 오리온자리

1. Бурят. сказки, 126; 參照 Агапитов и Хангалов, 18.
2. Потанин, Очерки, IV, 204.
3. Потанин, IV, 204 ff.
4. Потанин, II, 124.
5. Потанин, IV, 206.
6. Потанин, II, 124.
7. Анучин, Очерк, 16.
8. Лопатин, 331.

제8장 별[星辰] …… 5. 묘성(昴星)

1. Худяков, 138; Крашенинников, II, 218.
2. Потанин, Очерки, IV, 203-204.
3. Потанин, Очерки, II, 125.
4. Потанин, IV, 194.
5. Andree, Die Plejaden (Globus 64), 364.

제8장 별[星辰] …… 6. 금성(金星)

1. Бурят. сказки, 125-126; Сказ. бурят., 122-123; Агапитов и Хангалов, 6.
2. Georgi, Bemerkungen, I, 321.
3. Бурят. сказки, 126; Агапитов и Хангалов, 6.
4. Сказ. бурят., 122-123; Потанин, Эркэ, 8.
5. Анучин, Очерк, 15-16.
6. Хангалов, Нов. матер., 7.
7. Серошевский, 668.
8. Потанин, Очерки, II, 124-125.

제8장 별[星辰] …… 7. 은하수(銀河水)

1. Vámbéry, Die prim. Kultur, 55-56; Toivonen, 123.
2. Третьяков, 201.

3. Бурят. сказки, 127; Потанин, Эркэ, 37.
4. Крашенинников, II, 218; Bogoras, The Chukchee, 309; Jochelson, The Koryak, 123.
5. Dähnhardt, Natursagen III, 1, 13.
6. Vámbéry, 156.
7. Серошевский, 667.
8. Припузов, Сведения, 62.
9. Munkácsi, Die Weltgottheiten (KSz IX, 3), 251.
10. Munkácsi, 253 f.
11. Титов, 96.
12. Лопатин, 331.

제8장 별[星辰] ······ 8. 12년 주기의 짐승띠 기호

1. Marco Polo, 218; Pallas, Sammlungen, II, 219; Olsen, 47; Потанин, Очерки, II, 83.
2. Потанин, Очерки, IV, 143-144; 參照 Lüders, Zur Geschichte des ostasiatischen Tierkreises, Sitzungsberichte der Preuss. Akad. d. Wissenschaften, Phil.-Hist. Kl. 1933.

제9장 벼락

1. Третьяков, 201.
2. Lehtisalos mündl. Mitteil.; 參照 Lehtisalo, Entwurf, 17.
3. Штернберг, Культ орла, 733.
4. Штернберг, 733.
5. Karjalainen, FFC No: 44, 300.
6. Трощанский, Эволюция, 26.
7. Банзаров, 15; Потанин, Очерки, IV, 139-142; Olsen, 137; Шимкевич, 127-128.
8. З (1897), 54.
9. Потанин, Очерки, IV, 139-142.
10. Потанин, IV, 141.
11. Потанин, IV, 138, 141.

12. Потанин, IV, 138.
13. Ивановский, Монголы-торгуты, II, 24.
14. Ивановский, II, 24.
15. Потанин, Очерки, II, 44.
16. Штернберг, Культ орла, 733; 参照 Radloff, Aus Sib., II, 32.
17. Потанин, Очерки, IV, 139.
18. Karjalainen, FFC No: 44,299.
19. Агапитов и Хангалов, 7.
20. Бурят. сказки, 129.
21. Хангалов, Нов. матер., 7.
22. Потанин, Очерки, IV, 141.
23. Потанин, IV, 141, 184.
24. Припузов, Сведения, 61; Приклонский, Три года (ЖСт 1891), 64-65.
25. Потанин, Очерки, II, 92.
26. Шимкевич, 122-123.
27. Потанин, Очерки, IV, 138-142; Сказ. бурят, 76-77.
28. Потанин, IV, 141; Потанин, Этногр. сборы, 92 f.
29. Андреев и Половцов, 35.
30. Потанин, Очерки, IV, 207.
31. Горохов, Материалы, 39.
32. Христианский Восток, IV, (1915), 110.
33. Припузов, Сведения, 62.
34. Ruysbroeck, 152.
35. Raldoff, Aus Sib., I, 127.
36. Pallas, Sammlungen, II, 282.
37. Pallas, II, 283.
38. Агапитов и Хангалов, 7, 56.
39. Потанин, Очерки, IV, 37.
40. Потанин, IV, 140-141.
41. Потанин, IV, 133.
42. Затоляев, 7-8; Бурят. сказки, 129-130; Хангалов, Нов. матер., 7.
43. Хангалов, Нов. матер., 4-5.
44. Банзаров, 15.
45. Алт. церк. миссия, 25.

46. Потанин, Очерки, II, 91.

47. Потанин, II, 91.

48. Потанин, II, 91.

49. Потанин, IV, 140.

50. Потанин, IV, 142.

51. Raldoff, Aus Sib., I, 127.

52. Потанин, Очерки, IV, 140.

53. Шашков, 94-95.

54. Шашков, 94.

55. Потанин, Очерки, IV, 142.

56. Агапитов и Хангалов, 7.

57. Христинский Восток, V, 3 (1917), 165.

제10장 바람

1. Худяков, 213, 参照 113, 198-199.

2. Серошевский, 667.

3. Трощанский, Эволюция, 4.

4. Шимкевич, 57.

5. Шимкевич, 57.

6. Лопатин, 224.

7. Шренк, Об инородцах, III, 39-40.

8. Крейнович, 80.

9. Анохин, Душа, 262; Майнагашев, 285; Серошевский, 667.

10. Ивановский, Дьявол-творец солнца, 263.

11. Хангталов, Нов. матер., 6.

12. Потанин, Очерки, IV, 189-190, 773-774; Pallas, Sammlungen, II, 349.

13. Серошевский, 668-669; Приклонский, Три года (ЖСт 1891), 65; Припузов, Сведения, 62.

14. Granö, Altai I, 231.

15. Вербицкий, 45.

16. Малов, Шаманство, 4.

17. Vámbéry, Die prim. Kultur, 249; KSz I, 157.

제11장 불

1. Худяков, 135.
2. Серошевский, 655. 西퉁구스는 불새를 aksaky라 부른다. Рычков, XXIV, 38을 보라.
3. Хангалов, Нов. матер., 8.
4. Потанин, Очерки, IV, 332.
5. Вербицкий, 97.
6. Агапитов и Хангалов, 5.
7. Анучин, Очерк, 16.
8. Бурят. сказки, 130-131.
9. ЖСт 1900, 201.
10. Потанин, Очерки, IV, 220; 參照 331.
11. Дыренкова, Культ огня, 65.
12. Петри, Стар. вера, 29.
13. Приклонский, Три года (ЖСт 1890), 170; Потанин, Очерки, IV, 262.
14. Банзаров, 25.
15. Банзаров, 22.
16. Plano Carpini, III, §2; Петри, Стар. вера, 29.
17. Серошевский, 665; Припузов, Сведения, 61; Худяков, 135.
18. Дыренкова, Культ огня, 69; Потанин, Очерки, II, 97; Olsen, 141.
19. Encyclopaedia of Religion and Ethics, I, 242.
20. Lehtisalo, Entwurf, 108.
21. Потанин, Очерки, II, 97.
22. Шашков, 38; Трощанский, Эволюция, 178; Приклонский, Три года (ЖСт 1891), 68.
23. Дыренкова, Культ огня, 71. 퉁구스도 마찬가지, Рычков, XXIV, 39를 보라.
24. Шашков, 38.
25. Шашков, 38.
26. Plano Carpini, III, §3; Банзаров, 24.
27. Ruysbroeck, 255.
28. Петри, Стар. вера, 27; Shirokogorov, Social Organ., 276.
29. Шашков, 38; Третьяков, 181, 參照 165; Рычков XXIV, 39.
30. Припузов, Сведения, 61.

31. Трощанский, 51; Приузов, Сведения, 61.
32. Хангалов, Нов. матер., 138.
33. Дыренкова, Культ огня, 66 m. 1; Трощанский, 51.
34. Магницкий, 136-137.
35. Шашков, 36-38; Банзаров, 22-24.
36. Ruysbroeck, 255.
37. Шашков, 38.
38. Karjalainen, FFC No: 63, 180 f.
39. Lehtisalo, Entwurf, 108.
40. Припузов, Сведения, 61.
41. Припузов, Сведения, 61.
42. Иностранцев, 153.
43. Дыренкова, Культ огня, 67.
44. Серошевский, 666.
45. Дыренкова, Культ огня, 66-67; Петри, Стар. вера, 27; Рычков, XXIV, 39.
46. Худяков,135; Потанин, Очерки, IV, 331.
47. Потанин, Очерки, II, 115; 參照 IV, 30.
48. Потанин, Очерки, IV, 28.
49. Христианский Восток, V, 3, 174.
50. Дыренкова, Культ огня, 67; Петри, Стар. вера, 28.
51. Ruysbroeck, 153.
52. Потанин, Очерки, IV, 84.
53. Ивановский, Монг.-торгоуты, 18; 參照 Банаров, 23.
54. Потанин, Очерки, IV, 34.
55. Потанин, IV, 30; Дыренкова, Культ огня, 68.
56. Хаптаев, 66; Дыренкова, Культ огня, 63.
57. Дыренкова, Культ огня, 68.
58. Вербицкий, 82; Потанин, Очерки, IV, 34.
59. Серошевский, 666; Маак, Вил. округ, III, 95; 參照 Третьяков, 184.
60. Лопатин, 155.
61. Дыренкова, Культ огня, 71.
62. Цыбиков, 63; Шашков, 38; Петри, Стар. вера, 28; Хангалов, Нов. матер., 107-108.
63. Приклонский, Три года (ЖСт 1890), 170; (ЖСт 1891), 61.—퉁구스가 불에

태우는 供物에 대해서는 Рычков, XXIV, 40.
64. Потанин, Очерки, IV, 91-92.
65. Лопатин, 233.
66. Шашков, 38.
67. Коблов, Мифология, 44.
68. Шашков, 38; Ионов, Дух-хозяин, 19-20.
69. Трощанский, Эволюция, 178.
70. Дыренкова, Культ огня, 68.
71. Цыбиков, 64.
72. Потанин, Очерки, IV, 89.
73. Потанин, IV, 78; Дыренкова, Культ огня, 67.
74. Агапитов и Хангалов, 4, 6.
75. Агапитов и Хангалов, 38.
76. Visted, Vor gamle bondekultur (Kristiania 1923), 242.
77. Потанин, Очерки, IV, 91.
78. Потанин, IV, 91.
79. Банзаров, 25.
80. Потанин, Очерки, IV, 80.
81. Майнагашев, 98; 参照 Дыренкова, Культ огня, 71.
82. Приклонский, Три года (ЖСт 1891), 61.
83. Потанин, Очерки, IV, 90.
84. Банзаров, 25; Radloff, Aus Sib., II, 29; Дыренкова, Культ огня, 64, 74 f.
85. Дыренкова, Культ огня, 64.
86. Магницкий, 68, Holmberg, Die Religion der Tscheremissen (FFC No: 61), 79-80.
87. Karjalainen, FFC No: 63, 60.
88. Lehtisalo, Entwurf, 108-109.
89. Горохов, Юрюнг-Уолан, 44.
90. Агапитов и Хангалов, 4, 29; Петри, Стар. вера, 26.
91. Припузов, Сведения, 61.
92. Приклонский, Три года (ЖСт 1890), 170.
93. Агапитов и Хангалов, 5-6.
94. Karjalainen, FFC No: 63, 60 f.
95. Loorits, Das misshandelte und sich rächende Feuer I, Tartu 1935.

96. Приклонский, Три года (ЖСт 1891), 61.
97. Агапитов и Хангалов, 30; Петри, Стар. вера, 26.
98. Лопатин, 233.
99. Lehtisalo, Entwurf, 109.
100. Дыренкова, Культ. огня, 74−75.
101. Агапитов и Хангалов, 29−30.
102. Магницкий, 68; 参照 Дыренкова, Культ. огня, 62.
103. Банзаров, 25.
104. Попов, Кит. пантеон, 26 f.
105. Богораз, Очерк, 49 f.

제12장 신성한 땅

1. Майганашев, 99−100.
2. Thomsen, 20, 152, 167.
3. Marco Polo, 219.
4. Банзаров, 17.
5. Банзаров, 21.
6. Thomsen, 144, 150.
7. Radloff, Proben, I, 139; Катанов, Сказ. и легенды, 223.
8. Radloff, Aus Sib., II, 7.
9. Radloff, II, 31.
10. Анохин, Материалы, 15−17.
11. Магницкий, 30, 48, 88.
12. Tietosonakirja: Vogul. mytologia.
13. Vámbéry, Noten, 36.
14. Georgi, Bemerkungen, I, 276.
15. Трощанский, Эволюция, 47; Припузов, Сведения, 62.
16. Ионов, Дух−хозяин, 3, 5.
17. Трощанский, Эволюция, 29.
18. Приклонский, Три года (ЖСт 1891), 60.
19. Хангалов, Нов. матер., 44.
20. Olsen, 143.
21. Потанин, Очерки, II, 98.

22. Магницкий, 40-43.

23. Holmberg, Permalaisten uskonto, 179.

제13장 영혼숭배

1. Pallas, Sammlungen, II, 61.
2. Вербицкий, 77.
3. Анохин, Душа, 259.
4. Вербицкий, 77; Анохин, Душа, 259.
5. Анохин, Душа, 259.
6. Агапитов и Хангалов, 58; Подгорбунский, 19-20.
7. 參照 Анохин, Душа, 155.]
8. Козьмин, 13.
9. Harva, Ihminen ja hänen hahmonsa (Suomi V, 10), 146 ff.
10. Серошевский, 666.
11. Трощанский, Эволюция, 75; Третьяков, 224.
12. Серошевский, 666.
13. Припузов, Мелк. заметки, 51.
14. Агапитов и Хангалов, 25-26.
15. Karjalainen, FFC No: 63, 6.
16. Иохельсон, Брод. роды, 185.
17. Lehtisalo의 말에 의한다.
18. Агапитов и Хангалов, 56; 參照 Анохин, Душа, 260.
19. Потанин, Очерки, IV, 49 ff.
20. Серошевский, 666.
21. Трощанский, Эволюция, 76.
22. Radloff, Aus Sib., II, 34.
23. Приклонский, Три года (ЖСт 1891), 68.
24. Хангалов, Нов. матер., 137.
25. Holmberg, Die Religion der Tscheremissen (FFC No: 61), 128; 注M алов, Остатки, 67.
26. Pallas, Sammlungen, II, 61.
27. Трощанский, Эволюция, 81; Виташевский, 36; Васильев, Изображения, 271; Хангалов, Нов. матер., 12.

28. Georgi, Bemerkungen, I, 266.
29. Припузов, Сведения, 63.
30. KZs, I, 64.
31. KZs, I, 64.
32. Агапитов и Хангалов, 58.
33. FFC No: 25, 137, No: 60, 49.
34. Потанин, Очерки, IV, 358.
35. Анохин, Душа, 255.
36. Вербицкий, 78; 参照 Radloff, Wörterb.
37. Вербицкий, 78; 参照 Анохин, Душа, 258.
38. Подгорбунский, 18; Трощанский, Эволюция, 75; Лопатин, 200.
39. Подгорбунский, 19; Потанин, Очерки, IV, 134.
40. Подгорбунский, 20.
41. Подгорбунский, 20; Трощанский, Эволюция, 2; Васильев, Изображения, 272.
42. Агапитов и Хангалов, 59; Подгорбунский, 22.
43. Петри, Стар. вера, 43.
44. Агапитов и Хангалов, 59.
45. Анохин, Душа, 261.
46. Подгорбунский, 21.
47. Анохин, Душа, 261.
48. Лопатин, 200−201.
49. Шимкевич, 39−40.
50. Анохин, Душа, 257.
51. Pallas, Sammlungen, II, 61 f.
52. Лопатин, 199.
53. Хангалов, Нов. матер., 135−137.
54. Батаров, 29.
55. Хангалов, Нов.матер., 136.
56. Анохин, Душа, 255, 261.
57. Анохин, Душа, 256.
58. Анохин, Душа, 256.
59. Майнагашев, Загробн. жизнь, 285.
60. Анохин, Душа, 255.

61. Батаров, 25-29.
62. Подгорбунский, 20.
63. Анохин, Душа, 257; Майнагашев, Загробн. жизнь, 285.
64. Анохин, Душа, 257.
65. Агапитов и Хангалов, 58.
66. Васильев, Изображения, 280; Приклонский, Три года (ЖСт 1891), 71.
67. Лопатин, 199.
68. Приклонский, Три года (ЖСт 1891), 71.
69. СС 166-168.
70. Вербицкий, 78.
71. Серошевский, 669.
72. Майнагашев, Загробн. жизнь, 278.
73. Затопляев, Некот. поверия, 9.
74. Holmberg-Harva, Skoltelapparnas «Följeslagare» (Tromsø Museums Skrifter II), 65 ff.
75. Лопатин, , 199.
76. Radloff, Aus Sib., II, 6, 11.
77. Потанин, Очерки, IV, 77, 359-360.
78. Банзаров, 27-28.
79. Клеменц, и Хангалов, 132-133; 参照 Петри, Стар. вера, 46.
80. Pallas, Sammlungen, II, 61.
81. Radloff, Aus Sib., II, 11-12.
82. Хангалов, Предания, 23-24.
83. Коблов, Мифология, 15 ff.

제14장 죽음과 꺼림[禁忌]과 복상(服喪)

1. Sternberg, Die Religion der Giljagen, 467.
2. Маак, Вил. округ, III, 111.
3. Трощанский, Эволюция, 81.
4. Лопатин, 282.
5. Анохин, Материалы, 25.
6. Анохин, Материалы, 20-21; Анохин, Душа, 263.
7. Holmberg, Der Todesengel (SO I), 75-76.

8. Holmberg, Der Todesengel, 76-77; Radloff, Wörterb. I, 899.
9. Шимкевич, 35.
10. Шимкевич, 20.
11. Гулбин, 202.
12. Анохин, Душа, 258.
13. Katanov. ber die Bestatt., 106.
14. Анохин, Душа, 265.
15. Шимкевич, 19; Katanov. Über die Bestatt., 106.
16. Тимряшев, 270; Магницкий, 161.
17. Третьяков, 168; Nioradze, 25.
18. Шимкевич, 20; Лопатин, 289.
19. Третьяков, 184, 189; Nioradze, 25.
20. Strahlenerg, 377; Gmelin, II, 477; Серошевский, 620.
21. Olsen, 145, 参照 v. Helmersen, 57.
22. Шимкевич, 20.
23. Агаптив и Хангалов, 53.
24. Анохин, Душа, 263.
25. Katanov. Über die Bestatt., 279.
26. Серошевский, 619.
27. Katanov. Über die Bestatt., 226.
28. Lehtisalo, Entwurf, 130.
29. 参照 Holmberg, Vänster hand, 23.
30. Lehtisalo, Entwurf, 130.
31. Анохин, Душа, 262.
32. Nioradze, 25.
33. Шашков, 59.
34. Katanov, Über die Bestatt., 109.
35. Katanov, 112.
36. Лопатин, 288.
37. Гулбин, 204.
38. Приклонский, Три года (ЖСт 1891), 64; Серошевский, 618.
39. Plano Carpini, III, §4.
40. Ruysbroeck, 255.
41. Клеменц и Хангалов, 145-146.

42. Крашенинников, II, 167.
43. Lehtisalo, Entwurf, 130.
44. Крашенинников, II, 136-137.
45. Серошевский, 617-619; Приклонский (ЖСт 1891), 64, 77-78.
46. Анохин, Душа, 262.
47. 参照 Третьяков, 169.
48. Katanov, ber die Bestatt., 226.
49. Katanov, 108, 112.
50. Серошевский, 618.
51. Katanov, Über die Bestatt., 108.
52. Katanov, 109.
53. Katanov, 228.
54. Агапитов и Хангалов, 53.
55. Katanov, Über die Bestatt., 278.
56. Припузов, Сведения, 64; Серошевский, 621-622; Приклонский, Три года (ЖСт 1891), 64.
57. Серошевский, 622.
58. Анохин, Душа, 262.
59. Katanov, ber die Bestatt., 109.
60. Припузов, Сведения, 60.
61. Ruysbroeck, 154.
62. Radloff, Aus Sib., I, 130.
63. Katanov, ber die Bestatt., 282.
64. Katanov, 277; Radloff, Aus Sib., I, 485; Потанин, Очерки, IV, 699.
65. Katanov, Über die Bestatt., 113.
66. Анохин, Душа, 265.
67. Зеланд, 32; Radloff, Aus Sib., I, 485.
68. Katanov, Über die Bestatt., 279.
69. Jordanes, 49; Radloff, Aus Sib., I, 130.
70. Katanov, Über die Bestatt., 290.
71. Katanov, 275.
72. Шимкевич, 25.
73. Зеланд, 32.
74. Новицкий, Краткое описание о народе остяком, Памятники древней письме

нности и искусства, Петербург, 1884, 58 参照; Karjalainen, FFC No: 41, 130.
75. Bleichsteiner, 417, 460.
76. Radloff, I, 487.
77. Bleichsteiner, 475.
78. Шимкевич, 25.
79. Karjalainen, FFC No: 41, 124.
80. Маак, Вил. округ, III, 1, 98.
81. Лопатин, 303; Katanov, Über die Bestatt., 232.
82. Katanov, 278.

제15장 죽은 자의 몸차림

1. Pallas, Sammlungen, II, 249 ff.
2. Ивановский, Монголы-торгуты, II, 23.
3. Гулбин, 202-205.
4. Katanov, Über die Bestatt., 229-231; Потанин, Очерки, II, 88, IV, 36; Olsen, 145.
5. Агапитов и Хангалов, 57; Хангалов, Нов. матер., 84; Потанин, Очерки, IV, 37.
6. Агапитов и Хангалов, 53-57; Клеменц и Хангалов, 145-146; ЭО (1891), 3, 163.
7. Потанин, Очерки, IV, 37.
8. Потанин, IV, 37.
9. Зеланд, 32.
10. Katanov, Über die Bestatt., 231-233, 282.
11. Katanov, 277-278, 280.
12. Radloff, Aus Sib., I, 320-321, 337; Hildén, 147-148; Katanov, Über die Bestatt., 105-108.
13. Katanov, 108; Майганашев, Загроб. Жизнь, 278-280.
14. Pallas, Merkwürdigkeiten, 125-127.
15. Schiefner, 207; Katanov, 225-226.
16. Katanov, 225-226.
17. Katanov, 227; Pallas, Merkwrdigkeiten, 135.

18. Третьяков, 168-169.
19. Маак, Вил. округ, III, 104-105.
20. Шимкевич, 35-36.
21. Шренк, Об инор., III, 143.
22. Васильев, Осн. черты, 17-18.
23. Шимкевич, 19 ff., 36.
24. Шимкевич, 133.
25. Шимкевич, 20.
26. Шренк, Об инор., III, 143.
27. Серошевский, 616-619; Приклонский, Три года (ЖСт 1891), 64, 77-78; Маак, Вил. округ, III, 96.
28. Strahlenberg, 377; Серошевский, 619-620; Маак, Вил. округ, III, 97, 103.
29. Трощанский, Эволюция, 89-90.
30. Маак, Вил. округ, 105.
31. Bleichsteiner, 447.
32. Трощанский, 90-91.
33. Приклонский, Три года (ЖСт 1891), 78.
34. Трощанский, 88.
35. Gmelin, II, 477.
36. Приклонский, Три года (ЖСт 1891, 77); 参照 Трощанский, 3.
37. Шимкевич, 6.
38. Приклонский, Три года (ЖСт 1891), 58, 78.
39. Приклонский, 77; 参照 Трощанский, Эволюция, 91.
40. Шашков, 58; Шимкевич, 5; 参照 Gmelin, II, 251.
41. Шашков, 58-59; 参照 Вербицкий, 86.
42. Katanov, Über die Bestatt., 102, 104.
43. Katanov, 101-102; Radloff, Aus Sib., I, 130-131.
44. Katanov, 101; Radloff, Aus Sib., I, 127, 130, II, 121.
45. Plano Carpini, III, §4.
46. Ruysbroeck, 154-155.
47. Katanov, Über die Bestatt., 190.
48. Ruysbroeck, 190.

제16장 위령제

1. Третьяков, 169.
2. Маак, Вил. округ, III, 1, 98.
3. Майнагашев, Загробн. жизнь, 283; 参照 Radloff, Aus Sib., I, 379–380.
4. Katanov, Über die Bestatt., 109–111.
5. Katanov, Über die Bestatt., 113, 227.
6. Анохин, Душа, 265–266.
7. Анохин, Душа, 260.
8. Анохин, Душа, 262–263; 参照 Анохин, Материалы, 20–21.
9. Radloff, Aus Sib., II, 52–55.
10. Radloff, II, 55.
11. Вербицкий, 73, 103 注; Анохин, Материалы, 21.
12. Потанин, Очерки, II, 87.
13. Тимряшев, 271; Магницкий, 168 ff.
14. Тимряшев, 271–273; Магницкий, 179 ff.; Руденко, 83–88.
15. Коблов, Рел. Обряды, 43–44.
16. Katanov, Über die Bestatt., 233, 283–284.
17. Katanov, 277–281.
18. Katanov, 278–27, 283–284; Radloff, Aus Sib., I, 487–489.
19. Bleichsteiner, 417 ff.
20. Katanov, Über die Bestatt., 283–284.
21. Pallas, Sammlungen, II, 291–296.
22. Гулбин, 206.
23. Гулбин, 206.
24. Потанин, Очерки, IV, 37.
25. Шимкевич, 21 ff.; 37–38; Лопатин, 291 ff.
26. Лопатин, 294.
27. Лопатин, 294 ff.; Шимкевич, 22 ff.
28. Лопатин, 309 ff.
29. Шимкевич, 18.
30. Шимкевич, 18; 参照 Лопатин, 284–285.
31. Лопатин, 318 ff.
32. Лопатин, 304.

33. Patkanov, Die Irtysch-Ostjaken, I, 145.
34. Потанин, Очерки, IV, 699.
35. Приклонский, Три года (ЖСт 1891), 64-65.
36. Припузов, Сведения, 60.
37. Банзаров, 30-31.
38. Богораз, Очерк, 51.
39. Radloff, Aus Sib., I, 486.
40. Bleichsteiner, 438, 參照 444, 458, 460 f., 474.

제17장 저승

1. Потанин, Очерки, IV, 133-134; 參照. Анохин, Душа, 267.
2. Майнагашев, Загробн. Жизнь, 284.
3. Агапитов и Хангалов, 60.
4. Marco Polo, 132.
5. Анохин, Душа, 267.
6. Bleichsteiner, 450-451.
7. Агапитов и Хангалов, 60.
8. Шимкевич, 15 ff.
9. Лопатин, 283 ff.
10. Трощанский, Эволюция, 65.
11. Припузов, Сведения, 64.
12. Трощанский, 63, 68; Серошевский, 663.
13. Иохельсон, Брод. роды, 185.
14. Анохин, Душа, 267; Материалы, 20.
15. Шренк, Об инор., III, 2, 132.
16. Katanov, Über die Bestatt., 107-108.
17. Aspelin, Suomal.-ugril. muinasitutkinnon alkeita, 108.
18. Худяков, 카잔 博物館記念論文集 1922, 99; 參照 Holmberg, Vänster hand och motsols, 23, ff.
19. Katanov, 230.
20. Katanov, 279.
21. Katanov, 108.
22. Holmberg, Vänster hand, 33 ff.

23. Radloff, Aus Sibirien, II, 3.
24. Karjalainen, 339.
25. Третьяков, 203–204.
26. Анучин, Очерк, 12.
27. Katanov, Über die Bestatt., 226, 229–230.
28. Анохин, Материалы, 1–4, 19; 参照 Radloff, Aus Sib., 11, 10.
29. Анохин, Материалы, 4.
30. Karjalainen, FFC No; 44, 318.
31. Анохин, Материалы, 4–7.
32. Анохин, 2–4, 7–8, 19.
33. Анохин, 8–9.
34. Radloff, Aus Sib., II, 10.
35. Майнагашев, Загробн. Жизнь, 291; Хангалов, Нов. Матер. 47–51; Сказ. Бурят. 145.
36. Потанин, Очерк, IV, 71; ТТОИС III, 99.
37. Grünwedel, 62.
38. Трощанский, 68–69, 86; Пекарский, 辭典 150.
39. Приклонский, Три года (ЖСт 1891), 61.
40. Поярков, Из области, 35.
41. Лопатин, 285.
42. Сиб. Вестник IXX, 33.
43. Radloff, Aus Sib., II, 12.
44. Бур. Сказки, 29 ff.
45. Castrén, Nord. resor, III, 149 ff. = Nord. Reisen, III, 147 ff.
46. Веселовский, Разыскания, V, 162–163; Bleichsteiner, 423 f.
47. Radloff, Aus Sib., II, 12.
48. Пекарский, Материалы, 677.
49. Приклонский, Три года (ЖСт 1890), 29.
50. Василье, Изображения, 276.
51. Агапитов и Хангалов, 55; Подгорбунский, 27.
52. Stading, 19–20, 25.
53. Ивановский, Монг.–тортоуты, 24.
54. Holmberg, Die Religion der Tscheremissen (FFC No: 61), 14.
55. Strahlenberg, 76.

56. Karjalainen, FFC No: 41, 190.
57. Stadlilng, 26; Шренк, Об инор., III, 2, 130−131. Alexander, North American Mythology, 249, 274.
58. Karjalainen, FFC No: 41, 189.
59. Karjaleinen, FFC No: 41, 190; 參照 Holmberg, Taivas-tuonela, 129−136.

제18장 죽은 자와 산 자의 관계

1. Castrén, Nord. resor, 189=Nord. Reisen, III, 186.
2. Radloff, Aus Sib., I, 351.
3. Radloff, I, 362.
4. Майнагашев, Загробн. Жизнь, 278.
5. Анохин, Душа, 261−262.
6. Майнагашев, Загробн. жизнь, 291; Katanov, Über die Bestatt., 113.
7. Анохин, Душа, 262.
8. Майнагашев, Загробн. жизнь, 285; Анохин, Душа, 262.
9. Анохин, Душа, 263−265.
10. Анохин, 265.
11. Анохин, Материалы, 6, 21.
12. Анохин, 21−22, 27.
13. Анохин, 23−24.
14. Анохин, 24−25, 28; 參照 Вербицкий, 12.
15. Малов, Несколько слов, 41.
16. Трощанский, 81, 85; Виташевский, 36; Приклонский, Три года (ЖСт 1891), 59, 62.
17. Трощанский, 82, 85−86; Серошевсский, 622−623.
18. Приклонский, Три года (ЖСт 1891), 70−73.
19. Серошевсский, 619.
22. Трощанский, 97.
23. Щукии, 276.
24. Припузов, Сведения, 60−61.
25. Банзаров, 6, 30 ff.
26. Ruysbroeck, 191.
27. Ruysbroeck, 144−145, 參照 240.

28. Georgi, Bemerkungen, I, 313−314; 参照 Шашков, 77−78.
29. Pallas, Sammlungen, II, 347.
30. Затопляев, Некот. Повер. 9.
31. Агапитов и Хангалов, 27 ff.
32. Хангалов, Нов. Матер. 11. 第11圖
33. Агапитов и Хангалов, 28, 参照 Сказ. Бурят, 125; Хангалов, Нов. Матер. 74 f.
34. Агапитов и Хангалов, 32; Georgi, Bemerkungen, I, 314.
35. Ruysbroeck, 144.
36. Georgi, Bemerkungen, I, 314.
37. Агапитов и Хангалов, 27 f.; Хангалов, Нов. Матер., 71 f.
38. Хангалов, Нов. Матер., 83 f.
39. Georgi, Bemerkungen, I, 322; Olsen, 139.
40. Затопляев, Некот. Повер., 3; Батаров, Бур. Пов., 10, 14; Петри, Стар. вера, 37.
41. Батаров, Бур. Пов., 13.
42. Батаров, 10, 14; Агапитов и Хангалов, 61; Петри, Стар. вера, 39−40.
43. Банзаров, 0; Шашков, 57; Хангалов, Нов. Матер., 52; Агапитов и Хангалов, 26.
44. Батаров, 10 f.; Агапитов и Хангалов, 61; Петри, Стар. вера, 39−40.
45. Батаров, 13; Приклонский, Три года (ЖСт 1890), 185; Богораз, Очерк, 52.
46. Широкогоров, Опыт, 20, 22 ff.; Лопатин, 211 ff., 225.
47. Gmelin, II, 214.
48. Georgi, Bemrkungen, I, 278−279, 参照 Рычков, XXV, 130.
49. Пекарский и Цветков, Очерки, 115.
50. Широкогоров, Опыт, 23 ff.; Шимкевич, 39 ff.
51. Georgi, Bemerkungen, I, 278; 参照 Рычков, XXV, 130.
52. Широкогоров, Опыт, 29; Лопатин, 213.
53. Широкогоров, 27.
54. Лопатин, 212.
55. Лопатин, 214−215.
56. Широкогоров, Опыт, 17−18.
57. Широкогоров, Опыт, 16; Лопатин, 217.
58. Лопатин, 211−212, 219−220.

59. Лопатин, 273-274.

60. Широкогоров, Опыт, 16-17; Лопатин, 218.

61. Лопатин, 220.

제19장 자연의 주인들

1. Jochelson, The Koryak, 119; Bogoras, The Chukchee, 285; Stadling, 12.
2. Максимов 569-573; Коблов, Мифология, 6-8.
3. Максимов, 573-575; Коблов, 8-9.
4. Припузов, Материалы, 36; Ионов, Дух-хозяин, 22-23.
5. Маак, Вил. Округ, III, 1, 111.
6. Приклонский. Три года (ЖСт 1890), 170.
7. Жст 1890, 170.
8. Агапитов и Хангалов, 24-25.
9. Широкогоров, Опыт, 19.
10. Лопатин, 222-223, 參照 Шимкевич, 56.
11. Olsen, 138.
12. Петри, Пром. Карагас, 43.
13. Серошевский, 669-670.
14. Петри, пром. Карагас, 43; Агапитов и Хангалов, 20.
15. Петри, 42.
16. Банзаров, 21.
17. Сказ. Бурят, 84.
18. Зеленин, Табу слов, I, 64-65.
19. Ионов, Дух хозяина, 5; Припузов, Матер., 40.
20. Lehtisalo, Entwurf, 20.
21. Зеленин, Табу слов, I, 67.
22. Петри, Пром. Карагас, 43; 參照 Катанов, Поездка, 145.
23. Серошевский, 673; Ионов, Дух хозяин, 7.
24. Трощанский, Эволюция, 169; Припузов, Сведения, 63; Пекарский, Матер., 676.
25. Широкогоров, Опыт 15 및 Versuch, 51.
26. Ионов, 21 ff.
27. Виташевский, 37 ff.; 參照 Приклонский, Три года (ЖСт 1891), 60.

28. Ионов, Дух хозяина, 3.
29. Ионов, 21 ff.
30. Васильев, Осн. Черты, 19.
31. Шимкевич, 43 ff.; Лопатин, 224−225.
32. Виташевский, 3; Ионов, 5; Широкогоров, опыт, 15.
33. Шашков, 56.
34. Иохельсон, Брод. Роды, 185.
35. Gmelin, II, 214.
36. Трощанский, Эволюция, 54, 39.
37. Маак, Вил. округ, III, 107; 参照 Трощанский, 4.
38. Maack. III, 107注；参照 Shirokogorov, Versuch, 56.
39. Olsen, 141.
40. Radloff, Aus Sib., II, 15, 参照 Hildén, 129.
41. Майнагашев, Жервоприн., 102.
42. Кагаров, Монг. "обо". 115.
43. Кагаров, 115.
44. Банзаров, 18.
45. KSz IX, 3, 197; Кагаров, 116.
46. Зеленин, Очерки русской мифологии I, 29 f.
47. Holzmayer, Osiliaa, 73.
48. 예를 들면 B. Eitrem, Opferritus u. Voropfer der Griechen u. Römer, Vidensk. Selsk. Skr. Hist−filos. Kl. 1914, Kristiania 1915.
49. Трощанский, 54−55; 参照 Маак, Вил. Округ, III, 112.
50. Максимов, 607−609; Коблов, Мифология, 11−15.
51. 参照 Holmberg, Die Religion der Tscheremissen (FFC No: 61), 55−56.
52. Коблов, Мифология, 18−21.
53. Поярков, 41 f.
54. Mészáros, Osm.−türk. Volksgl., 5.
55. Магницкий, 247.
56. Mészáros, Osm.−türk. Volksgl., 56.
57. Банзаров, 30.
58. Петри, Пром. Карагас, 62−63.
59. Шашков, 56−57; 参照 Агапитов и Хангалов, 13.
60. Серошевский, 670; Трощанский, 180; Приклонский, Три года (ЖСт 1891), 62.

61. Трощанский, 178.
62. Серошевский, 670; Приклонский, Три года (ЖСт 1891), 60.
63. Припузов, Сведения, 62.
64. Лопатин, 21–232.
65. Лопатин, 223; 参照 Шимкевич, 51–52.
66. Лопатин, 223–224; Шимкевич, 51–52.
67. Затопляев, 4 f.; Шашков, 27.
68. Radloff, Aus Sib., II, 7.
69. Потанин, Очерки, IV, 186.
70. Горохов, Материалы, 39; Middendorff, IV, 2, 1602.
71. Сказ. Бурят, 85.
72. Трощанский, Эволюция, 53.
73. Припузов, Сведения, 62.
74. Хангалов, Нов. Матер., 4, 73–74, 145–146; Агапитов и Хангалов, 8–9.
75. Христианский Восток, V, 3, 169 ff.
76. Горохов, Материалы, 39; 参照 Серошевский, 651.
77. Трощанский, 26–27, 52.
78. Широкогоров, Опыт, 16.

제20장 사냥의례

1. Лопатин, 206.
2. Серошевский, 658.
3. Зеленин, Табу слов, I, 18–19.
4. Dyrenkova, Bear worship, 414.
5. Ионов, Медведь, 52.
6. Зеленин, I, 107–110; Добромыслов, 82.
7. Богораз, Ламуты, 65.
8. Маак, Вил. Округ, III, 108. 4.
9. Серошевский, 658.
10. Потапов, 17.
11. Dyrenkova, Bear worship, 425, 427; Потапов, 17; Ионов, Медведь, 51.
12. Шимкевич, 40 ff.
13. Титов, 98.

14. Потапов, 18.
15. Dyrenkova, 430.
16. Кулаковский, 59; Dyrenkova, 430-431.
17. Потанин, Очерки, IV, 39; Dyrenkova, 431; Зеленин, I, 56; Middendorff, IV, 2, 1610; Третьяков, 272; Lehtisalo, Entwurf, 52.
18. Маак, Вил. Округ, III, 108; Пекарский и Цветков, 113; Зеленин, I, 71; Кару новская, 28; Lehtisalo, 53.

제20장 사냥의례 ······ 1. 여자와 야수(野獸)

1. Приклонский, Три года (ЖСт 1891), 62 f.
2. Karjalainen, FFC No: 63, 13. 注.
3. Drake, Sigrid, Västerbottenslapparna, Lapparna och deras land VII, 343.
4. Зеленин, I, 35.
5. Ионов, Дух-хозяин, 20, 18.
6. Лопатин, 205.
7. Зеленин, I, 52.
8. Кулаковский, 93; Зеленин, I, 52-53.
9. Потанин, Очерки, II, 91.
10. Крашенинников, I, 217.
11. Strenberg, Die Religion der Giljaken, 268.
12. Шренк, Об инор., III, 82, 99; Зеленин, I, 53.
13. Fellman, I: Handl. Och uppsatser I, 392; Holmberg, Lappalaisten uskonto, 43-44.
14. Patkanov, Die Irtysch-ostjaken I, 128; Karjalainen, FFC No: 63, 203.
15. Frazer, The golden bough II, 406.
16. Fjellström, Kort berättelse om lapp. Björna-fänge, 19: Holmberg., Lappal. uskonto, 46.
17. 參照 Holmberg, Über die Jagdriten, 9-10.
18. Ионов Медведь, 57.
19. 參照 Holmberg, Über die Jagdriten, 14-15.
20. Ященко, Несколько слов о русской Лапландии (ЭО XII), 31.
21. 參照 Holmberg, Über die Jagdriten, 15-16; Зеленин, I, 32-33; Рычков, XXV, 111.

제20장 사냥의례 ····· 2. 사냥꾼과 야수(野獸)

1. Зеленин, I, 25-26, 29-31.
2. Nalimov, Zur Frage nach den Beziehungen der Geschlechter bei den Syrjänen (JSFOu XXV, 4), 5, 11; Karjalainen, FFC No: 63, 196.
3. Зеленин, I, 25-26.
4. Пекарский и Цветков, 59.
5. Титов, 95. 곰 요리를 먹을 때에 얼굴을 검게 칠한다는 풍습은 퉁구스에도 있다. (Рычков, XXV, 111).
6. Серошевский 659; Трощанский, 55; Зеленин, I, 15.
7. Drake, Västerbottenslapparna, 331; Virittäjä 1914, 83; Sirelius, Suomen kansanomaista kulttuuria, I, 37 f.
8. Маак, Вил. округ, III, 109-110.
9. Drake, 332.
10. Зеленин, I, 42.
11. Богораз, Ламуты, 65.
12. Титов, 95; Зеленин, I, 41, 43; Karjalainen, FFC No: 63, 13, 207; 參照 Witsen, II, 635.
13. Зеленин, I, 42.
14. 參照 Holmberg, Über die Jagdriten, 23-24; Зеленин, I, 56-58.
15. Гондатти, Следы языч. Веровании у манзов, 71.
16. Fjellström, Kort berättelse, 22.
17. 參照 Holmberg, Über die Jagdriten, 23-24.
18. Шренк, Об инор., III, 233; Dyrenkova, Bear worship, 419.
19. Dyrenkova, 415-416; Потапов, 18-19.
20. Зеленин, I, 56.
21. Manninen, Suomensukuiset kansat, 292.
22. Manninen, 292.
23. Sirelius, Über das Jagdrecht bei einigen finnisch-ugrischen Völkern (MSFOu XXXV), 26-27.
24. 參照 Holmberg, Über die Jagdriten, 22.
25. Потапов, 18-19.
26. Потапов, 18.
27. Holmberg, Lappal. usk., 45.

28. Потапов, 20; Dyrenkova, Bear worship, 416-417.
29. Ионов, Дух-хозяина, 19; 参照 Рычков, XXV, 112.
30. Зеленин, I, 53.
31. Зеленин, I, 52.
32. Ионов, Дух-хозяин, 5.
33. Третьяков, 273; Dyrenkova, 416; Karjalainen, FFC No: 63, 18.
34. Шренк, Об инор., III, 64.
35. Кулаковский, 92-93.
36. Крашенинников, I, 266 f.
37. Харузин, Русские лопари, 204.
38. Dyrenkova, Bear worship, 421.
39. Богораз, Ламуты, 65.
40. Маак, Путешествие, 50.
41. Потанин, Эркэ, 6 注.
42. Dyrenkova, 417-418.
43. Титов, 96; Добромыслов, 82; Рычков, XXV, 110 ff.
44. Karjalainen, FFC No: 63, 15.
45. Karjalainen, FFC No: 63, 222.
46. Patkanov, Die Irtysch-ostjaken, I, 129.
47. 参照 Holmberg, Über die Jagdriten, 31-32.
48. Леонтович, Природа, 56; Васильев, Осн. Черты, 18-19.
49. Васильев, 18.
50. Потапов, 19.
51. Рычков, XXV, 110; Holmberg, Über die Jagdriten, 33.

제20장 사냥의례 ······ 3. 삼림동물의 뼈 간직하기[保存]

1. Богораз, Ламуты, 65.
2. Васильев, Осн. Черты, 19.
3. Лопатин, 205; Шренк, Об инор., III, 97.
4. Пекарский и Цветков, 60, 113.
5. Ионов, Медведь, 53; Кулаковский, 96.
6. Holmberg, Lappal. Usk., 50.
7. Третьяков, 273.

8. Серошивский, 658; Лопатин, 205.
9. Graan, Relation (Archives der Traditions Populaires Suédoises VII, 2), 67 注; Drake, Västerbottenslapparna, 336.
10. Добромыслов, 82.
11. Титов, 96; 參照 Рычков, XXV, 112.
12. Dyrenkova, Bear worship, 419-420; Потапов, 19-20; Серебряков, 35.
13. Маак, Вил. Округ, III, 108 f. 및 Путешествие, 50.
14. Lehtisalo, Entwurf, 51.
15. Леонтович, 56 f.
16. Dyrenkova, Bear worship, 420.
17. Lehtisalo, 51, 104-105.
18. Маак, Вил. Округ, III, 19.
19. Пекарский и Цветков, 113.
20. Ионов, Дух-хозяин, 20; Зеленин, I, 46; Петри, Пром. Карагас, 45; Кулаковский, 93; Ястремский, 260; Пекарский и Цветков, 113; Middendorff, 2, 1610; Маак, Вил. Оркруг, III, 109 注.
21. Третьяков, 273.
22. Зеленин, I, 25, 47, 75.
23. Шренк, Об инор., III, 97.
24. Иохельсон, Брод. Роды. 181, Материалы, 110 f. 參照 Strahlengberg, 381.
25. Маак, Путешествие 97 및 Вил. Округ, III, 109.
26. Fjellström, Kort berättelse, 29.
27. Лопатин, 205.
28. Wiklund, En nyfunnen skildring af lapparnas björnfest (MO VI), 37.
29. Fellman, I., Afhandl. o. uppsatser, I, 392.
30. Христианский Восток IV, 1, 107 f.; 參照 v. Sydow, Tors färd till Utgård(danske Studier 1910), 90.
31. Karsten, Naturfolkens religion, 51-52.
32. Потанин, Очерки, IV, 168; Серошевский, 660.
33. Ионов, Медведь, 51-52; Серошевский, 660.
34. Пекарский, Из як. старины, 499 f.
35. Шренк, Об инор., III, 715; 參照 Штернберг, Ант. Культ, 185; Gahs, Kopf-, Schädel- und Langknochenopfer, 250.
36. Stadling, 37.

37. Серошевский, 657; Потанин, Очерки, II, 96.
38. Karjalainen, FFC No: 63, 119.
39. Holmberg, Über die Jagdriten, 50-51.

제21장 샤만

1. Банзаров, 34-35; Laufer, 105 ff.,; Donner, Über soghdisch nôm》Geset z》, 6-8.
2. Ruysbroeck, 171.
3. Ruysbroeck, 258-259.
4. Приклонский, Три года (ЖСт 1891), 58.
5. Трощанский, Эволюция, 118-119, 123.
6. Nioradze, 54.
7. Donner, Sip. samoj. kesk., 142.

제21장 샤만 …… 1. 샤만의 능력과 소질

1. Вербицкий, 44.
2. Radloff, Aus Sib., II, 16-17.
3. Соболев, 83; 參照 Анохин, Душа, 268.
4. Щукин, 277.
5. Stadling, 63.
6. Трощанский, 119-120.
7. Агапитов и Хангалов, 44-45.
8. Петри, Стар. вера, 50-51.
9. Широкогоров, Опыт, 43-45.
10. Вениамин, 128.
11. Лопатин, 242.
12. Широкогоров, Опыт, 42.

제21장 샤만 …… 2. 샤만의 신령들

1. Третьяков, 211.
2. Анохин, Матер., 36; Дыренкова, Получение, 269.

3. Петри, Стар. вера, 51.
4. Серошевский, 625-627; Stadlling, 105-106; Васильев, Шам. костюм, 6-7.
5. Ионов, Примечания, 186.
6. Щукин, 410.
7. Анохин, Матер., 29-30.
8. Анохин, 28.
9. Лопатин, 316.
10. Широкогоров, Опыт, 43-44.
11. Широкогоров, Опыт, 38.
12. Широкогоров, Опыт, 39, 42.
13. Широкогоров, Опыт, 29.
14. Лопатин, 247-248.
15. Петри, Стар. вера, 52.
16. Lehtisalo, Keromus, 25-26; 參照 Шашков, 97; Банзаров, 42; Лопатин, 247.

제21장 샤만 …… 3. 샤머니즘[巫俗]과 동물계(動物界)

1. Агапитов и Хангалов, 41-42; Балдунников, Перв. шаман, 67-69.
2. Шашков, 75-76.
3. Трощанский, 55-56; 參照 Серошевский, 656-657; Штернберг, культ, 723.
4. Ledebour, II, 24; 參照 Дыренкова, Род. Материалы по свадьбе и семейно-ро довому строю народов СССР, Ленинград 1926, 249.
5. Сказ. Бурят, 114-117, 參照125-126, 參照Eberhard, Typen Chines. Volksmärchen, FFC No: 1210, 55 f.; Holmström, Studier över Svanjungfrumotivet, Lund 1919.
6. Strahlenberg, 378.
7. Щукин, 276.
8. Хангалов, нов. матер. 74-75.
9. Потанин, Очерки, IV, 23-24; 參照 Сказ. бурят, 81.
10. Шашков, 75; Потанин, Очерки, IV, 24.
11. Дыренкова, Род 249.
12. Агапитов и Хангалов, 20; Сказ. бурят, 94 ff., 144 ff., Mironov, 51 ff.
13. Alföldi, Die geistigen Grundlagen des hochasiatischen Tierstiles,

Forschungen und Fortschritte 1931 No: 20.
14. Банзаров, 9, 71; Radloff, Aus Sib., I, 129; Потанин, Очерки, II, 161.
15. Лопатин, 207-208.
16. Штернберг, Ант. культ, 167.
17. Dyrenkova, Bear worship, 425, 参照 428.
18. Steller, 117, 327-328.
19. Хангалов, Предания, 21.
20. Серошевский, 648.
21. Хангалов, Нов. матер., 95.
22. Затопляев, 9.
23. Васильев, Изображения, 227-278.
24. Серошевский, 626, 649.
25. Анохин, Душа, 259.
26. Lehtisalo, Entwurf, 159, 148.
27. Третьяков, 212.
28. Lehtisalo, Entwurf, 141.
29. Reuterskiöld, Källskrifter till lapparnas mythologi, 92.
30. Reuterskiöld, 67.
31. Лопатин, 199.

제21장 샤만······4. 샤만의 나무

---

1. Васильев, Изображения, 285 ff.
2. Штернберг, Культ орла, 733.
3. Lehtisalo, Kertomus, 22-23.

제21장 샤만······5. 흰 샤만과 검은 샤만

---

1. Hildén, 131.
2. Анохин, Матер., 33 ff.
3. Трощанский. Эволюция, 111.
4. Припузов, Сведения, 64.
5. Lehtisalo, Kertomus, 22.
6. Агапитов и Хангалов, 46; Шашков, 82.

제21장 샤만 …… 6. 샤만의 서품(敍品)

1. Stadling, 63.
2. Припузов, 65.
3. Широкогоров, Опыт, 45, 47.
4. Лопатин, 250 ff.
5. Агапитов и Хангалов, 46.
6. Агапитов и Хангалов, 46 ff.; 參照 Петри, Стар. вера, 56 ff.
7. Потанин, Очерки, IV, 58 ff.
8. Агапитов и Хангалов, 49-51.
9. Петри, Стар. вера, 66.
10. Hansen, 7-8.
11. Holmberg, Der Baum des Lebens, 141-142.
12. Штернберг, Культ орла, 735-736.

제21장 샤만 …… 7. 샤만의 복장[巫服]

1. Анюхин, Матер., 37-38.
2. Широкогоров, Опыт, 34.
3. Широкогоров, Опыт, 34.
4. Анохин, Матер., 36-37.
5. Stadling, 75.
6. Gmelin, II, 44; Серошевский, 645; Pallas, Merkwürdigkeiten, 241.
7. Hildén, 136.
8. Radloff, Aus Sib., II, 17.
9. Анохин, Матер., 33 фф.; Потанин, Очерки, IV, 49 ff.
10. Анохин, 39 ff.
11. Lankenau, 279.
12. 參照 Heikel, En sojot. Schamankostym, Finskt Museum 1896.
13. Трощанский, 173 ff., 187 ff.; Nioradze, 60 ff.
14. Васильев, Шам. Костюм, 10 f.; Пекарский и Васильев, Плащ и бубен, 102 f.
15. Georgi, Bemerkungen, I, 280.
16. Gmelin, II, 193.
17. 參照 Анучин, Очерк, 42 ff.

18. Witsen, II, 663.
19. Мордвинов, 62.
20. Holmberg, The shaman costume, 14 ff.
21. Трощанский, 136.
22. Donner, Über die Jenissei-ostjaken, 15.
23. Дыренкова, Получение, 273-274.
24. Gmelin, II, 44-45, 83.
25. Припузов, Сведения, 65.
26. Широкогоров, Опыт, 33 및 Versuch, 67 ff.
27. Pallas, Reise, III, 182; 參照 Потанин, Очерки, IV, 54.
28. Pallas, Reise, III, 182.
29. Лопатин, 259 ff.; Шимкевич, 11-12.
30. Широкогоров, Опыт, 32-35.
31. Потанин, Очерки, IV, 28.
32. Васильев, Шам. костюм, 42; Анучин, Очерк, 7-8.
33. Шимкевич, 63.
34. Потанин, Очерки, IV, 54.
35. Nioradze, 77.
36. Radloff, Aus Sib., II, 55; Лопатин, 316, 328.
37. Lehtisalo, Entwurf, 148.
38. Широкогоров, Опыт, 35.

제21장 샤만 …… 8. 샤만의 북[巫鼓]

1. Васильев, Шам. Костюм, 43 f.; Припузов, Сведения, 65; Пекарский и Васильев, Плащ и бубен, 113 f.; Широкогоров, 33; Лопатин, 262; Nioradze, 49 f.
2. Georgi, Bemerkungen, I, 281.
3. Olsen, 97.
4. Клеменц, Несколько обр. Бубнов, 25 ff.; Потанин, Очерки, IV, 40 ff.; Анохин, Материалы, 49 f.; Radloff, Aus Sib., II, 18.
5. Karjalainen, FFC No: 63, 268 ff.
6. Потанин, Из альбома, 101.
7. Hildén, 135.
8. Radloff, Aus Sib., II, 19; Hildé, 135-136; Olsen, 98; Анохин, Материалы,

62.

9. Лопатин, 262.

10. Анохин, Материалы, 51; Васильев, Шам. Костюм, 45.

11. Приклонский, Три года (ЖСт 1891), 53; Худяков, 142-143; Малов, Неск. Слов, 331; Васильев, Шам.костюм, 45; Маак, Вил. Округ, III, 118.

12. Karjalainen, FFC No: 63, 273.

13. Лопатин, 316.

14. Hildén, 142; Виташевский, Из наблюдений, 166, 183.

15. Васильев, Шам. Костюм, 34; Radloff, Aus Sib., II, 54.

16. Lehtisalo, Kertomus, 23.

17. Radloff, Aus Sib., I, 362.

18. Анохин, Материалы, 52.

19. Radloff, Aus Sib., II, 59-60.

20. Приклонский, Три года (ЖСт 1891), 53.

21. Агапитов и Хангалов, 42-43; Gmelin, III, 26; Pallas, Reisen, III, 181; Петри, Старая вера, 67.

22. Потанин, Очерки, IV, 54.

제21장 샤만······9. 샤만의 직능(職能)

1. Radloff, Aus Sib., II, 55.

2. Hildén, 147; Хангалов, Нов. Матер., 98 ff.

3. Анохин, Материалы, 25.

4. Перв. Бур. Шаман Моргон-Кара, 87 ff.; Перв. Шаман Бохоли-Кара, 89 f.; 參照 Дамеев, 69-70.

5. Лопатин, 282.

6. Широкогоров, Опыт, 41.

7. Виташевский, Из наблюдений, 167 ff.

8. Donner, Sip. samoj, kesk., 147.

9. Виташевский, Из наблюдений, 182; 參照 Серошевский, 645.

10. Приклонский, Три года (ЖСт 1891), 56-57.

11. Серошевский, 645-646.

12. Васильев, Изображения, 280 ff.

13. Виташевский, Из наблюдений, 179.

14. Васильев, Изображения, 286; 参照 Stadling, 121.
15. Трощанский, Эволюция, 65−66.
16. Виташевский, Из наблюдений, 168, 185, 188.
17. Виташевский, 178.
18. Васильев, Изображения, 271−272; 参照 Васильев, Шам. Костюм, 24.
19. Васильев, Шам. Костюм, 24; Holmberg, Lappal. Usk., 105; Stadling, 96.
20. Stadling, 94; Васильев, Изображения, 270; Широкогоров, Опыт, 42; Ruysbroeck, 258 f.
21. Вербицкий, 46 ff.; Radloff, Aus Sib., 20 ff.
22. Анохин, Этногр. Сборы, 103 f.
23. Потанин, Очерки, IV, 64 ff.
24. Gmelin, II, 493; 参照 Nioradze, 92 ff.
25. Иохельсон, Брод. Роды, 115.
26. Приклонский, Три года (ЖСт 1891), 55; Lehtisalo, Kertomus, 23.
27. Хангалов, Нов. Матер., 123.
28. Анохин, Материалы, 22.

제22장 제물(祭物)과 제사(祭祀)

1. Лопатин, 230; 특히 퉁구스족의 경우 초승달.
2. Малов, Остатки, 68; 参照 Хангалов, Нов. Матер., 107.
3. Хангалов, Нов. Матер., 99, 101, 113, 122, 127.
4. Gmelin, II, 358−360.
5. Хангалов, Нов. Матер., 117−118, 126.
6. Radloff, Aus Sib., I, 332−333.
7. Маак, Вил. Округ, III, 1, 118.
8. Georgi, Bemerkungen, I, 284; 参照 Рычков, XXV, 107.
9. Агапитов и Хангалов, 52, 39; 参照 Зеленин, Культ, 314 Blechsteiner, 456.
10. Pallas, Sammlungen, II, 344−346.
11. Zelenin, Ein erot. Ritus, 84.
12. Андреев и Половцов, 23.
13. 参照 Holmberg, Die Religion der Tscheremissen (FFC No: 61), 128.
14. Малов, Остатки, 67.
15. Потанин, Тангутско-тибетская окраина, I, 131; Зеленин, Культ онгонов,

314.
16. Захаров, Полный маньчжурско-русский словарь 가운데의 tžunšun.
17. Агапитов и Хангалов, 16; Хангалов, Нов. Матер. 141, 143.
18. Анохин, Душа, 257.
19. Вербицкий, 43.
20. Майнагашев, Жертвоприн., 94 ff.
21. Georgi, Bemerkungen, I, 286.
22. Лопатин, 186.
23. Gerogi, I, 286; 参照 Рычков, XXV, 108.
24. Банзаров, 38.
25. Ruysbroeck, 255-256.
26. Трощанский, 32-33; 参照 168-169.
27. Strahlenberg, 376; Пекарский, Матер., 676.
28. Маак, Вил. Округ, III, 113-114.
29. Приклонский, Три года (ЖСт 1890), 29.
30. Шашков, 89.
31. Трощанский, 105-106. 보챠크도 또한 눈이 녹은 후, 풀의 자람을 기원하는 구조르(gudžor)祭에는 경마를 연다. (Buch, Die Wotjaken, Acta Societ. Scient. fennicae XII, 619).
32. Банзаров, 38-39.
33. Шашков, 88-89.
34. Radloff, Aus Sib., I, 378.
35. Катанов, Предание, 282, 283.
36. Шашков, 90.
37. Hildén, 139-141.

參考文獻

(Andrianov) Андрианов, А. В., Путешествие на Алтай и за Саяны в 1881 г. (ЗРГО по Отд. Этнографии XI). Ст. Петербург. 안드리아노프, "1881년의 알타이, 사얀 여행".

_____, Шаманская мистерия (ЭО 1909). Москва. "샤만의 秘儀"

(Agapitov) Агапитов, Х.Х. и Хангалов, М.Н., Шаманство у бурят Иркутской губернии (ИВСОРГО XIV, 1-2). Иркутск 1883 아가피토프, 캉갈로프 "이르쿠츠크의 부리야트인의 샤머니즘" [Хангалов, Собрание сочинений, Том I. Улан-Удэ 1958. (캉갈로프 "저작집"].

(Akimova) Акимова, Т., Чуваши ц. Казанлы, Волского уезда, Саратовской губернии (ТНВОНОК 34, IV). Саратов 1926. 아키모바 "사라토브縣 볼스크郡 카잔라 마을의 추바슈"

(Altajskaja) Алтайская церковная миссия. Ст. Петербург 1865. 알타이 교회 전도단.

Anderson, Walter, Nordasiatische Flutsagen (Acta et Commentationes Universitatis Dorpatensis B IV, 3). Dorpat 1923. 안데르손 "北아시아의 홍수 전설"

(Adrejev) Аднреев, М.С. и Половцов, А.А., Материалы по этнографии иранских племен средней Азии (СМАЭ I, 9). Ст. Петербург 1911. 안드레예프, 포르브체프 "중앙아시아의 이란 계통 여러 民族誌 자료"

(Anochin) Анохин, А.В., Душа и ее свойства по представлению телеутов (СМАЭ VIII). Ленинград 1929. 아노킨 "텔레우트族의 관념에서 영혼과 그 특질"

_____, Материалы по шаманству у алтайцев (СМАЭ IV, 2). Ленинград 1924. "알타이인의 샤머니즘에 관한 자료"

_____, Шаманизм у телеутов (СЖ 1913, No.253). Томск. "텔레우트族의 샤머니즘"

(Anučin) Анучин, В.И., Очерк шаманства у Енисейских остяков (СМАЭ II, 2). Ст. Петербург. 아누친 "예니세이·오스탸크의 샤머니즘 개요"

(Baldunnikov) Балдунников, А.И., Первый шаман (БС III-IV). Иркутск 1927. 발둔니코프 "최초의 샤만"

(Banzarov) Банзаров, Д., Черная вера или шаманство у монголов. Ст. Петербург

1891. 반자로프 ["黑敎 혹은 몽골인의 샤만교" Доржи Банзаров, Собрание сочинений, Москва 1955. (도르지 · 반자로프「저작집」) 48-100페이지에 재수록. 이 판의 소개는 『민족학연구』25/3(1961)을 참조)]

(Batarov) Батаров, П.П., Бурятские поверья о бохолдоях и анахаях (ЗВСОРГО II, 2). Иркутск 1890. 바타로프 "부리야트족의 보호르도이와 아나하이 신앙"

_____, Материалы по ораторскому творчеству бурят (БС I). Иркутск 1926. "부리야트인의 口演 作品 資料"

Bergeron, P., Voyages faits principalment en Asie dans les XII, XIII, XIV et XV siècles par Benjamin de Tudele, Jean du Plan-Carpin, N. Aschelin, Guillaume de Rubruquis, Marc Paul Venitien, Haiton, Jean de Mandeville et Ambroise Contarini I-II, La Haye 1735. 베르게론 "12, 13, 14, 15세기에 투델, 카르피니, 아슈랭, 루브뤼키, 마르코 폴로, 하이톤, 만드빌, 콘타리니 등이 주로 아시아에서 행한 여행"

Bergman, B., Nomadische Streifereien unter den Kalmucken. Riga 1804-1805. 베르크만 "칼무크인과의 유목적 漂泊"

Bleichsteiner, R., Rossweihe und Pferderennen im Totenkult der kaukasischen Völker (Wiener Beiträge zur kulturgeschichte und Linguistik, IV). Salzburg-Leipzig 1936. 블라이히슈타이너 "카프카스 여러 민족의 死靈崇拜에서 말의 奉納과 競馬"

(Bogoraz) Богораз, В.Г., К психологии шаманства у народов северовосточной Азии (ЭО 1910, 1-2). Москва. 보고라즈 "北東아시아 여러 민족의 샤머니즘의 심리에 빗대어"

_____, Ламуты (З 1900 VII, 1). Москва 1901. "라무트족"

_____, Очерк материального быта оленных чукчей (СМАЭ I, 2) Ст. Петербург 1901. "순록 축치족의 물질문화 개요"

_____, The Chukchee (The Jessup North Pacific Expedition VII). New York 1904. "축치족"

Brand, A., Beschreibung seiner grossen Chinesischen Reise anno 1692. Lybeck 1734. 브란트 "1692년의 大中國 여행의 기록"

(Burjatskie) Бурятские сказки и поверья (ЗВСОРГО I, 1). Иркутск 1889. "부리야트의 民話와 俗信"

Castrén, M.A., Nordiska Resor och Forskningar III, IV. Helsingfors 1853, 1857=Nordiska Resor und Forschungen III, IV. St. Petersburg 1853, 1857. 카스트렌 "北方旅行과 硏究"

(Changalov) Хангалов, М. Н., Новые материалы о шаманстве у бурят (ЗВСОРГО II, 1). Иркутск 1890. 캉갈로프 "부리야트・샤머니즘의 새 자료" [Хангалов, Собрание сочинений, Том I. Улан-Удэ 1958. (캉갈로프 '저작집') 제1권 403-543페이지에 재수록. 소개는『민족학연구』25/3(1961)을 참조.]

─────────, Предания и поверья унгинских бурят (ЗВСОРГО II, 2). Иркутск 1890. "운가・부리야트인의 傳承과 俗信" [Хангалов, Собрание сочинений, Том II. Улан-Удэ 1959. (캉갈로프 '저작집') 제2권 218-226페이지에 재수록]

─────────, Суд заянов над людьми (ЗВСОРГО II, 2). Иркутск 1890. "자얀에 의한 인간의 재배" [Хангалов, Собрание сочинений, Том II. Улан-Удэ 1959. (캉갈로프 '저작집') 제2권 215-217페이지에 재수록.]

(Chaptajev) Хаптаев, П. Т., Культ огня у западных бурят-монголов (БС III-IV). Иркутск 1927. 카프타예프 "西부리야트・몽골족의 불 숭배"

(Chudjakov) Худяков, И. А., Верхоянский сборник (ЗВСОРГО I, 3). Иркутск 1890. 쿠쟈코프 "베르코얀스크 集彙"

(Cybikov) Цыбиков, Г. Т., Культ огня у восточных бурят-монголов (БС III-IV). Иркутск 1927. 치비코프 "東부리야트・몽골인의 불 숭배"

Czaplicka, M.A., Aboriginal Siberia. Oxford 1914. [1968]. 챠플리카 "원주민의 시베리아"

Dähnhardt, O., Natursagen I-III. Leipzig u. Berlin 1907-1910. 덴하르트 "자연전설"

(Damejev) Дамеев, Д. Д., Легенда о происхождении шаманизма и падении волшебства (БЦ III-IV). Иркутск 1927. 다메예프 "샤머니즘의 起源과 魔術 沒落의 傳說"

(Dibajev) Дибаев, А. А., Баксы (ЭО 1907). Москва. 디바예프 "박시"

(Dobromyslov) Добромыслов, Н. М., Заметки по этнографии бургузинских орочен (ТТКОПОРГО V, 1). 도브로미슬로프 "부르쿠진・오로촌 民族誌 覺書"

Donner, Kai, Siperian Samajedien keskuudessa vuosian 1911-1913 ja 1914. Helsinki 1915. 카이 돈네르 "1911-1913년 및 1914년에 시베리아・사모예드와 함께 지나서"

─────────, Über die Jenissei-ostjaken und ihre Sprache (JSFOu XLIV, 2). Helsinki 1930. "예니세이・오스탸크와 그 언어"

─────────, Über soghdisch nōm ⟨Gesetz⟩ und samojedisch nom ⟨Himmel, Gott⟩ (SO 1). Helsinki 1925. "소그드어의 놈(法)과 사모예드어의 놈(하늘, 神)에 대하여"

(Dyrenkova) Дыренкова, Н.П., Bear worship among turkish tribes of Siberia (Proceedings of the Twenty-third International Congress of Americanists, Sept. 1928). 뒤렌코바 "시베리아의 투르크 계통 여러 민족의 곰 숭배"

_____, Культ огня у алтайцев и телеут (СМАЭ VI). Ленинград 1927. "알타이인과 텔레우트에서의 불 숭배"

_____, Получение шаманского дара по воззрениям турецких племен (СМАЭ IX). Ленинград 1930. "투르크 여러 민족의 관념에 의한 샤만의 재능 받기"

_____, Птица в космогонических представлениях турецких племен Сибири. Ленинград 1931. "시베리아·투르크 여러 민족의 우주 발생 관념으로 본 새(鳥)"

Eberhard, W., Typen Chinesischer Volksmärchen (FFC No. 120). Helsinki 1937. "中國 民間說話의 여러 類型"

Erman, G. A., Reise um die Erde durch Nord-Asien und die beiden Oceane in den Jahren 1828, 1829 und 1830. Berlin 1833. 에르만 "北아시아와 두 큰 바다를 통과한 1828, 1829, 1830년의 세계 여행"

Fraehn, Ch.M., Die ältesten arabischen Nachrichten über die Wolga-Bulgaren aus Ibn Fosslan's Reiseberichten (Mémoires de l'Akadémie Imp. Des Sciences VI. Sc. Politiques, histoire et philology 1). St. Petersburg 1832. 프랜 "이븐·포슬란의 여행기에 보이는 볼가·불가르에 관한 最古 아라비아 資料"

(Fuks) Фукс, Александр, Записки о чувашах и черемисах Казанской губернии, Казань 1840. 푹스 "카잔의 추바슈와 체레미스에 관한 覺書"

Gahs, A., Kopf-, Schädel- und Langknochenopfer bei Rentiervölkern. W.-Schmidt-Festschrift, Mödling 1928. 가스 "순록 牧畜 여러 민족의 머리뼈, 다리뼈의 儀禮"

(Galsan-Gombojev)Галсн-Гомбоев, О древних монгольских обычаях и суевериях (ЗАО XII). St. Petersburg 1859. 갈산·곰보예프 "고대 몽골의 習俗과 迷信"

Georgi, J.G., Bemerkungen auf einer Reise im Russischen Reiche in den Jahren 1773 und 1774, I. St. Petersburg 1775. 게오르기 "1773, 1774 두 해에 걸친 러시아 여행 所見, 제1권"

_____, Beschreibung aller Nationen des Russischen Reichs. St. Petersburg 1776. "러시아제국 모든 종족의 기술"

Gmelin, J.G., Reise durch Sibirien von dem Jahr 1733 bis 1743, II,

Göttingen 1752. 그멜린 "1733-1743년의 시베리아 여행"
(Gorochov) Горохов, Н., Юрюнг-Уолан (ИВСОРГО XV, 5-6). Иркутск 1885. 고로코프 "요론·우올란"
_____, Материалы для узучения шаманства в Сибир (ИВСОРГО XIII, 3). Иркутск 1883. "시베리아·샤머니즘 연구 자료"
Granö, J.G., Altai I-II. Porvoo 1919. 그라뇌 "알타이"
_____, Archäologische Beobachtungen von Reisen in den nördlichen Grenzgegenden chinas in den Jahren 1906 und 1907 (JSFOu XXVI). Helsinki 1909. "1906, 1907년의 중국 북방 여행에서 행한 고고학적 관찰"
_____, Archäologische Beobachtungen von meiner Reise in Südsibirien und der nordwestmongolei im Jahre 1909 (JSFOu XXVIII). Helsinki 1912. "1909년의 南시베리아 및 西北몽골 여행에서 행한 고고학적 관찰"
_____, Über die geographische Verbreitung und die Formen der Altertümer in den Nordwestmongolei (JSFOu XXVIII). Helsinki 1912. "西北몽골의 古蹟의 지리적 분포와 형태에 대하여"
(Grjaznov) Грязноб, М. П., Пазылыкское Княжеское погребение на Алтае (Природа 1929). 그랴즈노프 "알타이의 파질릭 王侯墓"
Grünwedel, A., Mythologie des Buddhismus in Tibet und in der Mongolei. Leipzig 1900. 그륀베델 "티베트 및 몽골의 불교신화"
(Gulbin) Гулбин, Г. Г., Погребение у желтых уйгуров (СМАЭ VII). Ленинград 1928. 굴빈 "黃위구르의 葬禮法"
Haguenauer, M.C., Sorciers et Sorcières de Corée (Bulletin de la Maison Franco-Japonaise, T. II, No. 1). Tokyo 1929. 아그노에 "한국의 마법사와 마법녀"
Hensen, O., Zur soghdischen Inschrift auf dem dreisprachigen Denkmal von Kara-balgasun (JSFOu XLIV, 2). Helsinki 1930. 한젠 "카라 발가순 3語碑의 소그드어 刻文"
De Harlez, Ch., La religion nationale des Tartares orientausx: Mandchous et Mongols. Paris 1887. 드 아를레 "동방 타타르족 곧 만주 및 몽골족의 민족종교"
Heikel, A.O., En sojotisk schamankostym (Finskt Museum 1896). Helsinki. 헤이켈 "소요트 무복(巫服)"
v. Helmersen, G., Reise nach dem Altai im Jahre 1834 ausgeführt. St. Petersburg 1848. 헬메르젠 "1834년의 알타이 여행"

Heikisch, C., Die Tungusen. St. Petersburg 1879. 하이키쉬 "퉁구스족"

Hildén, K., Om shamanismen I Altai, speciellt bland lebed-tatarerna (Terra 1916). Helsinki. 힐덴 "알타이 지방, 특히 레베드 타타르의 샤머니즘에 대하여"

Holmberg (Harva), Uno, Der Baum des Lebens (AASF XVI). Helsinki 1922-1923. 홀름베르크(하르바) "生命의 나무"

_____, Siberian mythology (The Mythology of all Races IV). Boston 1927 [New York 1964]. "시베리아의 신화"

_____, Taivas-tuonela (Ajatus I). Porvoo 1926. "天上界와 地下界"

_____, The shaman costume and its significance (AUFA I, 2). Turku 1922. "무복(巫服)과 그 의미"

_____, Über die Jagdriten der nördlichen Völker Asiens und Europas (JSFOu XLI, 1). Helsinki 1926. "아시아 및 유럽 북방 여러 민족의 사냥 의례에 대해서"

_____, Vänster hand och motsols (Rig 1925). Stockholm. "왼손과 왼쪽으로 감음"

Ides, Evert Yssbrant, Dreyjährige Reise nach China von Moscau ab zu lande durch gross Ustiga, Sirienia, Peria, Sibirien, Daour und die grosse Tartarey. Frankfurt 1707. 이데스 "모스크바에서 우스티가, 시리아, 페름, 시베리아, 다구르, 大타르타리아를 거쳐 중국으로의 3년 여행"

(Inostrancev) Иностранцев, К. А., Несколько слов о верованиях древних турок (СМАЭ V, 1). Петроград 1918. 이노스트란체프 "고대 투르크인의 신앙에 관한 약간의 어휘"

(Ionov) Ионов, В.М., Дух-хозяин леса у якутов (СМАЭ IV, 1). Петроград 1916. 이오노프 "야쿠트족의 숲의 정기"

_____, К вопросу о изучении дохристианских верований якутов (СМАЭ V, 1). Петроград 1918. "야쿠트의 그리스도교 이전의 신앙 연구의 문제에 빗대어"

_____, Медведь по воззрениям якутов (ЖСт 1915, 3). Петроград. "야쿠트인의 관념에서 본 곰"

_____, Орел по воззрениям якутов (СМАЭ I, 16). Ст. Петербург 1910. "야쿠트의 관념에서 본 독수리"

(Ivanovskij) Ивановский, А. А., Дьявол-творец солнца (ЭО 1890, 4). Москва. 이바노브스키 "태양의 창조자 악마"

_____, Монголы и торгоуты II (ИОЛЕАЭ LXXI, Труды

антропол. Отдела XIII). Москва 1893. "몽골인과 토르고트인"
(Jadrincev) Ядринцев, Н. М., Об алтайцах и черневых татарах (ИРГО 1881, XVII). Ст. Петербург. 야드린체프 "알타이인 및 체르네비·타타르"
_____, О Культе медведя, преимущественно у северных инородцев (ЭО 1890). Москва. "주로 북방 원주민의 곰 숭배"
(Jastremskij) Ястремский, С.В., Остатки старинных верований у якутов (ИВС ОРГО XXVII). Иркутск 1897. 야스트렘스키 "야쿠트족의 오래된 신앙의 殘存"
(Jochelson) Иохельсон, В. И., Бродячие роды тундры между реками Индигиркой и Колымой (ЖСт 1900). Ст. Петербург. 요켈손 "인디기르카, 콜리마 두 강 사이의 툰드라 떠돌이 여러 민족"
_____, Kumiss festivals of the Yakut and the decoration of Kumiss vessels. New York 1906. "야쿠트의 쿠미스祭와 쿠미스 용기의 장식"
_____, Материалы по изучению юкагирского языка и фольклора I. Ст. Петербург 1900. "유카기르의 언어와 민속학 연구자료"
_____, The Koryak (The Jessup North Pacific Expedition VI). New York 1905. "코랴크族"
(Kagarov) Кагаров, Э. Г., Монгольские ⟨обо⟩ и их этнографические паралели (СМАЭ VI). Ленинград 1927. 카가로프 "몽골의 '오보'와 그 민족학적 類似例"
(Kalačev) Калачев, А., Поездка к теленгитам на Алтай (ЖСт. 1896, 3-4). Ст. Петербург. 칼라체에프 "알타이의 텔렝기트族으로의 여행"
(Kamenskij) Каменский, Н., Современные остатки языческих обрядов и религиозных верований у чуваш. Казань 1869. 카멘스키 "추바슈의 異敎的 儀禮와 宗敎의 殘存"
Kannisto, A., Über die wogulische Schuspielkunst. FUF VI, 1906. 카니스토 "보굴의 연극 예술"
(Karatanov) Каратанов, И., и Попов, Н., Качинские татары Минусинского округа (ИРГО XX, 6). Ст. Петербург 1884. 카라타노프, 포포프 "미누신스크의 카친스크·타타르"
Karjalainen, K. F., Jugralaisen uskonto. Porvoo 1918. = Die Religion der Jugra-Völker, FFC No. 41, 44 u. 63. 카르얄라이넨 "유그라 여러 민족의 종교"
(Karunovskaja) Каруновская, Л. Э., Из алтайских верований и обрядов, связанных с ребенком (СМАЭ VI). Ленинград 1927. 카루노브스카야 "아이에 관한 알타이 여러 민족의 신앙과 의례"

(Katanov) Катанов, Н. Ф., Отчет о поездке 1896 г. в Минусинский округ (УЗКУ 1897). Казань. 카타노프 "1896년의 미누신스크 여행 보고"

_____, Поездка к карагасам в 1890г. (ЗРГО 1891, XVII). Ст. Петербург. "1890년의 카라가스족에의 여행"

_____, Сказания и легенды минусинских татар (СС 1887). Ст. Петербург. "미누신스크 타타르人의 설화와 전설"

_____, Über die Bestattungsgebräuche bei den Türkstämmen Central und Ostasiens (KSz I). Budapest 1900. "中央・東아시아의 투르크 계통 여러 민족의 葬禮習俗"

(Klemenc) Клеменц, Д. А., Минусинская Швейцария и боги пустыни (ВО 1884, 7). 클레멘츠 "미누신스크의 스이스와 사막의 신들"

_____, Несколько образцов бубнов минусинских инородцев (ЗВСОРГО II, 2). Иркутск 1890. "미누신스크 원주민의 북의 약간의 견본"

_____, Поездка в Качинскую степь (ВО 1886, 47). "카친스크 초원의 여행"

_____, Заметка о тюсях (ИВСОРГО XXIII, 5-6). Иркутск 1892. "토시 覺書"

Клеменц, Д. и Хангалов, М., Общественные охоты у северных бурят (МЭР I). Ст. Петербург 1910. 클레멘츠, 캉갈로프 "북방 부리야트의 집단사냥" [Хангалов, Собрание сочинений I 1958.]

(Koblov) Коблов, И., Мифология казанских татар (ИОАИЭ XXVI, 5). Казань 1910. 코블로프 "카잔・타타르의 신화"

_____, Религиозные обряды и обычаи татар магометан. Казань 1908. "이슬람・타타르의 종교의식과 관습"

(Kočnev) Кочнев, Д. А., О Погребальных обрядах якутов Вилюйского округа Якимской области (ИОАИЭ XII, 1-6). Казань 1895. 코츠네프 "야킴 주의 비유이 管區의 야쿠트인의 장례에 대하여"

Kohn, A., Die Karagassen des kleinen Altaigebirges (Globus XXIV). Braunschweig 1873. 콘 "小알타이山地의 카라가스족"

(Kopylov) Копылов, В., Религиозные верования, семейные обряды и жертвоприношения северо-байкальский бурят шаманистов (ТПМИЕ IV). Иркутск 1886. 코필로프, "北바이칼・샤만 교도의 신앙, 가족 의례와 제사"

(Kotvič) Котвич, В., Материалы для изучения тунгусских наречий (ЖСт 1909, 1-3). Ст. Петербург. 코트비치 "퉁구스 여러 방언연구 자료."

(Kozmin) Козьмин, Н., Д.А. Клеменц и историко-этнографические исследования в Минусинском крае (ИВСОРГО XXXXV). Иркутск 1916. 코즈민 "클레멘시와 미누신스크 지방에서 歷史·民族學的 硏究"

(Krašininnikov) Крашенинников, С., Описание земли Камчатки I-II. Ст. Петербург 1819. 크라셰닌니코프 "캄챠트키誌"

(Krasnov) Краснов, С., На Сахалине. Ст. Петербург 1894. 크라스노프 "사할린에서"

(Kratkie...) Краткие очерки экспедиций по исследованию Северной Монголии в связи с Монголо-Тибетской экспедицией П.К. Козлова. Ленинград 1925. "몽골·티베트의 코즈로프 탐험대에 관한 北몽골 연구에 대한 간추린 보고"

(Krejnovič) Крейнович, Е. А., Очерк космогонических представлений гиляк острова Сахалина (Э 1928, I). Москва. 크레이노비치 "사할린·길랴크의 우주 발생관"

(Krotkov) Кротков, Н., Краткие заметки о современном состоянии шаманства у Сибо, живущих в Илийской области и Тарбагатае. Ст. Петербург 1912. 크로트코프 "일리 地區와 타르바카타이에 사는 시보의 샤머니즘의 간략한 현상보고"

Kudatku Bilik, Radloff를 보라.

(Kulakovskij) Кулаковский, А. Е., Материалы для изучения верований якутов. Иркутск 1923. 쿨라코브스키 "야쿠트 신앙 연구 자료"

v. Lakenau, H., Die Schamanen und das Schamanwesen (Globus XXII). Braunschweig 1872. 라케나우 "샤만과 샤만 제도"

(Landyšev) Ландышев, С., Космология и феогония алтайцев язычников (ПС 1886). Казань. 란뒤셰프 "알타이 異敎 여러 민족의 우주관과 神統觀"

Laufer, B., Origin of the word shaman (AA 1917, XIX). 라우퍼 "샤만의 語源"

v. Ledebour, C.F., Reise durch das Altai-Gebirge und Soongorische Kirgisen-Steppe I-II. Berlin 1829-1830. 레데부르 "알타이 산맥과 송고르·키르기스 초원의 여행"

Lehtisalo, T., Entwurf einer Mythologie der Jurak-Samojeden (MSFOu LIII). Helsinki 1927. 레흐티살로 "유락 사모예드의 신화 개요"

_____, Kertomus työskentelystäni jurakkisamojedi Matvei Ivanovits Jaadnjen kanssa kesällä 1928 (JSFOu XLIV, 4). Helsinki 1930. "1928년 여름 유락 사모예드족의 마트베이·이바노비치·야드니에서 얻은 조사 보고"

(Leontovič) Леонтович, С., Природа и население бассейна р. Тумни (З 1897). Москва. 레온토비치 "툼니 유역의 자연과 주민"

(Lipskij) Липский, А.Н., 《Гольды》 И. А. Лопатина. Владивосток 1925. 리프스키 "로파틴의 ≪골드族≫"

(Lopatin) Лопатин. И.А., Гольды Амурские, Уссурийские и Сунгарийские. Владивосток 1922. 로파틴 "아무르, 우수리, 순가리 유역의 골드族"

(Maak) Маак, Р., Путешествие на Амур, совершенное в 1855 году. Ст. Петербург 1859. 마크 "1855년의 아무르 여행"

―――――――, Вилюйский округ якутской области III. Ст. Петербург 1887. "야쿠트州의 빌유이管區"

(Magnickij) Магницкий, В., Материалы и объянению старой чувашско веры. Казань 1881. 마그니츠키 "고대 추바슈의 信仰 解明을 위한 資料"

(Maksimov) Максимов, С., Остатки древних народно татарских (языческих) верований и нынешних крещений татар Казанской губернии (ИКЕ 1876). Казань. 마크시모프 "고대 타타르의 토착신앙의 殘存과 카잔의 現 그리스도교 세례 받은 타타르"

Majnagašev) Майнагашев, С.Д., Загробная жизнь по представлениям турецких племен Минусинского края (ЖСт 1915). Ст. Петербург. 마이나가셰프 "미누신스크 지방 투르크 여러 민족의 他界觀"

―――――――, Жертвоприношение небу у бельтиров (СМАЭ III). Петроград 1916. "벨티르人의 하늘 祭祀"

(Malov) Малов, С.Е., Несколько слов о шаманстве у турецкого населения Кузнецкого уезда Томской губернии (ЖСт 1909, II-III). Ст. Петербург. 말로프 "톰스크의 쿠즈네츠크의 투르크 계통 주민의 샤머니즘에 대하여"

―――――――, Несколько замечаний к статье А.В. Анохина 《Душа и ее свойства по представлению телеутов》 (СМАЭ VIII). Ленинград 1929. "아노킨 지음 《텔레우트의 관념으로 본 魂과 그 특질》에의 약간의 覺書"

―――――――, Остатки шаманства у желтых уйгуров (ЖСт. 1912). Ст. Петербург. "黃위구르에서 샤머니즘의 殘存"

―――――――, Шаманство у сартов Восточного Туркестана (СМАЭ V, 1). Петроград 1918. "東투르케스탄 사르트族의 샤머니즘"

Marco Polo, The travels of Marco Polo the Venetian. London & New York 1911. "마르코 폴로 여행기"

Mészáros, Gyula, A scuvas ösvallás emlékei. Budapest 1909. 메사로시 "추바슈 자연민족의 여러 기록"

―――――――, Osmanisch-türkischer Volksglaube (KSz VII). Budapest

1906. "오스만 터키의 민간신앙"

(Michajlov) Михайлов, В.И., Обряды и обычай чуваш (ЗРГО XVII, 2). Ст. Петербург 1891. 미하일로프 "추바슈의 의례와 관습"

(Michailovskij) Михайловский, В.М., Шаманство (ИОЛЕАЭ LXXV, Труды этнограф. Отдлеа XII). Москва 1892. 미하이로브스키 "샤머니즘"

v. Middendorff, A.Th., Reisen in den äuBersten Norden und Osten Sibiriens während der Jahre 1843 und 1844, 1847 bis 1875 (III, 1; IV, 2). St. Petersburg 1851 и. 1875. 미덴도르프 "1843년 및 1844년, 1847년부터 1875년에 걸친 시베리아 最北部와 東部로의 여행"

(Milkovič) Милкович, Быт и верования чуваш Симбирской губернии в 1783 году (СГВ 1851, No. 42). Симбирск. 밀코비치 "1783년 심비르스크의 추바슈 생활과 신앙"

Мяхнаев, Г.М., Легенда о сватовстве Хан-Чурмасана и Лусата (БС III-IV). Иркутск 1927. 먀흐나에브 "한-추르마산과 루사트의 혼인전설"

(Mordvinov) Мордвинов, А., Инородцы обитающие в Турухаском крае (ВРГО 1860, II). Ст. Петербург. 모르드비노프 "투루칸스크 지방의 원주민"

Munkácsi, B., Der Kaukasus und Ural als «Gürtel der Erde» (KSz 1). Budapest 1900. 문카치 "『땅의 띠[帶]』로서의 카프카스와 우랄"

Müller, F., Unter Tungusen und Jakuten. Leipzig 1882. 뮐러 "퉁구스와 야쿠트와 함께"

Nansen, F., Gjennem Sibirien. Kobenhagen 1915. 나센 "시베리아 횡단기"

(Nazyrov) Назыров, К. Поверья и приметы казанских татар (ЗРГО VI). Ст. Петербург 1880. 나지로프 "카잔 타타르의 俗信과 예언적 징조"

(Nikiforov) Никифоров, Н., Аносский сборник (ЗЗСОРГО 1916). Омск. 니키포로프 "아노스 集彙"

(Nikolskij) Никольский, Н. В., Краткий конспект по этнографии чуваш. Казань 1911. 니콜스키 "추바슈 民族學 要略"

Nioradze, G., Dr Schamanismus bei den sibirischen Völkern. Stuttgart 1925. 니오라제 "시베리아 여러 민족의 샤머니즘"

Olsen, Et primitivt folk, De mongolske rennomader. Kristiania 1915. 올센 "어떤 미개민족. 몽골의 순록 유목민"

(Ostrovskij) Островский, П., Этнографические заметки о тюрках Минусинского края (ЖСт 1896, 2-4). Ст. Петербург. 오스트로브스키 "미누신스크 지방의 투르크 여러 민족에 관한 民族誌的 覺書"

Pallas, P.S., Merkwürdigkeiten der obischen Ostjaken, Samojeden, daurischen Tungussen, udinskischen Bergtataren etc. Frankfurt & Leipzig 1777. 팔라스 "오비, 오스탸크, 사모예드, 다우르, 퉁구스, 우데山地 타타르 여러 민족 등에 관한 주목할 만한 사실"

_____, Reise durch verschiedene Provinzen des Russischen Reichas III. Ст. Петербург 1776. "러시아 여러 지방의 여행"

_____, Sammlungen historischer Nachrichten über die mongolischen Völkerschaften I-II. Ст. Петербург 1776-1801. "몽골 여러 민족에 대한 역사적인 정보"

(Pekarskij) Пекарский, Э. К., Из якутской старины (ЖСт 1908). Ст. Петербург. 페카르스키 "야쿠트의 古代에서"

_____, Материалы по якутскому обычному правоу (СМАЭ V, 2). Ленинград 1925. "야쿠트의 관습법 자료"

_____, Словарь якутского языка. Ст. Петербург 1907. "야쿠트語 辭典"

Пекарский, Э.К., и Цветков, В.П., Очерки быта пряянских тунгусов (СМАЭ II, 1). Ст. Петербург 1913. 페카르스키, 츠베트코프 "프랴얀스키 퉁구스의 生活 槪略"

Пекарский, Э.К., и Васильев, В., Плащ и бубен якутского шамана (МЭР I). Ст. Петербург 1910. 페카르스키, 바실례프 "야쿠트 샤만의 外套와 북"

Первый бурятский шаман Моргон-Кара (ИВСОРГО XI, 1-2). Иркутск 1880. "부리야트의 최초 샤만, 모르고르-카라"

Первый шаман Бохоли-Кара (ИВСОРГО, XI, 1-2). Иркутск 1880. "최초의 샤만, 보홀리-카라"

(Petri) Петри, Б. Э., Промыслы карагас (ИВСОРГО LIII). Иркутск 1928. 페트리 "카프카스族의 生業"

_____, Старая вера бурятского народа. Иркутск 1928.

Plano Carpini. Bergeron, P.를 보라.

(Podgorbunskij) Подгорбунский, И., Идеи бурят шаманистов о душе, смерти, загробном мире и загробной жизни (ИВСОРГО XXII, 1). Иркутск 1891. 포드고르분스키 "魂, 죽음, 死後의 세계, 死後의 생활에 대한 부리야트 샤만 敎徒의 사고 방식"

_____, Шаманы и их мистерии (ВО 1892). "샤만과 그의 비밀스런 의례"

(Pojarkov) Поярков, Ф., Из области киргизских верований (ЭО XI, 1891). Москва.

포야르코프 "키르기스인의 신앙 분야에서"
(Popov) Попов, П.Ц., Китайский пантеон (СМАЭ I, 4). Ст. Петербург 1907. 포포프 "중국의 神"
(Potanin) Потанин, Г.Н., Эркэ. Культ сына неба в северной Азии. Томск 1916. 포타닌 "에르케-중앙아시아에서의 天子崇拜"
_____, Этнографические сборы А. Анохина (ТТОИС III, 1). Томск 1915. "아노킨의 민족학적 수집"
_____, Громовник по повериям и сказаниям племен южной Сибири и северной Монголии (ЖМНР 1882, 1). Ст. Петербург. "南시베리아 및 北몽골 여러 민족의 俗信과 傳說로 본 벼락신"
_____, Из альбома художника Г.И.Гуркина (ТТОИС III, 1). Томск 1915. "화가 구르킨의 앨범으로부터"
_____, Очерки северо-западной монголии II, IV. Ст. Петербург 1881 и 1883. "西北몽골誌 제2권 民俗·慣習篇"
_____, Тангутско-тибетская окраина I. "西海-티베트 변경 지방 제1권"
(Potapov) Потапов, Л., Пережитки культа медведя у алтайских турков (ЭИ 1928, 2-3). Ленинград. 포타포프 "알타이 투르크의 곰 숭배의 殘存"
(Pozdnejev) Позднеев, А., Калмыцкие сказки (ЗВОРАО 3-4, 6-7, 9-10). Ст. Петербург 1889-1897). 포즈드네예프 "칼무크의 民話"
_____, Монголия и монголы. Ст. Петербург 1896. "몽골 및 몽골인"
(Priklonskij) Приклонский, В.Л., Якутские народные поверья и сказки (ЖСт 1891). Ст.Петербург. 프리클론스키 "야쿠트의 俗信과 民話"
_____, О шаманстве у якутов (ИВСОРГО XVII, 1-2). Иркутск 1886. "야쿠트의 샤머니즘"
_____, Похороны у Якутов в северной части Якутской области (СС 1890), I). Иркутск. "야쿠트州 北部의 야쿠트族의 葬禮"
_____, Три года в Якутской области (ЖСт 1890-1891). Ст. Петербург. "야쿠트州의 3년"
(Pripuzov) Припузов, Н.П., Мелкие заметки о якутах (ЗВОРГО II, 2). Иркутск 1890. 프리푸조프 "야쿠트에 대한 管見"
_____, Сведения для изучения шаманства у якутов Якутского округа (ИВСОРГО XV, 3-4). Иркутск 1885. "야쿠트 지역의 야쿠트인의 샤머니

즘 연구를 위한 정보"

(Prokopjev) Прокопьев, К., Похороны и поминки у чуваш (ИОАИЭ XIX, 5). Казань 1903. 푸로코피예프 "추바슈의 장례의식과 제사"

Radloff, W., Aus Sibirien I–II. Leipzig 1884. [Oosterhout 1968] 라들로프 "시베리아에서"

_____, Das Kudatku Bilik des Jûsuf Châss–Hâdschib I–II. Ст. Петербург 1891 и 1900. "유스푸, 카스, 하지브의 쿠다트쿠, 빌릭"

_____, Proben der Volksliteratur der türkischen Stämme Süd-Sibiriens I–III. Ст. Петербург 1866, 1868, 1870. "南시베리아 투르크 여러 민족의 민간문학의 文例"

_____, Versuch eines Wörterbuches der Türk–dialecte I–IV. Ст. Петербург 1893–1911. ['с-Гравенхаге 1960, Москва 1963] "터키方言辭典의 試圖"

Ramstedt, G.J., Kalmüchisches Wörterbuch. Helsinki 1935. 람스테트 "칼무크어 사전"

(Rudenko) Руденко, С.И., Чувашские надгробные памятники (МЭР I.) Ст. Петербург 1910. 루덴코 "추바슈의 묘비"

(Rudnev) Руднев, А., Новые данные по живой манджурксой речи и шаманству (ЗВОРАО XXI). Ст. Петербург 1912. 루드네프 "현존 만주어와 샤머니즘에 관한 새 자료"

Ruysbroeck, Vilhelms av Ruysbroeck resa genom Asien 1253–1255, utg. Av Jarl Charpentier. Stockholm 1919. 뤼브뢱크 "중앙아시아, 몽골 여행기"

(Ryčkov) Рычков, К.М., Енисейские тунгусы (З XXIV–XXV, Приложение). Москва 1917 и. 1922. 루이츠코프 "예니세이 퉁구스"

(Samokvasov) Самоквасов, Д., Сборник обычного права сибирских инородцев, Warschau 1876. 사모크바소프 "시베리아 慣習法集"

(Šaškov) Шашков, С., Шаманство в Сибири (ЗРГО 1864, 2). Ст. Петербург. 샤쉬코프 "시베리아의 샤머니즘"

(Sbojev) Сбоев, В., Чуваши в бытовом, историческом и религиозном отношениях, Москва 1865. 스보예프 "추바슈의 현황, 역사, 종교"

Schiefner, A., Heldensagen der Minusinskieschen Tataren. Ст. Петербург 1859. 쉬프너 "미누신스크 타타르의 영웅이야기"

Schmidt, I.J., Forschungen im Gebiete der älteren religiösen, politischen und literarischen Bildungsgeschichte der Völker Mittel–Asiens, vorzüglich der Mongolen und Tibeter. St. Peterburg u. Leipzig 1824. 슈미트 "중앙아시

아 여러 민족, 특히 몽골인, 티베트인의 오래된 종교, 정치, 문학적 교양사(教養史) 의 영역 연구"

_____, Geschichte der Ost-Mongolen und ihres Fürstenhauses von Ssanang Ssetsen. St. Peterburg 1829. "사낭 세첸 지음 東部 몽골인과 그 왕가의 역사"

Schmidt, P.W., Der Ursprung der Gottesidee II, 3. Die Religionen der Urvölker Asiens und Australiens. Münster 1931. 슈미트 "神 觀念의 起源"

Schott, W., Altaische Studien, Berlin 1860. 쇼트 "알타이 연구"

_____, Älteste Nachrichten von Mongolen und Tataren. Berlin 1845. "몽골과 타타르에 관한 最古의 報告"

_____, Über die Buddhaismus in Hochasien und in China. Berlin 1846. "高地아시아와 중국의 불교"

(Ščukin) Щукин, Н., Поезда в Якутск. Ст. Петербург 1844. 쉬추킨 "야쿠츠크 여행"

(Serebrjakov) Серебряков, В.К., К вопросу о проазиатских элементах культуры у Хакасов (ЭИ 1928, 2-3). Ленинград. 세레브리야코프 "하카스인의 原아시아的 문화요소의 문제에 빗대어"

(Seroševskij) Серошевский, В.Л., Якуты. Ст. Петербург 1896. 세로셰브스키 "야쿠트人"

(Šimkevič) Шимкевич, П.П., Материалы для изучения шаманства у гольдов (СПОРГО I, 2). Хабаровск 1896. 심케비치 "골드族의 샤머니즘 연구 자료"

(Širokogorov) Широкогоров, С.М., Опыт исследования основ шаманства у тунгусов. Владивосток 1919. 시로코고로프 "퉁구스의 샤머니즘 기초연구의 試圖"

_____, Social organization of the northern Tungus. Shanghai 1929. "북방 퉁구스의 사회구조"

_____, Versuch einer Erforschung der Grundlagen des Schamanentums bei den Tungusen (Braessler Archiv). Berlin 1935. "퉁구스 샤머니즘의 기초연구 試圖"

Сказания бурят, записанные разными собирателями (ЗВСОРГО I, 2). Иркутск 1890. "여러 채집자가 모은 부리야트 전설"

(Slepcov) Слепцов, И.О., О верованиях якутов Якутской области (ИВСОРГО XVII, 1-2). Иркутск 1886. 슬레프초프 "야쿠트州의 야쿠트族의 신앙에 대해서"

(Soboljev) Соболев, И., Русский Алтай (З 1896, 3-4). Москва. 소볼리예프 "러시아의 알타이 지방"

(Sofiskij) Софиский, И.М., О кирометях крещеных татар (Труды IV Археол. Съезда в России). Казань 1891. 소피스키 "세례 받은 타타르의 키레메티에 대하여"

(Solovjev) Соловьев, Ф., Остатки язычества у якутов (Сборник газеты 《Сибирь》 I). Ст. Петербург 1876. 솔로비예프 "야쿠트의 異敎 要所의 殘存"

(Spasskij) Спасский, Г., Забайкальские тунгусы (СВ XIX-XX). Ст. Петербург 1822. 스파스키 "자바이칼의 퉁구스族"

(Špicin) Шпицин, А.А., Шаманизм в отношении к русской археологии (ЗРАО XI). Ст. Петербург 1899. 스피친 "러시아 考古學과의 관계에서의 샤머니즘"

(Šrenk) Шренк, Л., Об инородцах Амурского края II-III. Ст. Петербург 1899, 1903. 슈렌크 "아무르 지방의 원주민에 대하여"

Statling, J., Shamanismen i norra Asien (Populära etnologiska skrifter 7). Stockholm 1912. 스타틀링 "北方 아시아에서의 샤머니즘"

(Stefanovič) Стефанович, Я.Ф., На шаманстве (З 1897). Москва. 스테파노비치 "샤머니즘에 대하여"

Steller, G.W., Beschreibung von dem Lande Kamtschatka. Frankfurt u. Leipzig 1774. 슈텔러 "캄챠트키誌"

(Šternberg) Штернберг, Л., Античный культ близнецов при свете этнографии (СМАЭ III). Ст. Петербург 1916. 슈테른베르크 "민족학에서 본 고대의 쌍둥이 숭배"

_____, Die Religion der Giljaken (AR VIII). Leipzig 1905. "길랴크의 종교"

_____, Культ орла у сибирских народов (СМАЭ V, 2). Ленинград 1925. "시베리아 여러 민족의 독수리 숭배"

Strahlenberg, Ph.J., Das Nord- und Östliche Theil von Europa und Asia. Stockholm 1730. 슈트라알렌베르크 "유럽과 아시아의 북부와 동부"

(Sumcov) Сумцов, Н.Ф., Отголоски христианских преданий в монгольских сказках (ЭО 1890, 3). Москва. 숨초프 "몽골民話에 들어간 그리스도교 전설"

Tchihatcheff, P., Voyage Scientifique dans l'Altaj oriental et las parties Adjacentes de la frontier de China. Paris 1845. 치하체프 "東部알타이 및 중국 접경지역의 학술여행"

Thomsen, W., Inscrptions de l'Orkon (MSFOu V). Helsinki 1896. 톰센 "오르콘 碑文"

(Timrjasěv) Тимряшев, С., Похороны и поминки у чуваш-язычников д. Ижалкиной, Чистопольского уезда. Саврушского прихода (ИКЕ 1876, No. 8). Казань. 팀리

야세프 "사브루시敎區 치스토보르郡 이자르키나 마을의 원주민 추바슈 장례와 제사"
(Titov) Титов, Е. И., Некоторые данные по культу медведя у нижнеангарских тунгусов Киндигирского рода. (СЖС I) Иркутск 1923. 티토프 "앙가라 下流 퉁구스 킨디기르 씨족의 곰 숭배에 관한 약간의 자료"

Toivonen, Y.H., Pygmäen und Zugvögel (FUF XXIV, H. 1-3). Helsinki 1937. 토이보넨 "피그미와 철새"

(Tokmašev) Токмашев, Г.М., Телеутские материалы (ТТОИС III, 1). Томск 1915. 토크마세프 "텔레우트 자료"

(Tretjakov) Третьяков, П.И., Туруханский край, его природа и жители. Ст. Петербург 1871. 트레탸코프 "투루칸스크 지방, 그 자연과 사람"

(Troščanskij) Трощанский, В.Ф., Эволюция черной веры у якутов. Казань 1902. 트로슈찬스키 "야쿠트인에서의 샤머니즘의 진화"

_____, Любовь и брак у якутов (ЖСт 1909, 2-3). Ст. Петербург. "야쿠트족의 연애와 결혼"

Vámbéry, H., Die primitive Kultur des turco-tatarischen Volkes. Leipzig 1879. 밤베리 "투르크 타타르족의 원시문화"

_____, Noten zu den alttürkischen Inschriften der Mongolei und Sibiriens (MSFOu XII). Helsinki 1899. "몽골과 시베리아의 고대 투르크 碑文의 覺書"

(Vasiljev) Васильев, Б.А., Основные черты этнографии ороков (Э 1929, I). Москва. 바실리예프 "오로크 民族誌의 기본 특징"

Васильев, В.Н., Изображения долгано-якутский духов как атрибуты шаманства (ЖСт 1909). Ст. Петербург. 바실리에프 "샤머니즘에 들린 돌간 야쿠트의 영상(靈像)"

_____, Шаманский костюм и бубен у якутов (СМАЭ I, 8). Ст. Петербург 1910. "야쿠트 샤만의 무복(巫服)과 북"

(Vasiljevič) Васильевич, Г.М., Некоторые данные по охотничим обрядам и представлениям у тунгусов (Э 1930, 3). Москва. 바실레비치 "퉁구스에서의 사냥 의식과 관념에 관한 약간의 자료"

(Veniamin) Вениамин, Самоеды мезенские (ВРГО III). Ст. Петербург 1855. 베니아민 "메젠스크의 사모예드족"

(Verbickij) Вербицкий, В.И., Алтайские инородцы. Москва 1893. 베르비츠키 "알타이 지방의 원주민"

(Veselovskij) Веселовский, А.Н., К вопросу о дуалистических космогониях (ЭО

1890, II). Москва. 베셀로브스키 "二元論的 宇宙 發生論의 문제에 빗대어"

(Veselovskij) Веселовский, А.Н., Разыскания в области русского духовного стиха (ЗАН 1883, 1889). Ст. Петербург. "러시아 宗敎詩 硏究"

Веселовский, Н.И., Современное состояние вопроса о "каменных бабах" или ≪балбалах≫. Одесса 1915. 베셀로브스키 "≪石婦≫ 곧 ≪발바르≫ 문제의 現狀"

(Vitaševskij) Виташевский, Н.А., Из наблюдений над якутскими шаманскими действиями (СМАЭ V, 1). Петроград 1918. 비타세브스키 "야쿠트 샤만의 동작 관찰에서"

―――――――――――――――, Материалы для изучения шаманства у якутов (ЗВСОРГО II, 2). Иркутск 1890. "야쿠트 샤머니즘의 연구 자료"

Witsen, N., Noord en Oost Tartarye I-II. Amsterdam 1705. 비트젠 "타르타리아의 北과 東"

(Vladimircov) Владимирцов, Б.Я., Монгольский сборник рассказов из Pañcatantra (СМАЭ V, 2). Ленинград 1925. 블라디미르초프 "판차탄트라 유래의 몽골어 전설집"

Zakharov, A., Antiquities of Katanda (Altai) (The Journal of the Royal Anthropological Institute LV). London 1925. 자카로프 "칸탄다의 古代"

(Zaleckij) Залецкий, Н.К., К этнографии и антропологии карагасов (ТРАО 1898, III). Ст. Петербург. 잘레츠키 "카라가스의 民族誌와 인류학에 빗대어"

(Žamcarano) Жамцарано, Ц.Ж., Онгоны агинских бурят (ЗРГО по отд. этнографии XXXIV). Ст. Петербург 1909. 잠차라노 "아가 부리야트의 온곤"

(Zatopljajev) Затопляев, Н., Некоторые поверья аларских бурят (ЗВСОРГО II, 2). Иркутск 1890. 자토플리아예프 "아라르 부리야트의 약간의 俗信"

(Zeland) Зеланд, Н., Киргизы. Этнологический очерк (ЗЗСОРГО VII, 2). Омск 1885. 젤란드 "키르기스족, 그 民族誌的 槪略"

(Zelenin) Зеленин, Д., Ein erotischer Ritus in den Opferungen der altaischen Türken (Internationales Archiv für Ethnographie XXIX). Leiden 1928. 젤레닌 "알타이 투르크족의 祭祀에서의 에로틱한 儀禮"

―――――――――――――――, Культ онгонов в Сибири. Москва 1936. "시베리아에서의 온곤 숭배"

―――――――――――――――, Табу слов у народов восточной Европы и северной Азии I. Запреты на охоте и иных промыслах (СМАЭ VIII); II. Запреты в домашней жизни (СМАЭ IX). Ленинград 1929, 1930. "東유럽 및 北아시아 여러 민족에서의 어휘의 터부. 제1권, 사냥 그 밖의 生業에서의 禁句. 제2권, 家庭生活에서의 禁句"

(Žiteckij) Житецкий, И.А., Очерки быта Астрахньских калмыков (ИОЛЕАЭ LXXVII, 1, Труды энограф. Отдела XIII, 1). Москва 1893. 지테츠키 "아스트라칸 칼무크의 생활의 槪要"

(Zolotnickij) Золотницкий, Н.И., Корневой чувашско-русский словарь. Казань 1875. 졸로트니츠키 "추바슈 러시아 語根 辭典"

찾아보기

일반사항

가루다(Garuda)　69, 85, 86, 87
가족령(家族靈)　537
개구리　30, 103, 122, 234, 467, 504
거북　28, 29, 30, 34, 49, 50, 61, 65, 66, 88, 102, 109, 111, 138
검은 신앙　14
검은 샤만　472, 473, 474, 475
고슴도치　189, 190, 233
극북민족　318, 441, 485, 489, 496, 501
금산(金山 altyn tū)　59, 60, 124, 125
금성(金星)　168, 196, 205, 206, 207
꺼림(禁忌)　287
낙원　57, 76, 78, 80, 81, 82, 83, 84, 86, 87, 88, 89, 90, 138, 168, 178, 179, 180, 188, 360
남근숭배　160
네스토리우스(Nestorius)　13, 18, 104
누른 신앙　14
달의 토끼　194
대지기원전설　31, 32, 92, 94, 106, 118
돌궐(突厥)　12, 13, 157, 295, 296, 319, 362, 463
땅의 굴뚝　55
땅의 기원　24, 28, 91
땅의 띠　24, 25, 35
땅의 배꼽　27, 28, 39, 49, 56, 59, 64, 70, 71, 77, 79, 180, 244
라마교　14, 15, 65, 69, 88, 90, 129, 302, 334, 353, 485

라마승　14, 50, 506
리그베다(Rig veda)　29, 48, 55, 81, 82, 114, 115, 117, 225
마을의 기둥　43, 44
만주·퉁구스어군(Manchu-Tungus languages)　6, 11, 12
망아상태(忘我狀態)　450, 477, 487, 516, 518
매머드　34, 112, 135, 311
몽골어군(Mongolian languages)　6, 9, 553
묘성(昴星)　37, 186, 187, 196, 199, 201, 204, 205, 207, 210, 212
무복(巫服)　16, 24, 27, 28, 475, 488, 489, 490, 491, 492, 493, 494, 495, 496, 497, 499, 500, 501, 502, 503, 504, 505, 506, 507, 513, 515, 527, 529
무병(巫病)　448, 449, 552
문수보살　28, 31, 114
물고기　30, 31, 32, 33, 84, 143, 214, 236, 264, 283, 289, 290, 314, 345, 348, 383, 398, 399, 400, 401, 411, 412, 426, 439, 468, 470, 503, 504, 537
물새　30, 99, 100, 106, 107, 108, 109, 110, 230, 466
미드라교(Mithra)　56
바빌로니아(Babylonia)　37, 49, 63, 68, 82, 90, 97, 104, 157, 206, 212
반고(盤古)　91, 114

방주(方舟) 135, 136, 137, 139, 140
백색 동물 154
백조 106, 230, 405, 457, 459, 460, 461, 462, 465, 467, 552
뱀 64, 65, 86, 93, 96, 103, 126, 127, 132, 133, 211, 230, 351, 353, 455, 467, 493, 494, 503, 504, 509
범과 곰의 자손 464, 553
베다(veda) 29, 48, 70, 151, 207
벼락비 216
벼락신 218, 219, 220, 223, 224, 225, 226, 230
별의 줄 43, 197
부르칸(Burkhan) 15, 93, 96, 105, 107, 108, 120, 121, 130, 134, 150, 199, 253, 373, 480
부싯깃 229, 233, 234, 422
부정 없애기 292, 416, 480, 486
북극성 38, 39, 40, 41, 42, 43, 50, 54, 55, 61, 62, 68, 82, 162, 196, 197, 198
불 까마귀 232
불기원전설 233
불의 신령 237, 242, 243, 244, 245, 247, 248, 249, 250, 251, 271
불의 어미니 234, 240, 242, 247, 249, 250, 530
붉은목아비새 105, 106, 107, 108, 318
비슈누(Vishnu) 29
사령숭배(死靈崇拜) 296, 297, 300
산 자(生者) 348, 349, 357, 364, 382, 393
삼신할멈(誕生靈) 88
상계(上界) 26

상복(喪服) 299
상제(上帝) 152, 153, 154
새의 문 38
생명의 나무 74, 76, 78, 80, 81, 82, 83, 84, 85, 86, 87, 88, 89, 127, 181
생명의 물(生命水) 80
샤만 의례 191, 467
샤만(kam, baksa) 15, 16, 18, 24, 27, 28, 39, 46, 47, 50, 51, 54, 55, 56, 58, 60, 69, 71, 72, 85, 106, 138, 162, 163, 164, 168, 169, 171, 174, 175, 177, 179, 186, 188, 191, 194, 207, 211, 213, 214, 216, 223, 224, 228, 229, 233, 255, 260, 263, 264, 265, 266
샤만의 나무 305, 470, 471, 472
샤만의 아들 294, 303, 304, 305, 478, 480, 481, 482, 483, 484
샤만의 아버지 460, 478, 480, 481, 483, 484, 552
샤머니즘 14, 15, 16, 51, 69, 272, 374, 440, 443, 446, 451, 457, 472, 473, 527, 528, 529, 534, 536
서른셋 하늘(33天) 57
서품 474, 475, 476, 477, 478, 479, 480, 481, 482, 483, 484, 485, 486, 487
선령(善靈) 175, 276, 285, 385, 387, 473, 525
선비족(鮮卑族) 69, 319
성소(聖所) 48, 69, 70, 142, 246, 253, 255, 415, 441, 442
성수(聖樹) 51

세계강(世界江) 86, 90
세계기둥 40, 41, 42, 43, 45, 48, 49, 50, 55, 65, 72, 73, 85, 526
세계나무(世界樹) 47, 71, 72, 73, 85, 86, 87, 339, 471, 512
세계란(世界卵) 91
세계산(世界山) 59, 61, 63, 74, 132
세계상(世界像) 21, 22, 24, 25, 28, 33, 34, 48, 50, 54, 55, 57, 58, 59, 62, 65, 68, 90, 173, 350, 554
세계의 띠 25
세계층(世界層) 50
솔본(Solbon 金星) 42, 205, 206, 207, 484
쇠의 기둥 40, 42, 59
쇠의 산 59, 62
수령(水靈) 400
수메르(Sumer) 61, 62, 64, 65, 66, 67, 70, 74, 93, 132, 171
수미산(須彌山) 66, 67
수장(樹葬) 309, 318
승천의례(昇天儀禮) 51
시조모(始祖母) 464, 465, 553
시조부(始祖父) 465
아그니(Agni) 115, 245
아담(Adam) 113, 116, 117, 125, 129, 130, 180, 353
아담과 이브 129
아랑가(aranga) 302, 303, 316, 317
아수라(阿修羅 Asura) 74, 75, 195, 196
아홉하늘(九天) 56, 57, 171, 525
아후라 마즈다(Ahura Mazda) 13, 96, 97, 104, 125, 147, 486
악령(惡靈) 13, 15, 70, 125, 173, 179, 218, 219, 221, 266, 271, 272, 273, 276, 277, 280, 281, 285, 287, 337, 352, 354, 361, 366, 367, 369, 383, 384, 386, 398, 408, 409, 444, 458, 474, 482, 485, 492, 504, 506, 515, 516, 521, 522, 525, 527, 528, 531
알라(Allah) 148
알타이 계통 12, 17, 19, 23, 40, 41, 50, 55, 104, 111, 132, 133, 160, 185, 192, 196, 215, 219, 223, 227, 232, 234, 238, 253, 284, 285, 325, 344, 347, 348, 354, 362, 369, 385, 489, 491, 537, 540, 542, 545
야다치(jadači) 231
영상(靈像) 335, 336, 372, 375, 379, 380, 381, 392, 401, 493, 503, 509, 513, 537
영체(靈體) 473, 475, 477, 480, 513, 519, 535, 537, 542
영혼숭배 153, 259, 260, 261, 269, 272, 283, 285, 443
오리온자리 201
오보(Obo) 69, 70, 394, 395, 396, 552
오치르바니(Otschirvani) 28, 64, 93, 102, 123, 132, 190, 195
오환(烏桓) 319
우주바다(宇宙海) 28, 32, 66
원인(原人) 82, 84, 98, 100
원해(原海) 23, 24, 30, 63, 64, 65, 91, 92, 93, 94, 96, 99, 101, 107, 111, 133
월식(月蝕) 158, 194, 195, 196
위령제 325, 335, 341, 343, 365, 427,

519
이미르(Ymir) 116, 117
이슬람 14, 15, 25, 32, 33, 74, 90, 113, 136, 147, 148, 210, 288, 306, 307, 326, 332, 334, 354, 360, 395
인간의 시조 80, 84
인간창조 93, 118
인간창조전설 118
인드라(Indra) 48, 67, 75, 114, 115, 225
일곱층 53, 72
일식(日蝕) 158, 194, 195
일신교(一神敎) 147
일월의 기원 190
자연민족(Naturvölker) 16, 111, 153, 195, 198, 213, 238, 261, 287, 362, 363, 391, 409, 415, 438, 439, 460, 465, 506, 507, 516, 537
자작나무 8, 11, 17, 49, 51, 54, 71, 73, 137, 142, 162, 175, 183, 224, 234, 276, 277, 303, 304, 305, 308, 310, 311, 312, 313, 317, 345, 349, 370, 371, 374, 381, 398, 427, 428, 431, 433, 434, 436, 440, 458, 478, 479, 481, 482, 483, 484, 485, 487, 506, 508, 509, 510, 513, 517, 522, 523, 524, 530, 531, 532, 533, 538, 539, 540, 543, 547, 548, 549, 550
저승사자 288, 328, 330
정화의례 238
젖 호수 178, 179, 180
젖바다(乳海) 65, 77, 79, 87, 88, 92, 195

제물(祭物) 15, 16, 17, 22, 35, 44, 52, 53, 58, 59, 70, 114, 138, 142, 149, 158, 159, 162, 166, 170, 171, 191, 203, 206, 213, 225, 227, 240, 241, 242, 243, 244, 245, 246, 247, 248, 250, 251, 252, 255, 256, 264, 266, 276, 277, 284, 288, 295, 297, 306, 309, 310, 337, 342, 347, 353, 368, 369, 370, 377, 379, 380, 382, 384, 392, 394, 395, 398, 399, 400, 401, 415, 436, 437, 441, 442, 449, 463, 472, 473, 474, 476, 477, 480, 481, 482, 483, 484, 488, 519, 524, 525, 526, 530, 531, 532, 533, 534, 537, 538, 539, 540, 541, 542, 543, 544, 545, 546, 548, 549, 550
제비 95, 99, 111, 234, 338, 420, 425, 426
제사(祭祀) 40, 49, 53, 69, 138, 226, 239, 242, 252, 253, 256, 257, 308, 309, 314, 325, 326, 327, 332, 333, 334, 335, 336, 337, 338, 353, 376, 387, 391, 436, 439, 440, 442, 444, 464, 466, 473, 474, 476, 511, 529, 530, 537, 538, 539, 542, 543, 544
제석천(帝釋天 Indra) 48, 67, 115
조로아스터(Zoroaster) 93, 96, 97
조물주 102, 106, 114, 120, 123, 138, 146, 148, 150, 156, 161, 177
조상(鳥像) 45, 46, 53, 318, 451, 539, 552

찾아보기 … 일반사항 **633**

종족전설　465
죽은 자(死者)　17, 22, 72, 81, 98, 114, 138, 139, 143, 146, 181, 199, 221, 222, 223, 227, 236, 238, 243, 246, 259, 260, 262, 265, 288, 289, 290, 291, 292, 293, 294, 295, 296, 297, 298, 299, 300, 301, 302, 303, 304, 305, 306, 307, 308, 309, 310, 311, 312, 313, 314, 315, 316, 317, 318, 319, 320, 321, 322, 324, 325, 326, 327, 328, 329, 330, 331, 332, 333, 334, 335, 336, 337, 338, 339, 340, 341, 342, 343, 344, 345, 346, 347, 348, 349, 351, 353, 354, 360, 361, 362, 363, 364, 365, 368, 369, 370, 371, 374, 378, 379, 382, 383, 384, 393, 394, 398, 413, 414, 426, 427, 433, 436, 437, 440, 448, 458, 469, 471, 473, 493, 494, 506, 510, 519, 520, 534, 537, 552
중계(中界)　26
중심산　29, 59, 60, 61, 62, 63, 64, 65, 66, 68, 69, 71, 72, 82, 90, 171, 179
지킴이　74, 166, 167, 197, 206, 350, 352, 408, 409, 410
창세전설　23, 24, 60, 64, 93, 95, 96, 98, 100, 101, 103, 106, 109, 110, 113, 114, 116, 117, 122, 127, 129, 139
창조주　47, 94
천신(天神)　31, 43, 45, 69, 94, 146, 147, 148, 149, 150, 151, 152, 153, 154, 155, 157, 158, 159, 160, 161, 162, 167, 171, 176, 189, 194, 210, 215, 218, 232, 234, 245, 246, 255, 352, 353, 442, 473, 520, 529, 530, 534, 542, 543, 546, 547, 549, 550
천신숭배　154
천자(天子)　147, 153
천지　91, 140, 159, 234, 250, 252
천지혼인신화　252
최고신　30, 46, 47, 48, 50, 51, 59, 60, 61, 77, 83, 85, 136, 138, 142, 143, 148, 156, 161, 162, 163, 165, 166, 169, 170, 180, 233, 234, 276, 352, 470, 471, 486, 493, 527, 532, 533
최초의 사람　76, 77, 80, 81, 82, 83, 84
최초의 샤만　445, 458, 471, 520
최초의 인간　79, 98, 99, 109, 116, 118, 120, 122, 123, 125, 129, 353
쿠미스(kumys)　159, 169, 170, 199, 225, 322, 387, 403, 540, 541, 545, 546, 547, 548, 549
큰곰자리　41, 42, 186, 196, 197, 198, 199, 200, 201, 203, 205, 210
태양 탄생일　56
탯줄　184
터키어군(Turkic languages)　6, 553
텡게리(tengeri)　57, 63, 64, 74, 148, 156, 169, 171, 172, 173, 214, 218, 219, 220, 224, 230, 232, 250, 285, 474, 479, 520
텡그리(tengri)　147, 148, 149, 150,

152, 154, 170
토르(Thor) 114, 133
토템 460, 466, 468, 536
투르크(Turk) 6, 9, 12, 14, 15, 17, 18, 19, 21, 22, 24, 25, 27, 32, 34, 36, 37, 42, 43, 56, 58, 63, 70, 90, 94, 148, 155, 156, 167, 181, 185, 186, 187, 191, 208, 212, 226, 229, 235, 238, 246, 251, 252, 253, 259, 261, 266, 269, 283, 284, 285, 288, 295, 297, 299, 306, 307, 310, 318, 319, 320, 321, 322, 323, 332, 333, 351, 362, 430, 434, 443, 462, 505, 508, 516, 517, 529, 539, 541
파야나(Pajana) 118
펠트(felt) 9, 146, 221, 224, 225, 226, 240, 243, 276, 277, 300, 302, 304, 310, 331, 372, 481, 482, 483, 484, 530
푸루사(Purusa) 114
하계(下界) 22, 26, 27, 28, 55, 56, 57, 58, 79, 98, 165, 295, 345, 346, 350, 351, 352, 353, 354, 355, 356, 357, 358, 359, 360, 363, 379, 403, 475, 503, 520, 527, 528, 534
하늘의 문 36
하늘의 배꼽 39, 63
하늘의 층 50, 51, 54, 55, 56, 57, 58, 60, 350, 351, 487
하얀 호수 177, 178
혼 동물 267, 268, 269
혼돈(카오스) 91, 93
홍수전설 105, 109, 127, 133, 135, 136,

139, 140, 141, 142, 162, 180
화주(火酒) 191, 203, 206, 222, 224, 226, 241, 242, 243, 251, 277, 302, 304, 305, 308, 309, 314, 326, 327, 328, 329, 331, 336, 337, 338, 344, 348, 367, 368, 387, 392, 395, 400, 434, 477, 480, 514, 523, 537, 542, 543, 545
황소 32, 33
훈(Hun) 296, 322
흉노(匈奴) 69, 297, 320, 463, 545
흙 운반전설 108, 110, 111
희생동물 41, 43, 44, 46, 49, 51, 52, 171, 227, 246, 247, 265, 266, 365, 412, 437, 483, 484, 524, 525, 533, 538, 541, 542, 548, 550
흰 샤만 472, 473, 474

인명

가리데(Garide) 64, 132
게세르 칸(Geser-Khan) 282
게오르기(Georgi) 21, 23, 206, 255, 372, 373, 374, 375, 377, 380, 381, 497, 508, 540, 544, 545
그라뇌(Granö) 7, 231, 323, 489
그멜린(Gmelin) 317, 380, 393, 489, 498, 500, 535, 539
노아(Noah) 105, 135, 136
니오라제(Nioradze) 402, 445, 496, 508, 510, 515
데바(Deva) 195, 196
도게도이(Dogedoi) 205, 206
되르뵈트(Dörböt) 28, 64, 215, 243,

268, 335
뒤렌코바(Dyrenkova) 241, 427, 463
라들로프(Radloff) 51, 143, 165, 168, 169, 177, 178, 179, 180, 253, 283, 284, 288, 320, 323, 328, 333, 343, 350, 354, 360, 364, 394, 446, 463, 489, 516, 518, 529, 538, 539, 549
레흐티살로(Lehtisalo) 45, 53, 264, 293, 349, 350, 390, 433, 434, 456, 469, 471, 516, 536
로파틴(Lopatin) 287, 313, 341, 354, 382, 400, 449, 504, 515, 537, 544
뤼브뢰크(Ruysbroeck) 18, 61, 113, 114, 146, 147, 196, 221, 237, 238, 240, 292, 295, 321, 322, 323, 372, 375, 444, 529, 545
마르코 폴로(Marco Polo) 18, 146, 147, 252, 344
마이데레(Maidere) 124, 125, 130, 143, 144
마이트레야(Maitreya) 124, 180
마크(Maack) 299, 311, 312, 316, 325, 387, 394, 407, 419, 427, 433, 434, 435, 437, 540, 546
만잔 괴르뫼(Manzan-Görmö) 199, 208
망구 칸(Mangu Khan) 146, 321
모간 칸(Mogan Khan) 157
모르곤 카라(Morgon-Kara) 520
미덴도르프(Middendorff) 79, 83, 386, 546
바실리에프(Vasiliev) 46, 47, 468, 471, 526, 527, 528, 529

바이 울겐(Bai ulgen) 148, 178
반자로프(Banzarov) 69, 91, 149, 159, 170, 251, 284, 342, 371, 395, 548
밤베리(Vambéry) 185, 255
보고라스(Bogoras) 54, 419, 431
보그디간(Bogdygan) 162, 533
보디사트바(bodhisattva) 13
보비르간(Bobyrgan) 162, 533
보신토이(Boshintoi) 42, 403
부르카투 칸(Burkhatu Khan) 234, 250
부르칸 박시(Burkhan baksi) 93, 130
부르칸(Burkhan) 15, 93, 96, 105, 107, 108, 120, 121, 130, 134, 150, 199, 253, 373, 480
사낭 세첸(Ssanang Ssetsen) 19, 147, 151
샤쉬코프(Šaškov) 399, 462, 549
솜볼 부르칸(Sombol-Burkhan) 107, 108
숄모(Sholmo) 96, 121
쉬추킨(Ščukin) 371, 447, 452, 461
슈렌크(Šrenk) 229, 313, 315, 347, 348, 436, 440
슈미트(Schmidt) 19
슈테른베르크(Šternberg) 287, 464, 465
슈트라알렌베르크(Strahlenberg) 316, 361, 461, 546
시로코고로프(Shirokogorov) 214, 379, 387, 388, 448, 453, 488, 501, 505, 507, 521, 522, 529
시베게니 부르칸(Schibegeni-Burkhan) 107, 120, 121
시에로세브스키(Sierozsewski) 265, 282,

293, 317, 370, 458, 468, 524, 525
심케비치(Šimkevič) 228, 289, 313, 318, 339, 340, 408, 445, 505
아가피토프(Agapitov) 159, 373, 374, 375, 376, 387, 448, 457, 463, 474
아그니(Agni) 115, 245
아노킨(Anochin) 33, 50, 55, 161, 162, 163, 164, 166, 177, 180, 255, 287, 351, 353, 365, 368, 453, 469, 472, 492, 493, 511, 513, 516, 520, 532, 539
아니시모프(Anisimov) 174, 288
아담(Adam) 113, 116, 117, 125, 129, 130, 180, 353, 443
아르 토욘(Ar-tojon) 80, 148
아틸라(Attila) 12, 296, 322
아후라 마즈다(Ahura mazda) 13, 96, 97, 104, 125, 147, 486
알라(Allah) 148
알렉산더 54, 459
애를리크(Ärlik) 26, 172, 288, 351, 352, 353, 354, 360, 367, 473, 493, 533, 534
야다치(Jadači) 231
야위크(Jajyk) 162, 163, 164, 178, 180
야유치(Jajuči) 88, 177, 178, 179, 180, 283, 284, 532
오치르바니(Otchirvani) 28, 64, 93, 102, 123, 132, 190, 195
온곤(Ongon) 244, 371, 372, 373, 374, 375, 376
울겐(Ulgen) 95, 96, 98, 122, 123, 124, 136, 143, 144, 145, 148, 150, 158, 162, 163, 164, 165, 172, 178, 233, 543
울루 토욘(Ulū-tojon) 232
이를레 칸(Irle Khan) 72, 73, 353, 355, 356, 357, 364
인드라(Indra) 48, 67, 75, 114, 115, 225
징기스칸(Chingiz Khan) 13, 18, 146, 151, 157, 253, 321, 464, 555
카르얄라이넨(Karjalainen) 42, 43, 44, 53, 154, 155, 166, 182, 264, 349, 361, 362, 428, 442, 511, 515
카르피니(Johannes de Plano Carpini) 18, 146, 150, 156, 192, 235, 292, 320, 322
카스트렌(A. m. Castrén) 72, 355, 364, 365
카이 돈네르(Kai Donner) 420, 443, 445, 499, 523, 524
칸(khan) 149, 150, 191, 199, 200, 205, 444, 463
캄(Kam) 443, 444, 539
캉가이 칸(Khangai Khan) 234, 250, 253
캉갈로프(Changalov) 373, 374, 375, 377, 448, 457, 462, 463, 474, 477, 479, 482, 485, 517, 540
쿠다이(Kudai) 13, 63, 73, 74, 148, 165, 168, 177, 178, 356, 403
테무친(Temijin) 13
트레탸코프(Tretiakov) 310, 325, 432, 435, 451, 469
트로슈찬스키(Troščanskij) 94, 159, 183, 287, 316, 317, 346, 370, 396, 403, 404, 432, 445, 448, 458,

473, 499, 527, 528, 529, 546
파야나(Pajana) 118
팔라스(Pallas) 60, 75, 161, 221, 222, 259, 301, 308, 309, 318, 334, 373, 502, 503, 541
페트리(B. E. Petri) 303, 376, 391, 398, 399, 448, 452, 456, 466, 485, 517, 548
포타닌(Potanin) 163, 164, 216, 284, 306, 330, 342, 344, 353, 427, 462, 480, 483, 511
푸루사(Purusa) 114
프리클론스키(Priklonski) 158, 169, 170, 179, 182, 246, 256, 265, 317, 318, 319, 342, 354, 360, 370, 444, 514, 517, 524, 535, 547
프리푸조프(Pripuzov) 169, 183, 267, 346, 371, 403, 473, 475, 476
헤라(Hera) 152, 208
헤라클레스(Herakles) 209
헤로도토스(Herodotos) 148

종족명

갈리치아(galicia) 97
게르만족(Germanic peoples) 40, 49
그루지아(Georgian) 18
길랴크(Gilyak) 12, 16, 38, 189, 193, 194, 229, 287, 315, 413, 420, 421, 426, 430, 440, 554
나나이(Nanai) 11, 12, 60, 61, 73, 85, 174, 184, 189, 191, 193, 194, 198, 203, 210, 214, 219, 220, 228, 229, 241, 242, 249, 270, 273, 282, 283, 287, 289, 290, 292, 297, 298, 299, 313, 314, 315, 324, 335, 336, 339, 340, 341, 345, 346, 354, 380, 382, 383, 387, 393, 400, 401, 405, 408, 410, 412, 431, 432, 436, 437, 443, 445, 449, 453, 455, 456, 464, 466, 469, 470, 471, 476, 477, 487, 504, 505, 506, 513, 515, 519, 521, 537, 544, 545, 553, 554
노가이(Nogai) 6
니브흐(Nivkh) 12, 554
다우르(Dahur) 11
돌간(Dolgan) 16, 44, 45, 46, 47, 85, 175, 282, 318, 466, 467, 468, 470, 472, 496, 508, 522, 525, 526, 529
드라비다(Dravida) 142
라무트(Lamut) 11, 15, 228, 389, 407, 419, 427, 431, 554
라프(Lapp) 11, 40, 41, 43, 49, 158, 165, 186, 198, 208, 268, 280, 283, 294, 309, 342, 350, 362, 388, 411, 413, 414, 415, 417, 418, 419, 420, 422, 424, 427, 430, 431, 432, 435, 436, 437, 438, 439, 441, 442, 449, 450, 456, 470, 475, 507, 508, 509, 512, 517, 528
레베드 타타르(Lebed Tatar) 7, 53, 106, 165, 166, 364, 489, 509, 513, 516, 518, 550
리투아니아(Lithuania) 187
몽골(Mongol) 8, 9, 13, 14, 15, 18, 19, 23, 25, 26, 29, 40, 49, 50, 57, 60, 61, 62, 64, 69, 70, 72, 74, 76, 86,

88, 91, 92, 93, 113, 114, 123, 130, 132, 146, 147, 148, 149, 150, 151, 152, 154, 155, 156, 157, 159, 161, 169, 170, 172, 179, 191, 192, 194, 195, 196, 199, 202, 207, 210, 211, 212, 214, 221, 223, 225, 227, 228, 230, 234, 235, 236, 242, 245, 247, 250, 251, 252, 253, 259, 261, 266, 268, 269, 270, 273, 274, 282, 283, 284, 301, 319, 320, 323, 334, 343, 344, 371, 372, 375, 380, 381, 389, 395, 398, 402, 412, 444, 445, 462, 469, 503, 504, 505, 506, 508, 513, 520, 548, 553, 554

바슈간 오스탸크(Vasyugan Ostyak) 42, 58, 72, 166, 210, 350

벨티르(Beltir) 7, 148, 149, 150, 155, 156, 245, 252, 289, 292, 293, 294, 295, 297, 307, 308, 326, 327, 348, 349, 351, 394, 515, 543

보굴(Vogul) 24, 25, 34, 36, 43, 53, 94, 97, 100, 102, 106, 109, 121, 128, 135, 142, 156, 163, 166, 204, 208, 209, 210, 247, 255, 297, 415, 420, 427, 428, 429, 506, 554

보탸크(Votyak) 27, 31, 32, 98, 108, 109, 119, 187, 233, 268, 408, 442

볼가 타타르(Volga Tatar) 6, 148, 203, 208, 231, 262, 285, 385, 386, 397, 399

부리야트(Buryat) 9, 13, 14, 16, 28, 29, 30, 36, 37, 40, 42, 47, 51, 53, 55, 61, 86, 96, 100, 102, 107, 108, 109, 113, 120, 121, 130, 134, 147, 148, 150, 155, 156, 159, 161, 170, 172, 173, 179, 183, 188, 189, 190, 192, 195, 196, 199, 200, 202, 205, 206, 207, 208, 211, 217, 218, 219, 221, 222, 223, 224, 226, 227, 229, 230, 232, 233, 234, 236, 237, 239, 240, 241, 242, 243, 244, 245, 247, 248, 249, 250, 251, 256, 259, 260, 263, 265, 266, 267, 270, 271, 272, 274, 275, 276, 277, 280, 282, 283, 284, 285, 290, 292, 294, 302, 303, 304, 305, 306, 344, 345, 353, 355, 361, 372, 373, 374, 375, 376, 377, 378, 379, 380, 385, 387, 388, 389, 390, 393, 395, 398, 399, 402, 403, 412, 425, 436, 441, 444, 445, 448, 452, 456, 458, 459, 460, 462, 463, 466, 467, 474, 475, 477, 478, 480, 481, 484, 485, 486, 487, 502, 503, 506, 517, 519, 520, 521, 536, 538, 539, 540, 541, 542, 548, 549, 552, 554

사가이(Sagai) 7, 135, 270, 292, 293, 296, 310, 327, 421, 426, 433, 549

사모예드(Samoyed) 8, 16, 22, 34, 39, 44, 45, 53, 57, 86, 105, 112, 119, 141, 198, 208, 213, 235, 238, 247, 249, 264, 290, 291, 293, 297, 342, 349, 351, 372, 388, 409, 410, 421, 428, 434, 445, 449, 456, 469, 472, 501, 506, 516, 523,

524, 536, 540, 543, 554
사바(Saba) 56, 168, 171
셀렐 몽골(Selel Mongol) 462
셈(Semitic) 80, 87, 128, 185, 246
소요트(Soyot) 8, 9, 11, 15, 16, 26, 29, 47, 48, 54, 57, 58, 138, 150, 214, 220, 223, 225, 226, 242, 243, 245, 257, 290, 302, 319, 334, 348, 351, 377, 388, 406, 409, 411, 415, 420, 433, 434, 494, 495, 496, 497, 503, 508, 509, 514
쇼르(Shor) 7, 155, 156, 162, 364, 389, 406, 407, 408, 409, 417, 421, 423, 424, 425, 489, 499
수족(Sioux) 30, 88
스콜트 라프(Scolt Lapp) 11, 283, 470
스콜트(Scolt) 43
스키타이(Scythian) 212, 320, 323
슬라브(Slave) 116, 197, 322
시리아(Syria) 89, 97, 104, 105, 113, 125, 129, 168, 171
시보(Sibo) 51, 487
아르메니아(Armenia) 18, 103, 105
아바칸 타타르(Abakan Tatar) 13, 59, 62, 71, 161, 262, 270, 326, 344, 509, 511
아이누(Ainu) 31, 235, 413, 429, 505, 554
악텐카(Aktenka) 464, 553
알곤킨(Algonquin) 38
알타이 타타르(Altai Tatar) 8, 13, 26, 30, 47, 53, 56, 59, 62, 82, 88, 95, 98, 131, 139, 142, 147, 148, 150, 158, 159, 161, 172, 173, 176, 178,

179, 182, 187, 190, 193, 199, 203, 204, 225, 231, 233, 235, 239, 240, 241, 243, 247, 254, 255, 259, 265, 269, 272, 273, 283, 284, 287, 288, 326, 347, 350, 351, 360, 369, 375, 381, 390, 399, 402, 406, 409, 417, 419, 435, 436, 446, 452, 453, 459, 465, 472, 487, 519, 520, 529, 542
알타이 텔레우트(Altai Teleut) 33, 214
알타이(altai) 6, 7, 8, 9, 12, 13, 15, 16, 17, 19, 23, 25, 26, 28, 30, 33, 34, 36, 39, 40, 41, 47, 50, 51, 53, 54, 55, 56, 59, 60, 62, 71, 82, 87, 88, 95, 98, 99, 100, 104, 111, 122, 123, 125, 126, 130, 131, 132, 133, 136, 138, 139, 140, 141, 142, 144, 145, 147, 148, 150, 156, 158, 159, 160, 161, 162, 163, 164, 165, 168, 169, 172, 173, 176, 177, 178, 179, 181, 182, 184, 185, 187, 188, 190, 192, 193, 196, 199, 202, 203, 204, 205, 212, 214, 215, 219, 223, 225, 226, 227, 231, 232, 233, 234, 235, 238, 239, 240, 241, 242, 243, 247, 253, 254, 255, 257, 259, 265, 269, 270, 272, 273, 283, 284, 285, 287, 288, 307, 310, 322, 323, 325, 326, 328, 330, 338, 344, 347, 348, 350, 351, 353, 354, 360, 362, 365, 367, 368, 369, 375, 381, 385, 390, 394, 396, 399, 402, 406, 409, 410, 417, 419, 420, 421, 423,

424, 435, 436, 446, 452, 453, 459, 464, 465, 469, 472, 487, 488, 489, 491, 492, 493, 494, 496, 499, 500, 502, 503, 505, 506, 509, 510, 511, 512, 513, 514, 515, 516, 517, 519, 520, 529, 532, 533, 537, 538, 539, 540, 541, 542, 543, 544, 545, 549, 551, 553, 554

압카스(Abkhas) 227, 317, 404
야쿠트(Yakut) 9, 11, 15, 16, 17, 22, 23, 24, 26, 27, 28, 34, 36, 37, 40, 42, 45, 49, 51, 53, 59, 60, 76, 78, 79, 80, 81, 82, 83, 84, 85, 87, 94, 95, 97, 98, 99, 101, 108, 111, 118, 125, 148, 150, 156, 158, 159, 161, 169, 170, 171, 175, 176, 179, 182, 183, 186, 187, 191, 192, 193, 194, 198, 204, 207, 208, 209, 214, 219, 220, 221, 228, 229, 231, 232, 234, 235, 236, 237, 238, 239, 242, 243, 246, 247, 248, 249, 255, 256, 259, 262, 263, 265, 266, 267, 269, 282, 287, 290, 291, 292, 293, 294, 295, 299, 316, 317, 318, 319, 324, 325, 334, 342, 346, 347, 351, 354, 360, 361, 369, 370, 371, 379, 385, 386, 387, 388, 389, 390, 391, 392, 393, 394, 396, 398, 399, 400, 402, 403, 404, 405, 406, 407, 408, 409, 410, 411, 412, 415, 416, 418, 419, 420, 421, 424, 425, 426, 427, 431, 432, 433, 435, 436, 439, 440,

441, 444, 445, 447, 448, 452, 454, 455, 458, 461, 465, 466, 467, 468, 469, 470, 472, 473, 475, 476, 487, 488, 496, 497, 498, 499, 502, 503, 508, 514, 515, 517, 522, 524, 525, 526, 527, 528, 529, 535, 540, 546, 547, 552, 554

에다(Edda) 24, 63, 193, 194
에벤키(Evenki) 11, 349, 554
에스키모 290, 438
에스토니아(Estonia) 39, 40, 192, 208, 268, 396
예니세이 오스탸크(Yenissei Ostyak) 22, 44, 554
예니세이(Yenissei) 16, 53, 58, 106, 140, 192, 198, 203, 206, 233, 272, 350, 351, 411, 465, 498, 499, 501
오로촌(Orochon) 11, 15, 40, 214, 229, 289, 406, 432, 433, 554
오로치(Orochi) 312, 315, 392, 429, 430, 471
오로크(Orok) 11, 12, 313, 392, 429, 430, 431, 471, 554
오브(Ob) 8, 166
오세트(Osset) 178, 298, 360
오스만(Osman) 6, 14, 74, 209, 398
오스탸크(Ostyak) 22, 24, 25, 34, 43, 44, 45, 52, 53, 54, 58, 60, 70, 73, 86, 135, 156, 161, 167, 180, 181, 186, 188, 192, 208, 209, 238, 247, 249, 264, 290, 297, 298, 341, 342, 349, 352, 361, 362, 363, 411, 413, 417, 418, 419, 422, 424, 426, 428, 429, 436, 442, 515, 554

오이라트(Oirat)　9
올차(Olcha)　11, 12, 313, 315, 347, 348, 430
우그르(Ugric)　43, 154, 166, 182, 540
위구르(Uighur)　12, 13, 15, 16, 25, 53, 168, 221, 225, 266, 289, 292, 301, 320, 334, 443, 444, 463, 486, 538, 542
유락(Yurak)　142, 213, 350, 415
유락사모예드(Yurak Samoyed)　235, 238, 247, 264, 290, 291, 434, 469
유르타스(Jurtas)　463
유카기르(Yukagir)　16, 264, 317, 347, 385, 393, 419, 436, 437, 519, 535, 554
이르티슈 오스탸크(Irtysh Ostyak)　135, 210, 341
인디언(Indian)　29, 30, 38, 54, 56, 68, 88, 109, 198, 206, 213, 318, 359, 413, 436, 438, 439, 460
체레미스(Cheremis)　33, 98, 119, 156, 163, 171, 187, 262, 266, 270, 361, 421, 442, 554
추바슈(Chuvash)　9, 15, 16, 36, 148, 163, 171, 179, 191, 196, 208, 237, 247, 250, 255, 257, 266, 267, 288, 289, 330, 331, 343, 348, 386, 397, 398, 399, 550
축치(Tchuktchi)　16, 38, 39, 54, 55, 56, 251, 290, 315, 343, 361, 362, 385, 393, 420, 440, 528, 554
카라 텔레스(Kara Teles)　465
카라가스(Karagas)　8, 16, 58, 97, 310, 351, 388, 391, 398, 399, 422, 433, 435, 469, 496, 514
카르긴즈(Karghinz)　7, 57, 291, 293, 307, 309, 327, 351, 433
카자크 키르기스(Kazak Kirghiz)　291, 294, 296, 297, 299, 307, 349
카자흐(Kazakh)　6
카잔 타타르(Kazan Tatar)　15, 243, 388
칼무크(Kalmuck)　8, 9, 14, 29, 40, 60, 61, 62, 64, 65, 68, 75, 76, 86, 88, 90, 92, 114, 129, 130, 147, 188, 194, 221, 259, 300, 301, 334, 372, 395, 444, 541, 548
칼카(Khalkha)　223, 225
캄차달(Kamtchadal)　16, 34, 94, 141, 293, 413, 426, 465, 554
캉긴(Khangin)　462
코랴크(Koryak)　16, 39, 110, 151, 204, 293, 315, 361, 440, 554
코만(Coman)　321, 322
코이발(Koibal)　7, 270
콜라 라프(Kola Lapp)　415, 426
쿠만딘(Kumandin)　7, 541
쿠바이코(Kubaiko)　72, 356, 357, 358, 359, 360
키르기스(Kirghiz)　6, 13, 14, 32, 40, 41, 111, 112, 148, 197, 199, 203, 204, 205, 207, 208, 219, 223, 225, 236, 253, 288, 291, 294, 296, 297, 299, 302, 306, 307, 322, 332, 333, 342, 343, 349, 354, 397, 441, 516, 549, 554
타르바가타이 토르구트(Tarbagatai Torgut)　225

타타르(Tatar) 6, 7, 8, 13, 14, 15, 16, 19, 25, 26, 28, 30, 32, 34, 36, 40, 42, 44, 47, 53, 56, 57, 58, 59, 60, 62, 71, 72, 73, 76, 82, 87, 88, 95, 98, 106, 118, 131, 135, 139, 142, 146, 147, 148, 150, 155, 156, 158, 159, 161, 165, 166, 167, 168, 172, 173, 176, 177, 178, 179, 182, 187, 190, 193, 194, 196, 197, 199, 203, 204, 208, 209, 210, 222, 225, 226, 231, 233, 235, 237, 238, 239, 240, 241, 243, 247, 254, 255, 257, 259, 262, 265, 269, 270, 272, 273, 276, 283, 284, 285, 287, 288, 291, 292, 307, 308, 309, 319, 320, 326, 332, 344, 347, 350, 351, 353, 359, 360, 361, 364, 365, 369, 375, 381, 385, 386, 388, 389, 390, 397, 399, 402, 406, 408, 409, 410, 417, 419, 420, 424, 435, 436, 443, 446, 452, 453, 459, 465, 472, 487, 489, 506, 509, 510, 511, 513, 517, 518, 519, 520, 529, 542, 550, 554

탕구트(Tangut) 542

텔레우트(Teleut) 7, 33, 40, 54, 56, 168, 177, 180, 181, 184, 191, 202, 214, 216, 229, 234, 236, 237, 239, 241, 242, 247, 249, 253, 259, 260, 270, 273, 275, 276, 281, 282, 289, 290, 291, 293, 295, 296, 327, 328, 345, 353, 364, 365, 367, 407, 408, 445, 463, 469, 489, 539, 549

텔렝기트(Telengit) 7, 8, 290, 367, 409, 433, 465, 491, 492, 510

토르구트(Torgut) 188, 215, 216, 221, 225, 240, 301

투르케스탄(Turkestan) 6, 13, 220, 231

투르크멘(Turkmen) 6, 208

투르판 투르크(Turfan Turk) 333

투바(Tuba) 8, 9, 74, 89, 90, 319, 364

투발라르(Tubalar) 433

툰드라 유락(Tundra Yurak) 471, 472, 474, 516

퉁구스(Tungus) 6, 11, 12, 15, 16, 20, 23, 29, 34, 40, 51, 85, 87, 92, 93, 112, 113, 114, 141, 142, 158, 181, 184, 189, 191, 192, 193, 198, 202, 203, 210, 213, 214, 223, 232, 235, 237, 246, 255, 262, 264, 266, 272, 290, 291, 293, 297, 310, 311, 312, 313, 315, 317, 318, 319, 324, 325, 341, 342, 345, 347, 351, 354, 364, 379, 380, 381, 382, 383, 384, 385, 388, 389, 391, 392, 393, 394, 400, 404, 406, 407, 408, 409, 410, 412, 413, 414, 415, 418, 419, 420, 422, 424, 425, 426, 427, 428, 429, 430, 431, 432, 433, 434, 435, 436, 437, 438, 440, 443, 445, 446, 448, 449, 451, 453, 454, 455, 456, 466, 467, 473, 476, 486, 487, 488, 489, 491, 496, 497, 498, 499, 500, 501, 502, 503, 505, 507, 508, 513, 514, 517, 518, 519,

521, 528, 529, 535, 538, 539, 540, 542, 544, 545, 553, 554, 555
트레뮤간 오스탸크(Tremjugan Ostyak) 214
트로이(Troy) 201
틀린키트(Tlinkit) 193, 194
핀 우그르(Finno-ugric) 154, 417, 420
핀(Finn) 22, 32, 39, 40, 63, 128, 149, 187, 192, 208, 235, 237, 238, 240, 247, 249, 257, 266, 284, 288, 388, 409, 439, 450, 541, 550
하이다(Haida) 38, 193
훈족(Hun) 12
휴론(Huron) 30

지명

갈라간스크(Galagansk) 462
노인 울라(Noin Ula) 215, 297, 298, 320, 463, 464
메소포타미아(Mesopotamia) 71, 82, 85, 90, 185
미누신스크(Minussinsk) 197, 207, 226, 276, 291, 309, 353, 365, 408
바르쿨(Barkul) 6
바빌로니아(Babylonia) 37, 49, 63, 68, 82, 90, 97, 104, 157, 206, 212
바이칼(Baikal) 9, 11, 12, 14, 15, 16, 29, 113, 135, 141, 202, 214, 354, 374, 502, 529
바타크(Batak) 31, 75, 111, 181
발라간스크(Balagansk) 30, 107, 120, 159, 222, 232, 250, 256, 283, 302, 403, 474, 478, 482, 483

베르호얀스크(Verkhojansk) 220
부르칸 칼단(Burkhan Khaldan) 253
사얀(Sayan) 7, 8, 11, 355, 394, 402, 505, 509
세미팔라틴스크(Semipalatinsk) 323
수마트라(Sumatra) 31, 75, 111, 189
수메루(Sumeru) 66, 70, 74, 132
스타브로폴(Stavropol) 6
아나닌(Ananin) 348
아르드비수라(Ardvisura) 83, 86, 179
아무르(Amur) 11, 12, 15, 16, 113, 189, 196, 314, 315, 335, 339, 340, 347, 409, 413, 427, 433, 435, 464, 503, 505, 544, 553
아바칸(Abakan) 7, 13, 59, 62, 71, 161, 253, 254, 262, 270, 323, 326, 344, 402, 509, 510, 511, 512, 549
아스트라칸(Astrakan) 129
아틸라(Attila) 12, 296, 322
악수(Aksu) 6
안티오키아(Antiochia) 444
알라르스크(Alarsk) 29, 96, 121, 184, 190, 244, 276, 302, 305, 306, 389, 462
알타이(Altai) 6, 7, 8, 9, 12, 13, 15, 16, 17, 19, 23, 25, 26, 28, 30, 33, 34, 36, 39, 40, 41, 47, 50, 51, 53, 54, 55, 56, 59, 60, 62, 71, 82, 87, 88, 95, 98, 99, 100, 104, 111, 122, 123, 125, 126, 130, 131, 132, 133, 136, 138, 139, 140, 141, 142, 144, 145, 147, 148, 150, 156, 158, 159, 160, 161, 162, 163, 164, 165, 168, 169, 172, 173, 176, 177, 178, 179,

181, 182, 184, 185, 187, 188, 190, 192, 193, 196, 199, 202, 203, 204, 205, 212, 214, 215, 219, 223, 225, 226, 227, 231, 232, 233, 234, 235, 238, 239, 240, 241, 242, 243, 247, 253, 254, 255, 257, 259, 265, 269, 270, 272, 273, 283, 284, 285, 287, 288, 307, 310, 322, 323, 325, 326, 328, 330, 338, 344, 347, 348, 350, 351, 353, 354, 360, 362, 365, 367, 368, 369, 375, 381, 385, 390, 394, 396, 399, 402, 406, 409, 410, 417, 419, 420, 421, 423, 424, 435, 436, 446, 452, 453, 459, 464, 465, 469, 472, 487, 488, 489, 491, 492, 493, 494, 496, 499, 500, 502, 503, 505, 506, 509, 510, 511, 512, 513, 514, 515, 516, 517, 519, 520, 529, 532, 533, 537, 538, 539, 540, 541, 542, 543, 544, 545, 549, 551, 553, 554, 555

야말(Yamal) 53
에스토니아(Estonia) 39, 40, 192, 208, 268, 396
오데사(Odessa) 322
오르콘(Orkhon) 12, 18, 252, 485
오세트(Osset) 178, 298, 360
오슬로(Oslo) 494
오치르 오론(Otchir-orron) 75
올콘스크(Olkhonsk) 376
옵 볼가(Ob Volga) 235
옵도로스크(Obdorsk) 142

우랄(Ural) 6, 24, 25, 27, 35, 105, 166, 554
우르가(Urga) 14, 297, 513
우수리(Ussuri) 11, 314
울루켐(Ulukem) 8
이르쿠츠크(Irkutsk) 113, 220
이멘(Yimen) 231
자바이칼(Zabaikal) 113, 507
카라 발가순(Kara Balgasun) 13, 485
카라코룸(Karakorum) 18
카탕가(Khatanga) 44
카투니야(Katunja) 253
카툰(Katun) 7, 323
캉가이 칸(Khangai Khan) 234, 250, 253
쿠딘스크(Kudinsk) 156, 159, 243, 373, 375, 474
쿠즈네츠크(Kuznetsk) 308, 353, 465
투란(Turan) 14
투루칸스크(Turukhansk) 39, 57, 86, 105, 158, 181, 186, 194, 198, 208, 213, 232, 237, 246, 262, 272, 293, 310, 325, 341, 347, 351, 409, 410, 412, 418, 422, 425, 432, 434, 435, 436, 439, 446, 451, 467, 469, 473, 498, 518, 519, 529, 542, 544
투르케스탄(Turkestan) 6, 13, 220, 231
투르판(Turfan) 6, 13, 333
트란스바이칼(Transbaikal) 445
페차모(Petsamo) 11
포르산게르(Porsanger) 41
프리아얀스크(Priajansk) 158, 409, 418, 420, 434, 435

지은이 : 우노 하르바 Uno Harva(1882-1949)

핀란드 종교민속학자. 헬싱키대학의 종교학 교수, 투르쿠대학의 사회학 교수를 했다. 1900년대에 주로 활동하였으며, 민간신앙분야에 대한 많은 자료를 수집·연구했다. 주저인『샤머니즘의 세계』(Die religiösen Vorstellungen der altaischen Völker. 1938, 1993)로 샤머니즘 연구에 크게 이바지했다.

옮긴이 : 박재양 朴在陽

1953년 경북 영천에서 출생. 경희대 국문과를 졸업하고 동 대학원에서 한·일어 비교연구로 석·박사학위를 받다. 음운론과 비교언어학을 전공하고 현재는 주로 어원연구를 한다. 어원사전, 고어사전, 불교어사전 등을 편찬 중이다. 현재 경희대 대학원에서 우리말 어원을, 국제교육원에서 외국인에게 한국어를 가르치고 있다. 저서는『國語 母音體系 硏究』(보고사)가 있고, 번역서로『언어의 이해』(시인사),『한자의 역사』(공역, 학민사),『선가귀감』(공역, 예문서원),『대승기신론 이야기』(미출판) 등이 있다.

샤머니즘의 세계
알타이 민족들의 종교적 표상

2014년 5월 30일 초판 1쇄 펴냄

지은이 우노 하르바
옮긴이 박재양
펴낸이 김흥국
펴낸곳 도서출판 보고사

등록 1990년 12월 13일 제6-0429호
주소 서울특별시 성북구 보문동7가 11번지 2층
전화 922-5120~1(편집), 922-2246(영업)
팩스 922-6990
메일 kanapub3@naver.com
http://www.bogosabooks.co.kr

ISBN 979-11-5516-247-7 93180
ⓒ박재양, 2014

정가 30,000원
사전 동의 없는 무단 전재 및 복제를 금합니다.
잘못 만들어진 책은 바꾸어 드립니다.

이 도서의 국립중앙도서관 출판시도서목록(CIP)은 서지정보유통지원시스템 홈페이지(http://seoji.nl.go.kr)와 국가자료공동목록시스템(http://www.nl.go.kr/kolisnet)에서 이용하실 수 있습니다. (CIP제어번호: CIP2014014475)